ZHONGGUO DANG'AN NIANJIAN

中国档案年鉴

（2013）

国家档案局
中央档案馆 编

中国文史出版社

图书在版编目(CIP)数据

中国档案年鉴. 2013 / 国家档案局，中央档案馆编.
—北京：中国文史出版社，2017. 5
ISBN 978－7－5034－9282－2

Ⅰ. ①中… Ⅱ. ①国… ②中… Ⅲ. ①档案工作－中国－2013－年鉴 Ⅳ. ①G279. 2-54

中国版本图书馆 CIP 数据核字(2017)第 131909 号

责任编辑：詹红旗

出版发行：中国文史出版社
网　　址：www. wenshipress. com
社　　址：北京市西城区太平桥大街 23 号　邮编：100811
电　　话：010—66173572　66168268　66192736（发行部）
传　　真：010—66192703
印　　装：廊坊市海涛印刷有限公司
经　　销：全国新华书店
开　　本：787 毫米×1092 毫米　1/16
印　　张：23. 5
字　　数：750 千字
版　　式：2017 年 6 月北京第 1 版
印　　次：2017 年 6 月第 1 次印刷
定　　价：200. 00 元

2012 年 2 月 15 日，全国档案工作暨表彰先进会议

2012 年 4 月 17 日，档案与电子文件登记备份工作现场会

2012 年 9 月 20 日，全国民生档案工作经验交流会

2012 年 12 月 25 日，全国档案局长馆长会议

2012 年 12 月 26 日，全国社会主义新农村建设档案工作示范县经验交流会

2012 年 3 月 20 日，国家档案局局长中央档案馆馆长杨冬权会见俄罗斯叶利钦图书馆馆长一行

2012 年 3 月 22 日，国家档案局局长中央档案馆馆长杨冬权会见印度尼西亚国家档案馆馆长 M. 阿斯钦一行

2012 年 12 月 28 日，国家档案局局长中央档案馆馆长杨冬权、国家档案局副局长中央档案馆副馆长杨继波出席中国与土耳其两国档案领域合作议定书签字仪式

2012 年 7 月 19 日，国家档案局局长中央档案馆馆长杨冬权同巴基斯坦驻华大使马苏德·汗签署中巴两国档案合作协议

2012年9月，国家档案局局长中央档案馆馆长杨冬权，上海市委常委、市委秘书长尹弘，上海市人大副主任钟燕群、上海市档案局（馆）长朱纪华等在参观上海纪念《档案法》颁布25周年展览

2012年2月27日，山东省档案局组织召开《重大活动档案管理办法》研讨会

国家档案局副局长李明华、国家档案局政策法规研究司司长郭嗣平、云南省档案局局长黄凤平出席“红土高原的记忆”预展开展仪式

2012年9月26日，由中国档案学会、陕西省档案局（馆）主办，中国档案学会保护技术委员会承办的“档案文献保护论坛”在陕西省档案馆新馆举行

2012 年 11 月 12 日，甘肃省委常委、副省长、省委秘书长李建华在甘肃省档案局馆调研

《中国档案年鉴》编辑委员会

《中国档案年鉴》编辑部

编辑说明

一、《中国档案年鉴》是一部供国内外读者了解和研究我国档案事业发展基本情况所必备的综合性、资料性的大型文献和工具书。所采用的资料由国家档案局中央档案馆，中央和地方各部门，各省、自治区、直辖市档案局及有关单位提供，内容全面、翔实、准确，具有权威性。

二、《中国档案年鉴(2013)》反映2012年度的全国档案工作情况。

三、《中国档案年鉴(2013)》以各地档案事业发展情况为主干，从档案法规、标准的制定，档案馆、机关档案室工作，经济科技档案工作，档案教育、科技、宣传、出版、外事工作等各个方面反映我国档案事业发展的全貌。《中国档案年鉴（2013)》介绍了有关档案工作会议及中国档案学会的主要活动，发表了2012年度的档案事业统计资料。

四、《中国档案年鉴（2013）》内容包括：(一)特载；(二)综合概况；(三)档案事业发展概况；(四)档案法制、专项督查和标准化工作；(五)档案馆工作；(六)机关档案工作；(七)经济科技档案工作；(八)档案专业教育工作；(九)档案科技工作；(十)档案宣传工作；(十一)档案编研工作；(十二)档案外事工作；(十三)中国档案学会；(十四)档案统计资料。书后附有2012年中央档案馆国家档案局大事记。

五、《中国档案年鉴(2013)》收录的资料未包括台湾省。香港特别行政区和澳门特别行政区的有关材料由香港特别行政区和澳门特别行政区自行公布。

六、《中国档案年鉴》的编辑和出版工作，得到了各省、自治区、直辖市档案部门和中央、国家机关档案部门以及中国文史出版社的大力支持，谨在此表示衷心的感谢。

七、《中国档案年鉴》的编辑工作尚存在缺点和不足，敬请读者提出宝贵意见，以便改进。

《中国档案年鉴》编辑部

2014年6月

目　　录

(一) 特　　载

(二) 综合概况

(三) 档案事业发展概况

(四) 档案法制、专项督查和标准化工作

（五）档案馆工作

（六）机关档案工作

（七）经济科技档案工作

(八) 档案专业教育工作

(九) 档案科技工作

(十) 档案宣传工作

（十一）档案编研工作

（十二）档案外事工作

（十三）中国档案学会

（十四）档案统计资料

（一）特　　载

国家档案局局长、中央档案馆馆长杨冬权在全国档案工作暨表彰先进会议上的讲话

（2012 年 2 月 15 日）

同志们：

这次全国档案工作暨表彰先进会议是经中共中央办公厅批准召开的。会议的主要任务是：以党的十七大和十七届六中全会精神为指导，总结 2011 年全国档案工作，部署 2012 年全国档案工作，表彰一批在新时期档案工作中作出突出贡献的先进集体和先进工作者，激励广大档案工作者团结奋斗，开拓进取，为建设社会主义文化强国作出更大贡献。

下面，我讲三个问题。

一、表彰先进集体和先进个人，推动档案干部队伍建设

今天，我们与人力资源和社会保障部共同举行档案系统每 4 年一度的表彰先进活动，对北京市平谷区档案局馆等 60 个先进集体和李福君等 40 名先进个人进行表彰，这对加强档案干部队伍建设、推动档案事业发展具有重要意义。我代表国家档案局中央档案馆向受到表彰的先进集体和先进个人表示热烈祝贺！向全国广大档案工作者表示诚挚问候！

党的十七大以来，全国档案工作者深入贯彻落实科学发展观，深化改革，奋发进取，恪尽职守，扎实工作，为推进档案事业又好又快发展作出了积极贡献，涌现出一大批先进集体和先进个人。今天受到表彰的就是其中的杰出代表。他们的先进事迹和突出贡献，生动诠释了当代档案工作者的丰富思想内涵，集中展示了档案队伍的良好精神风貌，充分代表了新时期先进档案文化的发展方向。我们为档案系统拥有这样优秀的群体而感到骄傲和自豪。

自 2007 年表彰先进以来，档案战线涌现出的先进集体和先进个人中，刘义权是其中最优秀的代表。2009 年胡锦涛总书记对刘义权先进事迹作出重要指示，希望全国档案工作者学习刘义权先进事迹和崇高精神，赞誉他不愧为践行当代革命军人核心价值观的先进战士，不愧为全国档案战线的时代楷模，不愧为优秀共产党员，并亲自观看了反映刘义权事迹的话剧《生命档案》。李长春同志接见刘义权事迹报告团成员并对学习宣传刘义权事迹作出重要指示。全国广大档案工作者受到巨大鼓舞。中央各大媒体广泛宣传了刘义权先进事迹，在全社会引起强烈反响。各地在学习刘义权的活动中，涌现出一批档案工作先进人物，如，天津市公安局大港分局海滨派出所负责档案管理的民警顾金钟，其先进事迹 2010 年在中央各大媒体“时代先锋”栏目集中报道；浙江省玉环县委组织部档案员杜洪英 2011 年 7 月被中央组织部授予“全国优秀共产党员”光荣称号。他们和这次受表彰的所有先进个人一样，都是全国档案工作者的优秀代表。

全国档案系统先进集体和先进工作者是党和国家赋予档案系统的崇高荣誉和褒奖。获得表彰的档案工作者的优秀事迹，是社会主义核心价值观在档案行业的生动实践；他们的崇高精神同各条战线的先进模范人物精神一样，已经成为社会主义核心价值体系的一个重要组成部分。各级档案部门要采取多种方式，持续深入地开展学先进活动，宣传好、巩固好这次评先表彰活动的成果。要通过先进典型的示范带动，进一步形成积极向上、创先争优的良好氛围，使先进集体和先进个人的优秀事迹成为引领档案事业蓬勃发展的良好风尚；要通过宣传先进，弘扬正气、振奋精神、鼓舞斗志，激发广大档案工作者爱岗敬业、拼搏奉献，把学习活动转化为提高素质和推动工作的强大动力和实际行动，引领档案工作者做好本职工作，为实现全面建设小康社会的奋斗目标而努力。广大档案工作者要以受到表彰的先进集体和个人为榜样，学习他们忠于党和人民、献身档案事业，执着地“为党管档、为国守史”的高尚情操；学习他们勇挑重担、开拓创新，把“冷门”干成“热门”、以平凡创造非凡的进取精神；学习他们不事声张、无私奉献的优秀品质；学习他们

爱岗敬业、求真务实的优良作风。受到表彰的先进集体和个人要珍惜荣誉，谦虚谨慎，戒骄戒躁，再接再厉，进一步发挥先进典型的表率作用，为档案事业发展作出新的更大贡献。

二、2011年全国档案工作的基本情况

2011年，党中央、国务院带领全党全国人民，着力稳物价、调结构、保民生、促和谐，国民经济继续朝着宏观调控的预期方向发展。全国档案部门在各级党委和政府的领导下，围绕大局，拼搏进取，各项工作取得新进展，实现了档案事业“十二五”良好开局。

（一）档案工作受到越来越多的关注

中央领导同志高度重视档案工作。温家宝同志在政府工作报告中明确提出要发展档案事业。习近平、刘云山、李源潮同志在人民大会堂出席我们与中央文献研究室共同编辑出版的《建党以来重要文献选编（1921—1949）》出版座谈会，习近平同志作重要讲话；习近平、李源潮、何勇同志参观我们和中央党校合办的《纪念中国共产党成立90周年档案资料展》，对我们运用档案史料为党校学员开展党史教育的做法给予充分肯定。回良玉同志参观我们和农业部等单位合办的《建党以来农村政策回顾展》。刘淇同志参观北京市档案局等单位主办的《一切为了人民》展览，并作出批示。汪洋同志要求进一步做好声像档案工作。俞正声同志参观上海市档案局参与主办的《我们共产党人》展、《辛亥革命在上海》文献文物展。

各省区市、各中央国家机关和军队领导继续关心和支持档案工作。北京市市长郭金龙、人大主任杜德印、政协主席王安顺参观《一切为了人民》展览。黑龙江省委书记吉炳轩、省长王宪魁参观省档案馆爱国主义教育基地展览。上海市市长韩正、人大主任刘云耕、政协主席冯国勤参观《我们共产党人》等展览。江苏省委书记罗志军视察镇江市城建档案馆。浙江省委书记赵洪祝，省长吕祖善、政协主席乔传秀参观由省档案局馆参与承办的《光辉历程、生动实践》展览和《辛亥革命在浙江》图片展。福建省委书记孙春兰参观《辛亥革命福建志士图片展》。河南省委书记卢展工批示支持建立中原经济区专题档案。湖南省委书记周强，省长徐守盛视察省档案馆。海南省委书记罗保铭希望全省档案工作者做维护社会记忆和历史面貌的忠实守护者，做中华优秀传统文化的忠实传承者和弘扬者。四川省委书记刘奇葆要求档案部门挖掘档案史料，为省委省政府决策提供参考。西藏自治区党委书记陈全国视察自治区档案馆。陕西省省长赵正永到省档案局检查指导工作。中央军委委员、总参谋长陈炳德接见全军第十次档案工作会议代表并作重要指示。中国科学院院长、党组书记白春礼为中科院档案馆成立10周年题词。

各级领导的重视支持，使广大档案工作者倍受鼓舞，以更加饱满的热情，积极投身档案事业各项建设，推动档案工作不断向前发展。

档案事业发展列入各级政府发展规划。2011年，通过我们积极努力和争取，我国《国民经济和社会发展十二五规划纲要》明确要“做好历史档案和文化典籍的保护整理工作”。这为档案事业的可持续发展提供了切实保障，为全国各级政府重视档案工作起到了示范作用。北京市把档案资源体系建设和档案利用体系建设纳入“十二五”时期人文北京发展建设规划。辽宁、福建、湖北、广东、广西等地把档案馆建设纳入本地区国民经济和社会发展“十二五”规划。另外，各级档案部门还制定发布档案工作“十二五”规划。

（二）档案为党和国家中心工作服务成效显著

为纪念建党90周年，我们与有关单位合作编辑出版《建党以来重要文献选编（1921—1949）》，合办纪念建党90周年档案展览，建党以来农村政策回顾展，通过在党校办展览并把展览长留在党校实现了档案进党校。制作24期网络视频《中国共产党成立时期档案》，在网站公布，全年点击量3600万人次。编辑出版《中国共产党党旗档案》一书，公布党旗设计图案等档案300多件，70多家媒体对此报道。拍摄文献电视片《开天辟地90年》，在电视台播出，并出版光盘向全国大中小学校发行，使档案进学校。拍摄文献电视片《红色档案》，在中央电视台播出。为热烈庆祝建党90周年，北京、天津、山西、辽宁、吉林、上海、江苏、浙江、江西、山东、河南、湖北、湖南、广东、四川、陕西、甘肃、青海、新疆等地举办大型主题档案展或图片展，内蒙古、宁夏等地开展“红色记忆”档案征集活动，山东、海南等地推出红色图书，福建利用红色档案协助新闻媒体拍摄专题片，云南开展馆藏革命历史档案材料公布和解读。

为纪念辛亥革命100周年，我们利用档案选编《档案参考》，为党中央提供有价值的参考信息；与有关单位合拍文献电视片《辛亥革命》、《天下为公——孙中山1911》，在中央电视台播出。中国第一历史档案馆编纂出版80册图书《清宫辛亥革命档案汇编》，收录档案5700余件。中国第二历史档案馆编辑出版8册图书《南京临时政府遗存珍档》，为研究辛亥革命提供了丰富的档案史料。湖北除举办《纪

念辛亥革命100周年文献展》外，还与广东共同举办纪念展览，并提供档案参加香港《辛亥革命百周年展》。四川编辑出版《保路珍档——四川保路运动档案选辑》。北京举办《辛亥革命百年　首都北京巨变》图片展并赴夏威夷、洛杉矶巡展。上海编辑出版《辛亥革命与上海——上海公共租界档案选译》。江西编辑出版《辛亥风雷激荡江西：赣军打响二次革命第一枪》。中国电影资料馆向学界放映馆藏部分中国早期纪录电影与国民革命影像档案。天津、辽宁、江苏、浙江、安徽、福建、海南、甘肃、宁波、长春、南京、杭州、武汉、西安等地也通过公布史料、出版图书、举办展览等方式纪念辛亥革命100周年。

为服务经济建设，我们组织召开金融企业业务档案管理研讨会，起草《金融企业业务档案管理规定》，推动金融企业加强对业务档案的集中统一管理；起草《企业档案工作规范》实施评价办法和评价标准，促进企业档案工作向科学规范管理发展。国资委制定《中央企业档案工作评价办法》，对中央企业档案工作开展评价。天津市档案局与市科委联合出台《关于档案工作为科技型中小企业成长服务的意见》，辽宁省档案局举办“民营企业档案工作活动日”，安徽、湖北省档案局与省工商联联合召开民营企业档案工作会议，山东、海南省档案局与省国资委联合召开省管企业档案工作会议，河南、四川、云南、甘肃、宁夏、大连、青岛、哈尔滨等省市积极采取措施，引导和推动企业档案工作不断深入发展。我们组织召开西部大开发建设项目档案工作推进会，制定《煤矿建设项目档案管理规范》，组织对国家重大建设项目档案工作进行验收和巡回检查，对国家电子政务工程和军工固定资产投资项目的档案管理进行检查指导。北京出台《重点建设项目档案管理登记办法》和检查标准，实现重点建设项目档案全程动态登记管理；天津为全市150多个重点建设项目提供档案咨询服务活动，确保“建一流工程，创一流档案”；安徽、江西、广西、四川、南京、成都加大对重点建设项目档案工作检查力度，大连、青岛邀请部分市人大代表视察重大建设项目档案管理情况；北京、辽宁、上海、江苏、安徽、福建、湖北、湖南、广东、长春等地积极做好援建档案工作。我们与国务院三峡办联合印发《长江三峡工程库区移民档案进馆项目实施方案》，下达了项目资金，三峡移民档案专库建设，为档案馆接收移民档案，服务移民和移民工作奠定了基础。

为服务社会主义新农村建设，我们和民政部、农业部联合召开社会主义新农村建设档案工作示范县活动推进会，在各地积极努力下，共有19个示范县通过了验收。北京、浙江、福建、湖南等地农村档案信息资源共享工作稳步推进。我们与农业部等6部门联合印发《关于开展农村土地承包经营权登记试点工作的意见》，与水利部联合印发《第一次全国水利普查档案管理办法》。编辑出版《农村档案人员工作手册》，免费赠送基层。档案工作在为“三农”服务中发挥了重要的积极作用。

（三）档案工作在创新中重点推进

档案资源建设有新举措。我们公布《各级各类档案馆收集档案范围的规定》，为建设覆盖人民群众的档案资源体系提供了重要制度保障；印发《关于加强中央和国家机关所属机构档案工作的意见》，提出所属机构档案工作要求；印发《国家基本专业档案目录》，规范涉及满足各项事业和人民群众基本需求必须建立的专业档案种类，并明确主管部门，为专业档案工作的开展起到了引导作用；制定相关文件接收规范，加强对中央和国家机关移交档案整理的督促检查指导。山西、上海、浙江、福建、深圳、广州、西安加强重大活动档案接收工作。贵州主动介入第九届民族运动会提供档案指导服务。四川不仅完成省抗震救灾指挥部档案进馆工作，还主动介入西博会，开展档案业务指导。安徽、河南、云南、甘肃等省把档案资源建设纳入档案工作目标考核内容，大力推进资源建设。天津开展“档案资源建设年”活动成效显著。广州积极策划“幸福档案资源体系”建设。北京、天津、福建、河南、海南、济南等地面向社会进行专题档案征集活动。云南继续开展少数民族档案征集工作，征集独龙族、基诺族档案进馆。辽宁、江西、宁夏、大连、沈阳、长春等地还赴国外征集档案。

国家重点档案抢救保护有新进展。我们和财政部修订印发《国家重点档案抢救和保护补助费管理办法》；出版《中国档案文献遗产名录》第三册。内蒙古翻译蒙文历史档案案卷目录29400条。西藏数字化扫描藏文档案88975卷。江西整理、抢救全省明清和革命历史档案2290卷。广东增设1个区域性档案修裱中心，加强抢救修复力度。云南启动独有少数民族档案抢救与保护研究。

档案安全保障能力有新加强。天津率先开展档案安全体系风险评估。江苏实行消防安全连带责任一票否决制，全面开展档案安全互查。浙江省档案局馆和省政府应急办联合举行档案与电子文件突发事故与灾害应急演练。

档案馆社会教育功能有新突破。我们和教育部合发《关于建立中小学档案教育社会实践基地开展档案教育的通知》，首批12家档案馆成为全国中小学档案教育社会实践基地。这项开创性的工作意义重大，使档案馆可以直接和便捷地为广大中小学生服务，将极大地提高中小学生档案意识。

档案宣传有新气象。中央外宣办组织中外媒体集体采访国家档案局，共有50家中外媒体70多位记者参加。我们向记者展示了部分珍藏和利用成果，回答了记者提问。此次采访活动影响广泛，反响强烈，取得圆满成功，是档案宣传工作的重要突破。我们召开全国档案宣传工作会议，总结交流近年来档案宣传工作经验，提出今后一个时期档案宣传工作的总体要求和工作任务，新华社连发3篇通稿，全国几十家媒体对会议内容进行报道。北京、山东、广西、海南、四川召开全省（区、市）档案宣传工作会议，研究部署档案宣传工作。我们组织记者采访中央档案馆，新华社连续刊发《领航中国·红色档案》系列稿件4篇，被数十家媒体转载；《瞭望》周刊也集中刊发4篇稿件。中国网、人民网先后发布对我们新闻发言人的采访和访谈。举办中国档案工作者之歌与誓词作品大赛，开展“走基层、转作风、改文风”活动，产生了广泛的社会影响。

（四）各项档案业务建设持续推进

档案服务民生不断深化。天津开通民生档案信息馆际“一站式”服务。辽宁加强对全省社保档案工作的指导，并建成全省国家综合档案馆已公开民生档案目录数据库。吉林积极发掘馆藏民生档案资源，为群众排忧解难。上海大力推进民生档案查阅服务进社区。广东“建立民生幸福档案，促进幸福广东建设”档案主题实践活动取得新突破。广西开展的“情倾档案，心系民生”推进社保档案工作科学发展活动，被评为自治区直属机关“最佳主题实践活动”。宁夏与有关部门联合出台社保档案整理实施办法、公积金档案管理办法，进一步规范民生档案工作。新疆积极推进“民生建设年”活动，与有关部门联合印发对药品医疗器械档案、社保业务档案、集体林权制度改革档案的管理办法，民生档案工作取得新进展。

档案馆库建设取得长足进步。2011年，省级档案馆建设形势喜人。福建省档案馆新馆通过竣工验收。陕西、宁夏、武警部队档案馆新馆落成。辽宁、江苏、浙江等省档案馆新馆正抓紧建设。北京、重庆已完成新馆建设立项。河南省档案馆新馆选址已落实。安徽、海南、厦门抓紧筹备档案馆新馆建设。河北省档案馆新馆建设获准列入2012年基建计划。南京市档案馆新馆已开工建设。广州市国家档案馆新馆一期工程即将完工，二期顺利立项。成都市档案馆通过市政府重大投资项目评审。到2011年底，全国47家省级和副省级市档案馆中，已建成新馆且面积达标的11家，新馆建设开工或已列入“十二五”规划的33家，面积不达标又未列入规划的仅有青海省、新疆生产建设兵团和长春市3家。中西部地区县级综合档案馆建设稳步推进。我们与发改委下达中西部地区县级综合档案馆2011年中央预算内投资计划共6亿元，召开中西部地区县级综合档案馆建设现场会，就建设经费使用和档案馆建设质量提出严格要求。截至目前，累计下达的342个建设项目中，已开工项目225个，其中辽宁、福建、广西、重庆、云南5省区市已全部开工建设。各地大力加强档案馆建设项目管理，福建实现网上在线报送各项目的建设情况。湖南、贵州、青海、宁夏等地出台管理办法，云南、西藏等地采取有效措施，加强对县级综合档案馆建设项目的督查指导力度。江苏、浙江、广东重点推动欠发达地区档案馆新馆建设，取得较好效果。此外，市县级档案馆测评工作也取得新进展，2011年共有39家市县级档案馆晋升国家一级馆，为文明城市、文明城区建设作出了贡献。

档案科研和信息化工作扎实推进。2011年，有61个项目列入我局科技项目计划，33项科研成果获我局优秀科技成果奖励。天津首次承担了工业和信息化部2012年“核高基”重大科技研究项目，档案科研能力和水平迈上新台阶。我们组织召开档案科技管理暨科技成果推广会议，规范科研管理和科技成果推广；完成档案安全风险评估指标体系草案的制定。研究制定《数字档案馆评估指标体系（草案）》。起草、修订《电子档案移交与接收办法》《电子文件元数据基本集》《电子文件归档与档案管理规范》等文件。江苏推出《数字档案馆评估细则》《数字档案室评估细则》，推进数字档案馆规范化建设。内蒙古、江苏、河南、四川、贵州、青海等省编制“十二五”档案信息化建设专项规划或实施意见，统筹档案信息化建设。青岛进一步扩展全市13个综合档案馆档案信息馆际联动查阅服务范围。深圳完成“深莞惠”三地馆藏档案中涉及其他两市的全文档案信息资源的交换。长春实现区域内11个档案馆馆藏信息的远程共享。武汉市档案局馆牵头建成武汉城市圈档案目录中心数据库。成都研发并建成城乡统筹发展专题目录数据库。解放军档案馆完成馆藏全部档案的数字化任务，全面建成数字档案馆，为全国数字档案馆建设带了好头。此外，各级档案部门数字档案馆和电子档案容灾备份中心建设也取得新进展。

档案教育培训工作持续推进。我们继续举办中央党校和中国浦东干部学院档案领导干部培训班，并按照中央领导的指示，扩大了范围，增加了一倍的人数，受到学员一致肯定；举办新疆维吾尔自治区分管档案工作领导干部培训班，对中央国家机关档案业务人员进行岗位培训，对全国副省级以上档案部门涉外接待人员进行外事礼仪培训；完成2本多媒体教材的出版，并免费发放给县级以上档案部门和部分中央企业。辽宁省把档案领导干部培训纳入全省高层次人才培训规划；上海支援西部地区在沪举办档案业务培训班；安徽、山东、河南、湖北、广东对地市区县档案局馆长、省直机关档案人员进行轮训；吉林、四川、西藏、甘肃、宁夏等地举办领导干部或业务骨干培训班，取得显著成效。

档案法制建设全面加强。我们印发《国家档案法规体系方案》，并继续修订《档案法》和《档案违法违纪行为处分规定》；按照国务院的有关规定清理档案法规，共废止规范性文件17件，宣布失效的规范性文件31件。福建省发布《重大活动档案管理办法》，山东省《重大活动档案管理办法》已列入省政府常务会议议程，广东制定《各级各类档案局（馆）档案安全问责试行办法》。江苏、安徽、湖北、湖南、广西、四川等地修订或出台了一批档案管理制度。我们制发全国档案系统“六五”法制宣传教育规划，北京、上海、江苏、福建、河南、湖南、广西、贵州、陕西、甘肃、青海、宁夏、济南、武汉等地制定本地区“六五”法制宣传教育规划；辽宁、四川召开档案法制工作暨“五五”普法总结会。我们对27家中央国家机关、中央企业进行档案安全督查，并对未依法履行档案移交职责的单位进行专项督查；天津坚持联合执法制度，档案执法检查取得良好效果；山西对全省各市、县档案馆进行档案安全专项督查；宁夏档案局与检察院共同开通“档案行政执法和刑事司法网上衔接信息共享平台系统”。

机关档案工作稳步发展。我们召开中央和国家机关档案工作会议，总结“十一五”时期中央和国家机关档案工作，表彰2001—2010年中央和国家机关档案移交工作优秀单位、“十一五”期间中央和国家机关文书档案保管期限表编制工作优秀单位及年度档案整理质量检查优秀单位，对今后一段时间机关档案工作作出新的部署；成立中央和国家机关的档案馆馆际合作协作组；对32家中央和国家机关实施国家档案局令第8号的情况进行年度检查。山东召开省直机关档案工作会议，部署机关档案工作。广西创新机关档案工作模式，部分城区档案馆将“一家一室”的分散档案管理模式转变为“一年一检一移交”的“馆室合一”档案管理模式，使档案资源配置得到优化。河北、云南、宁夏等地出台工作办法，天津、山西、浙江、安徽、河南、湖北等地采取目标管理等措施，加强机关档案工作。

档案对外交流保持活跃。我们组团参加了国际档案理事会年会及有关项目委员会会议、专委会会议，国际标准化组织大会和工作会议；参加联合国教科文组织世界记忆项目有关会议，经争取，《黄帝内经》和《本草纲目》成功入选《世界记忆名录》，我国世界记忆项目工作又一次取得重大进展；与新加坡国家档案馆、美国国家档案馆联合举办《飞虎·驼峰纪事档案图片展览》，这是中、美、新三国档案部门首次开展合作；举办中俄档案合作工作小组第八次会议及中俄企业档案管理研讨会，签署中俄档案合作工作小组今后5年工作大纲；与印尼国家档案馆协商签署档案合作谅解备忘录事宜，为巴基斯坦国家档案馆提供档案人员培训；举办档案理论与实践研究最新发展学术报告会、中美数字档案研讨会、数字时代的档案宣传国际研讨会，邀请外国档案专家作学术报告。召开海峡两岸档案暨缩微学术交流会，纪念海峡两岸档案界交流合作20周年。黑龙江省档案局与俄罗斯哈巴罗夫斯克边疆区档案局签订交流合作意向书和2012年交流合作计划。上海赴印度举办《泰戈尔的中国之旅》档案展，赴波罗的海三国举办《肖像上海》图片展，在海外引起较好反响。江苏省档案局与俄罗斯莫斯科档案局达成合作意向。云南首次选派业务骨干赴新加坡接受档案培训。

在总结成绩的同时，我们也必须清醒地认识到，档案工作的发展还存在一些亟需解决的问题。档案事业发展不平衡的现状没有得到根本转变，档案基础业务建设依然薄弱，档案资源覆盖面需要进一步拓展，档案开放力度需要进一步加大，档案安全保管和基础条件需要进一步巩固和改善，档案工作创新能力需要进一步加强，干部素质和能力水平需要进一步提高。对这些问题，要引起高度重视，积极采取措施，努力加以改进。

三、2012年全国档案工作的主要任务

2012年是我们党和国家历史上具有重大意义的一年。我们将迎来党的十八大，这是全党全国人民政治生活中的一件大事。我们要进一步提升工作水平，以优异成绩为党的十八大增光添彩。2012年全国档案工作的总体要求是：**坚持以邓小平理论和“三个代表”重要思想为指导，深入落实科学发展观，贯彻党的十七届六中全会和中央经济工作会议精神，围绕党和国家工作大局，以改革创新精神全**

面实施“三大战略”，推进“三个体系”建设，增强档案服务能力，促进档案工作更好地为经济建设和社会主义文化大发展大繁荣服务，以优异成绩迎接党的十八大胜利召开。重点要做好以下十个方面的工作：

（一）贯彻落实党的十七届六中全会精神，推动社会主义文化大发展大繁荣

1. 以建设社会主义文化强国为目标，努力建设与之相匹配的档案强国

党的十七届六中全会提出了建设社会主义文化强国的新目标。档案部门应该积极跟进，努力配合。档案是文化的重要“母资源”，要建设文化强国，必须相应地建设档案强国，才能与之相匹配，才能与党和人民的需要相适应，才能体现出档案工作者应有的气概与雄心，也才能凝聚并引导全国档案工作者向着这一新的奋斗目标前进。各级档案部门要奋起努力，从四个方面建设与社会主义文化强国地位相匹配的档案强国。**一是努力建立强大的档案事业发展保障体系，争取各级领导和社会各方面对档案工作给予更强大的支持，使档案事业发展有着强有力的条件。**要坚持运用各种办法，努力争取使档案工作被经常列入领导议事日程，列入发展规划和年度计划，列入财政预算和投资概算，列入党政工作报告及检查考核体系，列入立法计划和执法检查安排；档案工作的机构、编制、人员、经费能充分地满足工作需要，档案工作网络健全，档案馆库建设达到相应标准。**二是努力建立强大的档案资源体系，提高档案资源管理能力，为社会各方面利用档案信息提供强有力的支撑。**要把档案资源体系覆盖到城乡全体居民，覆盖到社会尤其是民生的各个方面，覆盖到社会发展的各个新领域和各种新社会组织，覆盖到档案的各种载体、形态和专业内容，所有档案应建立尽建立、应进馆都进馆；档案的安全有充分的保障，破损档案得到及时修复和有效处置，档案的安全备份有充分保障并确保档案长远安全；各种档案资源得到集中统一、安全有序和科学化、现代化管理。**三是努力建立强大的档案利用体系，提高公共服务能力，对社会各方面发展发挥更强的影响力和更大的贡献率。**要把档案利用体系覆盖到城乡各个社区和村庄，覆盖到全体市民和农民，覆盖到国内和国外，覆盖到各门类、各载体档案，覆盖到档案和政府公开信息及其他相关信息；要通过各种传统与现代的传播手段，让国内外利用者都能依法便捷地利用我国开放档案和政府公开信息；要经常推出有重大社会影响力的档案服务项目、档案文化精品，不断提高档案对国家经济社会发展的影响力和贡献率。**四是努力建设一支强大的专业人才队伍，创造出丰硕的专业成果，对国际档案界发挥强大影响力。**要通过各种办法提高档案人员的创新能力和各方面素质，造就更多在国内文化界有影响、在国际档案界有影响的知名专家；取得更多在档案界有突破、能达到国家科技进步水平的科研成果，加强档案工作国际交流与合作，更加积极地走出去，使我国档案界在国际档案界具有重要而广泛的影响力等等。

2. 以高度的文化自觉和自信，促进文化大发展大繁荣

各级档案部门要提高文化自觉和文化自信，突破传统的思维定式，充分利用档案资源优势，灵活运用各种形式，精心打造档案文化产品特别是有影响力的精品，宣传和弘扬社会主义核心价值观，巩固全党全国各族人民团结奋斗的共同思想基础，使档案文化产品成为我国文化产品中的一种特色产品，成为我国文化的一道亮丽风景线，成为社会主义文化大发展大繁荣的一个新的增长点。要积极地与其他单位共同举办各种文化活动，推出各种文化产品，丰富文化内容，向公众进行国情党情教育、革命传统教育、改革开放教育、爱国主义教育、思想道德教育等，为提高全民族的思想道德素质和科学文化素质作出应有贡献。要运用各种手段，及时为各方面进行文艺创作、建设文化工程提供档案资料服务，为各类文化产品的创造提供营养。要及时地把文化大发展大繁荣形成的各种档案收集归档，并及时提供利用，为今后的文化再发展、更繁荣服务。

3. 积极推进档案文化建设

各级档案部门要在服务社会主义文化建设的同时，积极推进档案文化建设，促进档案文化的发展繁荣。要切实把档案文化建设放在更加突出的位置，从档案事业发展全局出发谋划档案文化发展战略，把档案文化建设与档案事业建设结合起来，积极培育和发展机关文化、行业文化，明确发展重点，突出行业特色，更加自觉、主动地推进档案文化建设。要搞好档案科研和教育，办好档案报刊，加强档案网站建设，推进档案文化走出去，发挥档案宣传阵地在推进档案文化建设方面的独有优势。

（二）围绕党和国家的中心工作，积极有效地提供档案服务

1. 充分发挥档案宣传鼓舞作用，为党的十八大召开营造良好氛围

为党的十八大召开营造良好氛围，进一步加强对人民群众的爱党教育，我们将在十八大召开前，编辑出版《中共中央文件选集（1949.10—1966.5）》；

还将积极为中央和有关部门筹备召开十八大提供档案信息服务，积极同相关部门共同举办有关宣传活动。各地档案部门也要积极开展有关活动，为迎接十八大作出应有贡献。十八大召开后，要迅速在档案系统学习贯彻落实十八大精神。

2. 贯彻中央经济工作会议精神，围绕经济社会发展重点做好相关档案工作

去年12月召开的中央经济工作会议，提出了我国经济和社会发展的主要着力点。各级档案部门要围绕这些工作重点，做好相关档案工作。围绕强化"三农"工作，今年我们将同民政部、农业部继续开展社会主义新农村建设档案工作示范县创建活动，全面开展示范县验收工作，培育一批新时期农业农村档案工作的优秀典型，发挥其带动和辐射作用，推动档案工作更好地为社会主义新农村建设服务。今年将继续在全国开展土地承包经营权登记试点工作，各地档案部门要认真做好相关业务指导和技术培训，切实把这一关系亿万农民切身利益、关系农村稳定与发展的专业档案建立齐全、管好用好。此外，还要重点建好用好集体林权改革、草场承包、农业科技、农民专业合作社、新型农村合作医疗、农村社会保险等方面档案。围绕经济结构调整和提高对外开放水平，今年我们将启动对企业贯彻实施《企业档案工作规范》情况的评价工作，推动企业档案工作更好为企业改革与发展服务。各级档案部门还要帮助企业建好用好知识产权、科技研发、绿色产业、节能减排、污染防治、碳排放和排污权交易、营销、反倾销、国际化经营等方面的档案，加强对建档基础薄弱的外向型企业、民营企业、新兴企业的建档指导，提高企业的发展力、竞争力。今年国家将组织三峡工程总体竣工验收，我们负责档案专项验收的组织工作。我们要根据总体验收安排和要求，研究制定枢纽工程、输变电工程和移民工程的档案验收工作方案和验收大纲并组织实施。此外，还将继续开展国家重大科技和重点建设项目档案的检查和验收。各级档案部门也要进一步加强重点建设项目档案工作，更好地为经济建设服务。

3. 充分发挥档案法律凭证作用，为建立健全社会信用体系有效服务

人无信不立，国无信不昌。党的十七届六中全会提出"抓紧建立健全覆盖全社会的征信系统"。国务院随即部署制订社会信用体系建设规划，强调各级人民政府要高度重视社会诚信和信用体系建设，努力营造诚实、自律、守信、互信的社会信用环境。档案是重要的信用凭证，档案部门要充分发挥档案记录原始性、客观性的特点，在已有的信用档案工作基础上，继续围绕社会信用体系建设规划，建立健全信用档案，为建立诚实守信社会作出应有贡献。

（三）推进公共服务能力建设，提高档案利用水平

要按照全国党委秘书长会议精神，切实增强档案服务能力，提高档案服务水平。要加快开放档案的鉴定划控工作，使依法应开放的档案全部开放，以满足人民群众日益增长的档案利用需求。要加快建设和利用能够远程传输档案的电子网络，并积极把已开放档案和已公开政府信息上传到网络上，实现档案信息资源的广泛共享。要对各类可开放的民生档案，优先进行整理、数字化、鉴定和网上提供利用。要充分运用编辑出版报刊书籍、举办展览、拍摄电视文献片、网络传输、手机传输等各种手段开发档案信息资源，提供档案服务产品。要加强档案利用中心建设、政府公开信息查阅场所建设和爱国主义教育基地建设，通过举办夏令营、冬令营、大讲堂等社会教育活动，大力办好中小学生社会实践基地。要积极推进档案公共服务能力建设，真正做到各类开放档案信息应用尽用，人民群众有需尽供，最大限度地满足全体人民的各种档案利用需求，最大限度地发挥档案工作在社会各项建设中的作用。

（四）扩大覆盖范围，深入开展档案资源建设

各级档案部门要加大对新型经济组织、社会组织的建档指导力度，适应经济社会发展形势，从实际出发，不断探索和创新档案资源归档管理的各种有效工作机制和形式。要根据新情况新变化，不断修改、完善各单位的文书档案归档范围和保管期限表，不断修改、完善各种专业档案管理办法及其归档范围和保管期限表，做到各类档案应归档尽归档。要全面宣传贯彻国家档案局令第9号，修改、完善各级各类档案馆的档案收集范围细则，加大档案接收力度，加大国内外档案征集力度，做到凡是对党和国家及人民群众有用的档案应收尽收，应留存尽留存，从而不断满足人民群众利用档案和开展社会宣传教育的需要。今年我们将开展对中央企业文件材料归档范围和档案保管期限表修订的审批工作，开展中央企业档案资源建设工作的调查研究，以进一步提高中央企业档案资源建设水平；将进一步加强中央和国家机关所属机构档案工作，建立健全管理体制，加大业务指导督查力度，把一些重点机关、重点二级单位、重要专业档案纳入档案馆接收单位名册和档案接收范围，保证国家档案资源不流失，全面履行好为国家积累档案财富的神圣职责。

（五）加大管理力度，推动民生档案工作有效开展

我们自2008年印发《关于加强民生档案工作的

意见》以来，会同有关部门，从以人为本、维护民生的角度出发，推动制定了一批与民生密切相关的专业档案管理办法，全国民生档案工作领域不断延伸，服务范围不断扩大，为维护人民群众的合法权益提供了有力的保障。今年我们将会同有关部门制定《水利水电工程移民档案管理办法》《村级档案管理办法》等，为规范相关方面的档案管理提供依据；召开全国民生档案工作经验交流会，总结近些年来全国各级档案部门开展民生档案工作的经验和规律，从加强和创新社会管理的高度部署下一步的民生档案工作，把民生档案工作推向新的更高水平。各级档案部门要高度重视民生档案在维护人民群众切身利益方面的重要作用，围绕保障和改善民生，重点建好用好劳动合同、就业培训、社会保险、医疗保险、居民健康、房产地产、住房公积金、教育、信用、安全生产、食品药品质量等方面档案。要总结经验，推广典型，发挥引导和示范带动作用，并从制度和机制的层面上为规范民生档案管理提供保障，推动民生档案工作向深度广度拓展。

（六）推动档案信息化建设

各级档案部门要紧紧围绕档案信息化工作中亟需解决的一些关键技术问题开展研究，努力解决档案信息化管理技术、信息安全技术、新型载体保护技术、不同载体信息转换技术、电子档案管理、数字档案馆建设等技术难点、热点问题，更好地发挥新技术对档案信息化的支撑引领作用。今年我们将制定《数字档案馆评估指标体系及评分细则》，推动数字档案馆建设；组织起草《重大建设项目电子文件管理办法》和电子档案移交与接收的试点示范工作方案，组织《电子档案移交与接收办法》《电子文件元数据基本集》《电子文件归档与档案管理》等规章和标准的宣传贯彻工作。各级档案部门对这项工作要给予高度重视，根据国家有关要求，积极推进本地区、本部门电子文件的规范化管理，确保电子文件和电子档案的科学管理和有效利用。我们还将按照公安部有关要求，开展档案管理信息系统安全等级保护方面的调研，并组织相关培训，推动全国档案信息化建设安全发展。各级档案部门在档案信息化建设中，在重视档案信息安全利用的同时，还要注意提高信息反应能力，对各种涉及本地区、本单位的网络信息及时收集、分析并及时应对处理。

（七）推进依法治档

要加大与国务院法制办和全国人大法工委的沟通力度，争取他们的支持，继续开展《档案法》的修订工作，力争尽快形成修订草案。要根据《国家档案法规体系方案》，组织制定、修订一批档案工作亟需的法规性文件。要结合纪念《档案法》颁布25周年，全面部署实施“六五”普法工作，组织开展针对性强、形式多样的档案法制宣传教育活动。要继续开展档案执法检查和专项督查工作，并坚决查处违法案件，限期整改重大安全隐患，用档案法治促进档案事业发展。

（八）加强档案馆库建设及重点档案抢救保护，提高安全保障能力

要进一步加大中西部地区县级综合档案馆建设的督办力度。根据建设中的实际情况和发现的问题，今年我们将商国家发展改革委，本着“奖先罚后”的原则，对开工率高、建设质量好的省份加大中央支持力度，对开工不足、建设质量差的省份核减中央支持资金，督促各地按进度、按质量建馆；还要在适当时候召开中西部地区县级综合档案馆建设汇报会，请各地汇报本地区档案馆建设进展情况。中西部地区县级综合档案馆以外的档案馆建设，各级档案行政部门的主要负责同志也要高度重视，作为重点工作一个一个地亲自抓、亲自跑，积极争取各级领导及发展改革部门、财政部门等对新馆建设的支持，力争新建、改建和扩建，使档案馆建设早日达到新的标准，满足各种功能需要。还要继续积极开展重点档案抢救保护，确保在“十二五”期间内全部完成全国重点档案的抢救保护任务。

要加强档案安全科技研究，促进档案安全保管利用。我们今年要制订完成《档案安全风险评估指标体系》，并进行评估试点。希望各级档案部门高度重视档案安全风险，积极配合和参与这项工作，按照风险指标，对档案保护情况进行整体评估，并制定改进措施，化解档案安全风险。今年我们还要继续对中央和国家机关、中央企业的档案安全进行督查，推动中央国家机关和中央企业档案安全事项的落实。

（九）积极开展对外交流与合作

要继续积极参与国际档案事务，加强档案对外交流，在国际舞台上发出中国的声音，发挥应有的作用。要组团参加第十七届国际档案大会、国际档案理事会项目委员会会议、国际标准化组织有关工作会议、世界记忆项目亚太地区委员会会议、国际档案理事会东亚地区分会会议等。要组织青年档案工作者赴美国培训，组团参加中俄档案合作工作小组第九次会议和学术研讨会，与越南、印尼等国进行档案工作交流等，在对外交流与合作中进一步提升我国档案工作的水平。

（十）加强干部队伍建设，促进人才全面发展

各级档案部门要把好入口关，注意选拔思想好、学历高、能力强、有实践经验的人才，选拔具有多专业背景的复合型人才，有计划地延揽各方面人才，逐步改善和优化档案干部队伍层次结构。要加强人员培训，举办不同层次、不同类型的培训班，并注重培训内容设计，帮助档案人员掌握最前沿、最需要、最管用的知识和技能。我们将继续在中央党校和中国浦东干部学院举办档案领导干部培训班，继续培训省区市分管档案工作的领导干部。要鼓励档案人员根据工作需要选修或在职学习，促进他们学习成才。要开展岗位练兵，在工作中大胆使用人才、历练人才，运用各种激励手段，促进岗位成才。要努力创造人尽其才、才尽其用的良好氛围，关心爱护干部，切实帮助解决实际困难，免除后顾之忧，充分调动他们的工作积极性、主动性、创造性，使他们全身心地投入工作。

同志们，新的一年面临新的形势，新的任务需要新的努力。让我们紧密团结在以胡锦涛同志为总书记的党中央周围，深入贯彻落实科学发展观，奋力开拓，锐意进取，开创档案工作新局面，以优异成绩迎接党的十八大胜利召开！

国家档案局局长、中央档案馆馆长杨冬权在档案与电子文件登记备份工作现场会上的讲话

（2012 年 4 月 17 日）

2009 年我国有关部门关于电子文件管理的文件中提出，有条件的档案馆应根据灾害备份的要求，建立本级电子文件备份中心或异地备份库。同年召开的全国档案馆工作会议上明确提出了建设档案馆五位一体功能的要求，其中新增加的功能之一就是“电子文件备份中心”。2010 年 5 月，国家档案局召开全国档案安全体系建设会议，提出了建立确保档案安全保密的档案安全体系，全面提升档案部门的安全保障能力，确保档案实体安全和信息安全的要求。同年 10 月在辽宁省召开了档案馆电子文件（档案）备份中心建设现场会，对这项工作进行了具体部署。自辽宁会议以来，全国各级档案馆电子文件备份工作取得了重要进展，47 家副省级市以上档案馆全部实现了重要档案和电子文件的异地结对备份。一些市县档案馆也开始了建立电子文件备份中心和异地备份库的工作。特别是浙江省档案与电子文件登记备份工作取得的重大创新和进展，引起了全国档案部门和社会各界的普遍关注。为了学习、借鉴浙江的经验，推动电子文件备份工作，我们在此召开这个现场会。

这次会议的主要任务是：落实中央领导关于增强档案服务能力建设的重要指示，参观和学习浙江在开展档案与电子文件登记备份工作方面的经验和做法，推动各地把这项工作开展起来，有效推进档案馆五位一体功能建设和档案事业全面发展。会上，我们实地查看了绍兴市和萧山区两个档案与电子文件登记备份工作现场，听取了浙江省档案局关于全省开展这项工作的全面情况介绍，相信大家一定深有感触。把这样一项牵动档案事业发展全局的事情搞起来，搞得这么有规模、有成效，的确不容易，体现了浙江档案工作者的开拓创新和敢试敢闯的精神。我们对浙江省委、省政府领导对档案部门的支持表示衷心感谢，对浙江档案部门的大胆探索和艰辛努力表示钦佩和赞赏。

下面我讲两点意见：

一、浙江省开展档案与电子文件登记备份工作的经验值得推广

2009 年底，浙江省委、省政府办公厅根据中办、国办文件精神，提出在全省开展档案与电子文件登记备份工作的要求。两年多来，在浙江省委、省政府领导下，浙江省档案与电子文件登记备份工作引起了各级政府、各单位领导的关注和重视。全省各地、各单位普遍把登记备份工作纳入自己的工作计划，纳入目标责任制考核范围，解决登记备份工作

所需的机构、人员、经费等问题，档案安全保障条件进一步改善。在这项工作的推动下，浙江省内未建新档案馆或馆舍不符合要求的市县，普遍将新馆建设纳入当地国民经济和社会发展“十二五”规划。档案信息化建设和档案安全保管所需的设施配置也达到历史最好水平。浙江省各级档案部门，发扬勇于担当、敢于创新的精神，通过争取领导重视、实施“三项考核”、建立制度方案、研究技术标准和积极选点示范，创造性地开展了档案与电子文件登记备份工作。目前，全省已有94%的市县建立了由当地编办批准成立的档案登记备份机构。2011年，全省各级档案部门新增编制59人；11个地级市的档案登记备份专项经费平均达260万元，省直单位平均27万元。浙江省档案部门的工作实践，从理论到实践的创新上充分体现了档案工作实施“三大战略”、建设“三个体系”的精神，为档案事业科学发展、做大做强，建设档案强国，做出了可贵的探索。既为档案馆电子文件备份中心功能建设注人了新的内涵，提供了一个可资借鉴的样板，又为全国各级档案部门提供了一个集档案行政监管与服务民生、资源整合与安全保障、基础业务与信息化建设为一体的档案工作发展机制。浙江的经验引起了有关方面的关注，受到了各界好评。去年，新华社内参曾经专门介绍了他们的工作，我们也多次要求我局有关部门对此进行调研、总结和推广。

通过我们实地参观学习和听取介绍，我认为，浙江开展档案与电子文件登记备份工作的经验是应该加以推广的，是值得各地档案部门学习的。理由是：

（一）档案与电子文件登记备份工作是贯彻“安全第一”战略，建设档案安全体系的一种重要手段

登记备份制度是档案安全体系建设的重要内容：一是强化了对档案的行政监管。通过定期开展档案与电子文件登记备份工作，使档案行政管理部门及时了解各单位年度档案工作开展情况，督促各单位形成的电子文件该归档的归档、该移交的移交，及时消除在文件形成、保管和移交归档阶段存在的各种隐患，消除在档案进馆前有可能存在的危及档案安全的各种软硬件环境因素，变事后检查为事前、事中监督，变被动接收为主动备份，档案行政管理部门由后端监管走向前台，实行超前管理、同步管理。二是强化了电子公文、电子业务数据特别是重要民生档案数据的安全监管。通过对电子公文、民生档案数据登记备份，促使各单位将上述电子文件纳入档案安全体系，定期做好归档移交，消除电子文件安全风险。

（二）档案与电子文件登记备份工作是贯彻“以人为本”战略，建立覆盖人民群众的档案资源体系的一项重要举措

通过档案与电子文件登记备份制度的实施，各单位形成的、具有重要保存价值的、各种形态的档案与电子文件定期向同级档案电子文件登记备份中心移交，一方面打破了各单位档案部门与信息中心、业务部门互不衔接的状态，促使电子公文、电子业务数据有序纳入档案资源体系，特别是一些重要涉民业务数据，实现了由原来的长期分散保管到集中统一管理；另一方面，使各级档案馆馆藏资源体系覆盖面进一步拓宽，开始由历史档案覆盖到现行档案，由传统档案覆盖到电子文件以及其他各种载体、形态的档案，由单一的机关文书档案覆盖到各个领域、各种专业档案，从内容上覆盖到广大人民群众，为经济社会发展留存下真实的社会历史记录。

（三）档案与电子文件登记备份工作是实施“服务为先”战略，建设方便人民群众的档案利用体系的一种有效途径

实施重要涉民领域档案与电子文件登记备份，使档案部门触角深入到公积金、社保医保、民政婚姻、工商等专业领域，档案资源的覆盖面扩大，档案信息资源内容越来越丰富，与人民群众的联系越来越紧密，提供档案服务的路子越来越宽广，进一步增强了档案部门服务民生的能力。据了解，仅2011年8月—2012年1月，为落实惠民政策，浙江省各级档案馆就接待利用者45.5万人次，提供利用档案120多万卷，为22.9万人提供了档案证明，其中14.9万人的证明得到社保部门确认，为省委省政府惠民政策的落实发挥了基础性的重要保障作用，成为社会稳定的“减压器”，为档案工作直接服务社会管理、建立公共服务型档案馆创造了新的经验。各类涉及民生的电子文件在档案馆的及时登记备份，将更加有利于增强档案馆公共服务和为民生服务的能力，更加有利于方便人民群众档案利用体系的建立。

（四）档案与电子文件登记备份工作是实施“数字化带动”战略，推动档案基础业务建设和信息化工作的一种持续动力

登记备份以网上登记为途径，以电子公文、电子业务数据和传统档案的数字化成果为备份形式，推动了各单位的传统档案数字化工作以及电子公文管理和电子业务数据的管理工作。据浙江省档案局统计，在实施登记备份以前，省政府直属单位开展档案数字化工作的单位为20%左右，电子文件按规定归档移交的不到10%。有不少单位没有档案管理系统，也没有将档案管理纳入办公自动化系统，一些单位甚至没有专门档案工作经费和计算机、扫描仪等设备。实施登记备份两年后，开展档案数字化工作的单位已达到98%，其中有70%的单位全部完成室藏档案数字化工作；80%以上单位按规定开展了电子文件的归档移交工作。这在全国各省中是名列前茅、非常先进和突出的。这些事实说明，档案与电子文件登记备份工作扎实有效地推动了档案基础业务建设和档案信息化工作。

（五）档案与电子文件备份工作是建设档案强国的一个很好切入点和重要抓手

在今年的全国档案工作会议上，国家档案局根据党的十七届六中全会精神，提出了建设与社会主义文化强国相匹配的档案强国的新的战略目标。实现这一新的战略目标，需要我们从很多方面去着手、去切入。看了浙江的工作，我感到开展档案与电子文件备份工作，是建设档案强国的一个很好切入点和很好的抓手。通过这项工作，能引起领导和各方面对档案工作更多的重视、更大的支持，有利于建立起强大的事业发展保障体系；能有效地、顺利地把各方面的档案信息资源集中、整合到一起，有利于建立起强大的档案信息资源体系；能使各级档案部门建起先进的档案硬件设施、软件平台和信息化环境，有利于建立起强大的档案利用体系；能够锻炼出一批适应现代化需要的技术型、复合型干部，有利于建立起一支强大的档案人才队伍。因此，通过这项工作，可以全面地提升档案工作水平，使档案工作实现转型升级，把档案事业做大做强，从而早日实现建设档案强国的新的战略目标。如果说，我们过去对建设档案强国还感到信心不足或内容不实的话，那么看了浙江的这项工作情况，我感到信心足了，内容实了。要是各省都像浙江这么做了，那么我们的档案工作水平就会大大提高，我们就可以真正在一些主要方面处于国际领先地位，从而在各个主要的领域成为档案强国。

总之，档案与电子文件登记备份工作能够综合地推动档案资源体系、利用体系、安全体系的建立与完善，多方面地推进档案业务建设，全面地提高档案部门的社会地位，系统地促进档案事业的发展，更好地建设档案强国，是我们在新的条件下加强档案工作，促进档案事业发展的一个很好抓手和载体。我们应该积极地推广和应用，尽快地开展这项工作。这项工作，在浙江已经结出果实，形成了种子。下一步，我们应该把浙江的种子撒向全国，让它在全国开花、结果。

二、关于学习浙江经验，开展档案与电子文件登记备份工作的要求

（一）要积极争取领导和各部门支持，积极开展登记备份工作

登记备份工作是一项系统工程，涉及部门多、保障要求高，光靠档案部门是不够的，必须依靠领导和各部门的支持，把这项工作上升为领导工程。希望各地要结合实际贯彻这次会议精神，积极争取党委、政府主要领导的重视和支持，把登记备份工作作为确保党务、政务信息安全的重要工作来抓，作为建设档案安全体系的重要手段来抓，作为建设档案资源体系的重要举措来抓，作为强化政府公共服务能力、促进社会管理手段创新的一项新内容来抓，作为档案事业科学发展的重要创新点来抓。要积极争取将档案与电子文件登记备份工作纳入领导议事日程，纳入当地党委政府的目标责任制考核范围。在向领导和有关部门争取时，要充分说清这项工作是贯彻落实两办文件，对现有的各类重要电子证据进行备份和保全，以防止这些重要电子证据丢失而引发重大社会问题，说清这项工作对服务民生、维护社会稳定、加强社会管理、维护党的威望和政府公信力的重要作用，说清这项工作是重要的民生工程、维稳工程、社会管理工程，以引起他们的重视，得到他们的支持。可以向各级领导宣传日本因为丢失大量养老金档案而导致自民党丧失执政地位并导致首相辞职的深刻教训。另外，浙江绍兴目前正准备以备份的电子文件和档案为基础，进一步建立“树型人口档案管理和服务数据库平台”，这将会使档案真正成为政府进行社会管理的有力工具，使档案工作更加有效、有力、直接地为党委、政府改善社会管理、维护社会稳定服务。档案作为社会管理工具的这种重要作用，也要向各级领导进行宣传。在争取领导和有关部门支持方面，要充分利用各地信息化领导机构、电子文件协调机构等已有的组织架构，来领导、协调这项工作。还要制订计划与相应方案，对本行政区域内的进馆单位进行先行摸底排查，制订登记备份工作计划。完善工作机制，落实必需的人、财、物等条件保障。加强与发展改革、公安、信息产业、财政、保密等部门的联系与沟通，争取重点部门的理解和支持，努力为登记备份工作开展创造良好的环境。

（二）要有重点、有次序，稳妥有序地开展登记备份工作

登记备份工作面广量大，必须有重点、有次序

地开展。要把涉及民生、涉及社会稳定的专业档案作为重点，作为优先次序，先易后难，先重点后一般。要选择试点，以点带面，分期分批开展登记备份工作。在登记备份工作全面铺开以前，应制订登记备份工作具体规定，确定试点单位，由点到面、渐次推广，切忌一哄而上。对承担社会管理、公共安全等职能的单位，如社保、医保、民政、公积金、土地承包、山林草场承包、房产、土地、城建等重要涉民单位，应作为登记备份的重点单位或试点单位。已完成数字化工作或完成电子公文归档的单位，有档案信息化的基础，也可以优先安排登记备份。在需要备份的电子文件、电子业务数据、档案数字化成果这三方面内容中，也可把前两种作为重点，优先备份。总之，要经过摸底调查，区分轻重缓急，有计划、有步骤、由重点到一般、由易到难、由试点到全面、有次序地开展档案与电子文件的登记备份工作。要做到狠、准、稳，就是狠下决心，找准切入点，稳步推进。

（三）把登记备份工作与贯彻国家档案局8号令、9号令和《国家基本专业档案目录》有机结合起来

一是要依据国家档案局8号令《机关文件材料归档范围和文书档案保管期限规定》，确保反映党和国家重要工作、反映各单位基本职能和涉及公民、关系广大人民群众切身利益的文件材料列入归档范围，列入登记备份报送范围。各单位档案室保存的档案电子文件，按照现有档案法律法规，需10—20年移交进馆，进馆时一旦发现有缺漏，往往时过境迁难以补救。因此，在每年的登记审核阶段，就应掌握各单位当年档案电子文件形成情况，发现不归、漏归者，及时督促整改、补充完善。二是要将列入进馆范围的档案与电子文件及时备份进馆。去年，国家档案局印发了9号令《各级各类档案馆收集档案范围的规定》，各级档案馆应结合实际精心制订细则，在3年内完成接收范围的调整。凡列入接收范围的单位所形成的档案与电子文件，可列入同级档案馆登记备份范围。三是登记备份的范围要优先考虑《国家基本专业档案目录》中规定的5大类100种专业档案，重点考虑本级党政机关一级、二级甚至三级单位永久档案，切实做到把对国家和社会、对广大人民群众具有保存和利用价值的档案应登记的全部登记，应备份的全部备份。

（四）把登记备份工作与数字档案馆、室建设有机结合起来

档案与电子文件登记备份是以电子数据的形式进行的。要确保备份的数据具有原件的特性。无论数字化成果还是电子文件，都应体现档案形成、处理的历史面貌，具有档案原始性、凭证性的相关要素。如，一份纸质档案应全息扫描，数字化成果应包含这件档案的所有相关信息；一份电子公文备份应同时包括版式文件、文件内容、发文单、背景信息和重要元数据。备份数据原件特性越强，登记备份的档案信息资源安全保障、证据保全和资源的整合功能作用将发挥得越充分。档案室在登记备份前的数据准备，需要完成传统档案数字化、电子公文的数据捕获和整理以及电子业务数据的脱机、打包备份等工作。这些工作必须要有一定的信息化技术支持和软硬件设备支撑。同样，档案室向档案馆报送备份数据，也需要一定的信息化平台和计算机用房等软硬件保障。因此，档案与电子文件的登记备份工作是以数字档案馆、数字档案室建设为基础的，要实施登记备份，就要加强数字档案馆、室建设。

（五）要实事求是，因地制宜地开展登记备份工作

各地区、各单位条件不同，情况不同，不能一刀切，而要根据本地区各单位的实际情况和可能条件，实事求是地提出要求，因地制宜地采取办法，积极稳妥地向前推进。不提脱离实际的口号和要求，不搞华而不实的项目和活动，不搞形式主义，不做表面文章，不去互相攀比。能以何种形式备份，则以何种形式备份。求真务实，扎实开展，求得实效。特别要充分利用已有的软硬件条件和网络环境，利用已有的组织架构和成熟技术，在已有的数字档案馆、数字档案室建设的基础上，进一步丰富内容、增加功能、扩展容量、提升水平。凡是以前有基础的，都不要另起炉灶，再搞一套。

同志们，开展档案与电子文件登记备份工作是档案事业三个体系建设的重要创新，是各级档案部门在新形势下面临的一个新课题，是增强档案服务能力的一项新内容。还有许多事情需要我们去做，有许多难题需要我们去破解。让我们以科学发展观为指导，认真研究、积极推进，结合实际、大胆创新，统筹安排、扎实开展，以优异的创新成果迎接党的十八大胜利召开！

国家档案局局长、中央档案馆馆长杨冬权在全国民生档案工作经验交流会上的讲话

（2012 年 9 月 20 日）

同志们：

这次会议的主要任务是：总结十七大以来各地开展民生档案工作的基本情况，交流经验，进一步推动覆盖人民群众的档案资源体系和方便人民群众的档案利用体系建设，把民生档案工作提高到一个新的水平。上午我们参观了新建的天津市社保档案馆，刚才又听了 9 个单位的经验介绍，他们从不同角度介绍了开展民生档案工作的创新经验，让人耳目一新，很受启发。我们要把他们的经验推广开去，宣传好，普及好。

下面我讲两个问题：

一、全国民生档案工作的基本情况

2007 年，在贯彻落实党的十七大精神过程中，国家档案局提出了档案工作实现“两个转变”、建设“两个体系”的重要方针，即从重事轻人、重物轻人、重典型人物轻普通人物的传统观念转变为重视所有涉及人的档案的价值；从重机关团体利用、轻个人利用，重为机关团体服务、轻为群众服务的传统观念转变为像重视机关团体利用那样重视人民群众利用，从而建立覆盖人民群众的档案资源体系和方便人民群众的档案利用体系。这是新中国档案工作中一次具有深远意义的战略性转变。国家档案局于 2007 年 12 月制发《关于加强民生档案工作的意见》。几年来，在实地调查和深入研究的基础上，国家档案局在审批各中央国家机关文件归档范围和保管期限表的过程中，坚持把民生档案作为重点纳入其中，确保民生档案纳入各机关归档范围并延长保管期限。同时还与有关部门一起出台《关于加强最低生活保障档案管理的通知》《伤残抚恤人员档案管理办法》《社会保险业务档案管理规定（试行）》《安全生产事故档案管理办法》《卫生档案管理规定》《关于加强集体林权制度改革档案工作的意见》《关于进一步做好长江三峡工程建设移民档案工作的通知》《水利水电工程移民档案管理办法》等与民生有关的档案管理规章和文件。在 2011 年制发的两批《国家基本专业档案目录》中，与民生有关的专业档案有 40 多种，占到该目录的将近一半。2011 年 11 月，国家档案局公布《各级各类档案馆收集档案范围的规定》（国家档案局令第 9 号），把民生档案纳入各级综合档案馆的收集范围。各地档案部门从服务民生的角度出发，与有关部门协作配合，制定了一批与民生密切相关的地方性规章制度或管理办法，以构建民生档案工作制度体系，为维护人民群众的合法权益提供有力的制度保障。经过几年的努力，全国民生档案工作呈现出蓬勃发展的良好态势，逐步建立起行之有效的推进民生档案工作的机制，形成了条块结合、齐抓共管的民生档案工作新格局，有中国特色的民生档案工作机制和体系已经基本形成，服务民生成为档案工作服务党和国家工作大局的一个新亮点，也成为档案工作出现历史性变化的一个新拐点。民生档案工作的开展，使档案工作融入人民群众的日常生活，成为党和政府联系人民群众的纽带，给档案事业注入了勃勃生机和持续动力，极大地扩展了档案工作的社会影响力，提高了档案工作的社会地位。

这几年民生档案工作的主要成绩是：

（一）民生档案工作行政监管体制初步形成

各地档案行政管理部门通过强化监管，加强对民生档案管理的业务指导，努力构建民生档案工作长效发展机制。

各地党委政府将民生档案工作纳入议事日程，加强对这项工作的领导。辽宁省委、省政府印发《关于进一步加强档案工作的意见》，明确要求加强城市社区和农业农村档案工作，做好社会保障、医疗保险、社会救济、社会福利、优抚安置、社会互助、学历学籍、新型农村合作医疗、土地承包合同、林权改革等民生档案工作。海南省五指山市政府印发《民生档案管理办法》。宁波市委、市政府印发

《关于加强民生档案工作的意见》。

各级档案行政管理部门会同相关涉民部门加强对民生档案的研究，出台相关文件，规范民生档案管理工作。北京市档案局联合专业主管部门研究制定了涉及十多个行业的民生档案管理办法。吉林省档案局制定出新型农村合作医疗档案分类方法和保管期限，并指导在各定点报销医疗机构建立严格的档案管理制度，为做好新型农村合作医疗工作提供了有效保障。沈阳、武汉等地档案局出台关于加强民生档案工作的文件。广东省档案局出台《关于在全省开展家庭建档工作的意见》。新疆生产建设兵团档案局和社保局合发《社保档案管理办法》。青海省档案局与省三江源生态保护和建设工程办公室联合编制《青海三江源生态保护和建设工程档案资料管理规范》。山西省档案局、内蒙古自治区档案局、云南省档案局分别与本省区林业部门联合制发集体林权制度改革档案管理办法。黑龙江、浙江、福建、四川等地还将民生档案工作纳入年度目标考核或档案行政执法检查范围，开展对民生档案管理的执法检查，保证了民生档案安全保管和有效利用。

（二）各级档案馆成为档案工作服务民生的主体

一是主动融入民生领域，发掘馆藏资源，自觉服务民生。各级综合档案馆以现有馆藏档案和现行文件利用中心、政府公开信息查阅中心为依托，开展民生档案服务工作。上海市各级档案馆积极开展民生档案利用便民服务进社区活动，在全市127个社区事务受理中心开设民生档案利用便民服务项目，两年来已有6000多位市民在此享受到民生档案利用的便捷服务。湖南省岳阳市档案馆积极服务省委、省政府为渔民解困与上岸定居的重点保民生工程，收集、整理渔民安置、社保、低保、危房改造、户籍等各类档案，保证了渔民解困与上岸定居重点工程的顺利开展。西藏自治区档案馆将农牧民安居工程档案工作作为民生档案工作的突破口，努力实现农牧民安居工程档案管理规范化、标准化。

二是完善档案馆收集范围，加大民生档案资源收集力度。各级综合档案馆秉承“以人为本”的服务理念，以构建面向民生的多元化馆藏档案资源体系为目标，以贯彻落实国家档案局令第9号为契机，依据《国家基本专业档案目录》的要求，加强对民生档案资源的收集，通过各种有效举措，使档案馆馆藏结构发生明显改变，民生档案比重普遍提高。到2011年底，杭州市档案馆馆藏178万卷档案中，民生档案超过60%；北京市档案馆馆藏民生档案已达54万余卷，占全部馆藏的30%。目前湖北省各级综合档案馆目录数据库总量为3334万多条，全文扫描档案达4706万多幅，其中，涉及民生的档案信息占80%以上。

各级档案馆不断创新工作方式，努力实现民生档案信息资源跨地区、跨部门共享。长春市档案馆与所辖10个县、市、区档案馆的民生档案数字化成果进行资源信息交换，做到了互通有无、互换数据、互开证明，全市综合档案馆共享民生电子数据达1217万条。上海市各综合档案馆也实现了跨馆出证。浙江省档案局联合省住房城乡建设厅在全省范围内开展包括城建、房产、征地拆迁等建设系统民生档案电子目录向当地综合档案馆移交工作。济南市档案馆建立了区域性、多层次、规范化的民生档案数据中心。

三是强化服务理念，拓展服务方式。各级档案馆坚持以人为本、服务为先的理念，以档案查询窗口、政府公开信息查阅场所和档案网站为载体，采取咨询、函电查询、在线查阅，围绕社会热点举办讲座、展览等多种服务方式开展服务。北京市档案馆“十一五”期间在外网网站挂接民生档案目录26.5万余条，建立“民生档案”和“政务公开”服务专栏，有近万人浏览页面3.7万余次。江苏省在全省档案馆普遍建立首问负责制、服务承诺制、责任追究制、利用问效制等规范化服务机制，省档案馆接待利用科连续14年被评为省级档案“青年文明号”。山东省日照市档案局积极整合档案资源，拓展服务方式，构建集政策档案查阅、市情展示、文化宣传于一体的“市民之家”档案多元立体服务体系。

四是服务民生取得显著成效。2009—2011年，南京市区县档案馆接待民生问题查档10万多人次，占同期档案利用总量的82%。福建晋江市档案馆2011年提供民生利用1.5万人次，是2008年的3.7倍。2011年8月到2012年1月半年时间内，浙江省各级档案馆为落实省政府关于20世纪60年代精减退职人员生活困难补助等一系列惠民政策而提供民生档案利用37万人次，使14.85万人享受到惠民政策。2010年7月到2011年8月一年中，江西省各级档案馆仅接待知青查档就达14万人次，开具知青身份证明11万多份。2010年和2011年，宁夏回族自治区各级档案馆共为解决个人养老保险待遇问题接待查档5万多人次。贵州省兴义市档案馆近年在为民生服务中，共接待8500多人次，其中，为单位和个人解决突出问题30例，挽回经济损失3300多万元。

（三）机关档案工作和专业档案工作创新思路，为民生档案资源积累打下坚实基础

各级党政机关以贯彻落实国家档案局令第8号为抓手，把民生档案纳入归档范围，把好档案资源入口关，密切结合本机关实际，一方面按照各职能部门逐一编制文书档案保管期限表，做到文件材料应归尽归；另一方面结合机关行政职能，把一大批与人民群众利益直接相关的档案列入机关归档范围，并确定了合理的保管期限，机关文件的归档率、保管期限划分的准确率得到了根本性的提高，为党政机关开展民生档案工作奠定了坚实的基础。河北、山东等省加大民生档案接收进馆力度，为帮助解决民生问题发挥了作用。广西壮族自治区各级机关全面修订文件归档范围和保管期限表，把招工、工作分配、军转安置、工资调整、知青、房地产、社保、婚姻、城市拆迁、土地承包、林地流转、环境监测、学籍、户籍、移民、收养等民生档案纳入档案资源体系。贵州省遵义市档案部门将民生档案明确纳入各机关、企业事业单位归档范围和保管期限表的制定审批范围。民生档案工作在基层得到了实实在在的落实，成了基层干部开展工作的利器。甘肃省兰州市七里河区龚家湾街道是有名的“破产企业一条街”，破产企业人员上访一度占到同期信访案件的82%。街道办事处以低保救助和就业这两个百姓关注的焦点作为突破口，建立起涉及扶贫济困、子女入学、劳动就业、医疗卫生、低保救助等方面的民生档案。他们通过“爱心档案”明确了13类特困帮扶对象，制订了具体帮扶方案，解决了老百姓的实际困难，有效地消除了社会不和谐因素；通过“就业档案”了解失业人员的就业愿望和用人单位的岗位需求、技能要求，有针对性地开展再就业培训，组织劳务输出，有效解决了群众就业；通过“居民健康档案”掌握了辖区特困人员的健康状况，依托辖区医疗资源，有效解决了弱势群体看病难的问题。

各级档案部门突出重点领域，着力加强民生档案资源建设。通过实施民生档案登记备案制度、达标验收、专项检查、系统培训等措施，抓好与人民群众切身利益密切相关的社会保障、社会救助、婚姻、学籍、教育、医疗、环境监测、居民健康等重点领域的档案管理。

民政系统专业档案数量庞大、种类繁多。近几年来，民政部档案馆积极推进民政专业档案资源建设，目前已基本建立起了覆盖收养登记、婚姻登记、伤残抚恤、殡葬服务等民生档案在内的民政档案管理政策体系。

社会保险档案涉及广大人民群众的切身利益，事关社会的和谐稳定，是各级政府履行公共服务和社会管理职能的重要依据。我国的社会保险体系是世界上覆盖人口最多的社会保险体系，目前各种社会保险已经覆盖13亿全体国民，此外还要加上在华务工人员。2009年9月，人力资源和社会保障部与国家档案局联合制发的《社会保险业务档案管理规定（试行）》实施以来，社保业务档案管理工作取得明显进展，2010年和2011年共完成了两批共23家省级经办机构社会保险业务档案管理的达标验收，有19家获评优秀等级单位。新疆维吾尔自治区社保局先后投入1814万元，建设了2553平方米的业务档案用房，配置了可存放40万卷档案资料的智能密集架，开发了业务档案影像管理系统。天津市争取财政专项资金支持，建起近2万平方米的社保专业档案馆。该馆设置了档案接收区、查阅服务区、数字化加工区、办公区和档案展览区，在规模、功能、现代化程度上都处于全国领先水平，在国际上也是相当先进的。

各地结合本地重点工作加强了有特色的民生档案工作。“双语”教学是新疆维吾尔自治区推进少数民族学习教育的一项基础性民生工作，和田地区档案局与教育局联合制定《关于做好“双语”教育文件材料收集归档工作的通知》，在全区率先建立“双语”教育档案。深圳、广州、西安等地档案部门加强重大活动档案接收工作。厦门市档案局指导全市189家社区居委会全部实现建档工作。

各级机关档案部门积极推进档案资源的有效利用，充分发挥民生档案在服务社会、服务民生等方面的基础性作用，在不断丰富内容资源的同时，优化开发利用，极大提升了民生档案为社会服务的水平，得到广泛认可和好评。天津、吉林档案部门为提高管理效率，利用“二维码”技术进行社保业务档案的识别、自动分件、电子组卷、获取索引以及影像利用，取得了显著成果。上海医保系统将业务档案数字化处理范围扩展到全部长期保存的档案后，医保业务档案的查询利用量大幅增加，2010年较2007年增加7倍以上，充分发挥了社保档案服务民生的作用。

（四）企业职工档案和建设项目移民档案为服务民生作出重要贡献

企业职工档案为维护企业职工的合法权益发挥了重要作用。随着企业改制、新经济组织建立、社会保险及养老保险办理等工作的开展，企业档案与企业职工权益的关系日渐凸显。2004年以来，辽宁省档案局与人力资源社会保障厅先后联合印发《企业职工档案管理暂行规定》和《企业职工档案管理机构资格备案办法》，对企业职工档案管理、职工个人档案补办、劳动关系确认等提出具体解决方法，规范了企业职工档案的管理，为确保职工档案安全保管、有效利用、维护企业职工权益起到积极的作用。陕西省组织编写《民营企业档案工作指南》，并通过非公有制企业档案工作规范管理示范单位全面带动同类企业档案工作发展。哈尔滨市近几年共为丢失损毁档案的企业职工、非企业人员补办认定档案2.3万余份，解决了多年遗留的因档案丢失损毁而引发的社会矛盾和企业争议案件，上访数量逐年减少，有效解决了企业改制中的矛盾冲突。青岛市档案局与劳动社会保障局联合出台《职工档案管理暂行办法》，在全国率先突破了不允许职工查阅个人档案的历史束缚，明确了“客观性材料对职工开放”的查阅原则，规定“个人可持有效身份证明，经职工档案管理机构同意，可查阅本人在职工招聘、培训、考核、奖惩、晋级、任免、调资、社保以及工作变动等方面的档案信息”，最大限度地维护企业职工对个人档案信息的知情权。“职工档案自己可以查了”的消息一经《半岛都市报》报道，立刻引起市民的高度关注和强烈反响。

苏州市创新性地建立工商档案管理中心，负责千余家市属国有集体企业改制后220余万卷档案的管理。其中数量庞大的涉及广大职工切身利益的档案，直接影响转岗、下岗职工再就业、退休、保险、住房、福利待遇等。在这里，民生档案成为查阅重点并呈上升趋势。在档案利用中，个人查证的2008年占60.84%；2009年和2010年分别上升至82.51%和84.42%。企业改制档案成为服务民生的优质资源。

建设项目移民档案成为维护社会稳定、保障移民权益的安全阀。国务院颁布的《大中型水利水电工程建设征地补偿和移民安置条例》规定：县级以上政府或其移民机构以及项目法人应当建立移民工作档案，并按照国家有关规定进行管理。湖北、重庆、云南等省市相关地区档案行政管理部门根据项目管理特点和移民工作程序，研究制定了移民档案管理办法和业务规范。安徽、大连、成都等地档案局加大对重点建设项目档案工作检查力度。

国务院三峡工程建设委员会办公室和国家档案局积极争取到移民档案建设资金2.8亿元，其中给予三峡库区地方档案馆一次性补偿1.3亿元，为移民档案接收进馆、保管利用提供了必要的条件。这是国家第一次将移民档案工作经费列入工程投资概算中。2010年国家档案局与国务院南水北调办公室合发《南水北调工程征地移民档案管理办法》后，河南、湖北等省有关单位与档案局先后出台了本区域南水北调工程移民档案办法，有力地推动了移民档案工作规范化。在落实国务院关于水库移民后期扶助政策的过程中，各级档案馆提供了大量的移民档案，使成千上万的水库移民获得补助，使党和国家的这项惠民政策落到了实处。

（五）新农村建设档案工作注重实效，成为民生档案工作的新亮点

一是农村土地承包档案、集体林权制度改革档案为维护农民合法权益发挥积极作用。“土地是我们的命根子，土地承包合同档案让我们吃了定心丸”，这是农民对国家建立土地承包合同档案的评价。土地承包合同档案使农民在土地的自主经营、流转方面有了更大的主动性和积极性。2010年国家档案局与农业部合发《关于加强农村土地承包档案管理工作的意见》后，各地将土地承包合同档案作为重要的民生档案加以收集。内蒙古兴安盟将土地承包合同档案一式4份，分别由旗、苏木（镇）、村和村民各保管一份，即使有村民遗失合同，也能到各级档案部门进行查询。村民协商进行土地置换，也要建立土地置换档案，并由档案部门保管，为村民落实土地使用权提供保障。

在集体林权制度改革中，国家档案局与国家林业局联合制发《关于加强集体林权制度改革档案工作的意见》，还印发《关于贯彻落实中央领导重要批示精神进一步做好林改档案工作的通知》。截至2011年底，全国共确权集体林地24.3亿亩，给7260万户农民发放了林权证，发证确权的面积达20.1亿亩。全国参与林改的1800多个县，共形成林改档案550余万卷（盒），其中绝大多数做到了规范整理和安全保管，这批档案为维护农民合法权益，巩固集体林权制度改革成果提供了有力保障。

二是民生档案工作纳入新农村建设档案工作体系指标。2008年，国家档案局在湖北省宜昌市召开全国社会主义新农村建设档案工作现场会，要求注重民生档案的收集和管理，在农业农村各类文件的归档范围和档案保管期限表中，加大民生档案的收集力度，延长民生档案的保管期限。国家档案局还与民政部、农业部联合开展社会主义新农村建设档案工作示范县验收工作，把涉及民生的档案材料是否齐全完整纳入新农村建设档案工作示范县的考核中，把民生档案工作纳入示范县评定的标准中，突出强调农村土地承包、集体林权制度改革、新型农村合作医疗、农村养老保险等档案的收集、保管和利用。

新农村建设档案工作在基层见到实效。湖北省武汉市汉阳区永丰乡原汉桥村一位村民，在“城中村”综合改造过程中，认为自己年龄大了，不愿进社保。经反复劝说无效后，村委会从档案中找出一份经过全体村民讨论通过的劳动就业和社会保障方案给他看，使他放弃了原来的要求。中兴社区村委会在“城中村”改造中，制定了总体方案，充分征求村民意见，并作为真实性、完整性的档案记录保存。最后，97%的村民在方案上签了字，并使这份档案成为向村民解释改造政策、化解矛盾的重要依据。

我们在看到近年来民生档案工作成绩的同时，也要看到目前还有一些影响民生档案工作发展的问题需要着力解决，如：对民生档案认识不统一，工作开展不平衡；民生档案管理分散，机制不顺，管理制度不规范；部门、地区间信息化建设差异明显；资源信息共享程度低；一些专业部门档案基础设施建设滞后，档案工作经费短缺等等。对这些问题，我们今后要下功夫认真地加以研究和解决。

二、今后一个时期民生档案工作的主要任务

今后一个时期，我们要以科学发展观为指导，深入、持久、全面地深化民生档案工作，大力推进民生档案建设和民生档案工作创新。

（一）进一步深化对民生档案工作的认识，提高做好民生档案工作的自觉性

民生档案，是党和政府各部门、各单位在保障和改善民生工作中形成的真实记录，是维护人民群众各项权益的原始凭证。做好民生档案工作，是贯彻落实科学发展观，践行党的根本宗旨的内在要求。以人为本的科学发展观是我们党的指导思想，为人民服务是我们党的根本宗旨。保障和改善民生，是我们党贯彻落实科学发展观、践行为人民服务宗旨的重要内容。建好用好民生档案并服务民生，则是其中必不可少的一项基础性工作，是新形势下党对档案工作的新要求，是档案部门在档案工作中贯彻落实科学发展观、践行为人民服务宗旨的新内容。无论是涉及民生的各部门、各单位的领导和工作人员，还是所有档案工作者，都应该重视民生档案，把做好民生档案工作提到贯彻落实科学发展观、践行党的宗旨的高度来认识，当作落实科学发展观、为人民服务的一件实事、要事来办，当作一项应尽义务和必办工作来完成。

做好民生档案工作，也是为党和国家工作大局服务的新的方向。进入新世纪特别是党的十六大以来，保障和改善民生，逐渐成为人民群众要求的重点、社会关注的重点，同时也理所当然地成为党和国家关心的重点，各级党委政府高度重视民生，采取了一系列保障和改善民生的新措施，出台了一系列利民惠民的好政策。保障和改善民生，已经成为各级党委政府的重要任务和工作重点，成为党和国家工作大局的一个新的方向和重要内容。民生档案涉及民生的各个方面，牵涉城乡居民的切身利益，关系人民群众最关心、最直接、最现实问题。民生档案工作做不好，很多民生政策就落不到实处，很多民生问题就不能有效和顺利解决，这就会直接影响党的执政能力，影响党和政府的威信，影响社会稳定，不利于党和国家的工作大局。无论是哪个部门和单位，要为党和国家工作大局服务，都必须在做好其他工作的同时，建好用好民生档案并服务民生。所有涉及民生的各部门、各单位的领导和工作人员，所有档案工作者，都应从为党和国家工作大局服务的高度来认识和重视民生档案，把做好民生档案工作当作为党和国家工作大局服务的一项新任务来抓。

做好民生档案工作，还是党和政府创新社会管理、确保社会稳定的一个新的抓手。社会管理是政府的重要职能。近两年来，党中央提出要加快推进以改善民生为重点的社会建设，创新社会管理。许多地方的实践已经证明：建立健全民生档案并服务民生，可以有效落实惠民政策，切实解决民生问题，有力改进社会管理。所以，做好民生档案工作，是社会管理中的一种新型有效手段，是社会管理形式的一种创新，对于创新社会管理、促进社会和谐与稳定，具有重要意义。它表面上看起来是一项档案工作，实际上却是一项社会管理工作、维护稳定工作。因此，民生档案工作，不仅是档案部门的工作，而且是各个社会管理部门的工作；做好民生档案工作，不仅是档案人员的责任和分内事，而且是社会管理各部门人员的共同责任和应该抓好的分内事。

做好民生档案工作，更是保持档案事业发展持续动力的需要。民生问题，涉及亿万群众的方方面面。建好民生档案服务民生，使档案工作可以直接为亿万群众排忧解难，使亿万群众得到实惠，从而开辟了最广大的档案利用人群，拓展了异常广阔的档案利用领域，发挥出空前巨大的档案利用效益，受到广大人民群众的热烈欢迎，使档案工作走出象牙之塔，走出神秘境界，走出高端人群，走进民间，走进大众，走进生活，与亿万群众息息相关、紧紧相连，深深植根于人民群众之中、植根于社会生活之中。这将使档案事业获得永不枯竭的发展动力，始终保持蓬勃旺盛的生机与活力，得到持续发展。同时，广泛建立民生档案、广泛服务民生，还是我国档案工作中的一项开创性工作，具有转折性意义，它为我国档案事业开创了一个全新的局面，把我国档案事业推向了国际先进水平。各级分管档案工作的领导和全体档案工作者，更应该充分认识民生档案工作在档案事业发展中的这种特殊作用和重要意义，把服务民生作为档案人的神圣职责，自觉、主动地做好民生档案工作。

总之，做好民生档案工作，是发挥档案“存凭、留史、资政、育人”重大作用，履行档案工作“记录历史、传承文明、服务社会、造福人民”基本职能，完成档案工作者“为党管档、为国守史、为民服务”神圣职责的重要方面，我们必须切实重视，大力完成。

（二）进一步加强对民生档案工作的研究，明确民生档案工作的基本范畴和重点

要研究并明确民生档案的基本概念和内涵，建立民生档案的基本体系框架。民生，顾名思义，就是人民生活，或生存、生命、生产、生计，包括人们从生到死各个阶段关于出生、教育、就业、居住迁徙、生产生活、财产、健康、养老、死亡等各个方面。民生档案，则是指机关团体企事业单位（包括党政军机关、国有和民营企业、各类事业单位、居委会和村委会、各种经济或社会组织）及个人所形成的与民生各方面有关的档案。对民生档案的理解，就像对其他的概念一样，不同的人在不同的阶段会有不同的理解，总的是有狭义和广义之分。去年，国家档案局在公布两批《国家基本专业档案目录》时，对民生类档案的理解就是比较狭义的，而各地档案部门在实际工作中理解和执行的，则是比较广义的，我上边所说的也是指比较广义上的民生档案。

按照这个理解，民生档案不仅包括两批《国家基本专业档案目录》中人事类的全部档案，即干部、流动人员、户籍、企业职工、学籍、机动车驾驶员、出租车驾驶员执业、律师执业、会计师执业、医师执业、导游资格、民用航空器驾驶员登记方面的档案；民生类的全部档案，即：城乡居民最低生活保障、伤残抚恤人员、殡葬服务单位业务、婚姻登记、社会保险业务、城乡居民健康、病历、移民、农村五保供养、城镇廉租房、拆迁、就业失业登记、工伤鉴定、公积金方面的档案；政务类当中的公证、司法鉴定、劳动人事争议仲裁、农产品质量安全方面的档案；经济类当中的土地管理、环保、房屋产权登记、土地承包登记、信用、税收征管、企业法人登记、个体工商户、食品安全、林权登记、专利、银行信贷、证券期货业务、保险业务方面的档案。这些列入《目录》的 44 类档案，都与民生密切相关，都应列入民生档案的范畴。此外，还有与民生密切相关的、各地也十分关注和利用较多的有关人口出生、体检、独生子女、计划生育奖惩、领养抚养、身份证、知青上山下乡、干部职工城镇居民下放、劳动合同、人员录用转正调动安置、干部任免、职称评聘、职业资格或技能认证鉴定、荣誉奖励、人员处分、工资福利、特殊工种、就业援助、失业补助、建房补助、土壤普查、污染普查、水利普查、退耕还林还草、灾害救助、流浪乞讨人员救助、合作医疗、预防接种、特殊疾病管理、扶贫等方面的专业档案，以及与以上各方面民生工作有关的文书档案或管理类档案，也应该纳入民生档案的范畴。以上这些，可以作为民生档案的基本内涵和民生档案体系的基本框架，供大家进一步研究，以便将来进一步予以充实和调整，使之更为丰富、完整和科学。相信随着实践的进一步发展和研究的进一步深化，民生档案的内涵会进一步丰富和具体，民生档案工作体系会进一步完善。

要研究并明确民生档案工作的指导方针、总体原则和工作重点。上午，我们在天津市社保中心档案馆看到了一句话，叫“记录一生、保障一生、服务一生”。我认为非常好。可以在此基础上改一个字，叫“记录民生、保障民生、服务民生”。我想，这 12 个字，就可作为民生档案工作的指导方针。前几年，我们曾提出过“以改善民生为重点的社会建设开展到哪里，民生档案工作就延伸到哪里”，我觉得，这可以作为我们开展民生档案工作的总体原则。同时我们还曾提出过建立覆盖人民群众的档案资源体系和方便人民群众的档案利用体系即“两个体系”，我觉得，这也可以作为民生档案工作的工作重点。说到底，民生档案工作主要是全面收集与民生有关的各方面档案，并对其中利用最多最频繁的部分，优先进行整理、编目、数字化和鉴定，然后通过网络等各种现代与传统的开发利用手段提供利用，切实为保障和改善民生服务。各级档案部门、各类档案人员，都要按照这一方针、原则和重点，开展和做好民生档案工作。

（三）加强对民生档案工作的领导，积极争取领导及各部门重视和支持

民生档案内容丰富，涉及面广，仅专业档案就有几十种，涉及几十个部门，所以，民生档案工作是一项涉及多个部门的综合性的系统工程，需要各方面的支持和配合。各级档案部门要紧紧依靠当地党委和政府，争取把民生档案工作列入本级党委政府的议事日程和检查、考核范围，切实加强对民生档案工作的领导和协调，建立党委政府统筹领导、涉及民生的各主管部门各负其责、档案部门监督指导协调的工作机制。要争取各级党委政府出台加强档案工作的意见，加大投入，为民生档案工作创造良好的环境。还要加强与各涉民部门的沟通与合作，共同调研、共同制发文件、共同开展活动，齐抓共管，共同把民生档案真正建好用好。尤其要争取他们在布置新的涉及民生的专项工作时，把建立档案作为其中一项内容同布置、同检查，以便从源头上做好民生档案工作。民政部、国家档案局近期将出台《关于加强民政档案工作的指导意见》，在新的起点上对民政专业档案工作作出新的部署。今后，国家档案局将把与有关部门联合制定各类民生专业档案管理办法作为一项工作重点，每年与有关部委共同制定或修改重点的民生专业档案管理办法。希望各级档案行政管理部门也都这么做，每年各出台不少于10个民生专业档案的归档范围、业务标准或管理办法等文件，每年各与有关部门联合开展不少于5次有关活动，合力做好民生档案工作。各机关、团体、企事业单位档案部门，也要努力争取本单位领导对民生档案工作的重视，从工作布置方面、人力财力物力方面支持做好本单位的民生档案工作。

（四）建立完善民生档案规章制度体系，加强对民生档案工作的业务指导和行政督查

民生档案工作贯穿于机关档案工作、企事业单位档案工作、农村档案工作、社区档案工作、档案馆工作、家庭档案工作等档案工作的各个方面。各级档案行政管理部门要在认真总结近几年民生档案工作经验的同时，深入调查研究，了解民生档案的相关业务、职能分工、工作程序、业务范围及所形成的各类文件材料的规律和管理现状，了解民生档案工作与其他档案工作的联系，在布置其他档案工作时，布置并协调民生档案工作。要根据民生档案的特点、形成规律及收藏情况，及时制订和调整相关政策，做好对民生档案工作的政策引导。可通过对各部门的民生档案进行年度检查、专项检查、登记备案等形式，促进民生档案的建立健全和规范管理。要深入专业主管部门，按照有关要求，加大对民生专业档案的业务监督指导力度，提前介入，帮助他们建立制度，规范化开展民生档案建档工作，特别要注意加强对新形成的民生档案的建档指导，确保各种新单位、新领域、新形式的民生档案及时建档。还要注意加强对部分担负社会管理和公共服务职能的二级单位专业档案的监督指导。因为有些这样的单位民生档案非常重要，数量也非常大，不加强指导，不利于民生档案的健全。还要通过系统培训、督促检查、通报表彰、集中开展“民生档案建设年”活动等各种方式，调动各方面积极性，推进政策的贯彻落实，巩固政策的执行效果。各机关、团体、企事业单位档案部门都要普遍完善干部人事职工档案、公积金档案等的归档、管理、利用及移交制度。所有形成民生专业档案的机关、团体、企事业单位档案部门，都要普遍建立和完善各自形成的民生专业档案的归档、管理、利用、移交等制度，尚未建立的要尽快建立，需要修改完善的尽快修改完善。比如：学校要完善学籍档案、公共教育补助档案等，医院要完善出生档案、体检档案、居民电子健康档案、病历档案等，派出所要完善户籍档案等的归档、管理、利用、移交制度。各级综合档案馆也要尽快建立完善有关民生档案的接收、征集、管理、利用制度。

（五）加强民生档案收集力度，进一步促进民生档案资源建设

各级机关、团体、企事业单位档案部门，要按照文书档案和各类专业档案归档范围的要求，把本机关涉及民生的文书档案、干部人事职工档案、公积金档案、其他民生专业档案应收尽收、应归尽归，并实行集中管理。对那些暂时没有实行集中管理而由业务部门管理的专业档案，也要实行业务指导，使其规范管理，并监督其安全保管，还可把其目录集中起来，便于监管和统一利用。此外还要按照移交规定，及时向有关档案馆移交。各级综合档案馆要以贯彻实施国家档案局令第9号为契机，认真研究制定收集档案范围的细则和工作方案，将接收民生档案工作规范化、制度化，做到有章可循。要把民生档案的接收置于突出地位，把本行政区内的民生专业档案列入综合档案馆接收范围，并按接收规定予以接收。对群众迫切需要的民生档案可与有关部门协商，采取提前接收的方式及时接收进馆。对尚未明确归属的民生档案，为安全保管和方便利用，可采取为有关部门开辟民生档案专用库房或寄存的方式接收进馆。对一些确实暂时不好接收进馆的民生档案，可把档案目录、电子文件、数字化电子数据等接收进馆。各级综合档案馆除保证婚姻、劳模、知青、招工、土地承包合同、林权改革等民生档案的接收进馆外，都要争取每年新接收几种民生专业档案进馆，逐步从注重接收文书档案向注重接收民生档案转变。各级综合档案馆还可以通过在本级有关民生的专业或部门档案馆加挂综合档案馆专业分馆牌子的办法，促进民生档案的共建共享。要注意加强与相关行业部门联系，做好沟通和协商工作，促进民生档案信息资源的共建共享，使档案馆真正成为既保存政府公务信息又保存社会公众信息的中心，为档案馆从“档案馆有什么，群众查什么”向“群众查什么，档案馆有什么”转变而奠定坚实基础。还要加强对部分担负社会管理和公共服务职能的二级单位形成的民生专业档案的收集，加强对破产企业档案的收集，把它们列入进馆范围并积极接收进馆。中央档案馆今后将选择一些中央和国家机关所属二级机构和中央企业，开展档案接收进馆的试点工作，在相关做法成熟后再大面积推开。各级综合档案馆凡未开展的，也要开展接收相关二级单位和重点企业、破产企业档案进馆工作。按照国务院三峡办和国家档案局批复的《长江三峡工程库区移民档案进馆项目实施方案》，相关地区要在2012年底完成长江三峡工程移民档案移交进馆工作。据统计，长江三峡工程安置移民31.273万户113万人，移民档案总数为125.19万卷，移交进馆量62.51万卷。有关档案馆要抓紧工作，按时保质保量完成任务。各级档案行政管理部门要加强对各类档案室和档案馆民生档案收集工作的业务指导和执法督查，并协调解决民生专业档案的集中管理和接收进馆问题，使民生档案在到移交期限前由各单位档案部门集中管理，在到移交期限后及时由档案馆接收。

（六）加强民生档案的整理编目、数字化和开放鉴定，确保民生档案安全保管和有效利用

为更好地满足社会各界对民生档案的利用需求，各级综合档案馆要集中力量优先对利用频繁的民生档案进行整理、编目、数字化和开放鉴定，争取在“十二五”末，90%以上省级、副省级综合档案馆和80%以上地、县两级综合档案馆完成利用率高的房产、婚姻、劳模、知青、招工、学籍、户籍等民生档案的数字化，建立10种以上民生专业档案的全文数据库和30种以上民生专业档案目录数据库，并对已数字化民生档案及时进行开放鉴定，及时开放可开放的档案，为提高档案利用服务效率奠定坚实基础。要积极推广档案与电子文件登记备份制度，由档案馆对民生专业档案和电子数据进行常态化、动态化备份，确保民生档案安全。

各机关、团体、企事业单位档案部门要在民生档案形成伊始，就将民生档案数字化工作纳入工作安排中，在移交进馆前，完成民生档案目录数据库与数字化建设。在“十二五”末，争取省级机关30%有条件的档案室要进行业务系统和数据的归档工作，实现业务数据在线移交。

档案馆要建立起与其他档案馆和有关档案室之间的民生档案信息交流共享平台，加大民生档案信息资源服务社会的力度。要利用好电子文件中心和政府公开信息查阅中心的功能，打造本地区民生档案的数据平台，将不同行业、部门的相关民生档案信息进行集中整合，并向社会各界提供利用；要利用好现有的网站平台，加强与群众沟通互动的功能建设，充分发掘和调动社会力量，做到群众急需用哪些民生档案，我们就先搞哪些档案的数字化；群众希望开放哪些民生档案，我们就加大哪些民生档案的开放工作力度。各级档案馆室要加强对民生档案信息资源安全建设，强化保密观念，改进设备，完善管理系统，加强人员管理，加大信息系统的安全检测，完善各项保密措施，防止失泄密事件发生。同时还要强化个人隐私、个人信息保护观念，对不宜向他人公开的个人信息一律只提供本人或家人利用而不提供无关的个人利用，以防止个人隐私流向社会。在民生档案数字化和网络化建设的过程中，要加大对数据安全的监管，充分考虑到数据的使用范围和权限，加强网络安全的软、硬件建设，在保障群众知情权的同时，确保群众的个人权益。

（七）创新民生档案利用机制，强化优质服务

各级档案部门要着眼于民生档案的“用”，建立方便人民群众的档案利用体系。一是要牢固树立利用者至上的理念，转变作风，用热心、耐心、细心接待查档者。推荐实行接待利用“一窗受理、首问负责”的新机制，以马上就办为原则，实现服务提速。二是要挖掘馆藏资源，提高服务能力。要编制公开目录和利用指南，定期公开民生档案信息。要不断增加民生档案目录数据库的信息量，研发信息管理系统软件，建立信息目录共享平台，实现计算机快速检索，使接待能力适应查阅需求的增长。要根据利用需求，把人民群众切切实实用得上的民生政策或民生信息编成专题文件汇编，提高利用率。可以为宅基地划分、村民养老保险、农龄核算、利润分成等新农村建设提供热点服务；为残疾人、低保户、贫困户和优抚对象等社会特殊群体提供主动服务；为推进家庭建档提供各种可能的主动服务。要把涉及民生的政策信息和已公开民生档案上网发布，使居民村民不出社区和村，便可利用民生档案。三是要不断丰富民生档案服务方式和手段。各综合档案馆和有条件的档案室，要以档案查询窗口、政府信息查阅场所和档案网站为载体，以多样化、人性化的服务为依托，采取咨询、函查、电话查询、网上预约、在线查阅，定期回访、跟踪服务，围绕社会热点举办讲座、展览，建立语音查档系统，开通114查号台查阅热线，利用微博、微信、手机、电子广告屏等各种大众媒体发布民生档案信息等多种服务方式，服务基层，服务百姓，服务和谐社会建设。特别是要像天津、上海、长春等地已经做的那样，积极开展馆际合作、馆社联动、就地用档、异地出证工作，通过网络平台，把档案馆、档案室与城乡社区联结起来，把各个档案馆、档案馆和各个档案室的民生信息整合起来，综合提供，使档案利用、档案取证服务到群众身边。四是要推广“走出去，送档上门”服务，把档案资料复印件、档案资料汇编、档案资料光盘送下乡、送进企业、社区，直接为企业、农村和社区服务。对残疾人、孕妇等特殊群体开辟“绿色”查档通道，为困难老人开展送档上门服务，对部分因故不能到档案馆室查档的老人实行全程代办、送档上门的服务。建议各级各类档案馆室推出群众查阅民生档案“零收费”制度，公民个人查阅涉及本人权益的档案停止收取查阅、保护、复制等费用。五是要提高服务层次，要求接待利用人员业务知识“零”盲点、优质服务“零”距离、查档结果“零”投诉。推出“专家会诊诊疗”制度，对接待工作中的难点问题进行综合“会诊”，多渠道、多线索解决问题。建议推广双休日查询甚至双休日照常服务、开通服务热线、24 小时在线记录等便民服务措施，并为利用者提供老花镜、放大镜、便民笺、休息场所等，使利用者更为方便、更为满意。

同志们，五年以来，我们顺应时代发展要求，开创了民生档案工作的崭新局面。展望未来，任重道远。让我们以科学发展观为指导，振奋精神，勇于开拓，以前所未有的创新精神，推动民生档案工作深入开展，使档案工作与党和国家中心工作，与加强社会管理、为人民服务融为一体，以优异成绩迎接党的十八大胜利召开。

谈档案与文化建设

——国家档案局局长、中央档案馆馆长杨冬权在 2012 年全国档案工作者年会上的讲话

（2012 年 10 月 31 日）

很高兴来参加第三次全国档案工作者年会。前两次，我都曾想参加，但都恰巧因事而未能如愿。今天，我终于如愿了。

我们这次大会，请到了来自档案界以外的一些著名文化专家，给我们演讲，向我们传授档案学以外的知识。参会的人员也非常踊跃，人数超过 1000。我代表国家档案局中央档案馆，对大会的召开表示热烈祝贺！对为大会演讲的各位专家和参加大会的所有人员表示热烈欢迎和衷心感谢！

我们这次大会，得到四川省委、省政府和四川省档案局、档案学会的大力支持，省委常委、副省长钟勉同志在百忙中参加我们的大会并作了热情洋溢的讲话。我代表国家档案局，对钟勉同志，对四川省委、省政府和省档案局、档案学会表示诚挚的感谢！

两年一次的中国档案工作者年会，是中国百万档案工作者的盛大节日，是全国档案界规模最大、规格最高的学术大会，是全国档案工作者学术研究成果的充分展示。它已经成为并将更好地成为中国乃至国际档案界的一个品牌盛会，并将吸引更多的国内外同行参与，取得更加丰硕的成果。

这次大会的主题是：“档案与文化建设”。这个主题很好。因为去年我们党提出了建设社会主义文化强国的新目标，我认为这非常重要，非常明智。因为我们国家的经济这些年发展很快，已经“坐二望一”了，离经济强国只有一步之遥；但文化则很难说已经达到相应的水平。而经济只是一个国家的“壳”，文化才是一个国家的“魂”，如果只是经济强而文化不强，那么，这个国家并不能真正地称为强国。从人类几千年的历史来看，一个国家的文化影响要远比经济影响强大得多、持久得多，经济影响往往是暂时的、外表的，而文化影响则是长期的、内在的。因此，从人类历史的角度说，中国要想对人类作出更大的贡献，产生更大的影响，必须注重文化建设，把我国真正建成社会主义文化强国。档案是文化的一部分，而且是重要的一部分，相当于“根”或“核”的那一部分。建设文化强国，必须建设与之相匹配的档案强国。所以，今年初，国家档案局也提出了建设与社会主义文化强国相匹配的档案强国这个档案事业发展新的战略目标。而“档案

与文化建设”这个主题，正好把建设文化强国和建设档案强国这两个目标结合了起来，对于动员和发动全国广大档案工作者更加自觉地投身到文化强国和档案强国的建设中，具有重要意义。因此，我想利用这个机会，就“档案与文化建设”这个主题，讲一些我的想法。要点可以简单地概括为4句话：一要把档案转化为文化产品；二要为文化建设提供档案；三要为文化建立档案；四要建设档案文化。这4句话，既可以作为“档案与文化建设”关系的概括，也可以作为档案工作者在文化建设方面的任务或者要做的几件事。这4句话，我是第一次讲，属于“刚刚出炉”的“新鲜产品”，同时也纯属个人想法，没有同其他人研究过。因此，有不当之处请大家谅解并批评指正。

下面，我分别来讲这4句话。

第一句话，要把档案转化为文化产品。把档案转化为文化产品，我想强调两层意思：第一层意思是要努力把档案转化为各种形式的文化产品，特别是要尽量或善于采用新兴的、覆盖面广、受众多的文化形式，把档案转化为影响更加广泛的、大众或流行形式的文化产品，以便让它“传得开”；第二层意思是不管采用传统或新兴的文化形式，都要努力把档案产品打造成文化精品，以便让它“立得住”“留得下”。虽然档案具有存史育人的文化功能，但档案本身浩如烟海，又收藏在档案馆、室中，在我国目前的条件下，人民群众直接去利用档案接受教育的并不太多。因此，需要我们档案工作者对档案进行筛选、加工、提炼、编纂，把档案“原料”转化加工为各种形式，特别是当下覆盖面最大、最大众化通俗化、最流行形式的文化“产品”，从而让更多的群众受到熏陶、感化、教育、提高。特别是要把档案产品努力打造成文化精品，使档案产品在文化产品中具有一席之地，具有广泛影响，成为一种特色文化品牌。

有些同志对此可能信心不足，认为档案部门为别人搞文化产品提供档案服务可以，对自己利用档案去开发大众文化产品、特别是打造文化精品则有疑虑，缺乏信心，不敢行动。但我从自己经历的和其他单位的事实中体会到，档案部门确实是可以通过新兴的或传统的大众文化形式，打造出在文化界、在宣传领域都具有相当影响力的文化精品。

比如：20世纪90年代，当文献电视片在我国兴起不久，我们就开始尝试，独立地利用文件、照片、录音、录像、报刊等档案资料，拍摄党史、国史、军史、伟人传记类的文献电视片，在各地电视台播放，并出版影视光盘在国内外发行。第一部是为纪念新中国成立50周年而拍的，名字叫《共和国脚步》，记录的是新中国50年的重大事件，共18集，每集半小时，共长9小时。经广电总局重大题材小组审批后，于2009年国庆前后，在全国120多个城市电视台播放，有些电视台曾多次重播，同时还出版了影视录像光盘在国内外发行。这是我国档案系统独立自主拍摄的第一部纯粹以档案史料忠实还原历史、原汁原味地反映国家重大历史事件的大型文献电视片，也是我国档案系统第一次向社会出版发行影视录像光盘。电视与光盘的观众累计达数千万人次，与过去传统形式的出版档案史料图书的几万读者或举办档案展览的几十万观众相比，效果大出十倍、百倍甚至千倍。这就是新兴的大众传播形式与传统的文化传播形式在效果上的差别，这就是我特别要强调运用新兴的、受众广的大众传播形式来制作档案产品的原因。

尽管开始我们对电视片脚本怎么写、片子怎么编、经费怎么筹、有没有电视台播等毫无所知，但硬是以一腔热血和一往无前的精神，闯过一道道难关，使这第一部档案人的文献电视片，在极其简陋的条件下和许多人的疑虑中破茧而出，顺利播出。该片在当年第四届中国行业电视片评比中意外获奖。2001年，为纪念建党80周年，中央档案馆国家档案局又与北京电视台联合拍摄了365集文献电视片《红旗飘飘——中国共产党历史上的今天》，从年初到年尾，全年天天都在全国25个省级电视台和几十家地县级电视台播放，每天播出一集。其中北京电视台每天有3个频道滚动播出七八次。除电视台播出外，该片还在千龙网上全部播出，录音在北京人民广播电台全部播放，解说词在《北京日报》全文刊出，录像光盘在国内外发行，形成了报纸、广播等传统媒体与电视、网络、光盘等新兴媒体同上，文字、声音、画面等各种形式都有的立体化的多媒体、全媒体传播。该片每集5分钟，共长30多个小时，是当时并直到今天为止，全国电视台播出集数最多、总长度也最长的文献电视片，受众累计数以亿计，比第一部的受众人数又上了一个大台阶。这可能创下了在世界各国档案界至今都无人打破的一个纪录。此片播出后获得全国宣传文化界最高奖“五个一工程”奖和全国电视界最高行业奖金鹰奖。获得这两个奖，一个是国家最高奖，一个是行业最高奖，表明我们为档案界在文化领域争得了一席之地，创造了精品，创出了品牌。同年，我们还和江苏电视台合作，拍摄了27集文献电视片《自从有了共产党》，在全国7个省级电视台和几十家地县级电视台播放，有的电视台把该片重复播放了好几年、好多遍。

自从我们一炮打响、二炮走红，获得了两个大奖、创出了品牌之后，好多单位都主动找我们合作拍摄文献电视片。之后，我们几乎每年都推出一到两部有影响力的文献电视片，其中，10集文献电视片《新四军》经党和国家最高领导人亲自审看了部分内容后，在中央电视台综合频道黄金时段播出，成为档案系统拍摄的第一部也是全国各个行业系统制作的为数不多能在黄金电视台、黄金频道、黄金时段播出的文献电视片。据电视台的调查，其收视率比该台该频道该时段播出过的一些电视剧还要高，这是非常少见也非常难得的。播出后除获得“五个一工程”奖、电视金鹰奖这两个国家最高奖和行业最高奖外，还获得中国电视艺术家协会颁发的学术最高奖。同样在中央电视台播出的文献电视片还有《百幅手迹怀伟人——毛泽东的110个故事》《邓小平的故事》《抗日中坚八路军》《伟大长征》《中原雄师》《周恩来的故事》《毛泽东·1949》《中国共产党历史档案》《天下为公——孙中山1911》等，另外还有在其他电视台播出的《邓小平的足迹》《开天辟地90年》等。这些电视片都同样出版了影视光盘在国内外发行。《百幅手迹怀伟人——毛泽东的110个故事》的光盘，在经中央主管宣传工作的领导同志主动要求观摩后，中央有关部门还专门送给时任和上一届的所有中央政治局常委同志观摩。档案部门以档案制作的影视作品，第一次荣幸地受到党和国家最高领导层的集体检阅，获得了很多专业电视人没有获得过的殊荣，创造了档案工作历史上的又一个新纪录。《毛泽东·1949》还获得国家广电总局对电视文化精品的专门扶持，成为2011年唯一的由非电视部门报送的获国家专门扶持奖金的优秀国产纪录片。《开天辟地90年》的影视光盘，发行到了全国各地的中小学校。这些文献电视片，大多获得过各种不同的奖项，也大多在中央组织部的全国党员远程教育网上播出过，有两部还分获中组部2011年全国党员教育电视片观摩交流活动最佳作品奖和优秀作品奖。

从1999年到2012年，由中央档案馆国家档案局拍摄并已在全国电视台播放且都制作成光盘发行的文献电视片共有15部、970多集，总时长超过10000分钟，达170多个小时。这在世界各国档案部门中是绝无仅有的，在我国除电视行业以外的各个行业中，也是名列前茅的，档案部门制作的文献电视片，已经成为我国电视界和文化界的一个特色品牌。目前，在全国各地档案部门的协作和参与下，我们正在和有关部门联合拍摄一部全面反映1840年以来中国近代史、现代史和当代史的特大型文献电视片《中国近现代影像史》，计划共3000集，总长30000分钟，将从明年起在全国陆续播出。届时，它将成为中国乃至世界最长的一部文献电视片，可创造一项吉尼斯世界纪录。我们将为社会再贡献一部规模最大、影响广泛的档案文化精品，毫不夸张地成为名副其实的档案人给社会的“钜献”。

如果说，在当今中国，电视是覆盖最广的文化传媒，文献电视片是受众最多的档案文化产品，那么，互联网则是仅次于电视的覆盖次广的文化传媒，档案网络视频则是受众次多的档案文化产品。在我们成功地应用了最大众化的电视传媒后，当网络视频在世界各国流行时，我们又及时推出了以档案制作的网络视频，使档案产品在互联网这一新兴的文化传播阵地上占有一席之地，让档案宣传借助最时尚的文化形式——网络，走进最时髦的文化受众——“指尖一族”。

2008年，拉萨“3·14”事件发生后，受一位爱国留学生在外国一家著名视频网站上推出宣传西藏从元代起就属于中国的网络视频引起很大反响的启发，我们及时以档案制作了5集专题网络视频，从不同角度宣传西藏从元代起就是中国不可分割的一部分。这部用中英文制作的档案网络视频经中央主管部门推荐后，在国内外300多个重要的中英文网站推出，仅国家档案局一个网站的点击量就达200多万次。同时，中央各大通讯社、报社、电视台、电台等媒体，包括香港凤凰卫视，都集中报道了网络视频的内容，又一次形成了“全媒体传播”的态势。这部档案网络产品的总受众估计不下10亿人次。特别是不但有中国的受众，而且通过英文的网站、报纸、电视、广播等全球性平台，还拥有很多外国受众，特别是英语受众，使档案文化产品第一次广泛地、真正意义上地走出了国门，走向了世界。

档案网络视频产品这次是一炮打响、一炮走红，产生了巨大的社会影响，获得了巨大的社会效应。这在世界各国档案部门中是极其罕见的。在我国除宣传系统以外的其他行业中也是不多见、不常有的。自那以后，为纪念新中国成立60周年，2009年，我们又推出了52集档案网络视频《共和国脚步——1949年档案》，全年每个星期推出一集。除在国家档案局网站推出外，新浪网、中国网等著名国内网站主动转载，全年点击量总计超过两亿人次，不少网友留言给予好评，有的还把视频下载到自己的博客中收藏。接下来2010年推出的52集网络视频《共和国脚步——1950年档案》和2011年推出的24集网络视频《中国共产党成立时期档案》也如法炮制，全年点击量总计也超过或接近亿次。明年是毛泽东同志诞辰120周年，我们还打算制作一部365集的网络视频，叫《毛泽东档案》，每天推出一组有关毛泽东的档案。

以上说的是我们利用新兴的大众文化形式，把档案转化为大众文化产品，同时也打造成为有影响的文化精品的事例。在档案部门，还有很多运用传统的文化形式，把档案产品打造成文化精品的事例。

比如编辑出版档案图书。中央档案馆编辑出版的《毛泽东评点二十四史》，被我们党和国家的领导人作为礼品赠送给美国哈佛大学。中国第一、第二历史档案馆编辑出版的馆藏清代和民国时期的台湾档案汇编，规模达几百册之巨，成为我国文化界屈指可数的大部头图书之一。我国各级档案部门也都编辑出版了一批在文化界有全国影响或地方影响的档案图书，成为党史研究、国史研究、军史研究、地方史和专业史研究以及各个专业学术研究的基本史料，为各项文化建设提供了丰富的营养，获得了各种政府奖、行业奖、专业奖，成为了全国的或地方的文化精品。

比如举办展览。我们中央档案馆国家档案局参与举办的许多大型展览，都有几十万观众参观，特别是有两会的全体代表委员、有党和国家的主要领导人观看，有中央各大媒体的连续宣传报道，有大量感人的观众留言，产生了很大的社会影响，成为闻名全国的文化精品。各级地方档案部门，也办了很多各有特色的展览，同样也有本地的主要领导和几万、几十万观众参观，本地的主要媒体予以宣传，成为在本地产生很大影响的文化精品。特别是有些档案部门，还把档案展览办到公园、校园，办到胡同街道、乡镇村居，比如北京市档案馆与居委会合办胡同文化展，把档案展览办到百姓身边，让老百姓浸染在档案人营造的文化氛围中，更是别出心裁，另辟蹊径。他们使档案产品不再居庙堂之高、只供精英人士欣赏，而是下市井之中、也供草根阶层分享，从而增加了档案产品对老百姓的亲和力、感染力，成为扎根胡同乡村、深入百姓身边的文化精品。

比如出版档案报刊。我们有世界唯一的《中国档案报》，全国还有几十份像《中国档案》杂志这样公开发行的档案刊物，其中有些很有影响。这里我讲一个故事：有一次我坐飞机，身边坐的是相声演员侯耀华。服务员给乘客发报刊，给别的乘客都发了，但忘了给我们发。我们俩看到发的是《档案春秋》，不约而同地都向服务员去要。拿到刊物后我问侯耀华，你喜欢看这个刊物吗？他说，很喜欢，他每期都看，家里还专门订了一份。从这件事上，我就感到《档案春秋》堪称是文化精品了。为什么呢？第一，它上了飞机，成了飞机乘客的休闲读物，而这在全国期刊中是并不多见的，说明它既有一定的高端性，又有广泛的群众性；第二，像侯耀华这样的大腕明星也喜欢看，并且自费订阅，说明它有相当的可读性、通俗性，对档案以外的人群具有一定吸引力，真正走出了档案界、走出了专业圈，走向了社会。这是我特别看重推崇的。《档案春秋》是上海市档案馆办的，在社会上确实具有比较广泛的影响。前不久，这本刊物的主编还被上海电台请去参加与听众的互动，在上海书展上也受到很多人的追捧。

以上这些事例都说明，不管是用传统的文化形式，还是用新兴的文化形式，只要真正用心，我们都可以打造出具有档案特色的文化精品来。所以，我们今后必须坚定信心、大下决心，千方百计地运用各种文化形式，特别是要善于运用覆盖面广、受众多、当下流行的文化形式，给档案插上流行的翅膀，让档案产品既可登大雅之堂，又可进群居之巷，既可上领导案头，又可上百姓床头，成为雅俗共赏的文化精品，为文化建设奉献出更多的档案产品。

第二句话，要为文化建设提供档案。也就是要积极为包括各种文化创作、文化活动在内的各项文化建设提供档案。档案中有着丰富的文化营养，各项文化建设都需要利用档案，从档案中获得灵感、寻找素材、吸取智慧、强化形象。我这里所说的文化建设，并不仅仅指小说、电影、电视、戏剧等的创作和史志、论著等的编写，而且包括古城重建、古迹遗址恢复、文化设施的建设、大型文化活动的开展等。对于前者，大家可能已经比较熟悉了，比如，著名的电影《大转折》、著名的电视剧《恰同学少年》等在创作过程中，都查阅利用过档案。好几年前我看过的一场以红岩为主题的大型歌舞，不但创作过程中利用了档案，而且还把档案内容直接搬上舞台，把历史档案中留下的红岩烈士在英勇就义前集体写给党组织的一封建议信在舞台上朗诵，收到震撼人心的效果。一些革命历史题材的电影、电视剧中，也穿插运用了一些音像档案，把真实的历史镜头穿插到特定的场景，增强了作品的感染力。但对于后者，大家可能还并不熟悉。

比如：古城重建。不久前，我到过山东台儿庄。在这之前，就有人向我介绍过，说这个新建的古城中挂着不少老照片，很有特色。我去看了以后，确有同感。台儿庄过去是京杭大运河上的一个商埠，有一定规模，也有一定特色。但日寇侵华的炮火使这座古城成为废墟。同时，这座古城又以一场著名的抗日战役“台儿庄大战”而闻名于世。前几年，当地领导决定重建台儿庄古城。重建中，他们深入挖掘并大量运用照片档案，做到建旧如旧。更为突出的是，在很多新建成的建筑门前，都特意展示一组照片档案来说明这座建筑的“前世今生”。这组照片一般有4张，一张是战火前的照片，一张是战火后的照片；一张是重建前的照片，一张是新建成的照片。古城的大街小巷中，还挂有台儿庄大战中一些著名的老照片，有的最经典的老照片还半照片、半雕塑地做成城市雕塑，给人留下极为深刻的印象。另外，城内还办了上百个各行各业的展览，展览中也使用了不少档案，其中有一个专门展示运河档案的展览。看了古城后，我真的极为欣赏，把它称为“我所见到的最为成功的新建古城”。为什么我说它最为成功呢？因为它不但具有古城之貌，而且具有古城之魂。这个魂体现在哪里呢？就体现在那些档案也就是历史照片中。你比如：悬挂在大街小巷中的抗战老照片，把台儿庄以抗战而著名这个特点强化了出来、体现了出来，凸显了这个地方的抗战文化。再比如：显示一些著名建筑“前世今生”的4张照片，战火前后的两张照片让人陡然产生对毁坏这些建筑的日本侵略者的仇恨和对侵略战争的愤恨；重建前后的两张照片，又让人油然产生对新建这些建筑的党和人民政府的爱戴，从而使人产生强烈的爱国主义情怀。同时，这一组照片还让人直观地知道，这些新的建筑，是对毁掉的老建筑的原样恢复，而非按想象设计、构造；新建的城市确实是一座保持原貌的古城，所有看了的人都从这些档案中找到了这座新城的根，看到了这座新城的旧貌，从而对这座城市增加了信任和好感。总之，档案为这座新城营造了浓厚的古城色彩，让这座新城具有浓烈的文化气息，使它“货真价实”、价值倍增，让它增值很多，增色很多。

这个经典的案例，给文化和档案工作者都提供了深刻的启示。给文化工作者的启示是：档案居然可以给古城重建的设计、建造带来画龙点睛、铸魂传神的作用，档案居然可以成功地运用到像城市景观设计、环境设计、旅游文化产品设计这些新的领域中，文化工作者和文化建设对档案的运用领域是广阔的、巨大的，也是非常必要的，可以收到事半功倍的效果，取得意想不到的成功。给档案工作者的启示是：档案利用的范围正在不断拓展，档案利用正在不断地向新的领域延伸，我们必须不断地关注这些新领域，注意这些新发展，适应这些新变化，主动把档案利用服务向新领域延伸，使档案利用覆盖到社会各方面，让档案作用得到更充分发挥。

再比如：古迹遗址恢复。典型的如圆明园遗址的恢复，曾经大量运用了档案，从整个园址的范围、布局，到各个建筑的位置、式样，再到建筑内部的装饰、陈设等，都找到档案作为依据，然后进行恢复重建。还有，辽宁省根据中央领导的指示，恢复抚顺战犯管理所的原貌，作为爱国主义教育基地。为找到该地原貌布局，有关人员在本省遍查档案没有查到，最后远赴北京，终于从中央档案馆的档案中，查到了依据，使这个爱国主义教育基地顺利建成。

又比如：大型文化活动的开展。2009年，首都搞的国庆60周年群众游行活动，就应用了声像档案。当游行队伍抬着毛泽东、邓小平、江泽民、胡锦涛同志的巨幅画像，在长安街上由东向西走到天安门城楼前面时，队伍中响起了这几位领导人的讲话录音，产生了非常好的效果，把游行活动推向了一个高潮。这些录音，就是由我们档案部门提供的。

总之，在文化建设方面，各种文化活动利用档案的越来越多，档案被直接应用于各种文化活动的也越来越多。尤其是各种过去我们不常见和想象不到的新的形式的文化活动，也普遍地利用或直接应用档案。这是一种新的趋势、新的变化。我们档案工作者应该看到这种新趋势，适应这种新变化，主动为各种新形式的文化活动提供档案，主动为新领域的档案利用提供服务，在档案利用方面不断“开疆拓土”，让档案的利用面和作用领域不断延伸和扩大，使档案利用成果不断丰富。

第三句话，要为文化建立档案。这句话也包含着两层意思。第一层意思是：档案工作者要主动帮助文化建设者在各项文化建设中建立档案。我们今天进行各项新的文化建设，不但需要利用以前形成的档案，而且也要建立、保留自身形成的档案，既为今天的文化建设留下记录、留下凭证，也为将来的文化建设留下参考的依据和继承的遗产。有些文化建设者已经有了这样的自觉，比如：著名作家、中国文联副主席冯骥才今年就呼吁要为文化遗产建立完善的档案，“否则，就像家里没留下奶奶的照片”。还有一些著名的文化建设者，自觉地把在文艺创作、文化活动中形成的各种记录，保存起来，留了下来。但也有一些文化建设者目前还没有这样的自觉，还没有意识到要为自己的活动建立档案，或者说，还没有自觉地、主动地把自己在文化活动中形成的各方面记录留存起来或流传下去。这无论是对今天还是对未来，无论是对个人还是对民族，都是一个很大的悲哀和损失。我们档案工作者务必要意识到自己的责任，大力地向文化建设者宣传建立档案的必要性、重要性，主动地、积极地帮助和指导文化建设者，把他们在文化活动中形成的电子的、音像的、纸质的等各种载体、各种内容的、对后人有参考价值的东西留存起来，分门别类，建立档案，从而为今天的各项文化建设建立起立体、全面、详尽的档案，为我们今天这个伟大的时代“立此存照”，为我们的后代留下文化之根，为我们的民族留下丰富的文化遗产。

这句话的第二层意思是：档案工作者要主动记录即将消失的各种文化现象，为“濒危文化”建立档案。当今这个时代，全球化、现代化、城市化大潮迭起，各方面发展异常迅速，很多文化现象已经消失或濒于消失，这既是人类之喜，也是人类之悲。档案工作者应该清醒地认识到这一发展形势和发展后果，积极地承担起为国家守历史、为人类存记忆的神圣使命，主动地去记录那些即将消失的文化现象，用文字、照片、录音、录像等各种形式为“濒危文化”建立档案。有些嗅觉敏锐的档案人已经行动起来，开始这样做了：他们有的用摄像机、照相机把即将迁移或改造的社区、街道、村庄、建筑拍摄下来，把后继无人、快要失传的工艺、技艺拍摄下来，有的用录音把民族故事、地方方言记录下来等等。全国广大的档案工作者，全国各级档案部门，都应该向这些先行者学习，按照他们的做法，主动地走向社会，走向基层，走向民间，积极地用文字记录的办法，用照相、录像的办法，用录音的办法，用其他各种可行和有效的办法，把濒于危险、即将消失的老房子、老村庄、老街道、老城市、老工艺、老产品、老风俗、老故事、老艺术、老风景、老人物等记录下来，建立档案，使它们能够传之后世。这些由档案人所建立的文化档案，毫无疑问地将为全民族留下一笔宝贵的文化财富，为全人类留下一批珍贵的历史记忆。

第四句话，要建设档案文化。也就是要努力建设我们档案系统的行业文化。

不久前，我参加过两个活动。一个是上海市档案系统的辩论比赛，有全市档案工作者的代表和市领导参加，由上海电视台进行转播；另一个是山东省档案系统的演唱比赛，也是有全省档案工作者代表和省委分管领导参加，省电视台录播。前两年，我还观看过北京市档案系统的演唱。这些活动的参加者都是档案人，说的、唱的都是档案工作和档案工作者，可以说都是档案系统的行业文化活动，但最后都通过电视转播而成为电视节目，传播向社会，成为大众文化的一部分，并且起到了宣传档案工作和档案人精神、提高社会档案意识的作用。

类似这样的活动，全国不少地方的档案部门这些年都在搞。除了辩论比赛、唱歌比赛外，还有档案系统的演讲比赛、档案知识竞赛、书法摄影比赛、档案工作者誓词征集评选、档案行业徽标征集评选等群众性文化活动。有的还用电视剧、话剧等形式，宣传档案工作者。比如十几年前，上海市档案局根据我们党最早的档案库——地下文库的传奇故事而拍摄的电视连续剧《一号机密》，第一次把档案工作者的真实故事搬上了荧屏，在社会上产生很大反响。3 年前，在国家档案局和总参档案局支持参与下，由总政话剧团根据档案工作者楷模刘义权同志先进事迹创作的话剧《生命档案》，在各地演出 100 多场。党和国家领导人胡锦涛、李长春和各界群众 10 多万人观看了演出。2011 年 10 月，该剧以话剧类排名第一的成绩，荣获“第四届中国戏剧奖·优秀剧目奖”。

宣传档案工作的意义、成绩、知识，宣传档案工作者的事迹、精神等，我们可以把它称作档案系统的行业文化。这种行业文化，不但可以凝聚档案工作者的共识，鼓舞档案工作者的斗志，而且可以通过与宣传、文化部门相联合的方式，借助公共传媒，走向社会，向公众传播，进而丰富全体人民的文化生活，提高全社会的档案意识、文明意识，在全社会发扬光大档案工作者甘于平凡，创造非凡的无私奉献精神。因此，我们也应该以各种可能的方式，大搞群众性的档案系统的文化活动，特别是可以与各方面的专家合作，提高这类活动的质量和品位，并与各个专业部门合作，通过各种大众化的文化传播形式，把行业文化传播向社会，扩大其影响。从而让我们的行业文化走出行业，走向社会，把我们的行业文化，也变成精品，变成社会文化、大众文化，去宣传社会、感染大众，使我们的“行业文化”不仅仅只是自娱自乐，同时也化人育人。这样，它们的作用不就更大了吗？我们档案人对文化强国建设的贡献不就更大了吗？

国家档案局局长、中央档案馆馆长杨冬权在中国共产党第十八次全国代表大会分组讨论会上的发言提纲

在世界经济普遍低迷、我国经济社会发展需要新的推动的国际国内形势下召开的中国共产党第十八次全国代表大会，是一次重要的大会。第一，它产生了一个很好的报告，对我国的指导思想、发展道路、未来发展等作了很好的总结和规划、部署，形成了新的指导、新的推动，提供了新的精神动力，起到了统一思想、提高认识、凝聚共识、推动发展的作用。第二，它将实现继往开来的使命，选出一个面向未来、更有活力的党中央委员会，平稳实现党的领导集体的新老交替、顺利过渡。

会上，胡锦涛总书记代表十七届中央委员会作了一个很好的报告。第一，报告对过去五年和十年我们的党的辉煌成绩，作了简明、概括、全面的总结。如果用国际思维和世界眼光从全球化角度来看，十七大以来的五年，不仅是中国小康社会建设取得重大成果的五年，而且也是在国际金融危机导致西方发达国家普遍衰落的情况下，中国一花独放、仍然保持强劲增长的五年，是中国逐渐取代美、欧、日三驾马车而成为世界经济发展引擎的五年，是中国在世界经济总量的比重中有了显著增长的五年，是中国不可阻挡地不断靠近世界舞台中心的五年。这些辉煌成绩表明：中国共产党是一个得人心的党，是一个有强烈使命感和强大凝聚力、战斗力的党，是一个合格的执政党，是伟大光荣正确的党，是能把全国人民领入富强民主文明和谐新社会、实现中华民族伟大复兴的党，是已经并能够继续领导中国为世界经济发展和人类文明进步作出巨大贡献和更大贡献的党。第二，报告对中国特色社会主义道路，也就是外国所称的“中国模式”的内涵，作出了明确、具体、全面、深刻的阐述。中国特色社会主义道路，不但是中华民族的发展、振兴之路，而且也对世界其他国家的发展道路提供了一个成功的样板和一个新的选择，将会吸引更多的国家来效仿这种发展模式，来走这条发展道路，从而增强中国的吸引力和影响力。第三，报告对科学发展观作出了新的历史定位，把它作为党的指导思想。科学发展观是中国共产党在新世纪领导全国人民建设现代化强国的实践中总结出的新理论，是对中国经济社会发展实践的新总结、新提炼、新概括，是中国共产党在马克思主义在中国化进程中集体智慧的新结晶，它不但对中国的全面协调可持续发展具有重要的指导作用，而且在地球日益不堪重负、不少国家过去的发展模式出现问题的条件下对全人类如何全面协调可持续发展给出了新的答案，作出了新的引领；不但为中华民族的思想宝库，而且为马克思主义理论宝库和全人类的精神宝库提供了新的理论、新的思想、新的智慧，所以，科学发展观不仅是21世纪中国的先进思想成果，也是当代全人类的先进思想成果。可以说，新世纪以来，中国共产党领导中国为人类发展所作贡献中，不仅有丰硕的经济社会发展的物质成果，而且有先进的、利于引领人类社会全面协调可持续发展的思想成果。第四，报告对全面建成小康社会提出了新的要求并作出了新的部署。这对全党、全国人民必将形成新的鼓舞、新的推动，从而指导和引领全党、全军和全国各族人民更好更快地全面建成小康社会。第五，报告提出了一系列新的论点和话语，有很多创新点和闪光点。特别是旗帜鲜明地提出了“社会主义协商民主”这一中国式民主概念和民主形式，在西方的“全民普选式民主”模式之外，又为人类提供了具有中国特色的、更利于社会和谐稳定、更省钱省事省力、更能照顾到各方面利益并让更多人满意的“各方协商式民主”模式。

十八大报告从10个方面总结了十七大以来我们党领导全国人民在中国特色社会主义道路上奋勇前进的新历程和夺取全面建设小康社会新胜利的新成就。同全国各条战线一样，党的十七大以来，在党中央、国务院的亲切关怀和大力支持下，档案事业在过去的基础上也发生了新的重大变化，有了新的重大发展。具体体现为8个史所罕见。

第一，党和国家对档案工作的重视支持史所罕见。胡锦涛总书记对普通档案工作者刘义权同志的

感人事迹作出重要批示，并到医院亲切看望他，还亲自观看反映刘义权事迹的话剧《生命档案》。党和国家最高领导人对普通档案工作者给予亲切关怀和充分肯定，是我国档案史上前所未有的大事。温家宝总理几乎每年都在《政府工作报告》中讲到档案工作，提出要搞好档案保护，促进档案事业发展。李长春同志在人民大会堂会见刘义权同志先进事迹报告团成员并讲话。习近平同志在中国浦东干部学院视察该院与中央档案馆共建的以档案为教材的“党性教育主题教室”，在中央党校参观中央档案馆和党校举办的纪念建党 90 周年档案展览，出席中央档案馆和中央文献研究室合编的《建党以来重要文献选编（1921—1949）》出版座谈会并作重要讲话。中组部支持中央档案馆在中央党校和中国浦东干部学院创办档案领导干部培训班。《国民经济和社会发展十二五规划纲要》明确要求“做好历史档案和文化典籍的保护整理工作”，并要求建立电子居民健康档案。国家发改委从“十二五”开始，投资 50 多亿元，补助 2066 个中西部地区县级档案馆建设。这是历史上国家对档案馆建设的最大一笔专项投入。财政部每年拿出 9000 万元，用于补助国家重点档案抢救和保护。汶川地震后，国家首次把 41 个地震重灾区档案馆的重建列入恢复重建总体规划。中央财政还首次为因灾受损的北川档案抢救和保护下达专项经费 1000 多万元。国务院三峡办首度支持移民档案管理资金近亿元。这些都为档案事业的发展提供了巨大支持。

第二，档案工作为党和国家工作大局服务的成效史所罕见。在为中央领导决策服务方面，我们围绕党和国家中心工作，主动对档案资料进行加工，为中央办公厅创办专为中央领导同志提供档案信息的不定期内部刊物《档案参考》，使档案信息直达中央领导同志的案头。在拉萨“3·14”事件、汶川地震、乌鲁木齐“7·5”事件、舟曲泥石流灾害、南海周边国家严重侵犯我南海主权事件等发生后，都及时向中央提供了相关信息。从 2008 年至今，共正式编印 30 多期。在为党和国家重大工作服务方面，为庆祝新中国成立 60 周年，我们为庆典活动提供了毛泽东和邓小平的讲话录音，在 10 月 1 日群众游行队伍经过天安门前时现场播放；拉萨“3·14”事件发生后，我们首次以发布网络视频的形式，在国内外公共媒体上迅速公布相关档案，以铁的事实证明西藏从元代起就是中国的一部分，在国内外产生重大影响；我们参与举办“西藏民主改革 50 年大型展览”，胡锦涛总书记和中央政治局常委都参观了展览；汶川地震后，我们及时将《从唐山抗震档案看当前抗震救灾应注意些什么》专题资料报送国务院抗震救灾总指挥部，并在网上发布，首次以档案信息直接为抗震救灾服务。在为企业改革与发展服务方面，我们与有关部委联合召开中央企业档案工作会议，合发关于加强中央企业档案工作、加强知识产权档案管理的文件；召开全国国有企业改制档案处置工作座谈会，促进做好国有企业改制中的档案处置工作。在为新农村建设服务方面，我们召开全国社会主义新农村建设档案工作现场会和全国农村档案信息资源共享工作现场会，并与有关部门合发关于加强社会主义新农村建设档案工作、加强农村土地承包档案管理工作、加强集体林权制度改革档案工作、开展农村土地承包经营权登记试点工作的文件，与农业部、民政部共同开展创建“全国社会主义新农村建设档案工作示范县”活动。在为国家重点建设项目服务方面，我们组织召开西部大开发建设项目档案工作推进会，与有关部委合发《重大建设项目档案验收办法》《国家电子政务工程档案管理暂行办法》《国防科技工业固定资产投资项目档案验收办法》，印发《关于加强新增中央投资项目档案管理的通知》等文件，开展了国家重大建设项目和国防科技工业固定资产投资项目档案工作巡回检查和专项检查，与各地档案部门共同参加了三峡工程、青藏铁路、西气东输等几十项国家重点建设项目的验收，促进档案在国家重大工程、重点项目的运营维护中发挥作用。在为文化大发展大繁荣服务方面，我们与有关单位联合摄制了《周恩来的故事》《毛泽东·1949》《红色档案》《开天辟地九十年》《天下为公》等文献电视片，在中央电视台等播出。编辑出版《中华人民共和国经济档案资料汇编》、清代和民国时期台湾档案汇编等大型档案图书，促进社会主义文化大发展大繁荣。在为保障和改善民生服务方面，我们创造性地开展民生档案工作，印发《关于加强民生档案工作的意见》，与有关部门合发关于社会保险业务档案管理、南水北调工程征地移民档案管理、三峡工程建设移民档案工作等方面文件，召开全国民生档案工作经验交流会，促进各地大力建立和开发民生档案为民生服务。特别是社保档案的全面建立，为全国 13 亿人终生受益保留了有效凭证。

第三，档案工作指导思想的突破史所罕见。我们自觉以科学发展观指导档案工作，从 2007 年开始，把建立“三个体系”作为贯彻落实科学发展观的突破口，提出要建立覆盖人民群众的档案资源体系、方便人民群众的利用体系、确保档案安全保密的安全体系。为了加快推进“三个体系”建设，我们提出要实施“三大战略”：一是“以人为本”战略，在资源建设方面重视所有涉及人的档案的收集与保管，在档案利用方面重视所有人特别是普通群众的利用需求，在队伍建设方面重视人的素质提高和积极性发挥；二是“服务先行”战略，围绕党和国家工作大局开展档案工作，自觉为各级领导服务、为社会各界服务、为人民群众服务，以服务带动各项工作发展；三是“安全第一”战略，始终把安全保密作为档案工作者的第一责任，贯穿于档案工作各环节，全面提升安全保障能力，确保档案安全保密万无一失。为贯彻落实党的十七届六中全会精神，我们提出建设档案强国这一新的战略目标，以及进一步争取各方面对档案工作的支持，进一步完善档案资源体系建设，进一步完善档案利用体系建设，进一步加大档案人才队伍建设这4个方面的实现途径，推动档案事业实现新发展。

第四，档案安全条件的改善史所罕见。我们和有关部委联合发布《档案馆建设标准》，召开全国档案馆工作会议，促使各地对档案馆建设的投入力度空前，档案馆建设呈现你追我赶的良好发展势头，一批符合档案工作要求，体现档案馆社会性、文化性、教育性、开放性，具有地方特色和地标性特点，在国际上具有先进水平并让国外同行赞叹不已的现代化档案馆建成或开始建设，档案保管和利用条件得到显著改善。我们创新档案备份形式，组织推动各级档案馆以互相结对、互为对方提供档案备份库房的方式，全面实施档案异地备份，使档案安全保管有了更坚实的保障。

第五，档案资源建设的力度史所罕见。我们修改发布《机关文件材料归档范围和文书档案保管期限规定》，并全面审批修改各中央和国家机关的文件归档范围和保管期限表，公布修改《各级各类档案馆收集档案范围的规定》，还开始制订《企业文件材料归档范围和保管期限规定》。重点确保把涉及普通人、关系群众切身利益和反映党和国家重点工作、反映各单位基本职能的文件列入机关归档范围，并延长其保管期限，列入档案馆接收范围，为建设覆盖人民群众的档案资源体系奠定了坚实基础。我们全面倡导民生档案服务民生，引导各级档案部门密切追踪党和政府改善民生的重大举措，对近年来新形成的各种类型的民生档案，及时指导建档，及时接收进馆，纳入档案资源体系。我们还倡导开展家庭建档服务，为有需要、有条件建立档案的家庭提供建档指导，既使档案资源进一步丰富，又受到人民群众欢迎。民生档案服务民生和家庭建档工作的大规模开展，在中国档案史上前所未有，将对未来的档案事业产生深远影响。我们把电子文件纳入档案资源体系，专门对电子文件归档及移交等作出规定；我们推动各级档案馆积极实施电子文件备份中心建设，中国特色电子文件管理体系正在逐步形成。

第六，档案公共服务能力的提高史所罕见。我们要求各级档案馆创造性地开展服务民生工作，很多普通群众走进档案馆，利用政府公开信息和民生档案，档案利用工作开始呈现人民群众成为利用主体的可喜变化和可贵转折。人民群众开始成为档案利用的主体。我们推动各级档案部门利用信息技术和网络优势，整合档案资源，实现档案信息的共享，把已开放档案和政府公开信息送进城乡千家万户，把档案服务送到百姓身边。城乡居民前所未有地可以在本社区便捷地利用档案信息。中央档案馆和全国各级档案馆贯彻落实《政府信息公开条例》，建立政府公开信息查阅场所，深受人民群众欢迎，城乡居民可以方便地利用政府现行的可公开的“红头文件”。档案利用范围之广和发挥作用之大前所未有。我们在继续推进档案馆爱国主义教育基地建设的同时，与教育部共同在各级档案馆创建中小学生社会实践基地，这项开创性工作，进一步彰显了档案工作的社会教育功能。

第七，档案宣传的强度史所罕见。档案工作者先进事迹开始被中央各大媒体向全社会广泛宣传。2007年浙江绍兴市档案局长卞峰煜同志先进事迹推出后，10多家中央媒体在“时代先锋”专栏进行了广泛宣传，档案工作者先进事迹首次为全社会所了解。2009年刘义权先进事迹推出后，除了10多家中央媒体广泛宣传外，中央宣传部等部门还和国家档案局在人民大会堂联合举办事迹报告会，报告团还赴外地作了巡回报告，解放军总政话剧团公演了反映刘义权同志先进事迹的话剧《生命档案》。这种高规格的宣传和全媒体的宣传，都是档案史上前所未有的。2010年天津市公安局档案员顾金钟同志的先进事迹推出后，各大中央媒体也在“时代先锋”专栏广泛宣传。档案工作服务大局的成绩也引起媒体的密切关注。拉萨“3·14”事件后我们发布的5集网络视频，国内外300多家著名中英文网站予以转载，各大中央媒体及海外媒体也加以报道。这种做法及其产生的巨大效果都属前所未有。中央档案馆为纪念新中国成立60周年发布的52集网络视频《1949年档案》，国内多家著名网站予以转发，全年点击量超过2亿人次。国家档案局近几年召开的重要会议、举办的重大活动等，都有中央媒体给予报道，特别是《人民日报》主动以整版篇幅专门介绍档案工作，新华社还前所未有地几次连续编发四五篇关于档案工作的稿件，《瞭望》杂志去年集中刊发4篇报道并用封面照片和标题宣传档案工作，这些都为档案事业的发展提供了有力的舆论支持。建党90周年前夕，50多家中外媒体70多名记者还首次集体走进国家档案局，参观中央档案馆的部分珍藏和利用成果，我们并回答了10多家中外媒体的提问。这次集体采访，影响广泛，反映强烈，取得圆满成功，是档案宣传工作的重大突破。档案还首次走进了党的干部学校。2010年中央档案馆提供78件相关档案，与中国浦东干部学院联合创建“党性教育主题教室”，并派专家为主题教室授课。2011年又与中央党校合办纪念建党90周年档案展览并在中央党校展出，成功实现档案进党校的目标。

第八，档案工作对外合作与交流的强度史所罕见。我们同10多个国家档案部门签订了档案工作合作与交流的双边协议。今年3月，胡锦涛总书记和印尼总统在人民大会堂见证了国家档案局和印尼国家档案馆合作协议的签署。我国同世界许多国家的文化合作协议中也包括档案工作方面的合作内容。国家档案局每年参加中俄两国副总理级领导主持召开的中俄人文合作委员会会议及两国档案部门的档案合作小组会议。前年，我们接待了新加坡总统到中国第一历史档案馆参观。我们同俄罗斯、越南、新加坡等国联合举办档案展览在双方展出。我们应对方要求首次为朝鲜、巴基斯坦两国专门培训了档案专家。

这次大会后，我们要紧密结合档案工作实践，认真学习宣传贯彻落实十八大精神，根据十八大报告提出的各项任务和要求，认真做好各方面的档案工作，为“五位一体”的中国特色社会主义建设提供服务。

要进一步加强企业档案工作、农业农村档案工作，建好用好财政档案、金融档案、科技档案、知识产权档案、建设项目档案、科研项目档案及其他经济科技档案，为加快转变经济发展方式服务。

要进一步做好各级党政机关、人大机关、政协机关、人民团体的档案工作，建好用好村务公开档案、厂务公开档案、政务公开档案、司法档案、民族档案、宗教档案、侨务档案等，进一步做好政府公开信息查阅工作，为推进政治体制改革服务。

要更多地运用各种大众传播形式把档案转化为文化产品，特别是打造成文化精品，为各项文化创作提供档案，为各项文化活动、文化建设建立档案，同时更好地开展档案系统的行业文化建设，为扎实推进社会主义文化强国建设服务。

要进一步做好教学档案、就业档案、社保档案、住房档案、健康档案、医疗档案、安全生产档案等重要民生档案的收集、管理、利用工作，进一步推动社区建档、家庭建档，为改善民生和加强社会建设服务。

要建好用好土地档案、海洋档案、水利档案、土壤普查档案、污染源普查档案、气象档案、环保档案、地质档案、地震档案等，为大力推进生态文明建设服务。

国家档案局局长、中央档案馆馆长杨冬权在全国档案局长馆长会议上的讲话

（2012年12月25日）

这次全国档案局长馆长会议是经中共中央办公厅批准召开的。中共中央政治局委员、中央书记处书记、中央办公厅主任栗战书非常关心和重视这次会议，对如何开好开实这次会议作出重要指示，这对全国档案工作者是巨大鼓舞和鞭策。

会议的主要任务是：深入贯彻党的十八大和中央经济工作会议精神，总结2012年并部署2013年全国档案工作，提出与全面建成小康社会相适应的档案工作主要目标，同时专题交流社会主义新农村建设档案工作经验，把档案事业推向深入。

下面，我讲两个问题。

一、2012年全国档案工作基本情况

2012年，各级档案部门以迎接党的十八大和推动社会主义文化强国建设为契机，扎实推进各项工

作，取得重大成绩。

（一）领导重视，档案工作外部环境持续改善

一是中央领导同志重视档案工作。胡锦涛主席在人民大会堂见证我们和印尼国家档案馆签署档案合作协议。温家宝总理在《政府工作报告》中提出积极发展档案事业；在研究进一步加强食品安全工作的国务院常务会议上指出要建立“食品安全信用档案”。时任中共中央政治局委员、上海市委书记俞正声参观由我们和上海档案局馆举办的档案展览。中共中央政治局委员、书记处书记、中央办公厅主任栗战书分管档案工作后不久，就听取档案工作汇报，走访我单位，看望干部职工，了解档案业务开展情况，并对如何做好档案工作作出指示。全国政协副主席孙家正到中国第二历史档案馆视察档案工作。

二是各地方和军队领导继续关心和支持档案工作。时任吉林省委书记孙政才对中朝关系档案和日军侵华档案作出批示。辽宁省委书记王珉到省档案馆调研指导档案工作。时任浙江省委书记赵洪祝多次就档案在社会管理中的重要作用作出批示。山东省委书记姜异康就贯彻落实中央领导同志在全国档案工作暨表彰先进会议上的讲话精神作出批示。湖北省委书记李鸿忠就省档案馆新馆建设作出批示，省政协主席杨松亲临省档案局指导工作。湖南省委书记周强为《湖湘档案图典》丛书作序。甘肃省委书记王三运对全省档案工作作出批示。广东省长朱小丹赞扬“侨批档案”申遗工作。时任陕西省长赵正永深入省档案馆新馆指导工作。时任贵州省长赵克志与我们签署推动贵州档案事业发展合作协议。厦门、广州市委召开常委会专题研究档案工作。中央军委委员、海军司令员吴胜利指示加强重点工程、重大活动档案收集。各级领导的关心支持，鼓舞和激励着广大档案工作者振奋精神，再创佳绩，也继续促进了档案事业发展环境的进一步改善。

（二）围绕中心，服务大局，档案工作服务能力显著提高

一是服务重大活动成效明显。在为党的十八大服务方面，中宣部充分利用档案为大会报告起草服务。中组部开辟查档绿色通道，提供24小时查档服务，编制专题档案目录，积极为十八大人事筹备工作提供档案服务。中央办公厅档案图书资料室编辑有关档案汇编十余种，印送有关领导和十八大筹备机构，主动为大会各项工作提供服务，并为国家档案局起草关于十八大文件材料移交工作的通知，促进十八大文件材料归档齐全，成为历届党代会文件归档最全、最及时的一次。为营造喜迎十八大的良好氛围，各地开展多种形式的活动。我们与上海联合举办“红星照耀中国”展览；与北京西城区委联合编辑出版《光辉的历程》一书，被确定为“新闻出版总署迎接党的十八大主题重点出版物”；我们编辑的《党旗档案》一书被中组部评为党员教育优秀教材。北京联合有关单位在市委党校举办“党旗飘扬”展览。山西推出红色档案展览“光辉的历程”。上海举办科学发展图片展。山东举行文艺展演。河南举办“中南六省（区）档案珍品联展”。湖北举办经济社会发展成就展。广东推出党组织档案史料展。贵州编辑《红军在贵州全书》，拍摄《迈向新征程》宣传片。武汉举办摄影比赛。西安举办城市建设图片展。青岛举办“青岛制造之路”展览。

二是服务重大事件作用突出。围绕南海争端和钓鱼岛问题，档案部门充分发挥存凭资政的独特作用，为维护国家主权利益提供决策参考和历史凭证。我们编辑5期有关南海问题的专题参考资料，印送中央领导同志参阅。福建档案馆联合有关单位举办“钓鱼岛：历史与主权”展览，这是我国第一个以钓鱼岛为主题的展览。广东发掘有关黄岩岛主权档案资料，为中央和省领导决策提供服务。我们批准海南成立西南中沙群岛档案馆，中央电视台、新华社等多家媒体报道，起到了宣示我南海主权的积极效果。国家海洋局充分利用档案资料为建立三沙市提供决策依据；利用档案资料为我国向联合国秘书处提交的东海部分海域200海里以外大陆架外部界限划界案提供了科学和法理依据。我们还专门编辑了有关政府机构改革与设置的专题参考资料，印送中央领导同志作为进一步进行政府机构改革的参考。

三是服务经济建设成果丰硕。我们继续做好《企业档案工作规范》的贯彻落实，向各省和中央企业免费发放实施指南近万本；最近发布企业文件材料归档范围和档案保管期限规定，从源头上规范企业文件材料的收集归档工作。我们会同财政部开展会计档案电子化管理试点工作；与水利部、国家能源局合发水利水电工程移民档案管理办法；会同国务院三峡办督促落实三峡移民档案接收进馆，并对这项工作进行检查。我们通报表彰91个“全国建设项目档案管理示范工程”；对广东、湖南建设项目档案工作进行检查；组织召开西部大开发建设项目档案工作宣贯会；对京沪高铁等13个国家重大建设项目进行档案专项验收，对秦山核电站二期工程等国家重大建设项目档案工作进行检查；与国防科工局联合召开国防科技工业固定资产投资项目档案工作座谈会，推动成立项目档案工作协作组。天津、江西、四川、宁波下发文件，加强重大建设项目及国有企业档案工作。江苏档案局与省发改委联合对省以上重大建设项目档案工作进行指导。湖北档案局与省纪委、发改委、国资委联合召开省属重点建设项目档案工作推进会。陕西完成对省属10个大型国有企业的文件材料归档范围与档案保管期限表审批。青海对三江源生态保护和建设项目档案工作进行检查指导。

四是服务民生成绩斐然。我们召开全国民生档案工作经验交流会，提出指导方针，推动民生档案工作深入发展。各地通过强化监管，逐步建立起行之有效的民生档案工作机制，形成条块结合、齐抓共管的民生档案工作新格局。河南、宁夏、新疆、青岛联合有关部门发布社保等民生档案管理规范性文件。江西、山东、广西对社保档案工作进行检查验收。天津建立全市民生档案工作联席会制度，继续开展“民生档案服务月”活动，出台10项民生档案管理办法。黑龙江开展服务民生星级竞赛活动。甘肃在全省开展“档案利用体系建设年”活动。大连确定2012年为“民生档案建设年”，免费发放民生档案查阅指南。上海、广东、南京大力推进区域性档案信息资源共享，建立“就地查询、跨馆出证”联动服务机制。济南两办出台关于加强食品生产信用档案体系建设的意见。长春出台电子档案远程利用管理暂行办法，满足群众远程获取档案证明的需求。海南出台加强保障性住房档案管理工作的通知。重庆为群众免费提供档案服务，社会反响强烈。哈尔滨召开创建档案服务民生示范点现场会。武汉拓展服务领域，市民在行政服务中心即可进行档案查询利用。民生档案工作的开展，使档案工作融入人民群众的日常生活，成为党和政府联系人民群众的纽带，给档案事业注入了勃勃生机和持续动力，极大地扩展了档案工作的社会影响力，提高了档案工作的社会地位。

（三）突出重点，创新思路，档案工作呈现新亮点

一是建设档案强国的目标鼓舞人心。我们根据党的十七届六中全会精神，提出建设与社会主义文化强国相匹配的档案强国的目标，并提出实现这一目标的具体路径，即进一步争取各方面对档案工作的支持，进一步完善档案资源体系建设，进一步完善档案利用体系建设，进一步加大档案人才队伍建设。建设档案强国这一目标的提出，得到全国档案工作者的热烈响应，对广大档案工作者形成新的振奋和鼓舞，对档案事业发展形成新的推动。

二是档案文化建设向纵深发展。在爱国主义教育基地建设方面，我们与教育部合发全国中小学档案教育社会实践基地建设管理暂行办法。天津馆开展档案主题征文等活动，深受师生欢迎。黑龙江馆被省委党校、省行政学院授予全省首批干部教育培训现场教学基地。宁夏馆爱国主义教育基地和中小学档案教育基地挂牌开放。沈阳档案局与市教育局合办档案“大课堂”活动。长春馆被市委宣传部命名为未成年人社会主义核心价值体系教育基地。新疆举办“透过档案看新疆”系列展览。

在提供公共文化服务方面，北京推出40场“档案见证北京”讲座。天津、上海、湖北、广东等举行“档案馆日”、“公众开放日”等活动。浙江积极开展档案文化“进村入企”活动。杭州实施“记忆工程”。中国档案报社与北京电视台《档案》栏目合作，让“档案”走向社会。

在开展历史文化研究方面，天津成立近代天津历史研究中心，重庆成立中国抗战大后方历史档案中心，成都联合高校共建成都历史文化研究中心。山东与有关单位联合摄制《我的南下》电视纪录片。吉林编撰出版《档案吉林》10卷丛书，纳入吉林省历史文化资源书系。湖南推出《湖湘档案图典》系列丛书。

在自身文化建设方面，各地继续办好“档案文化大讲堂”、“名人名家讲堂”栏目，影响力不断增强。河北设立“档案文化开发利用特别贡献奖”。山东组织创作档案人组歌，在全省范围进行文艺展演。湖北成立档案系统书法家协会并举办首届书画摄影展。青海举办“档案文化建设”主题有奖征文活动。哈尔滨创办《学习论坛》，专题研讨档案文化。武汉研究出台加强全市档案文化建设的意见，与文化部门合作，探索档案文化资源共建共享。

三是档案安全保障建设不断加强。档案安全督查力度进一步加大。我们继续开展档案安全专项督查工作，对发现问题的12家单位发出整改通知，目前已有8家单位反馈了整改措施。

档案信息安全工作取得新成效。我们召开档案与电子文件登记备份工作现场会，学习、借鉴浙江经验，推动电子文件备份工作；组织召开档案馆安全风险评估指标研讨会；开展档案信息系统安全等级保护工作；印发关于切实加强档案数字化和档案信息化服务外包管理的通知和关于在档案开放利用中审慎进行划控、鉴定工作的通知。

省级档案馆建设取得新进展。陕西、福建新馆开馆，武警部队新馆竣工，辽宁新馆封顶。广州新馆一期工程和深圳档案中心一期工程竣工。成都新馆开工，河北新馆建设列入规划，西藏新馆建设完成项目可研报告。河南、湖北、重庆、青岛积极推进新馆建设。

中西部地区县级档案馆建设扎实推进。我们联合国家发改委下达2012年度中西部县级档案馆建设中央投资项目，组织召开建设汇报会。自2010年以来，三年共下达中央预算内投资计划项目501个，下达中央资金19亿元，同时地方承诺除土地以外投资12亿元。目前已有442家县级档案馆开工建设，开工率为88.2%。辽宁、吉林、安徽、福建、河南、广西、重庆、四川、贵州、云南、甘肃等11省（市）开工率为100%。国家发改委还把新疆自治区档案馆和四川、云南、甘肃、青海4省所有藏区的自治州、自治县两级档案馆建设纳入“十二五”中央投资补助范围。山西、江苏、福建、湖北、新疆会同省发改委召开全省县级档案馆建设项目现场会和推进会。江西把档案馆建设项目列入了省委、省政府关于支持赣南等原中央苏区振兴发展的文件。黑龙江、四川、新疆兵团加强对档案馆建设的督查。广东出台加强市、县（区）档案馆建设的意见。广西启动市县级档案馆建设年度考核工作。青海联合省人大、法制办将县级档案馆建设列入行政执法检查范围。解放军重点扶持帮助新疆和西藏军区档案馆库建设。此外，全国又有89家市、县级档案馆创建成为国家级档案馆。

四是社会主义新农村建设档案工作取得阶段性成果。我们继续推动社会主义新农村建设档案工作示范县创建活动，把档案工作纳入新农村建设的总体规划和专项计划，实现档案工作与新农村建设同步发展，县、乡、村三级档案工作的基础条件明显改善，涉农档案资源得到整合，基层组织管档用档意识明显加强，农村档案信息资源共享有新的突破，促进了各地新农村建设整体水平的提升。到目前，全国已创建出75个社会主义新农村建设档案工作示范县。

我们还配合水利部对全国水利普查档案进行验收；配合农业部等有关部门推动农村土地承包经营权登记试点工作，并对部分试点单位形成的档案进行检查指导。

（四）统筹兼顾，协调发展，各项业务建设稳步推进

一是档案资源建设持续加强。各地抓紧贯彻落实国家档案局9号令，上海、湖北、广东、青海等省级档案馆收集档案范围细则已经我们同意实施。我们与民政部合发行政区域界线档案管理办法，与审计署联合印发审计机关审计档案管理规定。

我们加强对中央和国家机关移交档案工作的监督指导。召开全国境外档案征集工作座谈会，部署境外征集工作。福建、江西、云南、大连、青岛、威海积极到境外征集档案。辽宁、江西、河南、贵州积极收集重大活动档案。贵州开展口述档案采集，对原省长王朝文同志口述胡锦涛同志任贵州省委书记期间科学发展思想的形成过程进行了录音、录像。福建龙岩市档案馆征集到习近平同志关于福建长汀开展水土流失治理工作的重要批示。湖南制发省级领导个人档案收集管理办法。济南印发加强全市重点工作档案管理的意见。成都开展文化名人专题档案资料征集工作。解放军建立军队党的文献、军队抢险救灾、高级将领人物档案3个专题数据库。总装档案部门在天宫一号与神舟九号首次载人交会对接任务中，共整理归档各类文件材料3.2万余件。

二是机关、团体、企事业单位档案工作水平持续提升。各单位继续重视和支持档案工作。国家安全监管总局局长杨栋梁上任伊始就视察档案馆。全国人大常委会副秘书长韩晓武对加强档案工作提出明确要求。国务院三峡办副主任卢纯对做好机关档案工作作出指示。海关总署副署长邹志武就重大活动档案收集提出要求。中铝集团总经理熊维平要求进一步加强档案征集。中国兵工集团党组书记尹家绪对档案馆工作作出批示。广电总局进一步健全所属单位档案机构，配强档案人员。中国石化建立档案工作评价体系和机制，促进档案工作目标有效落实。

机关、团体、事业单位档案工作稳步发展。我们分批召开中央和国家机关所属机构档案工作会议，交流经验，明确要求；继续加强对机关档案业务的指导，对部分中央和国家机关贯彻国家档案局8号令的情况进行监督检查。各机关通过不断调整与优化本单位机关文件材料归档范围和保管期限，提升了机关档案工作科学化、精细化管理水平。辽宁、宁波出台办法规范机关档案工作，云南启动机关档案规范化管理认定工作，天津、内蒙古、河南、四川、贵州等地开展评估、测评检查工作。

企业档案工作规范化管理有序推进。四川档案局与省国资委合发关于进一步加强省属国有企业档案工作的意见。安徽召开民营企业档案工作现场会。新疆编辑民营企业档案工作指导知识手册。宁波档案局与市国资委合发进一步加强市属国有及国有控股企业档案工作的意见。哈尔滨开展创建民营企业档案规范化管理示范基地活动。

三是档案法制建设持续完善。我们继续修改《档案法》；与最高人民法院合发人民法院档案工作规定；举办全国档案法制知识有奖竞赛活动，参赛人数突破150万人，再创历史新高；修订档案事业统计年报制度；发布《特殊和超大尺寸纸质档案数字图像输出到缩微胶片上的技术规范》《全宗卷规范》和《全宗指南编制规范》等档案行业标准。

四是档案宣传教育工作持续发展。各地认真贯彻全国档案宣传工作会议精神，积极开展多种形式的档案宣传活动。我们在福建举办“中国档案珍品展”巡回展。《中国档案报》面向国际档案大会出版24版英文专刊。江苏与《扬子晚报》联合推出历史文化专版——“档案穿越”，推介全省馆藏资源，社会反响良好。湖北与20多家主流媒体联系合作，在省级新闻媒体发各类报道145条。广东在《广州日报》等报刊开辟档案文化专栏，扩大社会影响力。安徽拍摄档案界首部3D纪实片《安徽》。黑龙江、浙江、武汉对档案网站进行改版升级，积极开展网络新媒体档案宣传和档案文化阵地建设。上海赴法兰克福举办“庆祝中德建交40周年”档案图片展，福建泉州市档案馆与新加坡国家图书馆等单位共同举办新加坡侨批文化展。

我们继续在中央党校和浦东干部学院举办档案领导干部培训班，共培训200人；举办重庆市分管档案工作领导干部培训班和中央国家机关档案人员持证上岗培训班。青海与深圳市档案局共同举办中高层档案人才研修班。新疆地县档案局馆长分4期在自治区党校接受专题培训。

五是档案信息化建设持续推进。我们印发电子档案移交与接收办法；启动国家电子档案接收长期保存系统建设和试点工程；组织开展全国档案科技立项、评奖、管理和科技成果推广活动，74项研究项目列入科技项目计划，36项科研成果获优秀科技成果奖励，8项优秀科技成果向全国重点推介。天津、江西、长春参与工信部数字档案信息系统的研究。

我们起草数字档案馆评估指标体系并在全国征求意见。内蒙古、广西、陕西、南京、厦门、济南、武汉大力推进数字档案馆建设。北京继续完善档案数字化规范标准体系。贵州出台档案方志信息化建设实施意见。云南下发文书类电子档案移交与接收试行办法。广州推进“广州记忆”数字资源库建设。成都启动档案与电子文件登记备份试点工作。西安两办下发电子文件归档与电子档案管理细则。宁波建成全市档案馆电子目录中心。

六是档案对外交流与合作持续活跃。参加2012年国际档案大会、国际档案理事会项目管理委员会、企业与劳工档案处、东亚地区分会相关会议。参加联合国教科文组织“世界记忆”项目专家会、“世界记忆”亚太地区委员会有关会议，我国申报的“侨批档案”和“元代西藏档案”双双入选世界记忆亚太地区名录。应邀参加澳大利亚国家档案馆组织的档案馆馆长会议。赴俄罗斯参加中俄档案合作工作小组第九次会议和青年学者国际会议。参加联合国教科文组织举办的数字化与保护大会。举办电子文件管理标准和实施国际研讨会。与印度尼西亚、土耳其、巴基斯坦分别签署两国档案合作文件。对印尼国家档案馆工作人员进行纸质档案修复培训。派遣25名中青年档案业务人员赴美国进行档案专业培训。

在充分肯定成绩的同时，我们也必须清醒地看到，现阶段档案工作发展状况距档案强国目标还有很大差距，全国档案事业发展不平衡的现状依然存在，档案资源建设对人民群众的覆盖有待扩展，档案开放与公众利用需求之间的矛盾比较突出，档案服务水平有待进一步提高，档案实体和档案信息安全的保障有待进一步加强，档案工作创新动力不够足、科学发展能力不够强，干部队伍素质需要进一步提高。对存在的问题，我们要积极应对，加以解决。

二、2013年全国档案工作主要任务

不久前，我们党召开了具有继往开来重要意义的十八大。各级档案部门除要按照本地区、本部门党委的部署认真学习贯彻党的十八大精神外，更要以扎实有效的工作业绩来深入贯彻落实党的十八大精神。2013年全国档案工作的总体要求是：**以邓小平理论、“三个代表”重要思想和科学发展观为指导，深入学习贯彻落实党的十八大和中央经济工作会议精神，大力实施“三大战略”，进一步健全“三个体系”，服务于建设中国特色社会主义五位一体总布局，凝聚共识，为实现与全面建成小康社会相适应的档案工作主要目标、建设档案强国而共同奋斗。**

下面我着重讲几项主要工作。

（一）在档案工作中全面贯彻落实党的十八大精神，提高对档案工作的指导力

一要进一步以科学发展观指导档案工作。党的十八大把科学发展观确立为我们党的指导思想，这是十八大的历史功绩之一。贯彻落实十八大精神，最关键的是要进一步以科学发展观全面指导档案工作。

要继续以“发展”为第一要义，把促进档案事业发展作为每个档案部门和人员的第一任务。要发扬创新精神，打破习惯性思维和定式，创造性地开展工作，每年都搞一些创新或突破，每年都有一些新发展。要全方位开展档案服务和档案宣传，积极争取社会各方面大力支持事业发展，调动每个档案

部门和人员的积极性、调动一切积极因素投入事业发展，用先进的档案科学理论和技术支持事业发展，积极完善档案法规体系保障事业发展，大力开展档案人员教育培训和对外交流合作促进事业发展，推动档案事业不断创历史新高、创世界一流，早日把我国建成档案强国。

要继续以“以人为本”为核心。在档案资源建设中更加重视涉及人的档案特别是民生档案的价值，把它们列入机关归档范围和档案馆接收范围，延长其保管期限，让档案资源体系真正覆盖人民群众、覆盖城乡居民，同时注重档案的安全保密，确保档案资源不受损、不流失；在档案利用中更加重视人民群众的利用需求，更多为基层单位、弱势群体、偏远居民、特殊人群着想，进一步拓宽利用形式、简化利用手续，让档案利用体系真正方便人民群众、方便城乡居民、方便国内外利用者；在档案工作中更加注重人的工作，注重队伍建设，用一切办法调动人的积极性和创造性，提高人的能力和素质。

要继续以“全面协调和可持续发展”为基本要求。既抓好档案系统内部的各项工作，又搞好档案系统与外部的各方面联系；既做好基础业务工作，又做好为党和国家工作大局的各项服务；既搞好档案信息资源的开发利用，又切实保护好档案中的国家秘密、商业秘密、工作秘密、个人隐私；既做好对进馆单位的建档指导与服务，又做好对非进馆单位的建档指导与服务；既运用现代技术手段保护传统载体档案，比如把纸质档案数字化，又运用传统手段保护新型载体档案，比如把重要的电子档案转化为纸质或胶片档案；既重视档案的历史价值、发挥档案的历史作用，又重视档案的现实价值、发挥档案的现实作用，使档案事业得到全面发展、协调发展、可持续发展。

要继续以“统筹兼顾”为根本方法。统筹档案事业行政管理和档案保管利用两种职能；统筹档案馆工作、机关档案工作、企事业单位档案工作、档案法制工作、档案科技工作、档案教育工作、档案宣传工作、档案外事工作、档案学术团体工作等各项工作；统筹国内的立档单位和其在国外的分支、派出机构；统筹业务建设、条件建设和队伍建设；全面发挥档案“存凭、留史、资政、育人”的作用，全面履行档案工作“记录历史、传承文明、服务社会、造福人民”的职能，全面完成档案工作者“为党管档、为国守史、为民服务”的职责。在总揽全局、统筹规划的基础上，抓重点工作的突破，抓薄弱环节的加强。

总的来说，进一步以科学发展观指导档案工作，就是要继续大力实施以人为本、服务为先、安全第一“三大战略”，进一步健全覆盖人民群众的档案资源体系、方便人民群众的档案利用体系、确保档案安全保密的档案安全体系“三个体系”，朝着“建设档案强国”这一新的目标奋勇迈进。这是十七大以来我们在科学发展观指导下不断探索出来的新的档案事业发展思路。这个新的发展思路，是各级档案部门新实践的总结，是广大档案工作者新智慧的结晶，也是档案事业对党和国家各项事业科学发展新需要的应对。它已经被这几年我国档案事业的大发展、新发展证明是完全正确的，它也应该为我们今后所继续坚持。

二要为十八大确定的建设中国特色社会主义五位一体总布局服务。党的十八大指出，建设中国特色社会主义，总布局是五位一体。所谓五位一体，就是建设社会主义市场经济、民主政治、先进文化、和谐社会、生态文明。各级档案部门要把为五位一体总布局服务作为贯彻落实党的十八大精神的一个重要着力点，也作为今后档案工作服务大局的一个新方向。

要进一步加强企业档案工作，特别在加强对国有企业建档工作指导的同时，加强对重点民营企业和“走出去”企业的建档指导；加强农业农村档案工作、城镇建设档案工作；建好用好财政档案、金融档案、资产档案、科技档案、知识产权档案、建设项目档案、科研项目档案及其他经济科技档案，为建设社会主义市场经济服务。

要进一步做好各级党政机关、人大机关、政协机关、人民团体的档案工作，建好用好村务公开、厂务公开、政务公开、基层选举、司法、民族、宗教、侨务等方面工作的档案，进一步做好政府公开信息查阅工作，为建设社会主义民主政治服务。

要更多地运用各种大众传播形式把档案转化为文化产品，特别是打造成文化精品，为各项文化创作提供档案，为当下的各项文化建设建立档案，并以拍照、摄像、录音等方式为濒临失传的“老文化”现象建立档案，同时更好地开展档案系统的行业文化建设，为社会主义文化强国建设服务。

要进一步做好教学档案、就业档案、社保档案、住房档案、健康档案、医疗档案、安全生产档案等重要民生档案和人口档案、公安档案等社会管理档案的收集、管理、利用工作，进一步推动社区建档、家庭建档，为改善民生和加强社会管理、建设社会主义和谐社会服务。

要更加重视建好用好土地管理档案、林业档案、海洋档案、水利档案、气象档案、环保档案、地质档案、测绘档案、地震档案等，为建设社会主义生态文明、建设美丽中国服务。

三要确立与全面建成小康社会相适应的档案工作主要目标。党的十八大提出到2020年要全面建成小康社会，并提出两个翻一番的具体指标。我们档案工作也应该同十八大对表、对标、看齐。根据这一目标，在全国档案事业发展“十二五”规划的基础上，我们进一步提出几项与全面建成小康社会相适应的档案工作主要目标并要求大家为此而努力奋斗：

——到2020年全国各级综合档案馆全部建成面积达标、符合规范的新馆，建筑总面积比2010年翻一番，2013年以后新设计的还要努力建成绿色节能的新馆，彻底消除“无库馆”、“危房馆”现象，档案安全保障能力明显增强；各级档案馆都开展异地备份工作。

——到2020年全国各级综合档案馆馆藏总量比2010年翻一番，民生档案达到馆藏的60%左右，实现档案资源体系对民生、对社会的“全覆盖”。

——到2020年全国各级综合档案馆纸质档案数字化的数量比2010年翻两番；电子档案接收工作全面开展，数字档案馆建设取得实质性进展。

以上说的档案馆建筑面积翻一番、馆藏数量翻一番、纸质档案数字化数量翻两番，这“两个翻一番、一个翻两番”的指标，是就全国各级综合档案馆总体来说的，具体到每个地区、每个馆，则要根据自己的情况，确定今后的着力方向和具体指标。比如：档案馆建设以面积达标为上限，建馆面积已达标的今后则可不用再朝建馆方向着力；馆藏数量以按收集范围规定应收尽收为上限，达到应收尽收的今后也不用再朝增加馆藏方向着力，尤其不能把不应进馆的档案进馆；馆藏纸质档案数字化以应数字化的全部数字化为上限，已全部数字化的今后也不用再搞数字化。我们提出这三个指标，主要是对今后全国档案工作的重点方向作出引领，促进大家共同朝这几个重点方向去努力。

实现以上目标，将把我国档案事业推上一个新台阶，为建成档案强国打下坚实基础。各级档案部门和广大档案工作者要有信心和干劲，特别是要有翔实的规划和扎实的措施实现这一新的目标。

四要切实转变作风，实干兴档。各级档案部门要按党中央实干兴邦的要求，切实转变工作作风，鼓实劲，干实事，务实效，不尚空谈，不搞花架子和形式主义，不搞庆典、仪式，能不开会的不开会，能不行文的不行文，以更多的精力深入基层、深入实际，针对实际问题，采取切实措施，推动工作见实效。

（二）增强档案工作服务能力，提高档案工作的影响力

在各地各部门贯彻落实十八大精神的过程中，档案部门要积极主动地利用档案资源提供各种服务、举办各种活动。同时要积极转变服务方式，由只对档案信息进行简单整理和汇编，转为对档案信息进行归纳提炼和深度分析，实现更高层次的开发利用，更好地为领导决策提供智力支撑。明年各级政府将进行政府机构改革及事业单位改革等一系列改革，各级档案部门要密切关注改革进程，根据改革方案，加强对改革单位档案流向的指导，积极收集撤销单位的档案，防止改革中档案流失。明年各地还将根据十八大的要求，开展以为民务实清廉为主要内容的党的群众路线教育实践活动，各级档案部门要切实加强对这一活动档案工作的指导，认真收集这一活动的档案。

最近召开的中央经济工作会议部署了明年的经济工作，档案部门要认真贯彻落实会议精神。明年，我们要印发《〈企业档案工作规范〉实施评价办法》，以评价为抓手，进一步规范企业档案工作。明年三峡工程将进入整体验收阶段，档案验收是其中的一个重要组成部分，我们将根据国家总体要求，制定档案验收大纲，认真组织好档案验收工作。希望有关单位和部门积极配合，把相关工作做实、做细，确保验收工作顺利有序开展，确保验收结果经得起历史检验。要按照中央经济工作会议关于推进城镇化的部署，全面加强城镇建设档案工作，继续开展省级区域内建设项目档案巡回检查工作；同时结合建设项目档案管理示范工程活动，召开建设项目档案工作现场会，推动全国建设项目档案工作上新台阶。社会主义新农村建设档案工作示范县创建活动明年将进入攻坚阶段，各地在积极推进创建工作的同时，要着手总结新农村建设档案工作中的经验和问题，特别是对涉农档案的归档范围和分类方案、涉农档案的归属和流向以及农村档案资源信息共享平台建设等问题展开深入研究，解答有关现实问题，解决制约农业农村档案工作发展的瓶颈问题。我们将适时启动“农业农村档案建设系统规划与示范”项目，对各地的研究工作予以支持和帮扶。

要切实增强档案工作服务社会主义文化强国建设的能力，充分挖掘档案的历史价值和文化价值，精心选题，创新形式，打造出一批有助于建设社会主义核心价值体系、丰富人民精神文化生活的档案文化精品。明年是毛泽东诞辰120周年，我们将推出365集专题网络视频《档案天天看——毛泽东档案系列》，从元月1日到12月31日，在我局网站和国内知名网站上每天推出1集有关毛泽东的手迹等档案。同时还将举办一些档案展览，出版一些档案史料，拍摄有关文献电视片。要与地方教育行政管理部门密切合作，开展国家级和省级中小学档案教育社会实践基地的申报评选工作。要继续在全国文明城市创建中大力创建国家级档案馆。

各级档案馆要进一步改进档案利用和政府公开信息查阅工作，尽可能简化手续，延长时间，提高质量，特别是要尽量免费服务，以最大限度地让利用者满意。

要坚持做好档案宣传工作。从明年开始，我们将把每年的6月9日即“国际档案日”作为各级档案部门的集中活动日。各级档案部门要围绕这一档案界的特殊日子，集中开展一批主题鲜明、形式多样、内容丰富的宣传活动。宣传活动要贴近实际、贴近生活、贴近群众，把面向基层、服务群众作为宣传活动的宗旨，把宣传活动办到社区村头，把档案声音传进千家万户。各级档案报刊、网站也要把宣传搞得更加丰富多彩、生动有效。

（三）强化档案资源建设，提高档案事业发展的推进力

一要认真贯彻落实国家档案局9号和10号令。9号令已发布1年多，目前，已有近20个省级馆向我们上报了本馆收集档案范围细则，不少省级馆收集档案范围细则还有待进一步修改完善。请没有报审的馆抓紧报审，报审后需要修改的按审核意见抓紧修改，到明年底，各省级馆收集档案范围细则必须全部完成修改并实施。省以下各级馆明年也要把修改制定本馆收集档案范围细则摆在突出位置，当作一件大事来抓，确保全面完成。各级馆要着力于馆藏档案资源的结构调整，加大民生档案的进馆力度。10号令前不久刚刚发布，各地要抓好学习宣传贯彻，通过树立示范、典型引路的方式，力争用3年时间，完成本级所属国有企业的管理类文件材料归档范围和保管期限表的编制审核工作。

二要切实加强所属机构档案工作。各级党政机关的所属机构形成的档案数量大，很多所属机构还承担了机关的部分职能，产生的档案也很重要，有许多涉及国计民生。但所属机构档案工作一直是我们工作的薄弱环节。各级档案部门要会同主管机关，加强对党政机关所属机构档案业务的指导，把他们的档案资源纳入监管范围，把那些具有国家价值、地方价值、民生价值、社会价值的档案纳入档案馆收集范围。

三要切实做好专业档案工作。各机关档案部门要通过宣传使本单位领导充分认识建立专业档案对提高管理水平的促进作用，自觉运用建立专业档案这个手段来提高管理水平、促进工作开展，主动把建立档案与开展专项工作同部署、同检查。各级档案部门要充分发挥专业部门积极性，主动与有关主管部门联合制定相关档案的建档范围和管理办法，共同推行。明年，我们将再与有关部委联合出台一些民生专业档案管理办法，加大专业档案指导力度。各级档案行政管理部门要对已列入目录的专业档案每年制定10个以上的专业档案管理办法或规范，各级档案馆要每年接收一些新的专业档案进馆，真正把建好收好专业档案作为推动档案资源建设的一个重点，着力抓好，落到实处。

四要继续扩大建档范围，做到应建尽建、应收尽收、应存尽存。各级档案行政管理部门不但要监督指导所有向档案馆移交档案的单位建好档案，而且要帮助指导其他立档单位也建好档案。特别要加强对重点工作、重点建设项目、重大科研项目、重大活动的建档指导，注意指导新领域、新专业、新机构、新型组织及时建档，重视对新型载体档案的规范指导。要严格按照《电子档案移交与接收办法》做好电子档案收集工作。

（四）促进民生档案工作新发展，提高对社会建设的贡献力

要认真贯彻全国民生档案工作经验交流会的精神，以“改善民生为重点的社会建设开展到哪里，民生档案工作就延伸到哪里”为总体原则，以“记录民生、保障民生、服务民生”为指导方针，以“建立覆盖人民群众的档案资源体系和方便人民群众的档案利用体系”为工作重点，积极推动民生档案工作向纵深发展，不断提高对社会建设的贡献力。要紧密围绕办好教育、实现就业、增加收入、统筹城乡社会保障体系、提高人民健康水平、加强和创新社会管理六方面内容，搞好民生档案工作，解决好民生档案的收集归档、科学管理、安全保管、接收进馆、优先数字化和有效利用等问题，为民生谋利，替民生解忧。

（五）推进档案安全体系建设，提高档案安全的保障力

一要加强档案馆库建设。明年我们将配合国家发改委继续对中西部地区县级档案馆建设项目展开审核，按照“奖先罚后”的原则下达中央投资计划。四川、云南、甘肃、青海四省要依据国家发改委文件，做好藏区州、县两级馆需求测算，上报相关文件。山东要按照国家发改委给予山东省若干县享受中部政策文件精神，做好这些县档案馆的需求测算，上报相关文件。各地要做好监督指导工作，务必确保地方配套资金及时足额到位，务必确保建设资金全部用在馆库建设上，务必确保建设工程按进度、按质量推进，为档案保管创造良好的安全基地。凡发现挪用中央投资的，我们将建议当地党委政府对相关领导就地免职，对直接责任人给予严厉处分。同时，各地要以得力措施狠抓未列入中央投资补助的东部地区县级档案馆和全国多数省份的地市级档案馆建设，使各地区各级档案馆建设齐头并进，协调发展。在今后的档案馆建设中，一定要按照生态文明建设的要求，积极采用各种环保节能的理念、技术和材料，确保把档案馆建成节能、环保、美观、协调的绿色档案馆。明年我们要完成《档案馆安全风险评估指标体系》的制订并开展适用性的试点。

二要加强档案信息安全保密工作。各级档案部门要按照国家有关规定，准确把握政策精神，对过去已鉴定开放的档案进行重新鉴定，凡过去未逐件逐页鉴定档案内容的，要逐件逐页进行认真鉴定，凡不属开放范围的，一律不得开放，更不得上网提供利用，已上网的必须坚决撤下来。明年我们将对副省级市以上档案馆档案开放利用的鉴定划控工作开展专项检查。当前各地都在通过外包方式开展档案数字化工作，在数字化外包前应先做好有密级档案的挑选和鉴定工作，无需继续保密的档案可委托外包，仍需继续保密的档案则由本单位职工进行数字化。凡外包数字化的，一定要严禁外包涉密档案，严禁外包公司留存、外泄数字化档案信息，一经发现，必须严肃查处。

三要加强对数字档案的安全保管。目前各地都已形成了一批数字档案，如何保管好数字档案是当前各级档案部门需要重点研究的问题，一方面要做到长久保存，另一方面又要做到有效使用。各级档案部门要结合自身实际采取有效措施。目前为确保安全，要坚持异质异地备份，各省级档案局要统筹考虑解决本省各地、县两级档案馆数字档案的异地备份问题，有条件的地区和单位可以尝试开展数字档案转缩微胶片工作。

（六）完善档案法制建设，提高依法治档的执行力

一要继续推进《档案法》修改和档案法规体系建设。明年要争取把《档案法》修改列入国务院立法工作计划二档，确保《档案法》在“十二五”期间修改出台。各地各部门要根据《国家档案法规体系方案》的规划，结合工作实际，认真研究立法需求，尽快向我们报送2013年度立法计划，努力制定、修订一批档案事业发展急需的法规制度。

二要加大档案法的执法检查。明年我们将联合全国人大教科文卫委、国务院法制办开展新一轮档案法实施情况调研和执法检查，对10个以上的省区市、20个以上的中央和国家机关、20个以上的中央企业进行执法检查，坚决查处违法案件，限期整改重大安全隐患。

（七）加快档案信息化建设，提高档案科技的驱动力

一要努力建设以服务为主导的档案信息化体系。要按照党的十八大关于新四化的要求，在新的起点上进一步推进档案信息化，即从过去以技术为主导向以服务为主导转变，从注重应用信息技术向注重档案内容信息化转变，树立“内容为王”的观念，建设以服务为主导的档案信息化体系，下大力气持续地开展传统档案数字化工作，按照社会需求开展信息化，各级档案馆、室都要把数字化作为主要业务，大力实施“数字化带动”战略，把社会急需、群众急需的档案优先数字化，以数字化为龙头，带动档案信息化与档案服务体系深度融合，与档案资源体系、安全体系良性互动，从整体上推进档案事业发展。我们将从明年开始搭建全国开放档案和政府公开信息资源共享平台，各级档案馆要积极支持，把经重新鉴定为可开放档案的目录及全文，以及已公开的本级政府公开信息，上传到这个平台上，以打通档案信息社会共享的“最后一节路”，真正实现档案信息社会共享，推动以服务为主导的档案信息化体系的实质性建立。今后每年，每个省级和副省级市馆要上传2万件以上已开放档案和已公开政府信息，有条件的地县级馆也要积极上传。同时我们也将让每个上传单位共享这个平台上的所有信息。

二要加快推进档案信息系统安全等级保护工作。明年，我们要按照公安部有关要求，发布档案信息安全等级保护定级工作指南，启用测评软件，开展联络员培训。各地方各部门要加大投入力度，积极推进档案信息系统安全保护定级备案和测评整改工作，确保档案信息化安全发展。

三要进一步完善数字档案馆评估指标体系。要尽快发布《数字档案馆评估指标体系》，完成测试软件的研制，选择部分档案馆进行试评估，组织对部分数字档案馆进行规范性测评，组织数字档案馆建设培训，进一步提高全国数字档案馆建设水平。

四要认真贯彻落实《电子档案移交与接收办法》。要开展《电子档案移交与接收办法》的宣传贯彻工作，组织相关培训，制定配套规章、标准，做好电子档案接收与长期保存试点工作。

同时，我们还要进一步抓好档案科技工作，加强科技项目管理，推动档案科技创新，组织对重大科研项目进行攻关，加大科技成果推广转化力度，充分利用科技创新驱动档案事业发展。

此外，明年我们还将加大对一线档案工作者的培训力度，分别组织中央机关和企业中的档案业务人员进行岗位培训，继续在中央党校和浦东干部学院对档案领导干部进行培训。同时，将扩大档案对外交流与合作，提高档案工作的国际影响力。

以上就是我们提出的明年的工作思路、主要目标任务和重点工作。希望各级档案局、馆、室结合你们的工作实际，确定并做好具体的工作。让我们更加紧密地团结在以习近平同志为总书记的党中央周围，团结奋进，扎实工作，不断推动档案事业科学发展，争取早日实现与全面建成小康社会相适应的档案工作主要目标，为建设档案强国和全面建成小康社会作出新的贡献！

国家档案局局长、中央档案馆馆长杨冬权在全国社会主义新农村建设档案工作示范县经验交流会上的讲话

（2012 年 12 月 26 日）

同志们：

今天，国家档案局和民政部、农业部联合召开全国社会主义新农村建设档案工作示范县经验交流会，民政部和农业部领导在百忙中参加这个会，一些示范县的领导也参加了这个会，充分体现了他们对农业农村档案工作的高度重视。召开这个会议，是我们切实贯彻落实十八大精神的具体举措。

刚才我们听了 7 个单位关于新农村建设档案工作的经验介绍，他们讲得都很好。让我们感到很振奋，看到了档案工作的方向在哪里，榜样在哪里，对建设档案强国有了更充分的信心。其他各省（区、市）也都有书面的经验材料，内容都很充实，相信大家一定会从中得到启发、学到经验。

开展创建“社会主义新农村建设档案工作示范县”活动的目的，是通过在不同区域培育一批新时期农业农村档案工作的优秀典型，发挥其带动和辐射作用，进一步统筹城乡档案工作发展，全面提升农业农村档案工作的整体水平，为新农村建设打下扎实的基础。

这一活动开展以来成效十分显著。各地党委和政府对创建活动给予了高度重视，在政策扶持、组织保障、经费投入等方面给予了大力支持，民政和农业等涉农部门密切配合，档案部门主动作为、狠抓落实，创建活动使农村基层建设得到了加强，也受到农民群众的普遍欢迎。可以说这项活动是扎实推动社会主义新农村建设的一项政府工程和惠民工程。

目前全国共有 75 个单位成为示范县。这是两年来社会主义新农村建设档案工作示范县创建活动结出的丰硕成果。在此，我代表示范县活动领导小组向获得称号的单位表示热烈的祝贺！向重视、支持示范县活动的各级党委、政府和相关涉农部门表示衷心的感谢！向为创建活动作出突出贡献的各级档案部门和基层档案工作者表示诚挚的敬意！

示范县创建活动开展以来，已经取得宝贵的经验。

一、必须把档案工作纳入新农村建设整体规划和专项计划，并与新农村建设各项事业同步发展

在各地的创建工作中，各级党委、政府把档案工作示范县活动纳入新农村建设的整体安排，对农业农村档案工作在政策扶持、经费保障、人员配备等方面给予了大力支持。一些县（市、区）的主要领导同志亲自挂帅担任创建活动领导小组组长，并把组织、民政、农业、林业、社保、财政、建设、教育、卫生等多个职能部门和各乡镇的领导纳入其中，由档案部门统筹协调，分解任务，确立目标，进行督查，为创建活动提供了强大的组织保障。许多地方党委、政府，专门从财政预算中拨出资金，

有力地支持了新农村建设档案工作的顺利开展。在强大的组织保障和经费支持下，农业农村档案工作呈现出前所未有的新局面：档案工作的体制机制得到进一步健全；环境和条件得到很大改善；新农村建设档案应建则建，应归尽归，档案资源建设更加完善；基层档案队伍的业务素质和水平有明显提升；农村基层组织和广大农民群众建档、管档、用档的意识明显增强。总之，社会主义新农村建设档案工作示范县创建活动使档案工作从机关大院走向了农村基层，从新农村建设的后台走到了前台，从党委、政府的二线、三线走到了一线。宁夏永宁县档案局只有5人，经过艰苦拼搏，顺利通过验收后，县长不仅当场表态奖励80万元，而且说要召集全县各职能部门负责人在县档案局开现场会，让其他部门看看5个人的档案局是如何做事的。从示范县创建实践可以看出：农业农村档案工作只有纳入到新农村建设当中才能得到切实加强；档案工作只有真实完整地记录和保存了新农村建设的伟大过程，为新农村建设提供应有的服务，才能得到不断的充实和持续的发展。

二、必须由相关部门齐抓共管，才能使新农村档案资源体系建设得到全面加强

示范县活动是档案部门首次与涉农专业主管部门协作共同开展的。我们三个部门的有关单位多次研究部署、制定方案、检查验收。民政部档案资料馆和基层政权司，农业部经管司和办公厅都先后多次派人参加验收工作。我们还建立了由档案、民政、农业系统150多人组成的验收委员队伍。各地验收委员密切合作，深入农村基层单位，具体负责本地区示范县检查指导和预验收工作，同时还参加了示范县领导小组交办的跨省区的验收工作。

在这次示范县创建活动中，除民政、农业部门的积极参与外，组织、林业、水利、社保、土地、环保等部门也共同参与。在示范县创建活动的组织、指导、培训、验收等环节中呈现出协调配合、齐抓共管的局面。各地档案部门会同相关部门共同组织召开动员会、推进会、经验交流会以及联合制发各类涉农专业档案的规范性文件，从源头控制涉农档案的归档管理。这既增强了相关部门对新农村建设档案工作重要性的认识，又提高了各职能部门从各自涉农专项工作中重视和把握档案工作的自觉性。有的民政部门主动提出，把规范村级档案工作纳入村民自治制度建设的重要内容，有的林业局主动提出，把林改档案的规范化管理纳入林改工作的总体验收中。这些都大大改善了当地档案工作的被动局面，全面提高了档案资源建设的整体水平。

三、档案部门必须精心组织、深入指导，才能使农村基层档案意识普遍增强

县级档案部门是此次示范县创建活动的主力军。在示范县活动的实践中，档案部门抓住新农村建设的机遇并坚持不断地向党委和政府以及相关部门宣传，让他们切实了解档案在加强农村社会管理、解决基层矛盾纠纷、提高农民法治意识、维护社会稳定、发展农业生产、维护农民权益方面具有不可替代的作用，争取到了在新农村建设中相应的职责和任务。他们整合涉农档案资源，扩大涉农档案进馆范围，联合涉农部门建立工作机制和协调机制，在涉农专项工作中及时提出建档要求。这次示范县验收标准中，有一半以上的目标任务要在乡镇和村级进行。这就促使档案部门走出机关，深入到农业农村档案工作的最基层，精心组织，耐心指导，不断加大对乡村档案工作人员的培训力度，带出一支农村基层的档案队伍。通过创建活动，村里的档案工作条件改善了，档案制度建立了，村里办事有了记录，干部做事有了依据，解决纠纷有了凭证，公开透明，农民群众顺心服气，从而使农村干部群众的档案意识普遍增强。实践表明，为基层建档、管档、用档，农村广大干部群众是真心拥护的，农民群众是大力支持的。从根本上讲，农村社会和谐稳定、农村经济发展都离不开档案。

当前，示范县活动已时间过半，任务过半，创建活动正朝着健康的方向发展。明年是示范县活动的攻坚之年。我们要继续努力，加大力度，更好地开展这项工作。

一要充分认识开展示范县创建活动的目的和意义。社会主义新农村建设是党中央在新时期提出的重大战略决策和重大历史任务，对于全面建成小康社会、实现中华民族伟大复兴的中国梦有着不可估量的作用。农业农村档案工作不仅是新农村建设的重要组成部分，而且是新农村建设的基础性工作。因此，抓住新农村建设的机遇，创建新农村档案工作示范县，全面加强新农村建设档案工作，对于解决三农问题有着积极和现实的意义。

二要认真总结推广示范经验，促进新农村建设档案工作全面进步。

第一，要抓纳入，促同步。要坚持把档案工作纳入新农村建设的整体规划或专项计划中，在领导本地实施社会主义新农村建设时，把档案工作同部署、同要求、同检查，对档案工作给予一定的政策支持和经费投入，使档案工作与新农村建设保持同步，既让档案工作成为新农村建设的推动力，同时也给各地的新农村建设这个伟大工程留下真实、完整的历史记录。

第二，要抓协作，促配合。示范县的实践表明新农村建设形成的档案数量庞大、内容繁多、紧贴民生。先说数量大，仅土地承包合同档案和林地权证档案全国就有数亿份。在我国很少有哪个单一类别档案会有如此庞大的数量。再说内容多，在这次示范县创建中，有的县最多归纳出125种专业档案，普遍的也有二三十种之多。这些档案记录着国家各项支农惠农政策的贯彻实施、农村经营方式的变革、农民生产生活的变化以及旧村改造新村建设的整个过程，涉及农村的各个方面。三说贴民生，农村档案记录了农民的生产、生活、教育、医疗、创业、社保等各个方面，涉及全体农民，涉及全国的一半人口，与农民利益、与民生密切相关。新农村建设档案工作涉及农村工作的各个部门。所以，各级档案部门一定要与各个涉农部门加强协作，密切配合，在各专项工作开展前，就要对文件材料的归档管理提出要求，在对该项工作检查验收时要一并对档案的齐全完整、整理规范及安全保管进行验收，做到新农村建设到哪里，档案工作就覆盖到哪里，不但把形成的档案归集齐全，而且及时为新农村建设提供服务。

三要建立新农村建设档案工作持续发展的长效机制。示范县创建活动虽然使一个地区的农业农村档案工作提升到了一个新台阶，但是这还只是阶段性的成果。如何把创建活动的积极性保持下去，把创建活动中的好做法形成机制，把创建的工作状态转化为常态化、长期性、可持续的工作坚持下去，希望引起地方党委、政府和档案部门的高度重视，不能验收结束就刀枪入库，马放南山，松懈反弹。一定要建立农村档案工作的长效机制，把抓农村档案工作常态化、机制化。使档案工作真正与新农村建设的发展保持一致，不断线、不滑坡，可持续地健康发展。

四要不断加强和完善县、乡、村农业农村档案工作三级管理体系。县级档案部门是新农村建设档案工作的牵头单位，县级档案部门要加强自身建设，不仅要积极争取当地党委、政府给基层档案工作提供政策支持和资金投入，还要加强与涉农部门的沟通和协调，共同研究各涉农专业档案的归档范围、保管期限和档案的归属流向，同时还要加大对乡镇、村档案人员的培训力度，运用实地教学、上门培训、远程教育、送培训资料下乡等方式，培训一批专门人才，带出一支专业队伍。

乡镇档案部门是农村基层档案工作的主要阵地。要不断加强乡镇档案部门的工作环境建设，重新修订乡镇机关文件材料的归档范围和保管期限表，不断提高乡镇档案的规范化管理水平，扩大其档案来源和管理范围。乡镇档案部门要把所属单位如站、所、办等应归档的各类涉农档案纳入其中，并监督实施。在这次示范县创建中，有的地区建立了乡镇档案馆，有的地区解决了乡镇档案人员编制，这都是实实在在的加强。我们希望各地都采取类似的措施。此外，还要赋予乡镇档案部门对乡镇所属单位和行政村档案工作指导和监督的职责，使乡镇档案部门真正起到承上启下的关键作用。

行政村是最基层的社会组织。行政村档案是维护农民与集体经济权益、处理农民与集体关系的基石和保障，也是党的基层组织建设、基层政权建设、农业生产、乡村建设和实行党务公开、村务公开的真实基础。各级档案和涉农部门要把村级建档工作放在重要的位置来抓，对村级文件材料归档和档案室建设工作倾注更多关注和支持，重视村两委换届档案的平稳交接问题，使村级档案真正成为新农村建设的牢固基石。

五要重点关注新农村建设档案工作的新领域，不断研究新问题。社会主义新农村建设中，涌现出大量的涉农专业档案和专项工作、新型组织形成的档案，如：征地拆迁、土地流转、旧村改造、新村建设、合作医疗、村民养老保险、现代产业、农产品质量安全以及农村经济合作组织等方面的档案。要管好用好这些新档案，必须不断学习这些行业和领域的新知识、新要求，了解这些档案的形成规律和有机联系，制定档案的分类方案和整理方法，研究档案的价值和作用，要及时提出档案的归属和流向。各级档案部门要组织力量，加大研究力度，提出解决办法。

六要进一步完善农村档案信息共享平台建设。农村档案信息共享是今后一个时期农业农村档案工作发展的方向，这次示范县活动，把这项内容纳入了创建目标中，使农村档案信息共享有了很大的发展。许多创建单位把县档案局网站建成地方党委和政府服务农民的档案信息窗口和枢纽，让广大农民及时获得党的方针政策和各种致富信息。示范县创建使农村档案信息资源共享的软硬件条件得到了很大的改善，通过快速便捷的网络，广大农民群众也从中得到了实惠，实现农民群众不出村、不出户就能查阅和利用档案信息的愿望。这不但是一项农村档案工作的信息工程，更是一项支农惠农的民生工程。随着经济社会的不断发展和进步，农民群众对各种信息和档案资源的需求持续增长，在有些地方，农民群众从网上获取档案信息已经成为他们生产生活必不可少的内容，这使实现农村档案信息资源共享，成为农民对农村工作和档案工作的新要求，成为新农村建设档案工作带有前瞻性、创新性的工作。各地要高度重视，结合实际研究和开发适合本地农村档案信息资源共享的方式和内容，使档案信息共享成为社会主义新农村的一个亮点、一个标志。

同志们，社会主义新农村建设档案工作示范县创建活动是全面落实十八大精神，推进社会主义新农村建设、全面建成小康社会的一个有力抓手。这项活动的主体工作将在明年基本完成。但是，就像一位档案同仁所讲的，“农业农村档案工作，只有起点没有终点”。我们将在继续推进示范县活动的同时，加大对农业农村档案工作有关业务问题的研究，以引导新农村建设档案工作向着规范化的轨道发展，为全面建成小康社会作出应有的贡献。

（二）综合概况

中央档案馆国家档案局机构情况一览表

（2012年）

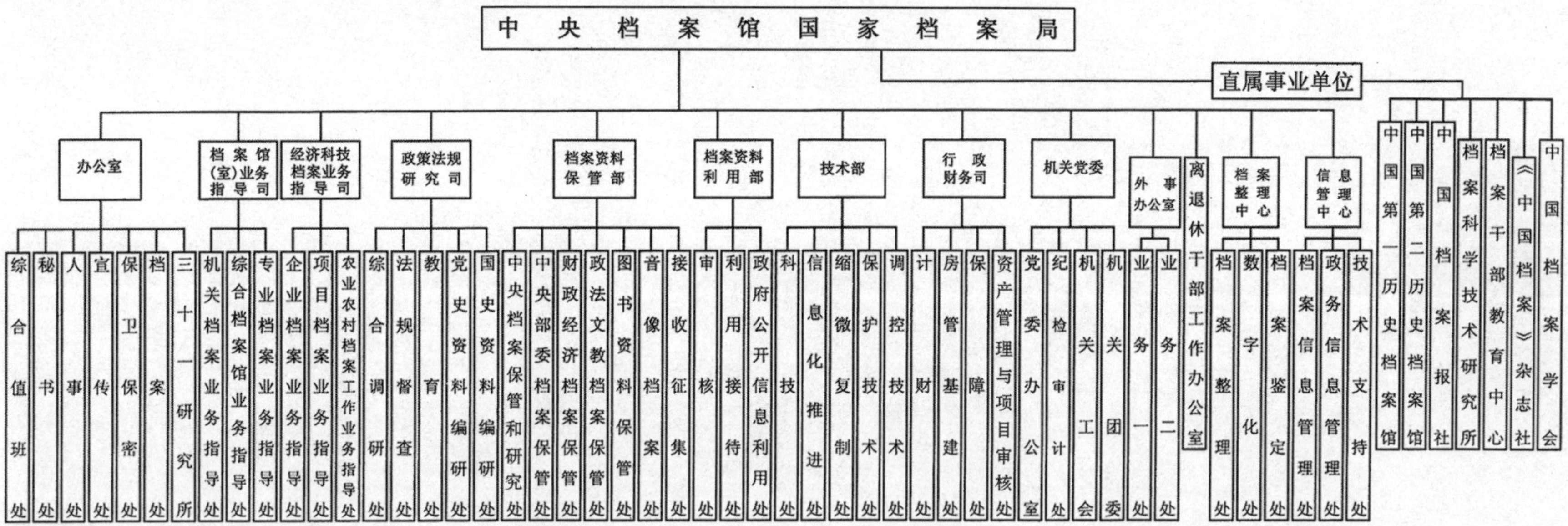

中央档案馆国家档案局人事处制

各省、自治区、直辖市级档案机构情况一览表

（2012 年）

档案机构名称	级别	上级主管部门	编制（人）		内设机构	直属事业单位
			行政	事业		
北京市档案局（馆）	正局级	北京市委		264	办公室、综合研究处、监督指导一处、监督指导二处、区县业务处、法规处、科研教育处、信息化处、网络管理处、档案征集处、整理编目处、技术保护复制处、保管处、利用处、文献编辑处、史料编辑处、展览陈列处、行政管理处、设备处、保卫处、人事处、机关党委、机关工会	《北京档案》杂志社、北京市档案事业服务中心、北京市档案局老干部活动站、北京市档案干部培训中心
天津市档案局（馆）	正局级	天津市委、天津市政府		234	办公室、人事处、机关事业档案管理处、企业档案管理处、法制处、教育处、行政处、安全保卫处、档案保管部、档案编辑研究部、电子档案信息部、征集接收部、技术保护部、开放利用部	天津市档案局人才交流服务中心、天津市档案干部培训中心、天津市档案咨询服务中心
河北省档案局（馆）	正厅级	河北省政府		129	办公室、政策法规处、档案馆建设指导处、档案资源建设指导处、档案利用与开发指导处（政务信息公开服务处）、档案数字化与技术保护指导处、档案管理处（后库综合管理处）、行政财务处（安全保卫处）、机关党委（人事处）、离退休干部处	河北省档案干部培训中心
山西省档案局（馆）	正厅级	山西省委、山西省政府		102	办公室、人事教育处、政策法规处、科技信息处、档案馆室业务指导处、经济科技档案业务指导处、档案收集整理处、档案保管利用处、编研处、档案技术保护处、安全保卫处、机关党委、监察室	山西省档案业务咨询服务中心
内蒙古自治区档案局（馆）	正厅级	内蒙古自治区党委办公厅		135	办公室、人事教育处、法规处、档案馆室业务监督指导处、经济科技档案业务监督指导处、信息技术处、收集整理部、蒙文档案部、科技部、保管利用部、编目编研部、乌兰夫研究会办公室	内蒙古自治区档案局机关事务服务中心、内蒙古自治区档案局档案教育与研究中心

续表

档案机构名称	级别	上级主管部门	编制(人)		内设机构	直属事业单位
			行政	事业		
辽宁省档案局（辽宁省档案馆、辽宁省社会档案寄存中心）	正厅级	辽宁省委办公厅	35	148	办公室、综合法规处、档案馆(室)处、经济科技处、科研处、接收征集处、档案保管处、电子档案管理处、历史档案整理处、现行档案整理处、编研展览处、档案利用处、技术保护处、现行文件服务处(政府信息查阅中心)、电子档案备份中心、人事教育处、行政管理处 、离退休干部处、保卫处、机关党委	《兰台世界》杂志社
吉林省档案局(馆)	正厅级	吉林省委（吉林省委办公厅代管）	112	13	办公室、人事处、综合法规处、档案馆(室)业务指导处、经济科技档案业务指导处、历史档案管理处、党政档案管理处、档案开发利用处、档案史料编研处、档案保护技术处、档案信息化工作处、馆藏档案数字化管理处、老干部处、机关党委	吉林省档案科学技术研究所、《兰台内外》杂志社、吉林省省属改制企业档案托管中心
黑龙江省档案局(馆)	正厅级	黑龙江省委		135	办公室、人事处、机关党委、馆室处、经科处、教宣法制处、档案馆第一保管处、档案馆第二保管处、接收征集处、编目处、编研处、利用处、《黑龙江档案》编辑部	黑龙江档案技术服务中心
上海市档案局(馆)	正局级	上海市委办公厅	67	156	办公室、综合规划处、政策法规处、业务指导处、科技教育处、组织人事处、机关党委、档案接收征集部、档案保管部(电子档案保管部)、档案整理编目部、档案利用服务部(社会教育部)、档案史料编研部(档案宣传部)、档案保护技术部、信息技术部、行政处(保卫处)	上海市档案干部培训中心、上海市档案缩微技术中心
江苏省档案局(馆)	正厅级	江苏省委、江苏省政府	121	29	办公室、人事处、机关党委、业务指导处、科技处、法规宣教处、征集接收处、社会事业档案管理处、管理部、利用部、技术部	江苏省数字档案中心、江苏省档案展览陈列馆
浙江省档案局(馆)	正厅级	浙江省委办公厅	86	3	办公室、业务指导处、档案电子文件登记与管理处、法规宣传处、人事教育处(机关党委)、档案保管利用处、信息科技处、编研处	浙江省电子政务数据灾难备份中心、《浙江档案》杂志社、浙江省档案干部教育培训中心、浙江省档案事务所

续表

档案机构名称	级别	上级主管部门	编制(人)		内设机构	直属事业单位
			行政	事业		
安徽省档案局(馆)	正厅级	安徽省委、安徽省政府	5	75	办公室(人事处)、法规处、标准化建设处、科技信息处、保管处、征集利用处、整理编目处、机关党委、监察室	安徽省档案缩微技术服务中心(安徽省档案事务所)
福建省档案局(馆)	正厅级	福建省委	10	95	机关党委、办公室、人事教育处、监督指导处、法制处、保管利用处、技术处、编研处、鉴定整理处	福建省档案信息中心、福建省档案干部培训中心
江西省档案局(馆)	正厅级	江西省委、江西省政府	96	24	办公室、业务指导处、科教法规处、信息调研处、档案保管处、档案利用处、档案征集编研处、档案技术保护处、机关党委、科技教育处	江西省档案局机关后勤服务中心、江西省档案局档案服务中心
山东省档案局(馆)	正厅级	山东省委办公厅		99	办公室、法规和经济科技业务处、档案馆(室)业务处、教育培训处、档案接收征集处、档案保管处、档案利用开发处、信息技术处、电子档案备份管理处、编辑研究处、档案保护处、保卫处、机关党委	
河南省档案局(馆)	正厅级	河南省委、河南省政府	113		办公室、政策法规处、人事教育处(机关党委、纪检)、业务指导处、保管利用处、接收征集处、科研技术处	
湖北省档案局(馆)	正厅级	湖北省委、湖北省政府		122	办公室、档案馆室业务指导处、经济科技档案业务指导处、法规标准宣传处、科技处、电子档案管理处、档案资料保管处、档案信息开发利用处、行政保卫处、人事教育处、离退休干部处、机关党委	湖北省档案科技推广中心、湖北省档案技术咨询中心
湖南省档案局(馆)	正厅级	湖南省委、湖南省政府		119	办公室、宣传教育处、业务指导处、科技信息处、人事保卫处、征收保管部、接待利用部、编研展览部、电子声像部、机关党委、纪检监察室	《档案时空》杂志社、湖南省档案服务中心
广东省档案局(馆)	正厅级	广东省政府		94	办公室(人事处、机关党委办公室)、综合法规处、档案督导处、科研教育处、技术处、收集整理部、保管利用部、编研出版部、声像档案部	

续表

档案机构名称	级别	上级主管部门	编制(人)		内设机构	直属事业单位
			行政	事业		
广西壮族自治区档案局(馆)	副厅级	广西壮族自治区党委办公厅		75	办公室、档案馆(室)业务指导处、经济科技档案业务指导处、法规科教处、档案收集保管处、档案编研利用处、档案保护技术处、档案信息化工作处、机关党委	
海南省档案局(馆)	副厅级	海南省政府办公厅		45	办公室、业务指导处、法制宣传处、档案管理处、技术处、音像档案管理处、征集编研处	海南省档案干部培训中心
重庆市档案局(馆)	正局级	重庆市政府	15	93	办公室、人事处(离退休人员工作处)、档案馆(室)业务指导处、经济科技档案业务指导处、政策法规处(业务培训处)、档案收集整理处、档案管理处、保护技术处、档案编研处、信息技术处(电子文件档案管理中心)	
四川省档案局(馆)	正厅级	四川省政府		128	办公室、档案馆(室)业务指导处、经济科技档案业务指导处、政策法规处、宣传教育处、档案接收征集处、档案保管处、档案利用处(增挂四川省已公开现行文件利用中心)、档案保护技术处、档案信息技术处、人事处、机关党委办公室、离退休人员工作处、后勤保障处	四川省档案学校、四川省档案局档案科学技术研究所
贵州省档案局(省地方志编纂委员会办公室、贵州省档案馆)	正厅级	贵州省政府	132		办公室、政策法规处、业务一处、业务二处、业务三处、业务四处、业务五处、业务六处(贵州省电子文件档案管理中心)、业务七处、业务八处(贵州省政府信息公开服务中心)、业务九处(贵州省档案资料缩微复制中心)、业务十处、宣传处、人事处(贵州省档案地方志干部教育培训中心)、机关党委办公室、离退休干部处	

续表

档案机构名称	级别	上级主管部门	编制(人)		内设机构	直属事业单位
			行政	事业		
云南省档案局(馆)	副厅级	云南省政府办公厅		112	办公室、业务指导一处、业务指导二处、电子档案管理处、法规宣传教育处、利用服务处、征收整理处、管理保护处、备份管理处、运行保障处、机关党委人事处、老干部工作办公室	
西藏自治区档案局(馆)	副厅级	西藏自治区党委办公厅		90	办公室、业务指导处、法规宣传处、保管利用一处、保管利用二处、保护技术处、编译研究室、机关党委	
陕西省档案局(馆)	正厅级	陕西省委		152	办公室、人事教育处、业务指导处、法规处、宣传科技处、机关党委、监察室、收集保管处(陕西省现行文件阅览中心)、信息化工作处、社会教育编研处、技术处、后库管理处、档案保护技术研究所、离退休人员服务管理处	
甘肃省档案局(馆)	正厅级	甘肃省委		121	办公室、人事教育处、老干部工作处、业务指导处、法规宣传处、机关党委、收集整理处、科技信息处、电子文件管理处、档案开发利用处、档案保管保护处、后库管理处、保卫处	甘肃档案学校、甘肃省档案装具标准化管理中心
青海省档案局(馆)	副厅级	青海省委办公厅		44	办公室、业务指导处、综合法规处、保管利用处、信息技术和电子文件管理处	青海省政府公开信息查阅服务中心
宁夏回族自治区档案局(馆)	副厅级	宁夏回族自治区党委办公厅		53	办公室、业务监督指导处、法制宣传教育处、接收征集处、保管利用处、技术处、信息开发处	宁夏档案文件利用服务中心
新疆维吾尔自治区档案局(馆)	副厅级	新疆维吾尔自治区党委办公厅		100	办公室、综合法规处、业务指导处、人事教育处(新疆档案干部培训中心)、档案保管保护处、档案信息开发利用处、档案征集接收处、档案信息化处、机关党委、纪检(监察)组	

全国档案工作暨表彰先进会议

2012年2月15日，全国档案工作暨表彰先进会议在北京召开。会议的主要任务是：以党的十七大和十七届六中全会精神为指导，总结2011年全国档案工作，部署2012年全国档案工作，表彰一批在新时期档案工作中作出突出贡献的先进集体和先进工作者，激励广大档案工作者团结奋斗，开拓进取，为建设社会主义文化强国作出更大贡献。人力资源社会保障部副部长杨士秋，国家档案局局长、中央档案馆馆长杨冬权，国家档案局副局长、中央档案馆副馆长段东升、李明华、李和平、杨继波出席了会议。

人力资源社会保障部副部长杨士秋宣读了《人力资源和社会保障部、国家档案局关于表彰全国档案系统先进集体和先进工作者的决定》，北京市平谷区档案局（馆）等60个单位、李福君等40名同志获得“全国档案系统先进集体”“全国档案系统先进工作者”荣誉称号。

杨冬权作工作报告。他指出，全国档案系统先进集体和先进工作者是党和国家赋予档案系统的崇高荣誉和褒奖，各级档案部门要采取多种方式，持续深入地开展学先进活动。受到表彰的先进集体和个人要珍惜荣誉，谦虚谨慎，戒骄戒躁，再接再厉，进一步发挥先进典型的表率作用。

杨冬权总结了2011年全国档案工作取得的显著成绩。他说：2011年，全国档案部门在各级党委和政府的领导下，围绕大局，拼搏进取，各项工作取得新进展，实现了档案事业“十二五”良好开局。档案工作受到越来越多的关注，档案事业发展列入各级政府发展规划，服务党和国家中心工作成效显著，档案资源建设有新举措，国家重点档案抢救保护有新进展，档案安全保障能力有新加强，档案馆社会教育功能有新突破，各项档案业务建设持续推进。杨冬权分析了档案工作发展中存在的一些亟需解决的问题，要求引起高度重视，积极采取措施，努力加以改进。

杨冬权提出2012年全国档案工作的总体要求是：坚持以邓小平理论和“三个代表”重要思想为指导，深入落实科学发展观，贯彻党的十七届六中全会和中央经济工作会议精神，围绕党和国家工作大局，以改革创新精神全面实施“三大战略”，推进“三个体系”建设，增强档案服务能力，促进档案工作更好地为经济建设和社会主义文化大发展大繁荣服务，以优异成绩迎接党的十八大胜利召开。

杨冬权要求各级档案部门在工作中要重点做好十个方面的工作：一是贯彻落实党的十七届六中全会精神，推动社会主义文化大发展大繁荣，努力建设与社会主义文化强国相匹配的档案强国，积极推进档案文化建设；二是围绕党和国家的中心工作，积极有效地提供档案服务，充分发挥档案宣传鼓舞作用、法律凭证作用；三是推进公共服务能力建设，提高档案利用水平；四是扩大覆盖范围，深入开展档案资源建设；五是加大管理力度，推动民生档案工作有效开展；六是推动档案信息化建设；七是推进依法治档；八是加强档案馆库建设及重点档案抢救保护，提高安全保障能力；九是积极开展对外交流与合作；十是加强干部队伍建设，促进人才全面发展。

段东升作了会议总结，并就建设档案强国、中西部地区县级综合档案馆建设项目实施、农业农村档案工作、企业档案和重大建设项目档案工作、国家档案局令第9号的贯彻落实、重点专业档案工作、中央和国家机关所属机构档案管理工作、档案执法监督检查和依法行政工作等具体工作作了进一步强调和说明。他强调，2012年是实施“十二五”规划承上启下的重要一年，是党的十八大召开之年，贯彻落实好会议精神，对于实现档案事业又好又快科学发展，具有十分重要的意义。要求会议代表会后要尽快把会议精神向本地区、本部门分管档案工作的领导汇报，积极争取各级领导对档案工作更大的重视和支持；尽快把会议精神传达到各档案部门全体干部职工，深刻领会、全面落实，保证2012年全国档案工作任务顺利完成。

会议期间，代表们结合实际对杨冬权的工作报告以及2012年全国档案工作任务进行了热烈讨论，提出了许多很好的意见和建议。

全国各省、自治区、直辖市、计划单列市和副省级市以及新疆生产建设兵团档案局主要负责同志，部分中央和国家机关、中央企业以及军队档案部门主要负责同志，全国档案系统先进集体代表和先进工作者参加了会议。

（刘　朝）

档案与电子文件登记备份工作现场会

2012年4月17日，档案与电子文件登记备份工作现场会在浙江省召开。国家档案局局长杨冬权出席会议并讲话，中共浙江省委副书记李强出席会议并致辞。会议由国家档案局档案馆（室）业务指导司司长孙钢主持，浙江省档案局局长鞠建林介绍了浙江省开展档案与电子文件登记备份工作的相关情况。来自全国各省、自治区、直辖市等档案部门的相关负责同志及浙江省档案部门的代表共计60余人参加了现场会。全体与会代表现场参观了绍兴市档案馆和杭州市萧山区档案馆档案与电子文件登记备份中心。

2009年我国有关部门关于电子文件管理的文件中提出，有条件的档案馆应根据灾害备份的要求，建立本级电子文件备份中心或异地备份库。同年召开的全国档案馆工作会议上明确提出了建设档案馆五位一体功能的要求，其中新增加的功能之一就是“电子文件备份中心”。2010年5月，国家档案局召开全国档案安全体系建设工作会议，提出了建立确保档案安全保密的档案安全体系，全面提升档案部门的安全保障能力，确保档案实体安全和信息安全的要求。同年10月在辽宁省召开了全国档案馆电子文件（档案）备份中心建设现场会，对这项工作进行了具体部署。自辽宁会议以来，全国各级档案馆电子文件备份工作取得了重要进展，47家副省级市以上档案馆全部实现了重要档案和电子文件的异地结对备份。一些市县档案馆也开始了建立电子文件备份中心和异地备份库的工作。特别是浙江省档案与电子文件登记备份工作取得的重大创新和进展，引起了全国档案部门和社会各界的普遍关注。浙江省开展档案与电子文件登记备份工作两年多来，取得了明显成效，保障了档案信息安全，有力推进了档案资源和利用体系建设，有力推动了档案事业发展，“三个体系”建设进一步落实，档案工作的环境和条件不断改善，档案部门的权威和影响力日益提升。

杨冬权在讲话中强调，浙江开展档案与电子文件登记备份工作的经验应该加以推广，值得各地档案部门学习。档案与电子文件登记备份工作是贯彻落实中办、国办有关电子文件管理办法的一个实际措施，是贯彻“安全第一”战略，建设档案安全体系的一种重要手段，是贯彻“以人为本”战略，建立覆盖人民群众的档案资源体系的一项重要举措，是实施“服务为先”战略，建设方便人民群众的档案利用体系的一种有效途径，是实施“数字化带动”战略，推动档案基础业务建设和信息化工作的一种持续动力，是建设“档案强国”的很好抓手和切入点，有利于尽早实现“档案强国”的战略目标。他要求，要积极争取领导和各部门支持，积极开展登记备份工作，要有重点、有次序，稳妥有序地开展登记备份工作，把登记备份工作与国家档案局令第8号、第9号和《国家基本专业档案目录》有机结合起来，把登记备份工作与数字档案馆、室建设有机结合起来，要实事求是，因地制宜地开展登记备份工作。

李强在讲话中指出，档案与电子文件登记备份工作是切实增强档案服务能力的重要抓手，是推进社会管理创新的重要方面，是保障档案安全、加强档案资源建设、优化档案利用的重要手段，也是推动档案事业科学发展的有效载体。

与会代表纷纷表示，参加此次会议收获颇丰，既学到了先进经验又了解了开展档案与电子文件登记备份工作的具体做法，回去后将认真向党委、政府汇报会议精神，并结合自身实际积极推进本地区的档案与电子文件的登记备份工作。

（档案馆（室）业务指导司）

全国民生档案工作经验交流会

全国民生档案工作经验交流会于2012年9月20—21日在天津召开。国家档案局局长、中央档案馆馆长杨冬权出席会议并讲话，国家档案局副局长、中央档案馆副馆长李明华主持会议。天津市委常委、市委秘书长段春华，市政府秘书长王宏江，天津市档案局局长荣华出席会议。民政部档案馆、人社部社保中心、天津市档案局、辽宁省档案局、上海市档案局、广东省档案局、重庆市档案局、新疆维吾尔自治区档案局、青岛市档案局的代表分别介绍了本地区开展民生档案工作的做法和经验。来自各省、自治区、直辖市、计划单列市和新疆生产建设兵团档案局、馆的近60名代表参加了会议。

会议总结了十七大以来各地开展民生档案工作的基本情况，交流经验，部署工作，对进一步推动覆盖人民群众的档案资源体系和方便人民群众的档案利用体系建设，把民生档案工作提高到一个新水平，具有特别重要的意义。

杨冬权对十七大以来各地开展民生档案工作的主要情况进行了高度概括，给予了充分肯定，并从深化对民生档案工作的认识、明确民生档案工作的基本范畴和重点、加强对民生档案工作的领导、建立完善民生档案规章制度体系、促进民生档案资源建设、确保民生档案安全保管和有效利用等六个方面提出了明确要求，为今后一个时期深入、持久、全面地深化民生档案工作，大力推进民生档案建设和民生档案工作创新指明了方向。

（档案馆（室）业务指导司）

全国档案局长馆长会议

2012年12月25—26日，全国档案局长馆长会议在北京召开。会议的主要任务是：深入贯彻党的十八大和中央经济工作会议精神，总结2012年并部署2013年全国档案工作，提出与全面建成小康社会相适应的档案工作主要目标，同时专题交流社会主义新农村建设档案工作经验，把档案事业推向深入。国家档案局局长、中央档案馆馆长杨冬权作工作报告。国家档案局副局长、中央档案馆副馆长段东升、李明华、李和平、杨继波出席会议。段东升作会议总结。

杨冬权总结了2012年全国档案工作基本情况。他指出，2012年全国各级档案部门以迎接党的十八大和推动社会主义文化强国建设为契机，扎实推进各项工作，取得重大成绩。档案工作继续得到各级领导重视和支持，档案工作外部环境得到持续改善；档案工作服务能力显著提高，服务重大活动成效明显，服务重大事件作用突出，服务经济建设成果丰硕，服务民生成绩斐然；档案工作呈现新亮点，建设档案强国的目标鼓舞人心，档案文化建设向纵深发展，档案安全保障建设不断加强，社会主义新农村建设档案工作取得阶段性成果；各项业务建设稳步推进，档案资源建设持续加强，机关、团体、企事业单位档案工作水平持续提升，档案法制建设持续完善，档案宣传教育工作持续发展，档案信息化建设持续推进，档案对外交流与合作持续活跃。对存在的问题，要积极应对，加以解决。

2013年全国档案工作的总体要求是：以邓小平理论、"三个代表"重要思想和科学发展观为指导，深入学习贯彻落实党的十八大和中央经济工作会议精神，大力实施"三大战略"，进一步健全"三个体系"，服务于建设中国特色社会主义五位一体总布局，凝聚共识，为实现与全面建成小康社会相适应的档案工作主要目标、建设档案强国而共同奋斗。

杨冬权提出，与全面建成小康社会相适应的档案工作主要目标是：到2020年，全国各级综合档案馆"建筑总面积比2010年翻一番、馆藏总量比2010年翻一番、纸质档案数字化的数量比2010年翻两番"。杨冬权要求各级档案部门要在工作中全面贯彻落实党的十八大精神，提高对档案工作的指导力，进一步以科学发展观指导档案工作，继续以"发展"为第一要义，以"以人为本"为核心，以"全面协调和可持续发展"为基本要求，以"统筹兼顾"为根本方法，进一步健全"三个体系"；要增强档案工作服务能力，提高档案工作的影响力，积极主动地利用档案资源提供各种服务、举办各种活动，转变服务方式，坚持做好档案宣传工作；要强化档案资源建设，提高档案事业发展的推进力，认真贯彻落实国家档案局9号和10号令，做好专业档案工作，继续扩大建档范围；要促进民生档案工作新发展，提高对社会建设的贡献力，以"建立覆盖人民群众的档案资源体系和方便人民群众的档案利用体系"为工作重点，积极推动民生档案工作向纵深发展；要推进档案安全体系建设，提高档案安全的保障力，加强档案馆库建设、档案信息安全保密、数字档案的安全保管等方面的工作；要完善档案法制建设，提高依法治档的执行力，推进《档案法》修改和档案法规体系建设，加大档案法的执法检查力度；要加快档案信息化建设，提高档案科技的驱动力，努力建设以服务为主导的档案信息化体系，完善数字档案馆评估指标体系。此外，要进一步抓好档案科技工作，加大科技成果推广转化力度；加大对一线档案工作者的培训力度，扩大档案对外交流与合作，提高档案工作的国际影响力。

段东升在会议总结中就档案工作奋斗目标、国家档案局令第10号的学习贯彻落实、档案行政执法检查、国家级档案馆的创建等作进一步说明。他要求会议代表会后要尽快把会议精神向本地区分管档案工作的领导作专题汇报，积极争取各级领导对档案工作的重视和支持；尽快把会议精神传达到各级档案部门和全体档案工作者，采取切实措施，把2013年的工作任务安排落实好。

会议期间，代表们结合实际对工作报告进行了热烈讨论。

来自全国各省、自治区、直辖市、计划单列市、新疆生产建设兵团、副省级市档案局馆主要负责同志，各中央和国家机关、中央企业档案业务协作组组长，解放军和武警部队档案部门负责同志，中国照片档案馆、中国人民大学档案学院，以及国家档案局、中央档案馆各部门及事业单位负责同志参加会议。

（刘　朝）

全国社会主义新农村建设档案工作示范县经验交流会

2012年12月26日国家档案局、民政部、农业部在北京联合召开全国社会主义新农村建设档案工作示范县经验交流会。

会议由民政部副部长窦玉沛主持。大会为全国75个2011年度和2012年度通过正式验收的示范县（市、区、旗）颁发了牌匾和证书，农业部国家首席兽医师（官）于康震代表全国社会主义新农村建设档案工作示范县活动领导小组宣读了示范县（市、区、旗）名单。浙江省档案局副局长韩李敏、四川省档案局副局长张新、北京市昌平区副区长刘淑华、吉林省延吉市委常委、组织部长蔡奎龙、河南省新密市委副书记张红伟、云南省龙陵县档案局长段孝昌、新疆维吾尔自治区库车县委常委、副县长夏帕克提·吾守儿先后作了经验交流发言。国家档案局局长、全国社会主义新农村建设档案工作示范县活动领导小组组长杨冬权作了重要讲话。

杨冬权在讲话中指出，开展示范县活动的目的是通过在不同区域培育一批新时期农业农村档案工作的优秀典型，发挥其带动和辐射作用，进一步统筹城乡档案工作发展，全面提升农业农村档案工作的整体水平，为新农村建设打下扎实的基础。这一活动开展以来成效十分显著。各地党委和政府对示范县活动高度重视，在政策扶持、组织保障、经费投入等方面给予了大力支持。民政和农业等涉农部门密切配合，档案部门主动作为、狠抓落实，创建示范县活动使农村基层建设得到了加强，也受到农民群众的普遍欢迎。这项活动是扎实推动社会主义新农村建设的一项政府工程和惠民工程。

他总结了示范县创建活动开展以来已经取得的宝贵经验。一是必须把档案工作纳入新农村建设整体规划和专项计划，并与新农村建设各项事业同步发展。二是必须由相关部门齐抓共管，才能使新农村档案资源体系建设得到全面加强。三是档案部门必须精心组织、深入指导，才能使农村基层档案意识普遍增强。

他强调，当前示范县活动已时间过半，任务过半，创建活动正朝着健康的方向发展。2013年是示范县活动的攻坚之年。要继续努力，加大力度，更好地开展这项工作。

对于开展示范县活动的下一步工作，他提出了六点要求：

一是要充分认识开展示范县创建活动的目的和意义。

二是要认真总结推广示范经验，促进新农村建设档案工作全面进步。

三是要建立新农村建设档案工作持续发展的长效机制。

四是要不断加强和完善县、乡、村农业农村档案工作三级管理体系。

五是要重点关注新农村建设档案工作的新领域，不断研究新问题。

六是要进一步完善农村档案信息共享平台建设。

会议贯彻党的十八大精神，组织全体代表参观了中央档案馆档案陈列展。

（经济科技档案业务指导司）

“两会”有关档案内容的议案、建议、提案简介

在中华人民共和国第十一届全国人民代表大会第五次会议上，肖红娟代表提出《关于支持大别山革命老区湖北省武穴市档案馆灾后重建的建议》（财政、税收和金融类第3779号），在全国政协十一届五次会议上冯世良委员提出《关于扩建李兆麟将军故居纪念馆的提案》（第1884号），林方略委员提出《关于加快建设西南中沙群岛档案馆的提案》（第2238号），毛福民委员提出《关于成立中国文献遗产工程委员会的提案》（第5566号）。现将主要内容摘要如下：

一、肖红娟代表第3779号建议。位于大别山革命老区的湖北省武穴市档案馆是1958年成立的县级档案馆，馆藏资源十分丰富，存有刘伯承、邓小平、徐向前、李先念、王震等老一辈无产阶级革命家转战大别山革命根据地珍贵档案，又有孔子世家谱、岳飞家谱、曾国藩日记、古今图书集成等稀世文献。2005年受地震影响，档案文献危在旦夕。为保障国家档案文献安全，武穴市委、市政府将档案馆列入灾后重建项目，并划拨了建设用地。因受地方政府财力不足的制约和社会各界捐赠有限的影响，新档案馆正面临着停工的危险。建议国家发改委、国家档案局从支持大别山革命老区经济社会发展的高度出发，把湖北省武穴市档案馆纳入中西部地区县级档案馆建设规划十二五中央重点支持项目，尽快安排中央补助资金，以解燃眉之急。

二、冯世良委员第1884号提案。李兆麟将军是东北抗日义勇军的创始人之一和北满抗日斗争的主要领导者，也是写入《毛泽东选集》第2版注释的第一个辽宁人。2009年新中国成立60周年之际，入选“双百”人物，其后人受到胡锦涛总书记等党中央领导同志的亲切接见。李兆麟故居纪念馆位于辽阳灯塔铧子镇后屯村，是省级爱国主义教育基地。为弘扬抗日爱国光荣传统、发挥名人效应，促进辽宁地区红色旅游和文化建设，建议：加强对辽阳灯塔李兆麟故居及当地风貌的保护，维护历史原貌；由中央和辽宁省主持，扩建李兆麟将军故居纪念馆

等纪念设施；中央档案馆提供李兆麟档案及与他有关的文件，如党中央、刘少奇、彭真、陈云与李兆麟的来往电文等，以供复制陈列。

三、林方略委员第 2238 号提案。国务院《关于推进海南国际旅游岛建设发展的若干意见》明确提出积极稳妥推进开放开发西沙旅游，有序发展无居民岛屿旅游。建立西南中沙群岛档案馆，符合开放开发西沙旅游、服务海南国际旅游岛建设的总体思路。建议国家在“十二五”期间给予专项投资，尽快在西沙永兴岛建立西南中沙群岛档案馆，设置为海南省西南中沙群岛办事处管辖的县级综合档案馆，负责接收、保管西南中沙群岛档案资料，并向社会公众开放，设置陈列展览厅，供社会各界人士参观利用。

四、毛福民委员第 5566 号提案。世界记忆工程在中国的开展，加强了中国与世界各国间的档案文献交流与合作，也使更多的人对中国档案文献遗产，对中国文化有了进一步的了解。但目前却存在着影响力小、领导体制不顺、规格低、覆盖面窄、一些重点文献遗产保管保护条件差等问题。建议在国务院直接领导下，成立中国文献遗产工程委员会取代中国世界记忆工程委员会和中国档案文献遗产工程领导小组，作为与联合国教科文组织“世界记忆工程”直接对口单位。进一步加大中国文献遗产申报《世界记忆名录》的工作力度，力争短期内使我国入选文献数量和比例排在该名录的前列，以体现我国文化软实力。建议由国务院办公厅会同文化部提出中国文献遗产工程委员会成员单位及委员会办公室承担部门。委员会办公室负责评选和出版《中国文献遗产名录》，作为申报《世界记忆名录》的基础性工作。同时成立由国内文献学、档案学、历史学、图书馆学等领域的一流资深专家组成的国家咨询委员会，保证中国文献遗产工程的学术地位和权威性。建议在新成立的中国文献遗产工程委员会领导下，全面整合我国历史文献遗产资源，将图书馆、博物馆、档案馆等文献单位及社会各界保存的文献遗产全部作为《中国文献遗产名录》候选范围。同时，加大对中国文献遗产的保护力度。对入选《中国文献遗产名录》的历史文献，由国家财政设立专项保护经费予以重点支持。

（李淑香整理）

（三）档案事业发展概况

2012 年全国档案事业发展综述

2012 年，各级档案部门以迎接党的十八大为契机，立足本职，奋发作为，档案工作水平取得新提升。

一、档案工作继续得到各级领导的重视和支持

继《政府工作报告》中提出“积极发展档案事业”后，国务院常务会议上指出要建立“食品安全信用档案”。党和国家领导俞正声、栗战书、孙家正分别用不同方式关心支持档案工作。吉林、辽宁、浙江、山东、湖北、湖南、甘肃、广东、陕西等省领导或亲自调研指导档案工作，或作出重要批示。厦门、广州市委召开常委会专题研究档案工作。海军司令员吴胜利对加强军队重点工程、重大活动档案收集作出指示。各部门领导也更加关注档案工作。国家安全监管总局、全国人大常委会、国务院三峡办、海关总署、广电总局、中铝集团、中国兵工集团、中国石化等单位的领导，调研、协调解决档案工作中的困难。领导的关心支持，促进了档案事业发展环境的进一步改善。

二、继续加强档案资源建设

国家档案局与民政部合发行政区域界线档案管理办法，与审计署联合印发审计机关审计档案管理规定。各地贯彻落实国家档案局令第 9 号，上海、湖北、广东、青海等实施省级档案馆收集档案范围细则。

召开全国境外档案征集工作座谈会，部署境外征集工作。福建、江西、云南、大连、青岛、威海积极到境外征集档案。辽宁、江西、河南、贵州积极收集重大活动档案。贵州开展口述档案采集。福建龙岩市档案馆征集到习近平同志关于福建长汀开展水土流失治理工作的重要批示。湖南制发省级领导个人档案收集管理办法。济南印发加强全市重点工作档案管理的意见。成都开展文化名人专题档案资料征集工作。解放军建立军队党的文献、军队抢险救灾、高级将领人物档案 3 个专题数据库。总装档案部门在天宫一号与神舟九号首次载人交会对接任务中，共整理归档各类文件材料 3.2 万余件。

召开中央和国家机关所属机构档案工作会议；对部分中央和国家机关贯彻国家档案局令第 8 号的情况进行监督检查。辽宁、宁波出台办法规范机关档案工作，云南启动机关档案规范化管理认定工作，天津、内蒙古、河南、四川、贵州等地开展评估、测评检查工作。

继续做好《企业档案工作规范》的贯彻落实，向各省和中央企业免费发放实施指南近万本；四川档案局与省国资委合发关于进一步加强省属国有企业档案工作的意见。宁波档案局与市国资委合发进一步加强市属国有及国有控股企业档案工作的意见。安徽、新疆、哈尔滨针对民营企业档案工作出台文件。国家档案局会同财政部开展会计档案电子化管理试点工作；与水利部、国家能源局合发水利水电工程移民档案管理办法；会同国务院三峡办督促落实三峡移民档案接收进馆。表彰 91 个“全国建设项目档案管理示范工程”；对广东、湖南建设项目档案工作进行检查；组织召开西部大开发建设项目档案工作宣贯会；对京沪高铁等 13 个国家重大建设项目进行档案专项验收，对秦山核电站二期工程等国家重大建设项目档案工作进行检查；与国防科工局联合召开国防科技工业固定资产投资项目档案工作座谈会。天津、江西、四川、宁波下发文件，加强重大建设项目及国有企业档案工作。江苏档案局与省发改委联合对省以上重大建设项目档案工作进行指导。湖北档案局与省纪委、发改委、国资委联合召开省属重点建设项目档案工作推进会。陕西完成对省属 10 个大型国有企业的文件材料归档范围与档案保管期限表审批。青海对三江源生态保护和建设项目档案工作进行检查指导。

三、继续推进档案利用建设

在为党的十八大服务方面，中组部编制专题目录，提供 24 小时查档服务，积极为十八大人事筹备工作提供档案服务。中央办公厅档案图书资料室编辑有关档案汇编十余种，印送有关领导和十八大筹备机构，并及时督促十八大文件材料收集归档工作。各地也开展多种形式的活动。中央档案馆与上海联合举办“红星照耀中国”展览；与北京西城区委联合编辑出版《光辉的历程》一书；《党旗档案》一书被中组部评为党员教育优秀教材。北京联合有关单位在市委党校举办“党旗飘扬”展览。山西推出红色档案展览“光辉的历程”。上海举办科学发展图片展。山东举行文艺展演。河南举办“中南六省（区）档案珍品联展”。湖北举办经济社会发展成就展。广东推出党组织档案史料展。贵州编辑《红军在贵州全书》，拍摄《迈向新征程》宣传片。武汉举办摄影比赛。西安举办城市建设图片展。青岛举办“青岛制造之路”展览。

围绕南海争端和钓鱼岛问题，中央档案馆编辑5期有关南海问题的专题参考资料。福建档案馆联合有关单位举办“钓鱼岛：历史与主权”展览。广东发掘有关黄岩岛主权档案资料，为中央和省领导决策提供服务。海南成立西南中沙群岛档案馆。国家海洋局充分利用档案资料为建立三沙市提供决策依据；利用档案资料为我国向联合国秘书处提交的东海部分海域200海里以外大陆架外部界限划界案提供了科学和法理依据。

国家档案局召开全国民生档案工作经验交流会。河南、宁夏、新疆、青岛联合有关部门发布社保等民生档案管理规范性文件。江西、山东、广西对社保档案工作进行检查验收。天津建立全市民生档案工作联席会制度，出台10项民生档案管理办法。黑龙江开展服务民生星级竞赛活动。甘肃在全省开展“档案利用体系建设年”活动。大连确定2012年为“民生档案建设年”，免费发放民生档案查阅指南。上海、广东、南京大力推进区域性档案信息资源共享，建立“就地查询、跨馆出证”联动服务机制。济南两办出台关于加强食品生产信用档案体系建设的意见。长春出台电子档案远程利用管理暂行办法。海南出台加强保障性住房档案管理工作的通知。重庆为群众免费提供档案服务。哈尔滨召开创建档案服务民生示范点现场会。武汉开展市民在行政服务中心即可进行档案查询利用活动。

从提供公共文服务，到开展历史文化研究，再到自身文化建设，档案文化建设蓬勃发展。国家档案局与教育部合发全国中小学档案教育社会实践基地建设管理暂行办法。天津馆开展档案主题征文等活动。黑龙江馆被省委党校、省行政学院授予全省首批干部教育培训现场教学基地。宁夏馆爱国主义教育基地和中小学档案教育基地挂牌开放。沈阳档案局与市教育局合办档案“大课堂”活动。长春馆被市委宣传部命名为未成年人社会主义核心价值体系教育基地。新疆举办“透过档案看新疆”系列展览。北京推出40场“档案见证北京”讲座。天津、上海、湖北、广东等举行“档案馆日”、“公众开放日”等活动。浙江积极开展档案文化“进村入企”活动。杭州实施“记忆工程”。中国档案报社与北京电视台《档案》栏目合作。天津成立近代天津历史研究中心，重庆成立中国抗战大后方历史档案中心，成都联合高校共建成都历史文化研究中心。山东与有关单位联合摄制《我的南下》电视纪录片。吉林编撰出版《档案吉林》10卷丛书，纳入吉林省历史文化资源书系。湖南推出《湖湘档案图典》系列丛书。河北设立“档案文化开发利用特别贡献奖”。山东组织创作档案人组歌。湖北成立档案系统书法家协会并举办首届书画摄影展。青海举办“档案文化建设”主题有奖征文活动。哈尔滨创办《学习论坛》。武汉研究出台加强全市档案文化建设的意见。

开展形式多样的档案宣传活动，让档案文化理念植根百姓。中央档案馆在福建举办“中国档案珍品展”巡回展。《中国档案报》面向国际档案大会出版24版英文专刊。江苏与《扬子晚报》联合推出历史文化专版——“档案穿越”。湖北与20多家主流媒体联系合作，在省级新闻媒体发各类报道145条。广东在《广州日报》等报刊开辟档案文化专栏。安徽拍摄档案界首部3D纪实片《安徽》。黑龙江、浙江、武汉对档案网站进行改版升级。上海赴法兰克福举办“庆祝中德建交40周年”档案图片展，福建泉州市档案馆与新加坡国家图书馆等单位共同举办新加坡侨批文化展。

四、继续强化档案安全建设

档案馆建设进展顺利。陕西、福建新馆开馆，武警部队新馆竣工，辽宁新馆封顶。国家档案局联合国家发改委下达2012年度中西部县级档案馆建设中央投资项目。辽宁、吉林、安徽、福建、河南、广西、重庆、四川、贵州、云南、甘肃等11省（市）开工率为100%。国家发改委还把新疆自治区档案馆和四川、云南、甘肃、青海4省所有藏区的自治州、自治县两级档案馆建设纳入“十二五”中央投资补助范围。江西把档案馆建设项目列入了省委、省政府关于支持赣南等原中央苏区振兴发展的文件。黑龙江、四川、新疆兵团加强对档案馆建设的督查。广东出台加强市、县（区）档案馆建设的意见。广西启动市县级档案馆建设年度考核工作。青海联合省人大、法制办将县级档案馆建设列入行政执法检查范围。解放军重点扶持帮助新疆和西藏军区档案馆库建设。

实体安全与信息安全齐抓共管。加大档案安全督查力度，对发现问题的12家单位发出整改通知，责其整改。召开档案与电子文件登记备份工作现场会，学习、借鉴浙江经验，推动电子文件备份工作；组织召开档案馆安全风险评估指标研讨会；开展档案信息系统安全等级保护工作；印发关于切实加强档案数字化和档案信息化服务外包管理的通知和关于在档案开放利用中审慎进行划控、鉴定工作的通知。

五、继续完善档案法制工作

贯彻执行国务院《规章制定程序条例》，印发《国家档案局2012年立法工作计划》；加快《中华人民共和国档案法》修改工作进程，2012年档案法修改工作正式列入《国务院2012年立法工作计划》。《档案管理违法违纪行为处分规定》通过国家档案局局务会审议。举办了150万人参加的“飞狐灵通杯”档案法制知识有奖竞赛活动。召开全国档案工作标准化技术委员会第20次年会，9项标准列入2012年档案工作行业标准制定计划。分别召开专家评审会，修订国家标准《电子文件归档与管理规范》和行业标准《照片类电子档案元数据方案》。对《电子档案管理基本术语》《数码照片归档与管理规范》《计算机输出缩微品（COM）和计算机输出光盘（COLD）双套保存数字档案的技术规范》在全国范围内征求意见。在国家档案局网站上全文公布《特殊和超大尺寸纸质档案数字图像输出到缩微胶片上的技术规范》《全宗卷规范》和《全宗指南编制规范》等档案行业标准。

六、继续提高档案信息化水平

印发《电子档案移交与接收办法》；启动国家电子档案接收长期保存系统建设和试点工程；全国档案74项研究项目立项、36项科研成果获优秀科技成果奖励，8项优秀科技成果向全国重点推介。在全国征求《数字档案馆评估指标体系》的意见。内蒙古、广西、陕西、南京、厦门、济南、武汉大力推进数字档案馆建设。北京继续完善档案数字化规范标准体系。贵州出台档案方志信息化建设实施意见。云南下发文书类电子档案移交与接收试行办法。广州推进“广州记忆”数字资源库建设。成都启动档案与电子文件登记备份试点工作。西安两办下发电子文件归档与电子档案管理细则。宁波建成全市档案馆电子目录中心。

七、继续保持活跃的对外交流

参加2012年国际档案大会、国际档案理事会项目管理委员会、企业与劳工档案处、东亚地区分会相关会议。参加联合国教科文组织“世界记忆”项目专家会、“世界记忆”亚太地区委员会有关会议，我国申报的“侨批档案”和“元代西藏档案”双双入选世界记忆亚太地区名录。应邀参加澳大利亚国家档案馆组织的国家档案馆（局）长论坛。赴俄罗斯参加中俄档案合作工作小组第九次会议和青年学者国际会议。参加联合国教科文组织举办的数字化与保护大会。举办电子文件管理标准和实施国际研讨会。与印度尼西亚、土耳其、巴基斯坦分别签署两国档案合作文件。对印尼国家档案馆工作人员进行纸质档案修复培训。派遣25名中青年档案业务人员赴美国进行档案专业培训。

（政策法规研究司）

北京市

2012年，全市档案部门紧扣发展大局，着力建设“三个体系”，完成了各项任务，档案工作水平有了新提高，为首都发展作出了新贡献。主要体现在六个方面：

一、紧扣大事要事，主动参与，档案服务水平有新提高

为重要会议提供档案服务更加优质。围绕党的十八大和市第十一次党代会召开，全市档案部门积极挖掘党史党建档案资源，编辑参考资料、举办档案展览、出版书籍画册、参与宣讲活动，营造了良好氛围。在党的十八大召开前夕，联合市委党史研究室、市委党校，举办了“党旗飘扬——党史档案进党校”展览，发挥了党史档案育人心的作用。市政府办公厅举办“在党旗指引下奋勇前进”档案展览，掀起市直机关迎接学习宣传贯彻党的十八大精神的高潮。围绕市第十一次党代会的召开，市委办公厅档案部门编辑资料，为代表提供服务。

为重大活动提供档案服务更加有效。围绕京交会、上合组织峰会、园博会等重大活动，相关档案部门紧扣活动筹备、举办、收尾等关键节点开展工作，确保重大活动档案完整留存。对新疆和田、青海玉树援建指挥部文件材料归档、整理等工作进行指导，取得较好效果。

二、紧扣丰富馆（室）藏，加强收集，档案资源建设有新拓展

归档工作力度不断加大。各单位档案部门更加重视从源头做起，落实归档制度，加强归档工作，案卷质量进一步提升。市国资委专门下发文件，加强产权登记档案归档工作。中关村管委会档案室归档量比2011年度增长33%。新成立的市国有文化资产监督管理办公室等部门及时建立档案工作，各级

企业档案部门加强了对各类档案的集中统一管理。市档案局联合市规划委、住建委、发改委等部门推动132个市级重点建设项目档案管理登记率达到100%，联合开展检查验收，促项目档案质量进一步提高。

档案馆档案接收工作不断加强。各级档案馆深入落实国家档案局令第9号，接收范围进一步完善，进馆档案数量不断增加，质量进一步提高。市档案馆接收档案10万余卷，市城建档案馆接收竣工档案2.3万卷件，各区县档案馆接收档案20.3万卷件，全市国家档案馆馆藏总量达602.54万卷件，比2011年度增长5.7%。

档案征集内容更加丰富。各级档案部门把征集档案和主动记录作为资源建设的重要手段不断加强，征集的内容不断丰富，范围进一步拓宽。市档案馆加强了对北京名人、名胜档案资料的征集，首次开展了口述史料的征集工作。丰台区、密云县档案馆为北京泥人张、“五音大鼓”等非物质文化遗产项目留存声像档案。门头沟广泛征集了古寺庙、古村落、古道资料和斋堂话等口述史料。延庆县档案馆征集延庆民情等珍贵老照片达3840件。朝阳区档案馆首次征集了民营企业的档案。

三、紧扣社会需求，提高质量，档案开发利用有新成效

接待查阅工作不断加强。市和区县档案馆不断完善电话查询、假日预约、网上咨询、送档上门等服务方式，查阅接待服务更加方便快捷。怀柔区档案馆加大投入，改善了档案和政府公开信息查阅接待环境。各单位档案部门着力提高为领导决策、部门工作以及向社会各界提供档案查阅服务的能力。市工商系统档案部门接待企业登记档案查阅29.6万人次，比2011年度增长3%。

展览影响力不断扩大。全市档案系统共举办档案展览90个，观众达250万人次。市档案馆与首都博物馆共同推出“北京的胡同四合院”展，观众达55万人次，同步推出10场主题讲座，10集系列片《老胡同的尘封档案》在北京电视台集中播出，联合办展方式进一步完善，展览社会效益更加突出。东城区档案馆举办的“曹国平家庭档案展览”，平谷区档案馆举办的“馆藏老照片”展，石景山区档案馆推出的“村庄的记忆”展，大兴区档案馆推出的“档案中的南海子”展，北京技术交流培训中心举办的“历程走廊”展等都获得了广泛关注。

编研讲座工作成果丰硕。全市档案部门加强对档案资源的深入挖掘，共编辑文献资料482种2410万字。其中，东城区档案馆的《清皇族后裔金毓嶂口述史》、西城区档案馆的《宣南清代京师士人聚居区研究》等产生较大影响。“档案见证北京”讲座纳入市社科联2012年北京社会组织公益系列活动，推出了40场。各区县档案馆推出不同形式的文化讲座，听众不断增多，服务效应得到彰显。

教育基地建设深入推进。各级档案馆通过内容丰富、形式多样的宣传教育活动，弘扬社会主义核心价值观。西城、海淀、丰台、石景山、密云和延庆6个区县档案馆晋升为市级爱国主义教育基地，目前已有14个国家档案馆被命名为市级爱国主义教育基地。市档案馆被确定为“北京市中小学生社会大课堂第三批市级资源单位”。市档案馆、昌平区档案馆被确定为市级爱国主义教育基地示范单位。顺义区档案馆“每月一日”主题教育活动被授予“市爱国主义教育基地示范活动”称号。通州区档案馆被认定为“地方历史教育基地”。

网络与共享服务不断增强。各级档案馆更加重视利用网络开展档案服务，进一步完善网上展览、网上查档等服务。北京市档案信息网点击率达1969万人次，访问者达42万人次，比上一年度分别增长23%和7%。全市档案数字资源的利用量不断增加，有效地保护了原件的安全，提高了利用效率。

四、紧扣安全工作，多措并举，档案安全保管能力有新提升

档案馆建设取得重要进展。全力推进市档案馆新馆建设，取得建设用地规划许可证，完成设计勘察招标等重要工作。市委常委、秘书长赵凤桐对加强区县档案馆建设作出重要指示，区县档案馆建设工作有力推进。东城、朝阳、海淀、通州区档案馆新馆完成立项或选址等工作，取得重要进展。

档案安全监管防护措施更加到位。召开全市档案安全工作会议，对档案信息安全和档案安全度汛工作做出全面部署。制发了《关于加强市属单位档案安全工作的意见》。档案部门认真落实会议和文件精神，增强档案安全意识，完善档案安全保管制度，及时配备更新设施设备，改善档案安全保管条件，注重加强安全防范管理，安全度过了“7·21”特大自然灾害。

档案鉴定、备份和保护工作不断加强。按照国家档案局部署，市和区县档案馆对已开放档案进行重新审核，开放鉴定工作更加精细严谨；重要档案数据在市信息安全容灾备份中心同城备份、在陕西省档案馆异地备份，对重要档案的保护不断增强。

档案数字化工作步伐不断加大。启动北京市数字档案馆建设工程立项工作。由市档案局起草、市质监局发布《档案数字化规范》第5、6部分，完善

了北京市档案数字化标准体系。市档案馆馆藏档案数字化率达到63%，居全国省级档案馆首位，受到国家档案局肯定。区县档案馆馆藏档案数字化5026万页，市属单位档案室数字化1713万页，比2011年分别增长43%和28%，丰富了档案数字资源。顺义区档案数字化工程纳入区便民工程。房山区档案馆搭建统一的数字化平台，推进了移交单位档案数字化副本的安全和格式的统一。

五、紧扣健全机制，强化统筹，档案行政管理有新加强

检查测评长效机制逐步建立。市档案局与市民政局、市农委联合制发《北京市新农村建设档案工作测评办法》，建立农村档案工作互测互评长效机制。按照《北京市区县机关档案工作测评办法》，推动区县机关档案测评工作深入开展。建立区县档案局（馆）长联席会工作制度，加强区县档案工作的统筹与指导，促进区县档案工作提高水平。

档案法制建设不断推进。市和区县档案局开展了以文件归档、档案安全保管、提供利用、向档案馆移交档案为重点的执法检查，促进了档案工作规范开展。全市档案部门积极参加全国档案法制知识有奖竞赛活动，参赛人数达7.5万，被国家档案局授予“全国档案法制普及宣传奖”，海淀区档案局荣获“北京市档案法制宣传活动特别组织奖”。

档案科研和宣传工作深入开展。研究确立档案科研项目12项，评审档案科研优秀成果4项，加强了对档案工作重点难点问题的研究。采取推介会等方式，促进了科研成果的推广和转化。市和区县档案馆、市城建档案馆举办以“弘扬档案文化，践行北京精神”为主题的第四届“档案馆日”活动，吸引2.7万市民走进档案馆，行业媒体、主流媒体以及网络、手机等新媒体纷纷刊播“档案馆日”相关活动，进一步扩大了影响。

六、紧扣人才培养，加强培训，档案干部队伍建设有新收获

市档案局与市委组织部、市委党校继续联合举办第三期档案系统领导干部培训班，不断提高档案干部的理论水平和业务能力。市和区县档案局共组织各类面授培训班181期，培训学员1.4万人次，网上培训学员5045人次，干部队伍综合素质进一步提高。加大干部竞争上岗、挂职交流力度，一批优秀档案干部走上领导岗位，得到锻炼，干部管理工作进一步加强。对2009—2012年度档案工作先进集体和先进个人进行表彰，继续对从事档案工作满20及30年人员进行表彰，树立了一批先进典型，进一步弘扬爱岗敬业精神，不断激发档案工作者争创一流的工作热情。

档案部门的努力获得了多方面的肯定。石景山区档案馆晋升为国家一级综合档案馆，北京市国家一级综合档案馆已达6个。北京工业大学体育馆等3个项目成为“全国首批档案管理示范工程”。市社保、医保业务档案工作通过人力资源和社会保障部、国家档案局的联合检查验收，荣获优秀等级。怀柔等11个区县社保、医保档案工作通过市人力社保局、市档案局的联合检查验收，获得优秀成绩。

（北京市档案局史志办）

天津市

2012年，在天津市委市政府的领导和国家档案局指导下，全市各级档案部门以迎接党的十八大和市十次党代会为契机，围绕全市中心工作和大局，在服务经济社会发展上下功夫，在规范档案管理上上水平，在各项档案业务建设上谋发展，全面落实《天津市档案事业发展“十二五”规划》和《关于进一步加强新时期档案工作的意见》，档案事业发展取得了可喜成绩。

服务经济建设成效显著。积极开展“调结构、惠民生、上水平”档案服务活动。市档案局组成18个服务组，市区县联动，深入100多个机关、企业、重大建设项目、街道社区和镇村开展服务，研究解决基层需求和实际困难。主动跟进全市大项目好项目建设，以市政府办公厅名义下发《关于进一步加强我市重大建设项目档案工作的意见》，召开了全市重大建设项目档案工作会议，坚持开展服务月、咨询日、网上登记、上门服务。185个市级重点建设项目完成档案登记，34个项目顺利通过档案验收。津塔、力神、轻轨项目被评为“全国建设项目档案管理示范工程”，工作经验向全国推广。紧密围绕全市科技型中小企业发展，市区县联动，全年联系企业2284家，走访企业440多家，重点帮助119家“小巨人”企业开展建档，培训企业档案人员2000多人。继续开展国有退出企业档案服务，二轻集团等4家国有退出企业档案安全保管条件得到有效改善。深化新农村建设档案服务，东丽区出台《关于进一步加强社会主义新农村建设档案工作的意见》，西青区档案信息网开通并实现涉农政策、信息“村村通”，宝坻区为823户农民建立土地承包经营权登记档案，滨海新区汉沽茶淀和杨家泊镇31个行政村率先实现村档镇管。

服务保障和改善民生成绩突出。圆满承办了全国民生档案工作经验交流会。成立全市民生档案工作联席会，提出10项民生档案服务新举措。联合市

人力社保局、司法局、残联共同制发人事争议仲裁、工伤认定、劳动能力鉴定、公证、残疾人证等5个民生档案管理规范性文件。进一步巩固和扩大民生档案“一站式”服务成果，新增“一站式”服务查询信息8类60万条，跨馆出证189人次。继续开展“民生档案服务月”活动，对19类4000多件政府公开文件进行整合，制作光盘5000余张，分发到全市各街道社区和乡镇农村。创建文明服务示范窗口，普遍建立首问负责制，增加网上查阅、热线电话、专家答疑等服务项目，市区县全年接待利用者6.1万人次，提供档案和政府公开信息13万卷（件）。红桥、南开、津南、宝坻、静海等区县围绕社会管理创新、社区居委会和村级组织换届开展档案培训服务。河西区为2077人提供了知青、婚姻、招工等民生档案查询出证。北辰区为全区50所学校10万名学生建立学籍档案数据库，27万页电子学籍档案实现集中管理利用。塘沽在吉庆里社区挂牌开设档案服务窗口，把档案利用服务延伸到基层社区。

服务文化大发展大繁荣成果丰硕。精心组织迎接党的十八大和市十次党代会宣传活动，市档案局举办“市第九次党代会以来档案工作成就展”，回顾成绩，总结经验。与市级机关工委合办“市级机关创先争优活动成果展”，500个基层党支部5000多名党员干部参观。河东、河北区档案馆举办馆藏档案图片展和白芳礼支教档案展，天津大学依托校史馆广泛宣传中国近代教育文化。市档案馆建成近代天津历史研究中心，29名专家受聘中心开展近代历史文化研究。《近代天津名人传略》《近代天津纺织工业档案史料汇编》丛书获准市级立项。《旧天津日租界》《天津小站练兵图集》《天津老南市》《档案中的北辰》《中南银行档案史料选编》等书籍出版发行。全年在《天津日报》等媒体发表宣传文章100余篇。开办“档案文化大讲堂”12期，举办老片场放映活动7场，社会影响不断扩大。以“走进档案馆”为主题，市、区县联合举办第3届档案馆开放日活动，吸引1000多名社区群众参加。市档案馆与南开区教育局共建中小学档案教育实践基地，精心设计开展第二课堂活动，接待中小学师生350余名，受到师生欢迎。

档案依法管理再上新水平。颁步实施《天津市档案收集办法》（天津市政府58号令），修订完善了《天津市档案法规体系方案》。积极推进社会管理档案依法管理，会同市综治办调研起草了《关于进一步加强社会管理创新档案工作的意见》。全面落实档案行政执法责任制，南开、河西、北辰、东丽、宝坻、大港、宁河、开发区等档案部门对213个单位开展了档案执法检查，市档案局对滨海新区等16个区县进行了档案行政执法考核，取得良好效果。政府投资项目档案验收工作纳入全市联合审批，档案验收得到保证。组织全市1.8万人参加全国档案法制知识有奖竞赛，荣获全国档案法制普及宣传奖。坚持“9·5”档案开放日制度，依法新开放档案2.1万余卷。对全市96种国家基本专业档案下达了监管责任分工。深入推进机关档案管理评估工作，400多家市和区县机关单位达到档案评估标准，累计已达机关总数80%以上。认真落实《企业档案工作规范》，完成修订《天津市企业档案工作评估标准》，47个市属企业集团1056个二级单位完成文件材料归档范围和保管期限规范编制。城建集团等4家企业集团通过档案行政执法检查，33家企业达到标准，企业档案规范化管理提升到新水平。继续开展档案安全月活动，在全市开展了档案数字化扫描安全检查和重要档案异质异地备份工作，切实保障档案安全。

各项档案建设取得新进展。档案馆库建设加紧实施。市财政再次提高区县档案馆建设补助，补助标准翻了一番。武清区7500平方米新档案馆舍建成启用，静海县、西青区完成新档案馆建设立项，宝坻区完成新档案馆建设规划。市社会保险基金管理中心档案馆投入使用，被国家人力资源和社会保障部确定为社会保险档案管理示范基地。天狮集团建成企业档案馆，天津师范大学档案馆新馆设施居高校领先水平。档案资源建设成绩突出。78个市级单位完成年度立卷归档15.5万卷件，市财政局等9家市级机关完成到期档案移交进馆。市档案馆首次接收天津缝纫机厂等102个国有退出企业档案4.4万卷，全年征集名人档案、口述档案、重大活动档案和境外档案1.6万件1180分钟。和平、河西、塘沽档案馆完成接收档案范围细则制定。红桥、宁河、大港抢救性拍摄民居民俗和城区旧貌照片3500张，蓟县全年接收婚姻、诉讼及重大事件档案6.6万卷件创历史新高，开发区整合全区档案资源档案条目达150万条，南开区馆藏档案达到30万卷，是五年前的3倍。档案信息化建设步伐加快。全市档案信息资源共享二期工程——民生档案数据资源建设项目获准立项启动实施。市档案馆建成涉密机房和基于政务网的电子档案接收报送平台并投入使用。依法加强电子文件和电子档案规范管理，文书类电子文件元数据方案等4个电子文件管理标准规范制定出台，开展了国家“核高基”重大科技专项、中办《电子文件归档查询利用系统》和天津市国家电子文件管理试点工作。召开全市数字档案馆建设推动会，加快推进全市数字档案馆建设。汉沽档案馆完成全部馆藏档案数字化328万页，南开区档案馆数字化档案700万页，西青区投入371万元专项资金开展档案数字化工作。天津档案网数字化全文达40万页，浏览人数突破256万人次。《档案异地安全备份系统》等3项科研项目分别荣获国家档案局优秀科技成果二、三等奖。档案人才队伍建设不断加强。召开全市档案工作先进事迹报告会，大力宣传弘扬天津档案精神。圆满完成档案领导干部党校三年培训计划，112名局馆长接受培训。继续开展“185”档案人才高级研修活动，对4名作出突出贡献的档案专家进行授衔。积极开展群众性学术研究活动，首次组织赴台湾进行档案学术交流。面向基层组织开展不同层次的应用培训，市和区县全年举办档案教育培训59个班次，6600人接受教育培训。

（徐斌）

河北省

2012年，全省各级档案部门和广大档案工作者，深入贯彻全国档案工作会议精神，突出档案工作重点，进一步健全“三个体系”，实施“三大战略”，全面推进河北档案事业发展，向着与全面建成小康社会相适应的档案工作新目标奋进。

档案馆新馆建设再上新水平。2012年，全省继续把各级档案馆建设作为档案工作的重中之重，各级国家档案馆建设呈现前所未有的向上态势。在市级档案馆建设中，邢台市档案馆新馆即将投入使用；石家庄市设计面积为3.6万平方米的档案馆新馆，已进行招标；衡水市档案馆新馆，馆址初定，设计面积为1.08万平方米。开工建设的县级档案馆新馆，增加到16个，其中威县、肃宁、永年、赵县、南和、新河、察北、崇礼等县，都是在尚未获得国家补助的情况下提前上马；威县、张北、宣化区的新馆，规模已超过迁安；深州市创造了一年施工、一年建成、一年使用的经验。截至2012年底，全省共有12家市县级档案馆馆，申报了国家等级的测评，其中，有3个晋升为国家一级档案馆，9个晋升为国家二级档案馆。丰南区以97.6的高分晋升为国家一级档案馆，开创了河北省县级档案馆之先。

档案文化开发利用取得重大突破。2012年，坚持围绕“资政惠民”这条主线，充分利用馆藏档案，精心选题，深入挖掘，下大力开发档案文化产品。继《中国长芦盐务档案精选》公开出版，省档案局组织的“长芦盐务档案中的民国”大型文献纪录片策划构思研讨会，档案文化利用开发向着更高层次迈进；《1928—1949河北省大事记》《1952—1968河北省省会变迁始末》等丛书，得到了省委、省人大、省政协领导及社会各界的广泛重视和好评。省民政厅编写出版的《河北政区聚落地名由来大典》，保定市档案局等编写出版的《保定商会档案》，都展示了近年来河北省档案文化开发利用成果的高水平。石家庄举办的“开国第一城——红色档案文献展”，搞得有声有色。秦皇岛市精心组织《典读秦皇岛》，阳原县按照“依托馆藏资源，把握时代脉搏，贴近现实需要”的思路，累计投入20多万元，编著《阳原县革命老区概况》《阳原县1937—2011年大事记》《历史古韵——泥河湾》等，都呈现了档案文化建设突破性地向社会延展。

档案资源建设呈现新的格局。档案的“依法接收、据实接收、整合接收”三大原则日益完善。修订《河北省档案收集管理办法》，新增婚姻登记、破产企业、水利、林权改革、农村土地承包延包合同、卫生等门类档案，拓展了接收范围，特别是以省政府第8号令予以发布，更给档案接收以“尚方宝剑”。省档案局第二次赴台征集到了1917—1949全部河北档案目录，共计1.24万条。秦皇岛市征集到来自美国、意大利、法国等国的纪念牌、徽章、挂画、奖杯等珍贵实物档案85套、城市荣誉实物档案26件、51项市非物质文化遗产；沧州市征集张之洞有关图片149张、光盘2张、资料1300余页。省档案局全程参与了第14届中国科协年会档案资料的归档移交工作。邢台市档案馆，一年新接收档案1.37万卷；青龙县新接收档案1.6万卷，馆藏总量突破18万卷；磁县一年新增档案达2.41万卷（件）。

档案数字化扫描明显加快。“河北省数字档案馆一期”（数字档案综合管理平台）项目正式立项，列入省财政计划，争取资金179万元。同时，配合国家开放档案信息资源共享利用系统建设，着手谋划数字档案馆二期项目。唐山市档案馆及遵化、迁西、路南区等开展档案在线指导服务，并将涉及拆迁、土地、婚姻等民生档案，建立了数据库群。张家口市印发了《电子文件归档工作规定（试行）》。秦皇岛市卢龙县，实现了婚姻、计生、林改、土地承包合同等民生档案的全部数字化处理；青龙县新接收的2004—2011年全部文书档案，均提前进行了归档数字化扫描。截至2012年底，全省开展档案数字化建设的市、县已达到111个。

社会主义新农村建设档案工作纵深推进。2012年，全省新农村建设档案工作深入开展，党委、政府统一领导，档案部门牵头、各有关部门齐抓共管的工作机制逐步建立；农村基层组织和农民群众建档、管档、用档的意识明显增强，共享率大幅提升。

衡水桃城区作为全省申报国家社会主义新农村建设档案工作示范县的首个试点，实现档案规范化管理村达到135个，占全部建档村的61.9%。唐山市在基层乡（镇）村深入开展“阳光档案服务万家”活动，并将其纳入村两委班子和村级建档年度考核内容。邢台县以农村养老保险档案建设为突破口，完成了11个乡镇17万参保人员的档案整理及录入工作。保定市召开全市农村、社区档案工作现场交流会，推进了社会主义新农村档案工作。肃宁县配合农村社会管理“四个覆盖”工作，全面建立专题档案库，继续走在全省前列。

机关、企事业单位档案管理目标认定工作进一步推进。为贯彻落实好国家档案局令第8号、第9号文件精神，省档案局出台了《河北省机关档案工作目标管理认定办法》和《河北省企业档案工作目标管理认定办法》，认定工作空间大，重点突出，分2A到6A五个级别，机关、企事业单位需要全面提升工作水平才能晋档升级，进而持续提升单位档案工作科学化、规范化管理水平。省档案局对晋升5A/4A的机关事业、晋升5★/4★的企业单位，适时进行指导和抽检。2012年10、11月份，省商检局、省安全厅、张家口市检察院等13家通过了5A，包括石家庄新联合、大唐唐山陡河电厂在内的10家企业档案馆（室），申请4★、5★，全部达到目标管理升级。档案管理目标认定工作取得了很大成绩，也创造了许多经验。特别是省人民检察院、省交通厅等单位，领导重视，把档案管理目标认定列入重要工作议程，精心组织，使整个系统档案管理水平不断提高。民企档案自愿申报认定，对充分调动和促进企业档案上档升级起了重要作用。

（河北省档案局）

山西省

一、认真贯彻执行8号令、9号令，档案资源体系建设取得新成绩

一是深入贯彻落实国家档案局令第8号、第9号。继续对61家省直单位及21家省属企业进行了档案工作年度考核。各市、县重新审定了各单位档案收集范围和保管期限表，太原、晋城、晋中、忻州、吕梁、大同、运城对市直单位的审批完成率超过90%，对县直单位的审批目标过半。省档案局将抓好国家档案局令第9号的贯彻落实列入省政府重点目标责任考核中，选定长治市、晋城市、太原市以及长治市城区、闻喜县、朔州市朔城区、阳城县作为落实试点，共同完成了各级国家综合档案馆《档案馆收集档案范围细则（征求意见稿）》。

二是继续加大力度接收档案进馆。省档案馆将省新闻出版局、省机械成套局、山西日报社、省环保厅、省广电局、省文物局、省发改委和城南公证处共8个单位2.45万卷（件）档案接收进馆；将国家级摄影家顾棣先生的5264张图片征集进馆；太原通过重点接收民生档案，开展口述历史档案采录工作，建立文物档案数据库；晋城、朔州、忻州加强政府机关档案资料接收工作；大同、晋中、长治着重接收名人档案、破产企业档案进馆；长治将中国艺术摄影学会会员、国家一级摄影师郝仕杰的600余册图书接收进馆；吕梁加大了新中国成立前中共中央在吕梁进行革命活动方面的历史资料的征集力度。

三是积极抓好重大活动档案整理接收。省档案局指导省文物局等相关部门对全省第三次文物普查活动中所形成的文件材料进行了规范整理，并将其755卷档案接收进馆。同时，省档案局积极介入首届晋商大会文件材料的管理工作，起草了首届晋商大会文件材料的收集范围，进行了首届晋商大会开、闭幕式的现场音像的采集和制作工作。吕梁加大重大活动档案音像资料的收集力度，以市委、市政府两办名义下发了《关于加强重大活动档案管理的通知》。

四是围绕政府改善民生工作，做好民生档案指导与整合接收。省档案局多次对省社保局、省医保中心进行业务指导，帮助其修改、制定了《山西省社保档案管理办法》《山西省医保档案管理办法》等制度性文件；联合省社保局对各市的社保档案工作进行了检查，现场指导市、县两级社保档案工作。2012年10月，顺利通过国家人社部、国家档案局对山西省省级社保、医保经办机构进行的重点检查，和对太原、晋城、临汾的社保、医保经办机构进行的重点抽查。阳泉市组织了全市民生档案工作调查研究，撰写了《阳泉市民生档案情况调研报告》。长治市将馆藏的3万条民生档案文件级目录全部录入计算机。

五是树立典型，以点带面，抓好农业农村档案工作。全省11个市，每个市都确定了1个县（市、区）作为创建全国社会主义新农村建设档案工作示范县的培养对象。2012年10月，霍州市通过了全国社会主义新农村建设档案工作示范市验收工作，为全省开了先河。为了做好农村土地承包经营权登记试点档案工作，省市两级档案部门对新绛县、长治县、蒲县三个试点县进行了多次调研与督查，完成了《山西省土地承包确权登记档案管理办法》（征求

意见稿）。

六是做好重大工程的档案指导工作。为了配合省委、省政府应急水源建设、山西大水网建设等中心工作，省档案局会同省水利厅对8个省属水利项目进行了检查。

七是做好档案执法和档案宣传工作。省档案局与省教育厅联合对全省18所全日制本科院校贯彻档案法律法规情况进行了专项检查，并对检查结果予以通报；制定了《山西省中小学校档案管理暂行办法》《档案行政执法检查登记表》《档案行政执法立案报告书》《档案行政处罚案件立案审批表》等18种行政执法文书。省档案局被国家档案局授予“全国档案法制宣传普及奖”。

二、档案实体安全与信息安全并重，档案安全体系建设得到新加强

一是继续加强各级综合档案馆库建设。新建省档案馆已经形成预算报告上报省政府；晋城市档案馆总建筑面积15000平方米，主体完工；忻州市档案馆新馆12000平方米，临汾市档案馆新馆11000平方米，朔州市档案馆新馆9000平方米，已进入施工阶段；长治市档案馆新馆纳入市委、市政府上党新区建设大规划之中；太原市档案馆新馆进入选址阶段，大同市、吕梁市档案馆新馆建设也有了初步方案。得到中央和省级资金支持的县级档案馆建设项目有30个，已有4个县档案馆竣工，7个县档案馆主体完工，3个县档案馆开工，14个县档案馆完成设计。

二是完善馆库消防安全建设。省档案局围绕确保档案馆库安全，通过完善基础设施，加大安检力度，提高人员安全意识等具体措施，做了大量扎实有效的工作，受到了省、市、区公安部门的好评，被省综治委授予“省级平安单位”称号。太原、阳泉、长治、运城等市通过完善档案安全管理制度、加强档案安全设施设备建设、提升人员消防安全意识等措施，构筑档案安全最基本的防线。忻州市档案馆在库房十分分散的情况下，强化责任意识，责任到人，坚持每月两次由局长和分管局长带队深入各个库房对实体及周边环境进行安全大检查。

三是注重档案实体的安全防护和修复保管。省档案馆完成了包括对库房提调档案的清点、平整、编页、统计等在内的档案缩微胶片前处理2.5万余张；完成计算机扫描档案缩微照片1.5万余画幅；完成了包括破损档案、字画装裱在内千余张的修裱工作。太原市将2011年形成的100项活动6835张照片、《转型跨越创一流》等12项专题新闻的多媒体档案异地备份到郑州市档案馆，成为全省首家实行异地备份的市级档案馆；完成了A4幅面967张民国破损档案抢救保护工作，仿真复制珍贵档案69件。临汾市积极开展重点档案抢救保护，对组织部、人事局等4个全宗6612卷档案逐卷逐页检查，查出了褪变霉变2311页、不耐久字迹132395页、字迹扩散1131页、纸张破损1654页，全部进行了修补修复。祁县档案馆对180卷民国档案进行全文扫描，形成电子文档，并对破损档案全部进行了裱糊修复。左权县档案馆对重点档案实施了全文扫描，备份后实行了异地保存，封存了原件档案。

四是注重档案划控与信息安全保密工作。围绕《国家档案局关于在档案开发利用中审慎进行划控、鉴定工作的通知》，省档案局召开局党组扩大会进行了专题研究，还通过会议要求、电话安排、年底检查的形式，对市、县两级落实国家档案局通知要求，认真开展开放划控工作进行了督查。

三、围绕中心，服务大局，档案利用体系建设取得新成绩

一是服务保持党的纯洁性学习教育活动，为党的十八大召开营造良好氛围。省档案馆利用馆藏太行、太岳、晋察冀根据地形成的革命历史档案，精心制作了大型红色档案展览“光辉的历程——山西省档案馆馆藏革命历史档案珍品展”，面向全省省直机关、企事业单位开放。

二是做好接待查阅利用工作，积极开发档案信息资源。2012年，省档案馆共接收47个单位7969件政府信息公开和可公开现行文件，8个单位114册资料。全年共接待查档人员1122人，利用档案4840卷，资料1503册，复印19486页；同时为做好已满30年和未满30年可开放档案的鉴定工作，满足人民群众的档案利用需求，完成了1982年共1918卷档案的统计工作；编制完成了大中专院校招生、毕业分配花名表和派遣证专题目录。省档案局对全省档案编研资源进行了摸底，共拟定10个专题500多条编选目录，并对其中重点档案、资料进行了登记。省档案局积极开发档案资源，编选了《十一届三中全会以来山西省经济建设文献汇编》《阎锡山手迹》、山西省劳模小册子、《档案背后的故事》《李顺达档案文件汇集》等，参加了由省委宣传部、省委组织部、省委党史办、山西电视台与省档案馆联合摄制的大型文献纪录片《旗帜·山西记忆》的拍摄。太原市档案馆通过实施“服务承诺、限时办结、首问负责”等三项制度，推行“困难群体减免费用、困难老人送档上门、预约延期接待群众”三项便民措施，服务群众能力明显增强。大同市档案局制定了《大同市档案局行政权力公开运行工作实施方案》，对行政

权力服务事项进行了精简优化。阳泉市档案局隆重推出了《十年回望》画册，并将编纂出版的《保晋档案》《阳泉解放》《百团大战档案史料选编》书目部分章节在阳泉市档案局门户网站上发布。长治市档案局联合市委宣传部、市文化局、市群众艺术馆举办了非物质文化遗产生产性保护成果展。

三是档案数字化建设取得了新进展。省档案馆正式启动了投资1900万元的档案数字化工程，《山西省数字档案馆建设项目整体设计方案》已报送山西省发展和改革委员会审批，完成了《山西省数字档案馆建设规程》《山西省纸质档案数字化技术标准》《山西省照片档案数字化技术标准》《山西省档案馆馆藏纸质档案数字化加工规程》等标准的编制工作。大同市档案馆档案文件级条目数据库基本建立，共录入150多万条目录；朔州市档案馆共录入1.8万条；忻州市档案馆完成案卷级目录、文件级目录数据库著录1.35万条，对历年来积存的200余册市委常委会议记录进行了整理并建立了数据库。阳泉市档案馆完成了案卷级目录、文件级目录1.04万条的录入。晋城市档案馆组织专家进一步论证，编制出《晋城市数字化档案馆建设项目可行性研究报告》；吕梁市档案馆现有文件级目录84.17万余条，案卷级目录4.79万余条，并对数据库进行定时备份、维护，确保数据的安全；介休市档案馆开展全文数字化扫描工作，整理涉及民生的知青档案、房产档案和部分文书档案共1.46万页。临汾市档案馆对数字化所需的软硬件进行了优化升级，增设了FTP方式保存电子文件，将已录入的6.74万条文件级和111.29万条案卷级目录数据进行了全面平移和刻录备份，建成馆藏全部档案6.92万条案卷级、116.85万条文件级目录数据库，对415卷革命历史档案进行全文缩微，完成了1.3万页馆藏档案全文信息存储，加快了档案信息化建设步伐。

（山西省档案局办公室）

内蒙古自治区

2012年，自治区档案局馆在自治区党委、政府的正确领导和国家档案局的精心指导下，以邓小平理论、“三个代表”重要思想和科学发展观为指导，按照中央、自治区对档案工作的部署，注重研究解决问题，注重抓好重点任务的落实，注重依法依规办事，各方面工作取得显著的进展。

一、档案法制工作

自治区档案局召开纪念《档案法》颁布25周年暨《内蒙古自治区档案条例》修订5周年座谈会，自治区人大常委会副主任胡尔查出席会议并作重要讲话。修订印发《内蒙古自治区归档文件整理规则细则》，进一步规范文件整理工作；对自治区直属12个单位开展档案行政执法检查，对2011年限期整改的7个单位进行复查，促进区直机关档案工作规范化发展。各盟市档案局积极开展档案行政执法检查、执法调研，乌兰察布市档案局与市人大常委会联合开展贯彻落实档案法律法规和新农村新牧区示范档案室创建情况专项执法调研，包头市档案局对市直76个单位进行档案执法检查。

二、档案信息化工作

自治区档案馆“数字档案馆”一期工程完成，2012年数字化档案2.41万卷，扫描总量达到660万页；与内蒙古党史研究室、内蒙古电影制片厂、长春电影制片厂合作，对馆藏电影胶片开展数字化加工。鄂尔多斯、呼伦贝尔、通辽市档案馆馆藏档案案卷目录实现100%著录，包头市档案馆录入档案目录突破120万条，巴彦淖尔市档案馆录入达到96万条。伊金霍洛旗档案馆全部档案实现数字化；包头市昆区档案局与民政局建立婚姻档案信息共享机制，实现档案管理软件与婚姻登记信息管理软件端口对接，可有效查阅利用婚姻档案。

三、档案馆、机关档案工作

自治区党委办公厅、政府办公厅印发《关于加强旗县级综合档案馆建设的通知》。自治区政府决定对列入“十二五”中央投资项目、财政困难的旗县档案馆补助设备购置费。21个已经下达中央补助经费的旗县档案馆，有17个开工建设新馆。盟市档案馆建设有新气象，呼伦贝尔市新馆投入使用，乌兰察布市新馆主体框架建成。

根据国家档案局《市、县级国家综合档案馆测评办法》，继续开展市、县级国家综合档案馆测评工作，2个旗县档案馆晋升为国家二级档案馆，其中锡盟东乌旗档案馆受到旗委、政府通令嘉奖，奖励10万元。

自治区党委办公厅、政府办公厅印发《内蒙古自治区机关档案工作测评办法》。自治区档案局及时组织培训，加强指导，当年全区有18个机关档案管理达到自治区一级。

四、企业档案工作

自治区档案局与自治区国资委联合印发《关于加强内蒙古自治区国资委监管企业档案工作的意见》，进一步加强国资委监管企业档案规范化管理。通辽市召开民营企业档案工作经验交流与推进会，制定实施《通辽市民营企业档案管理办法》。乌海市档案局对“双百亿”企业建设项目档案工作进行调研，开展跟踪服务。加强对重大建设项目档案工作的监督、指导，自治区档案局组织参与20个重大建设项目档案专项验收，组织开展重点建设项目档案管理示范工程评选工作，3个项目入选“全国建设项目档案管理示范工程”，19个项目评为全区重点建设项目档案管理示范工程。

五、农业农村档案工作

积极开展农村档案信息资源共享工作和社会主义新农村建设档案工作示范县创建活动，全区11个盟市建立农村档案信息资源共享试点，赤峰市元宝山区、鄂尔多斯市伊金霍洛旗通过验收，进入全国示范县行列。

六、档案利用服务工作

自治区档案局馆高度重视自治区党委领导和有关负责同志交办的任务，及时提供档案；积极为下岗职工、原兵团战士提供档案，为解决工龄、养老保险等问题做好服务，实行民生档案查阅零收费。“兰台荟萃”、“光辉的历程”档案展览接待自治区、国家档案局领导及社会各界人士1363人。主动开发档案信息资源，编辑档案史料。与内蒙古古籍办合作出版《鄂尔多斯右翼中旗蒙古文历史档案选编》。

呼和浩特市档案馆编研出版《馆藏1944至1949年归绥市工商业同业公会档案简况》《呼和浩特市档案志》，建立完善婚姻档案、知青档案、招工档案等专门数据库，实现民生档案计算机查询，档案保管利用科被自治区妇联授予全区“巾帼文明示范岗”称号。包头、鄂尔多斯市档案馆为一批大中专毕业生出具档案证明，使他们顺利享受就业、社保政策。赤峰市制定实施《赤峰市城乡居民社会养老保险档案管理办法（试行）》。兴安盟开展档案文化建设年活动，编辑出版《兴安名人录》《兴安盟非物质文化遗产概览》。巴彦淖尔市五原县档案馆（博物馆）举办“让博物馆走进百姓”活动，12个社区5000名居民走进博物馆，了解五原风土人情、历史文化。阿拉善盟档案局举办“阿拉善本土作家作品选”展览。

2012年，全区各级各类档案馆接待利用者4万人次，提供利用档案资料31万余卷。

七、档案基础业务工作

自治区档案局与自治区创先争优活动领导小组办公室联合印发《关于认真做好创先争优活动文件材料整理归档工作的通知》，帮助整理创先争优活动档案3000余件。自治区档案馆接收区直19个单位档案10603卷、2710件、资料19824册，征集名人档案1652件；整理积存历史档案3918卷，煤炭、水利资料19760册，翻译蒙古文历史档案案卷目录7500卷，修裱历史档案17万张，缩微国家重点档案1647卷。乌海市制定《乌海市档案馆2012年接收档案工作方案》和《乌海市档案馆收集档案范围实施细则》，接收市直65个单位档案7000卷。通辽市档案馆接收市直机关档案和名人档案55331卷、6400件。包头市档案馆开展建馆52年来最大规模的馆藏档案清查清点工作，接收重大活动档案、征集珍贵历史档案和旅美画家档案入馆。赤峰市巴林左旗档案馆征集蒙古族祭敖包传统文化档案、契丹文化遗址申遗档案资料入馆。

八、档案宣传与教育培训

各级档案部门以迎接党的十八大胜利召开、纪念《档案法》《内蒙古自治区档案条例》颁布为契机，开展系列宣传活动。全区15731人参加国家档案局主办、《中国档案报》承办的“飞狐灵通杯”档案法制知识有奖竞赛活动，自治区档案局获得“全国档案法制普及宣传奖”。自治区档案局馆与呼和浩特市及市四区档案局馆联合举办档案法制宣传活动。呼伦贝尔市将纪念《档案法》宣传活动与档案馆新馆落成庆典结合，扩大宣传面。乌兰察布市为迎接十八大召开举办两次大型图片展。包头市档案局与《北方新报》合作开设档案专栏，发表专题文章66篇。全年各类报刊网站等媒体登载反映自治区档案工作的文章1076篇。自治区档案教育与研究中心举办岗位培训、继续教育及各种专题培训班5个，培训人员1000余人。

（李晓梅）

辽宁省

2012年，在辽宁省委、省政府的领导和国家档案局的指导下，全省档案系统以邓小平理论和“三个代表”重要思想为指导，深入贯彻落实科学发展观，不断推动档案事业向前发展，各项工作取得了新成绩。

一、服务大局、服务民生，档案利用服务能力显著提升

档案资政服务卓有成效。围绕钓鱼岛问题，辽宁省档案馆查找复制了相关历史档案资料，为维护国家主权利益提供了历史依据。协助凤凰卫视拍摄《卢沟桥事变始末》，为中国工业博物馆、东北抗联纪念馆提供爱国主义教育档案素材。围绕省委省政府治理辽河、加快城镇化的重大决策，编辑了《明清时期辽河沿岸城镇的兴起》等档案资政材料，得到省领导的肯定。采集制作了省主要领导工作纪实和《李长春同志在辽宁》音像档案，为省纪委举办

反腐倡廉专题展提供历史档案。沈阳市档案局跟进蒲河生态廊道建设，举办专题展览得到市领导高度评价。抚顺市档案局为中央电视台拍摄《永远的雷锋》、解放军总政治部重新编印《雷锋日记》提供档案资料。丹东市档案局编辑了《东北东部城市市情要览》，推动区域合作发展。

重大活动档案管理日趋完善。围绕重大活动，辽宁省档案局与“十二运”组委会办公室联合印发档案业务规范和档案人员手册、联合开展档案业务培训，沈阳、鞍山、辽阳、丹东、阜新、盘锦等市档案局分别开展“十二运”分赛区和全国文明城市创建档案工作专项执法检查。大连市档案局采集了国际服装节、中国国际软件交易会等重大活动档案资料。锦州市档案局起草了2013中国锦州世界园林博览会档案管理办法，并派专人进驻跟进指导档案工作。盘锦市档案局，昌图、西丰县档案局指导收集了石油装备博览会、中国换热设备博览会和中国鹿业发展大会档案资料。

重点项目档案管理全面加强。围绕经济发展，辽宁省档案局召开省（中）直企业档案工作协作组座谈会，深入落实《企业档案工作规范》，推进国有企业文件材料归档范围和保管期限表的审批备案和民营企业档案规范化。印发重点项目名单，组织专题培训和联合巡检，指导验收沈康高速等建设项目。进一步贯彻落实省委省政府办公厅“32号文件”精神，营口沿海产业基地设置副县级档案机构，铁岭市出台工业园区档案管理办法，盘锦辽东湾新区和辽河口生态区建立了专门的档案机构，专人负责档案管理。绥中县批准设立东戴河新区档案局，建立了“三位一体”的档案管理体制。沈阳、大连、鞍山、抚顺、本溪、辽阳、丹东、阜新、铁岭、锦州、葫芦岛等市档案局分别强化了地铁、造船、港口、高铁、核电、供水工程、本钢硅钢、产业集群、新城建设等重点项目档案工作的指导验收。北票采煤沉陷区综合治理和华能营口风电二期工程被国家档案局评为“全国建设项目档案管理示范工程”。

档案公共服务能力稳步提升。围绕民生改善，省档案局与省直有关部门联合出台《辽宁省食品安全档案管理办法》《关于全面做好辽河干流主行洪保障区收租地补偿档案管理的通知》等文件，开展保障性住房建设、棚户区改造等民心工程音像档案资料征集和社保业务档案检查验收。改进政府信息检索编目软件，推进省市两级政府信息目录共享平台建设，提高档案公共服务能力。免费下发法规文件资料，帮助查阅利用者解决养老保险、工伤待遇等实际问题。省档案馆全年接待政府信息查阅755人次，帮助查阅者解决养老保险、工伤待遇等问题提供政策依据，取得经济效益近200万元。大连市档案局开展“民生档案建设年”活动，免费发放民生档案查阅指南，服务窗口增添民生档案专题信息。抚顺、本溪、阜新、辽阳、葫芦岛等市档案局强化破产转制企业、司法公证、房改档案接收管理，通过查档服务，为“五七工”、“家属工”落实养老保险待遇。朝阳市档案局鉴定开放档案目录近5万条，为破产企业职工提供查用档案4万多卷。鞍山市档案局网站开设民生服务平台，实现远程便民查阅。绥中县档案局收集民生档案信息20万条。本溪市档案局开设民心微博，实现馆际民生档案信息共享。

二、跟进热点、突出重点，档案事业发展能力显著增强

档案文化建设取得新进展。落实省委省政府“文化强省”和国家档案局“档案强国”的工作要求，着力推进档案文化建设。省档案局召开全省档案编研工作会议，编辑出版《风物辽宁》《冯庸与冯庸大学》等系列档案文化精品，完成了“辽宁记忆展”、“清代皇室档案展”的设计施工。沈阳市档案局与市教育局联办档案教育“大课堂”，近7000名中小学生到档案馆参加实践活动。成立家庭档案研究会，编制家庭建档工作指导手册，通过表彰先进在全市深入推进家庭建档。大连市档案局筹备了“大连城市历史展览”，制作了电视专题片。营口文化名人馆西迁辽河老街，参观者10万余人次，全国政协副主席郑万通等领导给予了高度评价。本溪市档案局编辑了《本溪湖煤铁史料》，录制了《建州风云》6集电视文献片。鞍山市档案局与市电台联合制作《话说鞍山》直播节目，锦州市档案局、海城市档案局分别编著《英雄王成的原型——蒋庆泉》和《牛庄古韵》。

档案安全保障体系建设进一步加强。建筑面积1万余平方米的大连市产权变动企业档案库房项目已经封顶。盘锦市近万平方米档案馆新馆开工建设。建筑面积3万平方米的营口市档案馆新馆项目已完成设计，即将开工。全省列入国家中西部县级档案馆建设规划的56个新馆项目中有36个项目建成或在建，其中31个新馆项目累计争取到省级财政补助资金3700万元；获得“十二五”中央财政支持的22个新馆项目中资金到位的有14个，共到位资金3037万元，其中建成使用12个、在建2个，开工率达100%，连续两年受到国家档案局表彰。

重点档案抢救保护工作成效显著。省档案局（馆）加强电子档案备份中心建设，完成广西及辽宁省12个市的重要电子档案异地异质备份，争取各级

重点档案抢救补助经费989万元，推进了国家重点档案抢救和保护工作。省档案馆完成奉天铁路局等全宗档案缩微，修复了明代郑氏家谱等珍贵档案。鞍山市档案局完成昭和制钢所数字化档案资料挂接利用，抚顺、辽阳市档案局分别抢救修复了民国抚顺县公署档案和《辽阳州全图》。营口市档案局修裱扫描了《盛京时报》。朝阳市档案局举办档案异地异质备份专业培训班，整理修复了北票矿务局破产改制企业职工档案。葫芦岛市档案局争取专项资金45万元购置档案保管保护设备，抢救修复了日伪时期第二陆军燃料所档案。

继续推进社会主义新农村建设档案工作。建昌县通过国家档案局验收，成为辽宁省第三个全国社会主义新农村建设档案工作示范县。千山区、老边区、长海县、兴城市、新宾县等5个县（市）区通过验收成为省级社会主义新农村建设档案工作示范县。开展了全国第一次水利普查档案的指导验收工作。大连市档案局与市民政局、市农委联合出台农村中介组织档案管理办法，丹东、锦州、葫芦岛市档案局、绥中县档案局明确要求，深入推进第二轮土地延包、农村养老保险、农民专业合作社、新农村合作医疗组织档案管理。盘锦建立盘山县河蟹档案，强化一县一业档案工作。朝阳市档案局、昌图县档案局制定工作方案，主动与涉农部门联系，加速推进新农村建设档案工作。

三、统筹兼顾，协调发展，各项业务建设稳步推进

档案接收征集渠道不断拓展。深入落实国家档案局令第8号、第9号、第10号要求，继续做好档案接收征集工作。出台《辽宁省档案馆收集档案资料范围实施细则》，省档案局（馆）征集到东北爱国人士高崇民、满洲《萨嘛喇氏族谱》等重要档案资料。大连市档案局赴俄罗斯征集到大连开埠建市的规划师斯科里莫夫斯基个人档案以及城市地图、历史照片等档案资料。沈阳市档案局大批量接收医保等档案6.4万卷。本溪市档案局首次赴日韩征集到本溪湖煤铁档案、建州女真资料和清末民初地理图册。抚顺、丹东、锦州、盘锦、朝阳等市档案局分别征集到锡伯族发展史口述档案、上甘岭战役战斗要图、抗日义勇军等历史档案。

档案管理工作又上新台阶。省委办公厅、省政府办公厅印发《辽宁省机关单位会议记录规定》，强化决策过程档案的归档和规范。印发乡镇财政档案管理办法和考核评价标准，举办全省培训班和现场会，加大了社保、国土等行业系统档案业务指导和集中清理，促进了机关档案资源的大幅增长。于洪区、连山区分别晋升为国家一级、二级档案馆，全省国家级档案馆已达33个，居全国前列。

依法行政进一步加强。省档案局印发全省档案系统“六五”普法规划，草拟《辽宁省重大活动档案管理办法》，组织“32号文件”落实情况专项督查、纪念《档案法》颁布25周年、“5·15”政务公开日、《档案法》修改座谈等活动，组织参加“飞狐灵通杯”全国档案法制知识竞赛。大连市档案局开展档案与民生主题“档案馆日”活动，印发依法行政考核工作方案，年中督查、年底检查。鞍山、铁岭市档案局制定档案接收工作实施细则，加大机关档案工作执法检查并纳入市直机关目标管理。抚顺、锦州、丹东、阜新、营口、盘锦、朝阳等市档案局，昌图、绥中县档案局分别开展现场宣传、知识讲座、有奖竞答、主题展览、双十佳表彰等特色活动，提高《档案法》的社会知晓度和影响力。

政务公开工作呈现新亮点。全省各级档案部门改进政府信息查阅检索、编目工作，免费下发“十一五”县域经济政策法规性文件汇编、《省政府公报》2011年合订本，推进省市两级政府信息目录共享平台建设，共采集目录6万余条。省档案局组织全省第六届“5·15政务公开日”活动。以“档案服务你我他，利国利民利大家”为主题，向居民宣传档案法规、政府信息查阅、民生档案、家庭建档、职工档案管理等与群众切身利益关联度高的相关知识，并发放宣传单。邀请社区干部、离退休党员和普通居民参观省档案馆，扩大了档案及档案工作的社会认同度和影响力。

档案宣传交流持续深化。省档案局加大在《中国档案报》《辽宁日报》等新闻媒体宣传力度，在《辽宁日报》开设“风物辽宁”专栏，配合《中国档案报》“走、转、改”活动，深入基层采访报道，上稿量居全国前列。沈阳市档案局举办“沈阳·伊尔库茨克日暨俄罗斯油画展和苏联老电影日活动”，并赴俄罗斯乌法市举办“沈阳映像暨友好的记忆”图片展，让中国档案文化“走出去”。抚顺等市档案局开设官方微博，与社会公众交流互动，鞍山、盘锦市档案局和中山区档案局分别举办大型网展和历史档案展览，让档案走近群众。

档案信息化建设全面推进。省档案局参与国家档案局《档案馆系统建设评估指标体系》《数字外包风险评估》等重大标准和课题的研究制定，承担的《电子档案异地异质备份管理模式研究》等3项科研课题全部通过国家档案局评审验收并获得国家档案局优秀科技成果奖。继续推进“省直机关电子文件接收与归档平台”项目，落实国家档案局《数字档

案馆建设指南》，强化数字档案馆建设指导服务。大连市档案局开发了数码照片档案知识管理系统，并在“软交会”上推广。本溪市档案局着力推进馆藏档案全文数据库建设，完成重点全宗扫描600万页。鞍山市档案局制定“数字档案”共享平台建设规划方案，数字档案馆（室）建设取得实质性进展。

四、领导重视、加大支持，档案工作外部环境不断优化

省长陈政高、省人大副主任李文科等领导先后视察了省档案馆和新馆工地，对全省档案工作给予了充分肯定。省委常委、常务副省长许卫国，省委常委、秘书长周忠轩，省政府秘书长冯韧等领导高度重视和关心档案工作，多次指导和帮助解决新馆建设、设备经费、人员编制等实际困难。省委常委、沈阳市委书记曾维，市长陈海波、常务副市长顾春明、副市长姜军等领导参观档案展览、指导档案工作。大连市委常委、秘书长张世坤上任伊始就到市档案馆检查指导。葫芦岛市市长都本伟签发政府令，颁布《葫芦岛市档案管理办法》。葫芦岛市委常委、常务副市长裴伟东，抚顺市委常委、秘书长李刚，阜新副市级干部、市委秘书长柳树杨等领导分别在《中国档案报》等报纸和地方政府门户网站上撰文，宣传档案工作。盘锦市委常委、秘书长沈铁东多次调研指导档案工作。鞍山铁东区长李树凡召开区长办公会部署《档案法》宣传日活动并拨付专项经费10万元。

（辽宁省档案局）

吉林省

2012年，全省档案部门在各级党委和政府的领导下，紧紧围绕中心，服务大局，夯实发展基础，提升服务能力，发挥了档案资政襄政、存史育人、惠及民生的作用，取得了成效。

一、档案发展环境不断改善

档案工作得到各级领导关注。时任省委书记孙政才对省档案局馆“关于吉林省中朝关系档案几个重点问题的研究报告”和“关于日本侵华档案最新研究成果的报告”作出重要批示。省政协副主席任凤霞率领省政协视察组视察全省档案工作，形成了《关于吉林省档案工作情况的视察报告》，经省政协常委会议讨论通过报省委参阅。省委常委、长春市委书记高广滨就“毛泽东仿真手稿”档案提出具体要求。辽源市委书记姜有为两次参加档案部门活动；市政协主席王国栋带头捐赠有史料价值的档案。延边州常委、州委秘书长朴松烈6次对档案工作批示。各地主管领导多次协调解决档案部门难题。

档案基础设施建设步伐加大。争取市县档案基础建设专项资金600万元已拨付到位。争取2013年国家重点档案抢救保护中央补助资金410万元。四平市7000平方米档案馆新馆建设已经开工。长春市档案馆完成维修改造项目，馆舍面貌焕然一新。延吉市以创建全国新农村建设档案工作示范市为契机，市委、市政府投入4000万元用于馆舍建设。省档案局馆落实库房改造项目资金302万余元。吉林、四平、延边分别争取档案数字化专项资金270万元、195万元、40万元。

二、档案服务效能明显提升

服务重大活动。为配合创建全国文明城市活动，长春市积极开展档案服务，被市委、市政府授予创建全国文明城市贡献单位荣誉称号。白城市主动参与新区发展建设，及时制定了《生态新区档案管理规范》，以两办名义出台了《关于加强生态新区档案工作的意见》。延边州配合建州60周年开展档案活动。

服务新农村建设。延吉市以优异成绩通过了全国新农村建设档案工作示范县领导小组组织的验收，成为全国首批、省首家全国社会主义新农村建设档案工作示范市，并在全国新农村档案工作示范县经验交流会上作了经验介绍。与省民政厅、省农委联合在延边州召开了全省社会主义新农村建设档案工作示范乡镇、村创建活动推进会。目前，全省已有81个乡镇、385个行政村开展了创建活动。深入开展农村土地承包档案清查活动，白城、松原制定了《农村土地承包档案清查活动方案》。

服务重大建设项目。印发了《吉林省重大建设项目档案验收标准及评分细则》。参与了重大建设项目档案的专项验收。吉林、白城、辽源、松原等地对重大建设项目进展情况进行跟踪，及时开展建档指导服务。白山召开了重点建设项目档案经验交流会。

服务企业发展。印发《企业和重大建设项目档案工作文件选编》《吉林省企业档案工作规范化评估办法》。吉林组织开展全市百户重点企业档案管理跃升年活动。辽源帮助企业规范整理7个门类档案，并基本实现数字化管理。四平利用信息化网络平台建立了企业档案工作论坛群，提高了业务指导的针对性和时效性。

服务民生。全省各级综合档案馆民生档案建库率达100%。松原建立了33个专门档案数据库并及时在门户网站上发布民生档案信息。印发了《吉林省医疗、工伤、生育保险档案管理办法》。省医保局

及通化和梅河医保局通过了国家医保档案达标验收。与省卫生厅联合开展全省新型农村合作医疗档案专项督查。四平围绕“社区行动计划”，帮助社区建立标准化档案室。长春在馆舍维修期间坚持不闭馆，开展政府公开信息“三合一”的查询服务，全年提供远程共享跨馆查询出证 79 例。各地通过调档查阅、电话回复、网站告知等形式提供了便民服务，帮助百姓解决政策落实、合同纠纷、养老保险等问题。

三、档案文化建设成绩斐然

档案文化成果丰硕。省委、省政府将档案事业发展纳入全省文化建设总体布局。策划编辑《档案吉林》系列丛书，并纳入省委宣传部组织的《吉林省历史文化溯源系列丛书》项目工程；在《吉林日报》开辟《档案吉林》。省档案馆与龙潭区档案馆合作出版《打牲乌拉三百年》《成多禄手书诗集》和精制皇帝诰命被市政府指定为吉林对外交流礼品，辽源市档案馆与文化部门合作举办了“辽源市首届国际琵琶文化艺术节书画展”，长春编辑出版《苏联专家在长春》，通化编辑出版《通化城市记忆》大型图书。

爱国主义教育基地功能拓展。长春市档案馆被确定为“长春市未成年人社会主义核心价值体系教育基地”。龙井市档案馆被确定为州级爱国主义教育示范基地。白山市召开档案系统爱国主义教育基地建设经验交流会。

四、档案各项基础业务建设稳步推进

档案资源建设不断增强。依法加大档案接收力度。省档案馆接收档案 17 万余卷，比 2011 年翻 4 番。以重大活动为契机，征集各种载体档案进馆。省档案馆在开展《解码历史》脚本创作的同时，征集有关 731 部队、高句丽、向海、一汽各种型号车上下线、国家领导人活动影像资料素材带 465 盘；开展长春解放口述档案的采录工作。吉林市的 12 届冬运会、辽源市的首届国际琵琶艺术节、公主岭市的“玉米节”和“玉米博览会”、图们市的文化旅游节等活动的档案资料被征集进馆。

机关档案工作有序开展。各地深入贯彻国家档案局令第 8 号、第 9 号，出台相关标准，加大监督指导力度，确保进馆档案科学规范。修订了《吉林省机关档案工作规范化管理测评办法》，在全省聘任 67 名机关档案工作规范化管理示范级测评员。长春以两办名义印发了《关于贯彻落实〈各级各类档案馆收集档案范围的规定〉的实施意见》的通知，并将档案工作纳入年度考核内容。吉林编制《市直机关档案工作三年发展规划》。四平制定了《四平市机关档案工作规范化管理测评细则》。

档案安全保障日趋完善。各地坚持不懈地做好档案安全工作，从设施、制度、技术、人员、保密五个方面构筑安全防线，确保国家档案的实体和信息安全。长春在宁波市备份基地基础上，开辟了温州备份基地。白山落实国家档案局《在档案开放利用中审慎进行划控、鉴定工作的通知》，对馆藏已开放档案重新鉴定。各地加大档案安全投入力度，改善了安全保护条件。加强了网络信息安全管理，确保档案信息安全。辽源采取档案原件不出库，内外网物理隔离，集中存储、分户使用、多重定时备份的办法，解决档案数据在传输利用中的安全问题。

五、档案信息化建设步伐加快

吉林省被确定为国家电子文件管理试点省份。各地认真贯彻落实国家档案局《电子文件管理暂行办法》和相关标准。长春档案信息化建设不断完善。出台《长春市电子档案远程利用管理暂行办法》和《长春市纸质档案数字化技术标准》。松原完成市直各部门不同年度永久、定期档案的数字化工作。

六、档案科研深入开展

省档案局申报的《档案文化产品整合开发模式研究》在国家档案局成功立项。长春参与国家“核高基”2012 年 1—6“基于国产 CPU/OS 的数字档案信息系统应用研究及示范工程”的专项课题研究。省档案局承担的吉林省哲学社会科学规划基金办公室项目《档案数字化策略研究》经评审鉴定通过。

七、档案法制建设进一步加强

继续深化“六五”档案普法活动，全省各地积极参与国家档案局举办的档案法制知识有奖竞赛活动。吉林市人大审议并通过了《吉林市档案管理条例》。白城市人大常委会对全市档案“一法一例”贯彻落实情况进行了检查。通化市与法制办联合，对全市撤并机关档案的归属与流向管理情况进行执法检查。辽源探索执法检查机制，组织实施档案行政执法检查“三年循环”方案。四平梨树县将档案执法检查与业务指导紧密结合，对县直 80 个机关单位和 20 个乡镇档案工作进行执法检查，并将结果作为评选全县档案工作先进单位和个人的依据。

八、档案干部队伍建设持续加强

全省开展了“为党管档，为国守史”主题教育活动。各地以此为载体，创新形式和方法，使主题教育活动有声有色。档案干部职工的思想、作风、精神面貌有了明显转变。省档案局馆开办档案文化沙龙活动，营造馆藏档案研究氛围。省档案局馆党组打破“论资排辈”选任机制，创新任用干部新思路，通过笔试、面试、民主测评三公开的形式，搭建了干部公平、公开、公正的竞岗平台。各地开展了丰富多彩的党建和争先创优活动，营造了和谐氛围，增强了凝聚力。吉林市被评选为全国档案系统2012年度先进集体。临江市档案局樊祥利被授予“十一五”全国档案系统先进工作者称号。延边州档案局馆长楚瑞馨被吉林省委授予“全省创先争优优秀共产党员”称号。

（吉林省档案局）

黑龙江省

2012年，在省委、省政府的领导下，在国家档案局的指导下，黑龙江省档案工作者爱岗敬业，攻坚克难，档案事业发展取得了新成绩。

一、各级领导重视与支持档案工作，档案事业发展环境得到进一步优化

在2011年的全省档案工作会议上，省委副书记杜家毫作了重要讲话，对全省档案工作取得的成绩给予充分肯定并提出了新的要求。省委常委、秘书长杨东奇对档案工作特别关心重视，多次作出重要指示，并到省档案局听取工作汇报，实地察看档案利用、数字化加工、库房管理、档案修裱等工作，观看“黑龙江历史记忆——从古代文明到当代发展历史”档案图片展览。国家档案局对黑龙江省档案事业发展给予了有力支持和及时指导，李明华、杨继波副局长等领导2011年多次到黑龙江检查指导工作。在黑龙江省政府的重视和支持下，省发改委拨付了省档案馆改扩建工程欠款1811万元，省财政厅下拨重点档案抢救和保护配套资金300万元。2012年，全省共新建档案馆14个，新增馆库面积57838平方米，投入建设资金15849万元。9月份黑龙江省档案局在望奎县召开了全省县级综合档案馆建设现场推进会，进一步推动了县级档案馆建设进程。纳入中西部地区县级档案馆建设规划的23个县级档案馆，8家基本建成，8家已开工建设，6家选址设计基本完成。同时，部分市地档案馆建设也纳入了计划。哈尔滨市召开政府专题会议，确定档案馆新馆选址群力新区，建筑面积达49800平方米。佳木斯市2万余平方米新馆现已竣工。鹤岗市、大兴安岭地区档案馆也已立项。同时，档案部门业务经费、专项经费投入持续增加，制约档案事业发展的瓶颈问题得到了进一步改善。哈尔滨市所辖尚志、南岗等8个县区的档案业务经费已调整为每卷3元；大庆市及让胡路、肇源等县区档案事业经费已超过每卷2元的标准；伊春市已按每卷2元向市里争取档案事业经费，常务副市长已批示财政部门纳入计划；黑河市、七台河市档案事业经费按照每卷1元标准纳入了财政预算。此外，各级档案部门还积极争取政府专项投入，用于征集、编研、重点档案抢救与保护、数字化加工等专项业务及设备更新、办公楼改造等，档案工作环境与保管条件得到改善。

二、坚持围绕大局，着眼贴近民生，档案工作为经济社会发展服务成效显著

一年来，全省各级档案部门积极融入经济社会发展大局，进一步提升了档案工作的服务水平。在为大局服务上，各级档案部门围绕党委、政府中心工作和重大活动，充分发挥了档案部门的独特作用。黑龙江省档案局推出了“黑龙江历史记忆——从古代文明到当代发展历史”档案图片展，省委及国家档案局有关领导、俄罗斯哈巴罗夫斯克边疆区档案代表团、省委党校省管干部进修班等3000余人次参观了展览。省档案馆爱国主义教育基地被省委党校确定为首批现场教学基地。全力支持中共黑龙江历史展览的筹办，共查阅档案目录4万余条，提供所需展品60项155件。哈尔滨、大庆分别举办了“哈尔滨记忆”、“辉煌大庆”展览。在服务民生上，各级档案部门以群众需要为突破口，整合涉民档案资源，提供网上查询服务，初步建立起了方便人民群众的档案利用体系。全省累计接待档案和现行文件查阅者6.3万人次，调阅档案12.3万卷（件册），现行文件9.3万件，为查阅者解决养老保险、落实政策等问题3万多个。在服务文化发展上，各级档案部门自觉融入文化建设大局之中，充分发挥档案在文化建设中的特殊作用，积极挖掘档案文化资源，开发档案文化产品，充分实现了档案的文化价值。全省各地档案部门编研各种档案资料206种，17549万字。省档案局编辑的《黑龙江省档案馆藏珍品》已完成查档工作，《黑龙江档案春秋》即将付印。黑河市档案局依托馆藏编写了《中俄友好纪实（黑河—布拉戈维申斯克）》。哈尔滨市档案局组织召开了2012·档案文化价值哈尔滨研讨会。在服务经济发展上，各级档案部门把实施“八大经济区”和“十大工程”战略作为档案工作服务经济建设的着力点，不断拓展档案工作服务经济建设的新空间。坚持“宣传、引导、服务”的方针，充分发挥民营企业档案工作协会和协作组的作用，全省已成立民营企业档案工作协作组25个，规模以上工业民营企业中有1500余户开展了档案工作。按照《企业档案工作规范》要求，组织开展了企业档案工作规范化管理评估工作，全省已有77家企业通过了评估，进一步提高了企业档案工作规范化管理水平。加强了重大建设项目档案工作监管，全省共对18个重大建设项目

档案工作进行了指导和验收。在齐齐哈尔市召开了全省经济科技档案工作会议，进一步推进了经济科技领域档案工作的发展。与此同时，积极推进新农村建设档案工作，宁安市和北安市通过了国家级验收，成为黑龙江首批全国社会主义新农村建设档案工作示范县。

三、坚持强本固基，着力真抓实干，档案事业发展的各项基础进一步夯实

各级档案部门以馆藏建设为重点，实施信息化带动战略，全面加强各项基础业务建设，增强了档案部门的公共服务能力。以贯彻落实国家档案局令第9号为核心，采取切实可行的措施，加大了档案资源建设力度，进一步促进了馆藏资源总量增加、质量提高、结构优化。全年共接收进馆档案25.7万余卷（件册），征集各类档案资料6.7万卷（件册）。省档案局与哈巴罗夫斯克边疆区档案局签订了《2013年度交流合作计划》，将档案征集和目录交换等事项列为合作的重要内容。哈尔滨市档案局制定了《接收征集档案资料范围的规定》，牡丹江、鹤岗等地在报纸上发布征集通告，征集接收了公证、婚姻登记、知青等民生档案，佳木斯征集了最美女教师张丽莉照片等档案资料。各级档案部门切实加强档案信息化基础建设，采取有力措施，加快了馆藏档案数字化步伐。全省投入信息化建设资金389万元，完成录入文件级目录169万条、案卷级目录238万条、全文扫描501万页。省档案局投入资金100余万元，完成文件级目录数据88万条，原文数据10万页，数字化前处理5万余件。哈尔滨市档案局与市工信委联合制发了《档案信息化建设实施意见》，对全市档案资源数字化管理、网络化服务及信息共享体系建设等方面提出了新要求。大庆市将档案信息化建设纳入城市信息化建设总体布局，加大政策、资金、人才支持力度，共投入档案信息化专项资金200万元。黑河市档案馆在数字化建设上成效明显，已达到以全文数据库形式接收档案进馆。牡丹江市档案馆和哈尔滨市平房区档案馆通过了国家二级档案馆测评。与此同时，全省各级档案部门牢固树立安全第一的责任意识，持之以恒抓安全，档案基础设施和安全保管条件进一步改善，档案安全保障能力得到切实加强。

四、坚持依法行政，努力创新发展，档案事业管理水平全面提升

全省各级档案部门认真贯彻落实《档案法》和《黑龙江省档案管理条例》，坚持依法行政，提高了档案行政执法制度化和规范化水平。全省共对5955个单位进行了档案行政执法检查，对329个单位下达了责令改正通知书，对24个单位进行了行政处罚。深入实施档案行政执法责任制，探索档案工作目标与全省档案工作主要任务紧密衔接的路径，进一步完善了评议考核机制。认真组织开展了全省档案工作目标检查考核，实地检查了122家市地县区档案局和基层单位。《黑龙江省重大事项档案管理办法》列入省政府立法调研计划，黑龙江省地方档案法规体系有望进一步完善。在《档案法》颁布25周年之际，以“弘扬档案法治精神，提升档案法制化水平”为主题，全省各级档案部门开展了形式多样的纪念活动。省档案局举办了纪念《档案法》颁布25周年有奖征文活动，组织档案法制知识竞赛，并在省电视台新闻联播中连续7天播出开展档案法制宣传的滚动字幕。大庆举办了“我与档案有约”演讲比赛，鸡西市在电视台播发专题片，利用手机群发短信，收到了较好的效果。积极开展学术研究活动，申报国家档案局科技项目5项，黑龙江大学申报的《我国档案文化体系建设与可持续发展模式研究》项目列入国家档案局科技项目计划。全省各级档案部门结合本地区工作实际，扩大范围，突出重点，普遍开展了不同形式和内容的档案业务培训，共举办培训班134期，培训人数达7428人。省档案局向1327名档案工作者颁发了荣誉证书，进一步激发了全省档案工作者爱岗敬业、无私奉献的精神。

（薛永强）

上海市

2012年，上海市各级档案部门围绕迎接党的十八大及市第十次党代会召开这一主线，坚持服务大局、服务民生、服务社会的方向，积极实施上海市档案事业发展“十二五”规划各项任务，较好地完成了全年工作任务。

一、档案法制建设

上海市和区县档案局积极推动档案“六五”普法宣传教育工作，努力扩大档案法制宣传效果。市档案局组织开展纪念《中华人民共和国档案法》颁布25周年系列活动，成功举办上海市档案法制辩论赛和“依法治档，开拓创新，推进上海档案事业科学发展”档案普法宣传展示活动；积极组织参加全国“飞狐灵通杯”档案法制知识竞赛。市和区县档案局认真落实档案行政执法事项，举办档案行政执法人员基础法律知识培训，开展档案安全和机关归档质量专项行政检查，依法行政能力不断得到提高。市档案局印发《上海市档案馆收集档案范围细则》，制定《上海市电子档案和数字化档案备份办法》；与

市人力资源和社会保障局联合印发《上海市城镇居民社会养老保险业务档案管理实施细则（施行）》等；与市民政局联合印发《上海市城乡居民最低生活保障档案管理办法》；与市文广局联合印发《关于加强上海市社区文化活动中心档案工作和档案文化服务的意见》。市档案局联合市教委对全市高校贯彻教育部《高等学校档案管理办法》情况进行检查；与市国资委联合规范国有企业档案工作。

二、档案公共服务

2012年，上海市和区（县）档案馆全年接待档案查阅和政府公开信息19.63万人次，其中，市档案馆接待1.28万人次，向公众提供档案11.67万卷次，30.98万件次，提供政府公开信息1727件次。上海档案信息网全年编发信息1782篇、3094000万字，图片2163幅，网站全年访问量达325万次，总访问量达两千万次。市档案馆全年举办档案展览6个，接待参观展览和参加档案文化休闲活动14.32万人次，其中，接待学生8329人次、党团活动1.83万人次。市档案馆全年接待美国、瑞士、新加坡等15批国外、境外档案代表团访问。

上海市档案馆联合中央档案馆，举办“红星照耀中国——外国记者眼中的中国共产党人”档案展，受到社会各界的广泛关注和好评，俞正声、韩正、杨雄、殷一璀、吴志明等市领导集体到市档案馆参观展览；与市委党史研究室、东方网等单位合作，举办“科学发展在上海（2007—2012）”图片展，并出版相关图册，收到了很好的社会效果。市档案局（馆）联手市委宣传部、市文广局等单位举办“不息的变动——上海美专建校100周年纪念展”，出版《上海美专档案史料研究》3卷，并举办纪念上海美专100周年学术讨论会。

上海市和区（县）档案局（馆）着力服务民生，建成了“就地查询、跨馆出证、馆社联动、全市通办”民生档案远程利用服务机制，市民可就近在国家综合档案馆或社区事务受理服务中心，查阅保存在国家综合档案馆的与自身有关的档案，并办理出证事务。目前这一服务已经覆盖了婚姻登记、独生子女、知识青年上山下乡、知青子女返城和支内等5类民生档案。截至2012年底，已有近3万人次通过该机制享受到了档案远程利用服务的便利。

上海市和区（县）档案馆认真贯彻市政府常务会议精神，档案利用服务窗口全部实行六天工作制，受到市民欢迎。市和区（县）档案馆联合部分高校和部门档案馆，开展国际档案日·第六届上海市档案馆日暨“城市新印象·档案见证”宣传月活动，通过现场咨询、举办讲座、开放档案等方式，让档案更贴近社会与民众的需要。

三、档案业务建设

2012年，上海市和区（县）档案馆接收、征集档案323459卷337295件，其中，市档案馆接收、征集档案30693卷26329件。截至2012年底，市和区（县）档案馆馆藏档案9078400卷1434000件，其中，市档案馆馆藏档案3126929卷328 465件。市档案馆向社会开放第24批档案，截至2012年底共开放档案848931卷，区（县）档案馆已开放档案402048卷。市档案馆全年完成纸质档案全文数字化扫描7313828幅，档案文件级目录著录1001340条，截至2012年底已有全文数据119762374幅，目录数据25028142条。

上海市档案局与市农委联合召开新农村建设档案工作现场推进会，推进新农村建设档案工作；与市人社局积极推进全市医保中心业务档案管理达标工作，市医保中心和17个区（县）医保中心全部通过验收，成为全国首个全面完成此项目标的省（市），受到人社部有关部门的充分肯定。市档案局召开贯彻《各级各类档案馆收集档案范围的规定》（国家档案局令第9号）工作会议，部署各类档案馆收集档案范围的编制和审批工作；与市旅游局签订战略合作协议，共同打造具有上海地域特色、体现海派文化魅力的品牌项目。市档案馆充分利用档案资源优势，编辑出版了《泰戈尔与上海》图册、《档案里的金融春秋》等，受到社会欢迎。

四、档案科技教育

上海市各级档案部门积极做好档案科研工作，全市1项课题荣获国家档案局优秀科技成果奖二等奖，4项课题荣获国家档案局优秀科技成果奖三等奖。上海市档案馆积极举办档案保管工作研讨会、“档案馆科学建设与发展”等研讨会，认真举办“东方讲坛”和学生暑期活动，充分发挥了档案馆爱国主义教育基地等多种教育基地的作用；接待浦东干部学院亚洲国家“城市发展规划与管理”培训班、全国档案领导干部培训班等举行现场教学活动，进一步提升了上海档案工作的影响力。上海市档案局举办档案行政执法人员基础法律知识培训；举办上海市重点建设项目档案管理培训班，明确建设项目档案收集整理规程和项目档案验收要求；积极开展“档案实训和继续教育优秀教学案例”评选活动，推动档案培训教学改革。上海市文化艺术档案馆举办建馆二十五周年馆庆暨“为国守史，传承文化——上海文化艺术档案工作研讨会”。

五、档案对外交往

上海市档案馆抓住中德建交40周年的良好契

机，联手市对外友协，赴法兰克福举办“上海的德国记忆——庆祝中德建交40周年”档案图片展，并在上海举办德国摄影师老上海照片捐赠仪式，上海电视台《夜线约见》对市档案馆专家作了专访，扩大了活动的影响。上海市档案馆接待中国浦东干部学院亚洲国家“城市发展规划与管理”培训班并开展现场教学活动，来自老挝、哈萨克斯坦、叙利亚、尼泊尔等国家的10余位学员，听取了专题讲座，参观了《城市记忆——上海近现代历史发展档案陈列》。上海市档案馆接待美国、瑞士、新加坡等10余个国外、境外代表团访问，应邀到印度、新加坡、韩国等国家开展档案文化交流及档案学术交流，并组团参加第十七届国际档案大会，有效扩大了上海档案工作的影响。

六、区县和高校档案工作

浦东新区区委办公室、区政府办公室联合转发《浦东新区档案局关于实施浦东新区民生档案查询利用服务进社区工作的意见》。徐汇区档案局举办以“全区档案工作者普法、懂法、用法展风采”为主题的档案法制知识竞赛。长宁区档案局（馆）召开安全工作专题会议，建立安全管理制度、措施。普陀区档案局将居委会档案工作纳入街镇考核范围，推动全区居委会规范建档。闸北区档案馆认真开展馆藏重点档案、珍贵档案的抢救工作。虹口区档案局（馆）主动服务中共“四大”纪念馆筹建工作。杨浦区档案局积极推广家庭档案管理系统。黄浦区档案局开展“亮身份、亮职责、亮承诺”岗位建功活动，提升档案工作服务能力。静安区档案馆与区委党史研究室合作，开展革命遗址遗迹开发利用工作。闵行区档案局与区青少年活动中心联合举办“学生学习制作成长档案”活动。宝山区档案局“档案服务进社区”被列入宝山区政府重点工作。嘉定区档案局积极探索新形势下档案工作者培养的新途径，试行干部柔性流动机制。金山区档案局被市委农办、市农委评为“稳定和完善农村土地承包关系工作”先进集体。松江区档案局联合区司法局等单位举办档案法制宣传教育口号、标语创作征集活动。青浦区政府办公室转发区档案局制订的《青浦区重点建设工程项目档案管理实施办法》。奉贤区档案馆征集到时任区委书记时光辉出席党的十八大有关档案资料。崇明县档案局积极推进县档案馆新馆建设。复旦大学档案馆获赠吴浩青院士、前校党委书记钱冬生教授个人档案等近千件，以及校长杨玉良博士论文手稿等档案资料。上海交通大学积极建设档案校史文博大楼。华东师范大学档案馆为重镌大夏大学迁校纪念碑提供了重要的档案佐证。上海师范大学档案馆举办“道范弥永·教泽长昭——纪念教育家廖世承诞辰120周年”展。上海大学档案馆举办“馆藏钱伟长档案精选”展。上海理工大学档案馆组织编写《栋梁气贯大世界——上海理工大学工程教育百年》。

（上海市档案局）

江苏省

2012年，江苏省档案局馆切实增强“为党管档、为国守史、为民服务”的政治责任意识，贴近“两个率先”的伟大实践，突出抓好基础设施现代化、管理利用现代化、档案资源建设、基础业务建设、扩大社会影响力、干部队伍建设等“六项工程”和业务能力提升年主题活动，各项工作取得了新的成绩。

延续性工作更加深化。一是继续推进档案馆新馆建设。召开全省档案馆新馆建设观摩暨推进会，收到良好成效。截至2012年，13个市中有6个已建新馆，7个在建，平均面积达17600平方米；48个县（市）有36个已建、在建，平均面积达8500平方米；54个市辖区有33个已建、在建。二是进一步做好国家级档案馆测评和新农村建设档案工作示范县创建工作，全省国家一级档案馆数量达到24个，5个县（市、区）通过新农村建设档案工作示范县国家验收，继续保持在全国的先进位置。三是进一步加强档案资源建设。继续开展领导同志工作中形成的档案资料的征集工作，完善名人档案征集。开展第四次《江苏省珍贵档案文献目录》评选活动，30个项目入选。四是加强合作开发利用档案资源，与省高级人民法院、省方志办合作开发民国司法档案和地方志取得阶段性成果，启动与省文明办合作建立“江苏好人好事档案数据库”工作。五是加强档案数字化和档案科技工作。在全国率先推出数字档案馆、室评估细则，积极培育示范性数字档案馆室。省档案馆积极开展民生档案、民国司法档案、古籍、地方志等数字化，年内新增文件目录数据87万条，全文数据293万页。《江苏省数字档案馆建设理论与实践研究》列入省社科联文化精品重点课题。组织开展国家档案科技项目立项申报和科技成果奖励申报工作，4个项目成功立项，3个项目获奖，其中“蚕丝网及丝网加固保护技术设备研制（国家专利）”获一等奖。六是实质性启动档案异地异质备份工作，两次赴湖南省档案馆移交备份数据，采用捆绑方式带动市、县档案馆备份工作，在长沙召开全省档案异地异质备份现场会。七是在巩固2010年开展思想作风建设提升年、2011年局馆形象提升年活动的基础上，组织开展业务能力提升年活动，全面加强省档案局馆自身各项业务建设。八是认真贯彻省委部署，组织处以上领导干部开展“三解三促”驻点调研，调研报告和活动情况介绍材料被省级机关作风办采用。在第四次省级机关作风建设“万人评议”活动中，省档案局馆总体满意率达98.74%。九是加强干部教育培训，组织副处以上干部和业务骨干到如皋学习调研，举办市县档案局领导工作经验报告会，继续与南京大学合作举办硕士研究生进修班。十是巩固全省一盘棋工作格局。成功举办第二届“梦之蓝杯”乒乓球联赛，共有包括市县分管领导在内的近200名运动员参加比赛，密切了联系，活跃了气氛。省档案局各个处室进一步加强与市、县档案部门的工作对接。各市、县档案部门认真贯彻落实省档案局工作部署，上下协调一致，对省档案局工作给予了有力的支持，为全省档案事业发展作出了积极的贡献。

*创新性工作更显活力。*一是不断开辟档案服务领域。与省民政厅、省农委联合召开全省社会主义新农村建设档案工作经验交流会。与省商务厅联合召开全省开发区档案工作会议。认真贯彻国家有关援藏援疆工作的部署，对口支援西藏拉萨市和新疆伊犁州、克州档案局馆，为三地档案馆分别援助资金15万元，同时启动援藏援疆档案工作，真实记录援藏援疆历史进程。二是突出抓好档案基础业务建设。局党组出台加强管理部工作的意见，局领导带领各部门共15批171人次深入库房，摸清馆藏状况，整理积存零散档案。完成省档案馆1098盘电影胶片抢救任务，解决了困扰省档案馆多年的电影胶片安全隐患问题。三是档案法制工作效能增强。全年网上办理行政权力事项101件。制定出台《加强全省开发区档案工作意见》等多项规范。全省15万人参加全国档案法制知识竞赛，荣获国家档案局授予的“全国档案法制宣传普及奖”。四是加强战略合作。与南京、宿迁市政府签署战略合作协议，共同推进档案事业发展。与南京大学就档案资源开发、档案科研教育和高端人才培养等方面开展战略性合作。五是落实省人大代表建议和政协委员提案，邀请省人大代表视察省档案局馆和部分县（市）贯彻执行档案法律法规、加强档案工作领导、档案馆基础设施建设等情况。六是组织开展省委办公厅部署的国家电子文件管理试点工作，完成试点建设方案和电子文件管理系统需求说明书的编制工作。七是在与省内主流媒体合作方面取得突破。与《扬子晚报》社联合推出大型历史文化专版“档案穿越”，国家档案局局长杨冬权，省委常委、省委秘书长樊金龙，副省长许津荣分别作出批示，给予充分肯定。该专版荣获省委宣传部颁发的“2012年度全省宣传思想文化工作创新奖提名奖”。与新华日报报业集团合作，每年编辑出版《美丽江苏》。与江苏广电网络集团合作，在江苏有线互动电视推出“江苏历史上的今天”专题节目。深化与《江苏经济报》的合作，办好“档案专版”。八是实行干部竞争上岗，共有2位正处职、7位副处职干部通过公开竞岗得到任用。九是开设“业务大讲堂”，组织正高职称业务骨干为局馆全体人员授课，促进成果共享。十是首次举办党支部书记培训班，认真总结加强党员干部教育培训的做法，得到省委省级机关工委的充分肯定。

（蔡宜军）

浙江省

2012年，浙江档案部门以科学发展观为指导，紧紧围绕国家档案局建设“三个体系”、推进“三大战略”的部署要求，全面实施档案与电子文件登记备份和档案文化建设发展战略，全省档案事业实现了持续较快发展。

一、档案登记备份工作深入推进

一是做到有法可依、有规可循。省政府常务会议审议通过省政府规章《浙江省档案登记备份管理办法》，为登记备份工作走上法制化、规范化轨道提供了有力保障。出台了《档案与电子文件登记备份工作规范（试行）》等一批工作规范和软硬件建设、数据管理技术规范，制订了《全省档案登记备份工作实施计划（2012—2015）》，与省保密局联合出台了《涉密档案数字化与登记备份安全管理的意见》。9个档案馆的档案登记备份中心达到省级规范化要求。

二是召开了档案与电子文件登记备份工作现场会。4月17日，国家档案局在浙江召开档案与电子文件登记备份工作现场会，国家档案局局长杨冬权、时任省委副书记李强出席会议并讲话。登记备份工作作为全国档案工作的重大创新得到总结和推广，登记备份工作作为服务社会建设的重要举措在档案系统内外逐步形成共识，影响力进一步提升，工作合力进一步加大。

三是档案登记备份基础工作稳步推进。全省99%的地区建立了档案登记备份中心，编制189人，投入经费7765万元。全省各地已登记备份档案数据总量为309TB，比2011年增长4倍。全省52%应进馆单位已全部完成传统档案登记备份，1364个涉及民生的重点单位开展档案登记备份工作，比2011年增长3倍，57个单位开展在线日备份，周以上周期性备份882个。《档案与电子文件登记备份研究》课题荣获2012年度国家档案局优秀科技成果奖一等奖。组织开展了全省档案安全评估活动。

二、档案文化建设全面展开

一是档案文化建设领域不断拓展。开展了档案文化“进村入企”活动，“乡村记忆示范基地”和“企业记忆之窗”试点工作取得初步成效。各地加大创新力度，全省有17个项目获档案文化建设创新奖。省档案局制定了口述历史档案建档工作规范。全面改版浙江档案网，积极开展网上档案文化阵地建设。

二是档案文化项目稳步推进。浙江百行百业著名代表人物（浙江名人）完成终评，加强与重点建档对象联系沟通。浙江方言语音建档工作完成试点工作并全面铺开，积极筹建“浙江方言语音档案资料库”，在社会上引起较大反响。《浙江通志·档案卷》编纂工作扎实推进，篇目通过专家论证，走在前列。

三是档案文化精品纷呈。《龙泉司法档案选编》列入省社科联“十二五”重点项目及浙江大学“985工程”重大项目，获得国家出版基金第一期1200万元资助，第一辑正式出版。《浙江20世纪图鉴》《辛亥江南》分获浙江省第四届社科研究优秀成果奖和浙江省“五个一工程”奖。《记忆浙江·2012》编辑出版。与省委党史研究室联合编辑出版《中共浙江省委文件选编》第八、九册。

四是继续开展全省“百项档案编研精品工程”，10个项目入选；17个项目入选全省第三批档案文献遗产评选工作；开展全省档案部门第十一次优秀编研成果评审工作，评出优秀成果71项。

三、档案基础业务建设统筹推进

一是档案馆建设不断加强。省档案馆新馆建设整体进展顺利，完成拆迁，开始进行土建并着手开展后续工程立项工作。召开全省新馆管理运作工作经验交流会，加强对各地新馆建设的指导，市、县（市、区）建成新馆3个，在建5个，立项8个。德清县、平湖市等2个档案馆通过国家一级档案馆测评，通过国家二级档案馆测评2家，省级测评4家。

二是农业农村社区档案工作成绩显著。杭州市萧山区、宁波市鄞州区、德清县、平湖市、绍兴县等5个县（市、区）创建成为全国新农村建设档案工作示范县，数量位居全国前列，受到国家档案局表彰，同时创建省级示范县7个、示范乡镇（街道）23个。176个行政村、104个社区档案室通过省级示范档案室认定。

三是档案信息化建设进一步加强。全省新建成数字档案馆5个，创建省级示范数字档案室215个。省档案局积极承担电子公文课题研究，取得阶段性成果。档案与电子文件登记备份研究、档案数字化成果质检体系及系统研究、档案馆数字档案信息安全管理策略研究等3个项目分获国家档案局优秀科技成果奖一、二、三等奖。

四是重点建设项目、机关和企业档案工作有新成绩。全年完成63项重点建设项目档案专项验收，浙能乐清电厂二期工程等3个建设项目被确定为首批“全国建设项目档案管理示范工程”。切实抓好《企业档案工作规范》宣贯工作，453个机关、企事业单位通过省级目标管理认定。

四、档案事业发展要素更加优化

一是省委、省政府领导更加重视档案事业发展。时任省委书记赵洪祝连续多次就档案工作在社会管理中的重要作用作出批示，要求创新档案管理，扎实做好工作。时任省委副书记、省长夏宝龙主持省政府常务会议，审议通过省政府规章《浙江省档案登记备份管理办法》。时任省委副书记李强两次出席档案工作会议，就浙江记忆工程作出批示。省委常委、副省长、宣传部长葛慧君就民主党派档案工作作出批示。省委常委、常务副省长龚正支持省档案馆新馆建设。省常委、秘书长赵一德和省领导茅临生视察省档案局。

二是档案工作推进机制不断完善成熟。充分用好“考核”指挥棒，不断细化和完善考核内容、程序、方式，认真组织完成省委建设“平安浙江”档案安全监管考核、省政府直属单位档案工作责任制目标考核和全省档案系统层级考核，有力地保障“两个推进”战略的深入实施，逐步建立起一套重要战略、重点工作有抓手、有载体，有部署、有落实的推进机制，为档案事业发展提供了保障。树立“大宣传”理念，精心组织档案宣传，为重点工作推进营造良好氛围。

三是档案干部队伍建设有新成绩。在全省档案系统组织开展了“比作风、树形象，强效能、创一流”主题实践活动，评选了一批创新破难典型案例，形成了一批高质量的专题调研报告，挖掘了档案工作者的先进事迹，有力地推动档案干部队伍建设，干部队伍的活力进一步激发、能力进一步提升、作风进一步改善。继续在省委党校举办全省档案局长培训班，全省档案领导干部能力素质进一步提升。继续深化档案职称评审工作改革，召开全省档案职称评审改革工作会议，组织首次高级档案专业职称业务考试。

（浙江省档案局）

安徽省

一、坚持实践“三个转变”思路，全面推进档案事业转型发展

为适应安徽经济社会发展需要，安徽省档案局坚持实践档案工作“三个转变”思路，从封闭的工作方式转到开放的工作方式，从传统的收管用转到重点开发利用上来，从单纯地为党政机关服务转到为社会公众服务上来，推动档案馆建设、档案开发利用、档案资源建设、档案安全体系建设、档案信息化建设、档案教育培训等工作，促进了档案事业的转型发展。

着力推进档案展示工程。在深入研究馆藏档案和安徽历史文化的基础上，精心创作《安徽》专题片脚本，应用立体电影技术，完成了全国档案界首部3D影片《安徽》的拍摄制作。3D电影《安徽》，不仅浓缩安徽历史精华，而且具有视觉震撼，使观众在愉悦中走进档案，感受安徽历史。安徽省档案局组织力量充分挖掘全省珍贵档案资源，积极征集安徽历史上重大题材档案资料，运用现代展览展示技术，努力打造成融历史性、文化性、审美性为一体的《安徽省档案展》。该展览免费对社会开放，深受群众欢迎，社会反响十分强烈。2012年4月开馆以来，接待参观即达到上万人次。国家档案局和省委、省政府领导给予高度评价。在此基础上积极协调和指导，推进合肥、亳州、淮南、芜湖、池州、黄山以及定远、霍山、宁国、绩溪、歙县、屯溪区、徽州区等档案馆建设档案展示馆，进一步提高了档案公共服务能力，提升了档案文化建设水平。

努力打造档案文化品牌。以高度的历史责任感，开展了“城市记忆”工程，将一段时期内具有地标性的、能够承载市民美好回忆的、引发大家家园感的建筑物，列入城市记忆，向合肥市民发放“合肥城市记忆”调查问卷，评选出省委、省政府办公大楼、大钟楼、长江饭店、合肥百货大楼等合肥“十大城市记忆”，并列入城市记忆名录，为保护城市历史和文化做出档案人的贡献。充分挖掘馆藏档案资源，开展安徽重大历史事件研究和纪念宣传，与《安徽商报》联合推出纪念渡江战役63周年特别报道——“渡江风云”。组织开展“揭秘：安徽档案”十集系列电视专题片选题论证、脚本研究和拍摄筹备，开展了新四军和皖南地区“七大”代表遇难之谜研究，发挥档案原始、客观依据作用，挖掘安徽重大历史事件、重要历史人物的历史真相，真实地记录和保存历史，取得了突破性进展。

真实记录和服务科学发展。从档案工作特点出发，发挥记录历史、昭示当今的本质功能。坚持对事实真相负责，不游离，不迎合，不粉饰，客观记录。在科学发展的大背景下，科学发展的，要记录，以保证历史的真实性；发展不科学的，也要记录。全面总结推广怀宁县血铅事件档案工作经验，引导各级档案部门拓宽视野，拓展领域，深入到科学发展的第一线，全面真实地记录发展历史，维护档案的原始客观和齐全完整。组织召开“档案工作服务科学发展”研讨会，召集有关方面专家，积极探讨如何在科学发展中更好地发挥档案工作的作用，引导各级档案部门围绕节约资源、保护环境、持续发展、造福子孙等主题，开展档案提前接收、信息资源整合、综合开发利用等业务探索和建设。充分挖掘馆藏档案资源，加强巢湖、洪泽湖历史变迁等案例档案收集和研究宣传，发挥档案警示和启迪作用，积极强化档案工作功在当今、利及子孙的职能。

二、加强档案安全建设

安徽省档案局进一步强化档案安全责任意识，结合局馆工作和有关案例，积极开展安全教育，普及消防知识和技能，进一步增强全员安全意识，强化全员安全责任和安全法制观念，以良心和制度的力量确保档案安全万无一失。成立了安全保卫工作领导小组，组建了消防队，设立了内部119，健全了档案安全工作组织和队伍。制订了安全工作责任制，出台了《灭火预案》，完善了档案实体管理机制，健全了档案信息安全制度。加大经费投入，改造了防火报警设施，增添了消防灭火器材，改建了防盗和视频监控系统，改善了安全防范技术手段。认真开展安全排查，及时消除安全隐患，开展消防演练，提升了消防安全保障能力，实现了档案安全无事故。

三、拓宽档案服务经济社会建设领域

安徽省档案局进一步加强对社会建设与社会管理档案工作的监督、指导力度，着重开展民生档案工作，加大对社保、新农保、医保、环保等档案工作指导力度，先后联合制发了《关于做好安徽省安全生产领域“打非治违”专项行动文件材料收集归档工作的通知》《安徽省医疗、工伤、生育保险业务档案管理细则》《行政区域界线档案管理办法》《社会管理和公共服务标准化工作“十二五”行动纲要》。进一步服务“861”行动计划，继续规范重大建设项目档案工作，加大对重大建设项目档案工作检查验收，确保重大建设项目档案资源的齐全完整。加强国有企业档案工作，大力开展民营企业档案工

作，为企业提高经济效益、社会效益、管理效益服务；主动服务新农村建设，开展了新农村建设档案工作示范县创建和验收，引导和带动农村基层组织建立健全档案工作，积极为“三农”建设服务。积极拓展新经济领域档案工作，加强指导和跟踪服务，开展了开发区、工业园区、试验区、示范区档案工作。加强全省汛期档案安全工作指导，进一步规范机关和企事业档案工作，认真实施《安徽省机关档案工作目标管理考核办法》，与省教育厅联合开展高等院校基本建设项目档案工作专项检查。全面推进社区档案工作，积极探索新型社会组织档案工作，为创新社会管理提供有效服务。组织开展援藏、援疆档案工作，指导对口支援四川省松潘县援建项目档案的收集、整理、验收和移交进馆工作。对口援疆档案管理工作得到国家发改委和国家档案局充分肯定。安徽省档案局被评为对口支援松潘县先进集体，受到省政府表彰。

四、实施档案基础建设

按照“公共性、开放性、文化性、服务性”要求，安徽省档案局积极争取省委、省政府的重视和支持，在将省档案馆新馆建设纳入“滨湖中心”工程后，将建筑面积扩大到4.6万平方米，并完成了调研、项目立项，开展了可行性研究报告和初步设计工作。抓住各地建设政务文化新区契机，加强协调和指导，推动合肥、亳州、蚌埠、芜湖、六安、黄山等市档案馆建设。积极推进中西部地区县级综合档案馆建设规划项目，与省发改委联合出台了《安徽省中西部地区县级综合档案馆建设规划项目管理办法》，开展了项目建设情况督查，推进县级综合档案馆建设项目实施。馆藏档案数量稳步增长，截至目前，各级档案馆馆藏档案数量达到1861万卷件。大力推进信息化基础业务建设，集中人力、财力、物力，开展馆藏重要档案文件级目录数据库、全文数据库、多媒体数据库建设，全省一年共数字化档案412万页，共1756GB；省档案馆全年完成目录数字化23万多条，全文数字化67万多页，修复档案3.8万页。开展民国档案抢救与数字化一体化工作；积极推进电子文件中心建设，组织开展了电子文件移交接收和备份、利用工作，电子文件中心系统通过专家验收；主动开放档案目录和全文，积极开展网络档案利用服务。大力推进珍贵档案保护工程，主动征集安徽重大事件和重要人物历史档案、革命历史档案，全力抢救受到损毁的档案，积极修复复制特色档案。

五、加强档案法制工作

加强档案执法人员培训和资格认证，全省新增136人获得档案行政执法资格，全省档案行政执法人员全部实现持证上岗。落实行政审批权相对集中改革，组织开展行政审批项目清理，实施行政审批事项集中受理、集中承办。根据档案法律法规，开展省直管县档案管理体制改革，对涉及市、县档案部门档案业务相关管理权限进行调整。加强档案培训工作，建立了专兼职师资队伍，在全省范围内组织开展档案工作人员上岗考试工作，有力地促进了档案干部队伍素质建设。

（产长胜）

福建省

一、档案事业发展环境持续优化

各级党委政府高度重视档案工作。2012年7月，省委常委、副省长陈桦批示支持省档案馆开展境外福建历史档案资料征集工作。省委常委、秘书长叶双瑜出席全省档案工作会议并讲话；率领省直有关部门负责人到省档案馆新馆调研，协调解决档案事业发展存在的困难与问题；并在全省秘书长、办公厅（室）主任会议上要求各级党委、政府切实抓好档案工作，推进档案馆项目建设。福州、厦门、漳州、泉州、莆田、三明、宁德等地主要领导和各设区市党委、政府分管领导或作出批示、或出席会议、或到档案部门调研；福州、厦门、三明、南平、宁德以及台江、晋安、马尾、福清、闽清、罗源、东山、永泰、鲤城、三元、梅列、永安、宁化、建宁、泰宁、将乐、沙县、尤溪、大田、松溪、蕉城、福安、屏南等市、县（区）召开常委会议，研究解决档案工作中遇到的问题。

档案事业发展环境得到改善。省政府批准实施《福建省县级综合档案馆建设项目省级以奖代补资金管理办法》。省人大常委会办公厅专题致函省政府办公厅，呼吁解决档案事业经费投入、馆库建设省级配套资金等问题。厦门、漳州出台关于加强新形势下档案工作的意见，漳州、泉州、莆田等地档案工作写入《政府工作报告》，厦门、漳州、三明、南平等地出台重大活动档案管理工作意见，涵江印发建设项目征迁档案管理工作意见。南平市委、市政府督查各县（市、区）落实档案馆事业经费卷均2元以上标准的情况，平潭综合实验区管委会把重点建设项目档案工作纳入联合督查范围。三明市、县两级和闽清县研究决定档案馆事业经费从2013年起，按卷均2元标准列入同级财政预算；全省各地普遍增加了档案经费投入。厦门市档案局增设一个正处级内设机构，区档案局规格调整升格为副处级；漳州市、涵江区档案局分别增设内设机构。漳州、南平、宁德、罗源、龙文、涵江、尤溪等市、县（区）档案局新增人员编制。

二、档案工作服务能力显著提升

服务经济建设。省、市两级档案部门密切配合，围绕五大战役，通过开展建设项目档案登记、业务指导、跟踪服务和专项验收，认真抓好448个在建省级重点建设项目档案工作。积极开展国有企业文件材料归档范围和档案保管期限表的编制修订工作，组织中石化福建石油分公司、福州电力公司等8家企业开展档案规范化管理评估。泉州、三明、龙岩市档案局分别出台服务民营企业“二次创业”，加强台商投资区、海西三明生态工贸区、开发区和工业园区档案工作的意见。

服务重大活动。省档案馆举办以钓鱼岛为主题的展览，图文并茂展示钓鱼岛及其附属岛屿是中国固有领土的法理依据；成功举办“中国侨批·世界记忆”国际学术研讨会。省档案馆参与编撰的《辛亥革命福建英杰图志》一书成为省长苏树林赴台湾交流合作赠送中国国民党荣誉主席连战的礼品。省档案局派员指导做好第八届全国城市运动会和全省农村党员干部现代远程教育基础设施建设档案管理工作；联合相关部门部署对口支援新疆和水利普查档案管理工作，全省第一次全国水利普查档案工作全部通过省级验收。福州市档案馆利用馆藏档案为鼓岭历史建筑的修复重建工作提供凭证；龙岩市档案局积极开展第五届福建艺术节档案材料收集移交工作。各级档案部门加强对政府机构改革中撤并单位档案处置工作的监督指导，妥善处理档案归属和流向。

服务民生。各级档案馆积极开展档案利用和政府公开信息查阅工作，全年接待档案利用22万人次。加大民生档案工作指导力度，积极会同农业、民政、人力资源和社会保障等部门做好民生档案的归档与收集管理工作。城乡居民社会养老保险业务档案工作规范化管理受到人力资源和社会保障部肯定，全省各级社会保险经办机构全部通过省级档案达标验收。福州市启动出租车驾驶员诚信档案信息资源共享，厦门市档案局降低查档收费标准，龙岩市档案馆设置服务评价系统。

服务新农村建设。继续抓好小城镇改革发展战役档案工作，福清市顺利通过全国社会主义新农村建设档案工作示范市验收。厦门市档案局以“管理制度化、服务现代化、利用亲民化、征集特色化”为目标，推动新圩镇档案工作快速发展。泉州市档案局联合林业局部署全市林业档案管理工作。三元和城厢、建宁、将乐、泰宁等地分别将档案工作纳入党建工作和乡镇年度工作考评内容。三明、南平各县（市、区）和仙游县完成乡镇、街道机关文件材料归档范围和文书档案保管期限表的编制审批工作。

服务文化建设。省档案馆举办“中国档案珍品展”、“潮涌海西——福建现代化历史进程展”等5个展览，编撰出版《台湾义勇队》档案画册等。泉州市档案馆在新加坡国家图书馆举办“家书抵万金——新加坡侨批文化展”。各设区市和鼓楼、台江、马尾、集美、翔安、芗城、漳浦、邵武、新罗、长汀以及福州大学、集美大学等档案馆编撰出版一批档案书籍或举办展览。省档案馆开通腾讯政务微博——大闽记忆，听众突破4.4万人，获评福建十大优秀政务微博。省档案馆和福州、厦门、泉州市以及海沧区档案馆分别与当地主流媒体合作，推出档案宣传专栏，社会反响强烈。宁化、永安档案馆分别为中央电视台中文国际频道、福建电视台、山东电视台等摄制专题片提供档案资料。南平市档案馆被市委党校授予干部教育培训现场教学点，省档案馆，福州、厦门、龙岩市以及鲤城区档案馆分别成为当地大学院校“教学实践基地”并签约挂牌。

三、档案馆项目建设掀起热潮

与省发改委联合召开全省县级档案馆项目建设推进会。落实省级以奖代补资金，县级综合档案馆项目建设扎实推进。29个列入“十二五”时期中央预算内投资规划的县级综合档案馆建设项目中，漳平、建宁、周宁、光泽、建瓯、永定、上杭、平和等8个档案馆建设项目获得中央资金3343万元，开工率100%，位居全国前列，受到国家档案局表扬。其中，建瓯市档案馆已建成投入使用；建宁、光泽、漳平、周宁、永定、上杭等6个档案馆主体工程封顶；平和县档案馆项目开工建设。尚未获得国家补助资金的项目中，大田、武夷山、武平、霞浦等4个项目已开工建设。未列入“十二五”时期中央预算内投资规划的县级档案馆建设项目中，台江、翔安、政和等3个档案馆落成，集美、福清、闽侯、晋江、延平等5个档案馆主体工程已封顶，泉港区利用旧厂房改造成档案馆项目已完成，其他档案馆建设项目正在有序推进。

省档案馆新馆顺利完成搬迁并正式开馆。新馆工程以高分通过“榕城杯”、“闽江杯”评审。

四、档案基础业务建设扎实推进

档案资源建设领域不断拓宽。贯彻落实国家档案局令第9号，选定省档案馆、龙岩市档案馆、鲤城区档案馆开展省、市、县三级档案馆收集档案范围细则试点工作。闽粤两省档案部门联合申报的“侨批档案”成功入选世界记忆亚太地区名录。省档案局派员赴日本征集到一批有关福建历史的珍贵档案资料，接收一批原华东军事政治大学福建校友会捐赠档案。厦门市档案馆征集到明清地契、厦门老字号传统工艺以及“文革”档案资料等近万件；泉州市档案馆接收公务礼品档案逾千件，率先开展侨批口述历史档案征集工作并建立音像档案资料库；龙岩市档案馆征集到习近平同志关于长汀开展水土流失治理工作的重要批示等，建立张鼎丞、邓子恢等老一辈无产阶级革命家照片专题数据库；宁德市档案馆开展习近平同志专题档案资料征集工作并汇编专辑；晋江、武夷山市档案馆分别征集到教育系统老照片和中央领导人视察当地的图片资料一万多份。

档案信息化建设稳步推进。福建省承担的国家电子档案接收和长期保存系统试点工程以及国家标准《电子文件通用元数据规范》适用性试点工作取得新进展。完成“福建省证照数据电文综合管理系统”的研发并试运行。省档案馆数字档案馆基础网络平台建设和应用软件开发工作基本完成，厦门市“数字档案馆管理平台”建成并投入使用。完成福建省分布式省馆档案网站的升级改版，实现信息垂直一体化管理和信息处理自动化、传输网络化。莆田、三明市档案馆馆藏重要档案全文数字化工作取得成效。

档案馆（室）业务建设有序开展。漳州、南平和福安市档案馆晋升国家二级档案馆。省档案局对40个省直单位进行档案整理质量检查，完成17个单位档案规范化管理评估工作，分别对101个单位、113个重点项目进行档案登记，指导接收46个单位档案目录数据；积极配合有关部门开展所属机构档案管理指导工作和审查文书档案归档范围和保管期限表；联合省教育厅召开全省高校档案工作会议。莆田市直单位100%完成机关文件材料归档范围和保管期限的编制工作。

档案法制建设水平不断提升。贯彻落实《福建省重大活动档案管理办法》，各地重大活动档案管理工作进一步加强。《福建省国家档案馆管理办法》列入省政府2012年立法调研项目并开展调研活动。制定并实施《福建省档案法规体系方案》《福建省档案系统行政复议和行政赔偿案件备案审查制度》《福建省档案行政执法统计制度》等。继续开展乡镇档案管理、重点建设项目档案管理以及档案安全管理等执法检查和专项督查活动，泉州、龙岩市档案局分别开展文化事业单位和市直医疗卫生单位档案专项检查活动。各级档案部门积极开展档案法制宣传教育工作。漳州、龙岩市档案局分别开展档案“六进”活动和档案进企业活动取得良好社会效果。泉州、湖里、东山、城厢、涵江、松溪、政和等地人大常委会开展档案“一法一例”执法检查。

档案安全保障能力建设明显增强。省档案馆安全有序并顺利完成近百万档案资料搬迁新馆和数据迁移工作。开展档案数字化外包情况调查，省档案局联合省国家安全厅开展全省档案信息化和档案数字化安全与保密情况检查活动。积极开展档案数据异地备份工作，省档案馆接收福清、武夷山等28个档案馆的异地备份数据。

五、档案干部队伍建设成效显著

深入开展创先争优活动，通过设立党员先锋岗、党员示范岗等，激发各地比学赶超、争创一流、竞相发展的热情与干劲。厦门市档案局推进机关文化建设、漳州市档案局开展“干部作风建设年”活动、泉州市档案局开展“道德讲堂”、三明市档案局开展“三级联创”与联建共创活动、龙岩市档案局开展“学先进、赶先进、创品牌、争创一流工作业绩”活动、宁德市档案局开展“解放思想、力求先行”大学习大讨论活动取得实效。广泛开展“下基层、解民忧、办实事、促发展”活动，实实在在为群众解难题办实事。积极开展档案学术交流活动，成功举办省档案学会成立30周年纪念大会。省档案馆选调2名博士研究生充实干部队伍。完成2012年度全省档案系列高、中、初级职称评审任务，其中31位同志晋升副研究馆员。

（叶建强）

江西省

2012年，在江西省委、省政府的正确领导下，在国家档案局的精心指导下，江西各级档案部门认真学习贯彻党的十八大精神，坚持围绕中心、服务大局，全面推进“三个体系”建设，不断提高依法行政的能力和水平，全省档案事业发展取得了新成绩。

一、县级档案馆建设扎实推进，档案事业发展环境不断改善

在中央中西部地区县级档案馆建设规划项目和江西省财政县级档案馆维修改造及设备购置专项经费的支持下，江西加快了档案馆库建设步伐。特别是江西省委、省政府把档案馆建设项目作为支持赣南等原中央苏区振兴发展的一项具体措施，极大地推动了这些地方的新馆建设。为确保新建馆满足

“五位一体”功能需求，江西省档案局联合省发改委下发《关于加快推进县级馆项目建设的通知》，坚持对建筑设计、工程进度、经费使用一起监督指导，审查了13个县级档案馆的建筑设计方案，督查了40家县级档案馆建设情况，联合江西省人大教科文卫委对县级档案馆建设情况开展调研。江西全省县级档案馆建成并投入使用22个、在建26个，并有25个县的新馆面积超过4000平方米，达到一类馆建设标准。此外，宜春市档案馆建成并投入使用，吉安、萍乡、九江市档案馆在建，鹰潭、上饶等市档案馆列入当地建设规划并落实馆址。

二、档案资源建设不断巩固和加强

截至2012年底，江西全省各级国家综合档案馆馆藏档案547万卷、478万件，资料140万册。江西各地扎实有效地推进国家档案局令第8号、第9号的贯彻实施。江西省档案局制定了《江西省档案馆收集档案范围及档案移交接收工作规定》，强化了档案移交进馆的监督指导，共接收20家省直单位移交的档案2.2万卷。南昌、抚州市档案局开展了贯彻国家档案局令第9号的先行试点，规范档案移交接收工作。各市县档案局督促指导做好《机关文件材料归档范围和文书档案保管期限表》《档案馆档案接收范围》的制定及审批工作。各级档案馆采取有效措施，加强“三重”档案的收集。江西省档案局制定了《全省重大活动档案管理办法》，参与重大活动、重点工程拍摄30余次，形成照片电子档案800余张，拍摄形成录像电子档案1200件4600分钟，重大活动文字材料140件，接收红色旅游专题照片电子档案1000余张，编辑制作重大活动精品相册20余本；收集了一批党和国家领导人来赣视察、第七届全国城市运动会、鄱阳湖生态经济区建设、国企改革等重大活动、重大事件档案；收录、著录了中央电视台、江西省电视台等媒体重要新闻，形成一大批录像类电子档案资料。宜春、新余、赣州等市档案馆成规模地录制电视新闻收集重大活动、重大事件视频档案。江西省档案局组织代表团赴俄罗斯、荷兰、德国等国征集反映江西近现代历史发展进程的珍贵档案。南昌、赣州、抚州、宜春、萍乡、吉安等市档案馆征集了一批红军标语、秋收起义等“红色”档案资料进馆。

江西各级综合档案馆还认真实施重点档案抢救保护项目。全省国家综合档案馆抢救重点档案19万余卷（册），新增3万余卷（册）。省档案馆基本完成市、县级综合馆馆藏的1.3万余卷（件）革命历史档案和明清档案集中修复、著录和复制工作。抚州将全市档案整理、数字化外包等纳入政府采购招投标范畴。新建馆的市县加强防范，修订档案安全保管预案，组织防灾演练，确保档案万无一失。

三、档案信息化建设稳步推进，档案信息安全进一步加强

电子文件归档管理初见成效。省档案局以免费配发的31套立档单位数字档案集成管理系统的规范化应用为抓手，加强对省直机关电子文件的收集、归档、著录工作的检查指导。形成专门档案资料和声像电子档案1.9万余件（张）、目录数据56.7万余条、全文数据15万余画幅。

档案数据库建设已成规模。全省国家综合档案馆录入案卷级目录317万余条、新增36万余条，文件级目录2945万余条、新增634万余条，全文数据1119万余画幅、新增254万余画幅。江西省档案馆完成第3期1.9万卷（件）民国档案、全省革命历史和明清档案、7个系统国有企业改革档案524件3540万页的数字化，建立全文数据153万余画幅、文件级元数据57万余条；采集全省国家综合档案馆馆藏新中国成立后文书档案目录数据1876万余条，建成全省国家综合档案馆馆藏档案目录数据中心。

档案科研和标准化技术水平不断提高。省档案局承担的国家档案局重点标准化项目《照片类电子档案元数据方案》通过专家评审；参与制定的国家行业标准《信息与文献 文件管理过程 文件元数据》《电子文件归档管理规范》和《电子文件元数据基本集》已发布或报批，《录音电子档案元数据方案》和《录像电子档案元数据方案》档案行业标准化项目的研究工作取得实质性进展；制发了《江西省纸质档案数字化管理与技术规范》和《江西省声像类电子文件归档管理规范》。

档案网站和专网建设与查阅平台应用有新进展。省档案局联合省信息中心依托政务内网规划建设了“王”字型档案专网，抚州、上饶、新余等市进行先行试点并加以推广。全省档案专网及馆藏档案资料查阅平台建成并启用，已有10个市和40个县档案馆、21个省直机关可登录查阅平台，共享1250万条非涉密档案目录，实现了馆藏档案目录数据的集中管理、即传即用、异地备份和跨馆跨地档案检索指引服务。做好网站精品栏目设计改造、内容更新、网上答疑。省档案局网站点击量达344万余人次，新增144万余人次，增量创历史新高，在全省省级政府网站测评中位列第一方阵。

四、档案工作围绕中心服务大局成效明显

服务经济建设成绩显著。江西各地认真做好全省重点建设项目档案工作，及时下发贯彻落实《中共江西省委办公厅、省政府办公厅关于做好全省重

点建设项目档案工作的通知》精神的实施意见，成立建设项目档案工作领导小组，加强业务指导和跟踪问效服务，并举办了一系列重点建设项目档案业务培训班。江西省档案局印发了《关于重点建设项目档案工作指导意见》，中共抚州市委办公厅、市政府办公厅制定了市重点建设项目档案督查工作方案，对档案验收不合格的建设项目，规定“三个不予”，即市发改委不予验收评优、市审计局不予竣工审计、市财政局不予竣工资金拨付。江西全省重点建设项目档案管理登记、督查、验收工作进一步规范，有3个重点建设项目被评为首批“全国建设项目档案管理示范工程”。企业档案工作规范化管理深入推进，江中集团、赣州供电公司等一批企业实现档案工作规范化管理。省档案馆收集整理了江西省委、省政府在推进国有工业企业改革和非工业七个系统国有企业改革中形成的档案资料，并编辑《江西省国有企业改革档案资料汇编》8册近4000页，为企业改制后的健康发展服务。萍乡市档案馆编辑出版了《萍乡中小企业创业精英》画册，激发企业服务城市和产业转型。

服务民生工作扎实有效。社会主义新农村建设档案工作稳步推进。南城县在首创的基础上建立了新农村建设档案工作长效机制，南昌县、渝水区新农村建设档案工作示范县（区）创建工作通过国家验收。社保业务档案规范管理成效显著，全省100%的县级社保、医保经办机构的业务档案实现规范管理。新余市建立食品安全、留守家庭、走失人员、残疾人、低保家庭、居民健康等专题民生档案20多种，建立民生档案目录数据70余万条。2012年，江西全省各级综合档案馆全年共接待查档者12万余人次，查阅档案资料近41万卷（册、件），解决各种民生问题8万余起。

服务文化建设成果丰硕。江西各级档案部门充分发掘利用档案资源，编纂出版档案史料27种1438万字，举办展览46个，接待参观者13万余人次。江西省档案馆编纂出版《江西风景独好旅游文化丛书·红色摇篮卷》。抚州市档案馆举办“抚州记忆——走进抚州历史文化名村、名镇”展览，并把档案知识讲座纳入了市委党校主体班的课程，把档案馆作为中小学生开展档案教育和爱国主义教育的社会实践基地，每月15日开展馆校联谊日活动。南昌、抚州、萍乡、新余等地在新闻媒体开设档案专栏，公开和解读部分档案背后的故事，引起社会广泛关注。

服务重大活动、重点工作效果明显。为喜迎党的十八大胜利召开，江西省档案馆结合纪念建馆50周年，举办了图片展。鹰潭市档案馆编纂出版了《中共鹰潭市历次代表大会实录》。吉安、上饶、九江等地档案部门举办了科学发展成就展。江西各级档案部门还认真做好申报中央苏区县有关档案史料的查阅工作，为有关县列入中央苏区县作出积极贡献。

档案利用服务水平不断提升。江西各级国家综合档案馆加强了查阅场所设施建设，加大了档案开放鉴定的力度，修改完善了档案和政府公开信息等查阅利用制度。全年各级国家综合档案馆新增开放档案资料16万卷（册），收集已公开现行文件3万余件。江西各地开展了电话查询、网络查询等更加方便快捷的档案查阅服务方式，有些地方还开展了节假日预约查档服务。

五、档案法制宣传工作更加广泛扎实地开展

档案普法形式多样。省档案局组织了近万名档案工作者参加全国“飞狐灵通杯”档案法制知识有奖竞赛活动，开展了纪念省馆成立50周年暨《档案法》颁布25周年档案知识竞赛和征文活动。举办了“档案进社区，服务惠民生”为主题的档案法制宣传及社科普及活动。景德镇、赣州、吉安、九江等市档案部门利用“12·4”法制宣传日，开展了形式多样的档案法规知识宣传活动。

执法检查重点突出。省档案局联合省人大教科文卫委、省检察院对13个市、县检察院的档案工作进行执法检查。对2011年档案执法调研的8家省政府驻外办事处的档案工作进行了跟踪问效。南昌、九江、景德镇、鹰潭、吉安、上饶等市档案部门对机关、学校、企业、乡镇进行了档案执法调研或执法检查。

加强档案工作宣传，及时跟踪报道重大活动、重点工作，加强信息报送工作。省档案局组织12家新闻媒体集中采访全省档案工作会议，并对江西省档案馆建馆50周年和新农村建设、重点建设项目、民生等领域档案工作进行专题采访。2012年，江西省在国家档案局的信息刊用量列全国第5名，在国家级报刊和省内主要报刊、广播、电视、网站等媒体宣传档案工作的文章达2500余篇，创历史新高。江西省档案局和广丰、南城、彭泽县局被中国档案报社评为全国通联工作先进单位。江西省档案局在省委、省政府“两办”的简报信息刊用量继续保持省直机关排名较前的纪录，档案“一报一刊”通联和上稿工作位于全国前列。

六、档案业务工作和规范化管理水平进一步提高

机关事业单位档案规范工作不断强化。江西省

档案局从完善档案工作规章制度、规范档案工作程序、开展档案立卷归档入手，采取上门指导、年度检查、达标升级的方式，推动机关事业单位档案工作规范化管理向纵深推进。2012年，省档案局对47个省直单位档案工作规范化管理进行了年度检查，省检察院、省教育厅、省高级法院、省国税局、省地税局、省监狱局、省劳教局、省电力公司等单位将档案工作规范化管理延伸到全系统、全行业。江西各市县档案局通过建立联系点、抓示范先行等形式，指导机关开展档案工作规范化管理。新余市档案局采取集中时间、地点、人员的方式对市机关单位2011年度7.3万件文件进行归档整理。全省有1393家机关企事业单位档案工作规范化管理达到省级标准。峡江县出台政策，对档案工作达到规范化管理等级标准的，由县财政给予奖励，有力地推动了全县档案工作规范化管理活动的开展。

市县档案馆工作水平整体提高。以档案馆达标升级活动和目标考评为手段，江西省加强了对市县档案馆工作的监督指导。2012年12月底，江西省档案局对22个市县档案局（馆）进行了年度工作目标考评。全省有23家国家综合档案馆达到国家二级档案馆以上，宜丰、安福、广昌、黎川县和吉州区档案馆顺利晋升为国家二级档案馆。新余市、新干县局（馆）被评为全国档案系统先进集体。

七、强身健体，干部职工队伍建设不断加强

作风建设深入开展。省档案局认真开展集中整治影响发展环境的干部作风突出问题活动，组织干部参观革命圣地，开展关爱福利院孤儿、帮扶困难群众等活动，促进机关作风转变、工作效能提升，群众满意度不断提高。全面贯彻中央、省委加强干部作风建设密切联系群众的八项规定和实施意见，进一步规范办文办会、检查评比和领导活动等制度。严格执行领导干部廉洁自律规定，领导班子和领导干部按照“一岗双责”要求开展述职述廉。

人才队伍建设得到加强。省档案局组织处级领导干部竞争上岗。抚州、萍乡、上饶、新余等市档案局采取公推公选、公开招考、竞争上岗等方式，优化人才队伍结构。省档案局开办了“兰台讲坛”，由局领导、处室负责人及专家学者授课，对机关干部进行岗位培训。全省举办档案人员上岗、重点建设项目档案管理、档案法制和档案信息化等各类专题培训班124期，培训7534人次。

学会工作和对外交流与合作日趋活跃。江西省档案学会召开了以贯彻国家档案局令第8号、第9号为主题的专题学术研讨会，组织人员参加全国档案工作者年会。省档案局组团或选派年轻干部到俄罗斯、荷兰、德国、美国和海南等地进行学习考察、交流培训，增进了同国内外档案界的交流与合作。

（江西省档案局）

山东省

档案文化建设。省档案局组织南下课题研究，与山东电视台联合摄制《我的南下》六集电视纪录片，召开南下干部历史贡献研讨会，省委常委、秘书长雷建国出席会议并作重要讲话，全国人大原副委员长田纪云撰写文章并为研讨会题词。组织全省档案系统开展档案业务及理论研究，编辑出版《档案工作科学化理论与实践探索》一书。各级档案部门深入挖掘开发档案资源，推出形式多样的档案文化产品，省档案局举办“齐鲁兰台文化展”，济南举办以“留存城市记忆　见证泉城巨变”为主题的馆藏档案珍品陈列展，青岛举办“青岛制造之路”大型展览，潍坊举办“馆藏老照片巡回展”，枣庄编辑出版《辉煌50年》大型画册，济宁编辑出版《济宁运河档案史料汇集》（第五辑），泰安编辑制作档案宣传片《盛世兰台展新姿——泰安档案辉煌50年》。省档案局全员参与、共同创作《山东档案人组歌——〈守望岁月〉〈光阴使者〉〈兰台畅想〉》。以《档案法》颁布25周年为契机，省与济南市联合举办纪念大会和文艺演出活动。东营、滨州举办以“喜迎‘十八大’文化促发展”为主题的档案系统文艺汇演。省档案局印发《关于加强全省档案宣传工作的意见》，召开全省档案宣传工作会议，积极构筑档案工作“大宣传”格局。对《山东档案》、山东档案信息网进行改版，创办省档案馆局机关报《齐鲁兰台》。日照建成开通“日照百科”网站，成为日照城市形象推介的新载体和新平台。省档案局组织开展全省档案文化建设研讨，增强了档案工作者的文化自觉与文化自信。

档案资源体系建设。各级档案馆认真贯彻落实国家档案局令第9号和《山东省重大活动档案管理办法》，不断加大档案接收征集力度，档案接收主渠道建设得到强化。济南、青岛、潍坊、东营、烟台、临沂等市以“两办”名义下发专门文件，进一步规范重大活动档案管理。各级档案馆制定接收范围细则，从制度上、源头上确保具有进馆价值的档案应收尽收，国家档案局转发《青岛市档案馆接收档案范围细则》，作为全国档案系统的范本。东营市政府下发《关于开展档案资料征集的通告》。聊城制定出台《聊城市记忆工程档案整理使用手册》，并对各单位档案整理情况进行监督、检查和指导。济南“两办”制定《关于加强食品安全信用档案体系建设的意见》。青岛市档案局、市综治办联合印发《关于加强社会管理档案工作的意见》。各级档案馆积极开展形式多样的档案收集工作。省档案馆接收省委办公厅、省政府办公厅等25家省直单位档案资料6.5万余卷（件），与辽宁、黑龙江等省开展馆际交流与合作。滨州接收首届黄河三角洲绿化苗木博览会、第四届海峡两岸（滨州）孙子文化论坛暨第十届中国（惠民）国际孙子文化旅游节、中美澳划水对抗赛等重大活动档案。临沂接收天上王城春秋古墓抢救性挖掘工作档案资料。青岛接收破产企业档案1.9万余件，菏泽接收1100余卷，济宁征集运河档案、尼山论坛档案资料1600余卷。泰安征集“九一八”相关书信、录音、录像、照片等档案资料近2万件。威海启动老干部口述访谈活动。淄博周村征集1800多卷丝绸档案资料，弥补了周村作为我国北方重要丝绸基地的馆藏档案资料空白。东营、德州、聊城、济宁、泰安、威海等地积极做好城市记忆工程。新农村档案建设工作得到加强，省档案局与省民政厅、省农业厅联合召开全省新农村建设档案工作示范县创建推进会，寿光、章丘、邹城、胶州、滕州、诸城6市创建成为全国新农村建设档案工作示范县，平阴等4个县（区）创建成为全省新农村建设档案工作示范县，济南市中区十六里河街道等79个单位创建成为全省新农村建设档案工作示范乡（镇）。继续分级开展档案管理考核，配合国家档案局开展市县综合档案馆测评工作。文登市、东营区、罗庄区3个档案馆晋升为国家一级档案馆，栖霞、青州、临清、宁津、东平5个档案馆晋升为国家二级档案馆。省档案局对25个省重点建设项目进行档案执法检查，联合省社保局对全省社保业务档案管理进行了检查验收。

档案开发利用体系建设。各级档案部门充分发挥档案资源优势，积极开展档案利用服务工作。枣庄积极为台儿庄古城文化建设提供档案支撑，中央档案馆馆长、国家档案局局长杨冬权给予充分肯定和表扬。东营确定每周星期四为查档“馆长接待日”。青岛正式启用“知青”和“就工就业”两个专题目录数据库，进一步提升民生档案服务的实效性。济南启动民生档案信息区域共享平台，在全市范围内实现民生档案信息“就地查询、跨馆出证、首查负责、全市通办”。各级国家档案馆切实履行《中华人民共和国政府信息公开条例》赋予的职责，加强政府信息公开服务中心建设，完善文件报送监督机制，丰富查阅服务手段。积极建设全国中小学档案教育实践活动基地。省档案馆与山东青年政治学院共建教学实习基地。

档案科技支撑体系建设。省档案局承担全国电子文件管理省级试点工作，制定的山东省试点工程建设方案顺利通过国家电子文件管理联席会议办公室专家评审，成为第一家通过评审的省级试点单位。省档案馆不断完善数字档案馆管理功能，基本实现温湿度测控系统、数字监控系统、数字档案管理系统及实体档案管理系统的功能集成。省档案局加大《数字档案馆建设指南》宣传贯彻力度，举办山东省数字档案馆建设培训班，推进全省档案信息化建设。潍坊“两办”印发《关于加强数字档案馆建设的通知》，各县市区数字档案馆建设工作全面展开。济南“两办”转发市档案局《关于加强数字档案馆建设的意见》。临沂“两办”印发《关于进一步加强全市档案信息化建设的意见》。烟台、潍坊市档案馆已全部完成馆藏档案全文数字化。济宁、莱芜、泰安、威海、潍坊、淄博加快档案信息化建设步伐，不断丰富数字档案馆内容。档案科研为档案工作科学发展提供重要技术支撑。省档案局参与研究的“纸质档案修复、保护技术研究与专用设备研制”和“档案真空充氮密封包装机研究”2个科研课题通过国家档案局专家鉴定。潍坊市档案馆“综合档案管理系统”被科技部列入国家火炬计划项目。全省9个科研项目列入2012年国家档案局科技项目计划，7个科研项目列入2012年山东省档案局科技项目计划。

档案安全体系建设。省档案局完成档案馆新馆建设扫尾工作，顺利通过消防工程验收、建筑工程质量验收。德州市严格按照有关规范建设市档案馆新馆，确保2013年4月交付使用。召开全省档案利用安全座谈会。组织开展开放档案鉴定划控检查。扎实做好电子文件（档案）备份工作，省编办批复同意成立电子档案备份管理处。完成民国档案著录25万多条目，扫描237万多画幅，整理装订20万余卷（件），“数转胶”55余万画幅。青岛完成国家档案局科研项目《档案馆安全风险评估办法研究》，制定《档案馆安全风险评估办法》，并通过国家档案局专家鉴定。济宁修订《济宁市档案馆突发事件应急处置预案》，建立健全档案安全应急防范机制。莱芜撰写《2011年度温湿度分析报告》，加强对库房的温湿度管理。聊城投资40余万元，购置、安装了全自动智能温湿度及安全报警设备，改善档案保管条件。潍坊积极开展援藏档案工作，为日喀则地区异地异质保管档案备份。日照与陕西省汉中市档案馆互建重要档案数据异地备份基地。

（陈　萍）

河南省

2012年，河南省各级档案部门以迎接党的十八大召开为动力，以实行目标管理责任制为抓手，扎实推进基础业务和基础设施建设，各项工作取得新的成绩。

一、领导重视，各方支持，档案事业发展环境不断优化

河南省委常委、省委秘书长刘春良多次到省档案局馆调研、听取工作汇报，亲自出席全省档案工作暨表彰先进会议，对全省档案工作和档案工作者给予充分的肯定；河南省副省长张广智分管档案工作后，多次听取档案工作汇报、协调解决实际问题，并就省档案馆新馆建设等问题提出指导性意见。河南省委办公厅、省政府办公厅、省委组织部、省编办、省发改委、省财政厅等单位分别在档案工作目标管理、机关事业单位改革、省馆新馆建设、档案工作专项经费保障等方面给予了大力支持。河南各地党委、政府主要领导对档案工作的重视程度也在不断加强，分管领导更是随时强化指导，或定期听取档案工作汇报，或到档案局实地考察调研，真心实意地帮助档案部门协调解决问题，档案事业发展经费逐年增加。各级党委、政府领导的高度重视，各有关部门的帮助支持，为河南省档案事业发展提供了良好的外部环境。

二、围绕中心，拓宽领域，档案服务工作成效显著

为党和政府的中心工作服务。河南各级档案馆围绕庆祝党的十八大召开，举办了不同形式的纪念活动。河南省档案馆与湖北、湖南、广东、广西、海南等档案馆联合举办“喜迎十八大——中南六省档案精品展”，《大河报》、河南电视台分别作了报道；许昌市档案馆举办贯彻落实十八大精神专题展；漯河市史志档案局在《漯河日报》连续刊发从十六大到十八大期间漯河党史大事记，宣传介绍漯河市经济社会发展及各项建设事业取得的成绩；长葛市、鄢陵县档案馆举办喜迎十八大城乡建设成果展。河南省档案局继续加强中原经济区专题档案建设，不断丰富中原经济区专题档案内容，收集、编写了2012年度中原经济区大事记，真实记录了中原经济区建设的全过程。

为经济建设服务。河南各级档案部门围绕转变经济发展方式、优化产业结构，积极提供多种多样的档案服务。督促指导各级各类企业贯彻实施《企业档案工作规范》，做好贯彻实施情况评价的试点工作；扎实开展民营企业档案工作，全面推进民营企业建档，每个省辖市完成了培育两个民营企业档案工作典型的目标任务；做好破产改制企业档案接收工作，改进和完善了破产改制企业档案管理措施，维护了企业职工的切身利益；配合省金融、保险系统，督促指导其做好金融、保险档案工作。继续对重大建设项目建档工作进行跟踪服务、深入指导，对竣工项目档案及时进行验收，河南省档案局推荐3个单位申报“全国建设项目档案管理示范工程”。与河南省水利厅、省能源局联合转发了《国家档案局、水利部、国家能源局〈关于印发水利水电工程移民档案管理办法〉的通知》，进一步加强了移民档案的管理。

为文化建设服务。河南各级档案部门积极融入文化强省建设，加强了档案馆文化形象的塑造和文化内涵的发掘，以满足人民群众的精神文化需要为导向，不断开发利用档案资源向宽领域、深层次推进。河南省档案馆与《大河报》继续联合推出“档案解密”专栏，并借电影《1942》上映之际，联合《大河报》刊发整版16版，联合北京电视台《档案》栏目制作专题《1942河南那段不能忘却的历史》在北京卫视播出，引起了广泛关注。郑州市档案馆收集馆藏珍贵资料编写《馆藏历代嵩山碑刻拓片选释》；开封市档案局协同市委宣传部、市发改委等单位举办“汴梁菊韵”菊会三十年暨开封发展成就图片展，公开出版《风生水起·金石开封》画册，受到各界的一致好评；洛阳市档案馆开设马金凤艺术档案、工矿企业实物档案等多个专题展览；焦作市档案局定期编辑出版《档案参阅》，内容丰富、图文并茂，深受各界好评；汝州市档案局与政府办、史志办联合，编辑出版《图说汝州》《汝州古代历史名人》等资料。各级档案馆加快爱国主义教育基地和档案教育社会实践基地建设步伐，许昌市档案馆成功申报全国中小学生档案教育社会实践基地，又有三门峡市等12个档案馆被命名为爱国主义教育基地，焦作市档案局与市委组织部联合在市委党校建成全市党员干部示范教育基地。

为社会发展服务。河南各级综合档案馆加强政府信息公开查阅场所建设，建立完善相应工作机制，优化信息查阅服务，使政府信息查阅场所真正成为连接党和政府与人民群众的纽带。各级档案部门积极探索民生档案建档机制，与相关部门积极沟通协作，做好伤残抚恤人员、农村土地承包经营权登记试点、林权制度改革、法院系统、检察系统、社会保险业务等方面档案工作。进一步加强社会主义新农村档案工作、社区档案工作、诚信档案工作、网

络行政档案工作。在济源市组织召开全省社会主义新农村建设档案工作现场会，又有新郑、新密、栾川通过全国社会主义新农村建设档案工作示范县验收，固始县、三门峡市湖滨区通过省级示范县（市）验收。社会主义新农村档案工作示范乡（镇）、村（居委会）测评工作全面展开，创建示范乡（镇）161个，示范村（居委会）289个；加强对城市社区档案工作指导，出台《河南省城市社区档案管理暂行办法》及《河南省城市社区文件材料归档范围和保管期限表》；继续围绕社会信用体系建设规划，为建立健全社会信用体系提供建档指导服务，组织召开省直单位诚信档案工作座谈会；积极探索网络行政档案资料的建档试点工作，根据试点情况，制发《河南省档案局关于做好网络行政档案工作的意见》。

三、强化基础，稳步提升，各项业务建设扎实开展

档案馆工作。河南省档案馆新馆建设总体规划设计和方案设计已完成公开招标，正在稳步推进。郑州市、南阳市、杞县、新安县、郏县、舞钢市、淇县、长垣县、长葛市、许昌市魏都区、许昌县、宁陵县、商丘市睢阳区等档案馆新馆已相继建成；原阳县、淮阳县、项城市、平舆县、遂平县、新蔡县等档案馆新馆正在建设中。中央财政累计下达资金1.07亿元，扶持建设的20个县级档案馆均已开工建设，上蔡县档案馆新馆已竣工即将投入使用。林州市档案馆通过国家一级档案馆预验，三门峡市、获嘉县、安阳县、安阳市龙安区、唐河县、淇县、浚县、范县、南乐县、修武县等10个档案馆通过国家二级档案馆测评，安阳市文峰区、台前县档案馆通过国家三级档案馆测评。各级档案馆继续加大投入，完善软硬件设施，档案现代化管理水平得到大幅度提高；完成了2012年度国家重点档案抢救和保护任务，做好了2013年度国家重点档案抢救和保护补助费申报、立项工作。河南省档案局出台了《河南省各级档案馆档案安全评估办法》和《河南省各级档案馆档案安全评估标准》，新乡市、济源市、永城市、鄢陵县档案馆作为试点进行了评估。

档案资源建设。河南各级综合档案馆深入贯彻落实国家档案局令第9号，认真做好档案收集范围实施细则和工作方案制定工作，积极开展馆藏档案资料普查工作，进一步加大档案接收征集力度，尤其是加大了对婚姻登记档案、破产企业职工档案、复员退伍档案、房地产档案等与人民群众利益息息相关的民生档案的接收征集力度。全年共接收档案资料141.55万卷（件、册），比上一年增长15%以上。河南省档案馆接收省财政厅、省粮食局等单位档案资料7.87万卷（件、册），新增寄存档案排架长度达2000余米。继续做好重大活动档案接收和专题档案建档工作，河南省档案局参与第七届全国农运会档案信息采集受到了省领导的高度评价；郑州、洛阳、安阳、濮阳、三门峡、南阳、济源和郑州市上街区、唐河县等档案局积极参与本地的重大活动，及时将形成的档案资料接收进馆。

档案信息化建设。按照《河南省档案信息化建设“十二五”规划》《河南省档案信息化建设示范单位测评办法》及标准的要求，全省培育了郑州市二七区等15个档案信息化建设示范单位。18个省辖市均开通了档案信息网站，部分省辖市还实现了市县乡三级档案信息网的联通，同时强化了网站的管理与维护。18个省辖市档案馆均已建成电子文件备份中心，10个直管县（市）除鹿邑、固始正在建设中，其余也已建成。2011年，省档案馆完成馆藏纸质档案扫描任务1.14万卷，共8.45万件，92.8万页。各省辖市档案馆均超额完成了40万页档案扫描的年度目标任务，各县（市、区）档案馆也全面完成了6万页的扫描任务。平顶山、焦作、济源等市档案局积极探索机关档案业务监督指导新模式，依托档案管理信息系统开展在线业务指导；周口市档案局建立文档一体化信息管理体系，在全市范围内大力推进档案信息资源共享工程；巩义、固始等地加大投入，进一步加快了档案信息化建设步伐。

机关、企事业单位档案工作。监督指导全省各级机关、企业、科技事业单位、乡（镇）、村和其他组织，认真贯彻落实国家档案局令第8号和第10号，扎实开展档案保管期限表和归档范围编制工作。积极开展机关档案规范化管理活动，省、市、县（区）直属机关1216个档案室通过等级认证，超额完成年度递增8%的认证目标。继续做好企业、科技事业单位档案工作规范化管理认证工作，一批企业、科技事业单位档案工作规范化水平进一步提高。

档案法制宣传工作。河南省档案局与省政府国资委联合对32家省管企业进行了执法监督检查；各地也加大档案行政执法力度，与有关部门联合开展了档案行政执法检查工作。组织全省档案系统1.5万人参加了“飞狐灵通杯”全国档案法制知识有奖竞赛，河南省档案局获得“全国档案法制普及宣传奖”。各地以《档案法》颁布25周年为契机，采取制作展板、悬挂横幅、张贴标语、群发短信，或与相关媒体协作，在报纸或电视开办专栏、制作专题节目等多种形式，积极开展档案法制宣传活动，成效显著。全省各级档案部门在《中国档案报》《中国档案》《河南日报》《大河报》等媒体发表文章

157篇。

档案科研和学会工作。2012年，全省获国家档案局批准立项2项，河南省档案局批准立项77项。向国家档案局推荐优秀科技成果4项，其中河南省档案局申报的《档案科研工作概论》、郑州市档案局申报的《自动识别与信息采集技术在数字档案馆中的应用研究》被评为国家档案局优秀科技成果奖三等奖。组织评选2012年度河南省档案局优秀科技成果奖40项，其中一等奖6项，二等奖20项，三等奖14项。各级档案学会认真组织，广大会员积极参与，档案学术研究与交流活动日趋活跃，又形成了一大批档案理论研究成果。

档案干部队伍建设。为鼓励广大档案工作者的积极性，激发大家干事创业的热情，河南省档案局与省人社厅联合表彰了50个全省档案工作先进集体、100名全省档案先进工作者。为提高档案工作者的综合素质和业务素质，各级档案部门举办了不同形式的培训班，河南省档案局举办了全省档案人员岗位培训班、全省民国档案文件级目录数据采集标准培训班。出台了《河南省档案专业“十百千”人才工程实施意见》，建立河南省档案专业人才信息库，为河南省档案事业又好又快发展提供人才资源。

（高利娟）

湖北省

2012年以来，全省各级档案部门紧紧围绕省委、省政府工作大局，奋力开拓，锐意进取，取得了较好成绩，为全省经济社会发展作出了积极贡献。

一、领导高度重视，档案事业发展环境不断优化

全省各级党委、政府高度重视档案工作。省委办公厅、省政府办公厅制发了《关于加强县级国家综合档案馆建设的意见》，省档案局与省发改委联合印发了《湖北省档案事业发展“十二五”规划》。省委书记李鸿忠就省档案馆新馆建设作出“实有必要，请省政府研究”的重要批示；省委书记李鸿忠，省长王国生，省委副书记张昌尔，省委常委、省纪委书记侯长安，省委常委、省委组织部长楼阳生，省委常委、省委宣传部长尹汉宁，省委常委、省委秘书长傅德辉，省委常委、省军区政委陈大民，省人大副主任林志慧等省领导先后参观了由省档案局承办的“激情跨越·璀璨荆楚”湖北经济社会发展成就展；省政协主席杨松，省委常委、省纪委书记侯长安，省委常委、省委秘书长傅德辉，省人大副主任刘友凡，省政协常务副主席李佑才等领导分别到省档案局调研座谈，指导工作；省政协常务副主席李佑才率20多位政协常委和委员组成的视察团，视察了4个县市档案工作促进科学发展、服务民生情况。荆州、荆门、恩施、黄冈、神农架等地将档案工作纳入当地发展战略，许多市州以“两办”名义下发了加强档案工作的文件。省级领导重视关心档案工作，创湖北档案历史之最。

二、紧贴中心工作，档案服务经济社会发展取得实效

新农村建设档案工作全面推进。茅箭区、通山县等10个县（市、区）被分别授予国家级、省级新农村建设档案工作示范县。民生档案工作规范发展。25个天然林保护工程一期县级实施单位均达到合格等级。重点建设项目和移民档案工作有序推进。省档案局与省纪委、省发改委、省国资委联合召开省属重点建设项目档案工作推进会，完成全省各级重点建设项目登记1245个，省级重点项目，档案登记覆盖率达100%。武汉、孝感、咸宁、随州、天门、神农架等地专门发文强化项目监督管理，襄阳、宜昌、黄石、潜江、黄陂、武穴等地及时整理接收了破产改制企业档案进馆。制定系列移民档案管理实施办法，三峡工程、南水北调工程移民档案规范建档工作得到加强。机关档案工作扎实推进。全省机关档案工作新增省特级85家、省一级445家、省二级425家。企事业单位档案工作深入推进。完成了5家省属企业分类大纲的修订审核工作，积极引导民营企业规范建档，全年完成档案规范管理A级以上评审（复查）27 3家。档案开发利用产生良好反响。省档案局先后举办“高举团旗跟党走”、“永远的雷锋”、“靓丽江城·魅力武汉”、“激情跨越·璀璨荆楚”等7次大型展览活动，接待社会各界参观者12万余人次，受到省领导的充分肯定和社会各界广泛好评。武汉、宜昌、荆门、黄石、鄂州、仙桃等地举办了一系列发展成就展。省档案局、武汉市档案局、十堰市档案局举办首届“档案馆日”系列活动，全省各级国家综合档案馆接待查档利用73642人次。档案史料编纂与开发工作取得新成绩。

三、夯实工作基础，档案业务建设稳步推进

档案馆库建设力度加大。联合省发改委印发《湖北省县级综合档案馆建设项目管理办法》，在红安召开全省县级档案馆建设现场会。十堰市新档案馆已建成投入使用，襄阳、荆州、孝感、黄冈、咸宁等地档案馆建设已列入建设规划，全省已建和在建的县级档案馆28个。档案资源建设得到加强。完成了市州级档案馆收集档案范围实施细则的修订审批工作，全省县以上国家综合档案馆全年共接收进馆档案175.6万卷（册）。档案信息化建设进程加

快。35个省直机关电子文件管理试点工作进展顺利，省电子档案目录中心接收电子档案目录总数达1037万条。稳步推进全省电子档案容灾备份工作，实现了市州电子档案异地备份的全覆盖。开展全省档案综合管理软件评审及推荐工作。认真做好科研课题研究，5项课题通过国家档案局鉴定，2项成果获国家档案局优秀科技成果奖二等奖、2项成果获三等奖，鉴定数、立项数、获奖数在全国名列前茅。

四、推进依法治档，档案法制建设不断加强

认真落实《全省档案系统“六五”法制宣传教育规划》，加大执法监督检查。省档案局召开了纪念《档案法》颁布25周年座谈会。省人大教科文卫委员会组织执法检查组对黄石、鄂州7个市直单位开展了档案执法检查。黄冈等地人大教科文卫委、法制办联合开展了档案执法检查；武汉、恩施、咸宁、荆门、宜昌、十堰等地结合《档案法》颁布25周年举办了专题法律知识讲座，鄂州、咸宁档案知识讲座列入党校培训课程。

五、注重整合力量，档案宣传工作成效显著

围绕党的十八大和省第十次党代会召开、“喜迎十八大、争创新业绩”主题实践活动等省委、政府中心工作，加强与主流媒体联络合作，档案宣传报道成效明显。省档案局全年在省级以上新闻媒体刊（播）发各类报道174条，扩大了档案工作的社会影响。襄阳、荆州、荆门、恩施等地还与报社、广电部门联合主办档案栏目宣传珍贵档案，收到了较好的社会效果。利用网络媒体及时做好档案信息发布，湖北档案信息网站的点击率和访问量大幅增长。

六、强化教育培训，干部队伍素质不断提升

实行档案工作绩效考核，开展先进评比活动，激发了档案干部干事创业的工作热情；成功举办首届湖北省档案系统书法绘画摄影比赛，丰富了系统内干部职工精神文化生活。省档案局全年举办各类档案专业培训班14期，培训干部1500多人。各地也举办相关档案业务知识培训，提高了档案干部队伍整体素质。

（宋刚　汪建先）

湖南省

2012年，湖南省各级档案部门以迎接党的十八大和推动社会主义文化强国建设为契机，积极实施“三大战略”，加强“三个体系”建设，取得了显著成绩。

一、领导重视，档案事业发展环境明显优化

2012年8月，国家档案局局长杨冬权来湘考察，听取了省档案局工作情况汇报，视察了省档案馆、湘西州档案馆、常德市档案馆、衡阳市档案馆。杨冬权局长在考察调研过程中对湖南档案工作给予了充分肯定，并提出殷切期望。省委书记、省人大常委会主任周强和省委副书记、省长徐守盛共同会见了杨局长。周强书记要求各级党委和政府进一步加强档案工作的领导，进一步加强档案工作经费保障，并亲自为《湖湘档案图典》一书作序，勉励全省档案工作者，多出档案文化精品。省委常委、秘书长易炼红，副省长李友志多次听取省档案局的工作汇报，并对档案工作作出指示。衡阳市委原书记张文友批示解决档案信息化发展瓶颈等问题，市长张自银指示解决档案工作项目经费。岳阳市委书记黄兰香三次听取档案工作汇报，市长盛荣华多次就新馆建设、事业发展经费等作出批示。张家界市委书记胡伯俊等领导在春假上班的第一天第一站就到市档案馆看望档案工作人员。郴州市委书记向力力、市长瞿海对市档案馆新馆建设和数字档案馆建设作出重要批示。

二、围绕中心，档案工作服务能力明显提升

一是服务中心工作更加主动。省档案局为省委接待江泽民、胡锦涛、李岚清等党和国家领导人来湘视察，主动提供档案资料；根据省委领导要求，完成了湖南系列宣传品“红色潇湘”、“湖湘名人故里”、“绝色记忆”三幅礼品扑克牌的编辑和设计工作。株洲市档案局在创建文明城市活动中，成功晋升国家一级档案馆；常德市档案局在全市“创文明城市”考核指标体系中，高标准完成创建活动中的档案整理与接收，以满分通过检查验收，档案整理模式在全省得到推介。二是积极开展社会主义新农村档案工作示范县创建活动。湖南省档案局组织省民政厅、省农办召开了社会主义新农村档案工作示范县创建活动领导小组会议，将档案工作纳入了基层组织、全国村民自治示范单位和社会主义新农村建设考核指标。衡阳、邵阳、岳阳、常德、张家界、娄底等档案局制定了新农村建设档案工作实施方案、成立了领导小组。石门县25个乡镇中13个达到省一级、12个达到省二级，全县乡镇、村建档率达100%，以98.5分的成绩通过了国家档案局的验收。双峰、冷水江、澧县、中方等地的新农村建设档案工作示范县创建活动稳步推进。三是档案利用服务更加到位。全省各级档案部门全年共接待查阅利用者24万人次，调卷65万卷次。省档案馆在档案查询利用服务中为利用者排忧解难，全年接待满意率达100%；长沙市档案局为群众查档提供“一站式”服务，荣获“长沙市政务公开政府服务工作先进单位”

称号；郴州市在政务中心开设现行文件查阅窗口；郴州市北湖区创办了民生档案服务中心；娄底市档案部门提供档案查阅利用做到了“零差错、零投诉、零收费”。四是档案文化产品日益丰富。省档案馆编撰出版《湖湘档案图典·湖南省国家档案馆珍藏概览》，全面完成《湖湘文库》9册书的编纂任务；湘潭市档案局与市电视台联合制作“十年回眸、刻骨铭心；科学发展、成就辉煌——湘潭记忆”栏目在黄金时段播出，反响热烈；岳阳市档案局编撰出版了《洞庭风韵碑廊解读》；岳阳市君山区档案馆编撰了《王震十六次到君山》；常德市档案馆编撰出版了《洞庭天下水》；澧县档案馆编撰出版了《武昌起义第一人——蒋翊武》。

三、拓展领域，档案资源建设明显强化

一是加强档案资料接收与征集。截至2012年底，全省国家综合档案馆馆藏达1575万卷、165万件。湖南省档案馆征集了毛主席60年代回湖南珍贵照片和湖南省人民政府成立暨主席、全体委员就职典礼照片；长沙市档案馆接收市劳动广场等地1983年航拍照片200多张；衡阳市档案馆接收罗荣桓元帅的书籍资料37册，明万历年间的《衡州府志》15卷；岳阳市档案馆接收了1947年编辑的《洞庭湖地形及水道实测纲要》一书和东洞庭湖鸟类保护照片；郴州市档案馆接收了邓中夏著1948年版的《中国职工运动简史》一书；郴州市北湖区档案馆接收了油山皮影戏等7个非物质文化遗产项目的档案资料；怀化市档案馆征集到芷江保卫战、芷江受降资料；湘西自治州档案馆收集到党和国家领导人照片5968张、苗族家庭文化口述档案。二是加强“三重”档案的收集。省档案馆全程采集了省第十次党代会的声像档案，采集全省重要会议及重要活动照片2392张、视频7个多小时。株洲市档案馆接收了“中博会市长论坛”的档案资料。张家界市档案馆及时采集了旅游文化节、博览会等重大活动档案资料。益阳市档案馆完成了“第二届中国·湖南（益阳）黑茶文化节”文书、声像、实物档案的规范化整理工作。郴州市档案馆及时将“2012年中国湖南国际旅游节开幕式暨第二届中国郴州国际休闲旅游文化节”的档案收集进馆。娄底市档案馆接收了“湖南省第三届农博会”档案资料。湘西自治州档案馆在第一时间采集了矮寨特大悬索桥通车仪式、永顺县老司城申报世界文化遗产、龙山《里耶秦简》邮票发行活动的声像资料。三是加强档案信息化建设。省档案局出台了《湖南省档案数字化工作安全保密管理暂行办法》，制定了《湖南省档案数据库结构和交换格式标准》。省档案馆、衡阳、株洲等地数字档案馆建设分别纳入了“数字城市”或“智慧城市”的建设规划。长沙市档案馆加快档案目录数据库、全文数据库和多媒体数据库建设，完成了与长沙市开福区档案馆档案目录数据整合，实现了档案数据的跨区县查询。湘潭市建立了档案数据中心，在全市全面推动电子文件在线归档管理和二级数据中心工程建设。岳阳、郴州等市分别编制了数字档案馆可行性报告。四是加强重点档案抢救。根据全省实际，新建了全省新一轮重点档案抢救、保护、征集数据库，共涉及全省134个档案馆，大小项目2600个，为“十三五”省级项目研究做好充分准备。通过与财政部门沟通协调，全年争取国家重点档案抢救费343万元、省拨资金150万元，使濒危档案得到抢救与保护。

四、扎实推进，档案基础设施明显改善

一是省文档公共服务中心建设正式启动。省文档公共服务中心已经纳入省政府第三集中办公区建设，第一期工程建设面积23700平方米，计划于2015年投入使用。二是市级综合档案馆建设进展良好。湘潭市档案馆新馆建设已经获批，目前已完成前期准备工作。岳阳市档案馆新馆建设已经完成规划、国土等行政审批手续，目前正抓紧将投资规模由3980万元增加到9466万元的审批工作。邵阳市8800平方米新馆建设已经纳入市行政中心建设统一规划。常德市2.5万平方米新馆建设列入市行政中心建设总体规划，已完成了前期项目可研、环境评估、规划蓝线和要点设计。三是中西部地区县级档案馆建设稳步推进。2010－2012年，国家发改委下达全省档案馆建设项目36个，下达投资计划13861万元。截止到2012年底，设计图纸经省档案局审查批复的有33个县级档案馆，28个档案馆已开工建设，13个档案馆已竣工或完成主体工程。

五、管理到位，档案行政执法监督明显加强

一是档案法治建设全面加强。全省各级档案部门深入贯彻落实《档案法》，切实提高依法治档水平。2012年5月21—24日，国家档案局副局长李和平与国家档案局经济科技档案业务指导司一行9人对湖南建设项目档案工作进行了检查，省重点办、省移动公司、省电力公司、省高管局等单位进行了汇报，国家档案局对湖南省重点项目档案管理工作给予了充分肯定。省档案局查办了省盐业公司档案丢失一案；制定了《湖南省规范档案中介服务规定(暂行)》，并召开了听证会；对中联重科等14家重点项目建设单位开展了省级重点建设项目档案行政执法检查。长沙市档案局会同市政府督查室，对56个市直单位档案工作进行联合执法大检查，初步完成了《长沙市档案管理条例》的起草；湘潭市两办印发《湘潭市声像档案管理办法》，政府办印发《湘潭市档案数据管理试行办法》；常德市召开档案行政处罚案卷评议会，交流工作经验；张家界市政府办印发《张家界市行政执法档案管理》；郴州市北湖区档案局查办了骆仙街道办事处丢失档案一案；永州市档案局对17个档案工作相对滞后的市直单位下发了加强档案工作专项通知，对8个问题突出的市直单位下发整改通知；衡阳、株洲、益阳等地开展档案年审年检工作，为稳定、发展基层档案工作发挥了作用。二是认真贯彻落实国家档案局令第9号。省档案局召开专题会议，研究部署贯彻落实；市州档案馆初步完成了档案接收范围细则的编制工作。长沙市全面完成了9个县综合档案馆的档案接收范围细则的审定任务。湖南省在全国率先提出对国家档案馆接收单位移交档案细则实行逐一审定制，即逐一议定进馆范围，逐一发文予以确定。三是档案宣传工作成效突出。全省各级档案部门认真落实全国档案工作会议精神，积极开展形式多样的档案宣传活动。长沙市档案局举办“长沙市档案法律法规及业务知识竞赛”，长沙新闻频道全程录播。邵阳市将《档案法》纳入市委党校处级干部培训重要内容。郴州市北湖区档案局在公园举办档案法律法规、政策宣讲活动，受到群众的欢迎和好评。

六、多措并举，干部队伍活力明显增强

一是抓业务素质的提升。2012年省档案局开展了“学法律、学业务，考法律、考业务”活动，通过学习行政执法知识和档案业务知识，全面增强了干部队伍的整体素质。5月举办了一期全省档案专业技术人员继续教育培训班，参训人员达497人。省档案局认真做好2011年度档案专业技术职称评审，共评出副高职称27人，中级职称25人，初级职称2人。省档案学会开展了以“档案安全体系建设”为主题的专题研讨，评选了优秀论文。湘潭市档案局承办了中国档案学会基础理论年会，重点推介了湘潭市档案资源建设的经验。常德市档案局自己动手制作教学课件，在自办的业务网站上开通“归档整理教学视频”，使档案员随到随学。二是抓好科研工作。顺利完成了国家档案局组织的《文档安全智能速拍仪》课题结题任务；在“纸质档案缩微数字一体化工作站”研究项目的鉴定会上，国家档案局局长杨冬权对该项目给予了高度评价。省档案局加大科研力度，2012年共争取国家档案局科技立项3项。省档案局还参与了《档案仿真复制技术应用与工作指南》国家课题研究，对常德市工商局承担的《工商行政管理业务档案整理规范设计》课题进行了评审。三是深入开展创先争优活动。株洲市档案局推行“公务员流动红旗”评比活动；湘潭市档案局实行内部绩效考核；邵阳市档案局开展岗位练兵活动；岳阳市档案局通过省级文明标兵单位验收；郴州市档案局开展“四型”机关创建活动；湘西自治州档案局建立党小组“创先指数”和党员“争优指数”考评办法，成功申报“全国巾帼文明岗”。

（彭　霞）

广东省

服务大局工作成效显著。为营造喜迎党的十八大的良好氛围，省档案局（馆）联合21个地级市档案局（馆）共同举办了“南粤丰碑——广东党组织档案史料展览”。省档案局（馆）与省外办联合举办的“广东国际交流合作图片展”列入省政府“广东国际交流合作周”活动，利用档案资源积极参与《广东华侨史》的编修工作。围绕“三打两建”、城乡社会一体化建设等时事热点，各级档案部门编印资政参考106期，省档案局（馆）发掘黄岩岛等南海诸岛主权档案资料为维护国家利益提供历史凭证和决策参考。出色完成中央领导同志到广东考察指导工作的拍摄任务，完成了十八大广东代表团在京重要活动、首届广东省国际交流活动周系列活动、第八届泛珠三角区域合作与发展论坛暨经贸洽谈会、省第十一次党代会等重大政务活动以及外事接待等的拍摄任务，制作了中央领导和省领导公务活动照片专集90册。广州、深圳、珠海、佛山、湛江、惠州、汕尾等地档案部门围绕地方中心工作，积极为创建文明城市、大学生运动会、工博会、粤东侨博会等重大活动提供优质档案产品和服务。珠海市档案局（馆）做好第九届中国航展档案工作。佛山市档案局（馆）组织配合城市升级行动计划的实施，开展“航拍佛山”专题摄影活动。

民生档案工作成绩突出。民生幸福档案主题实践活动取得阶段性成果，社保、集体林权制度改革档案、水利普查档案工作成绩突出，全面完成各项工作任务。新农村建设档案工作取得显著成绩，增城、中山市顺利通过全国社会主义新农村建设档案工作示范市验收，25个示范镇、66个示范村也通过了各地验收。档案信息远程服务能力不断提高，广东（粤穗深珠）跨馆档案查阅利用系统开通，向公众推出“就地查询，跨馆出证”的服务方式。广佛肇、深莞惠、珠中江三个区域性目录中心建设进一步加强，深莞惠政府公开信息查阅中心正式开通。佛山市档案局（馆）依托政府行政服务平台开展档案查阅利用服务。东莞市档案局（馆）率先开通手机查阅已公开现行文件和档案查阅自助服务厅业务。

*档案信息化工作扎实推进。*组织召开电子文件管理标准国际研讨会，邀请国际知名电子文件管理专家与国内同行一同研讨。全省各级综合档案馆共完成纸质档案数字化 1928.9 万页，省馆“内控档案利用系统”通过省保密局组织的测评，广东省数字档案馆建设项目立项取得重要进展，珠海、东莞市档案局（馆）的档案信息化项目稳步推进，广州市档案局（馆）启动电子档案移交和接收试点工作并推进“广州记忆”数字资源库建设。

*依法治档工作有新突破。*召开国家档案局令第 9 号宣贯会议，在全国较早完成《广东省档案馆收集档案范围实施细则》的修订工作。省档案局（馆）和广州市房地产档案馆联合制定、广东省质量技术监督局批准的《广东省房地产档案业务规范》正式颁布实施，这是国内首个以地方标准形式发布的房地产档案业务规范。广州市档案局（馆）制定的《声像档案质量要求》正式实施，该标准填补了国内空白，对促进声像档案的科学化、规范化和标准化管理具有重要意义。全省各级各类档案馆按照《广东省各级各类档案局（馆）档案安全问责试行办法》的要求，层层签订了档案安全责任书。省档案局（馆）组成督查组到 13 个县（市、区）综合档案馆进行了档案安全专项督查。围绕《档案法》颁布 25 周年，省档案局（馆）组织开展“幸福广东与依法治档”主题征文活动，宣法普法效果深入基层，广州、深圳市档案局（馆）获全国档案法制普及宣传奖。配合国家档案局开展了面向档案馆，机关、企业、事业单位，高校，基层社区，档案中介服务机构的修法调研工作。

*档案资源建设取得新成绩。*全省 2011 年共接收档案 49.7 万卷又 60.6 万件。省档案局（馆）对省直单位形成的重要专业档案和省直重点二级单位档案的流向开展调研，征集到李济深、吴南生、陈越平、张宝锵、姚璇秋、李守真、简浩然、凌叔华、关山月、许钦松、孟浩等各界名人档案资料，并举办李济深铜像捐赠仪式和民间艺术家钟国康档案资料捐赠仪式，开展了各种专题口述历史录制工作。广州市档案局（馆）征集一批 TIT 创意园老照片，还从日本征集到一批珍贵档案资料。深圳市档案局（馆）开展了大运会档案资料征集活动。东莞市档案局（馆）积极开展名人档案的征集和认定工作。清远市档案局（馆）启动口述档案采集工作，还从英国征集到一批晚清时期的照片。探索采用“村档镇管”模式的范围由珠三角地区逐渐向经济欠发达地区推进，在保障因受自身条件限制无法管好又自愿托管的基层农村集体组织档案的安全方面继续作出了有益尝试。

*档案馆舍建设有新进展。*省档案局（馆）出台《关于加强市、县（区）综合档案馆馆舍建设的意见》，提出综合档案馆馆舍建设的总体要求。广州、东莞、从化市档案馆和封开县档案馆建成开馆，深圳档案中心一期工程竣工，中山市档案信息中心、清远市档案馆基本建成，茂名市档案馆主体工程完工，湛江市档案馆主体工程封顶。河源市政府实施建馆奖励机制，惠州将按照珠三角地区建馆标准和进度推进全市档案馆舍建设。

*档案宣传工作有新气象。*在《广州日报》《南方》报刊开辟“解密”、“揭秘”等档案文化类专栏，扩大档案工作的社会影响力。档案馆“公众开放日”活动有序开展，东莞、珠海等地档案馆加入开放活动。举办了全省首次媒体日活动，组织了全省档案系统通联会活动，加强与新闻媒体的沟通，提升通联队伍能力。香港无线电视明珠台被广东省档案馆独具特色的建筑风格和不断拓展的公共服务所吸引，其“明珠档案”栏目组专程前来省档案局（馆）拍摄专题片，向香港及海外观众推介广东档案工作的新颖理念和创新举措。

*档案科教工作开拓新局面。*组织召开全国档案多媒体教材审稿会，对省档案局（馆）承担的多媒体教材《档案利用与服务》进行了审阅。建立广东省档案科研项目评审专家库，促进省档案科技项目评审工作的公平、公开和公正。省委办公厅承担的科技项目《基于电子政务内网的档案管理系统关键技术研发与应用》获国家档案局优秀科技成果奖二等奖，《基于公有云的新型档案信息化服务应用研究》《基于非易失性加密存储器和嵌入式 EOS 环境的电子文件非线性安全交换系统》2 项科技项目在国家档案局成功立项。省档案局（馆）正式成为广东省专业技术人员继续教育基地，为推进省档案教育培训工作迈向更高层次、更高水平奠定了基础。为持续推动省档案信息化健康发展和促进全省档案信息化管理水平整体跃升，组织全省档案信息化管理人员赴美国培训。全省共举办各种档案培训班 280 期，培训 26304 人次。深圳市档案局（馆）举办外省中高层档案人才研修班。

（赵修磊）

广西壮族自治区

2012 年，广西各级档案部门以迎接党的十八大和学习贯彻十八大精神为契机，认真履行“为党管档，为国守史，为民服务”的神圣职责，扎实推进各项工作，取得了优异成绩。

一、领导重视、部门支持，档案工作外部环境持续改善

时任自治区党委书记郭声琨在自治区党委常委会上，主持研究恢复自治区档案局（馆）正厅级规格的请示；自治区主席马飚在2012年的政府工作报告中肯定档案工作成绩，要求继续做好档案工作；自治区党委常委、自治区副主席黄道伟上任不久，就到自治区档案局（馆）调研，看望并鼓励档案干部要有“龙马精神”；自治区党委常委、南宁市委书记陈武对市档案馆新馆建设作出批示；自治区党委常委、秘书长余远辉先后三次到自治区档案局（馆），看望干部职工和出席会议，对档案工作提出明确要求，对干部职工提出殷切希望。各相关部门对档案事业也给予大力支持。自治区发改委、财政厅在档案馆项目建设、档案信息化、重点档案抢救和保护等方面给予了项目支持和资金保障。各市县（区）发改、财政部门在项目报批、档案经费安排等方面给予积极支持，各级领导的关心支持，各部门的密切配合，鼓舞和激励着广大档案工作者振奋精神，再创佳绩，进一步改善档案事业发展环境。

二、围绕中心，服务大局，档案工作服务能力进一步提高

重大建设项目档案工作方面。自治区档案局对国家和自治区层面的109项重大建设项目实行分级管理，落实监管责任。完成了西江航运干线贵港至梧州航道工程、防城港20万吨码头及其进港航道工程、北海铁山港区1#—4#泊位一期工程等21个自治区级重大建设项目竣工档案验收工作，验收数量比2011年增长75%。全区共完成县级以上重大项目档案专项验收101个。

民生档案工作方面。各级档案馆均重新修订出台《收集档案范围实施细则》，将涉及民生的档案纳入接收范围，加大对婚姻、工资、工龄、招工、招干、土地、林改、水利、房产、移民、知青、低保、社保、退伍安置等档案的接收力度，并优先整理编目、提供利用；自治区档案局联合自治区社保局开展社保档案达标验收工作，全区20个市级社保机构有9个通过了验收；加强政府信息公开场所建设，及时向社会提供政府信息，全区县以上国家档案馆为群众提供民生档案利用5.8万人次，调阅档案资料10.1万卷又2万件，帮助解决了一批与人民群众切身利益息息相关的实际问题。

农业农村档案工作方面。全区继续以创建“全国社会主义新农村建设档案工作示范县”活动为抓手，大力推进新农村建设档案工作。自治区档案局指导天等、恭城、武宣3个县顺利通过了国家验收，成为了全国示范县。目前，广西的全国示范县有4个，有力地推动了社会主义新农村建设档案工作的全面深入开展，成为了新农村建设的亮点工程；农村档案信息资源共享工程稳步推进，全区有2272个行政村基本实现了各种形式的农村档案信息资源共享，占全区行政村的15.9%。

三、夯实基础，规范管理，档案各项业务建设稳步推进

档案资源建设继续加强。认真贯彻落实国家档案局令第8号和第9号，全面修订机关文件材料归档范围和保管期限表，制定各级档案馆收集档案范围实施细则，确保关系人民群众切身利益和反映本单位基本职能的文件材料列入归档范围，将民生档案、重大项目建设档案、重大活动档案、礼品实物档案、电子档案等纳入档案资源体系。加大档案接收工作力度，建立了自治区直属机关档案移交进馆的长效机制，全区各级档案馆共接收档案23.9万卷又111万件，征集档案13530卷又3166件。

档案安全体系不断完善。进一步完善档案安全制度，自治区档案局制定《自治区档案馆应急管理规范化建设实施方案》和《自治区档案馆总控室值班工作管理规定》，加强应急处理和安全防范管理。加强数据备份工作，与全区各市档案馆签订了电子档案异地备份协议书。加强档案安全检查，印发关于在全区开展档案安全大检查的通知，重点从组织领导、设施设备、档案保管和利用等10个方面检查档案安全工作落实情况，并逐级开展督查。开展网络使用、信息发布、网站监管的检查和整改。加强档案数字化和信息化服务外包管理，档案开放利用中审慎进行划控、鉴定工作。继续抓好国家重点档案抢救和保护工作，全年全区共修裱各类档案5.5万卷。组织开展全员档案安全教育和消防安全演练，确保档案实体和信息安全。

各级档案馆项目建设扎实推进。认真抓好由国家投资建设的县级国家综合档案馆建设项目，截至2012年底，全区14个由中央投资的县级国家档案馆项目建设中已有2个（武宣县、岑溪县）竣工并投入使用；有7个（上林、隆安、荔浦、蒙山、东兴、象州、隆林）已进入装修或设备安装调试阶段；有5个（柳城、永福、那坡、雁山区、苍梧）正在进行主体施工。积极协调、推进市级档案馆建设。全区14个市级档案馆，有8个开展了新馆建设，其中，钦州市已建成新馆并投入使用；桂林、贵港、防城

港、百色、来宾等5个市档案馆正在建设中，南宁、崇左等2个市已完成开工前的准备工作，有望2013年开工建设。自治区本级档案馆业务技术楼项目建设的土建工程已于2012年6月完成，目前正在进行装修和设备安装，下半年可以投入使用。

各级档案馆（室）业务水平不断提升。启动市县级国家综合档案馆建设年度考核工作，自治区档案局印发市县级档案馆建设年度考核暂行办法和年度考核标准，组织3个考核组对全区的14个市级档案馆21个县（市、区）档案馆从5方面16项工作56个考点进行全面考核，推动市县档案馆建设上等级、上水平。配合文明城市（区）测评，开展国家级档案馆的创建和测评工作。南宁市兴宁区档案馆晋升为国家一级档案馆，鹿寨县档案馆晋升为国家二级档案馆。

继续加强各级机关、企事业单位档案工作的业务指导和培训工作。继续开展机关档案室定升级和企事业单位档案工作目标管理认定。共评审通过自治区特级档案室6个，自治区一级档案室2个，自治区二级档案室2个；通过档案工作目标管理国家二级或自治区级的认定75家；坚持开展机关档案工作年度检查和企事业单位年度归档文件整理质量检查，并对检查情况进行通报，推动机关、企事业单位档案管理和服务水平稳步提升。据统计，全区共有8180个县级以上单位参加了2012年的综合评审，考核的参检率和优秀率都比2011年有所提高。

档案法制档案宣传持续开展。各地普遍将档案工作纳入绩效考评范围，从制度上强化档案管理工作。加强档案执法检查，年内全区开展各种形式的执法检查164次，专项检查148次。加强档案标准化建设，制发《广西壮族自治区各级国家综合档案馆档案资料查阅利用指南规定》《广西壮族自治区实物档案著录规则（试行）》《广西壮族自治区实物档案目录采集方案》《广西电子文件（档案）数据光盘管理著录规则》；完成了部分广西电子文件（档案）备份中心相关管理规范与操作规程的制定。档案宣传工作成绩显著。自治区档案局主动与新闻媒体联合，做好重要会议、重大活动和工作亮点的宣传报道；组织开展“六五”普法的学习、考试；组织全区4万多名档案工作者参加国家档案局举办的“飞狐灵通杯”档案法制知识竞赛。2012年，全区各级档案部门在各级报纸杂志刊发稿件1039篇。自治区档案局荣获“全国档案法制普及宣传奖”。

档案信息化建设加快推进。按照国家档案局《数字档案馆建设指南》的要求，启动数字档案馆二期工程建设，并完成了二期工程的招标、前期调研和工程设计工作；制定了电子文件（档案）数据采集、管理、著录等标准或规则；完成《广西电子档案数据光盘管理系统》软件开发和《GD2000综合档案管理系统》部分功能模块的升级开发工作；完成了民国档案、照片档案和新中国成立后档案备份数据光盘刻录4251张，并向辽宁省档案馆移交备份档案光盘301张；加快全区馆藏档案数字化工作步伐，全年全区共完成纸质档案全文扫描723.9万画幅。档案数据库建设继续加强。目前，备份中心存放各类档案数据22.5TB，光盘7269张；自治区档案局档案数据管理中心拥有档案目录数据3664万条，其中，2012年新增目录数据350万条。继续在全区开展档案网站建设综合考评工作，促进各级档案信息网不断完善。

档案科研水平不断提高。自治区档案局向国家档案局申报的《基于云计算的档案信息资源共享服务模式研究》和《构建政府信息公开联动服务体系的思考——基于政府信息公开实践研究》获国家档案局2012年度档案科研立项。由自治区档案局承担的国家档案局科技项目《基于电子政务平台和OAIS的电子档案长久保存策略研究》顺利通过了国家档案局专家组的科研评审。

档案馆社会服务功能建设不断完善。自治区档案馆与越南胡志明市越中友好协会达成了利用双方档案史料，编辑出版越南在桂学校资料选编的合作意向。目前，正在编辑出版《桂林阮文追学校资料选编》，为广西的文化建设，为中国与东盟的文化交流服务。完成西南边疆项目《广西民国时期边务档案文献》30册中最后10册的编辑工作，完成《辉煌十一五看广西》稿件编撰，《广西通志·中共广西地方组织志（1991—2010）》的编纂工作取得阶段性成果。各地爱国主义教育基地建设继续加强，全区全年共举办各种展览110次，收到了良好的社会效果。档案开放利用步伐进一步加快，全区各级国家档案馆鉴定开放档案24.2万卷又72万件，档案利用接待83.5万人次，调阅档案资料14.8万卷又5.4万件。

档案干部队伍素质不断提升。深入开展“学先进、争优秀”和“解放思想、赶超跨越”大讨论活动，以学习践行“广西精神”为动力，营造对照先进找差距、立足岗位争先进的良好氛围。采取多种形式开展档案人员上岗培训、业务培训、专题培训和继续教育及新知识、新技能的学习，广泛开展业务研讨和岗位练兵活动，全面提升了档案干部的业务素质和业务技能。自治区档案局举办“党在我心中，兰台展风采”征文、摄影比赛，进一步激发干部职工的热情，提高凝聚力和战斗力。全年全区各级档案馆共举办各类培训班18期，培训6577人次。继续与广西民族大学联合颁发“兰台奖学金”。广西档案学会积极组团参加全国档案工作者年会，获优秀组织奖。

（李　霭）

海南省

2012年，海南省档案馆库（室）基础建设稳步推进。全省档案馆在建项目9个，新建7个，改、扩建2个，总建筑面积3.95万平方米，档案库房建筑面积1.08万平方米，计划总投资1.43亿元，2012年度完成投资3096万元，累计完成投资3909万元。省档案馆新馆建设，省发改委拨付100万元用于全省市县档案馆购置档案设施设备；下拨955万元作为补助资金用于县级综合档案馆建设，保亭、定安、昌江、临高等县获得补助。国家发改委下拨海南646万元作为补助资金用于县级综合档案馆建设。琼海、白沙、文昌、澄迈、白沙、保亭等市县的档案馆已开工建设；“海南省气象档案馆”建成并通过验收。省电子文件备份中心项目稳步推进。至2012年末，全省档案馆面积达标率为64%。省直各机关单位和社会团体持续关注本单位综合档案室建设，添置或更换档案保管装具和设备。档案保管环境持续改善，使档案实体安全得到极大限度保障，全省全年无一起因保管不善而引发的档案受损事故。

*在档案征集与接收方面取得新进展。*截至2012年，全省各级综合档案馆馆藏档案数量由2000年的22.94万卷增至48.31万卷，增幅达到110.60%。

2012年，省档案馆制定《海南省档案馆名人档案管理办法》，在名人后代的无偿捐赠和社会各界的支持下，收集到原国民党将军、海南特区离岛专员公署专员王庶华的档案资料，征集到海南著名文史专家王俞春作品手稿11盒及著作11部。省档案馆已逐步建立起冯白驹、张云逸、陈策、周士第等名人的档案。省档案馆接收省旅游局、省国土环境资源厅、省法制办等8个全宗单位的文书档案和专业档案共7870卷（件）、纸质目录110册、案卷级和文件级电子条目4.61万条。当年，海口市档案馆接收市政府办公厅等4家单位的档案50卷1.25万件；三亚市档案馆接收各类档案577卷1.42万件；儋州市、文昌市、琼海市、万宁市、定安县等市县档案馆开展名人档案、基建档案、会计档案、重大活动照片档案等档案资源接收工作，加强对婚姻、山林承包、土地、社会保障等民生档案和重点工程档案的收集、整理、建档工作，将有保存和利用价值的档案均接收进馆，做到应收尽收。丰富了馆藏。

*创新为民服务机制。*省档案馆开展热线查询、预约查阅、函电代查、网上代查、委托代查、特殊情况送文件上门等形式多样的服务，全年接待查档人员2652人次，提供档案资料7480卷（册），提供珍贵实物档案和照片档案7087件张，提供档案资料复印1.09万张；帮助海汽集团成功解决生产经营问题，帮助解决退休工龄认定、职工房产证办理问题。海口市、三亚市、儋州市、澄迈县等市县档案馆本着“始于群众需求，终于群众满意”的服务理念，以民生、民需、民求为档案开发利用工作的出发点和立足点，推行“当场办理加全程代理”的档案便民服务模式，开设来人、来访、来函、电话咨询等多种查询利用途径，为群众提供便利快捷的档案查询利用服务。中国建设银行海南省分行为相关单位提供会计档案，直接挽回经济损失2000万元。

2012年，省档案局联合省住建厅出台《关于加强保障性住房档案管理工作的通知》，规范全省保障性住房档案工作。海口市城建档案馆对该市62个保障性住房建设项目施工现场，提供档案业务技术指导服务，确保保障性住房项目档案工作顺利开展。三亚市、万宁市和农垦总局档案馆也积极介入此项工作。海口市出台《海口市社会保险业务档案管理办法》，对全市社会保险业务档案的规范归档与管理做出具体规定。截至年底，已完成医疗保险、工伤保险、养老保险、保险管理等社会保险业务档案的整理，共计4000多卷。三亚市档案局与市农委、住建等部门配合，做好保障性住房、土地确权等民生档案工作。文昌市档案局将全市1956～2003年的婚姻登记档案接收进馆并进行抢救性整理，整理归档婚姻登记档案1822卷（涉及全市8.75万对夫妇）；整理伤残抚恤档案238卷，保持民生档案的完整。

*机关与事业单位档案工作向体制化标准化方向发展。*管理体制逐步完善，制定档案工作规范性文件，规范档案管理。省档案局重新修订《海南省档案工作目标管理考评标准》《海南省中等学校档案工作规范》；与省教育厅制定《海南省中等学校档案管理办法》（试行）等规章制度。全省各市县档案部门开展社保档案、社会民间组织档案、抚恤档案、保障性住房档案、国土档案等专业档案的指导工作；派员参加省高级人民法院对基层法院档案的评估检查工作。继续开展机关档案综合管理达标定级工作，文昌市、乐东黎族自治县检察院和乐东黎族自治县气象局单位档案室通过省机关一级综合档案室考评；海口出入境边防检查总站档案室通过省机关二级综合档案室考评。定安县对全县144个机关、乡镇、

企事业单位的档案室进行评估并对评估情况进行通报；定安县档案馆通过国家二级综合档案馆测评，成为海南省首个拥有国家二级综合档案馆的市县。文昌市人民检察院档案室、澄迈县人民检察院档案室、乐东黎族自治县人民检察院档案室、乐东黎族自治县气象局档案室和海口市供电局档案室被评定为“省一级机关档案室”。

企业档案与建设项目档案工作稳步发展。2012年，为加强企业档案工作指导力度，印发了《关于做好2012年海南省重点建设项目档案工作的通知》《关于做好保障性住房档案工作的通知》和《关于做好省属国有企业档案工作检查工作的通知》。省档案局联合省国资委对12家省属企业档案工作进行检查。琼中县、三亚市、省农垦总局的档案人员深入基层档案部门指导档案工作。

2012年是海南省委、省政府确定的“项目建设年”。省住房和城乡建设厅、省档案局联合制发《关于加强保障性住房档案管理工作的通知》，规范重点项目档案管理工作，提出明确的管理职责和具体的管理程序，建立项目档案管理长效机制，召开全省建设项目档案工作现场会。省档案局做好服务工作，并对海南龙源风力发电有限公司峨蔓风电场一、二期工程，文昌清澜港5000吨级航道扩建工程等一批重点项目的档案工作进行专项验收。海南省宁远河大隆水利枢纽工程、中国石化海南炼化800万吨/年炼油项目被评为“全国建设项目档案管理示范工程”。万宁市、东方市、省农垦总局和海南农垦集团公司针对重点项目建设档案的管理情况进行督查。

社会主义新农村建设档案工作遍地开花。2012年4月18日，琼海市通过国家档案局“全国社会主义新农村建设档案工作示范市县”验收，成为全省首个完成创建并通过验收的单位。三亚市、东方市、澄迈县、陵水黎族自治县、屯昌县正在稳步推进社会主义新农村建设档案工作的开展。

加强汛期档案安全保管工作。7月9日，省档案局转发国家档案局办公室《关于加强汛期档案安全保管的紧急通知》，要求各市县档案局（馆）、省直单位档案室、各专业（部门）档案馆加强汛期档案安全保管工作，确保档案绝对安全。

依法治档效果显著。海南省档案局调研修改《海南省档案管理办法》，建立健全档案法规。组织开展《档案法》知识竞赛活动，增强档案法制意识。为纪念《中华人民共和国档案法》颁布25周年，海南省档案系统开展“六五”档案普法宣传教育系列活动，学习和贯彻执行《档案法》。省档案局下发《关于开展档案安全检查工作的通知》，在自查的基础上，档案执法检查人员分3个组对市县开展档案安全检查工作。海口市、三亚市、儋州市、琼海市、万宁市、五指山市、屯昌县等市县档案部门开展档案执法大检查，促进提升档案工作管理水平。

档案信息化建设走上快车道。2012年，省档案局按照标准接收除万宁市以外的17个县（市）档案馆的馆藏档案目录，共366.50万条，初步建成全省档案目录中心。海南省委办公厅、省政府办公厅下发《电子文件管理暂行办法实施细则》。中国人民银行海口支行建立电子荣誉档案室和电子图像库，实现对不同门类档案的集约化管理。海南省高级人民法院完成海南法院诉讼档案数字化扫描加工试点工作，并在全省法院系统内进行经验推广。

档案宣传工作影响扩大。为纪念张云逸大将诞辰120周年，省档案局编辑出版《张云逸画传》《张云逸年谱》《张云逸传》《张云逸大将邮册》，举办“张云逸大将铜像”捐赠仪式。省档案馆成功举办“中南六省（区）三市档案精品展”。为宣传《中华人民共和国档案法》和《海南省档案管理办法》，普及档案基础知识，增强人民群众档案意识，省档案局印制了《档案是什么》，以贴近人民群众生产生活的档案知识和生动形象的漫画形式进行普法宣传。海口市档案局用心经营官方微博“海口微记录”，为市民了解档案工作开辟捷径。屯昌县档案局借助“政风行风”热线栏目与群众交流档案工作，普及宣传《档案法》。海南日报报业集团档案部门结合全省中心工作，先后承办“坚持科学发展 实现绿色崛起”图片展，“美丽的三沙 我可爱的家乡”，鹦哥岭“坚守理想 奉献青春”青年团队图片故事展、《最美海南——海南民俗文化风情图片展》等一系列高品质的展览。

继续教育蓬勃发展。2012年，省档案局举办档案业务岗位培训班4期，培训910人。海口市档案局培训280人。儋州市档案局培训230人。定安县档案局培训141人。临高县档案局培训40人。保亭黎族苗族自治县档案局培训270人。万宁市档案局培训201人。澄迈县档案局培训633人。海航集团、中国热带农业科学院等部门也积极组织培训工作。

（罗海山）

重庆市

2012年，全市档案工作围绕中心，服务大局，以“三个体系”建设和推进西部档案强市为目标，全面贯彻落实国家档案局和重庆市合作协议，取得了可喜的成绩。

2012年，全市各级各类档案馆增强服务意识，拓展服务领域，提升服务手段，共开放档案7155个全宗2568738卷（其中新中国成立前档案917个全宗746849卷，新中国成立后档案6238个全宗1821889卷）。全年各级各类档案馆共接待社会各界利用者292250人次，提供档案550490卷又195866件；举办档案展览与陈列64个，参观者达61870人；公开出版档案编研成果22种785万字，内部参考资料64种1076万余字。各机关企业档案室接待利用者713141人次，为他们提供档案863127卷又664619件，举办基本陈列1715个，公开出版档案编研成果32种283万余字，内部出版档案参考资料430种1483万余字。为重庆经济社会的科学发展，为广大人民群众的生产生活以及社会各界的编史修志、工作查考、学术研究、宣传教育等，作出了应有贡献。

民生档案工作成效显著。2012年，全市各级档案部门以服务民生，方便市民为目的，全力打造“覆盖人民群众”的资源利用体系，全面提升服务手段，拓展服务范围。据不完全统计，2012年，各级各类档案馆提供利用达到29万余人次，其中市档案馆提供利用4673人次。市档案馆和12个区县档案馆全面实施免收档案咨询服务费和证明费，其他区县档案馆对困难群体减免档案咨询服务费和证明费，全年减免各种费用达100余万元，惠及群众数万人。各级综合档案馆接收破产企业档案50000余卷（件），接收林权制度改革档案15272卷、天然林保护档案4163卷，退耕还林档案10436卷。市档案馆投入专项资金对原重庆特殊钢铁厂7000余卷破产企业档案进行数字化加工，大大方便了市民的查阅利用。继九龙坡区创建社会主义新农村建设档案工作示范区通过国家验收后，丰都县、璧山县创建社会主义新农村建设档案工作示范县也通过国家验收；涪陵区档案局开展了创建统筹城乡发展档案工作示范单位活动，帮助试点乡镇的村、社区和农民专业合作社建立档案；江津区档案局在西城小学开展留守儿童建档试点工作。加强与涉农部门的联系与配合，推进农民专业合作社和农产品质量安全档案工作，完成75个农业专业合作社的建档工作；长寿、奉节、彭水、潼南等档案局指导金洲泉农业开发有限公司、重庆市汀来绿色食品开发有限公司、彭水县苗香优质米专业合作社、潼南蔬菜基地等单位建立农产品质量安全档案。

三峡移民档案工作扎实推进。2012年，市档案局与有关部门联合制发了《关于加强当前三峡移民档案工作的通知》，成立了市档案馆移民档案进馆项目办公室，指导主城渝中、南岸、沙坪坝、大渡口、九龙坡、江北等七区开展移民档案进馆项目工作。召开了三峡移民档案专项验收准备工作会议，2010—2012年累计落实三峡移民进馆项目资金10994.41万元，基本完成移民档案的专库建设，面积达到4128平方米，安装档案密集架570列688平方米。编制了三峡移民档案接收进馆计划，渝中、江北、沙坪坝、大渡口、巴南、长寿、江津、云阳、忠县完成了移民档案数字化加工并通过验收；万州、巫山、奉节、忠县、开县、丰都等区县全面检查了移民档案专项验收准备工作，编制了移民档案接收进馆计划。全年提供移民档案查阅利用3万余人次，8万多卷次，为移民就业、培训、子女读书、办理医疗保险和养老保险等，及时出具凭证，发挥了档案的积极作用。

档案馆舍建设取得新成绩。2012年，市档案馆新馆建设项目列入2013年市政府工作报告，重新选择了新馆馆址，签订了代建协议，招标确定了规划设计方案。全市11个区县档案馆建设纳入“十二五”中央财政支持项目，需求建筑面积43213平方米，需新建馆库面积41393平方米，总投资7865万元。截至2012年，累计下达投资项目7个，落实中央投资5083万元，地方配套资金4889万元，其中涪陵、彭水、武隆3个区县新馆已完成建设并投入使用，永川、酉阳、荣昌3个区县新馆主体工程完工。2010年以来，区县财政及其他资金支持开工建设的新馆项目6个，新建建筑面积38128平方米，预计投资16590万元。其中万州、南岸新馆即将投入使用，开县、南川新馆主体工程完工，秀山、江津新馆开工，云阳也启动了新馆建设。与此同时，各区县档案局（馆）还加大在档案设施设备等方面的投入，如垫江县拨专款80万元对档案库房进行整改，九龙坡区投入34.8万元、渝北区投入20万元，进一步完善档案库房的监控系统，以保证档案的安全。

档案服务文化建设成果丰硕。2012年，全市各级各类档案部门充分发挥档案独特的文化内涵，积极为社会主义文化大发展、大繁荣服务。市档案局（馆）贯彻落实市第四次党代会精神和中共重庆市委实施的“重庆：中国抗战大后方历史文化研究与建设工程规划纲要”，成功举办了“西部十二省区市抗战大后方历史档案史料汇编工作会议”，挂牌成立了“重庆中国抗战大后方历史档案中心”，编辑并公开出版了《抗战时期民国政府在渝纪实》《抗战时期大后方经济开发文献资料选编》《重庆大轰炸档案文献·财产损失（文教卫生部分）》等档案文献；并联合重庆、台湾有关部门，于2012年11月14—27日在台湾的台北、新竹、彰化三地共同举办了“重庆：

中国抗战大后方名人手迹展”巡展，受到各界的广泛关注和好评。重庆钢铁公司钢档案馆积极参与中央电视台纪录片《老枪》《企业改革备忘录》的拍摄，为之提供了大量的素材；璧山县档案局（馆）推出了“重庆：晏阳初与华西实验区档案图片展”，梁平县档案局（馆）推出了“血泪记忆 勿忘国仇——梁平县抗日战争档案图片展”；北碚区档案局（馆）编辑出版《红色间谍——郭汝瑰》《太虚大师与汉藏教理院》等书。彭水、南岸档案馆成功创建爱国主义教育基地，区县档案馆爱国主义教育基地数量增加到20个，占区县总数的52.6%。

（唐润明）

四川省

2012年，在省委、省政府的坚强领导和各级党委政府的重视支持下，全省档案工作坚持以邓小平理论、“三个代表”重要思想、科学发展观为指导，认真学习贯彻党的十八大和省第十次党代会精神，围绕服务建设西部经济发展高地和全面小康社会，切实加强档案事业基础建设、业务建设，着力提升服务能力，各项工作保持了持续、快速发展的良好势头。

一、转变观念，服务大局，档案服务成效明显

紧紧围绕省委、省政府工作部署，牢牢把握服务大局工作主线，转变服务理念，创新服务机制，改进服务方式，提高服务质量，积极为党委政府决策、为经济社会发展、为社会各界和人民群众服务。

以项目档案管理为抓手，服务经济加快发展。印发《2012年省级重点建设项目名单》，首次将省级重点建设项目细化到各市（州）。建立了四川省重点建设项目档案工作专家库。与省发展改革委联合印发《关于开展省重点建设项目档案工作督查的通知》，加大重点建设项目档案工作督查，全省全年共监督指导608个重大建设项目（包括灾后恢复重建项目）档案工作。深入开展天府新区建设项目档案工作专题调研，及时掌握新区项目建设进度和档案管理基本情况，印发《关于切实做好天府新区建设项目档案工作的通知》，组织召开天府新区建设项目档案工作座谈会，完成并上报2012年度省政府重点调研课题《天府新区建设项目档案工作研究》，天府新区建设档案工作良好开局。

深入开展示范创建活动，服务新农村建设。以创建社会主义新农村档案工作示范县（区）为契机，大力加强新农村建设档案工作，推进档案服务工作向农村延伸。完成10个村级档案文化信息综合管理利用新机制的调研试点。双流县、资阳市雁江区、达县等3个国家级示范县，4个省级示范县通过验收。至此，全省5个示范县全部顺利通过全国首批示范县验收，社会主义新农村建设档案工作示范县（区）创建工作取得重大阶段性成果，档案工作服务新农村建设的能力和水平得到提升。在2012年12月26日，国家档案局和民政部、农业部联合举办的全国社会主义新农村建设档案工作示范县经验交流会上，四川省档案局作为两个发言单位之一做了现场经验交流发言。

大力开发馆藏档案资源，服务文化发展繁荣。围绕省委、省政府工作大局，深入挖掘档案文化内涵，服务文化强省。2012年，全省各级档案部门采取独立或合作等方式，共开发各种档案文化产品30种，近500万字。摄制电视专题片共10部，28集，近300分钟。省档案馆爱国主义教育基地“百年四川展”、“四川名人展”和“四川馆藏精品档案展”三项展览顺利通过验收并对公众开放，展出570余幅档案图片、315件档案实物和档案仿真复制件，先后接待参观者50多批次，社会各方面参观者达1500余人，受到一致好评。拍摄完成《跨越——“十一五”以来四川省档案馆建设纪实》专题片。纪念抗战胜利70周年献礼丛书——“中国抗战大后方历史丛书”四川档案史料编研工作进展顺利，已完成初稿。

不断创新手段和方式，服务人民群众需求。窗口部门努力创新服务形式，改善服务态度，提升服务水平，切实开展档案利用服务工作，为党委政府中心工作和人民群众生产生活服务。省档案馆共接待利用者329家，1326次，向利用者提供档案、资料及胶片12369卷，复印19645页。“四川档案网”成功改版，内容更加丰富，档案文件及各项数据库基本建立，实现了全部档案目录网上查阅。到目前，点击率已超过192万人次，较好地满足了社会各界对档案信息的需求。

二、夯实基础，统筹推进，业务工作蓬勃发展

突出抓好档案资源建设、档案规范化管理、档案信息化建设、档案抢救保护和档案科技教育，为推动档案事业可持续发展奠定良好基础。

资源建设成效明显。依法加强和规范档案接收、征集工作，并根据各项事业的发展，及时调整档案接收、征集范围，全省档案馆藏数量较快增长。认真贯彻国家档案局令第9号要求，制定了《四川省档案馆收集档案范围细则》，并通过国家档案局审批。积极开展抗震救灾、西博会、涉外婚姻档案和企业注册销毁档案等接收工作，在文化厅下属单位

开展接收指导试点。地方特色档案征集力度加大，征集到省档案局原局长张仲仁同志捐赠的有关邓小平同志、刘华清同志的档案资料，及有关家谱、文献等其他各种资料。全年共依法接收省级机关档案（资料）7464卷册。

规范化管理进一步加强。在146家省级机关单位开展档案工作规范化管理检查。与省国资委联合印发《关于进一步加强省属国有企业档案工作的意见》。召开了20所高校参加的档案工作规范化管理现场会。深入各企事业单位开展业务指导和咨询，扎实推进档案工作规范化管理，省国资委、省司法厅等单位顺利通过档案工作规范化管理一级认定和复查。全年共对1147家企事业单位档案工作进行指导，完成628家企事业单位档案工作的认定和复查。

信息化建设扎实推进。深入成都、德阳、绵阳、眉山等地，加大对市州开展档案信息化规划和数字档案馆建设的指导督促力度，全面推进全省档案信息化和数字档案馆建设步伐，广安、绵竹等一批市县数字档案馆建设良好起步。“四川省档案馆数字档案馆综合管理系统”顺利通过验收并投入使用。档案数字化和政府现行文件、公开信息挂接等工作深入开展，初步建成清代、民国、革命历史档案和新中国成立后档案案卷目录数据库，部分全宗档案实现全文数字化，完成省档案馆异地备份数据准备工作。制定档案数字化外包安全检查细则，强化档案数字化外包安全检查，确保档案数据万无一失。

档案安全保障有力。继续深入开展档案馆基础业务建设，启动省档案馆馆藏档案清点核查工作，完成特藏库改造，珍贵档案资料保管保护条件得到改善。国家重点档案抢救步伐加快，重点档案抢救工作从实体抢救转变为数字化抢救，全年完成国家重点档案抢救50093卷，完成对清代巴县同治司法和内政部分180盘缩微胶片档案数字扫描、整理和质检工作及刻录和备份工作。数转模工作逐步开展。重要档案异地异质备份工作深入开展，省档案馆首批档案信息数据顺利送交甘肃省档案馆保存，全省共有13个国家综合档案馆与省内外档案馆互结对子，互为对方提供档案异地备份库。北川档案抢救工作全部结束。修订《四川省国家档案馆自然灾害和突发事件应急处置预案》，全省档案系统应急处置工作力度加大。

科技教育充满活力。档案干部继续教育工作有序推进，省档案局先后举办了国有企业档案业务培训班、档案执法人员培训班、信息化建设、基础业务等多个专题培训班。省档案学校进一步加强教职工队伍建设，狠抓教学管理和招生就业工作，办学条件发生根本改善，办学规模不断扩大，学校的社会影响力进一步扩大。档案科研工作基础条件得到改善，“RFID实体档案管理系统”、“档案低温冷冻杀虫”等课题研究深入开展，“北川地震受损档案抢救关键技术研究”获国家档案局优秀科技成果奖二等奖。

三、抢抓机遇，乘势而为，发展环境不断改善

各级档案部门不断加大档案法制建设力度，大力推进档案馆及功能建设，切实加强档案宣传工作，得到各级党委政府高度重视和大力支持，档案事业发展环境得到显著改善。

档案法制建设力度加大。《四川省国家档案馆管理办法》被列为省政府2012年立法调研计划，完成立法阶段性工作。积极配合国家档案局《档案法》修改调研组在我省开展调研工作。深入开展全省档案安全管理专项执法检查。完成对全省21个市（州）档案局行政执法案卷评查工作。完成本局行政权力事项的清理审核。配合省法制办开展全省行政处罚案卷评查活动。完成《四川省人民政府2012年度推进依法行政工作安排》规定的依法行政、行政决策程序、政务公开、规范性文件监督等工作。编印《四川省档案“六五”普法辅导读本》，组织全省档案系统8.1万余人积极参加国家档案局举办的“飞狐灵通杯”档案法制知识有奖竞赛活动，获得“全国档案法制普及宣传奖”。

档案馆建设两项规划有序推进。加大对36个灾后重建档案馆项目和已下达投资计划的26个中西部县级综合档案馆建设项目的质量和进度督查力度，积极与省发改委投资处沟通协调在建项目续建资金的划拨、争取中调指标、开展档案馆建设专项督查，大力推进“两项规划”顺利实施。36个灾后重建项目已建成31个，其余5个正在抓紧建设；已下达的26个中西部县级档案馆建设项目已按规定时间全面完成了国家下达的投资计划，6个投入使用，16个主体完工，4个正在抓紧建设。省档案馆新馆建设前期工作有序推进。同时，各级档案部门积极探索实践，切实加强档案安全保管基地、爱国主义教育基地、档案利用中心、政府信息查阅中心、电子文件中心“五位一体”功能建设。

档案工作社会影响得到增强。坚持把档案法制宣传同“四五”、“五五”普法结合起来，推进档案法制宣传进机关、进社区、进企业、进农村。充分利用馆藏优势开展“档案馆公众开放日活动”和“中小学生档案教育社会实践”活动。2012年11月30日，四川省档案馆首次成功举办“档案馆公众开放日”活动，省级机关企事业单位、在蓉高校和中小

学生代表、社区居民近200名观众，走进省档案馆，“亲密”接触档案，亲身体验档案工作，受到媒体广泛关注，社会反响热烈。《四川档案》杂志编辑发行工作健康有序。与《四川日报》、“四川电视台”、《华西都市报》《中国档案》杂志、《中国档案报》等媒体的合作更加紧密，为推动四川档案事业科学发展营造了良好的环境氛围。

四、狠抓管理，建强队伍，部门形象不断提升

不断加强班子团结协作。牢固树立“工作一盘棋”的思想，通过党组会、局长碰头会、办公会及班子成员间经常交心谈心，相互了解主要工作，认真落实省委、省政府各项部署，共同推进各项工作。坚持实行一把手负责制和分工负责制，严格执行党风廉政建设责任制、《廉政准则》和反腐倡廉的各项规定，推进党务公开、政务公开，严格人事纪律，树立清正廉洁、公道正派的良好形象。一年来，局（馆）没有违反《廉政准则》和党纪政纪规定情况发生。

大力加强干部队伍建设。健全完善表彰激励、干部轮岗交流、中层干部竞争上岗、从基层遴选优秀年轻干部等机制，不断充实队伍、改善结构、凝聚力量。2012年先后提拔16名处级干部，新提拔2名下属事业单位班子成员。选派11名干部参加各级党校、行政学院培训，安排20名干部职工参加国家档案局组织的业务培训。此外，与市州双向交流优秀年轻干部1名，选派了第三批驻村干部。认真贯彻落实关于离退休职工政策，定期通报有关情况，组织开展健康有益的文体活动，确保离退休职工政治生活待遇的落实。

全面推进基层组织建设。扎实开展基层组织建设年活动，深化创先争优活动，1个党支部和2名同志分别被省直工委表彰为“先进基层党组织”、“优秀共产党员”和“优秀党务工作者”。认真做好新党员发展、预备党员考察、积极分子培养等工作。成功组织召开省直机关党建联系组第7组联系会议。扎实开展“我的道德观、我的荣辱观”主题演讲比赛、机关文化建设理论与实践论文征集、“书香沁润机关，文化滋润心灵”为主题的读书月等机关文化建设活动，局机关基层组织建设不断加强。

不断规范机关内部管理。严格执行有关政府采购工作要求和纪律，进一步规范政府采购工作。切实加强国有资产和公务车辆管理，实施了国有资产电子数据库管理，国有资产和车辆维修管理工作进一步规范。综治维稳、计划生育工作等工作受到辖区表彰。节能降耗工作和物业管理工作更加规范，机关环境明显改善。建立完善值班值守制度，进一步增强局（馆）职工的安全意识和责任意识，局（馆）安全管理得到加强，部门形象大幅提升。

（四川省档案局）

贵州省

档案资源建设。贵州省档案局（省地方志办、省档案馆）组织召开全省贯彻落实《各级各类档案馆收集档案范围的规定》（国家档案局令第9号）座谈会，各地档案部门积极开展第9号令的宣传贯彻落实工作，加大档案接收、征集力度。省档案馆接收记录胡锦涛在贵州工作期间形成的重要档案、九届民运会重大活动档案等3000余卷、10000余件。毕节市接收档案5000余卷、290000余件，黔东南州接收30000余卷，铜仁市接收20000余卷，黔西南州接收10000余卷。省档案馆开展口述档案的采集工作，对原省长王朝文口述胡锦涛就任贵州省委书记期间科学发展思想形成进行全程摄录像及文字整理，形成省档案馆第一批口述档案资料。首次赴台湾征集贵州清代、民国时期档案史料。贵阳市、黔东南州、黔西南州开展收集重大活动档案和特色档案工作。

综合档案馆建设。贵州省列入国家“十二五”中央支持的37个县级档案馆建设项目，有贵阳市花溪区、白云区、遵义市汇川区、红花岗区、务川、遵义、仁怀市、安顺市西秀区、罗甸、麻江、岑巩、松桃、石阡、沿河、盘县、晴隆、兴仁17个县级档案馆建设项目已全部动工兴建，开工率为100%，其中，半数项目已进入装修收尾阶段，此项工作受到国家档案局的肯定。截至2012年，国家投资8039万元，地方投资（含土地划拨）10062万元（含锦屏县“锦屏文书特藏馆”），保证了贵州省县级综合档案馆建设正常进行。贵阳市、六盘水市、遵义市档案馆建设取得实质性进展。

国家重点档案抢救和保护。2012年，财政部下达贵州省国家重点档案抢救和保护补助费计330万元，其中，抢救项目30个，保护项目9个；省级财政下达国家重点档案抢救和保护补助费计380万元，其中，抢救项目30个，保护项目25个；黔东南州民间档案（锦屏文书）抢救保护专项补助费80万元，惠及黔东南州民间档案（锦屏文书）相关县7家国家综合档案馆。

贵州省档案局在全国率先出台《贵州省国家重点档案抢救和保护项目验收暂行办法》《贵州省国家重点档案（民国档案）整理规范》，举办国家重点档案抢救与保护培训班，对贵阳市、遵义市、黔西南

州3个市（州）档案馆及罗甸、兴仁、盘县、晴隆、麻江、西秀、务川、道真、正安、绥阳、德江、松桃、沿河、石阡、岑巩15个县级档案馆国家重点档案抢救与保护工作实施情况进行抽查。省档案馆完成7000余卷、遵义市完成10000余卷、铜仁市完成近9000卷国家重点档案抢救和保护任务。六盘水市征集200余册彝文古籍。黔南州完成水书《金银择吉卷》和《水书文化与中华断代文明》的编辑出版工作。黔东南州征集“锦屏文书”30000余份。

创建社会主义新农村建设档案工作示范县。贵阳市白云区、兴义市2个国家级示范县和贵阳市南明区、册亨县、普定县、玉屏县、龙里县5个省级示范县的创建工作均通过验收。在2012年12月全国社会主义新农村建设档案工作示范县经验交流会议上，金沙县（2011年通过验收）、兴义市、贵阳市白云区3县（市、区）获得由国家档案局、民政部、农业部授予的“全国社会主义新农村建设档案工作示范县”称号。

档案业务建设。各地积极组织创建国家二级综合档案馆申报工作，贵阳市小河区、毕节市七星关区、金沙县、大方县、贞丰县、平坝县、紫云县、三都县档案馆通过测评。

省档案局与省信访局联合印发《贵州省信访事项档案管理办法》。贵阳市档案局与市人社局联合印发《关于认真做好社会保险业务档案达标验收工作的通知》和《贵阳市社会保险业务档案管理办法》，全面铺开社会保险业务档案的整理工作。毕节市加强对社保、税收、信访、危房、婚姻、林改、土地延包档案工作的指导。遵义市对土地、住房、医保、计生、信贷等档案工作进行指导。黔东南州印发《集体林权制度改革档案管理暂行办法》，对林改档案进行检查验收。安顺市开展社保档案达标活动。

重点建设项目档案工作有新发展。省档案局印发《关于2011年全省重点建设项目档案管理情况的通报》、《关于认真做好2012年省级重大工程和重点项目档案工作的通知》和《关于报送2012年全省重点建设项目档案专项验收计划的通知》，与省水利厅、省水利水电工程移民局联合转发《水利水电工程移民档案管理办法》，登记2012年重点建设项目453个，对桂箐煤矿、贵州高速公路开发总公司、贵州黔水建设工程有限公司织金自强水电站、董箐水电站、赤天化纸业5家单位的重点建设项目档案工作进行指导。贵州北盘江光照水电站、全省防汛抗旱电子政务一期工程建设项目档案通过国家档案局、省水利厅组织的专项验收。容光煤矿、小屯煤矿、花秋二矿、清溪水电站、圆满贯水电站、杨家园水电站、黄花寨水电站、120万吨/年磷酸二铵、湄余二级公路、贞安二级公路、惠罗二级公路、凯雷二级公路、贵州安大锻造厂锻造系统节能降耗、贵州安大锻造厂民用飞机零部件闪光焊工艺生产环形件、织金自强水电站15个建设项目档案通过省档案局及安顺市档案局组织的专项验收。毕节市对在建、新建的项目档案工作进行分类指导。毕节市、六盘水市、黔东南州开展水库移民、经济开发区的档案指导工作。遵义市将工业园区档案工作纳入重点指导范围。贵阳市、安顺市、铜仁市、黔南州开展天保一期项目工程档案的验收。各地档案局开展了第一次水利普查档案的指导和服务。

档案信息化建设。贵州省综合电子文件档案管理系统平台第一期项目建设获2012年省直目标考核创新奖。省档案局（省地方志办）出台《贵州省档案方志信息化建设实施意见（2013—2017年）》。各地积极开展县级档案馆档案资源数据库建设示范点的创建工作，至2012年底，贵阳市南明区、白云区、云岩区、兴义市、黔西县、遵义县、金沙县、水城县、平坝县、石阡县、荔波县、三穗县12家档案馆档案资源数据库示范点的创建工作通过验收。省档案局（省地方志办）加大了贵州档案方志信息网二、三级网站的建设力度，新建安顺方志信息网、黔南史志信息网、毕节史志信息网、六盘水方志信息网、黔西南史志信息网、铜仁档案方志信息网6个二级网站，新建云岩档案信息网、修文方志信息网、凤冈档案史志信息网、习水档案方志信息网、绥阳档案方志信息网、镇宁方志信息网、福泉档案史志信息网、平塘档案史志信息网、从江档案信息网、碧江档案方志信息网、德江档案方志信息网、金沙史志信息网、织金档案信息网、水城史志信息网、晴隆史志信息网、普安档案信息网16个三级网站。

档案法制建设与宣传教育。8月，省档案局（省地方志办）与省人民政府法制办公室联合举办贵州省第二期档案地方志行政执法人员培训班，全省共99名学员完成学业，经考试和资格审查合格，取得了贵州省行政执法证。省档案局（省地方志办）与省人大教科文卫委、省政府法制办、省直目标办联合开展档案地方志执法检查，特别是对二轮省志编纂工作进行全面督查。市（州）、县普遍开展档案地方志执法检查。

9月5—6日，省档案局与贵阳市档案局联合在贵阳瑞花广场举行“纪念《档案法》颁布25周年宣传咨询活动”。活动紧扣“档案不遥远 就在你身边”这一宣传主题，通过档案宣传展板、发放档案资料、便民咨询服务等形式，面向社会广泛宣传《档案法》《贵州省档案条例》《贵阳市档案管理规定》，展示档案部门开展“三个体系”建设的新举措、新成果，以群众喜闻乐见、通俗易懂的展板形式，图文并茂地介绍发生在老百姓身边的档案故事，前来参观咨询的市民络绎不绝，进一步提高了社会对档案的认知度，拉近档案与广大人民群众的距离。《贵州日报》、贵阳电视台、《贵阳日报》《贵州都市报》《贵州商报》等多家媒体对宣传咨询活动进行专题报道。积极参加国家档案局举办的“飞狐灵通杯”档案法制知识有奖竞赛活动，共有18000多人参赛，贵州省荣获国家档案局授予的“全国档案法制普及宣传奖”。

贵州省人民政府与国家档案局签署战略合作协议。3月28日，为贯彻落实国发2号文件精神，中共贵州省委副书记、省长赵克志与国家档案局局长杨冬权在贵阳签署了《贵州省人民政府 国家档案局关于共建服务贵州经济社会跨越发展档案事业战略合作协议》，双方就推进贵州省档案资源建设、推进贵州省各级综合档案馆舍建设、加快国家重点档案抢救与保护、加强经济社会发展重点领域档案工作、推进档案信息化和编研科研工作、推进档案队伍建设等达成共识。《协议》得到赵克志省长的充分肯定，他指示省人民政府办公厅将协议印发省直各部门学习参阅。副省长谢庆生主持了签字仪式。

（周端敏）

云南省

2012年，云南省各级档案部门和广大档案工作者坚持以科学发展观为指导，深入学习党的十八大精神，全面贯彻云南省第九次党代会的决策部署，紧紧围绕云南省委省政府工作大局和“两强一堡”发展战略，树立高原情怀，倡导大山精神，弘扬云南精神，解放思想，开拓创新，积极建设具有云南边疆民族特色的档案工作“三个体系”，全省档案事业科学发展取得新成绩。

一、档案工作服务能力持续提高

云南省档案局与州市、县局强化重点建设项目档案的业务指导和行政监管，现场指导昆明长水机场工程项目专项工程、牛栏江—滇池补水工程等重点建设项目档案工作，组织专项验收龙江水利枢纽水电站、朱家湾煤矿等重点建设项目档案，参与检查和验收向家坝水电站、雷打滩水电站等水电项目移民安置档案。经建设项目主管部门和建设单位档案部门的积极努力，昆明长水机场快速配套一期工程等一大批重点建设项目的档案工作得到规范、有序开展，项目档案建档率和规范建档率不断提升。其中，省级重点建设项目档案建档率达到100%，16个国家和省级重点建设项目档案通过云南省档案局组织的专项验收。

云南省档案局与州市、县局联系各级群众观点群众路线群众利益群众教育领导小组办公室，发文规范文件材料管理及收集归档工作；配合林业部门，确保200多万件林改档案归档齐全、整理规范、保管安全；组织创建和开展社会主义新农村建设档案工作示范县和示范乡镇、示范村试点。红塔区、麒麟区、安宁市、龙陵县通过国家新农村建设档案工作示范县验收，大理、曲靖、昆明等地完成一批示范乡镇、示范村试点的验收。

2012年，各级档案部门共接待查阅利用15.2万人次，调阅档案32.3万卷；接待参观展览6.7万人次，开发档案文化产品39种，发挥了档案工作资政参考、服务民生、传承文化的作用。其中，云南省档案局举办“红土高原的记忆——档案中的云南历史”展览，编印《山水茶事别样云南》省馆馆藏普洱茶档案画册，真实展示云南社会历史发展进程，努力彰显云南璀璨民族文化的魅力。

昆明市档案局参与制定《昆明市保障性住房和医疗保障档案管理办法》；玉溪和昭通市局分别抓好草原家庭承包和农村土地承包经营权登记试点档案工作；临沧市局成功创建省级文明单位；水富县局推行建立居民健康档案，建档率超过80%。

二、档案行政管理持续强化

云南省档案局会同相关部门，制发有关移民、水利水电工程移民、食品药品监督行政执法案件、职工医疗互助活动等档案的规范，强化对这些涉民档案的管理；组织开展档案工作规范化管理示范认定工作，完成对保山市等11个综合档案馆，云南省审计厅等10个省级机关，云南大学等12家省属企业事业单位的实地认定；与云南省保密局共同组织清理整顿了档案数字化加工公司，认定了5家档案数字化加工服务企业，审定核准《楚雄州档案馆数字档案馆建设规划》；实地认定备案金融系统档案服务中介机构；组织测评昭阳、鲁甸2个县级馆为国家二级档案馆；配合国家档案局开展《档案法》修改立法调研工作；组织云南省3.3万名档案从业人员参加全国档案法制知识有奖竞赛。

州市、县局加强对社会保险、婚姻登记、计划生育、房地产、新农村建设、农村税费改革、集体林权制度改革、新型农村合作医疗、水利普查、中小学校、医疗机构等档案工作的业务指导，提高档案规范化管理水平；昆明等8个州市广泛开展了以立卷归档、星级档案室巩固、档案安全、年度工作考核为主要内容的档案行政执法检查；曲靖等5个州市组织开展档案工作管理规范化示范认定工作，10家企业事业单位经报云南省档案局备案获得示范单位称号。昆明、文山、曲靖等地积极开展档案法制宣传，提高社会档案意识。

三、档案资源建设持续深化

云南省档案局制定上报《云南省档案馆收集档案范围细则》；联合德宏、怒江、丽江等州市开展德昂族、怒族、普米族档案征集工作。截至2012年末，已完成28人的口述历史采集；征集电影演员杨丽坤等6位名人的档案进馆，馆藏名人档案库达到104位；征集到25个少数民族的民族歌曲光盘，以及反映“一二·一”运动的照片和部分家谱、族谱；与省茶叶协会等部门合作，联合临沧、保山、德宏等州市开展古茶树资源概况的调查及建档工作；与云南大学民族研究院合作，借助社会智力资源，更好地研究和开展云南少数民族档案抢救保护工作；组织全省档案系统业务骨干赴台湾征集与云南有关的档案史料并查找相关线索，成效显著。

保山市及其5个县区、临沧市、丽江市、普洱市等档案馆制定收集档案范围细则；保山市馆启动哀牢文化档案征集工作；大理州馆征集整理州领导班子照片60多张；临沧市馆征集书画15幅；玉溪市馆征集民国时期照片、票据、地契530件；普洱市馆征集普洱茶实物档案；丽江市馆调查征集普米族、傈僳族档案；德宏州馆收集目瑙纵歌档案；昭通市馆接收电影《扎西1935》胶片及有关地震和抗震救灾的图片、视频资料；砚山县、沾益县馆将婚姻档案全部接收进馆；腾冲县和龙陵县馆收集火山热海旅游节、滇缅公路汽车拉力赛等重大活动档案；维西县馆征集民间实物档案28件；广南县馆征集碑文和字画；绥江县馆接收《绥江老县城》专题片。

机关、团体和企事业单位档案部门围绕重大活动档案、音像照片档案和电子档案等薄弱环节，完善制度，建立机制，落实责任，加强收集归档和规范管理。

2012年，共接收征集档案15.6万卷、75万件，其中，特色档案近1万卷、5.1万件；抢救保护重点档案3.4万卷。

四、档案馆建设持续推进

2012年，全省已有40个县级档案馆开工建设，建筑总面积18.57万平方米，概算总投资4.92亿元，其中，水富等7个建设项目通过项目竣工验收，古城区新馆开馆并投入使用。43个建设项目通过可行性研究评审，成为储备项目。

迪庆州档案馆建设列入藏区建设规划，拟建规模7000平方米；昭通市档案馆建设列入彝良“9·7”地震灾后恢复重建规划，拟建面积7500平方米；西双版纳州档案馆建设纳入州“十二五”规划，建设面积8800平方米。

五、档案信息化建设持续进步

云南省档案局基本完成省数字档案馆一期建设，累计全文扫描馆藏档案3000万页，制作目录数据556万条，档案数据量达到15 TB，并形成体系完善、管理严密的档案数字化工作流程和质量安全控制体系；在32个省级机关推广应用电子文件归档管理系统，初步形成电子档案管理模式；制定云南省文书类电子档案移交与接收办法；与省保密局联合制定《云南省档案数字化工作安全保密管理办法》。

州市、县数字档案馆建设取得实质进展，昆明市档案局在14个单位试点运行电子文件归档管理系统，接收电子文件7.2万页；普洱市档案局在400余家单位推广使用档案管理软件并在局内实现OA协同办公；投资1700万元的楚雄州数字档案馆建设规划已获立项即将启动；曲靖市档案馆完成数字化建设前期框架搭建项目，建成馆藏重要档案全文数据库；保山等7个州市馆分别投入专项经费开展档案数字化；保山市5个县区馆全部实现馆藏档案的文件级检索；富源县档案馆完成95%馆藏档案的数字化；畹町区档案馆接收40个单位的电子文件。

六、档案干部队伍建设持续加强

2012年，云南省共举办档案培训524期，培训人员2.2万人次。其中，云南省档案局举办9期培训，培训人员3410人次。

云南省档案局选派8名业务骨干赴新加坡接受口述历史与档案管理强化培训；派员参加第十一届国际档案理事会东亚地区分会会议暨研讨会；派员参加国家档案局组织的中青年档案工作者培训团组，赴美接受电子档案管理培训；组织11个县级局局长赴发达省市考察馆舍管理工作；组织开展跟班学习交流服务，提高基层工作人员能力和素质；分别完成和启动2项和3项国家档案局科研立项课题的研究任务，并首次承担省哲学社会科学规划课题。

（云南省档案局办公室）

西藏自治区

2012年，在西藏自治区党委、政府的坚强领导下，在国家档案局、中央档案馆的关心指导下，自治区档案局（馆）高举中国特色社会主义伟大旗帜，以邓小平理论、“三个代表”重要思想、科学发展观为指导，紧紧围绕“一个中心、两件大事、四个确保”，不断加强档案宏观管理，深化档案业务建设，提升档案工作社会服务能力，努力开创全区档案事业建设新局面，各项工作不断取得新的成绩。

一、档案事业宏观管理和业务指导工作进一步加强

2012年，自治区档案局紧紧围绕党委、政府工作大局，按照国家档案局的各项工作要求，加强对全区档案工作的宏观管理和业务指导，推动全区档案事业健康发展。年初，组织召开了全区档案工作电视电话会议，总结回顾2011年全区档案工作情况，安排部署2012年工作，明确了2012年度全区档案工作的目标任务。一年来，自治区档案局转发了国家档案局《关于印发电子工业档案移交与接收办法的通知》《关于印发〈人民法院档案工作规定〉的通知》《行政区域界线档案管理办法》《关于开展创建“全国建设项目档案管理示范工程”活动的通知》等文件，并结合全区档案实际，印发了《关于做好机关文件材料归档范围和文书档案保管期限表编制和审批工作》等规范性文件，以实地指导、电话指导和文件往来等方式，对全区各区（中）直单位、地（市）县档案部门进行各类业务指导170多次，使全区档案工作得到了进一步规范，促进了全区档案事业的科学健康发展。结合全国创建社会主义新农村建设档案工作示范县活动，区档案局牵头成立了西藏自治区社会主义新农村建设档案工作示范县领导小组，认真开展示范县的申报、指导、自检和预验收等工作。2012年9月，西藏自治区申报的山南地区乃东县正式通过国家验收，成为西藏自治区首个社会主义新农村建设档案工作示范县。

二、档案法制建设和宣传工作取得新成绩

结合全区普法工作，广泛开展《中华人民共和国档案法》《西藏自治区实施〈中华人民共和国档案法〉办法》和国家档案局令第8号、第9号的社会宣传教育。积极配合国家档案局举办的《中华人民共和国档案法》颁布25周年“飞狐灵通杯”档案法制知识竞赛，组织全区近万人参加了竞赛，对档案法制知识进行了一次有效普及。按照自治区法制办关于行政执法证件按属地管理的新要求，对档案执法队伍进行了调整，选派15人参加执法培训，并取得执法资格。一年来，自治区档案局共编印《西藏档案工作信息》20期，编辑出版《西藏档案》杂志2期，向《中国档案报》《中国档案》杂志、《西藏日报》以及西藏人民广播电台等新闻媒体报送宣传报道54篇，更新西藏档案信息网行政执法政策法规栏目信息68条，增强了社会各界对西藏档案工作的关注和了解，社会档案法制意识有了一定的提高。2012年7月，为宣传党和国家对西藏历史档案保护、整理和抢救所做的努力，展现新西藏档案人的风采，邀请西藏电视台“在西藏”栏目组拍摄专题片，重点介绍了党和国家对西藏历史档案的高度重视以及西藏历史档案的数字化整理现状、所取得的巨大成就，在社会上引起了强烈反响。2012年9月，在全国档案新闻暨档案文化宣传创新工作会上，《中国档案报》驻西藏记者站获得“优秀记者站”称号。

三、档案馆基础建设全面加强

自西藏自治区档案馆新馆建设列入自治区“十二五”重点建设项目、全区74个县级综合档案馆建设项目被列入国家中西部贫困地区县级国家综合档案馆建设投资补助资金项目以来，自治区档案局（馆）始终高度重视，积极协调，抓紧落实。一年来，自治区档案局（馆）认真落实陈全国书记在全区经济工作会议上提出的自治区档案馆要在年内完成新馆建设立项工作的指示，按照自治区发改委的工作要求，做好新馆建设项目立项准备工作。自治区档案馆已依照《军用土地使用权转让合同》，与西藏军区办理了新馆建设土地的过户手续。同时，根据《西藏自治区人民政府办公厅关于印发下半年重点项目和落实经费政策等工作任务分解方案的通知》要求，区档案馆与信息产业电子第十一设计院有限公司签订了《项目建议书、可行性研究报告合同》，成立西藏自治区档案馆新馆建设项目可行性研究报告项目组，于2012年8月完成了新馆建设项目可行性研究报告的编制工作。报告分为总体建设版和分期建设版各一套，建设规模约5.9万平方米，投资额约4.57亿元。新馆建设项目列入自治区重点建设项目后，因自治区批准的建设规模与区档案局（馆）提出的规模要求有较大差距，随后区档案局（馆）向区发展改革委提出了扩大建设规模的请求。2012年11月18日，区党委副书记、区政府常务副主席吴英杰同志在视察区档案局（馆）工作时指出，新馆面积这么大，我们要把它建好，但在具体工作上，要按照总体规划、分步实施、科学布局、实事求是的原则来开展工作。目前，区档案局（馆）正按照吴英杰副书记的指示，加紧进行新馆建设方案设计等前期工作。

为加强对县级综合档案馆建设项目的管理指导，2012年6月，区档案局专门组织工作检查组，对亚东、察隅等17个在建或拟建县级综合档案馆建设项目进行了督促检查，对检查中发现的问题进行了纠

正，对建设工程提出了要求。随后，为确保各县级综合档案馆建设工程符合国家相关标准，自治区档案局建立了全区县级档案馆建设行业审查制度。县级国家综合档案馆建设项目得到了各地（市）县党委、政府的重视支持。首批10个县级国家综合档案馆建设工程除噶尔县、察隅县外，已全部开工。经国家核准，2012年计划投资的亚东、乃东、八宿、索县、札达、革吉、林芝等7个县级综合档案馆建设资金已全部到位。2012年5月，自治区档案局向自治区发改委提交了《西藏自治区档案局关于新建第四批县级综合档案馆建设的请示》，将日喀则市、措勤县、贡嘎县等33个县级综合档案馆定为第四批建设项目。目前，被列入援藏建设项目的拉萨市档案局（馆）用房已建设竣工，各县级综合档案馆建设项目和列入援藏建设项目的日喀则地区档案馆也将陆续开工、竣工、投入使用，全区档案馆基础建设得到前所未有的加强，全面推动全区档案事业的发展。

四、档案资源建设迈上新台阶

为适应现代社会对档案服务工作需求，更好地发挥档案馆社会服务功能，自治区档案局（馆）着力加强档案资源建设，在加强机关文书档案接收进馆的同时，加强了对珍贵历史档案、实物档案、电子档案、音像档案、胶片档案以及民间档案等多种介质和载体形式档案的征集，使馆藏内容不断得到充实，档案信息结构不断得以优化。全年共接收13家区直单位文书档案1330卷，接收实物档案20件、照片档案4619件、档案数据光盘789张。随着各新建档案馆特别是县级综合档案馆的建成投入使用，因档案库房紧缺而不能接收进馆的各类档案陆续进馆，全区档案资源体系建设得到了很大发展。

五、档案整理和开发利用工作取得重大进展

随着计算机技术发展和“西藏历史档案管理系统”软件的成功开发利用，大大加快了馆藏档案特别是西藏历史档案的整理工作。全年共整理音像档案526盒，照片档案3174件，数字化整理和审核校对历史档案“噶厦全宗”239万余字。一年来，按照档案馆“档案安全保管基地、爱国主义教育基地、档案利用中心、政府信息查阅中心、电子文件中心”的五位一体功能要求，自治区档案馆不断加强档案服务体系建设，拓展社会服务功能，积极为社会和群众服务。在现行档案方面，全年接待区政府办公厅、区党委组织部、成都军区、西藏电视台等70多家单位查阅档案138人次，调阅档案558卷，有效提供利用档案676件，复印档案资料11884页。在历史档案方面，共为中国藏学研究中心、布达拉宫管理处、拉萨市第一小学等单位提供利用档案96件，为局（馆）内部编译研究工作提供利用档案1564件。在编译研究方面，主要是继续《西藏历史档案丛编》重大编译项目工作，完成丛编中《西藏地震史料选编》（藏、汉文版）、《西藏自然灾害档案史料选编》（藏、汉文版）、《铁虎清册》（藏、汉文版）等6本重版书全文排版录入222.9万字，完成《藏念海如噶传》（藏文）、《水羊清册》（共4本）的编辑、校对、修改和定稿工作，完成《第一世策墨林摄政阿旺楚成传》（藏文，上下册）、《第五世达赖喇嘛自传》（藏文，上册）等4本书第一次校对100多万字，完成《噶厦官员名录》部分原文核对、校改18万字，完成丛编28本书目前言、目录编写和丛编总序的翻译等工作。完成全部编译工作的各书目，正待逐次交付西藏人民出版社出版。与此同时，自治区档案馆积极发挥爱国主义教育基地功能，大力开展维护祖国统一、维护和谐稳定和促进民族团结等正面宣传教育，取得了良好效果，受到了社会各界的广泛好评。2012年5月，在曼谷举办的联合国教科文组织亚太地区委员会第五次全体会议上，自治区档案馆申报的“元代西藏官方档案”成功入选《世界记忆亚太地区名录》，填补了西藏没有世界记忆工程亚太名录的空白，并以铁的事实有力回击了分裂主义势力所谓“西藏文化灭绝论”的恶毒谎言。由此，中国列入该名录的项目在继《本草纲目》《黄帝内经》《天主教澳门教区档案文献（16世纪至19世纪）》及《侨批档案》后，已由4项增至5项，大大提升了西藏档案工作在全国乃至世界的影响。

六、档案抢救和保护工作稳步推进

档案抢救和保护一直是自治区档案馆的一项重点工作。结合国家重点档案抢救和保护项目工作的开展，自治区档案局（馆）紧紧从实际出发，认真做好全区“国家重点档案抢救和保护补助费”项目的申报工作，加快馆藏国家重点档案的抢救和保护工作。2012年，经财政部、国家档案局批准通过国家重点档案抢救和保护项目11个（抢救项目10个、保护项目1个），划拨补助费450万元。按照“专款专用，濒危优先”原则，开展全区国家重点档案抢救和保护工作。一年以来，自治区档案局（馆）在加强全区国家重点档案抢救和保护工作检查指导，确保各项工作任务按期圆满完成的同时，进一步加强了本馆档案抢救和保护工作。全年通过传统裱糊修复、纸浆补洞修复和展平去折去污等工作方法，共修复破损档案94708件，仿真复制馆藏珍贵历史档案14件。还帮助山南地区档案馆仿真复制档案20件，帮助日喀则地区仿真复制唐卡档案7件。

七、档案信息化建设迈出新步伐

为满足当今信息时代对档案工作的信息化要求，自治区档案局（馆）结合实际不断加强档案信息化建设。一是加强局（馆）局域网络、计算机档案管理系统和档案信息数据库的管理维护工作。对计算机网络和档案数据库实行专人管理，安装防火墙管理系统，加强信息安全防范，对网络和数据库进行定期检查维护。全年接收、压缩、挂接历史档案数据 166542 画幅（约 5T），挂接现行档案电子条目 20 万条、数据图像 120 万画幅。二是加强门户网站建设。做好西藏档案信息网、西藏自治区档案局（馆）办公网的完善和信息更新工作，加强网站信息发布的保密审查和网络安全防范，充分发挥计算机信息网络优势，为社会和群众提供更加便捷的档案服务。三是进一步加快馆藏档案数字化工作。全年通过档案扫描数字化外包、历史档案全文录入外包和历史档案计算机整理等工作手段，共完成现行档案扫描数字化 150 万画幅，历史档案扫描数字化 166542 画幅，历史档案全文录入 3854 万字，大大加快了馆藏档案的数字化进程。四是做好数字化档案数据的备份工作。为确保数据安全，防止丢失和损坏，局（馆）对数字化档案数据实行异质备份管理，除直接计算机硬盘（磁盘陈列）存储外，还另使用光盘备份，定期检查维护。全年备份档案数据光盘 759 张、档案数据图像 153 万画幅。

八、档案干部队伍专业化水平有所提高

结合全区档案工作实际，主要是在国家档案局和兄弟省区市档案部门的帮助支持下，联合四川省档案学校等教育机构，以举办中短期档案业务培训班、派人到内地挂职锻炼、到全区各单位专门授课等形式，不断加强档案工作人员的教育培训工作。全年共培训档案工作人员 269 人次，全区档案干部队伍的专业化水平得到了较大的提高。

（吉太加）

陕西省

2012 年，陕西省各级档案部门和广大档案工作者全面贯彻科学发展观，锐意进取，真抓实干，档案事业保持了良好的发展态势，为建设西部强省、构建和谐陕西作出了积极贡献。

一、领导重视，档案工作外部环境日益改善

各级领导高度重视档案事业发展。时任省长赵正永亲临省档案馆新馆建设现场检查指导工作。省委常委、省委秘书长刘小燕出席省档案馆新馆开馆仪式并作重要讲话。时任省委常委、省委秘书长魏民洲、副省长郑小明出席全省档案工作暨表彰先进大会，为全省档案工作先进集体和先进个人颁奖。省委常委、延安市委书记姚引良多次听取市档案局工作汇报，并召开市委常委会专题研究档案工作。西安市人大常委会副主任王启文带领市人大常委会委员检查市档案局馆工作。宝鸡市委常委、市委秘书长白升安担任市创建国家一级综合档案馆工作领导小组组长，协调解决创建工作中存在的问题。省档案馆档案搬迁时，省委领导更是明确指示“档案资料极其珍贵，要确保安全保密”，并协调武警负责搬运，确保档案搬运安全，充分表明了省委对档案工作的关心和重视。在各级领导的关心、重视和支持下，全省档案工作外部环境持续改善，档案事业赢得了良好发展机遇。

二、围绕中心，档案服务经济社会发展积极有效

服务重大活动成效明显。发挥行业优势，各级档案部门深入挖掘开发档案资源，以各种形式喜迎党的十八大胜利召开。省档案局精心打造出版《陕西档案精粹》，举办“陕西省档案馆馆藏珍品档案陈列展”。西安市编辑出版《西安馆藏珍档》，举办“迎接党的十八大胜利召开——西安国际化大都市建设图片展”。铜川市编印《陕甘边照金革命根据地发展历程》，出版《铜川革命历史图鉴》。延安市编纂《延安古今大事记》。榆林市拍摄制作了档案专题片《光辉足迹——榆林市档案事业发展纪实》。商洛市建成“商洛市红色记忆展”追忆展室。杨凌示范区在政府网站举办“庆祝示范区成立 15 周年图片展”。渭南市以举办签名活动、图片展览、演讲比赛等活动喜迎党的十八大胜利召开。

服务经济建设成果丰硕。在服务重点建设项目方面，省档案局先后对北元化工等 14 个重点建设项目档案工作进行指导和专项验收。禹门口至阎良高速公路、柠条塔矿井建设项目、凉水井矿井及选煤厂项目被评为“全国建设项目档案管理示范工程”。西安市积极与市发改委、市建委、高新区和经开区管委会联系，了解重点项目立项、分布、开工情况，深入有关项目帮助开展建档工作。汉中市对 2012 年度 176 个在建建设项目档案管理情况进行调查摸底和指导，对 27 个拟竣工项目档案工作进行抽检。在服务企业方面。省档案局组织省属企业档案人员参加国家档案局举办的企业档案工作培训；督促企业修订“企业档案归档范围”，现场指导企业文件材料归档范围和保管期限的编制工作；完成了陕汽集团等 10 家企业“文件材料归档范围及保管期限表”的审批工作。宝鸡、咸阳市联合市国资委先后召开企业档案工作会议，下发《关于进一步加强国有企业

档案工作意见》。渭南、汉中市继续推进民营企业档案工作示范单位创建工作，收效明显。

服务新农村建设效果良好。镇坪县、商州区、旬邑县3个县区创建成为社会主义新农村档案工作国家级示范县；户县、陈仓区等6个县区创建成为社会主义新农村档案工作省级示范县。以创建活动为契机，西安、安康等市全力推进新农村建设档案工作示范乡（镇、街）建设。咸阳市初步建立起县、镇、村三级档案工作网络。各类创建活动的开展，有力地推进了陕西农业农村档案工作的发展。

服务民生成绩斐然。养老、医疗保险业务档案工作顺利通过国家验收。为配合陕南8万户和陕北2.2万户移民搬迁工作，经过调研，省档案局起草制定了《陕西省移民档案管理办法》，指导移民档案管理。西安召开全市民生档案工作座谈会，研讨加强民生档案工作。渭南将婚姻档案、重大建设项目档案、专业档案及破产改制企业等涉及民生的档案及时接收进馆，并优先进行数字加工。宝鸡与市有关部门联合下发《城乡居民养老保险档案目标管理认证实施方案》。汉中市集体林权制度改革档案工作受到省林业厅表彰。各级国家综合档案馆切实履行《中华人民共和国政府信息公开条例》赋予的职责，加强政府信息公开服务中心建设，积极改善查阅环境，丰富查阅服务手段。全省全年共接待社会各界利用者10万余人次。

三、依法治档，档案工作宏观管理职能不断强化

档案法制意识不断提升。各级档案部门普遍利用《档案法》颁布25周年和第10个全国法制宣传日，组织人员上街进社区，通过设立咨询点、发放宣传资料、现场咨询解答等各种形式，进行档案法制宣传。全省档案系统干部万余人参与国家档案局举办的档案法制知识有奖竞赛活动，有5名同志获奖，省档案局获得“全国档案法制普及宣传奖”。

档案行政执法力度不断加强。安康市农资总公司“2·13”火灾损毁档案事件发生后，省档案局及时对案件进行调查，并下发《陕西省档案局关于安康市农资总公司“2·13”火灾损毁档案情况通报》，对全省档案安全工作提出新的要求。同时，省档案局组织开展了省级机关档案安全工作专项检查。各地市也普遍围绕“档案安全保管、档案规范管理、档案法制建设”等内容组织开展了档案专项执法检查。

档案工作监督指导更加有力。2012年，省档案局重新调整划分省级机关档案工作协作组，对机关档案工作加大监督指导力度。修订完善了《陕西省市级档案局馆年度工作考评办法》，并制定了年度考评标准实施细则，对市级档案局（馆）年度工作进行了考评；各市也加大了对县区档案工作的考核。与此同时，积极推进市县综合档案馆测评工作，榆林市、岐山县、旬阳县、太白县等11家国家综合档案馆顺利通过测评。

四、统筹兼顾，各项档案基础业务建设稳步推进

档案资源建设迈上新台阶。省档案局认真贯彻落实国家档案局令第9号，率先完成了《陕西省档案馆收集档案范围细则》修订工作。宝鸡、汉中市档案馆《接收文件归档范围及保管期限表》已编制完成并通过审批。同时，不断加大档案接收征集力度。省档案馆顺利接收省委组织部、省水利厅、省商务厅、省国资委等9家省级单位档案；西安市开展“西安城市记忆”主题照片征集活动。延安市开展知识青年档案资料征集抢救保护工作。榆林市两办出台《关于加强全市重大活动档案管理工作的通知》。渭南市加大地方特色档案接收力度。汉中市征集到汉中市百名著名书画家合作书画长卷及《中国戏曲音乐集成洋县灯影腔分卷》《蔡氏宗谱》等珍贵资料。铜川市收集整理了首届和第二届“中国孙思邈中医药文化节”节庆活动资料。杨凌示范区收集领导考察、重大会议、经贸活动、项目开工建设等255项重大活动图片16323张、录音录像31件（盒）。韩城市征集古门楣题字10460余幅。

档案馆库建设力度加大。省档案馆新馆建成投入使用。榆林市、铜川市档案馆新馆建设接近尾声，有望2013年交付使用。咸阳市档案馆新馆建设列入市级北塬新城市民文化中心建设项目。岐山、彬县、岚皋等5个区县档案馆新馆主体竣工；白河、王益、黄陵、宁陕等8个区县档案馆建设项目设计通过审查。

档案信息化建设进程加快。“陕西省数字档案馆”基础业务平台及技术平台主要功能基本实现。西安市下发《电子文件归档与电子档案管理细则》，制定《西安市区域性档案电子目录中心建设计划》。宝鸡市进一步完善目录数据库，建立了清代档案、劳动招工、婚姻档案等17个档案类型数据库。“汉中数字档案馆”档案信息综合管理系统设计完成并投入使用。铜川市制订了《铜川市档案信息化建设规划》，渭南、安康等市档案数字化加工顺利进展。全省各级档案信息网站功能充分发挥，信息公开、网上查询、在线服务等工作顺利开展，网站点击率大幅上升。

档案宣传教育工作卓有成效。省市两级档案局馆在各类报刊网站刊登文章和新闻报道超过600篇，较好地宣传了档案工作。《陕西档案》《西安档案》

《汉中档案》及各级档案信息网站编辑水平明显提高，档案工作宣传平台作用得到充分发挥。省档案局举办4期培训班，500多名档案干部得到培训。各市县档案部门也结合各自实际，加强档案干部继续教育、岗位培训以及新知识、新规范、新技能的学习。

档案科研工作取得新突破。省档案局科研所3个研究项目顺利通过鉴定和评审；1个科研项目获得国家档案局优秀科技成果奖三等奖。同时，省档案局成功举办“档案文献保护论坛”，邀请国内专家，就档案、图书保护领域的前沿性问题进行交流研讨，扩大了视野，增加了大家的档案保护意识。

（陕西省办公室）

甘肃省

2012年，在国家档案局的精心指导下，紧紧围绕省委、省政府工作大局，狠抓档案利用、档案馆库建设、档案管理规范化、档案资源信息化“四大建设”，为建设幸福美好新甘肃作出了贡献。

一、各级领导更加重视关心档案工作

甘肃省委书记王三运对档案工作作出重要批示，并在甘肃省第十二次党代会上明确要求加强档案馆公共文化基础设施建设。甘肃省省长刘伟平在省十一届人大五次会议《政府工作报告》中，明确要求推动档案文化事业发展。省委副书记欧阳坚到省档案局考察工作，对全省档案事业发展提出了明确要求。2012年8月，甘肃省人大常委会组织调研全省档案工作，开展档案执法检查；9月，甘肃省十一届人大常委会第29次会议听取审议了甘肃省人民政府《关于全省档案工作情况的报告》，并提出四条加强档案工作的建议。2012年，甘肃省委常委、省委秘书长李建华，甘肃省人大常委会副主任崔玉琴，甘肃省副省长郝远、张广智等多位领导先后到省档案馆调研，协调解决档案工作中存在的实际困难；甘肃各市州、县区党委、政府，根据各地实际情况解决了档案部门班子配备、馆库建设、经费投入等实际问题。

二、围绕省委省政府工作大局，努力开辟档案工作创新发展的新途径

一是结合省委“联村联户、为民富民”行动，大力推进新农村建设档案工作。甘肃省档案局及时联合甘肃省委“联村联户、为民富民”行动领导小组办公室印发文件，对该行动建档工作提出具体要求；各级档案部门迅速行动，全年指导建立档案5万余件。同时，甘肃各地深入实施“千村百乡”档案工作示范工程，创建示范乡镇和示范村500多个；甘肃省档案局配合水利部门完成首次全国水利普查建档工作，并在庆阳市西峰区成功创建全国新农村建设档案工作示范县（区）后，及时召开经验交流会，努力推动档案工作为农业发展、农村繁荣、农民增收作出新贡献。

二是结合省委“项目带动行动”，大力推进项目档案工作。甘肃各级档案部门深入公路、电力、水利等项目建设现场，指导280多个项目建档7万多卷。省档案局对引大入秦等19个省级重点项目竣工档案进行了专项验收；武威市档案局对辖区内44个项目竣工档案进行了专项验收；金昌市档案局与24个在建项目签订档案资料报送责任书。九甸峡水利枢纽工程和张掖发电公司一期工程，被树立为全国项目档案管理先进典型。

三是结合省委“和谐构建行动”，大力推进民生档案工作。甘肃各级档案部门积极配合社保部门，指导全省80多个社保机构档案管理达到规范化标准，为2500万人建立了社保档案；积极配合民政、劳动等部门，整合就业、低保、优抚、劳务输出、土地流转、惠农富农等档案，进一步丰富了民生档案资源。各级档案馆还为16.3万人查阅政府公开信息和档案资料63万卷，解决了事关经济社会发展和基层群众切身利益的大量问题，产生了良好的社会效益和经济效益。

四是结合省委“文化提升行动”，大力推进档案文化建设工作。甘肃省档案局制定《关于大力推进档案文化建设的意见》，要求并指导依托馆藏档案资源优势积极开展档案文化建设。2012年，甘肃各地举办档案文化展览66场次，展出档案文献3万余件，观众达8万人次；编辑出版档案史料162种，共计330万字。其中，省档案馆《辛亥革命在甘肃》获省哲学社会科学优秀成果三等奖，10部编研成果被评为全省档案系统“十大档案文化精品”；拍摄电视专题片8部，在公共场所和电视台播放。酒泉市档案馆被批准为爱国主义、中共党史和青少年教育基地；临夏州档案局开展“档案文化进校园”活动，近万名师生参观展览，展示了档案的独特社会教育作用。

三、着眼于改善档案保管环境，下决心推进各项基础设施建设

一是甘肃省数字档案馆主体建设工程顺利完工。

二是市、县档案馆库建设有了新突破。7000平方米的陇南市档案馆新馆基本建成，多个市州完成档案馆新馆建设规划。积极争取中央和省上县级档案馆项目资金4100万元，共有19个新档案馆开工建设，其中12个档案馆竣工或主体工程完工。另外，

列入灾后重建的5个档案馆有2个竣工，2个完成主体工程。

三是新建档案馆普遍安装了数量充足的新型五节柜式密集架，购置了新的办公设备，档案保管和工作条件得到根本改善，面貌焕然一新。

四、不断夯实业务基础建设，加大档案服务社会力度

一是“档案利用体系建设年”活动成效显著。甘肃省档案局在全省开展“档案利用体系建设年”活动，进一步提高了各级档案馆利用工作人性化、规范化、制度化水平，增强了档案信息开发服务能力，涌现出“十大文明服务窗口”、“十大文明服务标兵”和“十大档案利用效益典型案例”。

二是档案规范化管理有了新进展。酒泉市档案馆获国家二级荣誉称号，兰州城市学院等38个单位获档案管理省特级荣誉称号。甘肃省档案局召开现场会，对先进市州档案规范化、精细化管理经验进行总结交流。同时，由于各行各业对档案工作的重视度继续提升，全省档案规范化管理整体水平持续增强。

三是档案资源建设取得新成绩。甘肃各地认真贯彻国家档案局令第9号，基本完成综合档案馆《档案接收范围实施细则》初稿编制工作。各级档案馆抢救濒危国家重点档案2.3万卷，接收档案48.6万件，其中陇南市宕昌县档案馆征集2000页晚唐藏文献；兰州市档案馆征集原国家领导人在甘照片和名人字画317幅；嘉峪关市档案馆重视社会管理创新材料收集，取得显著成效。机关、团体、企业、事业单位认真执行年度文件归档制度，收集整理档案180万卷。

四是档案信息化建设加快推进。甘肃各地新配置一批信息化设备，档案数字化能力进一步增强，共完成全文扫描档案1298万幅，录入目录331万条，上传81万条。张掖市档案信息网站和局域网启用，建起档案信息化、网络化平台。省档案局网站群建设进展顺利，网络覆盖面进一步扩大。

五是档案安全保障能力提升。甘肃各级档案馆认真贯彻国家档案局关于审慎进行划控、鉴定工作的通知精神，重新审核100多万卷已开放档案，对存在问题作出积极稳妥处置。省档案馆更新监控消防系统并层层签订安全责任书，形成横向到边、纵向到底的安全管理网络，完成了第一批重要档案在四川省档案馆的异地备份工作。同时，市州重要档案备份在省档案馆的寄存工作全面展开。甘肃全省档案实体和档案信息安全保障水平进一步提高。

五、加强队伍建设，科技研究和宣传工作取得新成效

甘肃各级档案部门认真实施省委“效能风暴行动”，坚决整治庸懒散漫现象，机关作风不断改善，工作效率明显提高。在国家档案局关心下，全省有6名档案局馆长参加中央党校或浦东干部学院培训；各地举办培训班102期，培训档案人员6000名；48人通过档案专业中高级职称资格评审，档案干部队伍素质进一步提高。

省档案局指导中国移动甘肃公司完成的《数字化档案馆建设及面临的主要问题》项目，获国家档案局优秀科技成果奖二等奖。省档案学会举办“档案利用与档案文化”主题年会，交流学术论文百余篇，提升了档案队伍的理论素养和业务素质。

甘肃各地认真贯彻全国档案宣传工作会议精神，在各类媒体刊发档案信息334篇；中央电视台新闻联播节目介绍了天水市武山县“联村联户、为民富民”行动建档工作；《中国档案报》开辟中英文专版，在第17届国际档案大会宣传甘肃档案工作。

（甘肃省档案局）

青海省

2012年，青海省档案工作以开展“创先争优”和“抓作风建设、促工作落实”活动为动力，以档案馆库建设、法治建设、业务建设和队伍建设为重点，以档案资源建设、信息化建设和服务机制创新为着力点，不断开拓进取，狠抓工作落实，圆满完成了全年各项工作任务。

一、省委省政府领导重视档案工作

一年来，青海省委、省政府领导多次对档案工作作出重要批示，提出要求。青海省委副书记王建军在《青海档案工作信息》第11期上批示：“祝贺城北区和大通县顺利通过新农村建设档案工作示范县的国家验收。新农村建设是一个历史进程，档案工作是对历史进程的真实记录。各地都要本着对历史负责的态度，见贤思齐，在省档案局的指导下，当好时代的秘书，让档案工作更好地服务全省经济社会发展。”青海省委常委、常务副省长徐福顺在省三江源办上报的国家档案局检查三江源生态保护和建设档案《情况反映》上批示：“很好。感谢国家档案局。对存在的问题由三江源办牵头整改。对所提建议要全面落实。”青海省委常委、秘书长王小青多次深入档案部门检查指导工作，并批示要求抓好调研成果的转化应用。

二、档案馆库建设

在青海省各级党委、政府的重视和青海省有关

部门的支持下，扎实推进县级档案馆建设项目，项目建设进展良好。“十二五”期间，青海省23个县级档案馆列入国家中西部地区县级档案馆建设规划。2012年，下达西宁市城中区等7个县级档案馆建设项目，资金共3281万元。为推进项目建设，青海省档案局馆协调省委督查室对县级档案馆项目建设进度和质量进行专项督查；协调省发改委对县级档案馆项目建设进行了专项稽查；联合省人大教科文卫委和省法制办深入项目实施县进行了专项行政执法检查。10月，在海西州大柴旦召开了全省县级档案馆项目建设座谈会，总结交流了经验，提出工作要求。在国家档案局的大力支持下，青海省档案局协调省发改委将海西、海北、海南、黄南、果洛5个民族自治州（玉树州档案馆已列入灾后重建项目）州级档案馆建设项目向国家发改委进行了申报，积极争取中央财政的支持。根据青海省委领导指示精神，在国家档案局和省发改委的支持下，启动了省档案馆新馆建设项目前期工作，编制完成了省档案馆新馆建设项目可行性研究和项目概念性规划设计方案，并上报省发改委。

三、新农村建设档案工作

根据国家档案局、农业部、民政部关于创建全国社会主义新农村建设档案工作示范县的安排部署，成立了青海省示范县创建工作协调小组，制定了工作方案，并扎实做好对西宁市大通回族土族自治县、城北区创建全国社会主义新农村建设档案工作示范县的指导工作，全力推进示范县（区）创建工作的开展。7月，两个示范县（区）顺利通过国家验收，受到青海省委领导的肯定和表扬。为巩固扩大创建成果，青海省民政厅、农牧厅、档案局联合下发了《关于在全省全面推进社会主义新农村建设档案工作的意见》，对全省社会主义新农村建设档案工作作出具体部署。同时，全面推进农村档案信息资源共享工作。

四、档案法治建设

青海省档案局始终把档案法治建设作为档案事业发展的根本保障，抽调人员，集中时间，对档案规范性文件、行政审批事项进行清理，共清理规范性文件、行政审批事项9项。参加了国家档案局组织的修改《档案法》调研活动，并提出修改意见和建议。组织青海省档案局机关14名干部参加省政府法制办举行的行政执法人员培训班，并全部获得档案行政执法人员资格。6—9月份，青海省档案局会同省人大教科文卫委和省政府法制办组成联合执法检查组，对西宁、海东、海西和湟中、达日、格尔木、省高级人民法院、民政厅、农牧厅等108个地区和省直机关单位，对县级档案馆建设、档案安全、国家重点档案抢救和保护补助费项目等情况进行了行政执法检查。在《档案法》颁布25周年之际，组织青海省各级档案部门开展了“档案法制宣传月”活动，充分利用档案信息网、法律咨询等形式，宣传档案法律法规，普及档案知识，增强社会档案意识。组织青海省18400多人参加了国家档案局举办的“飞狐灵通杯”档案法制知识有奖竞赛活动，荣获国家档案局颁发的“全国档案法制普及宣传奖”。

五、贯彻落实国家档案局令第9号

认真做好“9号令”的宣传工作，省档案局（馆）制定下发了《青海省档案馆收集档案范围细则》，并审查通过了7个州市地制定的《档案馆收集档案范围细则》；下发了《关于切实做好政府公开信息送交工作的通知》，规范了政府公开信息的报送程序，保证了政府公开信息及时向社会公开。

六、重大活动（事件）档案工作

积极参与中共青海省委第十二次党代会等重大活动（事件）档案的收集工作，先后将青海省第十二次党代会、国际自行车环青海湖赛开幕式、国际攀岩赛、全国热气球精英赛等重大活动档案征（收）进馆。全年，青海省档案馆接收重大活动（事件）档案资料1177卷（册）。

七、档案利用服务工作

据统计，青海省各级档案馆（室）全年共接待查阅利用人员11.74万人次，利用档案（资料）40.09万卷（册）、41.94万件，其中，青海省档案馆接待查阅利用人员5000多人（次），调归档案（资料）11730卷（册）。为改善查阅利用环境，在青海省有关部门的大力支持下，新建的青海省档案馆政府公开信息查阅服务中心于11月5日正式投入使用。按照青海省委的统一部署，积极配合青海省委办公厅开展党内法规和规范性文件清理工作，共调阅档案5890卷（册）。

八、档案安全工作

青海省档案局（馆）严格落实档案安全工作责任制，调整了安全保密工作领导小组，完善了各项安全管理制度，不定期地对档案馆进行安全检查，并组织了两次应急演练，确保了档案馆的绝对安全。青海省各州市地也不定期开展档案安全检查，保证了馆藏档案万无一失。加强网络信息安全管理，按照国家档案局的要求，安排全省各级国家综合档案馆对开放利用档案划控、鉴定和网络信息进行了自查，并对4个州市地、6个县（区）档案划控、鉴定工作进行了检查和抽查，确保开放利用档案信息和网络信息的安全。年内，青海省档案局共组织网络安全保密及网络公开信息检查3次，划控、鉴定已开放利用档案82552卷（件）。

九、档案文化建设

2012年，青海省档案馆共接待参观人员500多人次。紧紧围绕省委、省政府中心工作，深入挖掘馆藏档案资源，组织编写了《民族工作》《宗教管理》《档案史料资政参考》等6部专题资料，共112万多字。完成了《玉树大地震救灾重建志（档案部分）》《2011年青海档案年鉴》的编写工作，组织编写《青海省志·文化艺术志（档案事业部分）》，青海省、各州市地、县（区、市）档案局馆及各级机关、企（事）业单位档案室汇编内部参考资政材料283种、1905.8万字，较好地发挥了档案资政参考的作用。组织在青海省档案系统举办了“档案文化建设”主题征文活动，共收到征文63篇。开展了档案文化建设调研活动，形成了《青海省档案文化建设调研报告》等6篇。完成了青海省第三产业调查领导小组组织的《档案文化在服务文化名省建设中的地位和作用》课题调研。

十、档案信息化建设工作

在青海省发展和改革委员会及有关部门大力支持下，投资420万元的青海省档案信息管理系统项目已经完成，初步建成了覆盖省、州（市、地）、县（区、市）的三级档案资源共享、互联互通、标准统一的政务信息公开与档案信息管理系统，搭建了全省档案数据管理存储、备份、共享平台，并在海西、海北州档案馆进行了试运行，将于2013年起在全省范围内进行推广应用。充分发挥青海档案信息网站宣传档案工作、公开档案信息和方便人民群众的“窗口”作用，全年累计点击率达到107万人次。青海省档案馆开展馆藏档案数字化工作，共数字化加工档案57412个画幅。

十一、重大建设项目档案工作

坚持档案工作服务经济社会发展这个主题，扎实做好重点建设项目档案工作。2012年青海省档案局对黄河班多水电站、西宁—日月山—乌兰—格尔木750千伏输变电工程等10个重点建设项目和三江源生态保护建设项目档案工作进行了专项验收，同时，参与了国家档案局组织的对积石峡水电站建设项目竣工档案的专项验收，确保了重点建设项目档案的齐全完整和安全保管。全力抓好玉树灾后重建项目档案工作，青海省档案局选派1名机关干部到玉树州档案局挂职，充实灾区档案部门的骨干力量。对青海省委组织部抽调下派玉树地震灾区指导重建项目档案工作的11名档案业务骨干进行了业务培训。

十二、档案科研工作

向国家档案局申报并完成了《3D虚拟技术对实体档案保护》的科研项目；完成了国家档案局下达的《档案信息综合业务管理平台研究》国家级科研课题；参与了国家档案局基于云计算国家公共档案信息资源共享服务平台研究及实践、基于国产数字档案信息系统应用研究及示范工程课题研究试点等；承担并完成了《档案文化在社会主义文化大发展大繁荣中发挥作用的途径研究》课题；参与了青海省第三产业调查领导小组办公室组织的第三产业调查资料开发课题调研，形成了《档案文化在服务文化名省建设中的地位和作用》等调研成果。

十三、电子文件管理

认真贯彻落实中办、国办和青海省委办公厅、省政府办公厅关于加强电子文件管理的一系列文件精神，青海省档案局出台了《青海省电子文件归档管理暂行办法》，省档案馆建立了电子文件数据库，投资51万元建成了电子档案保管防磁库，并组织对部分地区（部门）电子文件管理工作进行了检查。同时，与湖北省档案馆互建了重要档案数据及电子文件异地异质备份，保证了重要档案数据的安全。

十四、档案业务工作

青海省各级档案局馆加大对基层档案工作的指导力度，先后1375批3100多人次深入基层档案部门和省、州市地、县（区、市）直机关、企（事）业单位进行业务指导，促进了各级档案的规范管理。2012年组织申报了34个档案馆国家重点档案抢救和保护补助费项目，项目补助经费210万元，并对2011年国家重点档案抢救和保护补助费项目实施情况进行了专项督查和检查。对祁连、湟源、都兰、乌兰、循化等5个县级档案馆达国家二级档案馆进行业务指导检查及测评。

十五、档案工作目标管理

从9月起，由青海省档案局领导分别带队，组成三个考核小组，分别对全省8个州市地（玉树州不列入年度目标考核范围）、28个县（区、市）2011—2012年度档案工作目标管理任务完成情况进行检查和考核，进一步推动档案工作目标管理工作责任制的落实。

十六、档案干部教育培训

在国家档案局和深圳市档案局的支持下，省档案局馆在深圳举办了青海省中高层档案人才研修班，并组织举办了全省档案干部业务培训班、档案统计培训班、玉树重建项目档案业务培训班等15个培训班，培训各级各类档案业务人员5203人次，网上培训800人次。加强与国家档案局和各省区市档案部门之间的工作交流，接待参观考察人员 21 批 165 人次。举办了西北五省区第 17 次档案工作协作会议，以“重大建设项目工程档案”为主题，广泛开展了交流和研讨，共 40 人参加会议。

十七、省档案馆工作人员参照公务员管理工作

在青海省委办公厅领导的关心及省有关部门的支持下，经过参公资格审查、考试、登记、审核审批、确定职务与级别、套改工资、定岗定责等程序，省档案馆工作人员参照《公务员法》管理工作全部完成，省档案局（馆）按照新的管理体制运行。

十八、档案职称评审工作

2012 年青海省有 65 人申报档案系列职称，青海省档案系列职称改革领导小组组织完成了申报材料的初审和复审工作，并组织初、中级职称评委会，对 53 名申报初级、中级职称人员资格进行了评审；对申报高级职称的 12 人申报材料复审后，分别委托国家档案局、甘肃省档案局高级职称评委会进行评审。

（杨万泉）

宁夏回族自治区

一、档案工作服务经济社会发展成绩突出

一是农业农村档案工作成绩显著。以创建示范县为抓手推进农业农村档案工作。自治区档案局加大对永宁县创建全国新农村建设档案工作示范县活动的指导和检查力度。永宁县 6 个乡镇对各门类、各载体的档案进行了集中统一管理，并按照规定做好档案文件级检索、已公开文件的网上查阅工作，全县 69 个行政村全部建档。2012 年 8 月，永宁县顺利通过了全国社会主义新农村建设档案工作示范县的验收，成为首批全国社会主义新农村建设档案工作示范县，为自治区开展新农村建设档案工作积累了经验，为推进全区新农村建设档案工作起到了示范作用。同时，指导各市县档案局开展创建乡镇村档案工作示范点活动，联合自治区农牧厅开展土地承包经营权试点档案工作，涉农档案资源得到整合，基层组织管档用档意识明显加强，社会主义新农村建设档案工作整体水平有了提升。二是社保、医保、移民档案等民生档案工作层层推进。围绕社会保险业务档案工作的全面展开，自治区档案局联合自治区人社厅制发了《宁夏社会保险业务档案整理实施细则》《宁夏医疗保险业务档案整理标准》等规定；召开自治区社保档案工作现场会，指导社保单位档案规范化管理和各级档案部门的民生档案工作，推进了自治区社保、医保系统档案工作的规范化管理。全区市、县社保、医保经办机构 90％达到了优秀等次，自治区社保、医保经办机构顺利通过了国家社保中心与国家档案局组织的专项验收。银川市档案馆开展了采访生态移民和支宁建设移民、建立口述档案及征集相关档案资料的工作。石嘴山、大武口档案馆制定了《劳务移民档案管理实施办法（试行）》，开展了劳务移民档案工作。三是收集重大活动档案成绩突出。自治区各级档案部门主动作为，积极参与到本地区的重大活动中，及时收集整理档案。自治区档案馆参加了自治区第十一次党代会、自治区人大十届六次会议和自治区政协九届五次会议的拍摄和会议服务工作；参加了第 22 届全国图书交易博览会、全国民族团结进步创建活动经验交流会现场的拍摄工作，指导自治区博览局对中阿经贸论坛档案资料进行整理。银川市档案馆参与了银川市人大、政协两会、冰上龙舟赛、首届风筝节、银川快速公交 BRT 开工仪式等重大活动的拍摄收集工作。石嘴山市档案馆围绕创建全国文明城市，对市、区相关单位的“创城”档案资料进行了规范整理。吴忠市档案馆参与了黄河金岸项目竣工、黄河文化周开幕式等重大活动的拍摄收集工作。中卫市档案馆参与了 2012 年环青海湖国际自行车赛中卫赛段、2012 年宁夏中卫沙坡头超级皮卡挑战赛等重大活动的拍摄收集工作。四是重大建设项目档案工作取得丰硕成果。档案工作积极服务经济建设。自治区档案局以自治区重点建设项目档案工作为抓手，采取培训、指导工程档案样板卷等多种方式，对涉及自治区煤炭、电力、水利、公路、信息化建设等项目进行了指导，规范建设项目档案工作，确保档案内容齐全完整。其中太阳山光伏并网电站一期 30mwp 项目、红石湾煤矿、银古公路、太阳山供水工程、党员远程教育网等建设项目已通过档案专项验收；“银川东 750 千伏变电站一期工程、宁夏国华宁东煤矸石电厂新建工程、神华宁煤集团有限公司清水营煤矿一期”3 个建设项目档案工作被国家档案局确定为第一批“全国建设项目档案管理示范工程”，并在全国通报表彰。

二、档案馆服务功能不断拓展

自治区档案馆举行了“自治区爱国主义教育基地”、“全国中小学生档案教育社会实践基地”和“区直机关爱国主义教育基地”的挂牌启动仪式，全面开展爱国主义教育活动。组织机关干部、企业职工和中小学生 3 万多人参观“宁夏档案记忆展”，有效发挥了“三个基地”的功能。在“宁夏档案记忆展”的基础上，自治区档案馆制作了活动展板，开展档案展览进机关、进企业、进校园、进社区、进军营、进农村的“六进”活动，分别在光明广场、

宁煤集团、宁夏医科大学、宁夏大学等单位展出，参观人数达3万余人。银川市档案馆组织参观了“幸福银川我的家”大型展览，与金凤区第四回民小学联合举办了“迎六一、爱家乡——银川明天更美好”爱国主义教育主题活动。通过这些形式多样的活动，有效拓展、丰富了档案馆“五位一体”的社会功能。

三、重点突出，整体推进，各项档案业务工作稳步开展

以规范化管理促进机关、企业档案及综合档案馆工作。自治区档案局按照《自治区机关档案工作规范化管理办法》和《自治区企事业单位档案工作规范化管理办法》，加强对机关企事业单位档案工作的指导。自治区统计局等8家单位达到了自治区一级标准，吴忠法院等两家单位达到了机关档案工作规范化管理水平，宁夏电力检修公司等单位被评为企事业单位档案管理四星级单位。石嘴山市、吴忠市、固原市、中卫市档案局也采取不同形式，加强对市直各立档单位的档案业务工作进行监督检查，提高了档案工作的规范化管理水平。

按照国家档案局《市、县级档案馆测评办法》及《宁夏回族自治区档案事业发展综合评估办法》，在全区继续开展档案馆测评和档案事业发展综合评估工作。石嘴山市档案局馆、永宁县档案局馆积极开展了档案测评和档案事业发展综合评估的准备工作。

加快推进档案馆库建设。按照中西部县级国家综合档案馆建设规划，自治区档案局加强对该项工作的督查。截至目前，全区有8个县级档案馆已开工建设，实际建设面积14934平方米，超出中央规划面积34%，地方财政投入近2000万元。隆德县档案馆已建成投入使用，兴庆区、泾源县档案馆主体工程已完工。石嘴山市档案馆和平罗县档案馆积极争取项目、筹措资金，完成了新馆建设任务，为本地区档案工作科学发展奠定了基础。

进一步拓宽档案资源收集范围。认真贯彻国家档案局令第8、9号，自治区档案馆制定了《宁夏回族自治区档案馆收集档案范围细则》及专业档案类目；加强了民族宗教档案资料的征集工作，将部分民族宗教资料征集进馆；继续开展境外西夏档案资料的征集工作；加强零散档案的征集工作，征集到了全区大部分市县区的地方志等资料；从区外征集到部分民国时期涉宁档案；前往陕西延安、吴起等地，对老红军老革命进行口述档案的抢救性采集。银川市档案馆征集了反映社区活动的档案资料照片，接收了银川拖拉机厂等破产企业的档案进馆。石嘴山市档案馆将全市各部门荣获省部级以上的奖状、奖牌等实物档案征集进馆。吴忠市档案馆广泛接收、征集反映地方特色、重大活动的档案。固原市档案局完成了80%市级机关单位文件材料归档范围和文书档案保管期限表的审定。这些举措对丰富档案馆馆藏资源，拓宽馆藏档案的门类都起到了很好的作用。

利用服务水平不断提升。自治区档案局馆从年初开始，凡双休日局馆驻区政府政务中心窗口工作人员轮流在政务中心值班，局馆领导和相关处（室）工作人员开通手机轮流候备，随时提供便民服务。为迎接自治区第十一次党代会召开，自治区档案馆结合馆藏档案编写了宁夏第一次至第十次党代会专题目录，将专题目录提供给十一次党代会报告编写组。为《汪锋传》拍摄组提供了馆藏汪锋同志档案、资料，使拍摄组顺利完成了任务。银川市档案馆实行星期六查档接待工作人员AB岗工作制，为利用者提供免费查询。石嘴山市档案馆克服闭馆搬迁的困难，在闭馆期间坚持接待利用者。吴忠市档案馆为“锦绣吴忠——吴忠市现代化成就展”提供了部分反映自吴忠市成立以来不同历史时期及中央、自治区等各级领导关注和支持吴忠发展的资料、图片。编制完成了《2011年吴忠市重大活动重点项目图文集》《吴忠市旅游景点名片》。中卫市档案馆为“建设和谐富裕新中卫 献礼党的十八大”大型图片展提供馆藏珍贵档案资料，丰富展览内容。同心县档案局馆修改完善了革命遗址普查成果资料，为《豫海县回民自治政府专题研究和资料图片集》提供相关档案资料。

档案信息化建设不断加强。自治区档案馆组织研发了宁夏档案馆档案综合管理软件。针对党务内网使用加密机出现的新情况，组织解决了出现的网络联通问题，继续完善推广使用“区直机关电子公文综合管理应用系统”。组织开展了馆藏重要档案全文数字化、照片档案数字化和纸质档案缩微拍照工作。组织开展宁夏电子档案备份中心的筹建和馆藏档案的异质异地备份工作。开展“宁夏档案信息网”日常工作，加快了宁夏档案信息网信息上传的频率，及时更新上传信息。银川市档案馆开展了对馆藏珍贵和利用频繁的档案数字化工作，完成了“银川市电子文件管理中心”的平台建设。石嘴山市档案馆争取专项经费购置档案信息化设备，开发了档案管理软件，开通了内部网络。吴忠市档案馆实施了馆藏档案全文数据库建设，完成了约600万画幅的数字化工作。

依法治档和宣传教育工作得到加强。一是加强

档案法制工作。自治区档案局组织修订了全区档案系统行政执法责任制办法，编制了行政职权目录和权力清单，推进行政执法人员持证上岗工作，规范行政裁量权。开展了行政审批事项的第八次清理工作，制定了全区档案系统行政审批公共服务标准，开展了审批服务及便民服务工作。对全国电子政务试点县——盐池、平罗县档案局的档案行政审批事项的设立、工作程序的编制、流程的优化进行了详尽、具体的指导。配合国家档案局进行了《档案法》修正调研。银川市、固原市对市直部门的档案工作开展执法检查。中卫市档案局编印了《档案法律法规及规范性文件汇编》，下发全市各单位，收到了很好的法制宣传效果。二是加强档案宣传工作。自治区档案局制定了《关于进一步加强新时期档案宣传工作的意见》，安排部署档案宣传工作。年内，仅《中国档案》报刊载有关宁夏的消息即达70篇。同时，加强与媒体的联系沟通，加大报道力度，重点宣传了自治区档案局馆开展“三个基地”教育活动和档案“六进”活动等，人民网、宁夏电视台、《中国档案报》《宁夏日报》、宁夏新闻网等多家媒体纷纷刊载了相关消息。三是加强档案教育培训工作。自治区档案局向社会公布了《全区档案系统2012年度教育培训计划》。先后组织两批共239名档案工作人员参加了国家档案局档案干部教育中心举办的档案培训班。举办了全区档案人员继续教育培训班，分别就档案资源建设、安全体系建设、“8号令”、“9号令”、企业档案工作、档案信息化及网站建设、电子档案管理等档案工作面临的重大、前沿问题进行了讲解，参加培训的专兼职档案员540名，全年培训近800人次。银川市、石嘴山市、吴忠市档案局组织了不同形式、不同内容的专业培训，对档案人员进行了培训。

做好档案学会工作。宁夏档案学会组织参加了2012年全国档案工作者年会，被中国档案学会评为优秀组织奖；报送论文38篇，入选32篇，其中一篇被评为优秀论文。银川市档案学会补选了新的理事会成员，举办了学术研讨会，开展了论文评奖活动。

（宁夏回族自治区档案局）

新疆维吾尔自治区

2012年，在各级党委、政府的正确领导下，新疆维吾尔自治区各级档案部门和广大档案工作者紧紧围绕自治区经济社会发展大局和本地区、本部门中心工作，坚持“为党管档、为国守史”，强化服务，开拓创新，扎实工作，为努力推进新疆经济社会科学跨越、后发赶超，早日建成小康社会发挥重要作用。

一、档案工作服务能力明显增强

档案工作服务大局意识显著提高。自治区档案局与自治区团委联合下发了《关于开展青少年爱国主义教育档案巡展活动的通知》，将“透过档案看新疆”流动展览送进高校，进行思想道德教育。2012年4月，“中共新疆维吾尔自治区委员会党校、新疆行政学院现场教学基地”授牌仪式在自治区档案局（馆）举行，自治区档案局（馆）成为首家被命名为“现场教学基地”的自治区区级单位。与自治区开展各级干部赴基层转变作风服务群众活动领导小组办公室联合印发了《关于做好自治区开展各级干部赴基层转变作风服务群众活动文件材料收集归档工作的通知》，使这项重大活动文件材料能够按时整理归档。乌鲁木齐市档案馆被全国社会科学普及工作组委会批准为全国科普教育基地。

档案工作服务民生内容丰富。自治区档案局与自治区社保局联合对全区14个地、州、市社会保险业务档案进行了检查验收；与自治区相关部门制定了《关于进一步规范社区档案工作的意见》《水利水电工程移民档案管理办法》等民生档案规范性文件；配合自治区“民生建设年”开展，编辑了《2010—2012年自治区人民政府各项民生建设文件目录选编》提供给群众查阅利用。乌鲁木齐市下发《关于进一步加强市国有土地上棚户区改造过程中档案管理的实施意见》《乌鲁木齐市国有土地上棚户区改造房屋征收与补偿安置档案管理实施细则》，规范棚户区改造档案。阿勒泰地区档案局积极开展移民档案监督指导。乌鲁木齐市档案局加强对市政府改善民生120件实事和民生档案的收集、整理、归档工作。和田、克州、伊犁州、塔城等档案馆编辑了各种内容的惠民政策文件汇编，为老百姓提供政府信息服务。

重大建设项目档案工作持续加强。自治区档案局组织参与了哈密120万吨钾肥项目、独山子国家石油储备基地工程项目等国家和自治区重大建设项目档案的业务指导和专项验收工作。阿克苏、巴州、克州等地州档案部门通过与援疆省市协调举办建设项目档案培训班，主动开展援疆建设项目档案工作。哈密地区档案局、发改委联合印发《关于做好重大建设项目档案工作的通知》，加强援疆建设项目的档案专项检查。

二、档案业务建设稳步推进

档案法制、宣传工作持续开展。自治区档案局在全区范围内对学前双语教育、安居富民、定居兴牧等三项重点民生工程进行档案行政执法检查。组织“纪念《档案法》颁布25周年有奖知识竞赛”活动，共有来自新疆及其他省区的5.7万余人参赛，并邀请相关部门和人员举办了抽奖仪式。克拉玛依市档案局举办了“庆祝《档案法》颁布25周年宣传咨询暨首届档案馆日”活动。吐鲁番地区在吐鲁番电视台和地区司法局对外宣传大屏幕连续一个月播放档案法规知识。喀什地区召开了由123名各单位分管档案工作领导参加的贯彻《档案法》座谈会。自治区档案局组织召开了全区档案宣传工作暨表彰先进会议，对“十一五”期间档案宣传报道工作10个先进单位、10名先进个人进行了表彰奖励。

机关、团体、企事业单位档案工作水平持续提升。自治区档案局召开了自治区档案协作组会议，对22家区级单位档案工作进行了检查和通报。编印了《民营企业档案工作指导手册》，为企业档案人员做好企业档案工作提供理论依据。昌吉州档案局对州直200家立档单位进行了检查指导，4个协作组和59家单位获得了优秀。乌鲁木齐市档案局制定《乌鲁木齐市档案工作规范化管理办法》，组织人员对188家单位档案规范化情况进行检查，其中77家获得优秀。

新农村建设档案工作取得突破。2012年，库车县、乌鲁木齐县、玛纳斯县顺利通过全国社会主义新农村建设档案工作示范县领导小组组织的正式验收，成为首批全国社会主义新农村建设档案工作示范县。阿克苏地区档案局研究制定《阿克苏地区社会主义新农村建设档案工作示范乡镇创建和命名办法》，把各县争创示范乡（镇）列入目标责任绩效考核，进一步提高乡（镇）档案管理水平。

档案信息化进程逐步加快。自治区档案局印发了《新疆维吾尔自治区数字档案馆示范单位测评办法》，开展全区数字档案馆示范单位创建工作。与新疆赛昂新软科技开发有限公司联合开发的“信源档案信息管理系统”正式运行并免费向全区各单位发放。2012年，在全疆各地共举办了27期培训班，培训近3000人次，免费发放2771套软件。克拉玛依市档案局完成了馆藏永久、长期档案全部数字化。和田地区档案局投资690万元的档案馆数字化建设项目列入地区重点项目建设库。

三、档案馆工作进一步加强

档案馆工作规范化继续开展。配合国家档案局开展市县综合档案馆测评工作。2012年，吐鲁番地区、和静县、尉犁县档案馆通过国家二级档案馆测评，乌鲁木齐市天山区档案馆通过国家三级档案馆测评。

档案资源体系不断完善。自治区档案局组织召开了全疆档案资源建设会议，总结经验，探索具有新疆特色的档案资源体系。自治区档案局全年接收进馆档案131006卷，征集到14位名人509件档案进馆。吐鲁番地区档案馆征集到3份历史文书，其中一份形成于魏晋南北朝时期，是迄今为止全国各级档案馆馆藏档案中形成年代最早的档案。

档案安全体系建设切实加强。自治区档案局首次举办了“全疆档案安全体系建设”培训班。申报的《新疆维吾尔自治区档案网络体系建设研究》课题列入国家档案局2012年科技项目。自治区档案馆将第一批重要档案目录数据以移动硬盘为载体移交备份至浙江省档案馆。自治区档案局组织开展了开放档案的鉴定划控工作，集中对民国吐鲁番县档案、新中国成立后部分全宗档案进行了鉴定划控。克拉玛依市组织完成了数字档案室应用平台的试点及推广工作，实现了部分单位数字化档案在线接收。

档案馆建设工作扎实推进。自治区档案馆新馆建设项目列入国家支持新疆经济社会发展“十二五”规划项目方案，中央财政补助1亿元，建设用地已落实，项目前期准备工作有序进行。自治区发改委、档案局共同组织的县级档案馆建设推进会顺利召开。2012年度共有16个获得中央预算内资金支持的县级综合档案馆建设项目开工建设，中央下达资金4229万元，自治区补助资金600万元，县（市）财政补助486万元。自治区档案局对和静县、博湖县、福海县、墨玉县4个档案馆建设情况进行了实地督查，确保了档案馆项目按照规划组织实施。塔城地区安排资金2000万元用于地区新馆建设，克州将州档案馆纳入自治州“四馆一中心”建设规划项目之中。温宿县、库车县、阿克陶县、乌恰县等地自筹资金建设档案馆。

四、档案部门干部队伍素质不断提高

自治区档案局在自治区党校分别举办了第三、第四期地、县档案局（馆）长培训班及第二期少数民族科技骨干特培班。全年共举办各类档案培训班6期8个班次，培训学员766人次。博州、塔城、伊犁、喀什、阿克苏、克州、和田等地州积极争取对口援疆省市的帮助和支持，组织人员到对口援疆省市进行学习培训、参观考察，进一步提升档案干部队伍素质。

（王国华）

（四）档案法制、专项督查和标准化工作

2012年档案法制、重大专项督查和标准化工作综述

一、档案法制工作

一是为了贯彻执行国务院《规章制定程序条例》，规范档案法规的立项、起草、征求意见、审查、审议、发布和备案工作程序，避免越权审查、政策打架，严格实行法制统一原则，经国家档案局领导批准，国家档案局办公室印发了《国家档案局2012年立法工作计划》，该计划明确了立法工作的指导思想、具体项目和工作要求，规范了档案法规制定工作。进一步加强法规审查工作力度，提高了档案立法质量。坚持依法立法原则，严格遵守法定权限和程序，防止越权立法。2012年共审查了7件拟以国家档案局名义发布的规章、规范性文件；办理了5件国家档案局对国务院法制办或者有关中央部委的法律、行政法规、规章或者规范性文件征求意见的复函。办理了十一届全国人大五次会议转来的全国人大代表杨伟程等提出的《关于修订〈中华人民共和国档案法〉的议案》。吴建平等代表提出的《关于修订〈中华人民共和国档案法〉的议案》。二是继续开展《中华人民共和国档案法》修改工作。为了加快《中华人民共和国档案法》修改工作进程，2012年档案法修改工作正式列入《国务院2012年立法工作计划》，这标志着档案法修改工作进入一个新的阶段。国家档案局牵头组织，全国人大法工委、有关专家学者组成的《中华人民共和国档案法》修改调研工作组，分别对辽宁、吉林、黑龙江、江苏、安徽、福建、湖北、湖南、广东、重庆、四川、云南、陕西、青海、宁夏等15个省、市进行了调研，国家档案局在北京组织召开了《档案法》修改座谈会，听取有关专家、学者提出的修改意见或者建议，对《档案法》（修订草案草稿）做了进一步的完善。三是加大立法保障协调工作。为了加快《档案法》修改工作进程，定期召开了《档案法》（修订草案草稿）起草工作会；积极与法制、人大、财政等有关部委和单位进行了协调工作，有关单位对国家档案局《档案法》修改工作在国务院立项、法律专家和经费方面提供了强有力支持。四是国家档案局局务会审议通过了《档案管理违法违纪行为处分规定》，送人社部和监察部审议。五是办理有关清理档案行政许可审批项目和非行政许可审批项目事项，派员参加国务院行政审批制度改革联系人工作会议。六是为了纪念《中华人民共和国档案法》颁布25周年，按照《全国档案系统“六五”法制宣传教育规划（2011—2015年）》的安排，国家档案局在全国范围内举办了“飞狐灵通杯”档案法制知识有奖竞赛活动。

二、重大专项督查工作

2012年，国家档案局继续深入贯彻中央领导同志关于加强档案重大专项督查工作的指示精神，不断加大档案工作督促检查力度，建立健全提高档案监督和指导工作效率的保障机制，确保国家档案工作重大部署、法律法规等能够及时有效地贯彻执行。一是继续组织开展档案安全专项督查工作，对30个中央、国家机关和中央企业下发了档案安全专项督促检查工作通知。二是继续组织开展对7个中央单位未按规定期限向中央档案馆移交档案的情况进行了专项督促检查，当年即有1个中央单位向中央档案馆移交了档案。

三、档案标准化工作

为配合落实《国家基本公共服务体系“十二五”规划》，国家档案局会签国家标准委联合发布《社会管理和公共服务标准化工作“十二五”行动纲要》。在宁夏银川召开全国档案工作标准化技术委员会第20次年会，会议通报了国家有关标准化工作精神和上次年会以来档标会工作情况，9项标准列入2012年档案工作行业标准制定计划。召开《信息与文献 文件管理 第2部分：指南》和《信息与文献 文件管理 文件元数据 第2部分：概念与实施》两项国家标准项目专家意见会。召开国家标准《电子文件归档与管理规范》（修订）的专家审查会，根据审查会专家意见进行修改并形成报批稿。召开行业标准项目《照片类电子档案元数据方案》专家评审会。函审行业标准项目《艺术档案整理规则》《电影艺术档案著录规则》。对《电子档案管理基本术语》《数码照片归档与管理规范》《计算机输出缩微品（COM）和计

算机输出光盘（COLD）双套保存数字档案的技术规范》在全国范围内征求意见。对《加强强制性标准管理 加快推进标准化法修改的请示（征求意见稿）》《归档测绘文件质量要求（征求意见稿）》《国家组织机构代码编制规则（征求意见稿）》《文档管理一可移植电子文档格式第一部分：PDF1.7（征求意见稿）》提出修改意见。全年发布3项行业标准，并将全文在国家档案局网站上公布。对ISO 30302《信息与文献 文件管理系统：实施准则》的论证研究进行投票。参加2012年全国标准化工作会议、第四次全国服务业标准化联席会议。

（政策法规研究司）

依法履行审查职责
提高国家档案局规章、规范性文件质量

2012年，国家档案局政策法规研究司法规督查处根据《立法法》、《规章制定程序条例》的规定和职责，继续加大对以国家档案局名义发布的规章、规范性文件的审查工作。在审查工作中，始终坚持依法立法制规原则，严格遵守法定权限和程序，防止出现越权立法现象，为国家档案局严把审查关口，对尚不具备制定条件或者存在问题较多的送审稿，坚决做到宁可缓审、退回，也不让一个带病的规章、规范性文件发布出去。为了提高审查效率，主动把依法审查工作向前端推进，加强与起草部门在规章、规范性文件起草阶段的调研和协调，先后对《企业文件材料归档范围和档案保管期限规定（送审稿）》《农村五保供养档案管理办法（送审稿）》《人民法院诉讼档案管理规定（征求意见稿）》《审计机关审计档案管理办法（送审稿）》《广播电视节目档案管理规定（征求意见稿）》《民航档案工作规定（征求意见稿）》《金融企业业务档案管理规定（送审稿）》等进行审查，依据《规章制定程序条例》的规定对档案相关业务工作主要措施、管理制度和权限分工等内容进行重点审查，并就送审稿中存在的问题与相关起草机构进行协调，修正完善。

（政策法规研究司）

国家档案局办公室印发
《国家档案局2012年立法工作计划》

为了贯彻执行国务院《规章制定程序条例》，规范档案法规的立项、起草、征求意见、审查、审议、发布和备案工作程序，国家档案局办公室印发了《国家档案局2012年立法工作计划》，该计划明确了立法工作的指导思想、具体项目和工作要求，规范了档案法规制定工作。

一、指导思想

计划的指导思想是，全面贯彻党的十七大和十七届三中、四中、五中、六中全会精神，以邓小平理论和“三个代表”重要思想为指导，深入贯彻落实科学发展观，按照全国党委办公厅秘书长会议的决策部署，紧紧围绕党和国家工作大局，从档案工作实际出发，切实把档案立法同改革发展稳定的重大决策结合起来，同人民群众利益密切相关的问题结合起来，以宪法和法律为依据，以《国家档案法规体系方案》为指导，注重突出档案工作特点，注重提高档案立法质量，在《立法法》确定的部门立法权限范围内，科学合理地安排立法项目，为推动档案事业又好又快发展提供更加有力的法制保障。

二、具体项目

（一）力争年内完成并提请局务会审议的法律修订草案草稿、规章项目：

《中华人民共和国档案法（修订草案草稿）》；《档案管理违法违纪行为处分规定（草案）》；《电子档案移交与接收办法（送审稿）》；《集体林权制度改革档案管理办法（送审稿）》；《审计机关审计档案管理办法（送审稿）》；《水利水电工程移民档案管理办法（送审稿）》；《婚姻登记档案管理办法（修订送审稿）》。

（二）需要抓紧研究、适时启动的规章项目：

《档案科研管理办法（送审稿）》；《金融企业业务档案管理规定（送审稿）》；《村级档案管理办法（送审稿）》。

三、工作要求

一是贯彻科学发展观，落实社会主义法治理念。在起草、审查档案法规草案工作中，要善于把科学发展观和社会主义法治理念的要求转化为制度规定。要进一步解放思想，不断创新体制机制，紧紧围绕党和国家工作大局，突出档案立法工作重点，着力抓好深化改革开放、促进经济平稳健康发展、保障和改善民生、统筹城乡管理、规范行政行为、完善监督制约机制等方面需要制定或修订的档案立法项目。

二是深入开展调查研究，广泛听取意见建议。起草、审查档案法规规章，要深入基层机关、企事业单位和人民群众，广泛开展调研，全面了解档案

法规规章草案所调整的社会关系的实际情况，找准存在的突出问题，增强制度设计的针对性和可操作性。要畅通听取公众意见的渠道，采取书面征求意见、座谈会、论证会、听证会和互联网等方式，集中民智、广纳民意；对于涉及人民群众切身利益的档案法规规章草案，除了要在国家档案局网站、中国政府法制网站上公开征求意见外，必要时还应举行听证会；要高度重视基层行政机关、有关行业组织和利害关系人的意见，建立健全采纳公众意见情况的说明和反馈制度，积极探索建立公众参与立法激励机制。

三是加强立法沟通协调工作，增强立法工作严肃性。起草部门应当执行《规章制定程序条例》有关起草规章的具体规定，在档案法规规章草案送有关部门征求意见时，要就涉及的主要措施、管理体制、权限分工等问题进行充分说明，主动与相关部门沟通；对于有关部门反馈的意见要进行认真研究，充分采纳合理意见；对有争议的意见，要与有关部门进行充分协商。各起草部门要制定具体工作方案，明确工作进度，落实工作责任，及时完成起草任务；不能按时完成起草任务的，要及时向法规司提交书面报告说明原因；需要对立法项目进行调整的，要及时向主管领导请示批准；对需要抓紧研究，适时启动的立法项目，要抓紧开展研究起草工作。起草部门应当将规章送审稿及其说明、对规章送审稿主要问题的不同意见和其他有关材料按规定报送审查。法规司要提前介入各起草部门的工作，及时跟踪了解工作进展，加强督促指导，确保立法工作计划按时、高质量地完成。

（政策法规研究司）

档案法修改工作列入《国务院2012年立法工作计划》

档案法修改工作正式列入《国务院2012年立法工作计划》，这标志着档案法修改工作进入一个新的阶段。

为了加快《中华人民共和国档案法》修改工作进程，根据《中华人民共和国档案法》修改项目计划安排，2012年8—11月，国家档案局牵头组织，全国人大法工委、有关专家学者组成的《中华人民共和国档案法》修改调研工作组，分别对辽宁、吉林、黑龙江、江苏、安徽、福建、湖北、湖南、广东、重庆、四川、云南、陕西、青海、宁夏等15个省市进行了调研，广泛听取了当地档案部门、人大机关、法制机构和法学专家学者等社会各方面对修改档案法的建议和意见。

（政策法规研究司）

深入开展档案工作重大专项督查活动

2012年4月初，国家档案局下发了《国家档案局关于移交档案专项督查工作的通知》，要求尚未贯彻落实《国家档案局中央档案馆关于印发〈中央、国家机关向中央档案馆移交档案时间安排〉的通知》精神的有关单位，组织人员查找本单位在依法履行移交档案职责方面存在的问题和原因，进行自查自纠。随后，国家档案局成立3个专项督查组，分别对未按照国家规定向中央档案馆移交1980年以前档案的7个单位进行了督促检查。

与此同时，国家档案局还下发了《国家档案局关于档案安全专项督查工作的通知》，要求各单位在2011年自查自纠的基础上，继续查找、整改、治理和消除档案安全隐患。

从总体看，国家档案局开展档案工作重大专项督查活动对促进各单位依法提高档案安全意识、加强自身档案管理工作的基础建设、治理和消除安全隐患起到了重要的作用；对目前仍未依法向中央档案馆移交档案的单位也起到了警示和教育作用，对加快档案移交工作起到了重要的推动作用，为维护国家档案资源的完整和安全奠定了基础。

（政策法规研究司）

国家档案局局务会审议通过《档案管理违法违纪行为处分规定》

2012年4月28日，国家档案局局务会议审议通过了《档案管理违法违纪行为处分规定》。

《档案管理违法违纪行为处分规定》（以下简称《规定》）共22条。明确了立法目的和适用对象，归纳了在文件材料归档、档案的保管和开放利用等三个阶段中所可能发生的主要违法违纪行为种类，并根据具体情节轻重情况，设定了相应的处分档次，明确了对造成档案安全事故的责任追究方式，规定了行政救济手段和案件移送制度。

一、关于适用对象的界定

档案工作涉及面广，国家工作人员和不具有公职身份的公民、法人和其他组织都可能成为档案管理违法违纪行为的主体，但处分的性质决定了被处分对象须为履行公职的行为主体。因此，根据《行政监察法》《行政机关公务员处分条例》的有关规定，《规定》第二条将处分对象明确为四类人员：

（一）行政机关公务员；（二）法律、法规授权的具有公共事务管理职能的组织中从事公务的人员；（三）行政机关依法委托从事公共事务管理活动的组织中从事公务的人员；（四）企业、社会团体中由国家行政机关任命的人员。

二、关于档案管理违法违纪行为的表现及处分的设定

《档案法》《档案法实施办法》规定了很多义务性规范和禁止性规范，《规定》对这些规范进行了认真梳理，细化了《档案法》《档案法实施办法》《行政机关公务员处分条例》中的相关条款，针对四类人员在职务活动中违反这些规范的行为，设定了相应的处分档次。

在文件材料归档环节，违法违纪行为主要表现为将公务活动中形成的文件材料、资料据为已有，拒绝交档案机构、档案工作人员归档，《规定》第三条设定了从警告到撤职的处分。

在档案保管环节，违法违纪行为主要表现为出卖、违反国家规定转让、交换或者赠送档案，将所保管的档案据为己有，工作不负责任损毁、丢失档案或者擅自销毁档案，涂改、伪造档案，携运、邮寄禁止出境的档案或者其复制件出境，擅自提供、公布档案以及不向档案馆移交档案和档案馆违反国家规定扩大或者缩小档案接收范围。《规定》第四至第十一条、第十五条即是针对这些行为的处分条款。考虑到出卖或者违反国家规定转让、交换以及赠送档案行为给国家档案资源、历史记忆保存造成的严重损失，第五条设定了撤职或者开除的处分档次。利用职务条件形成的便利，监守自盗档案的，性质恶劣，不论占有数量多少和价值大小，都给予记大过以上处分。工作不负责任损毁、丢失档案的，属于玩忽职守行为，第七条按照《行政机关公务员处分条例》第二十条对玩忽职守行为设定的处分档次，给予记过以上处分。实践中一些单位出于部门利益，不向档案馆移交到期的档案，或者一些档案馆违反规定扩大或者缩小档案接收范围，导致不该接收进档案馆或者本该由其他档案馆保存的档案进入本馆保存，或者本该接收的档案不予接收，这些行为扰乱了档案管理秩序，危害档案安全，同时也影响档案利用工作的正常开展，应给予处分，第四条、第十五条即是针对这些行为的处分条款。

在档案开放利用环节，违法违纪行为主要表现为不按照国家规定的期限开放档案、违反规定收取利用费用等。不按照国家规定的期限开放档案的行为，限制了档案在服务经济、社会建设事业方面作用的发挥，第十六条设定了警告、记过、记大过的处分档次。违规收费行为侵害了公民、法人和其他组织的财产权益，损害了国家机关的形象，属于《行政机关公务员处分条例》第二十五条规定的违规收取财物行为，第十四条设定了记过以上的处分档次。

档案安全事故是因人为原因直接引起或者间接导致的、较严重的档案损失事件。《档案法》《档案法实施办法》中未明确提出档案安全事故的概念，但作出了各单位应配置必要的设施和建立科学的管理制度等规定。违反这一规定造成较严重档案损失事件的，属于玩忽职守行为，《规定》第十二条细化了《行政机关公务员处分条例》第二十条的规定，明确列出对不配备安全保管档案的设施设备、不建立健全档案管理规章制度、明知档案面临危险而不采取措施等行为导致档案安全事故的处分，以更有效地惩处档案安全事故责任人，预防档案安全事故的发生。

三、关于档案管理违法违纪行为所指向的档案的范围

《档案法》第二条对档案作如下定义："是指过去和现在的国家机构、社会组织以及个人从事政治、军事、经济、科学、技术、文化、宗教等活动直接形成的对国家和社会有保存价值的各种文字、图表、声像等不同形式的历史记录"。作为《规定》适用对象的四类人员，其档案管理违法违纪行为所指向的主要是国家所有的档案和虽不属于国家所有但保存在国家档案馆的档案。四类人员对个人所有档案的处分，因"个人所有档案"的范围难以界定，处分行为又与正常的行使所有权的行为相混同，且不是履行职务的行为，不应给予处分。因此《规定》第二十条将档案管理违法违纪行为的所指向的档案的范围限定为："属于国家所有的档案和不属于国家所有但保存在各级国家档案馆的档案。"

四、关于查处档案管理违法违纪行为的协作配合机制

档案管理违法违纪行为的主体很多，档案行政管理部门除对由其任命的人员外，对其他违法违纪行为主体无处分权限；任免机关和监察机关在查处档案管理违法违纪案件时，可能会牵涉到需要对相关单位和人员进行行政处罚的情况，而档案行政处罚权的法定实施机关是档案行政管理部门。鉴于以上情况，《规定》第十八条就建立档案管理违法违纪案件查处协作配合机制作了规定，明确了任免机关、监察机关和档案行政管理部门在移送案件材料、通报处理结果等方面各自的责任，以加强协作配合，形成合力，更有效地惩处档案管理违法违纪行为。

由于《档案管理违法违纪行为处分规定》由国

家档案局、监察部、人力资源社会保障部三个部门联合制定，因此《规定》还须经过人力资源社会保障部、监察部部务会议审议通过后才能正式颁布实施。

（政策法规研究司）

国家档案局举办档案法制知识有奖竞赛活动

2012 年 4—10 月，为了纪念《中华人民共和国档案法》颁布 25 周年，进一步深入普及档案法制知识，根据《全国档案系统“六五”法制宣传教育规划（2011—2015 年）》的安排，国家档案局在全国范围内举办了“飞狐灵通杯”档案法制知识有奖竞赛活动，参赛人数超过 150 万人，再创历史新高。本次知识竞赛由国家档案局统一命题，竞赛活动由国家档案局政策法规研究司、办公室、中国档案报社承办。

举办全国档案法制知识有奖竞赛活动，是深入实施全国档案系统“六五”普法宣传教育规划，促进群众性学法、知法、守法、用法的有效形式。通过竞赛活动，在全国广大档案工作人员和机关干部中普遍进行一次档案法制知识的普及、宣传、教育，进一步提升档案工作者依法履行职责的能力，提高各级档案部门依法行政水平，扩大档案工作的社会影响力，增强人们学法、知法、守法、用法的自觉性。

为加强竞赛活动的组织领导工作，国家档案局成立竞赛活动组委会、评委会和办公室。竞赛活动组委会主任由国家档案局局长杨冬权担任；副主任由国家档案局副局长段东升、李明华、李和平、杨继波担任；组委会委员由政策法规研究司、办公室、《中国档案报》社、《中国档案》杂志社负责同志，有关省、自治区、直辖市、计划单列市和新疆生产建设兵团档案局负责同志以及北京美络克思科技有限公司董事长黄春鹏担任。评委会主任由段东升同志担任。竞赛活动办公室设在中国档案报社。

竞赛活动期间，中国档案报社共发出试卷近 156 万份，共收回答题卡 149 万多份，经过竞赛活动评委会办公室的认真甄别筛选，其中正确有效答题卡 143 万多份。全国 31 个省、自治区、直辖市，16 个计划单列市和副省级市的档案部门以及军队、武警、公安，中央和国家机关，企事业单位，特别是国有大型企业、金融业等各大系统以及大专院校和街道社区人员参与了竞赛活动。

2012 年 10 月 23 日，“飞狐灵通杯”档案法制知识有奖竞赛活动抽奖仪式在京举行。本次大赛共产生一等奖 3 名、二等奖 20 名、三等奖 30 名，鼓励奖 300 名。

（政策法规研究司、中国档案报社）

全国档案工作标准化技术委员会第 20 次年会

2012 年 10 月 12—16 日，全国档案工作标准化技术委员会第 20 次年会在宁夏银川召开。会议主要内容有三项：一是通报全国标准化工作会议精神；二是审议并拟定 2012 年档案工作行业标准制修订计划；三是审查 3 项行业标准送审稿。

国家档案局副局长、全国档案工作标准化技术委员会主任委员段东升向会议通报了国家标准委确定的全国标准化工作总体要求及 19 次年会以来档案标准化工作开展的总体情况。会议对 2012 年各地各部门申请立项的 20 个档案工作行业标准项目进行了认真审议，原则同意以下 9 项列入 2012 年档案工作行业标准制定计划：1.《档案真空充氮密封包装技术要求》（原名：档案真空充氮密封包装技术标准），承担单位为山东省档案局、国家档案局技术部；2.《明清纸质档案病害分类与图示标准》，承担单位为中国第一历史档案馆；3.《纸质档案数字化技术规范》，承担单位为国家档案局档案科学技术研究所；4.《声像档案数字化技术规范》，承担单位为国家档案局档案科学技术研究所、海中信信息发展股份有限公司；5.《档案抢救与修复相关规范　部分 1——纸质档案保存状况的调查方法》，承担单位为中国人民大学信息资源管理学院；6.《档案抢救与修复相关规范　部分 2——纸质档案破损定级标准》，承担单位为中国人民大学信息资源管理学院；7.《档案抢救与修复相关规范　部分 3——纸质档案抢救修复技术质量要求》，承担单位为中国人民大学信息资源管理学院；8.《数字档案关系型数据库转换为 XML 格式文档的技术规范》，承担单位为国家档案局档案科学技术研究所；9.《数字档案信息系统运行维护规范》，承担单位为国家档案局档案科学技术研究所。

鉴于《电子档案管理基本术语（送审稿）》、《计算机输出缩微品（COM）和计算机输出光盘（COLD）双套保存数字档案的技术规范（送审稿）》、《电子档案迁移指南》中存在标准研制定位不够准确、概念不够清晰、具体内容需作调整、缺乏实例验证等问题，暂未通过审查，要求编制单位根据档标会提出的修改意见认真修改后再行送审。

会议要求加强下列工作：一是全面开展档案行业标准清理工作，组织相关专家对档案行业标准进行认真的调查、分析、研究，摸清底数；二是进一步加强电子文件管理相关标准的制修订工作；三是继续派员参加国际标准化组织/信息与文献技术委员会会议，密切跟踪国际标准的研制进度，消化吸收国际标准中先进的内容，提高我国标准的研制水平和质量。

国家档案局发布3项档案工作行业标准

2012年11月15日，国家档案局发布3项研制完成并通过全国档案工作标准化技术委员会审查的档案工作推荐性行业标准，自2013年1月1日起实施。这3项标准分别是：1.《特殊和超大尺寸纸质档案数字图像输出到缩微胶片上的技术规范》（DA/T 49—2012）；2.《全宗卷规范》（DA/T 12—2012，代替DA/T 12—1994）；3.《全宗指南编制规范》（DA/T 14—2012，代替DA/T 14—1994）。这3项行业标准在国家档案局网站上全文公布。

（政策法规研究司）

总参谋部办公厅保密档案局印发《总参谋部办公厅保密档案局工作守则》

为加强机关正规化建设，进一步规范各项工作有序运行，不断提高自身建设、工作效率和业务指导水平，2012年3月26日，保密档案局印发《总参谋部办公厅保密档案局工作守则》（试行）（以下简称《守则》）。《守则》是依据军队《司令部条例》《保密条例》《档案条例》《支部工作条例》《总参谋部工作规则》《总参谋部办公厅机关岗位工作职责（试行）》等有关规定制定的，是对2004年4月印发的《总参谋部办公厅保密档案局工作手册》补充和完善。《守则》以“忠诚不苟，厚德守正，坚守平凡，创造非凡”精神为核心，经局党支部会议审议通过，是规范全局工作运行的基本遵循，对于提高干部按规定、按程序、按规矩办文办会办事的工作运行模式将起到积极的作用。《守则》共分三章三十五条，包括职责分工、行政制度和工作规范等内容，涵盖了全局工作建设各个方面，针对性和操作性很强。

《军队档案资料数字化通用要求》等军用标准颁布实施

2012年9月1日，由总参保密档案局组织总参作战部、军训部、海军、北京军区等档案部门编制的《军队气象水文科技档案数据库结构和著录格式》《军队院校教学档案整理技术要求》《军队档案资料数字化通用要求》和《军队档案档号编制规则》等4项国家军用标准，由总装备部批准颁布实施。4项标准紧贴档案实体管理和信息化建设实际，着眼档案工作转型和可持续发展，标准性、强制性和可操作性强，对于规范档案基础整理和数字化等业务工作，促进档案工作建设将发挥重要作用。

（总参谋部办公厅保密档案局）

江苏省印发《江苏省数字档案馆等级评估办法》和《江苏省数字档案室等级评估办法》

2012年2月23日，江苏省档案局分别印发了《江苏省数字档案馆等级评估办法》和《江苏省数字档案室等级评估办法》，推动全省数字档案馆（室）建设。

数字档案馆（室）建设是全省各级国家档案馆（室）“十二五”期间的中心工作之一，是引领档案信息化建设与档案管理现代化的核心，是坚持科学发展、服务江苏“两个率先”的重要任务。两个《办法》的出台，将对全省各级数字档案馆（室）的建设起到很好的规范作用，必将对全省数字档案馆（室）建设产生极大的推动作用。

《江苏省数字档案馆等级评估办法》《江苏省数字档案室等级评估办法》，分别依据《数字档案馆建设规程》《数字档案室建设规程》《数字档案馆评估细则》《数字档案室评估细则》对数字档案馆、数字档案室建设评估等级与分值、职责与分工、评估形式、审批要求等方面进行了细致的分解，目标明确、内容具体、可操作性强，是数字档案馆（室）建设的基本依据。

（江苏省档案局 徐有法）

江苏省档案局、江苏省商务厅联合出台《关于加强全省开发区档案工作的意见》

为保证全省开发区档案齐全完整，进一步提高开发区档案科学管理水平，更好地为开发区经济建设和社会发展服务，根据《中华人民共和国档案法》《江苏省档案管理条例》及《江苏省经济技术开发区管理条例》等法律法规，江苏省档案局、江苏省商务厅于2012年12月3日联合出台了《关于加强全省开发区档案工作的意见》（以下简称《意见》），对全省开发区档案工作提出指导性意见。

《意见》强调，全省开发区档案是开发区建设管理等活动中直接形成的对国家、社会和开发区有保存价值的各种文字、图表、音像、电子文件和实物等历史记录，真实地反映了江苏积极探索对外开放道路、推动开发区创建和创新发展的伟大实践，是不可替代的宝贵财富，是国家档案的重要组成部分。档案工作是各开发区管委会一项重要的职能工作，是开发区各类职能活动的真实记录。做好全省开发区档案工作不仅是贯彻《中华人民共和国档案法》的需要，也是维护开发区真实历史面貌和保证开发区持续发展的需要。目前，全省开发区开发建设速度不断加快，形成和积累了大量的各门类载体的文件材料，档案工作面临全面建档和标准化、规范化、现代化管理的重要任务。全省开发区管委会要本着“为党管档，为国守史”的高度责任感，按照档案管理的有关法律法规，加强开发区档案管理工作。

《意见》对全省开发区档案工作基本原则、组织领导、档案机构管理职能、档案基础设施建设、档案资源建设、档案开发利用服务、档案信息化建设、档案人才队伍建设等方面提出了要求。

（江苏省档案局业务指导处）

河南省档案局出台河南省各级档案馆档案安全评估办法和评估标准

为贯彻落实国家档案局加强档案安全体系建设的精神，防范、降低、化解档案安全风险，确保档案安全，河南省档案局出台了《河南省各级档案馆档案安全评估办法》和《河南省各级档案馆档案安全评估标准》（以下简称《办法》和《标准》）。

《办法》坚持档案馆安全建设与风险评估相结合、定量评估与定性评估相结合、静态评估与动态评估相结合的原则，指导档案馆加强档案安全体系建设，预防、降低、规避档案安全风险。档案安全评估采用分项加总与风险要素扣分相结合的办法，其中安全建设的100项指标总分为150分，达到要求得分，部分达到要求的按比例得分，达不到要求不得分；安全风险因素为风险点，一旦存在安全风险问题，则该大项不得分。《办法》体现了安全评估工作的强制性和长效性。要求各级档案行政管理部门切实履行档案安全监管职能，对所属档案馆安全建设进行监察、指导和安全评估，以保障档案安全。同时，规定了档案安全风险评估周期为五年，到期后需按程序、按管理权限重新组织评估。

《标准》以《档案法》《档案馆建筑设计规范》《档案馆设计标准》等法规、标准文件为依据，把散存在各个法规、标准中有关档案安全的要求转化为安全评估指标，使安全评估有法可依、有规可循。《标准》结构严谨、层次分明、体系完整，分为安全目标层、安全要素层、安全因子层和风险要素层四个层次，前三个层次重在档案安全体系建设评估，使其达到档案馆库安全、安防设施齐全、档案实体安全、档案信息安全、档案管理安全的目标；风险要素层列举了档案馆应该规避的27个重点安全风险，作为否定项目，重在对档案安全风险的评估，减少、规避风险。

《办法》和《标准》经过近两年的理论调研、实践调研，先后召开征求意见座谈会，印发征求意见函，多次修改，几易其稿。《办法》和《标准》的初稿形成后，到不同层次、不同条件的新乡市、商丘市、三门峡市、永城市、鄢陵县等档案馆进行专题调研、实际测评，努力使安全评估指标体系更加完善、更具有操作性。

档案安全体系建设是档案资源体系建设、档案利用体系建设的重要保障。档案安全评估就是加强档案安全建设的有效手段，《办法》和《标准》为安全评估提供了依据。通过档案安全评估，提高各级档案部门和社会各界的档案安全意识和风险意识，通过制度建设、安全设施建设、技术保障和管理措施把档案安全落到实处。

河南省档案局出台《河南省档案专业“十百千”人才工程实施意见》

河南省档案局出台《河南省档案专业“十百千”人才工程实施意见》，对档案领军人才、拔尖人才、优秀人才的评选条件提出了具体要求，规范了推荐程序，并就加强组织领导提出了具体意见，将在河南省档案系统选拔10名档案领军人才，100名档案拔尖人才，1000名档案优秀人才。目的在于力争把各层次的优秀档案人才选拔出来，培养成功，发挥作用，不断增强优秀档案人才的成就感和荣誉感，最广泛地激发广大档案人才干事创业的激情和潜力，在河南省档案系统营造尊重档案劳动、尊重档案知识、尊重档案人才、尊重档案事业创新创造的浓厚氛围。进一步加大档案人才资源开发力度，建立人尽其才、才尽其用、用尽其能，使优秀人才脱颖而出的人才工作机制，培养造就一批素质优良、新老衔接、结构合理的档案人才队伍。该项工作正在有序开展。

（河南省档案局）

行政区域界线档案管理办法

（民政部　国家档案局2012年1月6日公布）

第一条　行政区域界线档案是民政专业档案，

是国家档案资源的重要组成部分。为了加强省、县两级行政区域界线档案工作，根据《中华人民共和国档案法》、《中华人民共和国档案法实施办法》和《行政区域界线管理条例》的有关规定，制定本办法。

第二条　本办法所称行政区域界线档案是指在行政区域界线勘定和管理过程中形成的与行政区域界线的位置、走向、名称等密切相关，具有保存价值的各种文字、图表、声像、电子等不同形式和载体的文件材料。

1989年至2002年全面勘定省、县两级行政区域界线（以下简称全面勘界）和各项行政区域界线日常管理活动（以下简称日常管界）形成的成果类档案适用本办法。

第三条　县级以上各级人民政府民政部门、档案行政管理部门及其职能机构和工作人员，应当按照国家有关规定，在各自职责权限范围内依法开展行政区域界线档案工作。

第四条　县级以上各级人民政府民政部门档案机构对行政区域界线档案实行集中保管，指定专职人员负责保管工作。可以通过设立专门的行政区域界线档案保管机构并配备专职人员的方式，加强行政区域界线档案保管力量。

第五条　全面勘界和日常管界形成的文件材料应当按照归档范围及时归档。归档范围见附件一。

第六条　县级以上各级人民政府民政部门行政区域界线管理机构应当在工作完成后6个月内向本部门档案机构和上级人民政府民政部门归档。

第七条　行政区域界线文件材料应当区分不同行政区域界线或者交会点进行整理立卷。

全面勘界文件材料已经立卷的，应当维持案卷原貌不变。

日常管界文件材料按照行政区域界线联合检查、行政区域界线变更及勘定、界桩及其他标志物变化、行政区域界线纠纷处理、其他行政区域界线日常管理活动（如平安边界建设）等分别整理立卷。

行政区域界线交会点材料单独整理立卷。

第八条　行政区域界线文件材料由县级以上各级人民政府民政部门行政区域界线管理机构负责整理立卷，其中需要向上级人民政府民政部门归档的由毗邻各方共同整理立卷。

需要共同整理立卷的，其中，行政区域界线联合检查文件材料由联检工作牵头方负责牵头整理立卷，其他工作文件材料由行政区划代码靠前的一方牵头整理立卷。

第九条　行政区域界线档案案卷质量应当符合以下要求：

（一）文件材料批复在前、请示在后，正件在前、附件在后，印件在前、定稿在后；

（二）文件材料应当标注页号，案卷封面、卷内文件目录、备考表等项目应当逐项准确填写。案卷封面、卷内文件目录、备考表式样见附件二；

（三）照片材料贴在A4规格的复印纸上附加说明后随卷装订；

（四）案卷装订应当牢固、整齐。

第十条　声像材料按照《磁性载体档案管理与保护规范》（DA/T 15—1995）要求整理；行政区域界线管理过程中形成的电子文件按照《电子文件归档与管理规范》（GB/T 18894—2002）和《电子文件归档光盘技术要求和应用规范》（DA/T 38—2008）要求整理。

第十一条　案卷内日常管界文件材料排序应当符合以下要求：

（一）行政区域界线联合检查、界桩及其他标志物变化、行政区域界线纠纷处理、其他行政区域界线日常管理活动案卷的文件材料按照形成时间先后排序；

（二）行政区域界线变更及勘定案卷设立分册，其中行政区域界线协议书附图、工作用图分册的文件材料按照图幅编号排序，界桩成果表、界桩登记表、界桩照片分册的文件材料按照界桩号排序，其他分册的文件材料按照形成时间先后排序。

第十二条　行政区域界线档案案卷按照行政区划管理层级——行政区域界线或者交会点代号顺序排列，同一条行政区域界线或者同一个交会点的所有案卷按照形成的时间顺序排列，全面勘界案卷在前，日常管界案卷接续在后。

行政区域界线档案案卷按照案卷排列顺序编写案卷号。

第十三条　县级以上各级人民政府民政部门档案机构应当编制案卷目录。案卷目录式样见附件三。

第十四条　行政区域界线档案的保管期限为永久。

第十五条　行政区域界线档案实行多套异地保存。保存单位见附件四。

第十六条　行政区域界线档案库房应当按照《档案馆建筑设计规范》（JGJ 25—2000）建设，具备防光、防火、防虫、防鼠、防潮、防尘、防高温、防盗窃、防泄密等保管条件，配备必要的保管设备和防护设施。行政区域界线协议书附图和工作用图应当配备专门的图柜（盒）保管。

第十七条　县级以上各级人民政府民政部门档

案机构应当做好行政区域界线档案的数字化工作。

第十八条 县级以上各级人民政府民政部门形成的行政区域界线档案应当按照《中华人民共和国档案法》和《中华人民共和国档案法实施办法》的有关规定向同级国家综合档案馆移交。

第十九条 行政区域界线档案的利用应当符合下列要求：

（一）档案形成、移交单位以及上级业务主管单位可以利用行政区域界线档案；

（二）各级人民法院、人民检察院、公安机关、国家安全机关、纪检监察机关、审计机关因公务需要可以查阅行政区域界线档案；

（三）其他单位和个人可以查阅行政区域界线档案中除过程性文件材料之外的其他文件材料。

行政区域界线档案原件一般不得向第（一）项以外的单位和个人提供。

行政区域界线档案仅限于当场查阅、复制或者摘录。

行政区域界线信息管理系统数据档案的利用参照《省级行政区域界线信息管理系统数据使用管理暂行办法》（民勘办发〔2003〕22号）执行。

第二十条 县级以上各级人民政府民政部门应当建立行政区域界线档案管理利用制度。有关单位和个人利用档案应当提出申请，说明理由，并经民政部门行政区域界线管理机构同意。

第二十一条 利用属于国家秘密的行政区域界线档案应当按照国家相关保密法律法规进行审批。

第二十二条 行政区域界线档案复印件需加盖县级以上人民政府民政部门档案机构印章方为有效。有关单位和个人未经县级以上人民政府民政部门同意，不得公开档案内容。

第二十三条 乡（镇）级行政区域界线档案的管理参照本办法的有关规定执行。

第二十四条 本办法自公布之日起实施。《勘界档案管理暂行规定》（国勘办发〔1997〕12号）同时废止。

附件一：

行政区域界线文件材料归档范围

一、全面勘界文件材料归档范围

1. 毗邻行政区人民政府联合勘定的行政区域界线协议书及其报批请示、上级批复。

附件：协议书附图（包括复印签字图）、界桩成果表

2. 毗邻行政区勘界工作领导小组办公室关于起草《毗邻行政区人民政府联合勘定的行政区域界线协议书》的说明、联合勘界工作总结。

3. 行政区域界线交会点协议、纪要、附图及测绘成果等文件材料。

4. 勘界测绘成果材料：观测手簿、计算手簿、计算成果、行政区域界线调绘资料、航片等。

5. 勘界测绘技术设计书、勘界测绘技术工作总结。

6. 工作用图。

7. 界桩登记表。

8. 界桩照片。

9. 行政区域界线详图集及样图。

10. 双方上一级人民政府或勘界工作领导小组及其办公室、双方勘界工作领导小组及其办公室共同指定的依据材料或地形图。

11. 联合勘界实施方案及其请示、上级批复。

12. 双方（含上级）实地调查共同形成的调查报告、处理意见等文件材料。

13. 双方各级勘界协商会议形成的协议、纪要、附图等文件材料。

14. 有关业务主管部门对跨越行政区域界线的自然资源权属处理意见。

15. 双方上一级人民政府或勘界工作领导小组的裁决及勘界工作领导小组办公室的协调处理意见。

16. 毗邻方在行政区域界线勘定过程中形成的来往文书材料。

17. 行政区域界线联检记录、纪要及处理意见。

18. 其他应当归档的文件材料。

二、日常管界文件材料归档范围

（一）行政区域界线联合检查文件材料

1. 毗邻行政区人民政府行政区域界线联合检查报告，各级人民政府民政部门起草联检报告的有关文件材料。

2. 联检实施方案及上报（下发）方案有关文件材料。

3. 联检过程中形成的会议纪要、协议等文件材料。

4. 联检过程中形成的联检记录表、行政区域界线及行政区域界线标志物检查及修测记录、界桩成果表、界桩登记表、界桩照片。

5. 其他应当归档的文件材料。

（二）行政区域界线变更及勘定文件材料

1. 上级人民政府批准变更行政区域界线的文件材料。

2. 毗邻行政区人民政府联合勘定行政区域界线的协议书及其上报备案的报告。

附件：协议书附图（包括复印签字图）、界桩成果表

3. 毗邻行政区人民政府民政部门关于起草联合

勘定行政区域界线协议书的说明、工作总结。

4. 行政区域界线交会点协议、纪要、附图及测绘成果等文件材料。

5. 测绘成果有关文件材料。

6. 测绘技术设计书、勘界测绘技术工作总结。

7. 工作用图。

8. 界桩登记表。

9. 界桩照片。

10. 联合勘界的实施方案等有关文件材料。

11. 毗邻方（含上级）实地调查共同形成的调查报告、处理意见等文件材料。

12. 毗邻方各级协商会议形成的协议、纪要、附图等文件材料。

13. 有关业务主管部门对跨越行政区域界线的自然资源权属处理意见。

14. 毗邻方上一级人民政府的裁决及其民政部门的协调处理意见。

15. 毗邻方在行政区域界线勘定过程中形成的来往文书材料。

16. 其他应当归档的文件材料。

（三）界桩及其他标志物变化文件材料

1. 毗邻方人民政府或者民政部门形成的有关界桩分工管理的文件材料。

2. 记录损坏界桩修复情况的文件材料。

3. 毗邻方人民政府有关因建设、开发等原因需要移动或者增设界桩的协议书及其上报备案的文件材料。

4. 界桩移动或者增设后的界桩成果表、界桩登记表、界桩照片等有关测绘文件材料。

5. 行政区域界线其他标志物变化后的修测文件材料。

6. 处罚违反界桩及其他标志物管理规定行为的文件材料。

7. 其他应当归档的文件材料。

（四）行政区域界线纠纷处理文件材料

1. 上级人民政府或民政部门处理纠纷的决定、批示、协调意见等文件材料。

2. 毗邻方人民政府或者民政部门签订的处理纠纷的协议、纪要以及附图、测绘成果等文件材料。

3. 处理纠纷的往来文件材料，协调会议有关文件材料。

4. 其他应当归档的文件材料。

（五）其他行政区域界线日常管理活动材料

1. 上级人民政府或者主管部门作出的与具体行政区域界线有关的决定、意见等文件材料。

2. 毗邻方签订的与行政区域界线有关的协议、纪要以及联合上报（下发）的文件材料。

3. 毗邻方联合创建行政区域界线管理制度的文件材料。

4. 行政区域界线详图集及编制过程中形成的有关文件材料。

5. 毗邻的各有关人民政府同意生产、建设用地需要横跨行政区域界线的文件材料，生产、建设用地的审批和备案文件材料。

6. 有关资源主管部门处理边界资源纠纷的决定、意见等文、图材料。

7. 处理违反《行政区域界线管理条例》行为的文件材料。

8. 其他应当归档的文件材料。

附件二：

案卷封面、卷内文件目录、备考表式样

一、案卷封面式样

（一）案卷封面式样（文件）

<table>
<tr><td colspan="4">（全宗名称）</td></tr>
<tr><td colspan="4">（立卷单位）</td></tr>
<tr><td colspan="4">（行政区域界线（交会点）名称及编号）</td></tr>
<tr><td colspan="4">（案卷题名）</td></tr>
<tr><td>自　年　月至　年　月</td><td>保管期限</td><td colspan="2">永久</td></tr>
<tr><td>本卷共　件　页</td><td>密　级</td><td colspan="2"></td></tr>
</table>

全宗号	目录号	案卷号

说明：

1. 全宗名称：填写档案保管单位的全称，由档案保管单位填写。

2. 立卷单位：填写立卷单位的全称，由立卷单位填写；单独立卷的填写单独的单位名称，联合立卷的填写所有单位名称。

3. 案卷题名：填写能反映本案卷主要内容的标题，

由立卷单位填写。

4. 全宗号、目录号、案卷号：由档案保管单位填写，其中，全宗号是全宗名称对应的代码，由档案行政管理部门确定；目录号对应每一条行政区域界线（每个交会点），同一全宗号下的目录号不得重复；案卷号是案卷排列的顺序号，每条行政区域界线（每个交会点）从第1份勘界档案开始分别从1开始编号。

5. 其他内容：由立卷单位填写。

（二）案卷封面式样（图纸）

行政区域界线编号：　　　　密　　级：
行政区域界线名称：　　　　保管期限：永久

（全宗名称）

（案卷题名）
（比例尺）

（立卷单位）
（立卷时间）

全宗号	目录号	案卷号

说明：填写方法同案卷封面式样（文件）。

二、卷内文件目录式样

卷内文件目录

顺序号	文号	责任者	题名	日期	页号	备注

说明：卷内文件是图纸的，卷内文件目录用接图表代替。

三、备考表式样

备　考　表

本卷情况说明：

立 卷 人：
检 查 人：
立卷时间：

说明：备考表由立卷单位逐项填写。档案保管单位填写需要说明的其他事项，应当注明时间并签字。

附件三：

案卷目录封面、正文式样

一、案卷目录封面式样

行政区域界线档案案卷目录

全宗名称：
全 宗 号：
行政区域界线（交会点）名称及编号：
目 录 号：
保管期限：

编制机关：
编制日期：

二、案卷目录正文式样

案 卷 目 录

案卷号	案卷题名	年度	期限	密级	页数	备注

附件四：

行政区域界线档案多套异地保存

一、全面勘界档案

省级行政区域界线：国务院民政部门档案机构保存原件（或印刷件），省级人民政府民政部门档案机构保存复印件（或印刷件）（其中协议书附图为复印签字图）。

县级行政区域界线：国务院民政部门档案机构保存第1、3项的复印件（或印刷件），省级人民政府民政部门档案机构保存原件（或印刷件）。

二、日常管界档案

（一）行政区域界线联合检查档案、界桩及其他标志物变化档案、行政区域界线纠纷处理档案、其他行政区域界线日常管理活动档案：

省级行政区域界线：国务院民政部门档案机构保存毗邻方形成的一致性文件材料的印刷件（或复印件），省级人民政府民政部门档案机构保存原件。

县级行政区域界线：由省级人民政府民政部门自行确定。

（二）行政区域界线变更及勘定档案：

省级行政区域界线：国务院民政部门档案机构保存原件（或印刷件），省级人民政府民政部门档案机构保存复印件（或印刷件）（其中协议书附图为复印签字图）。

县级行政区域界线：国务院民政部门档案机构保存第1、2、4项的复印件（或印刷件），省级人民政府民政部门档案机构保存原件（或印刷件）。

中央档案馆案卷级档案接收质量检查办法

（国家档案局 中央档案馆2012年3月7日发布）

第一条 为加强国家档案资源建设，有序开展各单位向中央档案馆移交档案工作，确保进馆档案质量，根据《中华人民共和国档案法》和《中华人民共和国档案法实施办法》，按照《中央档案馆接收档案的标准》《中央档案馆电子版档案数据接收规范》（档函〔2009〕51号）、《中央档案馆关于含有绝密级电子版档案数据接收进馆的规定》（档函〔2010〕315号）及国家其他有关规定制定本办法。

第二条 凡按规定向中央档案馆移交档案的单位，其进馆档案都应按照本办法接受中央档案馆组织的档案质量检查，检查合格者方可移交进馆。

第三条 移交进馆档案质量检查内容主要包括：

（一）全宗划分清楚；

（二）分类明确、前后一致；

（三）文件材料齐全完整，保管期限划分准确；

（四）案卷质量符合标准；

（五）检索工具实用方便；

（六）编研材料和其他重要资料基本齐全；

（七）电子档案数据符合接收规范标准。

第四条 中央档案馆按照本办法和《中央档案馆案卷级档案接收质量检查内容和评分标准》（见附件，以下简称《评分标准》），对移交档案质量进行检查。总分100分，分为纸质载体档案分值（60分）和档案数字化数据分值（40分），纸质载体档案48分以上，档案数字化数据32分以上方为合格。

第五条 接收档案质量的检查工作由中央档案馆负责组织。

（一）成立接收进馆档案质量检查小组。由中央档案馆保管部、信息中心等部门组成，负责接收档案的质量检查工作。

（二）中央档案馆保管部接收征集处具体负责接收档案整理的日常业务指导工作。联系电话：(010) 62457545、62457527。

第六条 接收档案质量检查程序：

（一）自检：档案移交单位在对拟移交档案进行整理及数字化加工后，对照《评分标准》认真进行自检，自检须逐项打分，并填写自检说明。

（二）申请：档案移交单位根据移交计划，在自检合格的基础上，向中央档案馆提出书面申请。

（三）检查：档案质量检查小组对提出申请的单位进行档案整理质量检查，包括听取汇报、现场检查、审核自检分数、逐项评分，确认档案整理质量是否合格及最终得分。检查结束后，检查小组将质量检查情况报中央档案馆。

（四）认定：中央档案馆对认定档案质量合格并在规定时间内向中央档案馆完成档案移交的单位，颁发移交进馆档案质量合格证书。

第七条 表彰与奖励

对移交进馆档案质量合格、获 90 分以上的单位，中央档案馆将给予档案部门一定的奖励；同时建议移交单位对本单位档案部门给予一定的物质和精神奖励。

对不按规定时间移交档案或不能保证进馆档案质量的单位，国家档案局中央档案馆将进行专项督查并予以通报，并根据《中华人民共和国档案法》予以查处。

第八条 本办法适用于对案卷级档案的检查。

第九条 本办法及附件由中央档案馆负责解释。

第十条 本办法自发布之日起实行。

附件：中央档案馆案卷级档案接收质量检查内容及评分标准

附件：

中央档案馆案卷级档案接收质量检查内容及评分标准

序号	检查项目内容	分数	条文释义和评分细则	自检说明	自检分	评审分
一	**全宗划分清楚**	5	全宗划分清楚			
1	全宗划分清楚，每一个全宗的建立和结束要查找出依据性文件，并在全宗介绍中说明	3	一个机关在其职能活动过程中形成的各种门类和载体的档案为一个全宗；新成立机关，一个机关分为两个以上机关，几个机关合并为一个机关，都应分别建立新的全宗；机关改变领导关系，但工作性质和业务范围未发生变化，仍接续原来的全宗，内部机构、临时机构一般不建立单独全宗。代管二级单位的档案应单独列全宗			
2	进馆档案须以全宗为单位进行整理，分阶段移交	1	自形成之日起满 20 年的档案，或根据各单位机构变动情况将全宗划分成若干部分			
3	保持全宗完整	1				
二	**归档文件材料齐全完整，保管期限划分准确**	12				
4	重要会议的文件、记录，特别是党委、党组、机关领导办公会议记录等	1				
5	主要业务职能文件，特别是内部形成的调研和统计材料、各种工程和科研项目审批文件及附件	2				
6	干部、人事任免、奖惩材料	1				
7	会计档案中决算材料	1				
8	本机关在外事活动中形成的重要文件材料	1				
9	本单位重大活动中形成的照片、音像档案，实物档案	2				

续表

序号	检查项目内容	分数	条文释义和评分细则	自检说明	自检分	评审分
10	进馆档案须全部经过鉴定，重点是长期和短期档案，保管期限划分不准确的应予调整，剔除档案中的重份件	2	有鉴定组织、方案及鉴定报告			
11	一个全宗应按照统一的分类方案进行分类，做到类别设置合理，类别界线清楚，类与属层次分明	2				
三	**档案质量符合标准**	37				
12	文电稿须统一整理	1				
13	录音带、录像带、照片等档案与文书档案统一整理、编目并分别存放，在档案目录中注明互见号，保持联系便于查找利用	1				
14	不同年度的文件一般分别组卷，跨年度的请示与批复放在批复年整理；跨年度的规划放在针对的第一年整理；跨年度的总结放在针对的最后一年整理；跨年度的会议文件放在会议开幕年整理；非诉讼案件材料放在结案年整理	3				
15	装订厚度一般不超过两公分(200页)	1				
16	密不可分的文件一般批复在前，请示在后；正件在前，附件在后；正本在前，定(底)稿在后	2				
17	重要文件的历次修改稿，定稿在前，其他历次修改稿依次排列	2				
18	非诉讼案件档案卷内文件排列，结论、决定、判决性文件在前，依据(罪证、旁证等)材料在后	1				
19	案卷有系统的流水号，卷内文件有系统的页号，单份装订的案卷须逐件加盖档号章	3	档号章的位置在每件文件首页上端空白处，项目：全宗号、目录号、案卷号、件号			

续表

序号	检查项目内容	分数	条文释义和评分细则	自检说明	自检分	评审分
20	移交进馆档案须全部编制卷内目录及案卷目录，填写项目齐全	10	卷内目录项目：顺序号、文号、责任者、题名、日期、页号、密级、备注。案卷目录项目：卷号、机构、案卷题名、起止时间、件数、页数、备注			
21	案卷标题简明扼要，包括责任者、事由、文种三部分	1				
22	每卷档案须附有备考表，备考表项目填写齐全	1	备考表项目：本卷情况说明、立卷人、检查人、立卷时间。无法查考的，维持原状			
23	硬卷皮推荐使用250克无酸牛皮纸，规格310 mm×220mm，软卷皮一般采用无酸牛皮纸，规格297 mm×210mm	1	现有卷皮可用者不必更换；破损、霉变的卷皮应按规定更换。采用软卷皮进行装订的须装盒			
24	案卷封面项目填写齐全	1	案卷封面填写项目：全宗名称、类目名称、案卷题名、时间、保管期限、件数、页数、文书处理号、档号			
25	破损文件须修裱，字迹扩散者须复制并与原件一起装订，发生虫霉的档案须去除虫霉	2				
26	案卷级档案建议采用线装（三孔一线），文件级档案按相关规定装订	2	结实整齐，不掉页，不倒页，不压字，不损坏文件，不妨碍阅读			
27	以全宗为单位编制目录	1				
28	簿册式案卷目录、卷内目录应有封面、说明（案卷数量、分类原则、整理情况，存在问题等）、目次、简称与全称对照表、案卷目录表等	2	目录中的项目填写齐全，项目内容与档案实体一一对应			
29	档案目录一式两套与档案一同移交	2				
四	**编研材料和重要资料基本齐全**	6				
30	编写机关机构沿革	2	机关成立、背景、撤销时间，机关名称变化、性质、任务，职权和隶属关系演变情况，内部机构和直属单位设置情况，历届负责人			
31	编写全宗介绍	2	档案数量、内容，档案的分类原则，完整程度情况，整理情况，鉴定及销毁情况，检索工具编制情况等			

续表

序号	检查项目内容	分数	条文释义和评分细则	自检说明	自检分	评审分
32	重要资料收集	2	机关编辑出版的政策、法规汇编，各种专题文集、综合性统计资料，机关出版的指导指示性刊物			
五	**档案数字化符合接收规范**	40				
33	档案数据与实体档案一致	3	数据整理本着与实体档案一致的原则，数据结构以全宗为单位			
34	保证移交电子版档案数据的完整	3	不得有缺卷、缺页的情况			
35	按照档案著录规则的要求进行目录著录，并且建立相应数据库	2	建立含有案卷级和文件级两级目录的数据库			
36	目录数据格式满足数据迁移的通用性，移交目录数据为DBF文件格式	3	其他格式须进行转换			
37	档案目录数据保证案卷级目录和卷内文件级目录相对应，文件级目录可顺利挂接到与之相对应的图像数据文件	3	档案目录数据中案卷级目录和文件级目录须有对应字段，一般以案卷级档号字段对应。文件级目录中应含有与图像数据对应的路径字段，即原文路径			
38	目录字段项符合数据接收规范	3	符合中央档案馆电子版档案数据接收规范4.2部分各字段项要求内容			
39	图像数据移交格式为单页TIFF格式或者JPG格式	3	同一全宗内，选择其中一种格式，不得混用			
40	图像数据（文件夹及文件）命名方式符合规范要求	3	图像数据分两层文件夹存放，第一层文件夹以目录号命名，文件夹内存放该目录的所有卷；第二层文件夹以案卷级档号命名，文件夹内存放图像文件，图像文件以页码命名			
41	图像扫描模式宜采用黑白或彩色，参数设定合理	3	不建议使用灰度，图像参数的具体要求参考《纸质档案数字化技术规范》			
42	图像数据质量符合要求	3	无扫描格式错误、命名错误、歪斜、黑边、多扫、漏扫、扫描质量模糊等问题			
43	移交数据采用两种载体装载；硬盘和DVD光盘各一套	2	DVD光盘为单片盒装			
44	有移交数据的说明及硬盘数据和光盘数据移交清单	2	要求说明档案数据内容，数据加工情况、其他特殊处理情况，以及目录及图像数据的相关说明（类似全宗介绍）。数据移交清单（样表）见规范附录B。说明文件及移交清单在文件移交时作为附件签收，说明及清单电子文本文件可备份在移交光盘及硬盘中			

续表

序号	检查项目内容	分数	条文释义和评分细则	自检说明	自检分	评审分
45	数据载体(硬盘或光盘)作标识	2	光盘盒正面及侧面标记盘号及内容,光盘盘片不可粘贴纸质标签,采用标准涂层或记号笔书写,标识反映光盘内容。光盘标签及封面标注格式见接收规范附录C、D			
46	绝密级数据库要求按绝密级电子版档案数据接收进馆规定处理	5	规定含有绝密级数据应按绝密级电子版档案数据接收进馆规定处理和移交,不含绝密级数据可不做处理			

水利水电工程移民档案管理办法

(国家档案局 水利部 国家能源局2012年4月23日发布)

第一章 总 则

第一条 为加强水利水电工程移民档案工作,规范移民档案管理,充分发挥移民档案的作用,根据《中华人民共和国档案法》《大中型水利水电工程建设征地补偿和移民安置条例》等有关法律、行政法规和规章,结合水利水电工程移民工作实际,制定本办法。

第二条 本办法适用于大中型水利水电工程移民档案(以下简称“移民档案”)管理,其他水利水电工程可参照执行。

第三条 本办法所称的移民档案是指在水利水电工程移民工作中形成的具有保存价值的文字、图表、声像等不同形式和载体的历史记录,是反映移民工作过程的重要凭证。

第四条 移民档案工作是水利水电工程移民工作的重要组成部分,是留史存证、规范管理、支撑监管、维护各方合法权益、保障移民工作顺利进行和社会长治久安的一项基础性工作。

第五条 各级档案行政管理部门、项目主管部门、水利水电工程移民行政管理机构(以下简称移民管理机构)、水利水电工程项目法人(以下简称项目法人)以及参与移民工作的有关单位应加强对移民档案工作的领导,采取有效措施确保移民档案的完整、准确、系统、安全和有效利用。

第六条 各级移民管理机构、项目法人及相关单位要建立健全移民档案工作,明确负责移民档案工作的部门和从事移民档案管理的人员,保障移民档案工作所需经费、库房及其他设施、设备等条件。

第二章 管理与职责

第七条 移民档案工作实行“统一领导、分级管理、县为基础、项目法人参与”的管理体制。

第八条 各级档案行政管理部门负责对本行政区域内移民档案工作的统筹协调和监督指导。项目主管部门应加强对移民档案工作的监管。

各级移民管理机构负责本行政区域内移民档案工作的组织实施和监管,并做好本级移民档案工作。

项目法人参与本项目移民档案工作的监管,并负责做好本单位移民档案工作。

涉及移民工作的单位负责其承担任务形成的移民档案收集、整理、归档或移交工作。

第九条 各级移民管理机构、项目法人和相关单位,应将移民档案工作纳入移民工作计划和移民工作程序,纳入相关部门及其人员的工作职责并进行考核。

第十条 移民档案工作应与移民工作实行同步管理,做到同部署、同实施、同检查、同验收。

第十一条 签订移民工作任务合同、协议时,应设立专门章节或条款,明确移民档案的收集范围、整理标准、载体规格、版本套数、移交时限。

第十二条 移民档案形成单位(部门)应建立健全移民档案工作制度与业务规范,采取有效措施及时做好移民档案的归档工作,确保移民档案的完整、准确、系统、规范与安全。

第十三条 在移民工作过程中,应做好反映移民工作重要阶段或成果的照片、录音、录像等声像材料的收集、整理和归档工作。在实物指标调查、原址原貌、搬迁安置、库底清理、补偿领款等重要活动或节点,应有相应的声像材料归档。

第十四条 各级档案行政管理部门和移民管理机构应组织开展移民档案人员的业务培训,并适时组织移民档案工作交流。

第十五条 各级移民管理机构应采用现代信息技术,加强对移民档案信息管理,使移民档案管理与本单位信息化建设同步发展,确保移民档案的有效利用。

第十六条 有关单位应加强移民档案的保管，采取有效措施做好防火、防盗、防水、防尘、防有害生物、温湿度控制等保管、保护工作，确保档案实体与信息安全。

第三章 归档与移交

第十七条 移民档案形成单位（部门）是归档工作的直接责任人，应具体负责将各类应归档文件材料进行全面收集、系统整理，并按规定向移民管理机构档案部门和项目法人档案部门归档或移交。

任何部门、单位和个人均不得以任何借口将应归档文件材料据为己有或拒绝按时归档、移交。

第十八条 移民档案主要包括移民安置前期工作、移民安置实施工作、水库移民后期扶持工作、移民工作管理监督、移民资金财务管理等方面的文件材料。具体参照《水利水电工程移民档案归档范围与保管期限表》（见附件）。

第十九条 移民档案的保管期限依据保存价值分为永久、30年、10年。

第二十条 移民档案整理应遵循维护档案材料原貌，保持文件材料之间的有机联系和成套性特点，便于保管和方便利用的原则。归档文件材料应以项目为单位进行整理，不同项目的文件材料应分类标识、分别组卷。

（一）移民安置前期工作、移民工作管理监督文件材料应按《机关档案工作业务建设规范》（国档〔1987〕27号）或《科学技术档案案卷构成的一般要求》（GB/T 11822—2008）的规定整理。

（二）移民安置实施工作、水库移民后期扶持工作文件材料应按《国家重大建设项目文件材料归档要求与档案整理规范》（DA/T 28—2002）或《科学技术档案案卷构成的一般要求》（GB/T 11822—2008）或相关行业的有关规定整理。

外迁移民迁出前有关档案材料由迁出地移民管理机构收集，按户整理、归档，并将复制件交迁入地移民管理机构保管。迁出后形成的有关档案资料由迁入地移民管理机构收集，按户整理、归档，并将复制件交迁出地移民管理机构保管。

（三）移民资金财务管理文件材料应按《机关档案工作业务建设规范》（国档〔1987〕27号）或《科学技术档案案卷构成的一般要求》（GB/T 11822—2008）的规定整理，其中的会计档案按财政部、国家档案局颁布的《会计档案管理办法》（财会字〔1998〕32号）收集、整理、归档、管理。

第二十一条 归档的纸质文件材料应为原件，且字迹工整、印制清晰、签章完备、日期等标识完整，制成、装订等材料符合耐久性要求。无法获取原件用复制件归档的，应标明原件所在位置。

第二十二条 声像和实物档案归档时应按规定标注相关信息，编制相应目录并单独保管。

照片按《照片档案管理规范》（GB/T 11821—2002）整理，重要的数码照片应留存相应的纸质照片。

电子文件整理应符合《电子文件归档与管理规范》（GB/T 18894—2002）要求。

第二十三条 县级以下移民工作单位形成和接收的档案，应在移民工作任务完成后三个月内向县级移民管理机构移交；县级及县级以上移民管理机构形成和接收的档案，应按国家规定定期向同级国家综合档案馆移交。

第二十四条 移民安置实施过程中，各项工作或单位工程结束或验收后，各责任主体单位应将相关的移民档案移交县级以上移民管理机构。在移民安置验收后，省级移民管理机构应将反映移民安置工作实施主要过程和结果及资金管理等方面的档案复制件或扫描的电子文件（具体内容可通过合同、协议约定），提交给项目法人备查。

第二十五条 项目法人在移民工作过程中形成的相关文件材料，应纳入有关职能部门的归档范围，进行收集、整理和归档，并同接收的移民档案，统一纳入建设项目档案范畴进行管理。

第二十六条 移民档案移交时，交接双方应办理交接手续，明确档案数量（附文件或案卷目录清册）、交接日期，由经办人、负责人签字，并加盖单位公章。

第四章 移民档案验收

第二十七条 移民档案验收是移民安置验收的重要组成部分。工程阶段性移民安置验收时，应同步检查移民档案的收集、整理情况，移民档案检查不合格的，要及时整改。工程竣工移民安置验收时，应同步验收移民档案，凡移民档案验收不合格的，不得通过移民安置验收。

第二十八条 工程竣工移民安置验收时，验收委员会应组成移民档案验收组。移民档案验收组应由档案行政管理部门、验收组织单位、项目法人及有关单位的档案人员和相关专家组成。其组长应为移民安置验收委员会成员。移民档案验收的主要意见和结论应写入移民安置验收报告。

第五章 奖励与处罚

第二十九条 对移民档案工作中做出突出成绩的单位、部门或人员，县级以上档案行政管理部门、移民管理机构、有关单位应给予表彰和奖励。

第三十条 有下列行为之一的，由县级以上档案行政管理部门或移民管理机构，按照国家有关规定，对直接责任者和有关人员给予行政处罚或行政处分；构成犯罪的，应移交司法机关依法追究其刑事责任：

（一）将移民工作中形成的应归档的文件材料据为己有，不按规定进行归档的；

（二）不按规定向综合档案馆、有关单位移交档案的；

（三）损毁、丢失或擅自销毁、处置移民档案的；

（四）涂改、伪造移民档案的；

（五）违反规定擅自提供、抄录或公布移民档案的；

（六）玩忽职守，造成移民档案损失的。

第六章 附 则

第三十一条 各相关单位可根据本办法制定实施办法。

第三十二条 本办法由国家档案局负责解释。

第三十三条 本办法自发布之日起施行。

附件：水利水电工程移民档案归档范围与保管期限表

附件：

水利水电工程移民档案归档范围与保管期限表

序号	归档文件	保管期限	备 注
1	**移民安置前期工作文件材料**		
1.1	正常蓄水位选择报告及审查意见	永久	
1.2	施工总布置规划报告及审查意见	永久	
1.3	建设征地范围地质勘测报告及审查意见	永久	
1.4	建设征地处理范围分析材料	永久	
1.5	关于禁止在工程占地和淹没区新增建设项目和迁入人口的通告（封库令、停建令）	永久	
1.6	实物调查工作大纲、细则	永久	
1.7	实物调查表、统计表、汇总表	永久	
1.8	实物调查成果材料	永久	
1.9	移民安置规划大纲及其审批文件材料	永久	
1.10	移民安置规划及其审核、审批文件材料	永久	
1.11	移民安置规划变更及其审批文件材料	永久	
1.12	移民安置方案及其审批文件材料	永久	
1.13	移民安置选址、勘测、设计、论证、评估文件材料	永久	
1.14	征地补偿和移民安置投资概（估）算及其审批文件材料	永久	
1.15	初步设计阶段移民安置规划及其审批文件材料	永久	
1.16	其他有关移民安置前期工作的文件材料	重要的 永久 一般的 30 年	
2	**移民安置实施工作文件材料**		
2.1	综合文件材料		
2.1.1	移民安置实施规划、技施阶段移民安置规划或施工图设计阶段移民安置规划及其审批文件材料	永久	
2.1.2	移民安置实施规划、技施阶段移民安置规划或施工图设计阶段移民安置规划调整、设计变更及其审批文件材料	永久	
2.1.3	移民安置协议及相关会议纪要和文件材料	永久	

续表

序号	归档文件	保管期限		备　注
2.1.4	移民安置试点方案及其实施情况文件材料	永久		
2.1.5	移民安置年度计划及其批复文件材料	永久		
2.1.6	移民安置年度投资计划及其审批文件材料	永久		
2.1.7	按规定确认的设代函、综合设计联系单、综合设计变更通知、度汛设计文件、专题设计文件以及工程截流、蓄水移民安置规划设计等综合设计文件材料	永久		
2.1.8	建设征地界桩布置设计文件，界桩分布图等文件材料	永久		
2.1.9	其他有关移民安置实施工作的文件材料	重要的	永久	
		一般的	30 年	
2.2	农村移民安置文件材料			
2.2.1	农村移民安置规划文件材料	永久		
2.2.2	农村移民人口情况表及人口变化情况表	永久		
2.2.3	农村移民安置意愿征求意见文件材料	永久		
2.2.4	农村移民安置区规划图、土地利用现状图、地形图	永久		
2.2.5	农村移民安置点规划及基础设施设计资料，移民安置点基础设施、公共设施和居民房屋建设的招投标、合同和竣工验收等文件材料	永久		
2.2.6	移民生产安置用地调整、开垦、整治、改造、验收、移交和分配情况及确权文件材料	永久		
2.2.7	农村移民实物登记卡、补偿资金卡及补偿补助资金兑付相关手续和证明文件材料	永久		以户为单位建档
2.2.8	农村移民安置审批及资格审查文件材料；自谋出路安置申请书、符合条件证明及审批文件材料；自愿投亲靠友安置申请书、安置地接收证明及审批文件材料；“农转非”安置申请书及审批文件材料，搬迁安置协议文件材料	永久		以户为单位建档
2.2.9	农村居民的建设用地及其确权材料，农村移民搬迁前后的土地承包证、宅基地证、建房许可证、房产证或购房协议、户籍材料等	永久		以户为单位建档
2.2.10	移民村(组)集体财产调查核查表、补偿补助情况表，集体财产分割协议书和补偿资金卡，以及补偿补助资金兑付相关手续和证明文件材料	永久		以村镇或组为单位建档
2.2.11	安置前后移民村(组)土地情况及分户承包经营情况文件材料	永久		以村镇或组为单位建档
2.2.12	移民村(组)生产安置费使用管理情况，主要包括村民代表会议记录、申请报告及批复文件、建设项目文件材料等	永久		以村镇或组为单位建档
2.3	城(集)镇迁建文件材料			

续表

序号	归档文件	保管期限	备　注
2.3.1	城集镇迁建规划及基础设施设计文件材料	永久	
2.3.2	新址占地情况及规划图、地形图	永久	
2.3.3	新址建设用地及其确权文件材料，场地平整、基础（市政）设施、公共设施的招投标、合同及竣工验收等文件材料	永久	
2.3.4	城集镇移民人口情况表及人口变化情况表	永久	
2.3.5	城集镇移民和单位实物登记卡、补偿资金卡，以及补偿补助资金兑付相关手续和证明文件材料，搬迁安置协议文件材料	永久	移民以户为单位建档
2.3.6	城集镇移民和单位搬迁前后房产证或购房协议	永久	移民以户为单位建档
2.3.7	城集镇移民和单位新址房屋建设情况文件材料	永久	移民以户为单位建档
2.3.8	新址占地搬迁人口情况表及搬迁安置情况文件材料	永久	
2.4	工矿企业迁建（处理）文件材料		
2.4.1	工矿企业实物指标调查核查文件材料	永久	
2.4.2	工矿企业迁建或处理规划情况文件材料	永久	
2.4.3	工矿企业土地使用证、营业执照、采矿许可证、税务登记证、资产负债表、债权债务协议、企业权属证明、企业实景照片等文件材料	永久	
2.4.4	工矿企业迁建或处理实施情况及职工安置情况文件材料	永久	
2.4.5	工矿企业迁建或处理补偿补助资金兑付相关手续和证明文件材料	永久	
2.4.6	工矿企业补偿评估文件材料	永久	
2.4.7	工矿企业迁建（处理）验收文件材料	永久	
2.5	专项设施迁（复）建文件材料		
2.5.1	专业设施实物指标调查核查文件材料	永久	
2.5.2	专业设施迁（复）建规划文件材料	永久	
2.5.3	专业设施项目立项、勘察、设计、招投标、施工、监理、验收、交付使用等情况的材料及有关审批文件	永久	
2.5.4	专业设施项目用地审批文件	永久	
2.5.5	专业设施项目补偿补助资金兑付相关手续和证明文件材料	永久	
2.6	库底清理文件材料		
2.6.1	库底清理实物调查核查文件材料	永久	
2.6.2	库底清理规划、设计、计划及实施方案	永久	
2.6.3	库底卫生清理、固体废物清理、建（构）筑物清理、林木清理的实施情况、工作报告和验收意见等文件材料	30年	

续表

序号	归档文件	保管期限	备 注
2.6.4	库底清理资金拨付使用相关手续和证明文件材料	永久	
2.7	文物保护文件材料		
2.7.1	地下文物和地面文物调查核查表及原始记录文件材料	永久	
2.7.2	文物保护规划、计划、协议及实施方案	永久	
2.7.3	文物保护的实施情况、工作报告和验收意见等文件材料	永久	
2.7.4	文物保护资金拨付使用相关手续和证明文件材料	永久	
2.8	环境保护和水土保持文件材料		
2.8.1	环境保护和水土保持规划、计划、协议及实施方案、验收意见等文件材料	永久	
2.8.2	环境保护和水土保持项目的实施情况、工作报告和验收意见等文件材料	永久	
2.8.3	环境保护和水土保持资金拨付使用相关手续和证明文件材料	永久	
2.9	地质灾害防治文件材料		
2.9.1	地质灾害隐患调查核查文件材料	永久	
2.9.2	地质灾害防治规划、计划、协议及实施方案	永久	
2.9.3	地质灾害防治的实施情况、工作报告和验收意见等文件材料	永久	
2.9.4	地质灾害防治资金拨付使用相关手续和证明文件材料	永久	
2.10	移民安置验收文件材料		
2.10.1	移民安置验收工作计划及工作大纲	永久	
2.10.2	工程阶段性和竣工移民安置验收(包括自验、初验和终验)的申请材料、验收会议文件材料、验收意见、验收报告和验收专家组、委员会签字表	永久	
2.10.3	有关单项移民工程验收意见及相关文件材料	永久	
2.10.4	有关移民安置验收的重要声像材料	永久	
3	**水库移民后期扶持文件材料**		
3.1	后期扶持人口核定登记有关文件材料	永久	
3.2	后期扶持人口变化情况文件材料	永久	
3.3	后期扶持方式确定有关文件材料	永久	
3.4	大中型水库移民后期扶持规划及其审批文件	永久	
3.5	大中型水库库区和移民安置区基础设施建设和经济发展规划及其审批文件	永久	
3.6	水库移民遗留问题处理专项规划及其审批文件	永久	
3.7	解决小型水库移民生产生活困难问题规划或方案及其审批文件	永久	
3.8	后期扶持年度计划(预算)及其批复文件	永久	
3.9	后期扶持项目立项、勘察、设计、招投标、施工、监理、验收、交付使用等情况的材料及有关审批文件	永久	

续表

序号	归档文件	保管期限		备　注
3.10	后期扶持资金收支情况文件材料	永久		
3.11	后期扶持直补到人资金兑付情况文件材料	永久		
3.12	后期扶持项目资金拨付使用情况文件材料	永久		
3.13	其他有关水库移民后期扶持的文件材料	重要的	永久	
		一般的	30年	
4	**移民工作管理监督文件材料**			
4.1	移民工作规章制度、政策规定、管理办法	永久		
4.2	移民工作计划、总结、通知、汇报、奖惩等文件材料	重要的	永久	
		一般的	30年	
4.3	移民工作会议文件材料及移民工作大事记	重要的	永久	
		一般的	30年	
4.4	移民工作宣传报道、经验交流、调查研究、教育培训、统计报表等文件材料	重要的	永久	
		一般的	30年	
4.5	移民来信来访及接待处理情况、群体性事件及其处置情况文件材料	重要的	永久	
		一般的	30年	
4.6	移民工作行政监察、财务检查、资金审计和监督检查工作文件材料	永久		
4.7	移民稽察和内部审计工作文件材料	永久		
4.8	移民安置监督评估工作文件材料	永久		
4.9	水库移民后期扶持监测评估工作文件材料	永久		
4.10	其他有关移民工作管理监督的文件材料	重要的	永久	
		一般的	30年	
5	**移民资金财务管理文件材料**			
5.1	移民资金管理工作的有关政策法规、规章制度和管理办法	30年		
5.2	移民会计工作的有关规定、办法、细则	30年		
5.3	征地补偿和移民安置资金以及农村移民安置、城集镇迁建、工矿企业迁建(处理)、专业项目建设投资的概(估)算、预(决)算和资金拨付等文件材料	永久		
5.4	水库移民后期扶持资金预(决)算和资金拨付等文件材料	永久		
5.5	移民资金年度预算和移民工作专项经费的申请、批复和资金拨付等文件材料	永久		
5.6	移民资金收支情况的会计凭证、账簿	永久		
5.7	移民资金收支情况的会计报表	重要的	永久	
		年报	30年	
		季、月报	10年	
5.8	财务会计移交或销毁清册	永久		
5.9	其他有关移民资金财务管理的文件材料	重要的	永久	
		一般的	30年	

第一次全国水利普查档案验收办法

（水利部 国家档案局 2012 年 5 月 24 日发布）

第一章 总 则

第一条 为切实加强水利普查档案管理工作，确保档案验收质量，依据水利部、国家档案局《第一次全国水利普查档案管理办法》（水办〔2011〕161 号）及国家有关规定，结合水利普查档案特点，制定本办法。

第二条 本办法所称的水利普查档案验收是指各级水利普查机构或国家水利行政主管部门依法组织的水利普查档案专项验收。

第三条 水利普查档案验收是水利普查项目验收的前提条件。凡水利普查档案未通过验收的单位或项目，不得进行水利普查项目验收。

第四条 本办法适用于对县级及县级以上水利普查机构的档案验收。

第二章 验收组织

第五条 组织水利普查档案验收应按照“统一管理、分级实施、权责明确、程序规范”的原则进行。

第六条 省级以下水利普查档案的验收由省级普查机构负责组织。省级与各流域机构水利普查档案的验收由国务院第一次水利普查领导小组办公室（以下简称“国普办”）负责组织。“国普办”的水利普查档案验收（包括流域机构以外的部属单位），由水利部和国家档案局负责组织。军队和武警水利普查档案验收，分别由解放军总后勤部和武警部队后勤部负责组织。

第七条 负责组织验收单位，是档案验收工作的责任主体，可直接组织验收，也可委托有关单位组织验收（应有正式委托函件）。组织验收时应成立档案验收组，具体负责水利普查档案的验收工作。验收组一般应由负责组织或受委托组织验收单位的普查工作机构和档案管理部门、申请验收单位的同级水行政主管部门和档案行政管理部门的专业人员及有关专家组成。

第八条 验收组工作结束时，应形成档案专项验收意见。验收意见须经验收组三分之二以上成员同意，并履行签字手续，注明单位、职务（含专业技术职务）。验收意见应由组织验收或被委托组织验收单位印发给申请验收单位，作为申请水利普查项目验收的依据之一，并抄送申请验收单位的同级水行政主管部门和档案行政管理部门备案，如是被委托组织验收的，验收意见应同时抄报上级委托单位。

第三章 验收内容与要求

第九条 水利普查档案管理情况：

（一）规章制度建立与执行情况。认真贯彻落实水利部和国家档案局有关办法要求，或结合上级要求完善单位档案工作规章制度，使水利普查档案的收集、整理等业务工作有章可循，且与普查各项业务工作同步开展。

（二）档案管理设备设施及装具情况。有符合国家规范要求的设备和装具，且能够满足档案安全保管、利用等业务工作的需要。

（三）履行档案监督、指导职责情况。认真履行档案工作监督指导职责，对促进各业务部门和下级水利普查机构档案工作的开展，发挥了重要作用。

第十条 水利普查档案收集、整理与归档情况：

（一）档案的完整性。水利普查产生的管理类、专业类及特殊载体类的应归档文件材料，应收集齐全、完整。

（二）档案的准确性。归档文件材料记录和反映的内容清晰、准确，图纸编制符合规范要求，各项审核签字手续完备，反映同一问题的不同档案记载应一致。

（三）档案的系统性。各类归档文件材料的整理符合系统性要求，做到了分类科学、组卷合理、排列有序。

（四）档案的著录。档案的著录项目应达到完整、准确、齐全、字迹清楚，书写材料符合耐久性要求；案卷题名应简明扼要，案卷目录编制规范；卷内文件页码编写规范，无错漏现象；备考表填写规范，并履行了立卷、审核的签字手续。

（五）档案的装订、折叠。案卷装订做到牢固、整齐，不压内容；对规格不统一或有缺陷的归档文件材料，进行了必要的修复或复制。

（六）声像与电子等特殊载体档案的整理。特殊载体档案的整理应做到逐张、逐盒（盘）注明文件材料所记录或反映的事件、时间、地点、人物、作者等相关内容。

（七）普查档案的信息化管理。建立了水利普查归档文件材料的案卷级和文件级目录和重要文件的全文数据库，且能够实现相应的检索利用。

（八）重要阶段或节点的电子数据档案，应有可直接利用的电子数据显示形式和相应的纸制档案。

（九）文件材料归档和移交情况。普查档案的归档与移交工作已基本完成，或已向有关业务主管部门实施了移交。

第四章 验收申请

第十一条 申请水利普查档案验收应具备的条件：

（一）水利普查数据已上报结束。

（二）已完成水利普查全过程应归档文件材料的收集、整理与归档工作。

（三）已按本办法第九、十条要求进行了自检，并达到本办法第三章所规定的各项指标要求。

第十二条 普查机构在确认已达到本办法第十一条规定的条件后，应于水利普查数据验收后3个月内，向负责组织验收单位提出档案验收申请。

第十三条 档案验收申请的主要内容：

（一）本机构水利普查工作概况。

（二）水利普查档案管理情况。

（三）水利普查应归档文件材料的收集、整理、归档、保管与质量情况。

（四）本机构水利普查档案自检工作开展情况。

（五）对自检中发现问题的整改情况。

（六）对本机构水利普查档案完整性、准确性、系统性的自我评价。

第十四条 负责组织验收单位应对申请验收单位报送的材料进行认真审核，并在收到验收申请1个月内，根据申请单位水利普查档案的实际情况，决定是否进行档案验收。对具备验收条件的，应及时组织验收；对不具备验收条件的，应提出明确意见，待其完善后及时组织验收。

第五章 验收方式与程序

第十五条 水利普查档案验收采取会议审查和现场检查相结合的方式进行。

第十六条 验收会议由验收组组长主持，被验单位的有关领导、部门负责人、档案人员参加会议，普查工作相应技术支撑单位的有关人员列席会议。

第十七条 档案验收会议主要议程：

（一）验收组组长宣布验收会议文件及验收组组成人员名单。

（二）验收组听取申请验收单位汇报水利普查工作及其档案管理概况与自验情况。

（三）验收组对被验收单位汇报的有关情况提出质询，并根据本办法要求对申请单位普查档案工作情况进行检查，对实体档案进行现场抽查。抽查档案数量应不少于该项目档案总量的20%。

（四）验收组结合档案检查验收情况进行综合评议，讨论形成验收意见。

（五）验收组通报档案检查验收情况，并反馈验收意见。

（六）验收组成员签字确认验收意见。

第十八条 档案验收意见应包括的主要内容：

（一）前言（概述验收会议的依据、时间、地点及验收组组成和验收范围等情况）。

（二）水利普查档案的管理状况，应归档文件材料的收集与整理质量和档案的种类与数量。

（三）对普查档案的完整性、准确性、系统性及安全性的评价。

（四）存在的问题及整改要求与建议。

（五）档案验收的结论性意见。

（六）档案验收组成员签字表。

第十九条 针对档案验收意见中提出的问题和整改要求，被验单位应在水利普查项目验收前完成相关整改工作，并在申请水利普查项目验收时进行必要说明。组织验收单位应加强对档案验收整改要求落实情况的监督管理。

第二十条 对未通过档案验收的普查机构，应在完成相应整改工作后，依据本办法要求，重新申请验收。

第六章 附 则

第二十一条 本办法由水利部负责解释。

第二十二条 本办法自发布之日起施行。

电子档案移交与接收办法

（国家档案局 2012年8月29日发布）

第一章 总 则

第一条 为规范电子档案移交与接收工作，确保电子档案的真实、完整、可用和安全，保存党和国家历史记录，促进档案信息资源开发利用，按照国家有关法律法规和相关规定，制定本办法。

第二条 本办法所称电子档案，是指机关、团体、企事业单位和其他组织在处理公务过程中形成的对国家和社会具有保存价值并归档保存的电子文件。

第三条 移交与接收的电子档案应当真实可靠、齐全完整和安全可用；涉密电子档案的移交与接收应当符合国家有关保密安全的要求。

第四条 各级档案行政管理部门负责对电子档案的移交、接收工作进行监督和指导。档案移交单位和各级国家综合档案馆应当切实履行电子档案移交和接收职责。

第二章 电子档案移交

第五条 属于国家综合档案馆接收范围的电子档案，应当向同级国家综合档案馆移交。

第六条 档案移交单位一般自电子档案形成之日起5年内向同级国家综合档案馆移交。对于有特殊要求的电子档案，可以适当延长移交时间。涉密电子档案移交时间另行规定。

第七条 电子档案移交的基本要求：

（一）元数据应当与电子档案一起移交，一般采用基于XML的封装方式组织档案数据；

（二）电子档案的文件格式按照国家有关规定执行；

（三）电子档案有相应纸质、缩微制品等载体的，应当在元数据中著录相关信息；

（四）采用技术手段加密的电子档案应当解密后移交，压缩的电子档案应当解压缩后移交；特殊格式的电子档案应当与其读取平台一起移交；

（五）档案移交单位应当将已移交的电子档案在本单位至少保存5年。

第八条 电子档案移交的主要流程是：组织和迁移转换电子档案数据、检验电子档案数据、移交电子档案数据等步骤。

第九条 电子档案的移交可采用离线或在线方式进行。

第十条 离线移交电子档案应当满足下列基本要求：

（一）移交单位一般采用光盘移交电子档案，光盘应当符合归档要求；

（二）移交单位一般向同级国家综合档案馆移交一套光盘，光盘应当单个装盒；

（三）移交单位应当按照有关要求进行光盘数据刻录及检测；

（四）存储电子档案的载体和载体盒上应当分别标注反映其内容的标签（标签的标注方法见附件1）；

（五）移交载体内电子档案的存储结构见附件2。

第十一条 在线移交电子档案的单位应当通过与管理要求相适应的网络传输电子档案，传输的数据应当包含符合要求的电子档案及其元数据，数据结构一般为一张或多张光盘载体内电子档案的存储结构组合，单张光盘的数据量小于光盘的实际容量。

第十二条 档案移交单位在向国家综合档案馆移交电子档案之前，应当对电子档案数据的准确性、完整性、可用性和安全性进行检验，合格后方可移交。

第三章 电子档案接收

第十三条 国家综合档案馆应当建立电子档案接收平台，进行电子档案数据的接收、检验、迁移、转换、存储等工作。

第十四条 电子档案接收的主要流程是：检验电子档案数据、办理交接手续、接收电子档案数据、著录保存交接信息、迁移和转换电子档案数据、存储电子档案数据等步骤。

第十五条 国家综合档案馆应当对接收的电子档案数据的准确性、完整性、可用性和安全性进行检验，合格后方可接收。

第十六条 电子档案检验合格后办理交接手续，填写《电子档案移交与接收登记表》（见附件3），由交接双方签字、盖章，各自留存一份；《电子档案移交与接收登记表》可采用电子形式并以电子签名方式予以确认。

第十七条 国家综合档案馆应当将电子档案交接、迁移、转换、存储等信息补充到电子档案元数据中。

第十八条 国家综合档案馆应当对电子档案数据迁移和转换前后的一致性进行校验。

第十九条 国家综合档案馆应当对接收的电子档案载体保存5年以上。

第二十条 国家综合档案馆对电子档案载体应当按照DA/T 38《电子文件归档光盘技术要求和应用规范》和DA/T 15《磁性载体档案管理与保护规范》进行管理。

第四章 附 则

第二十一条 本办法适用于各级档案移交单位和各级国家综合档案馆，其他单位和档案馆可参照执行。

第二十二条 本办法由国家档案局负责解释。

第二十三条 本办法自发布之日起施行。

附件1

电子档案载体标注内容

载体标识：全宗号—年度—载体顺序号。

载体盒标注：全宗号、年度、载体顺序号、数据量、密级、保管期限、存入日期、运行环境、套别等。

1. 全宗号是档案馆分配给立档单位的编号；

2. 年度是该载体内档案起止年度如2001年至2006年即标定为2001/2006；

3. 载体顺序号是电子档案载体排列的顺序号，由阿拉伯数字组成；

4. 数据量是载体内档案存储容量；

5. 密级按存储在载体内电子档案的密级标注，保管期限按存储在载体内电子档案的保管期限标注；

6. 存入日期是将电子档案拷贝至载体的日期，格式为年月日，如2011年2月8日即写为

20110208；

7. 运行环境即识别或操作电子档案的软、硬件平台；

8. 套别是指档案馆存储电子档案载体的套号，用大写英文字母 A、B、C 表示。A 表示封存保管，B 表示查阅利用，C 表示异地备份。

附件 2

电子档案的存储结构

移交载体内电子档案的存储结构如下图所示：

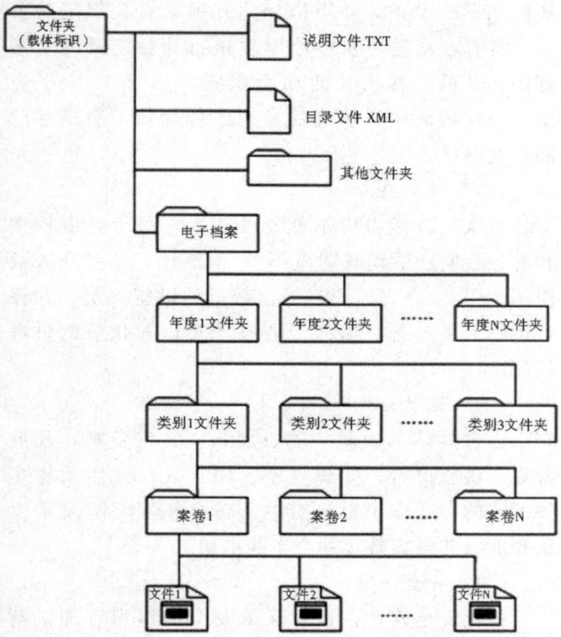

（一）说明文件命名为“说明文件. TXT”，一个载体只有一个说明文件，存放本载体有关信息，包括载体参数（如载体容量、载体类型等）、载体编号、载体保管单位、载体制作单位、载体检查单位、读取本载体内档案所需要的软硬件环境及其他各种有助于说明本载体的信息。

（二）目录文件命名为“文件目录 . XML”及“案卷目录 . XML”，存放有关档案的目录信息，目录文件与每份电子档案相对应，根据电子档案具体归档方式进行文件级描述或案卷级描述（将标识中的“文件”二字改为“案卷”），每个条目中包括载体内电子档案顺序号、档号、责任者、题名、日期、密级、电子档案名称、备注等内容。目录文件 XML 信息格式如下（encoding 属性值可以是“GB18030”、“GB2312”、“UTF—8”）：

＜? xml version="1.0" encoding="GB18030"? ＞

＜文件目录＞

＜文件＞

＜顺序号＞　　＜/顺序号＞

＜档号＞　　＜/档号＞

＜责任者＞　　＜/责任者＞

＜题名＞　　＜/题名＞

＜日期＞　　＜/日期＞

＜密级＞　　＜/密级＞

＜电子档案名称＞　　＜/电子档案名称＞

＜备注＞　　＜/备注＞

＜/文件＞

………

＜文件＞

………

＜/文件＞

＜/文件目录＞

（三）电子档案文件夹命名为“电子档案”，存放电子档案及其元数据，一般按年度—类别—文件的层次设置文件夹。根据档案整理和分类方法以及实际情况可对存储结构中的类别、案卷、文件等层级进行取舍。

（四）其他文件夹命名为“其他”，存放各种其他存入载体的文件，主要包括：所采用的元数据规范、数据封装规范、分类编号规则、文件命名规则、XML 模式及交接信息（包含交接、迁移、转换、保存等元数据和《电子档案移交与接收登记表》的扫描件或电子签名件）等等，这些文件应采用 TXT、XML 和符合长期保存要求的格式。

附件 3

电子档案移交与接收登记表

<table>
<tr><td>交接工作名称</td><td colspan="3"></td></tr>
<tr><td>内容描述</td><td colspan="3"></td></tr>
<tr><td>移交电子档案数量</td><td></td><td>移交数据量</td><td></td></tr>
<tr><td>载体起止顺序号</td><td></td><td>移交载体类型、规格</td><td></td></tr>
<tr><td rowspan="2">检验内容</td><td colspan="3">单位名称</td></tr>
<tr><td colspan="2">移交单位：</td><td>接收单位：</td></tr>
<tr><td>准确性检验</td><td colspan="2"></td><td></td></tr>
<tr><td>完整性检验</td><td colspan="2"></td><td></td></tr>
<tr><td>可用性检验</td><td colspan="2"></td><td></td></tr>
<tr><td>安全性检验</td><td colspan="2"></td><td></td></tr>
<tr><td>载体外观检验</td><td colspan="2"></td><td></td></tr>
<tr><td>填表人(签名)</td><td colspan="2">年　月　日</td><td>年　月　日</td></tr>
</table>

续表

审核人(签名)	年　月　日	年　月　日
单位(印章)	年　月　日	年　月　日

填写说明：

1. 交接工作名称:按移交单位或全宗号、移交档案的年度、批次等内容描述本次交接工作。

2. 内容描述:交接档案内容、类别、数据类型、格式、交接方式、过程等说明事项。

3. 移交电子档案数量:交接档案的文件总数和案卷总数。

4. 移交数据量:一般以GB为单位,精确到小数点后3位。

5. 载体起止顺序号:在线移交时,按载体内电子档案的存储结构组织数据,并标其顺序号。

6. 移交载体类型、规格:在线移交时,填写“在线”。

7. 准确性检验:检验移交档案的内容、范围的正确性及交接前后数据的一致性,可填写检验方法。

8. 完整性检验:移交的档案和档案数据的完整性检验。

9. 可用性检验:检验电子档案的可读性等。

10. 安全性检验:对计算机病毒等进行检测。

11. 载体外观检验:检查载体标识、有无划痕、是否清洁等。

全国中小学档案教育社会实践基地建设管理暂行办法

（国家档案局 教育部 2012年9月27日发布）

第一章　总　则

第一条　为贯彻落实《中华人民共和国档案法》和《国家中长期教育改革和发展规划纲要（2010—2020年）》，加强对中小学档案教育社会实践基地的管理，拓展各级国家综合档案馆的社会服务功能，充分利用档案资源开展中小学社会实践，特制定本办法。

第二条　本办法适用于中小学档案教育社会实践基地的评选及管理，以“自愿申请、择优命名、分级管理”为原则。

第三条　中小学档案教育社会实践基地是由档案行政管理部门和教育行政部门批准，设立在各级国家综合档案馆，以馆藏档案为主要资源，面向中小学开展社会实践的活动场所。目的是宣传普及档案知识，增强中小学生的爱国爱乡情怀，树立正确的人生观、价值观，培养中小学生的社会责任感。

第二章　申报与认定

第四条　中小学档案教育社会实践基地实行分级管理。国家档案局和教育部负责国家级中小学档案教育社会实践基地的评选认定工作，地方各级档案行政管理部门和教育行政部门负责本地区内同级中小学档案教育社会实践基地的评选认定工作。

第五条　申报时间从每年3月1日起至3月31日止。

第六条　国家级中小学档案教育社会实践基地的申报条件：

（一）*基本要求*

档案馆建筑需符合《档案馆建设标准》（建标103—2008）和《档案馆建筑设计规范》（JGJ25—2010）的相关要求，具备开展社会实践活动所需的场所和设施设备，环境指标达到国家有关规定的要求。具有丰富的可供中小学生进行社会实践的馆藏资源，开放、展示及活动面积应不小于1000平方米。参观场地应有明确的参观区域标识，制定专门的参观路线。

（二）*接待要求*

单次接待能力应不低于100人，每年开展档案教育社会实践活动时间应不少于20天，年受众人数应不少于2000人。配备一定数量的讲解人员，并保证讲解人员具备必需的专业技术知识和相应的讲解技巧。

（三）*活动形式*

通过具体的馆藏实物、展板、文献资料，开展参观、讲座报告、知识竞赛、团（队）日活动等多种形式的，适应小学、初中、高中各学习阶段学生认知能力的档案教育社会实践活动。

（四）*安全保障*

强化安全管理，建立保障安全的组织管理机制和保护措施，有应对突发事件的应急预案。在现场活动时应配备负责安全的人员，做好参观区域的现场管理，保证学生安全。

第七条　申报材料：

（一）《全国中小学档案教育社会实践基地申报表》；

（二）档案教育基地建设情况；

（三）基地组织工作方案；

（四）适合不同或特定年级学生的档案教育活动方案；

（五）接待手册；

（六）申报单位全貌及开展档案教育活动照片。

各省级档案行政管理部门、教育行政部门将推荐的国家级档案教育基地的申报材料纸质和电子版（刻录成光盘），一式两份分别报国家档案局馆（室）司和教育部基础教育一司。

第八条　国家级中小学档案教育社会实践基地的评选认定程序：

（一）符合第六条所列条件的档案馆，如有意愿承担中小学档案教育社会实践基地工作，应在当年3月31日之前，提供第七条规定的申报材料，由省级档案行政管理部门和教育行政部门核准后，统一报送国家档案局和教育部，原则上每个省份每年申报数量不超过3家。

（二）国家档案局和教育部汇总各地申报情况后，组织专家对申报材料进行评议，形成初审意见，对初审通过的档案馆进行实地考评形成验收意见，由国家档案局和教育部联合审批后，确定最终入选名单。

（三）由国家档案局和教育部联合下发通知，于当年公布国家级“中小学档案教育社会实践基地”名单，并适时给予挂牌。

第九条 地方各级中小学档案教育社会实践基地的申报条件、评选认定程序由同级档案行政管理部门和教育行政部门共同制定。

第三章 运行管理

第十条 国家级中小学档案教育社会实践基地应履行以下职能：

（一）传播档案知识，弘扬民族文化。应充分发掘馆藏档案资源，举办的各项活动应有利于向中小学生传播档案知识，有利于弘扬爱国主义精神，有利于提高公众素质。

（二）整合利用资源，主题鲜明突出。对馆藏资源积极整合开发，根据馆藏档案特点，结合重要节日、重大活动和社会热点，开展具有档案特色的、主题鲜明的中小学生教育实践活动。

（三）开展实践体验，丰富社会经验。应充分挖掘馆藏档案的社会教育价值，结合档案特点开展趣味性强、互动性好、安全性高的实践体验活动。

第十一条 中小学档案教育社会实践基地应加强组织管理：

（一）各级档案行政管理部门和教育行政部门应加强对同级中小学档案教育社会实践基地的工作指导，提供必要的政策支持。

（二）档案馆应明确分管档案教育社会实践基地工作的领导，并设置专门的机构或指定专人负责策划、组织和实施社会实践活动。

（三）档案馆应有详尽的开展中小学档案教育社会实践基地工作的计划和完善的规章制度，计划方向明确，制度落实到位。

（四）负责档案教育社会实践基地工作的人员，应有较高的政治素养和理论水平，热爱档案事业，熟悉教育工作，热心公众服务。

（五）档案馆应根据不同的活动主题、形式、时间等制定不同的接待方案，做到有序接待、热情讲解、规范指导，提供优质服务。

（六）档案馆应在开展社会实践活动前对参加对象进行安全知识教育工作，制定应对各种紧急情况的预案，确保安全。

第十二条 中小学档案教育社会实践基地应加强与当地教育行政部门和学校的联系，建立紧密的联系制度，定期召开相关工作会议，为学校提供适合中小学生的活动信息，并将中小学生参加档案教育社会实践活动的相关信息及时反馈学校或教育部门。

第十三条 中小学档案教育社会实践基地要强化社会服务，扩大社会影响。通过为中小学生提供优质服务，充分发挥档案资源优势，全面实现其社会教育功能，并采取多种方式、利用多种媒体，宣传中小学档案教育社会实践基地的特点、功能、组织的活动及与公众交流的信息等。

第四章 经费保障

第十四条 档案馆应有专项经费保障中小学档案教育社会实践基地的正常运行，有严格的财务制度，确保经费专款专用。

第十五条 档案馆开设的档案教育社会实践活动应向中小学生免费开放，严禁借实践基地名义乱设收费项目。

第十六条 档案行政管理部门应对用于中小学档案教育社会实践活动的馆藏档案的抢救和保护工作给予一定程度上的政策倾斜。

第五章 考核评估

第十七条 国家级中小学档案教育社会实践基地每年年底向国家档案局和教育部报送当年工作总结及下一年工作计划。

第十八条 国家档案局和教育部每3年组织档案、教育方面专家对国家级中小学档案教育社会实践基地进行复查考核，对开展档案教育社会实践活动的服务成效和社会反响进行评估。

第十九条 对存在下列情况之一的国家级中小学档案教育社会实践基地实行退出机制，取消其命名：

（一）在开展档案教育社会实践活动中发生档案失泄密事件，造成严重后果的；

（二）开展档案教育活动明显偏离方案目标的；

（三）发生重大安全事故的；

（四）自愿申请取消资格认定的。

第六章 附 则

第二十条 本办法自发布之日起实施。

第二十一条 本办法由国家档案局、教育部负责解释。

审计机关审计档案管理规定

（审计署 国家档案局令第10号 2012年11月28日公布）

第一条 为了规范审计档案管理，维护审计档案的完整与安全，保证审计档案的质量，发挥审计档案的作用，根据《中华人民共和国档案法》《中华人民共和国审计法》和其他有关法律法规，制定本规定。

第二条 本规定所称审计档案，是指审计机关进行审计（含专项审计调查）活动中直接形成的对国家和社会具有保存价值的各种文字、图表等不同形式的历史记录。

审计档案是国家档案的组成部分。

第三条 审计机关的审计档案管理工作接受同级档案行政管理部门的监督和指导；审计机关和档案行政管理部门在各自的职责范围内开展审计档案工作。

第四条 审计机关审计档案应当实行集中统一管理。

第五条 审计机关应当设立档案机构或者配备专职（兼职）档案人员，负责本单位的审计档案工作。

第六条 审计档案案卷质量的基本要求是：审计项目文件材料应当真实、完整、有效、规范，并做到遵循文件材料的形成规律和特点，保持文件材料之间的有机联系，区别不同价值，便于保管和利用。

第七条 审计文件材料应当按照结论类、证明类、立项类、备查类4个单元进行排列。

第八条 审计文件材料归档范围：

（一）结论类文件材料：上级机关（领导）对该审计项目形成的《审计要情》《重要信息要目》等审计信息批示的情况说明、审计报告、审计决定书、审计移送处理书等结论类报告，及相关的审理意见书、审计业务会议记录、纪要、被审计对象对审计报告的书面意见、审计组的书面说明等。

（二）证明类文件材料：被审计单位承诺书、审计工作底稿汇总表、审计工作底稿及相应的审计取证单、审计证据等。

（三）立项类文件材料：上级审计机关或者本级政府的指令性文件、与审计事项有关的举报材料及领导批示、调查了解记录、审计实施方案及相关材料、审计通知书和授权审计通知书等。

（四）备查类文件材料：被审计单位整改情况、该审计项目审计过程中产生的信息等不属于前三类的其他文件材料。

第九条 审计文件材料按审计项目立卷，不同审计项目不得合并立卷。

第十条 审计文件材料归档工作实行审计组组长负责制。

审计组组长确定的立卷人应当及时收集审计项目的文件材料，在审计项目终结后按立卷方法和规则进行归类整理，经业务部门负责人审核、档案人员检查后，按照有关规定进行编目和装订，由审计业务部门向本机关档案机构或者专职（兼职）档案人员办理移交手续。

第十一条 审计机关统一组织多个下级审计机关的审计组共同实施一个审计项目，由审计机关负责组织的业务部门确定文件材料归档工作。

第十二条 审计复议案件的文件材料由复议机构逐案单独立卷归档。

为了便于查找和利用，档案机构（人员）应当将审计复议案件归档情况在被复议的审计项目案卷备考表中加以说明。

第十三条 审计档案的保管期限应当根据审计项目涉及的金额、性质、社会影响等因素划定为永久、定期两种，定期分为30年、10年。

（一）永久保管的档案，是指特别重大的审计事项、列入审计工作报告、审计结果报告或第一次涉及的审计领域等具有突出代表意义的审计事项档案。

（二）保管30年的档案，是指重要审计事项、查考价值较大的档案。

（三）保管10年的档案，是指一般性审计事项的档案。

审计机关业务部门应当负责划定审计档案的保管期限。

执行同一审计工作方案的审计项目档案，由审计机关负责组织的业务部门确定相同保管期限。

审计档案的保管期限自归档年度开始计算。

第十四条 审计文件材料的归档时间应当在该审计项目终结后的5个月内，不得迟于次年4月底。

跟踪审计项目，按年度分别立卷归档。

第十五条 审计机关应当根据审计工作保密事项范围和有关主管部门保密事项范围的规定确定密级和保密期限。凡未标明保密期限的，按照绝密级30年、机密级20年、秘密级10年认定。

审计档案的密级及其保密期限，按卷内文件的最高密级及其保密期限确定，由审计业务部门按有关规定作出标识。

审计档案保密期限届满，即自行解密。因工作需要提前或者推迟解密的，由审计业务部门向本机关保密工作部门按解密程序申请办理。

第十六条 审计档案应当采用“年度—组织机构—保管期限”的方法排列、编目和存放。审计案卷排列方法应当统一，前后保持一致，不可任意变动。

第十七条 审计机关应当按照国家有关规定配置具有防盗、防光、防高温、防火、防潮、防尘、防鼠、防虫功能的专用、坚固的审计档案库房，配备必要的设施和设备。

第十八条 审计机关应当加强审计档案信息化管理，采用计算机等现代化管理技术编制适用的检索工具和参考材料，积极开展审计档案的利用工作。

第十九条 审计机关应当建立健全审计档案利用制度。借阅审计档案，仅限定在审计机关内部。审计机关以外的单位有特殊情况需要查阅、复制审计档案或者要求出具审计档案证明的，须经审计档案所属审计机关分管领导审批，重大审计事项的档案须经审计机关主要领导审批。

第二十条 省级以上（含省级）审计机关应当将永久保管的、省级以下审计机关应当将永久和30年保管的审计档案在本机关保管20年后，定期向同级国家综合档案馆移交。

第二十一条 审计机关应当按照有关规定成立鉴定小组，在审计机关办公厅（室）主要负责人的主持下定期对已超过保管期限的审计档案进行鉴定，准确地判定档案的存毁。

第二十二条 审计机关应当对确无保存价值的审计档案进行登记造册，经分管负责人批准后销毁。销毁审计档案，应当指定两人负责监销。

第二十三条 对审计机关工作人员损毁、丢失、涂改、伪造、出卖、转卖、擅自提供审计档案的，由任免机关或者监察机关依法对直接责任人员和负有责任的领导人员给予行政处分；涉嫌犯罪的，移送司法机关依法追究刑事责任。档案行政管理部门可以对相关责任单位依法给予行政处罚。

第二十四条 电子审计档案的管理办法另行规定。

第二十五条 审计机关和档案行政管理部门可以根据本地实际情况，在遵循本规定的基础上联合制定实施办法。

第二十六条 本规定由审计署和国家档案局负责解释。

第二十七条 本规定自2013年1月1日起施行。此前审计署发布的《审计机关审计档案工作准则》（2001年审计署第3号令）同时废止。

企业文件材料归档范围和档案保管期限规定

（国家档案局令第10号 2012年12月17日公布）

第一条 为便于企业正确界定文件材料归档范围，准确划分档案保管期限，促进企业依法经营和规范管理，根据《中华人民共和国档案法》《中华人民共和国档案法实施办法》，制定本规定。

第二条 本规定所指的企业文件材料是指企业在研发、生产、服务、经营和管理等活动过程中形成的各种门类和载体的记录。

第三条 各级档案行政管理部门依照企业资产关系分别负责对企业文件材料归档范围和档案保管期限表编制工作进行业务指导和监督。

第四条 企业文件材料归档范围是：

（一）反映本企业在研发、生产、服务、经营、管理等各项活动和基本历史面貌的，对本企业各项活动、国家建设、社会发展和历史研究具有利用价值的文件材料；

（二）本企业在各项活动中形成的对维护国家、企业和职工权益具有凭证价值的文件材料；

（三）本企业需要贯彻执行的有关机关和上级单位的文件材料，非隶属关系单位发来的需要执行或查考的文件材料；社会中介机构出具的与本企业有关的文件材料；所属和控股企业报送的重要文件材料；

（四）有关法律法规规定应归档保存的文件材料和其他对本企业各项活动具有查考价值的文件材料。

第五条 企业下列文件材料可不归档：

（一）有关机关和上级主管单位制发的普发性不需本企业办理的文件材料，任免、奖惩非本企业工作人员的文件材料，供工作参考的抄件等；

（二）本企业文件材料中的重份文件，无查考利用价值的事务性、临时性文件，未经会议讨论、未经领导审阅和签发的文件，一般性文件的历次修改稿、各次校对稿，无特殊保存价值的信封，不需办理的一般性来信、来电记录，企业内部互相抄送的文件材料，本企业负责人兼任外单位职务形成的与本企业无关的文件材料，有关工作参考的文件材料；

（三）非隶属关系单位发来的不需贯彻执行和无参考价值的文件材料；

（四）所属和控股企业报送的供参阅的一般性简报、情况反映，其他社会组织抄送不需本企业办理的文件材料；

（五）其他不需归档的文件材料。

第六条 凡属企业归档范围的文件材料，必须按有关规定向本企业档案部门移交，实行集中统一管理，任何个人不得据为己有或拒绝归档。

第七条 企业档案的保管期限定为永久、定期两种，定期一般分为30年、10年。

第八条 永久保管的企业管理类档案主要包括：

(一) 本企业设立、合并、分立、改制、上市、解散、破产或其他变动过程中形成的文件材料，本企业董事会、监事会、股东会的构成、变更、召开会议、履行职责和维护权益的文件材料；

(二) 本企业资产和产权登记、评估与证明文件材料，资产和产权转让、买卖、抵押、租赁、许可、变更、保护等凭证性文件材料，对外投资文件材料；本企业资本金核算、确认、划转、变更等文件材料，企业融资文件材料；

(三) 本企业关于重要问题向有关机关和上级主管单位的请示、报告、报表及其复函、批复，有关机关和上级单位制发的需本企业办理的重要文件材料，行业协会、中介机构等对本企业做出的重要决定、出具的审计、公证、裁定等重要文件材料，本企业与其他组织和个人形成的重要合同、协议及补充协议等文件材料；

(四) 本企业发展规划、战略决策、重大改革、年度计划和总结文件材料，内部管理制度、规定、办法等文件材料；

(五) 本企业机构演变，人力资源管理的重要文件材料；本企业涉及职工权益的其他重要文件材料；企业文化建设文件材料；

(六) 本企业经营管理工作的重要文件材料；

(七) 本企业生产技术管理工作的重要文件材料；

(八) 本企业行政管理工作的重要文件材料；

(九) 本企业党群工作的重要文件材料；

(十) 新闻媒体对本企业重要活动、重大事件、典型人物的宣传报道；

(十一) 有关机关和上级主管单位领导、社会知名人士等重要来宾到本企业检查、视察、调研、参观时的讲话、题词、批示、录音、录像、照片及企业工作汇报等重要文件材料；本企业参与国家和社会重大活动的重要文件材料，本企业职工参加省级以上党、团、工会、人大、政协等代表大会形成的重要文件材料；

(十二) 本企业直属单位、所属、控股、参股、境外企业和机构报送的关于重要问题的报告、请示和批复等文件材料。

第九条 定期保管的企业管理类档案主要包括：

(一) 本企业资本金管理、资产管理的一般性文件材料，本企业涉及职工权益的一般性文件材料；

(二) 本企业部门工作或专项工作规划，半年、季度、月份计划与总结等文件材料；

(三) 本企业召开会议、举办活动的一般性文件材料，发布的一般性公告；

(四) 本企业经营管理工作的一般性文件材料；

(五) 本企业生产技术管理工作的一般性文件材料；

(六) 本企业行政管理工作的一般性文件材料；

(七) 本企业党群工作的一般性文件材料；

(八) 本企业关于一般性问题向有关机关和上级主管单位的请示、报告、报表及有关机关和上级主管单位的复函、批复，有关机关和上级主管单位、行业协会制发的需本企业贯彻执行的一般性文件材料和对本企业出具的一般性证明文件，本企业与其他单位和个人形成的一般性合同、协议文件材料；

(九) 直属单位、所属和控股企业一般性问题的请示、报告、来函与本企业的批复、复函等文件材料；

(十) 本企业参与国家和社会活动的一般性文件材料，本企业职工参加省以上党、团、工会、人大、政协等代表大会形成的一般性文件材料；本企业接待重要来宾的工作计划、方案等一般性文件材料。

第十条 企业经营管理、生产技术管理、行政管理、党群工作等管理类档案保管期限见附件。

第十一条 本规定的管理类档案保管期限为最低期限，各企业在具体划分时可选择高于本规定的期限。

第十二条 企业产品生产和服务业务、科研开发、基本建设、设备仪器、会计、干部与职工人事等文件材料的归档范围和档案保管期限，按国家有关规定、标准，结合企业实际执行。

第十三条 企业应归档纸质文件材料中，有重要修改意见和批示的修改稿及有发文稿纸或文件处理单的，应与文件正本、定稿一并归档。

企业对于无相应纸质或确实无法输出成纸质的电子文件应纳入归档范围并划分保管期限。

企业对归档的电子文件的元数据要进行相应归档。

第十四条 多个企业联合召开的会议、联合研制的产品、联合建设或研究的项目、联合行文所形成的文件材料，原件由主办企业归档，其他企业将相应的复制件或其他形式的副本归档。

第十五条 企业应依据本规定和国家及专业相关规定，结合本企业生产组织方式、产品和服务特点，编制本企业的各类文件材料归档范围和档案保管期限表。企业应按资产归属关系，指导所属企业根据有关规定规范各类文件材料归档范围和档案保管期限表的编制并审批所属企业的文件材料归档范围和档案保管期限表。

第十六条 中央管理的企业（包括国务院国有资产监督管理委员会监管中央企业、金融企业、中央所属文化企业等）总部的文件材料归档范围和管理类档案保管期限表，报国家档案局同意后执行。

地方国有企业总部编制的文件材料归档范围和管理类档案保管期限表，报同级档案行政管理部门同意后执行。

第十七条 企业资本结构或主营业务发生较大变化时，应及时修订和完善文件材料归档范围和档案保管期限表。

第十八条 企业在编制文件材料归档范围和档案保管期限表时，应全面分析和鉴别本企业形成文件材料的现实作用和历史价值，统筹考虑纸质文件材料与其他载体文件材料的管理要求，准确界定文件材料的归档范围和划分档案保管期限。

第十九条 本规定适用于在中华人民共和国境内注册设立的企业，在境外经营的企业，由企业总部参照本规定提出实施要求；科技事业单位可参照执行。

第二十条 本规定由国家档案局负责解释。

第二十一条 本规定自2013年2月1日起施行。

附件：企业管理类档案保管期限表

附件

企业管理类档案保管期限表

序号	归 档 范 围	保管期限
1	**本企业设立、变更、解散过程文件材料**	
1.1	本企业筹办和设立的申请文件材料、政府相关部门批准设立本企业的相关文件材料	永久
1.2	本企业设立登记相关证照、证照变更登记文件材料	永久
1.3	本企业章程送审稿、批准稿及正式文本	永久
1.4	企业合并、分立、改制、上市、破产、解散或其他变更公司形式等过程中形成的文件材料	永久
2	**本企业董事会、监事会、股东会构成及变更等方面的文件材料**	
2.1	本企业董事会、监事会、股东会构成及变更文件材料，发起人协议	永久
2.2	董事会、监事会、股东代表大会会议形成的文件材料	
2.2.1	会议通知、议程、报告、决议、决定、公报声明、记录、领导人讲话、总结、纪要、讨论通过的文件材料、参加人员名单	永久
2.2.2	讨论未通过的文件材料	10年
2.3	董事、监事、股东履职和维护权益过程形成的文件材料	
2.3.1	重要的	永久
2.3.2	一般的	30年
3	**本企业资本登记、资本变动、融资文件材料**	
3.1	国有资产管理部门对本企业国有资本金核算、确认、划转、变更的文件材料	永久
3.2	其他非国有组织或机构资本对本企业投资、投入核算登记、确认文件材料	永久
3.3	本企业证券和股票发行、增资扩股、股权变更等文件材料	
3.3.1	上市辅导和准备阶段形成的文件材料	
3.3.1.1	评估报告、审计报告、承销商出具的核查意见，股票发行上市辅导汇总报告、发行人律师意见书，律师工作报告、股东大会决议、董事会通过的资金运用方案决议、固定资产投资项目建议书、招股说明书及发行公告(含财务报告、盈利预测报告)	永久

续表

序号	归 档 范 围	保管期限
3.3.1.2	与中介机构签订的上市辅导协议、尽职调查材料	30年
3.3.2	发行申请书、证监会核准文件材料、审核过程中提出的审核反馈意见	永久
3.3.3	股票发行申请报告及证券交易所的批复、发行方案、股票发行定价分析报告、路演推介文件材料	永久
3.3.4	上市推荐书、上市公告书、确定股票挂牌简称的函	永久
3.3.5	股票首次发行过程中形成的其他文件材料	
3.3.5.1	重要事项	永久
3.3.5.2	一般事项	30年
3.3.6	股票增发、配股文件材料	永久
3.3.7	增资扩股文件材料	永久
3.3.8	股权转让文件材料	永久
3.3.9	债权融资文件材料	永久
3.4	本企业股东、股权登记文件材料	永久
3.5	本企业融资工作中形成的其他文件材料	
3.5.1	重要事项	永久
3.5.2	一般事项	30年
4	**本企业资产管理文件材料**	
4.1	资产权属证明文件材料	
4.1.1	本企业土地、房屋、基础设施等不动产产权登记文件材料，重要的技术装备、设备等固定资产登记文件材料，自然资源的所有权、使用权、收益权等申请、批准、登记的文件材料	永久
4.1.2	本企业拥有的商标权、专利权、著作权、计算机软件、商业秘密、技术诀窍等知识产权创造、申请、审批、登记、运用、保护和管理中产生的文件材料	永久
4.1.3	本企业特许经营权证文件材料，本企业资质认证、商誉评估、信用评级等文件材料	永久
4.1.4	本企业其他固定资产和无形资产权属文件材料	永久
4.1.5	本企业境外资产与产权权属文件材料	
4.1.5.1	重要的	永久
4.1.5.2	一般的	30年
4.2	本企业资产与产权转让、买卖、抵押、租赁、许可、变更、清算、评估、处置、注销等资产变动文件材料，因产权变动所致职工身份变化的材料	永久
4.3	本企业其他债权、债务登记文件材料	
4.3.1	重要的	永久
4.3.2	一般的	30年
4.4	境内、外投资文件材料	
4.4.1	投资企业董事会、股东会文件材料、投资企业的财务报告、红利分配文件材料，股权证、转让协议等股权管理文件材料	永久

续表

序号	归 档 范 围	保管期限
4.4.2	本企业在并购、参股、股权受让、基金业务及债权型投资等投资业务中形成的其他文件材料	
4.4.2.1	重要的	永久
4.4.2.2	一般的	30年
5	**本企业总经理办公会、党政联席会会议文件材料**	
5.1	通知、议程、报告、决议、决定、公报声明、记录、领导人讲话、总结、纪要、讨论通过的文件材料，参加人员名单	永久
5.2	讨论未通过的文件材料	10年
6	**本企业召开的工作会议、专题会议的文件材料**	
6.1	请示、批复、通知、名单、日程、报告、讲话、总结、决议、决定、纪要、媒体宣传报道、录音录像	
6.1.1	重要的	永久
6.1.2	一般的	30年
6.2	代表发言、经验交流文件材料、简报	10年
7	**本企业承办的大型展览会、博览会、论坛、学术会议、国际性会议的文件材料**	
7.1	请示、批复、申办和筹办组委会组建文件材料、主要活动安排、议程、名单、主报告(原文及译文)、辅助报告(原文及译文)，领导人贺辞、题词、讲话，会徽设计、简报、新闻报道	永久
7.2	代表发言、经验交流	30年
7.3	委员会、分会会议和学术会议的讨论记录，会议代表登记表、接待安排	30年
8	**有关机关和上级主管部门领导、社会知名人士检查、视察、调研本企业工作时形成的文件、工作汇报、录音录像等文件材料**	
8.1	重要的	永久
8.2	一般的	30年
9	**本企业向有关机关、上级主管单位的请示、报告与有关机关、上级主管单位批复、批示**	
9.1	重要事项	永久
9.2	一般事项、无批复重要事项	30年
9.3	无批复的一般事项	10年
10	**本企业收到的有关机关、上级主管单位等相关机构制发的文件材料**	
10.1	涉及本企业经营管理重要事项和其他重要事项的文件材料	永久
10.2	与本企业经营管理等工作有关的一般性文件材料	10年
11	**本企业与金融机构、中介机构及其他组织和个人来往文件材料**	
11.1	本企业非资本经营业务中与银行、保险、证券、基金管理等金融机构业务往来的文件材料	
11.1.1	重要事项	永久
11.1.2	一般事项	30年
11.2	本企业非资本经营业务中与会计、审计、法律事务所等机构往来文件材料	

续表

序号	归　档　范　围	保管期限
11.2.1	重要事项	永久
11.2.2	一般事项	30年
11.3	本企业与所属境外企业和机构业务往来文件材料	永久
11.4	本企业与其他单位或个人发生业务关系形成的文件材料	
11.4.1	本企业签署的战略合作协议、重要谈判的合同协议	永久
11.4.2	本企业签署的长期合同或协议及其补充件	
11.4.2.1	重要的	永久
11.4.2.2	一般的	30年
11.4.3	本企业签署的短期合同或协议及其补充件	
11.4.3.1	重要的	30年
11.4.3.2	一般的	10年
11.5	本企业对其他单位或个人的资信调查、客户管理等文件材料	
11.5.1	重要的	30年
11.5.2	一般的	10年
11.6	本企业对外发布的公告、公示等文件材料	
11.6.1	重要事项	永久
11.6.2	一般事项	30年
12	**直属单位、所属和控股企业的请示、报告、函与本企业的批复、复函等文件材料**	
12.1	重大问题	永久
12.2	一般性问题	30年
13	**本企业经营决策、建设项目(含境外项目)管理、企业管理、资本经营、财务、物资管理、产品与服务业务管理、市场开发与营销、产品与服务销售管理、售后服务管理、客户信息、信誉、统计等管理工作文件材料**	
13.1	经营计划、决策文件材料	
13.1.1	本企业中长期规划、纲要,重要的经营决策文件材料	永久
13.1.2	本企业年度计划、任务目标、总结、统计文件材料	永久
13.1.3	本企业半年、季度、月份等计划、总结、统计文件材料	10年
13.1.4	本企业、所属和控股企业的经营目标责任书、业绩考核评价文件材料	30年
13.2	建设项目工作文件材料	
13.2.1	建设项目工作规划、计划、总结等文件材料	永久
13.2.2	建设项目工作制度、办法、规定等文件材料	永久
13.2.3	项目前期立项、规划、论证、设计、招投标、协议、合同、申请、审批等文件材料	永久
13.2.4	项目检查、竣工验收、重要的专项报告、审批意见	永久
13.3	企业管理文件材料	
13.3.1	企业管理规划、计划、总结、实施方案、制度、规定、办法等	永久

续表

序号	归 档 范 围	保管期限
13.3.2	企业管理方案实施、检查验收文件材料	30年
13.4	资本经营工作文件材料	
13.4.1	资本经营工作规划、计划、总结、条例、制度、办法、规定、决定等	永久
13.4.2	资本经营工作通知、纪要、记录、调研报告	30年
13.5	财务工作文件材料	
13.5.1	财务管理制度、规定、办法、总结	永久
13.5.2	财务管理工作计划、报告、通知	30年
13.5.3	固定资产新增、报废、调拨文件材料	30年
13.5.4	生产财务和成本核算文件材料	永久
13.5.5	资金管理、价格管理、会计管理文件材料	永久
13.5.6	本企业税务登记、交纳、减免、返还等工作文件材料	永久
13.5.7	本企业经营盈亏情况报告、报表	
13.5.7.1	重要的	永久
13.5.7.2	一般的	30年
13.5.8	本企业财务预、决算报告	永久
13.6	物资管理文件材料	
13.6.1	物资管理工作制度、规定、办法	永久
13.6.2	物资台账、统计报表	30年
13.6.3	物资分配计划、记录	10年
13.6.4	物资采购审批手续、招投标文件材料、合同、协议、来往函件，物资保管台账、出入库记录等	
13.6.4.1	重要物资的	30年
13.6.4.2	一般物资的	10年
13.7	产品与服务管理文件材料	
13.7.1	产品与服务发展规划、计划、总结等	永久
13.7.2	产品与服务管理制度、办法、规定等	永久
13.7.3	调查研究文件材料	
13.7.3.1	产品与服务市场调查、技术调查、考察、预测报告、调研综合报告	10年
13.7.3.2	产品与服务的技术、经济可行性研究报告，市场需求分析报告、收益预测分析报告	30年
13.7.4	产品与服务决策文件材料	
13.7.4.1	产品与服务发展建议书、技术建议书、协议书、委托书、合同等	永久
13.7.4.2	专题分析报告、专题会议纪要	30年
13.7.4.3	研制或开发计划、方案及方案论证报告	30年
13.7.5	阶段评审文件材料	30年
13.8	市场开发与营销	

续表

序号	归 档 范 围	保管期限
13.8.1	市场营销工作总结、制度，营销组织、市场网络建设、境外市场拓展、品牌建设等文件材料	永久
13.8.2	市场营销工作规划、计划等	30年
13.8.3	产品销售计划文件材料，产品订货会、市场分析和用户调查文件材料	30年
13.8.4	产品市场推广、营销宣传等文件材料	30年
13.8.5	业务开办、产品上市或终止的申请、报备、批复等文件材料	永久
13.9	销售管理文件材料	
13.9.1	销售管理制度、规定、办法，销售合同、协议、函件	永久
13.9.2	售后服务文件材料	30年
13.10	客户信息及资信调查文件材料	
13.10.1	重要客户的	永久
13.10.2	一般客户的	30年
13.11	企业认证、达标等活动的呈报、审批文件材料，企业获得的资质、信誉证书方面的文件材料	永久
13.12	企业形象宣传文件材料	永久
13.13	统计工作文件材料	
13.13.1	统计工作制度、规定、办法，综合性统计报表	永久
13.13.2	生产、技术、经济统计报表及分析文件材料，工业普查报表	永久
13.13.3	一般性统计分析文件材料	30年
14	**本企业生产组织、质量管理、能源管理、设备管理、安全、环保、计量管理、科技管理、信息化管理、标准、图书情报等管理工作文件材料**	
14.1	生产组织工作文件材料	
14.1.1	生产组织工作制度、办法、总结等	永久
14.1.2	生产组织工作规划、计划、报告	30年
14.1.3	生产作业计划编制、执行及调度工作文件材料	10年
14.1.4	生产调度会议记录	30年
14.1.5	生产活动分析文件材料	10年
14.2	质量管理工作文件材料	
14.2.1	质量工作条例、制度、规定、总结，质量体系建设、运行及管理文件材料，产品创优获奖证书	永久
14.2.2	质量工作规划、计划、措施	30年
14.2.3	产品质量检测、化验、试验文件材料	30年
14.2.4	全面质量管理工作形成的文件材料	30年
14.2.5	质量异议处理、事故分析及处理文件材料、质量认证、检查、评比文件材料	永久
14.2.6	产品召回、理赔等文件材料	永久
14.3	能源管理工作文件材料	

续表

序号	归 档 范 围	保管期限
14.3.1	能源管理工作规定、总结	永久
14.3.2	能源管理计划、统计报表,能源消耗定额管理文件材料	30 年
14.3.3	节能工作文件材料	30 年
14.4	设备仪器管理工作文件材料	
14.4.1	设备仪器管理工作制度、规定、办法、总结等	永久
14.4.2	设备仪器管理工作规划、计划等	30 年
14.5	安全生产工作文件材料	
14.5.1	安全技术管理制度、办法、总结,自然灾害、生产安全事故抢救、调查、处理文件材料	永久
14.5.2	安全技术管理规划、计划、通报、会议记录、安全体系建设文件材料等	30 年
14.5.3	安全、消防教育、应急演练活动文件材料	10 年
14.6	环境保护工作文件材料	
14.6.1	环境保护工作制度、总结,环保调查、监测、分析文件材料	永久
14.6.2	环境保护工作规划、计划	30 年
14.6.3	环境影响评价书、环保污染防治措施、总结、报告,污染事故抢救、调查、处理文件材料	永久
14.7	计量管理工作文件材料	
14.7.1	计量工作制度、规定、办法、总结等	永久
14.7.2	计量工作规划、计划等	30 年
14.7.3	计量设备、仪器、器具定期检查记录	10 年
14.8	科技管理工作	
14.8.1	科技管理工作制度、总结,新产品开发、科技攻关项目、科技成果管理、技术引进文件材料	永久
14.8.2	科技发展规划、计划、办法等	30 年
14.8.3	技术革新与合理化建议文件材料	10 年
14.8.4	学术交流活动文件材料	10 年
14.9	信息化管理工作文件材料	
14.9.1	企业信息化管理制度、总结等文件材料	永久
14.9.2	信息化发展规划、计划、办法等	30 年
14.9.3	企业信息化总体设计方案,信息系统设计、开发、实施过程评审文件材料	30 年
14.9.4	信息系统运行维护、数据管理、安全保密等的方案、记录、报告	30 年
14.10	标准管理工作文件材料	
14.10.1	标准工作制度、规定、办法、总结,企业基础标准、技术规范、管理标准、工作标准、生产技术规范编写、评审、发布文件材料	永久
14.10.2	标准工作规划、计划等	30 年
14.11	图书、情报工作文件材料	
14.11.1	图书、情报工作制度、规定、办法、总结	永久

续表

序号	归 档 范 围	保管期限
14.11.2	图书、情报工作规划、计划等	30年
15	**本企业组织机构设置、人力资源、文秘、机要、档案、保密、保卫、综合治理、信访、法律、外事、风险管理、内控与审计、社会责任、基本建设管理等管理工作文件材料**	
15.1	本企业组织机构设置、撤并、名称变更、岗位职责设计、人员编制、印信启用和作废等文件材料	永久
15.2	人力资源管理工作文件材料	
15.2.1	人力资源规划、工作计划、制度、办法、决定、报告等	永久
15.2.2	企业人员录用、转正、聘任、调资、定级、停薪留职、辞职、离退休、死亡、抚恤、安置等文件材料	永久
15.2.3	干部和职工的任免、升降、奖惩、考核、职称评聘等方面文件材料	永久
15.2.4	老干部、离退休人员管理有关文件材料	永久
15.2.5	企业人员薪酬、待遇等劳动人事管理文件材料	永久
15.2.6	企业签订的劳动合同	永久
15.2.7	企业先进单位、劳动模范、先进工作者的文件材料	
15.2.7.1	本企业及省部级(含)以上表彰、奖励的	永久
15.2.7.2	其他表彰、奖励的	30年
15.2.8	对本企业有关人员的处分文件材料	
15.2.8.1	受到警告(不含)以上处分的	永久
15.2.8.2	受到警告处分的	30年
15.2.9	本企业人员参加社会保障、医疗保险、商业保险、住房公积金、劳动保护、职业安全、医疗卫生、计划生育等文件材料	永久
15.2.10	企业职工培训工作文件材料	
15.2.10.1	重要的	30年
15.2.10.2	一般的	10年
15.2.11	职工调动工作的行政、工资关系的介绍信及存根	永久
15.2.12	职工名册	永久
15.3	文秘、机要、档案、保密工作文件材料	
15.3.1	文秘、机要、档案、保密工作制度、规定、办法、总结等文件材料	永久
15.3.2	文秘、机要、档案、保密工作规划、计划文件材料	30年
15.3.3	档案开发、编研成果,档案移交清单、销毁清册	永久
15.3.4	保密资格认证方案、申请、审查、批准文件材料	30年
15.3.5	保密工作检查方案、通知、结论、通报等文件材料	30年
15.4	安全保卫工作	
15.4.1	安全保卫、民兵、预备役工作规划、计划、总结、报告、报表等	30年
15.4.2	保卫部门的安全检查、调查方案、记录、通报	30年
15.4.3	自然灾害防范、交通管理文件材料	30年

续表

序号	归档范围	保管期限
15.5	综合治理工作文件材料	
15.5.1	重要事项	永久
15.5.2	一般事项	30年
15.6	信访工作文件材料	
15.6.1	重要事项	永久
15.6.2	一般事项	30年
15.7	法律工作文件材料	
15.7.1	五年普法规划、年度计划、规章、制度、办法等	30年
15.7.2	法院判决书、调解书等诉讼和仲裁等文件材料	永久
15.7.3	一般法律事务工作文件材料	30年
15.7.4	案件、纠纷、行政处罚、复议文件材料及公证事务中结论性材料	永久
15.7.5	案件、纠纷、行政处罚、复议文件材料及公证事务中调查、协调过程形成的文件材料	30年
15.8	外事工作文件材料	
15.8.1	国际交往中发表的公报，签订的协议、协定、备忘录，重要的会谈记录、纪要等	永久
15.8.2	出访考察、参加国际会议、接待来访等外事活动、出访审批文件材料	永久
15.8.3	产品进出口审批和办理手续、执行日程、考察报告等一般性文件材料	30年
15.9	风险管理、内控、审计工作文件材料	
15.9.1	风险管理、内控、审计工作制度、总结，审计意见、审计报告、专项审计通知、报告、批复、结论、调查与证明等文件材料	永久
15.9.2	风险管理、内控与审计工作方案、计划、报告、纪要等	30年
15.9.3	内部控制管理手册、风险识别、评估、控制等过程形成的文件材料，重大风险评估报告，风险管理体系建设文件材料	30年
15.10	社会责任工作文件材料	
15.10.1	本企业社会责任报告	永久
15.10.2	参与和投入社会公益、慈善、捐赠事业的记录文件材料	永久
15.10.3	赈灾、扶贫、献血、拥军优属等文件材料	永久
15.11	本企业的史、志、年鉴、大事记、组织沿革等编研成果，本企业编辑出版的书、报、刊等出版物	永久
15.12	本企业编制的简报、工作信息	30年
15.13	本企业编制的通报、情况反映、参考资料等	10年
15.14	基本建设管理文件材料	
15.14.1	基本建设工作管理制度、规定、办法、总结	永久
15.14.2	基本建设工作规划、计划，专项工作通知等文件材料	30年
16	**本企业党、团、工会等党群工作文件材料**	
16.1	企业党员代表大会、职工代表大会、共青团代表大会	

续表

序号	归 档 范 围	保管期限
16.1.1	请示、批复、批示、通知、名单、议程、报告、领导人讲话、选举结果、会议记录、讨论通过的文件、决议、纪要、公告等文件材料	永久
16.1.2	大会发言、交流、会议简报	10年
16.1.3	重要的贺信、贺电，筹备工作、选举工作中形成的文件材料，小组会议记录、会务工作安排、总结等文件材料	10年
16.1.4	讨论未通过的文件材料	10年
16.2	党委会、党委常委会、工会委员会、工会会员代表大会、共青团常委(扩大)会，党群机关办公会会议文件材料	
16.2.1	通知、议程、报告、决议、决定、公报声明、记录、领导人讲话、总结、纪要、讨论通过的文件、参加人员名单	永久
16.2.2	讨论未通过的文件材料	10年
16.3	党务综合性工作	
16.3.1	各项条例、规章制度、办法，工作计划、总结，“三重一大”等重要专项活动工作通知、报告，重要调研文件材料、党务工作大事记等	永久
16.3.2	情况反映、工作简报及一般文件材料	30年
16.4	组织工作	
16.4.1	党员干部考察、考核、任免、政审决定等	永久
16.4.2	入党、转正、退党、转入、转出等决定及党员名册，党团组织关系的介绍信及存根	永久
16.4.3	党委(党组)组织工作规章制度	永久
16.4.4	党群机构设置、调整、人员编制等方面决定及通知	永久
16.4.5	党费收支文件材料	30年
16.4.6	党员学习教育等活动形成的文件材料	
16.4.6.1	重要的	永久
16.4.6.2	一般的	10年
16.4.7	党员统计年报	永久
16.5	企业宣传统战工作报告、会议纪要、调研、计划、总结文件材料、民主党派人员名单登记、活动记录、精神文明建设方面文件材料	
16.5.1	重要的	永久
16.5.2	一般的	30年
16.6	纪检与监察工作	
16.6.1	纪检与监察工作的规定、决定、通报、通知、会议记录、纪要、计划、总结	永久
16.6.2	党风廉政反腐工作文件材料	30年
16.6.3	违纪案件立案报告、调查依据、审查结论、处理意见等文件材料	
16.6.3.1	重大案件	永久
16.6.3.2	一般案件	30年
16.7	工会、女工、共青团工作规划、年度计划、总结、规章制度、决定、通知、会议记录	永久

续表

序号	归 档 范 围	保管期限
16.8	职工民主管理、表彰先进、劳保福利、职工维权、工会会费与财务管理文件材料、工会统计年报、工会会员名册	永久
16.9	女工工作、劳动竞赛、文体活动、计划生育等方面文件材料	
16.9.1	重要的	永久
16.9.2	一般的	10年
16.10	共青团组织发展、劳动竞赛、表彰先进、团费管理、文体活动等文件材料	
16.10.1	重要的	永久
16.10.2	一般的	10年
16.11	民间团体工作，民政协调工作中形成的文件材料	
16.11.1	民间团体设立、变更、撤销等的请示、批复、章程等文件材料	永久
16.11.2	民间团体活动过程形成的文件材料	
16.11.2.1	重要事项	30年
16.11.2.2	一般事项	10年
17	**本企业其他事务管理文件材料**	
17.1	企业接待工作计划、方案，重要来宾有关的照片、录音、录像、题词、讲话、批示等	
17.1.1	重要的	永久
17.1.2	一般的	30年
17.2	企业住房房产分配、出售、出租工作文件材料	永久
17.3	企业职工承租、购置企业房产的合同、协议和有关手续	永久
17.4	新闻媒体对本企业重要活动、重大事件、典型人物的宣传报道	永久
17.5	企业文化建设文件材料	
17.5.1	企业文化建设方案	永久
17.5.2	企业文化建设其他文件材料	
17.5.2.1	重要的	永久
17.5.2.2	一般的	30年
17.6	企业纪念、庆典活动文件材料	
17.6.1	重要的	永久
17.6.2	一般的	30年
18	**各种非纸质载体、介质及实物形式的文件材料**	
18.1	无法输出纸质的或无纸质的二维、三维、数据库类电子文件	
18.1.1	重要的	永久
18.1.2	一般的	30年
18.2	各种有保存价值的实物	
18.2.1	重要的	永久

续表

序号	归 档 范 围	保管期限
18.2.2	一般的	30年
18.3	其他各种非纸质载体、介质文件材料	
18.3.1	重要的	永久
18.3.2	一般的	30年

中华人民共和国档案行业标准

DA/T 12—2012

代替 DA/T 12—1994

全宗卷规范

The rule for fonds descriptive file

2012-11-15 发布　　2013-01-01 实施

国家档案局　发布

前　言

本标准代替 GB/T 1.1—2009 给出的规则起草。

本标准代替 DA/T 12—1994《全宗卷规范》。

本次修订，依据 GB/T1.1—2009《标准化工作导则　第1部分：标准的结构和编写》，对原标准的表述方式和书写格式进行了修改；根据档案管理工作的发展需要，对原标准中"全宗卷主要内容"和"全宗卷的整理"的内容做了较大修改，新增了"术语和定义"和"卷盒及目录格式"两章内容；根据馆（室）藏档案管理工作的实际需要，新增了"综合全宗卷"的内容规定。

本标准由国家档案局提出。

本标准由国家档案局归口。

本标准起草单位：湖北省档案局（馆）。

本标准主要起草人：吕炎生、宋刚、焦光生、胡陶君。

本标准所代替标准的历次版本发布情况为：

DA/T 12—1994。

全宗卷规范

1　范围

本标准规定了全宗卷的编制原则、内容构成、整理方法和基本格式。

本标准适用于各级各类档案馆和档案室。

2　规范性引用文件

下列文件对于本文件的应用是必不可少的。凡是注日期的引用文件，仅注日期的版本适用于本文件。凡是不注日期的引用文件，其最新版本（包括所有的修改单）适用于本文件。

GB/T 9705　文书档案案卷格式

GB/T 13967　全宗单

DA/T 1　档案工作基本术语

DA/T 14　全宗指南编制规范

DA/T 18　档案著录规则

DA/T 22　归档文件整理规则

3　术语和定义

下列术语和定义适用于本标准。

3.1

全宗卷　fonds descriptive file

由记录和说明全宗立档单位及档案历史和现状的有关文件材料组成的专门案卷，是管理全宗档案的重要工具。

3.2

综合全宗卷　synthesize fonds descriptive file

由记录和说明多个全宗立档单位及档案历史和现状的综合性文件材料组成的专门案卷，是管理馆（室）藏档案的重要工具。

3.3

全宗属类　fonds category

馆藏量较大的档案馆，根据馆藏全宗的历史时期、机构性质、机构级别等特征，对全宗进行的属性分类。档案馆通常对全宗属类赋予特定的标识，作为全宗编号的属性代码。

4 全宗卷编制原则

4.1 档案馆(室)应以全宗为单位编制全宗卷,收集、保管在档案管理过程中以单个全宗为对象形成的相关文件材料。

4.2 全宗卷中收集的文件材料应做到齐全、完整、真实,力求全面反映全宗及其管理的历史面貌。

4.3 全宗卷的整理应做到分类合理、方法科学、格式规范。

4.4 综合全宗卷可以按馆(室)藏、全宗属类、全宗群或联合全宗进行编制,收集、保管在档案管理过程中以馆(室)藏、全宗属类、全宗群或联合全宗等多个全宗为对象形成的相关文件材料。

5 全宗卷的内容构成

5.1 全宗(馆藏)介绍类:全宗指南(全宗介绍)、大事记等说明全宗背景和档案状况的文件材料。

5.2 档案收集类:档案接收和征集工作的办法、标准,档案(资料)交接文据及相关目录,档案来源和档案历史转移过程说明材料等。

5.3 档案整理类:文件材料分类、保管期限和归档范围的规定,档案整理工作方案、整理工作说明和小结等。

5.4 档案鉴定类:档案保管期限鉴定、档案开放鉴定、档案分级鉴定、档案销毁鉴定、珍贵档案考证鉴定等鉴定工作的制度、组织、方案和标准,鉴定工作形成的报告、请示及批复,鉴定及销毁处置档案的目录(清册)等。

5.5 档案保管类:档案保管工作制度,档案安全检查、档案破损情况调查与修复(抢救)、重点档案保护、珍贵档案仿真复制件制作等工作的记录和说明材料,档案保管状况分析和工作总结、报告等。

5.6 档案统计类:档案基础统计台账,档案工作基本情况统计报表,档案工作统计分析材料等。

5.7 档案利用类:档案利用制度,检索工具编制情况,档案开放与控制情况,档案编研与出版情况,档案展览与公布情况,珍贵档案介绍,档案利用效果典型事例等。

5.8 新技术应用类:应用现代技术管理档案的情况记录、工作报告及说明材料,档案信息化和数字化工作情况,电子档案(文件)创建和应用环境(硬件和软件)及数据格式说明等。

5.9 综合全宗卷:管理馆藏、全宗属类、全宗群或联合全宗的综合性业务工作规范和管理制度,5.1—5.8中涉及多个全宗的文件材料。

6 全宗卷的整理

6.1 文件材料装订。文件材料以件为单位进行装订。

6.2 文件材料分类。属于同一全宗卷的文件材料,按本标准第5章“全宗卷构成”中5.1—5.8进行分类。

6.3 文件材料排序。文件材料分入不同类目后,按形成时间顺序排列。新增文件材料插入相关类目,向后接续排列。

6.4 文件材料编号。在文件材料首页上方的空白处进行编号。文件材料的编号由全宗号—类号—件号三部分组成。

6.4.1 全宗号填写文件材料所属全宗的编号。综合全宗卷的全宗号,填写档案馆(室)编号或档案属类代号。

6.4.2 类号填写5.1—5.8的序号。

6.4.3 件号填写文件材料在相关类目中的流水排列序号。

编号举例:

SZ1—1—2(中共湖北省委全宗,全宗介绍类,第2件)

6.5 编制文件材料目录。全宗卷中的文件材料,分类别,以件为单位,按照排列顺序编制文件目录。目录格式见8.2。新增文件材料在相关类目中接续编制目录。当相同材料出现新旧几种版本时,应在目录备注栏中,注明新版本文件替代旧版本文件的名称和时间。

6.6 文件材料装盒。全宗卷文件材料按照分类编号顺序装盒。文件材料较多,一盒装不下时,可按分类编号顺序装入数盒。装有文件材料的全宗卷应填写卷盒封面和脊背。卷盒式样见8.1。

6.7 编制全宗卷盒号。全宗卷卷盒区分全宗,按卷盒排列顺序编制流水号。综合全宗卷单独编制盒号。

7 全宗卷的管理

7.1 档案馆和保管全宗较多的档案室,宜将全部馆(室)藏档案的全宗卷集中保管,按照全宗编号顺序组织排列。

7.2 区分馆藏档案全宗属类的档案馆,也可按照全宗属类分别集中管理全宗卷。

7.3 保管单一全宗的档案室,全宗卷宜与档案一并保管,将全宗卷置于该全宗档案的卷首。也可以将全宗卷与书本式检索工具放在一起管理。

7.4 档案室建立全宗卷,宜采用双套制。档案室向档案馆移交档案时,应同时移交与该批移交档案相关的全宗卷文件材料。

8 卷盒及目录格式

8.1 全宗卷装具采用无酸纸制作的翻盖式卷盒。封面与脊背分别设置“全宗号”“全宗名称”“盒号”等填写项目，卷盒的外形尺寸为310mm×220mm（长×宽），盒脊厚度为30mm、40mm两种规格。卷盒式样见图A.1。

8.2 全宗卷文件目录采用A4（长×宽为297mm×210mm）纸张、表格形式，设置“类目名称”“件号”“责任者”“题名”“日期”“备注”等项目。目录式样见图A.2。

附 录 A

（规范性附录）

全宗卷盒及目录图示

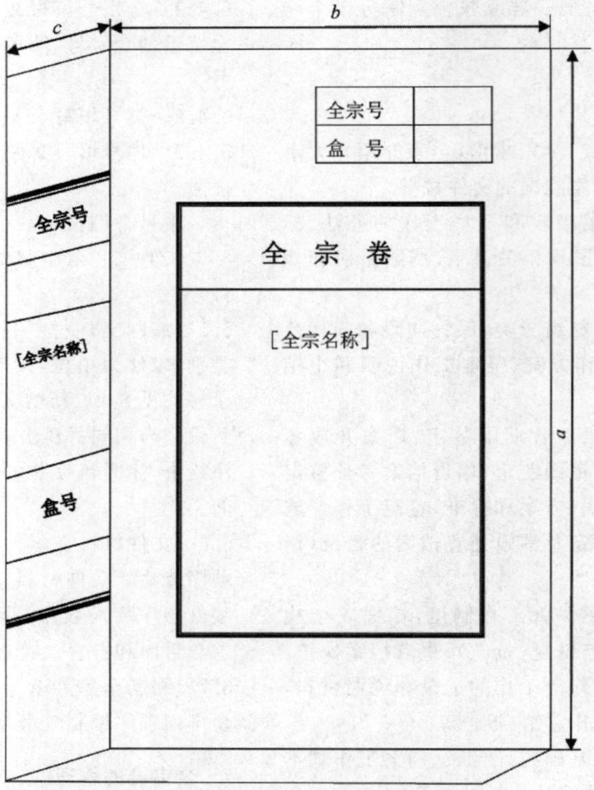

$a = 310$ mm；

$b = 220$ mm；

$c = 30$ mm、40 mm。

注：方括号“[]”及括号内的文字，是该处填写内容说明，并不印制在卷盒上。

a） 全宗卷盒外观式样

图 A.1 全宗卷盒式样

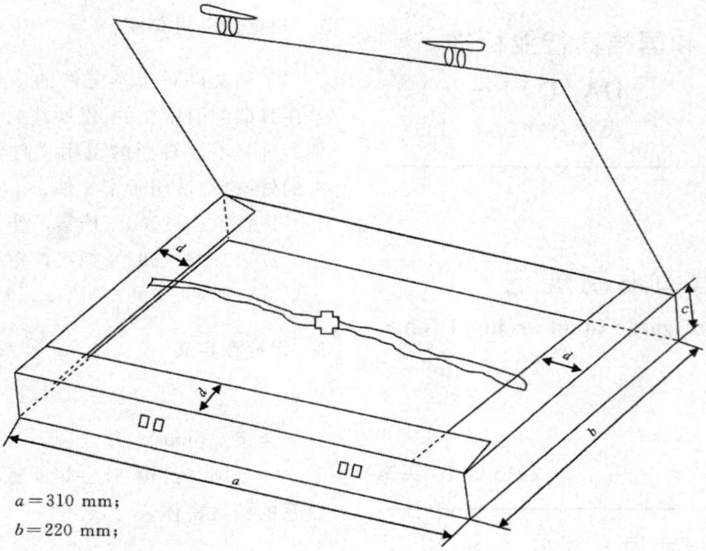

$a=310$ mm；
$b=220$ mm；
$c=30$ mm、40 mm；
$d=40$ mm。

b） 全宗卷盒立体图

图 A.1（续）

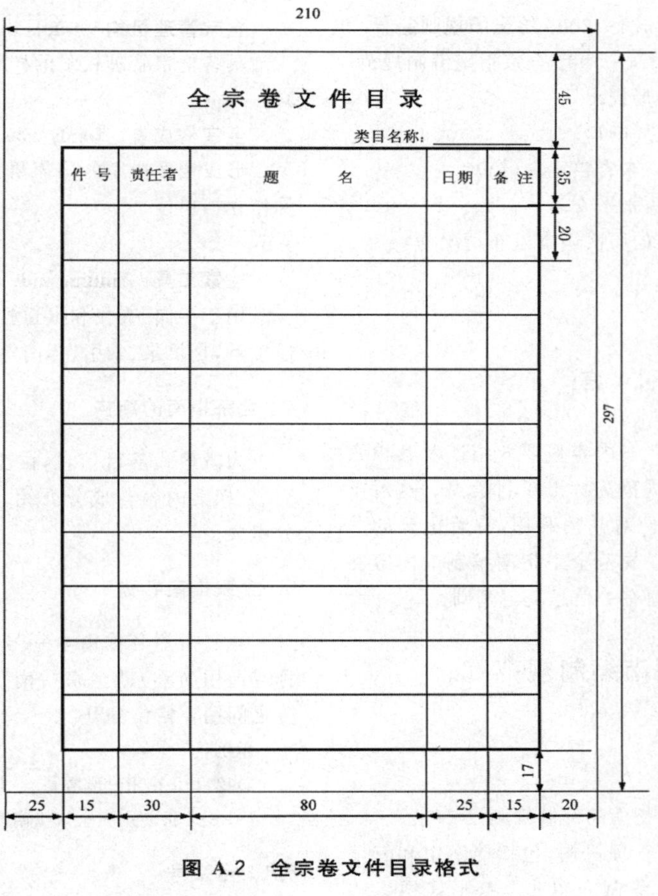

图 A.2 全宗卷文件目录格式

中华人民共和国档案行业标准

DA/T 14—2012

代替 DA/T 14—1994

全宗指南编制规范

Compiling method of guide to an archival fonds

2012-11-15 发布　　2013-01-01 实施

国家档案局　发布

前　言

本标准按照 GB/T 1.1—2009 给出的规则起草。

本标准代替 DA/T 14—1994 全宗指南编制规范。

本标准由国家档案局提出。

本标准由国家档案局归口。

本标准起草单位:广东省档案局(馆)。

本标准主要起草人:张平安。

本标准所代替标准的历次版本发布情况为:

DA/T 14—1994。

引　言

全宗来源的背景、档案内容概要介绍以及其检索和查阅的有关信息,应规范为标准条目信息。这对于提高档案管理质量,方便对其的利用,有着重要的关系。为此,制定本标准以规范全宗指南编制的内容和体制,为准确采集和报道有关信息奠定基础。

全宗指南编制规范

1　范围

本标准规定了全宗指南的编制细则。

本标准适用于全宗管理机构,包括档案馆和有全宗管理职能的档案室。编制介绍非全宗形式档案的指南,参照本编制规范。

2　规范性引用文件

下列文件对于本文件的应用是必不可少的。凡是注日期的引用文件,仅所注日期的版本适用于本文件。凡是不注日期的引用文件,其最新版本(包括所有的修改单)适用于本文件。

DA/T 1—2000　档案工作基本术语

DA/T 3—1992　档案馆指南编制规范

DA/T 13—1994　档号编制规则

3　术语和定义

3.1

全宗　fonds

一个国家机构、社会组织或个人形成的具有有机联系的档案整体。

3.2

全宗号　fonds number

管理全宗的代码,由具备全宗管理权限的档案馆按全宗排架或收藏时间顺序流水编制。

3.3

全宗管理机构　fonds manager

具备全宗管理权限的档案馆或档案室。

3.4

全宗构成者　fonds constituting unit

形成档案全宗的国家机构、社会组织或个人。也称作立档单位。

3.5

检索工具　finding aid

用于存储、查找和报道档案信息的系统化文字描述工具,是目录、索引、指南等的统称。

4　全宗指南的结构

为段落式条目信息,由全宗指南名称、全宗来源简况、档案内容与成分介绍、检索查阅注意事项四部分组成。

5　全宗指南名称

全宗指南名称由全宗号、全宗构成者的名称(全称或通用简称)、“全宗指南”、起止时间构成,并列成分之间用空格位分开。

示例:

a)J211 北京市计划委员会　全宗指南 1949—1990 年

b)R322 钟南山　全宗指南 1936—2000 年

5.1　全宗号

照录档号四位全宗代码。第一位用汉语拼音字母，后三位用阿拉伯数字。

5.2 全宗构成者的名称

全宗构成者的名称按全称书写，通用简称书写在全称后面的圆括号内。

示例：

中共中央纪律检查委员会（中纪委）

联合全宗和汇集全宗的全宗构成者名称从其联合或汇集的全宗构成者实有名称。

示例：

中国共产党广东省高等院校党委　广东省高等教育局

5.2.1 中华人民共和国成立前形成的档案全宗，全宗构成者的名称后应加圆括号注明的政权名称限定词。

示例：

a）教育部（民国）

b）重庆市民政局（民国）

c）外交部（民国汪、伪）

d）礼部（清）

e）端方（清）

f）冯玉祥（民国）

5.2.2 全宗构成者所有曾用名称按时间顺序书写在全宗来源简况中。

5.3 起止时间

涉及全宗构成者和其档案形成的时间跨度标识。一般采用公元纪年表示，使用"—"连接起止年份。必要时可使用朝年或其他特殊纪年方式表示，亦可以其一为主，另一为辅，为辅者加圆括号书于为主者正下方。

示例：

a）1928—1948

b）光绪三十二年至宣统三年

（1906—1911）

6 全宗来源简况

列表登记下列依时间变化，记录和反映全宗来源背景的内容。其顺序为：

a）全宗构成者形成和职能；

b）全宗构成者所有曾用名称；

c）全宗管理机构和全宗档案数量；

d）全宗档案收集、征集、接收、移交、寄存数量。

个人全宗来源简况，登记其个人姓名、别名、生卒年月日、籍贯、职务、职称和个人主要经历、业绩、荣誉称号、家族简况以及全宗档案收集、征集、接收、移交、寄存数量。

7 档案内容与成分介绍

7.1 档案内容与成分介绍一般应使用综合概括的方法介绍。介绍内容包括：

a）反映全宗构成者基本职能和主要活动方面的档案。

b）反映全宗构成者每个阶段中心工作或特殊工作所形成的档案。

c）具有重要历史价值和地方特色的档案。

d）涉及具有全国和国际意义知名人物的档案。

e）馆藏年代久远和特殊载体的档案。

7.2 档案内容与成分介绍一般应按全宗内档案的实际分类体系，文字叙述全宗构成者基本职能和主要活动的内容，并列举文种名称。

7.2.1 以组织机构分类的档案全宗，分别简介机构基本职能和主要活动的内容，并列举文种名称。

7.2.2 以问题分类的档案全宗，分别简介问题涉及的全宗构成者基本职能和主要活动的内容，并列举文种名称。

7.2.3 以其他体系分类的档案全宗，应根据该全宗分类的特点结合问题简介全宗构成者基本职能和主要活动的内容，并列举文种名称。

7.3 需要专门说明的档案按下列方法介绍：

a）指明该档案文件的名称、责任者和文件形成的时间。

b）列出该档案文件的检索要素。

c）对其档案文件内容单独介绍。

7.4 一般性文件介绍不使用引用原文的方式，特殊性文件介绍如需使用引用原文应符合下列条件和原则：

a）引用原文有助于阐述文件的内容实质。

b）引用原文时不详细转述文件中叙述的事实和事件。

7.5 与全宗构成者基本职能和活动没有直接关系的上级文件不做介绍，必要时只做简要交代。

7.6 人物全宗应按全宗构成者的活动特点，结合全宗内档案材料的实际情况介绍，内容包括：

a）个人手稿、著作、作品、题词、日记、回忆录的名称和特点。

b）履历、自传、证书、来往信件以及公务活动与社会活动中形成的文件名称和特点。

c）财产状况与经济活动材料的名称和特点。

d）家庭亲属与主要社会关系材料的名称和特点。

e）图片、照片、录音、录像材料的名称和特点。

7.7 未开放的档案，注明档案数量和使用范围。

7.8 涉密档案，注明档案数量，不做任何内容和成分介绍。

7.9 非纸质档案应简介其种类、特色和数量。

8 检索查阅注意事项

8.1 检索注意事项

包括以下内容：

a)可使用的检索工具和已编制的参考资料的名称；

b)机读目录、手工检索工具条目的数量；

c)纸质档案数字化副本的画幅数量以及占全宗档案总数比例的情况；

d)纸质档案缩微副本的数量以及占全宗档案总数比例的情况；

e)非纸质档案副本的形式、数量以及占全宗档案总数比例的情况。

8.2 查阅注意事项

包括以下内容：

a)档案的完整和完好程度以及遗失、销毁的情况；

b)档案的分类与整理方法以及不同载体组卷、装订和保管的情况；

c)档案的利用价值以及鉴定的情况；

d)划分的保管期限种类以及各类保管期限档案的数量；

e)档案内容向社会开放的情况；

f)本全宗指南完成时间和编制者的情况；

g)其他有关问题的说明。

中华人民共和国档案行业标准

DA/T 49—2012

特殊和超大尺寸纸质档案数字图像输出到缩微胶片上的技术规范

Digital image of paper-based records of special and exceptional elongated sizes output on microfilm

2012-11-15 发布　　2013-01-01 实施

国家档案局　发布

前　言

本标准按照 GB/T 1.1—2009 给出的规则起草。

本标准由国家档案局提出并归口。

本标准起草单位：国家档案局档案科学技术研究所。

本标准主要起草人：郝晨辉、李玉民、杜琳琳、李华峰、程春雨、黄静涛、徐亮、曹晓晓。

特殊和超大尺寸纸质档案数字图像输出到缩微胶片上的技术规范

1 范围

本标准规定了特殊和超大尺寸纸质档案数字图像输出到 35mm 卷式黑白缩微胶片上的一般要求。它包括缩率、分幅方法和缩微品制作、存储等方面的具体要求。

本标准适用于利用计算机等设备将 GB/T 14689—2008 中表 2 和表 3 给出的特殊和超大尺寸纸质档案数字化后产生的数字图像制作成缩微品的过程。

2 规范性引用文件

下列文件对于本文件的应用是必不可少的。凡是注日期的引用文件，仅注日期的版本适用于本文件。凡是不注日期的引用文件，其最新版本(包括所有的修改单)适用于本文件。

GB/T 6159.1 缩微摄影技术 词汇 第 1 部分：一般术语

GB/T 6159.3 缩微摄影技术 词汇 第 3 部分：胶片处理

GB/T 6159.4 缩微摄影技术 词汇 第 4 部分：材料和包装物

GB/T 6159.5 缩微摄影技术 词汇 第五部分：影像的质量、可读性和检查

GB/T 6159.8 缩微摄影技术 词汇 第 8 部分：应用

GB/T 6159.22 缩微摄影技术 词汇 第二部分：影像的布局和记录方法

GB/T 7516—2008 缩微摄影技术 缩微拍摄用图形符号

GB/T 10609.4—2009 技术制图 对缩微复制原件

的要求

GB/T 14689－2008 技术制图 图纸幅面和格式

GB/T 15737－2005 缩微摄影技术 银－明胶型缩微品的冲洗与保存

GB/T 18444 已加工安全照相胶片贮存

GB/T 19474.1－2004 缩微摄影技术 图形 COM 记录仪的质量控制 第1部分:测试画面的特征

GB/T 19474.2－2004 缩微摄影技术 图形 COM 记录仪的质量控制 第2部分:质量要求和控制

GB/Z 20650－2006 缩微摄影技术 缩微品的法律认可性

DA/T 31－2005 纸质档案数字化技术规范

DA/T 44－2009 数字档案信息输出到缩微胶片上的技术规范

3 术语和定义

GB/T 6159.1、GB/T 6159.3、GB/T 6159.4、GB/T 6159.5、GB/T 6159.8、GB/T 6159.22、DA/T 31－2005、DA/T 44－2009 界定的以及下列术语和定义适用于本文件。

3.1

标板 target

由文字、数字、图形等内容组成的数字图像,用于标识数字档案信息的某些特性、帮助判断缩微品的内容和质量、提高缩微品的利用效率。

4 总则

4.1 缩微品制作各环节应遵循 GB/Z 20650－2006 提出的程序和建议。

4.2 数字图像输出到单一画幅,影像尺寸不应超过 30.4mm×41.0mm,输出时应使用能够将全部影像容纳进一个画幅的最低缩率。

4.3 输出数字图像对应的纸质档案原件宜符合 GB/T 10609.4－2009 对缩微复制原件的要求。

5 缩率

5.1 缩率的选择,应保证胶片上的影像还原后清晰可读,可根据档案原件的尺寸、字迹情况、扫描后的图像质量、输出设备技术规格等因素来确定。

5.2 宜使用附录 A 中建议的缩率,最大限度利用画幅面积。

5.3 一页档案原件分幅的数字图像,输出时应使用相同的缩率。

5.4 应在每个画幅内影像区外左下角位置标注出缩率的具体值,且便于其在缩微品上阅读。

6 分幅

6.1 需要分幅处理的档案原件,可以在扫描环节进行分幅扫描,也可以整体扫描后,进行分幅处理,处理过程不应使图像有任何变形,不应影响图像的清晰程度。

6.2 需分幅输出时,应根据档案原件尺寸、字迹、线条、阅读顺序等情况,选取合适的缩率和分幅方式。

6.3 缩率 1/30

6.3.1 纸质档案原件单页,其短边不大于 910mm,且长边大于 1230mm 时,应选用图 1 所示分幅方式。

6.3.2 纸质档案原件单页,其短边大于 910mm,且不大于 1230mm,且长边大于 1230mm 时,应选用图 2 所示分幅方式。

6.3.3 纸质档案原件单页,其短边大于 1230mm,且长边大于 1230mm 时,应选用图 3 所示分幅方式。

6.4 缩率 1/21.2

6.4.1 纸质档案原件单页,其短边不大于 640mm,且长边大于 860mm 时,应选用图 1 所示分幅方式。

6.4.2 纸质档案原件单页,其短边大于 640mm,且不大于 860mm,且长边不大于 860mm 时,应选用图 2 所示分幅方式。

6.4.3 纸质档案原件单页,其短边大于 860mm,且长边大于 860mm 时,应选用图 3 所示分幅方式。

6.5 缩率 1/15

6.5.1 纸质档案原件单页,其短边不大于 450mm,且长边大于 610mm 时,应选用图 1 所示分幅方式。

6.5.2 纸质档案原件单页,其短边大于 450mm,但不大于 610mm,且长边不大于 610mm 时,应选用图 2 所示分幅方式。

6.5.3 纸质档案原件单页,其短边大于 610mm,且长边大于 610mm 时,应选用图 3 所示分幅方式。

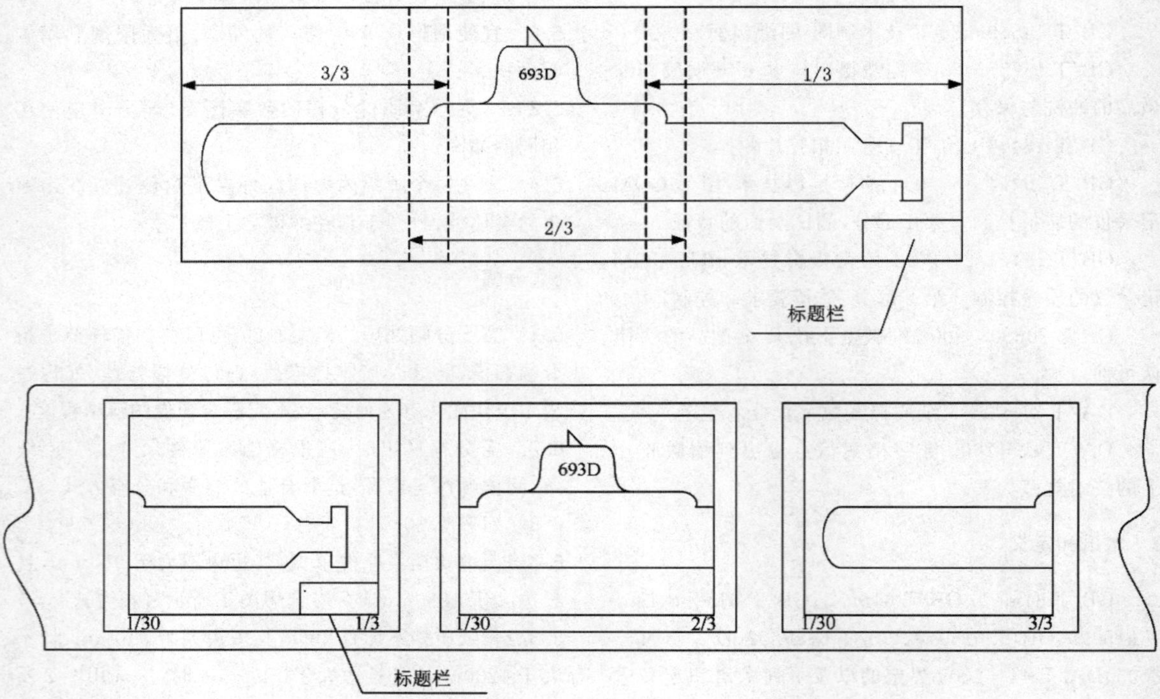

图 1 分幅方法示例 1

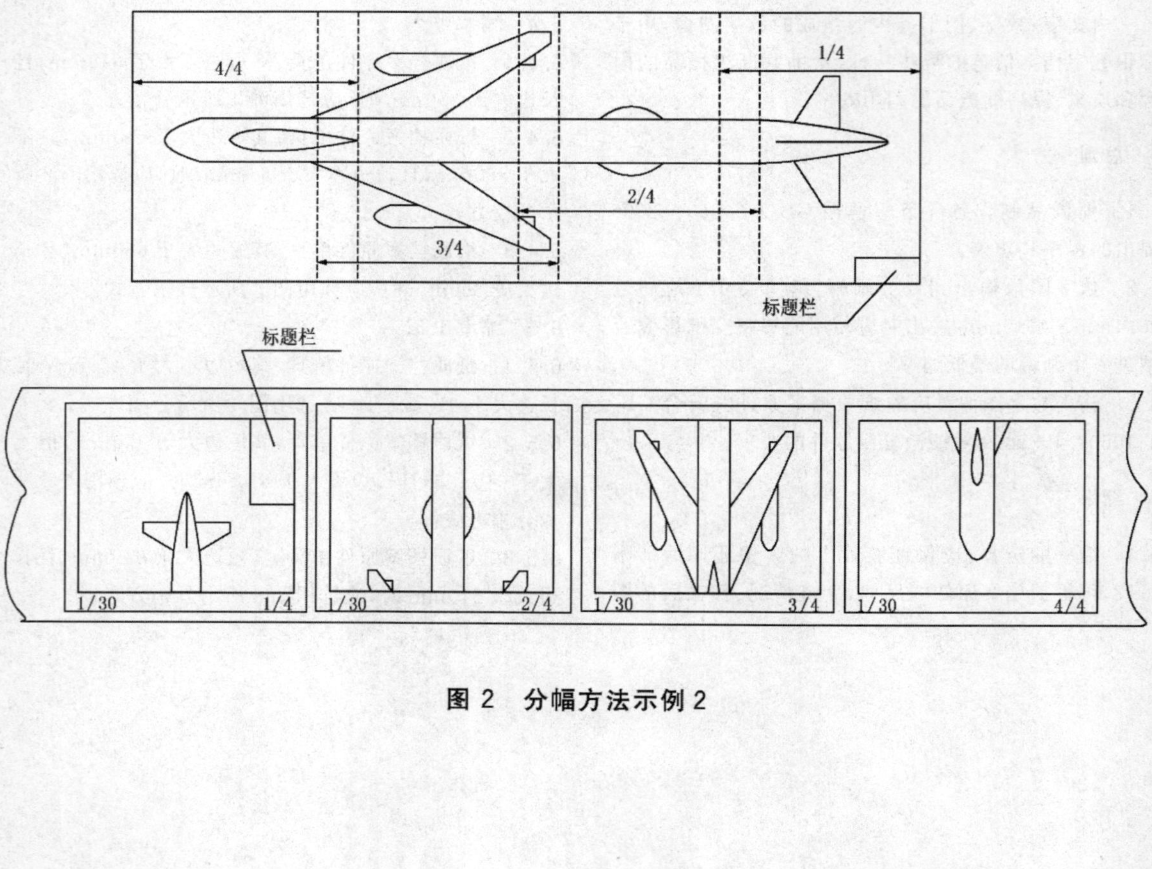

图 2 分幅方法示例 2

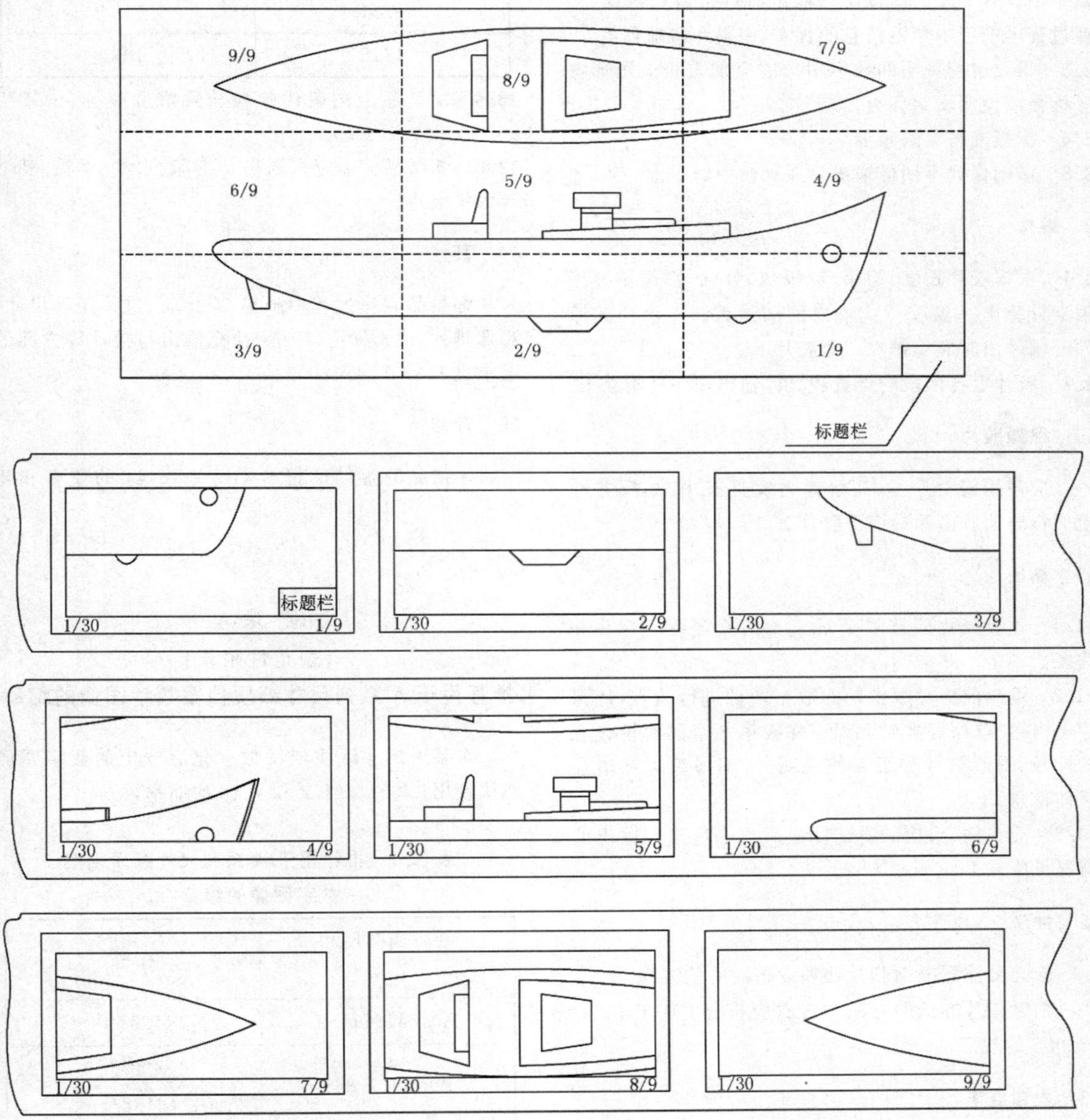

图 3 分幅方法示例 3

6.6 相邻分幅图像之间应留有对应档案原件上100mm的重叠，如果原图在重叠部分有重要信息，或为使最后一个分幅满幅，可加大重叠部分。

6.7 需进行图像旋转时，应按逆时针方向旋转 90°。

6.8 分幅系列的每幅都应在该画幅内影像区外右下角位置标注出分幅序号，分幅序号记作 1/n、2/n、3/n 等(n 为分幅数)，且便于其在缩微品上阅读。

6.9 分幅输出一页没有标题栏的档案时，应先输出分幅示意图，并在示意图中每一分幅中心放置分幅序号；分幅输出一页有标题栏的档案时，应将包含标题栏的图像作为第一幅，如图 3 所示，为方便利用，也可输出分幅示意图。

7 非标准尺寸

其他尺寸纸质档案应按能容纳下全部档案的最小标准尺寸处理。

8 数字图像准备

8.1 扫描环节应充分考虑扫描参数对输出缩微品质量的影响。数字图像质量应符合 DA/T 31—2005 的规定。

8.2 数字图像的文件格式应符合输出设备的要求，

对于不符合要求的图像应在输出前进行格式转换，转换过程不能影响档案信息的真实、完整和清晰程度。

8.3 需要解释说明的数字图像前应加入相应图形符号标板或说明文字标板。

8.4 标板准备见附录 B。

8.5 应确保数字图像输出后在画幅中居中。

9 编排

9.1 根据胶片长度、缩率、标板数、分幅、影像排列等因素计算出一盘胶片应输出的图像数。一页档案原件分幅输出时应编排在一盘胶片上。

9.2 胶片上各区段的设置和具体输出顺序见附录 C。

10 缩微胶片

应使用安全片基、高解像力及具有中、高反差性能的银－明胶型黑白缩微胶片。

11 输出

11.1 每盘胶片应按附录 C.1.1 的规定留出片头和片尾。

11.2 输出前应对编排好的数字图像进行检查，确保输出内容、顺序等准确无误。除按第 8 章的要求设置的标板、图形符号和必要的说明外，不得丢失和增加任何信息。

11.3 应在输出、检测测试标板后再进行常规输出的情况见附录 D。

12 冲洗

应充分注意缩微胶片处理设施内的危害物。

缩微胶片冲洗的方法和步骤应符合 GB/T 15737－2005 的规定。

13 质量要求

13.1 缩微品记录的影像应保持档案信息的完整、可读。

13.2 缩微品的密度应按照 GB/T 19474.2－2004 中 5.2.3 的规定进行检测，密度值应符合 GB/T 19474.2－2004 中表 1 的规定。

13.3 缩微品的解像力应按照 GB/T 19474.2－2004 中 5.2.1 的规定进行检测，解像力值应符合表 1 的规定。

表 1 解像力要求

缩率	解像力 （线对/mm）
1/30	135
1/21	118
1/15	107

13.4 缩微品上的硫代硫酸盐残留量应符合 GB/T 15737－2005 的规定。

13.5 缩微品上不应有划伤及指印、水渍、油渍、药液等污染痕迹。

14 其他

缩微品制作过程中画幅、影像区、进片距等尺寸、影像排列、检索标记、接续、补充输出与接片等方面的要求见 DA/T 44－2009。

15 存储

缩微品的存储应符合 GB/T 18444 的要求和建议。

附 录 A
（规范性附录）
推荐用于 A 系列尺寸纸质档案数字图像的缩率

A 系列尺寸纸质档案数字化后产生的数字图像建议使用 1/30、1/21.2 和 1/15 的缩率，见表 A.1。

表 A.1 推荐用于 A 系列尺寸纸质档案数字图像的缩率

纸质档案尺寸 mm	缩率
A0:841×1189	$1/(30^{+1.2}_{0})$
A1:594×841	$1/(30^{+1.2}_{0})$ $1/(21.2^{+0.85}_{0})$
A2:420×594	$1/(21.2^{+0.85}_{0})$ $1/(15^{+0.6}_{0})$
A3:297×420	$1/(21.2^{+0.85}_{0})$ $1/(15^{+0.6}_{0})$
A4:210×297	$1/(15^{+0.6}_{0})$

附 录 B
（规范性附录）
标 板

B.1 测试标板可按 GB/T 19474.1－2004 的要求制作；也可由设备制造商自行设计，其上应包括 GB/T 19474.1－2004 所列全部检测内容。

B.2 图形符号见 GB/T 7516－2008。

B.3 凭证标板包括缩微品制作批准书、档案原件证明、输出说明等，格式参见 GB/Z 20650－2006 附录 B。

B.4 识别标板应包括档案权属单位、立档单位、输出单位、输出时间、输出人员、输出设备型号、操作系统、相关软件和其他需要识别的内容。

B.5 著录标板应包括本盘胶片所输出档案的著录信息。

B.6 数字图像输出到一盘缩微胶片上需使用不同的缩率时，应在前标识区按所用的最低缩率输出一次测试标板，在后标识区按所用的每种缩率各输出一次测试标板或在每次缩率变动时输出一次测试标板。

B.7 如需输出数字档案信息的其他说明信息应一并制作成标板。

附 录 C
(规范性附录)
卷式缩微胶片区段设置及输出顺序

C.1 卷式缩微胶片上各区段设置

每盘胶片分片头、前标识区、正文区、后标识区和片尾五个部分。

C.1.1 片头和片尾

每盘胶片片头和片尾应各留出不少于 700mm 的空白片作护片和引片。

C.1.2 前标识区

前标识区应包括下列标板：

a）"卷片开始"标板；

b）如本盘胶片内容是续接前一盘胶片的内容，则须输出"接上盘"标板；

c）盘号标板(可直读)；

d）测试标板；

e）凭证标板；

f）识别标板；

g）著录标板；

h）其他说明信息标板。

C.1.3 正文区

正文区应包括数字档案信息及相关标板，数字档案信息应按照档案原件的正确顺序排列。正文区与标识区之间应输出 2—3 个空幅。如采用靶标闪现检索，宜在靶标两侧输出空幅。

C.1.4 后标识区

后标识区应包括下列标板：

a）其他说明信息标板；

b）著录标板；

c）识别标板；

d）凭证标板；

e）测试标板；

f）盘号标板(可直读)；

g）如本盘胶片内容需续接到下一盘胶片上，则须输出"转下盘"标板；

h）"卷片结束"标板。

C.2 卷式缩微胶片常见的输出顺序

卷式缩微胶片常见的输出顺序见图 C.1。

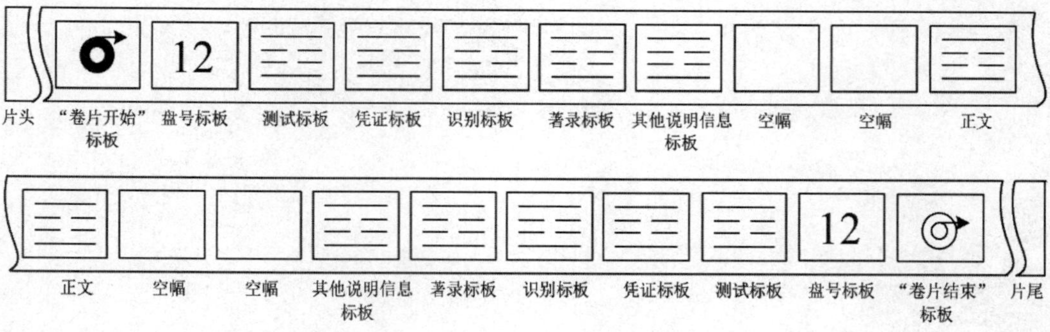

图 C.1 输出顺序示例

附 录 D
(规范性附录)
其他应输出测试标板的情况

在下列情况下应首先输出测试标板，以评价输出设备的质量，再进行常规输出。检测方法见 GB/T 19474.2—2004。

a）对输出设备、胶片冲洗机进行保养和维修后；

b）冲洗胶片的化学药品发生变化时；

c）冲洗条件发生变化时；

d）任何不利于系统操作的情况发生后。

（五）档案馆工作

2012 年全国档案馆工作发展综述

一、档案馆工作继续得到各级领导的重视和支持

中央和地方各级领导的关心与支持，为档案馆工作的开展创造了良好的外部环境。时任中共中央政治局委员、上海市委书记俞正声参观由中央档案馆和上海档案馆举办的“红星照耀中国——外国记者眼中的中国共产党人”档案展览。时任全国政协副主席孙家正到中国第二历史档案馆视察档案工作。湖北省委书记李鸿忠就省档案馆新馆建设作出批示。时任陕西省省长赵正永深入省档案馆新馆指导工作。

二、档案馆围绕中心服务大局工作取得新成果

北京市档案馆联合有关单位在市委党校举办“党旗飘扬”展览。贵州省档案馆编辑《红军在贵州全书》，拍摄《迈向新征程》宣传片。福建档案馆联合有关单位举办“钓鱼岛：历史与主权”展览，这是我国第一个以钓鱼岛为主题的展览。广东发掘有关黄岩岛主权档案资料，为中央和省领导决策提供服务。国家档案局批准海南省成立西南中沙群岛档案馆，中央电视台、新华社等多家媒体报道，起到了宣示我南海主权的积极效果。

三、档案馆功能建设不断加强

省级档案馆建设取得新进展。陕西、福建新馆开馆，武警部队新馆竣工，辽宁新馆封顶。广州新馆一期工程和深圳档案中心一期工程竣工。成都新馆开工，河北新馆建设列入规划，西藏新馆建设完成项目可研报告。河南、湖北、重庆、青岛积极推进新馆建设。

中西部地区县级综合档案馆建设扎实推进。9月，国家档案局在四川省成都市组织召开中西部地区县级综合档案馆建设汇报会。2012 年度中西部地区县级综合档案馆建设项目新开工 159 个，共补助中央投资 7 亿元。截至 2012 年底，已有 442 家县级档案馆开工建设，开工率为 88.2%。新疆自治区档案馆和四川、云南、甘肃、青海 4 省藏区的自治州、自治县两级档案馆建设被纳入“十二五”中央投资补助范围。

四、民生档案收集利用工作稳步推进

9 月，国家档案局在天津组织召开全国民生档案工作经验交流会，提出指导方针，推动民生档案工作深入发展。各级档案馆逐步建立起行之有效的民生档案工作机制，开创民生档案工作新格局。大连市档案馆确定 2012 年为“民生档案建设年”，免费发放民生档案查阅指南。上海市、广东省、南京市大力推进区域性档案信息资源共享，建立“就地查询、跨馆出证”联动服务机制。重庆市档案馆为群众免费提供档案服务，社会反响强烈。民生档案工作的开展，使档案工作融入人民群众的日常生活，成为党和政府联系人民群众的纽带，给档案馆事业注入了勃勃生机和持续动力。

中西部地区县级综合档案馆建设汇报会

2012 年 9 月 11 日，中西部地区县级综合档案馆建设汇报会在四川省召开。国家档案局副局长李明华出席会议并讲话，四川省政府副秘书长蔡竞出席会议并致辞。来自全国 25 个中西部地区省、自治区、直辖市、新疆生产建设兵团档案局的负责同志和相关业务人员 50 余人参加了此次会议。这次会议的主要任务，是对三年来各地开展县级综合档案馆建设中好的做法和先进经验进行总结，特别是要指出存在的问题，纠正偏差，提出今后工作的具体要求。

李明华评价说，四川省在档案馆建设工作中，紧紧抓住汶川地震灾后重建和中西部地区县级综合档案馆建设“两项规划”的机遇，不仅强力推进县级馆的建设，还同时抓市州档案馆建设；不仅抓项目管理，以确保质量，还同时抓强化功能，优化服务，取得了很好的效果和可资借鉴的经验。

李明华指出，2010 年 10 月中西部地区县级综合档案馆建设工作正式启动，国家发展改革委共下达了中央预算内投资计划项目 501 个，下达中央资金 19 亿元，同时要求地方投资 12 亿元，中央投资和地方投资合计 31 亿元。从全国整体情况看，项目执行情况较好，工作进展顺利，主要成绩表现在开工率稳步提高、地方资金配套情况良好、项目管理日趋成熟三个方面。

李明华强调，今后一个时期中西部地区县级综合档案馆建设中需要重点抓好准备工作、建设进度、建设质量、开馆工作等几个问题，要认真贯彻杨冬权局长2011年5月在云南会上讲话中提出的以地方政府为投资主体，严肃地执行《规划》，严格地规范操作，搞好建安工程与新馆使用的衔接，把廉政措施贯穿项目实施始终等各项要求，把建设好、使用好县级综合档案馆需要进行的各方面工作扎扎实实加以推进。

李明华最后提出，在建设好、使用好县级档案馆的同时，还要按照杨冬权局长在全国档案工作暨表彰先进会议上讲话的要求，“中西部地区县级综合档案馆以外的档案馆建设，各级档案行政部门的主要负责同志也要高度重视，作为重点工作一个一个地亲自抓、亲自跑，积极争取各级领导及发展改革部门、财政部门等对新馆建设的支持，力争新建、改建和扩建，使档案馆建设早日达到新的标准，满足各种功能需要。”

与会代表参观了四川省仁寿县档案馆和双流县档案馆，四川、云南、福建、湖南四个省档案局分别介绍了本地区县级综合档案馆建设的经验和做法。相关业务人员还参加了“中西部地区县级综合档案馆建设项目管理系统”软件应用培训。大家表示，这次会议必将对中西部地区县级综合档案馆建设，特别是进一步发挥好新馆的功能起到积极的推动和促进作用。

（档案馆（室）业务指导司）

2012年中央档案馆档案资料保管工作情况

2012年，档案资料保管部按照中央办公厅关于“制度建设年”的要求，紧紧围绕馆局中心任务开展工作。

履行档案资料安全保管职能。严格执行《中央档案馆国家档案局安全保密规章制度》和库房管理等各项规章制度。加强档案库房管理，坚持二人同行制度，严格各项档案资料情况登记，坚持档案利用备份制度，原件一律不出库房，确保档案原件的安全；严格履行档案利用各项审批手续，对所有拟公开或拟出版公布档案及档案目录进行认真审核鉴定，并逐级上报经批准后提供利用，严防把不宜公开的档案信息公开出去；严格执行相关保密规章制度，严格区分、隔离涉密与非涉密计算机、涉密计算机与涉密联网计算机以及移动存储设备，做到专机专用，专人负责；坚持部务例会制度，实现安全工作定期汇报和监督，进一步提高档案安全保管能力。

提高档案资料利用服务水平。先后5次完成党中央、国务院急查档，做到急件急办，快速高效；继续依托馆藏资源，围绕社会时事热点和国家中心工作，为党中央提供有重要参考价值的档案资料，全年编辑《档案参考》上报中办7期，上报清样7期，提交专题草稿8期，查调档案200余件，编辑文字9万余字。

办理外部批件313个，内部批件166个，急件70余个。提供利用档案1万余件，提供1173卷，平片86张，资料172册另132期，照片小样297张，编辑、制作光盘77张4398分钟。

为馆局编辑《中共中央文件选集》《建党以来重要文件选编》《中华人民共和国经济档案资料选编》等项目查找、核对、提调档案资料；为中直党校党性修养主题展室提供仿真档案；为中央档案馆与中央文献研究室合编的《老一辈革命家书法精选》查找、核对、扫描档案；为馆局与上海市档案局合作举办的“红星照耀中国——外国记者眼中的中国共产党人”展览提供档案。

加大档案资源开发力度。与北京市西城区区委联合编辑出版了《光辉的历程——中央档案馆馆藏档案资料选编》，此书被新闻出版署确定为“新闻出版总署迎接党的十八大主题重点出版物”；从馆藏的毛泽东画册中挑选120幅作品，按照原书的规格和尺寸进行重新出版，制作对外交往的档案文化礼品《毛泽东藏画精品选》（册页装）、《毛泽东藏画精品选》（单页装）、《毛泽东藏画精品选》画册等，在中央档案馆一号、二号办公楼内筹办了“毛泽东藏画展”和“光辉的历程——中央档案馆馆藏档案资料展”；向中国井冈山干部学院捐赠中央苏区时期14种刊物的合订本53册，以及中央档案馆馆藏革命历史档案室编辑的全国革命历史文件汇集（甲种本）316册，再次实现“档案进干部学院”的目标；编辑制作1840年鸦片战争以来的大型文献系列片《中国近现代影像史》，完成400集的制作；特藏室接待参观91批1753人次，提调档案200余件，查档500余件。

积极投入馆局重点工作。在馆藏中央档案数字化工作中，负责组织数字化用档案的提供、编页等管理工作。为编页组提供数字化一览表、流程单打印共计21万页；清点文件1.5万卷；为编页组、扫描组提供档案3万卷，120万页；扫描后清点、消毒、上架档案1.4万余卷，230万页。在馆藏国家档案数字化外包工作中，组织数字化扫描前的各项准备工作，严格管理、统筹安排，保证档案数字化进展。为整理中心档案鉴定提供档案 1.3 万卷，鉴定后清点、上架 1.2 万卷；为扫描调卷 3113 卷；保管部完成鉴定解密档案 4000 余卷。

做好档案接收和征集工作。接收中直管理局、交通部等单位档案 2.5 万卷，另 1.1 万件及相关的档案数字化加工数据；接收图书资料 4.2 万册，采购图书资料 1000 余册；印发《中央档案馆案卷级档案接收质量检查办法》，举办中央档案馆案卷级档案接收进馆档案培训班；先后 58 次前往中办人事局、中办秘书局、国家发改委等 36 个中央和国家机关单位检查指导拟移交档案整理工作；为中办调研室、中华全国新闻工作者协会等 7 个单位办理全宗号；召开中央档案馆档案价值评定委员会第一次全体会议，向 12 名委员颁发了聘书。征集了领导人有关照片、莫斯科人质危机情况信函、老照片等。

加强档案资料保管基础工作。对接收进馆档案进行清点、核对、上架、交接。整理上架档案 3.3 万卷，另 3.6 万件，图书 2000 余册，资料 3 万余册；复印档案目录 3.1 万卷；修复档案 53 件 146 页；更换缩微平片防酸保护袋 2.3 万张；整理音像档案 800 盘，上载采集《媒体资源管理数据库》，导入数据、打印、制作光盘目录，维护和修理老旧播放设备；安装密集柜 392 组，新购置报纸柜 164 个。

中央档案馆档案价值评定委员会成立

2012 年 5 月 30 日中央档案馆档案价值评定委员会在北京成立。中央档案馆馆长、国家档案局局长杨冬权为 12 名专家和学者颁发聘书。中央档案馆档案价值评定委员会由档案、图书、历史、文博、书画等相关行业的权威人士组成，其设立旨在促进档案征集和保护工作。委员会在制定档案价值评定的基础上，对相关档案进行分析和评价，为档案的征集、保护、管理等工作提供参考依据，为征集珍贵档案和国家重点档案提供咨询。会上委员会的专家和学者首次履行职责，对部分中央档案馆馆藏档案进行了价值评定。

中央档案馆档案价值评定委员会由以下成员组成：

主任委员：杨冬权（中央档案馆馆长 研究馆员）
副主任委员：李致忠（国家图书馆 研究馆员）
李明华（中央档案馆副馆长 研究馆员）
杨继波（中央档案馆副馆长 研究馆员）
委　　员：安平秋（北京大学 教授）
李国新（北京大学 教授）
黄爱平（中国人民大学 教授）
胡抗美（中国书法家协会 副主席）
孙　钢（中央档案馆司长 研究馆员）
郭嗣平（中央档案馆司长 研究馆员）
许卿卿（中央档案馆主任 研究馆员）
王绍忠（中央档案馆主任 研究馆员）

办 公 室：
主　任：许卿卿
副主任：贺德海　许　虹
成　员：王京萍　李国伟　王　勤

2012 年中央档案馆档案接收、征集工作情况

2012 年扎实推进档案十年（2011—2020 年）接收计划，全力做好档案接收征集工作，促进档案资源体系建设。

全年共接收中直管理局、交通部、毛主席纪念堂、中央编译局、中办机要交通局、民政部等单位档案共计 2.5 万余卷、1 万余件及相关的档案数字化加工数据。接收中央办公厅厅史编写组档案 100 余卷、1500 件。接收图书资料 4.2 万册，采购图书资料 1000 余册。从中国视协电视纪录片学术委员会、馆局内部有关单位或部门接收音像档案 75 盘，中国近代音像史资料 60 集，其中包括 15 部文献片。

为完善规范档案接收标准，提高进馆档案质量，印发了《中央档案馆案卷级档案接收质量检查办法》，并在银川举办了中央档案馆案卷级档案接收进馆档案培训班，对中央和国家机关 21 个单位 33 人进行了培训。同时协助信息中心督促档案移交单位严格按照《中央档案馆电子版档案数据接收规范（试行）》《中央档案馆关于含有绝密级电子版档案数据接收进馆的规定》制作档案数字化电子版数据。

加强对拟移交档案整理工作的检查指导。先后 58 次前往中办人事局、中办秘书局、中直管理局、中央编译局、国家发改委、中国地震局、财政部、文化部、国家电网公司档案馆、中国信托投资有限公司、香港工委、中华全国新闻工作者协会、全国人大法工委、中国台湾民主自治同盟、新闻出版总署等 36 个中央和国家机关单位检查指导拟移交档案整理工作，并对部分单位提出了书面整改意见。

为中办调研室、中办法规局、国务院第三次全国文物普查领导小组办公室、中华全国新闻工作者协会、中国政治思想工作研究会等 7 个单位办理全宗号。继续认真贯彻中办（2000）63 号、中办厅字〔2008〕21 号文件精神，努力做好党政领导干部个人

保存的公务文件材料的征集工作。为了获取征集线索，继续在国家档案局网站上发布《中央档案馆关于向社会征集档案的公告》。赴江苏、黑龙江等地开展征集工作调研；参加了全国境外档案征集工作座谈会，并撰写了《关于国（境）外征集档案的建议》。全年共征集：车文龙保存的邓小平等中央领导有关照片（附底片）24 张及光盘 1 张；解长贺保存的毛泽东为人民英雄纪念碑题词的手迹双钩图等 5 件；陈东夫 2012 年 10 月莫斯科人质危机情况有关信函 8 封；邵根才保存的 1958 年国庆九周年时北京 45 个景点老照片。天可嘉语（北京）文化传媒有限公司保存的“圆明园四十景图咏长卷”；孙前保存的《大熊猫文化笔记》（中、英、法）各种版本共两套 8 册；张永和纪念文集 2 册；齐喜庆、葛健光书画作品 4 幅。

中央档案馆向中国井冈山干部学院捐赠档案资料

2012 年 9 月 3 日，中央档案馆向中国井冈山干部学院捐赠档案资料仪式在中国井冈山干部学院举行。中央档案馆保管部主任许卿卿受中央档案馆领导委托，向中国井冈山干部学院捐赠了一批珍贵档案资料，以支持中国井冈山干部学院的党史研究和干部教育培训。这批档案资料是从中央档案馆馆藏资料中精心挑选出来的包括中共中央机关报《红旗》、中华苏维埃中央政府和中共中央、共青团中央联合机关报《红色中华》等 14 种刊物的合订本 53 册，以中央档案馆馆藏革命历史档案编辑的全国革命历史文件汇集（甲种本）316 册。这些革命历史资料时间跨度为 1922 年至 1949 年，是我们党建立、发展、领导新民主主义革命轨迹的真实反映。

2012 年 11 月 29 日，中央档案馆与中国井冈山干部学院签订战略合作协议，双方将在战略合作的协议框架内，通过挖掘、开发教学资源，开展课题研究、举办专题展览、打造党风党性教育主题教室等形式开展合作。这是中央档案馆国家档案局倡导的“档案进干部学院”工作取得的又一成果。

（中央档案馆档案资料保管部）

2012 年中央档案馆档案利用工作情况

2012 年，中央档案馆办理档案利用批件 313 个，其中急查件 55 个。接待利用单位 289 个，审核档案资料 24861 卷（件、册），提供利用档案资料 18193 卷（件、册）。查档件大致为领导决策、有关部门举办展览、拍摄电视专题片、编史修志、解决公民个人待遇等方面。主要有：1. 为中央办公厅、国务院办公厅、中央纪委办公厅等单位工作查考紧急提供有关档案 1000 余件。2. 为中央党史研究室、中央文献研究室等单位完成中央交办的专项任务提供利用档案 2000 余件。3. 为 80 余个单位编史修志提供利用档案 10000 余件。如：中国石油天然气集团公司编纂《中国石油组织史资料》（1949—2011）；中组部编辑《干部人事档案工作文件选编》；国家税务总局出版《中华人民共和国税收大事记》；南京市委党史研究室编纂《刘伯承与南京》图文史料集等。4. 为 40 余个单位举办展览提供利用档案 2000 余件。如：韶山毛泽东同志纪念馆生平馆陈列改造；西柏坡纪念馆筹办“新中国从这里走来——中共中央在西柏坡文献展览”；新闻出版总署举办“新闻出版业改革发展史料展”；乌鲁木齐烈士事迹陈列馆举办“天山丰碑”主题展等。5. 为 10 余个单位拍摄电影、电视文献纪录片提供利用档案 500 余件。如：中央新影集团拍摄反映毛泽东、周恩来、朱德三位伟人生平、友谊的影片《战友》；解放军电视宣传中心与军事科学院、中央党史研究室和兰州军区政治部联合摄制电视文献纪录片《西路军》；青岛市委组织部、青岛市委党史研究室联合拍摄党史人物专题片《武胡景》等。6. 根据《中共中央办公厅关于开展党内法规和规范性文件清理工作的意见》的要求，为中办法规局等单位完成中央法规和规范性文件清理任务，提供利用有关档案 1000 余件。7. 办理解决公民个人待遇问题的查档件 30 余个，提供利用档案 100 余件。

建设中央国家机关政府公开信息查阅管理系统

为贯彻落实馆局领导的指示，进一步做好中央国家机关政府公开信息的查阅服务工作，中央国家机关政府公开信息查阅管理系统建设工作在 2011 年前期调研论证的基础上继续推进。2012 年 7 月完成了软件开发企业的调研论证、筛选、评标工作；9 月完成了该系统配套设备的选型及安装调试；10 月，项目建设单位对该系统进行集成、调试；11 月中央国家机关政府公开信息查阅管理系统开始试运行，其间反复修改完善，系统运行基本稳定。12 月 24 日组织专家评审，完成了验收评审工作。目前该系统已正式投入运行，可以实时将各中央国家机关官方网站的政府公开信息，抓取到查阅中心的政府公开信息数据库，为查阅者检索所需信息提供了方便，有效地提高了服务效率。

（中央档案馆档案资料利用部）

中国第一历史档案馆工作综述

一、档案整理及数字化工作成效显著

2012年，中国第一历史档案馆（以下简称“一史馆”）创新思路，科学筹划，推动档案整理数字化工作安全高速发展，取得了前所未有的成绩，全年共完成档案整理187万多件（含满文档案14万多件），整理数量和效率创历史新高；完成数字化扫描约66万件785万画幅，实现了年初确定的目标。

一史馆在不断总结经验的基础上，档案整理工作突破传统思维定式，积极创新工作方法，不断提高工作效率，汉文档案整理实现工序更新，加快了档案整体流转速度，提高了劳动能效。满文档案整理针对人员少、外援缺的实际，实行定岗、定额、定责管理，保证工作积极稳妥地向前推进。为确保档案整理质量，一史馆将全流程质量控制和成品验收相结合，整理过程中完成至少2次100%的档案实体与各项信息比对质检，对提交成品按照不低于20%的比例抽检验收。全年共完成成品质检2743卷、38万多件，抽检率达22%，平均差错率0.49‰，整理合格率99.94%，将整体差错率从低于1‰降到低于0.5‰，质量取得突破。此外，还通过业务研讨、检查考评、咨询解答、专项总结等措施，梳理工作流程，固化工作模式，建立质检差错双人认证、质检回溯反馈等一系列制度规范，将常规工作规范化、制度化、标准化，推动了整理工作平稳有序发展。

数字化工作克服了人员短缺等困难，坚持安全、质量、进度“三位一体”，依托现有资源及现实条件，创造性地开展配属式数字化加工，全年共开展数字化加工项目6项。同时，加工监管日趋科学，切实落实各项监管举措，规范项目信息使用，确保档案实体万无一失和加工数据安全，不断深化项目管理工作，细化数字化加工流程及操作要求。在提升整体效率的同时，一史馆数字化扫描加工质量标准严格，始终坚持质量优先，严把之间关口。此外，改进质检验收工作模式，在外包公司内部设置图像技术质量检查、100%原档比对质检、成品质检三道关卡；项目监管处室成立质量检查小组，进行20%JPG图像抽检、5%原档比对抽检，处领导进行1%—2%原档比对验收抽检，多道质检程序确保数字化图像数据差错率始终低于1‰，切实防止了画幅漏扫，确保了成品数据质量。

在不断开展新项目的同时，一史馆加工项目验收工作逐步规范，成立了验收委员会及验收工作组，通过项目过程文件抽查、现场考察及验收会议答辩等程序，分层次、多角度地对档案整理、数字化项目进行验收，严谨科学，客观公正，积极有效。

二、档案整理数字化实现全年安全零事故

安全是档案工作的生命，一刻也不能放松。一史馆始终牢记“安全第一”的要求，以围绕档案整理及数字化安全保障为主线，紧抓安全体系、宣教培训、值班管理、安全基础四方面工作，取得了明显成效，连续实现全年安全零事故的目标。

（一）完善“三项机制”，构建安全工作体系

一是完善安全责任机制。一史馆强化按责任负责、按层次负责、按分工负责的责任机制。馆长与各部门签订了安全目标管理责任书；一史馆与外包公司、外包公司与所属员工签订了第二、第三期安全保密协议；针对计算机软硬件工作全面展开的实际，一史馆还与外包公司签订了软硬件安全保密协议，签订责任书和报备协议共计287份。二是完善人员进出管理机制。一史馆制定了《档案整理及数字化公司人员进出管理办法》，为外包公司人员划定“三区一线”，即工作区、活动区、就餐区、进出路线。坚持进出人员申请、门禁指纹录入、活体指纹备案、持证和政审制度。三是完善应急管理机制。制定了《中国第一历史档案馆突发事件应急处置办法》《中国第一历史档案馆备用钥匙管理办法》，并进行有针对性的演练。制作并悬挂突发火情处置办法操作流程图127块，配制应急备用钥匙193把。

（二）采取“三种形式”，强化宣教培训效果

一是利用电子板报及局域网进行宣教。主要进行政策法规、安全常识教育，并将公安消防部门会议精神、警情社情、雨季天气等情况通报全馆。二是组织各类安全组织成员培训。组织安委会成员、安全员、义务消防队等到消防博物馆参观学习，接受防灾知识培训。三是对值班人员及保安员进行培训。组织总控室值班员进行突发事件应急处置培训，使值班员达到“三能”要求，即：能及时发现、能准确判断、能妥善处理。针对保安担负任务实际，组织学习执勤法规和设备操作等业务培训。

（三）规范“三类值班”，筑牢安全关口

一是规范节假日值班管理。坚持重大节日馆处领导带班值班双班制、周六日馆处领导轮流值班制度。二是规范门卫及夜巡值班管理。强化“窗口意识、责任意识、服务意识”，落实“情况报告制度、值班交接制度”，遵守“值班工作十不准”。年内，接待档案利用及来访人员7020人，夜间巡查1095

次，妥善处理各类问题及突发事件19起。三是规范总控室值班管理。坚持昼夜值班不间断，落实编班、换班备案、持证上岗、值班检查等制度。全年排除设备故障等问题15起。

（四）夯实“三个基础”，突出安全工作重点

一是夯实人防基础。按照“全时、全员、全区域、全过程”的要求，加强档案工作区安全巡查，严格档案出入库、转运路线、交接现场的安全监控，强化档案工作区进出人员、档案、物品的管控，坚持把进出的人员管住，进出的档案管严，进出的设备及物品管紧。全年共进行巡查、检查1262次。二是夯实物防基础。为新建网络机房、档案工作区补充灭火器12具；对全馆520个灭火器进行了检测维修；对全馆建筑消防设施进行全面的消电检。三是夯实技防基础。改造网络机房气灭系统；维修改造消防供水系统；定期对火灾报警系统和视频监控设备进行检测维护，安装防入侵红外报警设备1套。

三、档案信息化平台初步建成

2012年，一史馆继续大力开展档案整理及数字化工作，取得了可喜的成绩，生成了海量馆藏档案电子数据，档案电子数据存储规模已达到PB级。

为了实现馆藏档案电子数据安全有序保管，一史馆进行了信息化平台的搭建工作，其中包括档案信息化软件平台和数据存储备份硬件平台的建设。档案信息化软件平台自2011年进行招标并开始开发，至2012年5月初完成开发工作，进入试用期。2012年7月，档案信息化软件平台通过专家评审会评审验收，正式上线。根据一史馆档案业务流程的需要，软件平台的设计采用“物理集中、逻辑分离”的思路，分别搭建了六个数据库，通过一系列安全控制技术，形成了完整的数据安全解决方案，保证了数据的安全。

与此同时，一史馆还完成了构建支撑档案信息化软件平台正常运转所需的硬件平台。在保证整理、数字化工区各项数据安全生产的前提下，进行了分阶段、分步骤的建设工作，对原有的硬件环境进行了改善和优化，完成了机房建设、网络布线改造、电力改造，硬件设备采购等工作。截至2012年10月30日，系统软硬件设备已经全部安装调试完成，设备运行正常，通过了专家评审验收，达到了建设目标要求，能够满足档案整理及数字化工作的需要。

一史馆档案信息化平台建成后，将整理及数字化工作环节每日生成的数据安全准确地导入平台。平台接收的数据采用集中管理，分级存储策略，同时进行存储空间调配管理，合理控制。根据档案电子数据的重要程度，采用多介质、多套备份的策略。截至2012年底，档案电子数据的存储量已经达到1.5PB，初步建成了数据接收、数据管理、数据保存和数据利用等功能的PB级数据中心，为全面实现明清档案管理科学化、利用网络化奠定了坚实的基础。

四、新馆建设工作取得突破性进展

2012年，一史馆克服重重困难，经过不懈努力，历时20年之久的新馆建设工作终于取得突破性进展。

一是完成了新馆旧址正福寺项目结算审计工作。截至5月17日，一史馆配合中直机关审计室完成对新馆建设原址正福寺项目的前期投资结算审核工作。

二是确定了新馆选址，签订了《建设用地置换及拆迁补偿费三方协议》。9月1日，一史馆与有关单位正式签署《建设用地置换及拆迁补偿费三方协议》。协议约定由北京市国土局将祈年大街西北侧建设用地划拨给一史馆用于新馆建设。

三是完成了新馆建设投资规模初步论证。按照建设部、国家发改委颁布的《档案馆建设标准》并经过一史馆可研报告编制单位专家会议论证，按照一史馆目前1500余万件（册）的馆藏量，新馆总建筑面积应不少于10万平方米，相应的投资规模约为15亿元人民币。

四是取得了新馆建设规划指标。11月19日，北京市规划委员会正式复函一史馆，原则同意迁建工程选址在东城区祈年大街西北侧地块，用地范围东至祈年大街、西至新革路、北至西打磨厂街、南至华堂综合服务中心北墙，用地性质为文化设施用地，用地面积1.34公顷，建筑高度不超过45米，地上建筑不超过6.5万平方米，容积率4.85，绿化率15%。

一史馆将按照“功能实用，稳定坚固，大方美观”的指导原则，努力把新馆建设成为一座集中体现“文化性、独特性、实用性、现代性”的档案馆。

五、1925—2011年文书档案全部实现数字化

2012年2月，一史馆启动本馆文书档案整理和数字化工作，历时10个月，完成了1925—2011年文书档案整理、编目、扫描工作。共整理文书档案2147卷，14992件，其中：永久1490卷，长期568卷，短期89卷，照片档案163张，编研类档案71卷。数字化扫描106393画幅，其中：文书档案105420画幅，照片档案163画幅，编研类档案810画幅（折合A4画幅）。形成案卷级目录2225条，文件级目录14992条，共计8册。由于历史原因，1925—1979年档案目录与案卷实体对应不上，这部分档案一直无法利用。此次启动的文书档案整理和数字化工作，彻底解决了这个多年遗留的历史问题，

标志着一史馆文书档案管理工作迈上了一个新的台阶。

自项目启动以来，一史馆对本馆文书档案情况进行了深入细致的摸底调研，形成了《馆藏文书档案整理和数字化工作方案》；请两家具有档案整理工作经验的公司报价，进行比选，并反复讨论馆藏文书档案整理数字化技术需求、质量要求等，确定了一家承包公司。为确保文书档案安全，一史馆加强现场监管，安装了监控探头，同时派专人现场指导。在文书档案整理数字化过程中，一史馆规范操作程序，为公司整理人员印发馆史知识材料，刻制本馆文书档案归档章，完善档案交接手续，并要求公司按时提交《加工数据挂接验收报告》《加工项目验收报告》。按照工作方案，文书档案整理和数字化工作分四个阶段进行，并分四期完成项目实体验收、电子数据移交和数据图像挂接。电子数据采用三种保管形式，确保本馆文书档案电子数据的安全。目前，“中国第一历史档案馆文书档案管理系统”已进入正式运行阶段，为文书档案的保管和利用，提供了极大便利。

六、制度化建设取得新成绩

2012年9月，《中国第一历史档案馆规章制度汇编》编印成册，标志着一史馆制度化建设迈上了一个新台阶。

《中国第一历史档案馆规章制度汇编》共收入“职能职责”、“议事规则”、“文秘综合”、“人事管理”、“档案整理及数字化”等10大类55项制度，约12万字，包括《中国第一历史档案馆工作规则》《中国第一历史档案馆职能配置》等，全面涵盖了一史馆工作的方方面面，特别是对档案整理及数字化中心工作及其他业务工作的内容、流程等都作了严格的规定，如《中国第一历史档案馆档案整理及数字化项目领导小组工作规则》、《中国第一历史档案馆关于加强档案原件安全管理规定》《中国第一历史档案馆档案原件提调归还办法》等等。

为了规范规章制度的发布形式，扎实推进规章制度的修订工作，使每一项规章制度都经得起逻辑上的推敲和工作实践的检验，一史馆规章制度的修订工作前后历时一年有余，在修订、发布及汇编成册方面做了大量艰苦细致的工作：将未经馆长办公会议审议通过的规章制度重新分类，将专项制度返回相关职能部门再行审订，由办公室汇集意见后修改完善；对综合性制度，由办公室重新召集相关部门人员组成规章制度修订小组，采取集中会审的形式，逐项讨论修改，内容单一、结构简单、不存在争议的制度，采取馆领导会签的形式审批；内容重要、涉及部门多、存在不同意见的制度，以馆长办公会议的形式审批，成熟一个，发布一个，具体发布形式为：由馆长办公会议审议通过的规章制度，以馆长办公会议的名义发布；由馆领导会签形式通过的规章制度，以馆内发文的形式发布；党内规章制度，以机关党委会议的名义发布。与此同时，印制工作也做了充分的调研考察，有效地降低了成本，减少了支出。目前，《中国第一历史档案馆规章制度汇编》已下发全馆在职职工，并组织大家认真学习落实，有效地推动一史馆机关管理日益科学化、制度化、规范化。

（中国第一历史档案馆）

第十届中琉历史关系研讨会

2012年10月29日，由中国第一历史档案馆主办的第十届中琉历史关系研讨会在北京召开。来自中国第一历史档案馆、日本冲绳县教育委员会、日本冲绳琉球大学、福建师范大学等文化及研究机构的50余名专家学者参加了会议。国家档案局副局长、中央档案馆副馆长杨继波到会祝贺。中国第一历史档案馆馆长胡旺林、日本冲绳县教育委员会教育长大城浩先后在开幕式上致辞。中国第一历史档案馆副馆长吴红主持会议。研讨会围绕“明清档案与中琉历史关系”这一议题，进行了多层次、多角度的研究和探讨。

此次研讨会上，福建师范大学谢必震教授和谢忱的《从清宫档案看中琉交往相关制度》，系统阐述了清宫档案中记录的中琉交往过程中形成的诸多制度。琉球大学教授上里贤一的《华夷秩序和琉球的自我认识》，通过对皇帝敕书及册封使笔记等档案史料的分析，探讨了明清时代以中国为中心的“华夷秩序”和作为这种秩序具体表现的册封制度。琉球大学教授赤岭守的《〈历代宝案〉的校订和档案史料》，从冲绳县整理出版《历代宝案》校订本和译注本的编辑工作入手，对北京和台北现存有关琉球王国的档案史料进行了全面的介绍。中国第一历史档案馆张小锐副处长和王征的《中琉历史关系档案的编纂与思考》，系统考察了中国第一历史档案馆藏中琉关系档案史料的编纂和出版工作，对今后中琉关系档案编纂工作的思路进行了探讨。这些研究从不同侧面反映出了中琉关系档案史料的整理与中琉历史关系研究相辅相成、相得益彰的紧密联系。

中国第一历史档案馆副馆长赵雄作会议总结。此次中琉历史关系研讨会的成功举办，有助于从不同角度加强对中琉历史关系的进一步理解，并将进一步促进中琉关系历史档案史料的系统整理和深度开发。

（中国第一历史档案馆）

中国第二历史档案馆工作综述

一、加快档案数字化进程

中国第二历史档案馆（以下简称"二史馆"）是海内外保存民国档案的主要基地，馆藏总量为225万余卷，4500万件。为更好地发挥民国档案在留史咨政和推进两岸交流，促进祖国统一方面的特殊作用，适应社会对民国档案利用的巨大需求，中国第二历史档案馆于2008年开始进行档案数字化工作，2012年，为加速推进民国档案数字化进程，在中央办公厅、国家档案局的关心和指导下，二史馆结合馆情，创新思维，制订了馆藏档案数字化工程5年计划（2013—2017年），并获财政部大力支持，提供经费保障。工程拟于2013年正式启动，预期到2017年，完成5000万页档案的电子化制作，并随工程进度陆续对外开放。

同时，2012年度数字化各环节工作也在有序进行，完成档案数字化前整理9.6万卷，编页约320万页；丝网加固6000余张，修裱约18万页；扫描503万页，装订516.4万页，全年完成胶转数85万画幅和数转胶206盘。

二、着力改善档案保管环境

档案安全保管和保护工作一直都是中国第二历史档案馆各项工作的重中之重，但由于历史原因，馆库陈旧、库容紧缺、温湿度难以达标等问题日益凸显，成为建设民国档案安全体系中最薄弱的一环。自2012年3月起，二史馆全面启动库房改造工程，更换库房窗户、新风机组，在库房空气间层和胶片、光盘库内墙铺设复合保温材料，提高库房隔热保温和密闭性能，保证通风干燥，并将现有库房空调系统更换为恒温恒湿系统。在现有条件下，尽最大努力确保保管环境最优化，保障档案实体安全。

三、强化制度建设

坚持用制度管权、管事、管人，不断提高民国档案管理的制度化、规范化、程序化水平是实现档案工作跨越发展的基础性工作。2012年，中国第二历史档案馆明确提出强化制度建设的要求。为此，专门成立了制度建设工作小组，根据中央办公厅、国家档案局的要求，结合工作实际，对现有规章制度进行修订完善。经过半年多的艰苦努力，《中国第二历史档案馆考勤管理规定（试行）》等8项制度正式公布，于2012年10月1日起正式实施。

目前，各项制度运行情况良好，在加强管理、维护秩序方面发挥了重要作用，成为推进二史馆各项工作，切实转变工作作风的有力保障。

四、馆藏档案目录清点工作

2012年，中国第二历史档案馆启动馆藏档案簿式目录清点工作。研究制定了《簿式目录整理方案》，通过逐一核对的方式，对全部目录进行分类排列、编号保管。经过近半年的工作，共清理了国民政府系统、北洋政府系统、汪伪政权系统各一套簿式目录共1123册，各种复本目录共2617册，以及其他移交目录、管理目录、地区目录、专题目录、分类目录等共2280余册。同时，根据清点以后的馆藏档案簿式目录，完成馆藏电子目录数据的补录更新和校对，共计补录目录34710条，校对410330条。通过目录清点工作，基本理清了馆藏档案目录的历史沿革，为今后的档案数字化工作创造了条件。

全国政协副主席孙家正等领导到中国第二历史档案馆调研

2012年6月16日，全国政协副主席孙家正率全国政协教科文卫体委员会"博物馆馆藏文物保护现状和发展"专题调研组一行20余人，在江苏省政协副主席张九汉等有关领导的陪同下到中国第二历史档案馆调研。

孙家正副主席听取了国家档案局副局长、中央档案馆副馆长段东升和中国第二历史档案馆馆长翟玉霞关于中国第二历史档案馆基本馆情和当前主要工作的汇报，对中国第二历史档案馆近年来为党和国家中心工作及祖国统一大业所发挥的作用表示充分肯定。他指出，民国时期虽然存在的时间不长，但留下的档案很有价值；民国档案是国家的宝贵财富，保管保护好民国档案非常重要。他希望中国第二历史档案馆加大对民国档案的征集、保管和保护力度，积极开展两岸档案和史学交流，更好地发挥民国档案独特的作用，为祖国统一大业服务。

随着民国档案文化建设的稳步推进和档案数字化工作的扎实迈进，中国第二历史档案馆所取得的成就，越来越受到社会各界的广泛关注。2012年度，全国政协常委、外事委员会主任赵启正，全国政协教科文卫体委员会副主任（原国务院发展研究中心主任、党组书记）张玉台，江苏省委书记、省人大常委会主任罗志军，江苏省委常委、秘书长樊金龙等重要领导也分别到二史馆调研。

明清档案、民国档案价值评定委员会成立

继中央档案馆档案价值评定委员会成立之后，中国第一历史档案馆明清档案价值评定委员会、中国第二历史档案馆民国档案价值评定委员会相继成立。委员会由档案、历史等相关行业权威专家组成，旨在促进档案的征集和保护工作。

中国第一历史档案馆明清档案价值评定委员会名单

主任委员

胡旺林　中国第一历史档案馆馆长

副主任委员

吴　红　中国第一历史档案馆副馆长

赵　雄　中国第一历史档案馆副馆长

赵焕林　辽宁省档案馆馆长

委　员（按姓氏笔画排序）

王　澈　中国第一历史档案馆利用处处长

王光越　中国第一历史档案馆整理处处长

厉　声　中国社科院边疆史地研究中心主任 研究员

朱赛虹　故宫博物院图书馆馆长 研究馆员

李孝聪　北京大学历史地理古地图研究中心主任 教授

李国新　北京大学信息资源管理学院 教授

李致忠　国家图书馆全国古籍保护专家委员会主任

吴元丰　中国第一历史档案馆满文处处长

胡忠良　中国第一历史档案馆保管处处长

索南加　西藏自治区档案馆副馆长

高　勇　四川省档案局　研究馆员

黄爱平　中国人民大学清史所副所长 教授

阎崇年　北京社科院　研究员

韩永福　中国第一历史档案馆调研员

办公室主任　胡忠良

中国第二历史档案馆民国档案价值评定委员会名单

主任委员

翟玉霞　中国第二历史档案馆馆长 研究馆员

副主任委员

马振犊　中国第二历史档案馆副馆长 研究馆员

曹必宏　中国第二历史档案馆副馆长 研究馆员

委　员（按姓氏笔画排序）

王俊明　中国第二历史档案馆整理部主任 研究馆员

文俊雄　中国第二历史档案馆保管部副主任 研究馆员

邢建榕　上海市档案局馆档案史料编研部主任 研究馆员

朱成山　侵华日军南京大屠杀遇难同胞纪念馆馆长 研究员

刘　刚　南京中国近代史遗址博物馆展览研究部部长

张连红　南京师范大学教务处处长 教授

陈谦平　南京大学历史系主任 教授

杨　斌　中国第二历史档案馆利用部主任 研究馆员

郦钰明　中国第二历史档案馆目录中心主任 副研究馆员

郭必强　中国第二历史档案馆史料编辑部主任 研究馆员

戚如高　中国第二历史档案馆研究室主任 研究馆员

办公室主任　文俊雄　　副主任　陈江涛

（刘守华）

上海市档案馆加强档案收集、接收、利用服务工作

2012年3月1日，上海市档案局副局长、上海市档案馆副馆长杨智敏与市收藏协会负责同志及部分收藏家座谈，了解市收藏协会的发展和档案工作情况，调研民间收藏组织与档案部门的合作需求。双方均表示市档案馆将积极加强与市收藏协会的联系与合作，围绕党的十八大和市第十次党代会的召开，加强“红色收藏”的收集工作，发挥民间收藏和档案收集的联动效应，扩大档案工作和收藏组织的社会影响力。

12月20日，上海市档案局在普陀区长寿路街道社区事务受理服务中心举行民生档案服务平台“全市通办”启动仪式，这标志着上海市“就地查询、跨馆出证、馆社联动、全市通办”民生档案远程利用服务机制正式启动，市民可以在全市18个综合档案馆或社区事务受理服务中心享受民生档案远程利用服务，截至2012年底，全市已有近3万人次享受到了这项服务。

上海四方锅炉厂档案成功入藏上海市档案馆。此次入藏上海市档案馆的档案包括文书、科技、会计、音像和实物等几个门类，共计1300余卷，时间跨度为1942—2010年，其中的科技档案和新中国成

立前档案尤为珍贵。这批档案对于了解该厂 80 年的发展和中国工业锅炉制造历史具有重要的查考价值。

在中国福利会的大力支持下，上海市档案馆顺利接收 2011 上海国际少年儿童文化艺术节组委会档案 163 卷（件），涉及邀请演出、活动、联络接待、宣传集资等方面内容。上海市档案馆与中国福利会已形成重大活动档案接收的长效机制，为档案资源建设打下了良好基础。

上海市民政局向市档案馆移交涉外婚姻登记档案 620 卷。这批涉外婚姻登记档案涉及 5200 余对涉外婚姻登记的当事人。此前，市档案馆还接收了公证档案、移民档案、复退军人安置等涉及民生的专业档案，以及婚姻登记（本国）、独生子女登记、知青返城登记等档案目录数据。

（叶伍　郑济）

广东(粤穗深)跨馆档案查阅利用系统正式开通

为进一步完善方便人民群众的档案利用体系、扩大档案信息远程服务的范围和能力，广东省档案馆、广州市档案馆、深圳市档案馆先行先试，在全国率先建立开放档案和政府信息公开文件的跨馆查阅利用系统，以此为起点在全省档案部门推广“就地查询，跨馆出证”的服务方式。3 月 1 日，广东（粤穗深）跨馆档案查阅利用系统在广州市政务中心举行了开通仪式。

广东（粤穗深）跨馆档案查阅利用系统是一个面向公众的开放档案和政府公开信息的服务平台。目前，它整合了粤、穗、深 3 个馆开放档案目录数据 80 多万条和政府公开信息目录数据 26000 多条，利用者可以在粤、穗、深 3 个档案馆和广州市政务服务中心通过这个系统申请跨馆查阅利用。这个系统可达到快速向利用者提供电子全文数据或档案复制件证明材料的目的，实现跨地域、跨馆查阅、出证一条龙服务，是实现档案利用方式从传统向现代跨越的一次有益探索。这个系统开通后，将进一步扩大覆盖面，2012 年、2013 年两年重点向珠三角 9 市及所辖县（区）档案馆延伸，在“十二五”期间最终实现省、市、县三级 142 个国家档案馆的全覆盖。

出席开通仪式的广东省副省长许瑞生认为：广东（粤穗深）跨馆档案查阅利用系统的建成意义深远，既扩大了档案系统的服务能力，又增强了珠三角地区档案部门的凝聚力，还对全省档案资源的整合起到极大的推动作用。

（广东省档案局（馆）　张泽伟）

广东省档案馆汇总整理有关黄岩岛等南海诸岛主权问题档案资料

广东省档案馆在整理馆藏历史档案时，发现了其中有一批能够进一步证明包括黄岩岛在内的南海诸岛是中国领土不可分割的档案。这部分档案有近百卷约 1200 件，内容涉及包括黄岩岛在内的中沙群岛、东沙群岛、西沙群岛以及南沙群岛等南海诸岛主权问题，能有力地证明中国对南海诸岛无可争辩的主权。

该部分档案材料主要集中在民国时期的广东省民政厅、广东省建设厅和广东省地政局全宗及新中国成立后的省委办公厅、省政府办公厅、省革委和省外事办等全宗内，内容包括开发东沙群岛，经营、调查与接收西沙群岛，接收南沙群岛以及黄岩岛主权问题等。据这批档案记载，抗战结束后我国政府对西沙、南沙群岛进行了接收和有效管治，如广东省地政局人员于 1946 年 11 月 6 日随广东省政府接收南沙群岛专员麦蕴瑜前往南沙群岛办理接收事务，于 12 月 12 日晨登上太平岛，绘制了《南海南沙群岛图》和《南沙群岛之太平岛》两幅地图，并在太平岛上立碑竖旗，重申主权。广东省档案局（馆）专门工作小组的人员还根据馆藏档案提供的线索到中山大学图书馆、中山图书馆等查找相关资料，如在中山大学图书馆查到了 1962 年美国哥伦比亚大学出版社出版的《哥伦比亚——利平科特世界地名辞典》，该辞典“南中国海”词条载明东沙、西沙、中沙、南沙群岛都是中国广东省的一部分；该辞典的“中沙群岛”和“斯卡巴洛礁（即黄岩岛）”词条特别载明斯卡巴洛礁属于中沙群岛范围，是广东省的组成部分。

（广东省档案局（馆）　赵修磊）

第九届中国航展档案工作

备受关注的第九届中国航展于 2012 年 11 月 13—18 日在珠海举行。珠海市档案局（馆）及早谋划，全力做好航展档案工作，一是通过印发《关于切实做好第九届中国国际航空航天博览会档案资料归档管理工作的通知》，强化航展各参与部门档案工作意识。二是细化标准，明确航展档案收集归档范围，为做好航展档案收集归档工作作出具体指引。三是安排专人全程跟踪提供业务指导服务，在航展结束后按照有关规定组织对航展档案进行接收进馆。今后，市档案馆将把此次航展的精品档案资料通过编纂书籍、陈列展览、网络展示等多种渠道向市民展示。

（广东省档案局（馆） 赵修磊）

档案馆接受社会捐赠事例

▲2012年10月22日美籍华人关彬森、关嘉陵专程到中国第二历史档案馆捐赠其父关吉玉著作、证书、照片和勋章共计10件（枚）。中国第二历史档案馆副馆长唐全兴接收捐赠并向关彬森、关嘉陵颁发收藏证书。

此次捐赠的档案有：关吉玉编著的《租税法规概论》、溥儒墨宝（关佩恒先生五十晋一华诞颂辞）、关吉玉求学期间的褒状、证书及任职期间荣获的各类勋章。这些档案十分珍贵，进一步丰富了中国第二历史档案馆的馆藏，对研究民国时期财政税务及关吉玉个人生平具有重要的参考价值。

（中国第二历史档案馆）

▲解放军档案馆着眼于收全管好我党我军珍贵档案史料，积极探索军队高级将领人物档案收集管理工作，得到各级首长的重视与支持。为支持解放军档案馆完成军队高级将领人物档案收集管理试点任务，原副总参谋长钱树根上将将自己在50年军旅生涯中积累的18000余件珍贵档案史料捐赠给解放军档案馆，并对这些档案史料的整理建档工作给予大力帮助。针对自己参与和组织领导军队重大决策、重大军事行动、部队建设以及20世纪80年代率领四十七集团军赴滇轮战等细节情况，特别是部分照片档案的人物、背景、时间、地点等信息难以考证注录的问题，2012年3月9—19日，钱树根上将多次专程来解放军档案馆逐件逐页地梳理讲解有关档案，帮助工作人员标注档案信息，为科学规范建立军队高级将领人物全宗档案创立了范本。钱树根上将还结合自己成长经历给工作人员上了一堂生动的党课，使官兵倍受教育和鼓舞。

▲2012年10月16日，原军委装甲兵副司令员张文舟将军的5位子女在张文舟百年诞辰之际，向解放军档案馆捐赠张文舟将军部分档案史料，共计537件。这些档案史料包括工作笔记、史料文献、历史照片和部分实物，是张文舟将军戎马生涯和毕生心血的结晶，反映了抗日战争、解放战争、抗美援朝战争中我军许多重大战役战斗以及新中国成立后装甲兵部队建设发展情况，具有历史研究和档案保存价值。原装甲兵副司令员贺晋年的夫人杜影、原装甲兵部部长于庭兰等张文舟将军的老战友参加了捐赠仪式。总参办公厅宋新斌副主任出席捐赠仪式并致词，对张文舟的子女捐赠档案史料表示感谢，要求解放军档案馆对这部分珍贵档案进行系统整理、永久收藏并很好研究，以发挥其史料价值。

▲2012年12月19日，北京军区原副司令员粟戎生将军委托秘书王俊，将父亲粟裕大将自述和采访其他老同志录音档案共421盘捐赠给解放军档案馆。这些档案包括粟裕大将回忆革命战争年代战役、战斗经过和新中国成立后讲话录音45盘，朱楹秘书等采访肖克、宋任穷、张爱萍、万毅、张震和粟裕大将爱人楚青等100多位高级将领和老同志访谈回忆录音带376盒。这批录音档案是我军许多重大战役战斗、军队建设发展历史的重要印证和补充，具有极高的馆藏价值和军战史研究价值。将立卷归档，充实和完善高级将领人物档案全宗，并研究建立革命战争年代重大题材专题数据库。

（解放军档案馆）

▲2012年2月17日，中共上海市城乡建设和交通机关离退休干部委员会将一套珍贵的《纪念邓小平南方讲话二十周年集体回忆史料》，捐赠给上海市档案馆。该委员会从2010年4月起组织曾在市建设、交通机关担任过领导工作的30位离退休老干部，采用集体回忆的形式，回顾1992年邓小平南方讲话以来上海城市建设的发展成就，形成了录音稿15万字。此次捐赠给上海市档案馆的除了录音稿外，还有部分鲜为人知的小故事，以及有关专家的15项意见及建议。

▲2012年5月22日，德国友人沃夫冈将其父怀特·约翰纳斯·沃特基（Walter Johannes Wirtky）拍摄的20世纪30年代上海老照片140余张捐赠给上海市档案馆。沃夫冈1939年出生于上海，其父怀特在中国从事摄影工作10余年，拍摄了大量关于上海的照片，由于大部分毁于战乱，此次捐赠的照片是其家中仅存的关于上海的照片。2012年恰逢中德建交40周年，此次捐赠活动在社会上引起了较好的反响，《夜线约见》节目对上海市档案馆专家进行了专访，扩大了活动的影响。

（上海市档案局 郑济）

提供档案和现行文件利用所产生的社会效益和经济效益典型事例

▲北京市西城区退休教师边某，20世纪80年代退休，但直到最近他才发现自己职称所对应的退休工资比其他同类退休人员低。为解决待遇问题，边某先后六次到查阅中心，要求查阅相关文件。原人事部、国家教委的很多文件资料在当前的人力资源和社会保障部网站、教育部网站很难找到，工作人

员用关键词反复查询文件名称，最终在上海市、福建省等地方政府网站上查到国务院工资制度改革小组、劳动人事部《关于教师教龄津贴的若干规定》(1985)、《关于高等学校、中等专业学校、中小学教职工工资制度改革问题的通知》等8件文件，满足了利用者需求。

▲河南省村民白某，7年前一起对方负全责的车祸夺去了其父亲的生命，他本人也在车祸中受伤，被鉴定为中度伤残。为解决赔偿问题，白某要求查阅有关工伤赔偿的文件。当时已接近下班时间，但考虑到查阅者身有残疾，行动不便，工作人员推迟下班，抓紧为其查找，提供《中华人民共和国国家赔偿法》《国家赔偿费用管理条例》等相关文件15件共135页，整整忙了近两个小时。

▲北京市居民王某，为解决“文革”期间被占的个人房产，多次到查阅中心查找法律文件。他还把所查到的相关文件提供给一位朋友，使之赢得了法律诉讼，获赔10万元。

查阅中心热情周到的服务，得到广大查阅者的肯定，全年获赠锦旗1面，感谢留言190条。

（中央档案馆档案资料利用部提供）

▲2012年8月24日凌晨5点半，哈尔滨阳明滩大桥的引桥坍塌，造成3死6伤的惨剧。哈尔滨阳明滩大桥2011年11月6日通车，不到一年就发生坍塌，消息一出，不仅震惊国人的心脉，同时也对全国重大工程设计、施工、监理等单位敲下警钟。

招商局旗下的重庆交通科研设计院有限公司(以下简称招商交科院）是一家主要从事道路、桥梁、隧道等交通工程科研开发、勘察设计的单位，虽然与这次阳明滩大桥的事故毫无关联，但院领导极为重视，第一时间召集桥梁所主要领导和相关职能部门召开安全会议，要求全院重新审查在建和完工的桥梁工程图纸，杜绝设计隐患。

招商交科院齐全完整的档案材料，让这一工作进展顺利。排查人员仅用了10个工作日，查取、调阅相关档案共计359卷，完成了所有在建和完工桥梁图纸的审查工作，审查结果表明所有图纸均未发现设计隐患，给所有关心招商交科院工程安全的人员以定心丸。

（招商局档案馆提供）

▲中国化工集团公司所属大庆中蓝石化有限公司1960年建厂，是黑龙江省第一家炼油厂，由于公司建厂比较早，公司内的许多建筑物都没有办理房屋产权登记证，随着公司生产和经济建设的发展，这些没有房屋产权证的建筑物对公司造成的困扰越来越大，这部分房屋既不能进入公司的固定资产，也不利于公司的安全生产经营管理的需要，但因为这是个长期的历史遗留问题，一直得不到解决。

2012年9月3日大庆中蓝石化有限公司收到了大庆市人民政府专题会议纪要《关于解决全市工业企业审批手续补办问题的专题会议纪要》，公司领导为此召开了有关重组、改制历史遗留房产证办理问题的专题会议。技术质量部的档案管理人员按照会议要求查找了大量的技术资料。针对大庆中蓝石化有限公司提供的档案资料及经过现场勘测，大庆市工信委组织现场办公会后，最终同意给大庆中蓝石化有限公司没有房产证的138个建筑物补办房屋产权登记证。但提出大庆中蓝石化有限公司必须提供需要办理房屋产权证的138个建筑物的房屋平面图、立面图、剖面图等建筑图纸。提供不出房屋建筑图纸的建筑物一律不给办理房屋产权登记证。

这次需要办理产权登记证的房屋共有138个，其中有些老厂房比如老化工楼、总变电厂房等房屋都是六七十年代建造的，还有的老厂房被挪作他用，已经更换了厂房名称，这些老厂房的建筑图纸查找起来非常的困难，但在技术质量部档案管理人员和相关设计人员几天的努力下，最终需要办理房屋产权登记证的138个建筑物的建筑图纸全部查找到了，仅用十多天的时间大庆中蓝石化有限公司就成功补办了138个房屋产权登记证，解决了公司多年的历史遗留问题。

▲2012年8月份，中国化工集团公司所属正和集团股份有限公司运行三部延迟焦化装置焦炭塔在停车检修中发现锥体2道环缝存在21处裂纹，清除后裂纹深度在4—6mm。由于焦炭塔属于一类压力容器，使用已有5年之久。所以该缺陷被列为当时检修的重大设备安全隐患，需紧急制定严格的修复方案进行抢修，而第一时间获得该设备相关的技术资料成为最关键的一步。正和石化档案管理人员接到通知后，用最短的时间整理出了该设备随机所带的所有总装图纸、技术文件及说明书等资料。依据资料提供的材质组成、设备性能参数及性能曲线，设备技术人员对缺陷原因做出了正确的判断分析，并为缺陷的清除、焊前处理等一系列步骤方案的制定和操作提供了可靠、翔实的理论依据，并制定了科学、严谨的抢修方案。

如此高标准、高难度的特种设备消缺抢修虽然在正和石化公司尚属首次，但是因为有了详细全面的原始档案资料所提供的支持和指导，所以整个施工过程有条不紊、严谨周密，抢修周期比原计划提前4天，并且实现了一次开车成功。

（中国化工集团提供）

▲第九届中国国际园林花卉博览会（以下简称“园博会”）于2013年在北京举行。本届园博会是由我国建设部和地方政府共同举办的园林花卉界高层次的盛会，是我国园林花卉行业层次最高、规模最大的国际性盛会。

为了成功举办好这次盛会，北京市丰台区相关部门筹备人员想到借鉴北京市筹备奥运会的工作经验。为此，筹备人员于2012年下半年专程来到北京市档案馆查找奥运档案。由于筹办人员缺少参与大型活动和查阅档案的经验，他们无法向市档案馆工作人员提供详细的查档线索。市档案馆工作人员在得知筹备组面临的困难后，凭借丰富的查档经验和对馆藏奥运档案的深入了解，改变以往单一、被动的单份文件的提供利用模式，快速、准确地将奥运筹备期间各部门机构设置、新闻宣传、市场开发等项工作的计划、总结、预案等重要档案汇集成专题提供给筹办人员，使其能够系统、全面地了解奥运筹备工作的主要工作环节和工作方法。筹备人员纷纷表示：有了这些档案信息，接下来的工作如何开展，我们心中就有数了！

▲2012年9月5日，在北京市档案馆举办的以“弘扬档案文化 践行北京精神”为主题的第四届档案馆日活动中，设立了为社会公众修复老照片的项目。当天一大早，王淑英老人就拿着50多年前的一张家人合影来到市档案馆参加活动。可这张合影照损毁严重，工作人员看到她拿来的照片时面露难色。据了解，老人母亲去世时，因为没有“大头照”，就把这张照片中母亲的部分撕下来送到照相馆放大后做了遗照，现在手里只有一张破损的照片和一张一寸“大头照”。老人之前去过的多家照相馆都说修复不了。修复好这张照片是老人多年的心愿。工作人员了解到情况后，立即扫描了两张原照，按照照片的残留信息进行仔细比对，运用“移花接木”的技术，终于将缺失的部分补充完整。9月6日上午，老人接过修复好的照片，眼泪夺眶而出，激动得难以言表。老人离开档案馆时在留言簿上留言，感谢市档案馆的热情周到的服务，称赞这是创新、厚德的北京精神的体现。

▲2012年8月22日一早，中国人民解放军某厂李工程师携一封表扬信及《关于1955年首都人民英雄纪念碑毛主席题词放大过程的史实考证纪要》来到北京市档案馆利用处，受领导委托，对市档案馆提供的档案与帮助特地表示感谢。

中华人民共和国成立前夕，为缅怀一百多年来无数中华儿女，为挽救民族危亡，抛头颅，洒热血、前仆后继的丰功伟绩，第一届全国政治协商会议决定在首都天安门广场兴建人民英雄纪念碑，毛泽东主席于1955年6月9日亲笔为纪念碑题写了“人民英雄永垂不朽”八个题词。围绕着上碑镌刻前，由谁实施放大，50多年来社会上有着各种流传。1988年10月10日《北京日报》《人物与北京》的一篇关于碑文放大过程另有其人的短文更是将这一历史谜团推向高潮，其间该文被多家报纸及刊物转载，并在网上流传。当年，参与碑文放大的中国人民解放军某厂的几名事件亲历者，为去伪存真，还历史以真相，进行了长达24年的调查考证工作。从1991年6月第一次来到北京市档案馆，直至2000年，在档案馆工作人员的大力帮助下，先后调阅了首都人民英雄纪念碑兴建委员会大量档案，在众多档案中，找到了致解放军总政治部及致军委测绘局的两封公函，为考证该厂承担题词放大任务提供了准确无误、权威的铁证。其间，考证组同志，又先后三次到市档案馆实地测量八个放大的题词，测量出原稿放大的精准数字。历时24年，他们完成了《关于1955年首都人民英雄纪念碑毛主席题词放大过程的史实考证纪要》。档案，解开了一段24年的历史谜团，使真相最终大白。

（北京市档案局史志办提供）

▲2012年12月，市民谢某走进天津市档案馆查档接待大厅，她向接待人员讲述其于1981年考入天津市护士管理学校，1984年毕业分配至天津某区医院工作，2011年辞职到一家私立医院当护士。在办理档案转移至新单位和接交保险关系时，社保中心告知其档案里没有她从护士学校毕业时的分配名册，必须查找到该证明档案，否则不予工龄认定。她心焦如火，如果没有此证明的话，意味着她将损失27年工龄。不仅如此，还将影响其后续的保险缴纳问题。为此，她曾到原单位和市卫生局查找，没有结果。万般无奈之下，她求助市档案馆帮其查找。市档案馆的接待查档人员，在电脑查询系统经过反复检索后查到了她的毕业名单和分配去向。望着复印好并盖章的档案复制件，她甚为感动。2013年1月该女士工龄已经得到社保中心的确认，并顺利地进行了社保档案关系转移。

▲2012年12月，天津市南开区居民程某来到区档案馆，要查阅婚姻档案。她身患重病，准备卖房筹钱治病，在办理房产过户中被告知，需要婚姻状况证明，如不能按期履行房屋买卖合同还要支付给买方几万元的违约金。但是，老人离婚后精神恍惚，丢失了离婚证，忘记了离婚的时间和过程，甚至不知道前夫的姓名是哪几个字，女儿当时年幼也并不知情。她们抱着试试看的心情来馆查档。因为老人

不能提供准确的检索信息，工作人员只能到档案库房逐卷查找，在查阅了130多卷档案后，终于在1996年的婚姻档案卷宗里查到了她本人的信息，当天为其出具了相关证明，使其如期履行了合同。

▲2012年4月，天津市宁河县顺驰小区有一幢楼的地面渗水，影响群众生活，居民反映强烈。小区物业管理部门因没有相关上下水图纸，为尽快查找渗水的原因，凭想象施工，不但没有找到渗水点，反而造成上水管道破裂，200户居民断水，断水户意见纷纷，情绪激动。档案馆得知此事后，找到小区管理人员，向他们提供了小区建设工程档案，查找了地下管道的工程图纸。通过对照图纸的分析，很快找到出水点，修复了破损处。小区的管理人员激动地说："这份档案真为我们帮了大忙！"

（天津市档案馆提供）

▲2012年6月19日，年过八旬的老人张先生和他的老伴来到太原市档案馆查询房屋土地手续，他们是晋源区武家庄南大街6号院的住户，40多年前，因为家庭生活原因，搬到湖北省襄樊市白家庄和女儿一起居住。近段时间，从报纸上了解到，太原市市政建设不断加快发展，位于市晋阳湖边的金胜镇也列入了城市改造范围，两位老人想到自己家40多年前的住房，决定回来办理相关手续。回来才发现，事情比原来想象的要复杂得多。在市档案馆查阅房屋、土地档案，查阅者本人是所有权人的，持本人身份证就可以；查阅父母亲属的，则需要委托书，委托人去世的，则应提供公安机关或当地政府、村民委员会的证明。而张先生夫妇原来房子的法定所有权人是张先生的父亲，而老人多年前已去世；再者，二人离乡日久，村委会换了多少届人，村民更是相见不相识，已没人能给他们提供证明了。

万般无奈之中，两位老人了解到2012年6月19日是太原市档案局开展民生档案第十个局长接待日的时间，抱着试一试的想法来到太原市档案局。执班的姚局长在详细了解了老人情况后，立即安排相关人员查阅全市房屋契约情况，同时安抚两位老人的情绪，根据金胜镇出具的相关证明材料，把张先生的土地房产证明交到了两位老人手中，为他们办理相关手续提供了重要依据。

▲2012年8月6日，娄烦县苇院坪村苏老伯等一行6人代表娄烦铁矿39名合同制工人专程来到太原市档案馆查阅政府文件。原来，1987年前后，娄烦县铁矿向附近村庄招收合同制工人105名，合同期五年，合同期满后，双方均未办理任何手续继续留矿工作。随着娄烦铁矿两次重组和改制，先后有66名工人得到安置，其中最短的工龄也在15年以上。然而未能安置的39名工人中，有的已年近60岁，面临退休，其中部分人员更是生活窘迫，迫切希望能解决社会养老保险问题。在耐心了解他们当年办理招工手续的部门和程序后，仔细检索机检目录，没有结果，又进行手工检索全引目录，一页页一行行仔细查找，终于找到了1986年市计委、市劳动局联合印发的相关文件，为苏老伯他们找到了办理养老保险的政策依据。

▲2012年6月14日，离石区档案馆工作人员接待了由20多人组成的特殊人群。他们之中的一个代表说，如今他们早已到了退休的年龄，但原来工作的建材厂早已破产倒闭，再加上原参加工作时的单位商业局已撤并，查找个人人事档案根本无从着手，他们在建材厂工作时签订的劳动合同及转正定级表也无从寻找，劳动部门要求他们出具一份有说服力的证明，才能认定。如果不能证明其参加工作的时间，他们就不能领取退休金。眼看着退休时间早就过了，他们是心急如焚，无奈之下只能到信访局上访，但由于自己手里没有证据，上级领导也无法受理协助解决此事。虽然在区信访局上访了接近半年，但他们的办理退休手续的信息如石沉大海，始终没有任何进展。后来信访部门鉴于他们这一特殊群体，要求他们只要能查出当年入厂的一份劳动合同即可给他们办理退休手续。有关人士建议他们到档案馆查找当年的工作证明。抱着试试看的心态，他们集体来到了离石区档案馆，但因事隔久远，相关证明材料查阅较难。档案馆工作人员在问清和了解了他们的详细情况后，凭着经验，不厌其烦地帮他们查阅了劳动局的全宗档案，共查阅了其中的临时工劳动合同、固定工劳动合同、工人转正定级表、劳动工资管理方面等档案近40卷，最终在1978年案卷号为45的长期档案《关于集体、企事业单位新招工人的劳动合同表》一卷中查到，有部分人参加工作时间、工种等信息，利用者们如获至宝，拿着盖有鲜红档案馆证明印章的档案复制件，感慨万分，直说真是山重水复疑无路，柳暗花明又一村。没想到这里真的保存了这么齐全的档案，在短短的几分钟内办成了原以为没希望的事。他们拿着这些复印件证明又到信访局，这次他们顺利补交了保险费且办理了退休手续。这些档案解决了他们的退休问题，两个月之后他们又介绍其他的工友来查当年的劳动合同，档案员很快又在劳动局的全宗档案1974年案卷号为46的案卷中找到了涉及建材厂职工的32份《招用亦工亦农协议书》，当这些年纪已超六旬的老人们拿到可以证明自己工作经历的复印件时，他们的高兴、激动、感激，一一呈现在脸上。他们说档案馆

帮助他们解决了退休养老问题，让他们真正感受到了实实在在为民服务的工作作风，感觉到了阳光般的温暖与亲切，让他们真切感受到了档案馆作为党和政府与百姓沟通的桥梁与纽带作用。

（山西省档案馆提供）

▲包头市固阳县白彦沟林场是集生物多样性保护、科学研究、生态旅游等多功能于一体的自治区重点生态建设区，有9个林班，面积7321公顷。20世纪50年代初由林业部门规划，固阳县政府批准建立。由于历史原因，部分林地未办理土地权属证，又缺乏相应的档案依据，白彦沟林场与邻近的忽鸡沟村一直存在土地界线问题的争议。集体林权制度改革启动后，围绕林地权属问题的纠纷日趋激烈，成为影响固阳县发展的不安定因素之一，一旦处理不好，极易发生群体事件。2012年，固阳县计划实施3.5万亩天然林保护工程和“三北”五期防护林两大国家级生态建设工程，白彦沟林场是实施的重点区域，如果林地权属得不到确认，工程将无法实施。固阳县档案局得知情况后，立即查阅相关档案。终于查到了固阳县人民委员会报送乌盟公署的《关于报我县白彦沟经营林场设计任务书的报告》和固阳县人民政府报送包头市人民政府的《关于报送各国有林场总体规划、设计修改、补充意见的报告》两份权属证明文件，文件明确9个林班管理区域内的全部林地归白彦沟林场所有。经林业部门与忽鸡沟村村委会、村民代表共同见证，认定林地归白彦沟林场所有，双方明确表示“林权纠纷就此了结”。原始档案使固阳县林业部门与忽鸡沟村村委会长达数年的林权纠纷成功化解。

▲为解决企业因改革、改制、破产、重组等丢失毁损职工档案，影响社会保险办理的问题，包头市劳动和社会保障局与市档案局联合制定了《包头市企业职工档案丢失损毁认定办法》（以下简称《办法》），丢失档案的职工只要提供相关材料，即可由劳动和社会保障部门对丢失损毁的职工档案进行重新认定，各级档案部门出具的档案证明材料就成为最重要的直接依据。自《办法》实施以来，包头各级档案部门与相关部门及时沟通，了解、掌握相关信息，为丢失档案的企业职工开辟绿色通道，对档案中有确切记载的职工根据不同情况开具招工、调转、工资调整、工资表等证明材料。截至2012年3月底，市、县两级综合档案馆为3400余名丢失档案的职工出具档案证明材料，提供档案上万卷，使这些职工顺利办理了社会保险，一些因档案丢失而造成的企业职工集体上访积案成功化解，档案“春风化雨润民心、促和谐”的独特作用得到彰显。

（内蒙古自治区档案馆提供）

▲沈阳大学退休干部窦某，今年86岁。1947年他在解放区东北大学干部训练班学习时享受过供给制，按照政策规定，应该享受离休待遇，但苦于找不到相关文件，多处奔走，求证不果。2010年7月至2011年7月期间，他3次来到辽宁省档案馆查阅相关档案。辽宁省档案馆工作人员热情接待了老人。由于没有明确的文件标题和文件字号，加之老人年事已高，查找十分困难，工作人员就主动帮助他查找目录，翻阅档案。根据老人的具体情况，辽宁省档案馆工作人员最终确定《中共中央办公厅、国务院办公厅关于贯彻执行离休干部生活待遇规定的通知》可以为其办理离休提供政策支持。经沈阳市委组织部认真审查核实并最终批准，老人符合离休相关规定要求，享受离休待遇。

▲2012年9月，鞍钢集团矿业公司齐大山铁矿周边村民集体上访，认为齐大山铁矿非法侵占本村土地。根据鞍山市政府要求，鞍钢集团矿业公司必须提供原始的征地资料和批复，以解决争议，维护社会稳定。为此，2012年9月11日，鞍山钢铁集团公司工作人员来到辽宁省档案馆，查找齐大山铁矿征地批复。由于齐大山铁矿面积广，所涉及的征地批复也较多，此次查找共调阅火药库征地、排岩场征地等8卷档案，其中6份涉及上访村民的土地，总面积达2117亩。这6份征地批复不但可以减少矿业公司近8500万元的经济损失，更重要的是为解决争议，维护社会稳定提供了强有力的证据。

▲“九一八事变”81周年之际，张学良长孙张居信先生专程来到辽宁省档案馆，查阅“九一八事变”及奉系军阀相关档案资料，缅怀祖辈的爱国精神，追忆祖辈在这片热土上的足迹。辽宁是奉系军阀起家发迹之地。奉系军阀作为一个政治军事集团，雄踞东北十余年，多次称兵关内，问鼎中原，几度操纵北京政权，对东北地区的近代化进程，对当时中国政局的演变，起着推波助澜、举足轻重的作用，在中国近代史上占有重要位置。辽宁省档案馆馆藏清末民国时期档案近100万卷，其中绝大部分为奉系军阀时期档案。这些档案具体记述了奉系军阀的崛起、发展和衰败过程；奉系军阀策划和参与的重大历史事件；东北三省，特别是辽宁省的政治、经济、文化教育等方面的情况，以及日本帝国主义在东北三省的疯狂侵略，使东北三省逐步沦为日本殖民地的过程。奉系军阀档案是国内保存最完整的地方军阀档案，是研究中国近代史难得的史料，也是开展爱国主义教育的良好教材。

（辽宁省档案馆 里蓉提供）

▲犹太宗教公会开放档案文件级解密划控工作全部完成。在完成第一批包括犹太人登记卡类档案和公会财务类档案计911卷开放档案的文件级解密划控工作基础上，2012年黑龙江省档案局馆完成了剩余两批开放档案的文件级解密划控工作，包括文书、信函、申请、章程、会议记录等类档案计537卷37956条。至此，犹太宗教公会开放档案文件级解密划控工作已全部完成，分为三批向社会公布利用。这批国内外瞩目的馆藏犹太宗教公会档案的公布开放，为哈尔滨犹太人历史研究提供了第一手资料，对展现哈尔滨人乃至中华民族的人本精神具有重要意义。

（黑龙江省档案馆 薛永强提供）

▲你能想到吗，一张只需要三分钟就能开具的结婚证明书，因为相隔万里，竟然用时一周！你能想到吗，因为用心付出、以诚待人，到上海市黄浦区档案馆查档案的一位香港老先生和一位档案干部因档结缘，这位老先生也因为档案，改变了对大陆的成见，并为政府工作人员叫好吗？

4月下旬的一天，在黄浦区档案馆查档窗口从事接待的同志接起了一个电话："您好，黄浦档案馆，有什么可以为您服务的？""先生，我在香港，我原是越南华侨，1960年代回上海，之后和我夫人在上海结婚，1979年我去了香港，你能帮我看看，你那里有我的结婚档案证明吗？我要证明和家人的关系，急着要用。"电脑键盘上响起轻快的敲击声，"老先生，您要查找的档案资料在我馆，您可以本人来开具证明。""是吗？真是太好了，谢谢你呀，你很热情，我过一阵子来，请给我一个你的电话，我有事好找你。"于是，从这天起，接待处的同志成了老先生的"生活顾问"，从上海的变化到查档的细节，无一不作详尽说明。

2012年4月28日，一位头发半白、操着港式国语的老先生走进了黄浦区档案馆查档窗口。工作人员请老人和陪同他的学生入座，然后熟练地调卷，打印，加盖证明公章，老人终于得到了梦寐以求的证明。按照常理，接待到此就算结束了，但热心细致的工作人员还是补充问道："您以后要常用到这个证明吗？我们的证明是有时效的，以后再要用，还要到这里开，很不方便，我帮您问下民政局，像您这种情况应该如何补证，如何公证。"

在等待的期间，工作人员还主动向他们介绍了祖国改革开放30余年来翻天覆地的巨变，并赠送了一些反映老人在沪居住地区的图片资料。温暖人心的话语，让老人如沐春风，感动异常，他对学生说："黄浦区档案馆的领导和工作人员太好了。"

▲家住上海市虹口区唐山路的市民刘先生来到虹口区档案馆，向档案接待利用"窗口"赠送锦旗，表达谢意。原来刘先生在办理计划生育奖励时，其独生子女证件不符合相关要求，被告知不能享受奖励政策，于是他来到了虹口区档案馆查询原始档案。经过查找，档案馆工作人员并没有找到相关信息，协调上海市档案馆工作人员帮助查询也未发现刘先生所需信息。但工作人员从刘先生拿出的一张1996年补办的独生子女证上捕捉到了重要的信息，原来刘先生与其妻子离婚了。档案馆工作人员顺着离婚这条线索，又协调杨浦区档案馆"窗口"帮助查询，终于在杨浦区档案馆找到了1989年刘先生的独生子女审批证明，而这份证明正是刘先生办理计划生育奖励所需要的材料。刘先生十分感激，对工作人员说："你们可解决了我的大问题，谢谢！谢谢！"

▲2012年的一天，上海市宝山区档案查询窗口来了一位老人要查询其1958年在上海的户口居住信息。原来老人1958年到外地支援建设，到了退休的年龄要办理回沪手续时，派出所需要老人出具其1958年前曾在上海的户口证明。因此，老人到宝山区档案馆来查他的户籍档案，但档案馆工作人员并没有找到与老人相匹配的档案信息，是老人提供的户主名字录入有误？还是老人对当年户口所在地的地名记忆有差错？工作人员一面扩大查找范围，一面把老人当年居住地附近的乡村地名一一报出来供老人回忆。当念到"积福乡"时，老人忽然想起来当时就住在"积福乡"。随后，工作人员又根据老人提供的乡邻姓名将老人的居住地锁定在"陈家村"，并发现一户刘姓人家的户主姓名和老人提供的户主姓名很相似，但不能确定这就是老人要找的"根"。工作人员现场找来原始档案材料查看发现，户主确实就是老人的父亲，就在工作人员以为柳暗花明之时，工作人员在这户人家的档案中却没有找到老人的姓名。后来，经过耐心询问和比对，工作人员才发现老人户口本上写的是老人的小名。老人的问题终于解决了，在档案的帮助下，老人可以安心地回沪安享晚年了。

（上海市档案馆提供）

▲2012年2月9日，响水县供电公司李同志到江苏省档案馆，为修《响水县电力工业志》查找涉及原负责人的档案。据他介绍，从2005年开始他们开展修志工作，到目前为止所有工作都已经接近尾声，只有这位原负责人的履历成为了最后的老大难问题。由于这位负责人曾先后在多家单位任过职，他的个人档案最终在哪里不得而知。虽然其家属提供了该同志的履历线索，但并不是原始档案，不具

有说服力。为了确保修志的真实性，根据家属提供的线索，公司派员两赴南京相关厅局查找其个人档案，均没有结果。抱着最后一试的心态，公司又派他前来省档案馆查找。通过省档案馆人员认真查找，终于找到了该同志任职、调动、离休等相关档案。圆满地完成了任务，为修志工作能最终完成奠定了基础。

▲2012年9月6日，宝钢集团南京轧钢总厂两位同志，将一面书写着“热诚服务　排忧解难”的锦旗送到了南京市档案馆接待同志手中，由衷地表达他们对市档案馆多年来为其单位热情服务的感谢。轧钢总厂地处南京城郊，每年有大量员工离职、退休，由于历史的原因，部分职工个人档案缺失，在办理社保转接中难以查核通过。为此，这些年来，为了给员工补齐个人档案材料，轧钢总厂的同志成了市档案馆的常客。一天，厂里负责劳资工作的马先生又一次拿起电话，将一份写有10多名职工简况的表格传给了市档案馆文档查阅服务中心，希望能为这些同志补齐招工、调动、分配、任职的材料。收到传真后，工作人员抓紧利用中午工作的间隙，不厌其烦地逐一与轧钢总厂的同志电话沟通联系，尽力挖掘有价值线索。经过工作人员的不懈努力，当晚下班之前，轧钢总厂的同志接到了来自南京市档案馆令他们宽心的回音。

为了给广大利用者提供更便捷的服务，南京市档案馆在坚持多年开展电话、传真、邮件等代查代办业务的基础上，从2011年8月起，又将工作日服务时间调整延长为每天8时半至17时半，大大方便和满足了不同利用群体的档案利用服务需求。一年来，早晨提前半小时开门，中午不间断服务，为800多名利用者开启了方便之门，减少了他们往返奔波和等待的时间。“热诚服务，排忧解难”已化作“三争一创”中的南京市档案馆服务南京，回馈社会的涓涓细流，沁润着一个个因档结缘人的心。

▲2012年3月31日，我国发行量最大的晚报《扬子晚报》开辟“档案穿越”专栏，以《民国身份证要登记十指指纹，宋美龄身份证号是1字11112》为题，用两个整版报道了南京市档案馆馆藏200万张南京民国户籍卡对外开放的情况，并以实例介绍民国户籍卡片的详细内容。文章列举民国政要和老字号“刘长兴”等户籍卡片内容，并采访了找到家族根脉而甚感慰藉的寻根者的情况。该文章报道后迅速引起社会强烈的反响，很多寻根者见报后纷至沓来。一时间查档窗口前人头攒动，工作人员忙得不亦乐乎。仅4月5日，市档案馆就接待了100多位前来寻根的市民。

老南京可以“寻根”，令很多市民颇感惊喜。民国身份证一文报道也引起了南京大学历史系教授张生的关注，他在转发微博时说：“谁说历史不可以介入现实关怀？此事关系极大，设计身份认同。”张生教授说这种档案穿越类的报道非常有意义，通过民国身份证，老南京会找到属于自己的故事和经历，便于把南京内在的东西联系起来。“高楼大厦、宽阔的道路这些都是城市中冷冰冰的记忆，而内心对这座城市的情感则很温暖。”张教授说，事实上，民国身份证档案可以作为人与南京城市之间维系的纽带，深挖下去，很多人都会进一步找到留在南京的理由，找到对一个城市的认同感。张教授说，归属地不一定是自己的家乡，很多人因为各种原因与一座城市密不可分，但是通过寻根可以建立某种情感联系，那么，你不是过客，不是异乡人。因此，对于关联者而言，历史是有温度的，档案就是提升温度的第一手史料。

（江苏省档案局提供）

▲2012年5月16日，浙江省档案馆查档接待大厅的工作人员接到浙江省方正证券公司戴女士的来电查询。原来，她所在的公司员工项先生已到退休年龄，社保部门在审核他的个人档案时，发现他的人事档案中缺少了1984年从嘉兴农行调入省人民银行的调令。缺少这个调令的直接后果是他的工龄无法连续认定，从而会大大影响他的养老金数额。事关个人利益，工作人员在留下了戴女士的联系方式后，马上着手查档工作，但没有查到相关信息。几天后，戴女士再次将电话打到查档接待大厅。她无奈地说：“上次得到你们的回复之后，我又跑了几个单位查询，但都没有查到有用的信息，我想再请你们帮帮忙，这是我最后的希望了。”经过多次详细询问，工作人员设想了当时调动工作时的几种可能，最后想到项先生调动工作时会不会是干部身份，省人事厅的干部调动档案中也许存有线索。当在浙江省人事厅的调动材料中找到了项先生的“干部调动函件处理单”和《关于项某某同志到银校任教的报告》两份档案材料，大家都长出一口气。戴女士在见到这两份档案材料后，喜笑颜开地说：“幸好你们经验丰富，又极负责任，让老项1984—1991年这七年多的工龄得到了证实，就像是续上了残缺的故事一样！”

一直以来，“想群众之所所想，急百姓之所急”是档案馆接待服务的宗旨，戴女士只是档案馆众多服务对象中的一个。

（浙江档案馆查档接待室提供）

▲黄梅戏是我国著名的地方戏剧种之一。由文

化部、安徽省人民政府联合主办，中国戏剧家协会、安徽省文化厅、安徽省文联和安庆市人民政府共同承办的第六届中国（安庆）黄梅戏艺术节于2012年10月在安徽省安庆市举行。安庆市档案馆为本届艺术节筹委会提供了上届艺术节档案资料368件，主要内容有：艺术节总体方案，文艺活动、经贸活动、黄梅戏剧目展演、群艺（戏曲票友）大赛、新闻发布会、市容创建、宣传、接待、展览、安保等工作方案，艺术节开幕式议程、日程安排、工作指南、活动指南、邀请函，各类活动主持词、致词、领导讲话，市长接受中央电视台采访提纲，艺术节期间演出剧目、新剧目、经典剧目、节目单、票据，以及艺术节节徽、节旗、吉祥物等，为本届艺术节的成功举办提供了翔实的档案参考。

自1992年以来，安庆市人民政府已举办、承办了六届黄梅戏艺术节，为"唱响黄梅戏，打响徽字牌"搭建了平台，发展了黄梅戏艺术，丰富了人民群众的文化生活，促进了文化、经贸、旅游、宣传等各项事业协调发展，黄梅戏艺术节已成为全国黄梅戏表演者、爱好者和全市人民的盛大节日。历届黄梅戏艺术节的档案，都已全面接收进安庆市档案馆，并面向社会提供利用。

▲"绩溪黑猪"是绩溪县农民在长期饲养过程中培育的优良地方猪种，俗称"荆州黑铁"，其养殖区域为海拔700米以上的山中小盆地。山区农民为了防兽害，猪从不放牧，终生舍饲，木制猪舍，以当地种植的水稻、玉米、黄豆等作物为精饲料，以野草和种植的山芋、萝卜、苦麻菜等作为青饲料进行饲养。绩溪县境内特定的地理环境，极有利于"绩溪黑猪"独特的产品品质的形成。"绩溪黑猪"因品种纯度较高，肉质鲜美，成为中国八大菜系之一徽菜的主要原料。

绩溪县档案馆馆藏明弘治十五年刻本《徽州府志》、民国51年重印《绩溪县志》、1998年版《绩溪县志》和县委、县政府及农委全宗的相关档案，都有关于"绩溪黑猪"的详细记载。该馆主动服务，为绩溪县生猪发展专业合作社查找并复印了关于"绩溪黑猪"的档案资料，使合作社成功申请注册了"绩溪黑猪"地理标志证明商标。将"绩溪黑猪"这一农业种质资源和地理遗产申请地理标志证明商标，对于推动生产地域内农村经济发展、农业产业结构调整以及有效促进农户增收具有十分重要的意义。

（安徽省档案局 汪海峰 提供）

▲根据《国务院关于支持福建省加快建设海峡西岸经济区的若干意见》，中央财政将加大对海峡西岸经济区的扶持力度，特别要加大对原中央苏区、革命老区、少数民族地区的扶持力度。申报、确认原中央苏区县政策性强、涉及面广，收集完整翔实的档案凭证是关键。由于福建各地苏区政权成立时间各异，有的存在时间极短，加之又遭受国民党的重重"围剿"，留下的原始档案稀少且极为分散，因而，查找符合原中央苏区县确认条件的档案史料极为不易。为配合有关县（市区）申报原中央苏区县的工作，福建省档案馆深入挖掘第二次国内革命战争时期历史档案、1930—1934年间民国档案、报刊资料等，并开设"绿色通道"，指定专人负责接待工作，为市（县）、区相关单位提供登记、咨询、检索、复印、反馈一条龙服务。自2008年以来，福建省档案馆陆续接待了宁德、南平、漳州、三明4个设区市，以及南靖、诏安、周宁、邵武、建阳、浦城、建瓯、松溪、政和、安溪、顺昌、尤溪、大田、延平等14个县（市、区）的查档人员，共查阅了福建中央苏区、国统区有价值的历史档案资料2300多份（包括文件、表报、图纸、原始数据等史料）。同时，还积极为查档单位提供重要线索，帮助联系中央档案馆等单位查找他们所需档案资料，为福建省申报、确认原中央苏区县工作提供了重要的史料支持，为相关县（市、区）享受中央扶持政策，加快经济社会发展作出了贡献。

（福建省档案馆提供）

▲为提升南昌旅游商业竞争力，由南昌市商贸委提出的《强力推进南昌老字号特色街建设》的建议不日将正式出台，振兴南昌老字号成为南昌市发展旅游产业的重要举措，借着这股振兴老字号的东风，不少南昌老字号开始行动起来，通过为老字号编史修志等方式发掘老字号文化底蕴。

2012年3月，南昌八一商场肖经理来江西省档案馆查询该商场的档案资料，目的是为编写商场的历史沿革。经过查找，工作人员为肖经理查到了1952年中南军政委贸易部给江西省政府成立八一商场的批复等档案资料。坐落于南昌市中山路458号的南昌八一商场，相比周围的百盛、天虹等大型百货卖场也许并不起眼。殊不知，八一商场是新中国成立后由中南军政委批准成立的南昌第一家百货类商场，其前身是创建于20世纪20年代的号称当时南昌市最早、最大的综合性商场——"广益昌"百货商场。抗日战争爆发之前，广益昌的资本达到了300万银元，日营业额突破万元，可谓日进斗金，后来上海"八·一三"战事爆发，战火烧到南昌，广益昌店面被日军霸占，被迫停业，日渐衰落。新中国成立后，中央要求发展国营贸易，有重点地建立零售公司，八一商场便作为"重点零售公司"在广益昌原来店址上建立起来。

“广益昌”百货商场，由辉煌到衰败再到振兴，其过程让前来查档的肖经理闭目掩卷之后，不由发出声声叹息。

▲2012年7月，在全国轰轰烈烈展开的“清网行动”中，新余市渝水区警方以超强度、超常规的工作措施，全体参战民警咬定目标、攻坚克难，顽强拼搏，浴血奋战，96名网上在逃人员共抓获88名，清网率达91.66%，其中15名故意杀人犯抓获13名，清网率达86.66%，成绩突出，被省公安厅授予集体二等功。

渝水区警方早在2008年顺利通过江西省档案工作规范化管理省二级评估。在此次清网行动中，渝水分局按照“一名分包领导、一套行动方案、一份逃犯档案、一个抓捕小组、一项保障机制”“五个一”的要求，对96名在逃人员做到“一逃一档”，对每名在逃人员信息及时更新、补充，并在在逃人员信息系统中进行完善。通过建立在逃人员档案，为抓捕逃犯提供了准确的信息进行研究和比对，为布控和抓捕奠定了扎实的基础，为社会和谐稳定发挥了档案应有的作用。

（江西省档案馆提供）

▲2012年3月16日，周先生来到山东省档案馆查询其母亲曾经的工作证明。其母亲张女士曾在省政府办公厅秘书处文印室从事打印工作。为响应党的号召，于1963年被精简下放，至今无工作，无任何收入，现在是滨州市城镇居民。因不了解政策，一直以来都未能落实和享受国家关于精简下放人员的补助待遇。根据周先生提供的信息，调阅多个卷宗，查找到了张女士调到山东省政府办公厅秘书处文印室的介绍信，并复印该原始记录，为其领取补助提供了证明。周先生在留言簿上写道：“感谢档案馆圆了母亲半个世纪的梦。”

▲周先生到了退休年龄，在办理退休手续时发现档案中缺失1978年从北京大学分配到山东省外事办公室的报到证。劳动部门要求其提供证明。2012年2月29日，周先生来到山东省档案馆查询档案。工作人员为其查找到了1978年北京大学毕业生的分配表，为其复印该份档案并加盖红章，提供了工作时间的证明，使其可以尽快地办理退休手续。周先生非常感动，真诚地感谢山东省档案馆对他的支持和帮助，并由衷地对工作人员的热情服务表示敬意。

（山东省档案馆提供）

▲2012年2月29日，歌曲《龙船调》原唱者杨某来到湖北省档案馆查阅歌曲《龙船调》的有关历史资料。阅档大厅的同志们热情接待，并立即动手，将53年前（即1959年7—9月）的《湖北日报》和《长江日报》，用推车从楼上档案库房搬到一楼档案阅档大厅，并认真地帮助她仔细进行查找。终于在1959年9月2日的《湖北日报》第三版，查到了歌曲《龙船调》参加当年全省文艺汇演的剧照和有关文字报道，这一重要历史资料的获得，对证实歌曲《龙船调》首创和原唱的真实历史面貌起到了举足轻重的作用。

（湖北省档案馆提供）

▲“贵馆的帮助，不仅有助于我公司的工作，还有助于促进广东省和韩国企业、中国和韩国人民之间互相交流！”韩国驻广州资产管理公社李先生激动地握着工作人员的双手，并留言感谢。

2012年3月19日，因公司诉讼举证需要，李先生一行3人，到广东省档案馆查阅复印2000年以来《南方日报》《羊城晚报》等报纸中刊登的有关中国东方资产管理公司债务催收暨债权转让公告。

据李先生介绍，他所在的公司KAMCO GLOBAL INVESTMENT Ⅱ LIMITED是韩国最大的国有不良资产投资机构——韩国资产管理公社的子公司，在中国投资了大批金融不良资产项目。2009年8月19日，该公司与中国东方资产管理公司签订了《资产转让协议》，中国东方资产管理公司将广东地区共684户债务人的不良金融债权让给他所在的公司。目前，该批不良金融债权正处于债权催收阶段。为此，需要复印2000年以来的《南方日报》《羊城晚报》刊登的有关中国东方资产管理公司债务催收暨债权转让公告。为了证明资料复印件的真实性、有效性，特要求在复印件上加盖广东省档案馆资料证明章，作为向法院诉讼举证材料。

鉴于离李先生诉讼开庭的时间较近，《南方日报》《羊城晚报》中有关中国东方资产管理公司债务催收暨债权转让公告较多，档案馆积极协助、配合李先生调阅相关报纸。在工作人员的努力下，于4月18日上午，工作人员将相关报纸公告的复印件430余份送到李先生手中，李先生连连向工作人员表示感谢。

近年来，随着改革开放不断深入，个人、企业和外商之间经济纠纷不断增多，双方都通过法律手段来维护自己合法的权益，档案发挥了重要作用。在今后的工作中，档案馆将最大限度地发挥档案的利用价值，争取为社会作出更大的贡献。

▲2012年6月18日，上海天文台的朱先生一行3人到广东省档案馆查阅中国科学院院士叶叔华在国立中山大学学习期间的相关历史资料，用于采集和整理叶叔华院士学术成长的研究。

叶叔华是我国著名的女天文学家、中科院院士，原籍广东顺德。1949年毕业于中山大学数学天文系，1951年进入中国科学院紫金山天文台徐家汇观象台工作，1978年起任中国科学院上海天文台研究员，1981—1993年任上海天文台台长。她在天文地球动力学方面卓有贡献，建立并发展了我国的综合世界时系统，1980年当选为中国科学院委员（院士）。

据朱先生介绍，为加强老科学家的成长史研究，国务院于2010年启动了“老科学家学术成长资料采集工程”。上海天文台负责叶叔华院士学术成长资料的采集和整理，组织人员分赴叶叔华院士学习、工作过的地方采集资料。

档案馆为上海天文台提供了馆藏有关叶叔华院士1945—1949年间在国立中山大学的学籍表、注册姓名表以及叶叔华院士的丈夫程极泰先生的学籍表等原始档案资料共26件。这批档案资料真实地记录了叶叔华院士在国立中山大学期间的学习情况，为从事叶叔华院士成长史的研究提供了可靠的依据，具有不可替代的作用。

▲2012年7月30日，来自美国、丹麦和英国的37个收养家庭共129人在广东省收养登记中心工作人员的带领下，来到广东省档案馆，查阅被收养儿童的档案。

“寻根回访”家庭到达广东省档案馆，例行安全检查后乘坐主梯来到24楼国际会议厅。收养家庭的父母及孩子们在工作人员的指引下签到就座后，便迫不及待地打开被收养儿童们的档案。父母们渴望着更多地了解孩子们的过去，一面仔细翻阅着档案中的每一页，一面焦急地等待着翻译人员过来讲解，生怕漏掉有关孩子情况记录的每一个细节，又怕查阅档案的时间不够，不能够全面了解档案内容；孩子们似懂非懂地凑着头看着自己小时候的情况记录；翻译人员则是忙得不亦乐乎，准确流利地翻译着收养档案中每一处内容，一丝不苟地回答了父母们提出的每一个问题。对每个有关孩子情况的关键信息，父母们都认真地记录下来。工作人员留意到，整个查档过程，每一个收养家庭都非常和睦，父母及孩子们有说有笑，孩子们脸上绽放着灿烂幸福的笑容。查档完毕，父母们还不忘将自己孩子的座位牌中的中英文姓名卡片取下来，留作纪念。

此次到广东省档案馆查阅收养档案，“寻根回访”家庭还分别到广东省档案馆展厅参观了“岁月回眸 粤海拾贝——馆藏档案珍品展”、“馆藏名人档案展”及“友邦·友好·友谊——馆藏省政府公务礼品展”预展，了解广东近、现代社会经济发展的历史轨迹以及感受不同国家、民族、地区的文化特色和广东与这些国家、地区的友好往来发展史。

此次是广东省档案馆第三次接待“寻根回访”家庭来馆查阅收养登记档案，也是规模最大、查阅人数最多的一次涉外收养登记档案的查档活动。广东省档案馆的领导和工作人员对此高度重视，早在半个月前便主动与广东省收养登记中心人员做好了详细沟通，制定了周全的接待方案，确保了此次接待活动的顺利进行。

（广东省档案局（馆）提供）

▲桂林市杨女士等100多名医务人员毕业于20世纪70年代初，在医疗战线服务了40年，但工龄及工资级别待遇问题一直没有得到解决，虽多次向有关单位反映，但都以缺乏文件依据而无法办理。临到退休，她们带着最后一丝希望来到广西壮族自治区档案馆求助。档案馆查阅中心的工作人员热情地接待了她们，了解事情的来龙去脉。经过仔细查找，在馆藏档案中找到了桂革发［1974］49号、桂组字［1974］104号及桂办［1975］46号文，这些文件对护士毕业生分配、转正定级、待遇等问题都作了明确的规定。有了文件依据，桂林市人事局给桂林市1971年招收的100多名医务人员办理了工龄更改手续，把参加工作时间从原来的1973年更改为1971年，并按2006年套改标准调整工资。档案帮助医务人员解除了后顾之忧，消除了隐性不安定因素，确保了社会和谐稳定。

▲2012年3月20日，柳江县人民政府及县调处办、县国土资源局的5位同志到档案馆查阅柳江县新兴农场与该县穿山镇相关的档案资料。广西农垦国有新兴农场与柳江县穿山镇所属村屯自2011年4月以来不断发生土地权属纠纷，由于没有凭据，双方各持己见，场群矛盾突出。为解决这一难题，查阅中心的工作人员仔细翻查广西区农垦局卷宗档案，从中找到一张1953年绘制的柳江县地方国营新兴农场地形图，地图标注清晰，村屯界线分明，为化解农场与村民纠纷提供了有力的证据，确保了一方平安。

（广西壮族自治区档案馆 陆倩媛 提供）

▲2012年7月14日，3位鬓发斑白的老人相互搀扶着走进成都市档案馆查询大厅，他们告诉工作人员，自己是抗日军人王雪堂的后人，前段时间看到《华西都市报》一篇关于“成都市档案馆寻找抗日军官王雪堂后人”的报道后，今天专程赶来，就为确认父辈王雪堂的档案资料。他们分别是王雪堂三妹之子罗先生、四妹之女蔡女士、五弟之女王女士。因为王雪堂一生无子女，所以他们作为晚辈和家人，一直想找到记录舅舅（二爸）杀敌抗日的档

案记录，为其正名。

他们所要确认的这份档案，是成都市档案馆在2012年“七七事变”74周年纪念日当天首次面向社会公布的，内容为抗日名将宋哲元1938年2月签发给参加卢沟桥之战负伤的上尉副官王雪堂的奖励证书，以及他本人的照片、胸章、伤情证明等。档案虽然历经73年岁月尘封已有些破损发黄，但上面的字迹仍然清晰可见：“查三十七师二二二团上尉副官王雪堂于抗日战役杀敌受伤效命疆场功在邦国，念兹忠勇殊堪嘉尚，特颁发受伤纪念章一座以彰勋劳而昭激劝此证”。而在另外一张1941年元旦给王雪堂的奖励证书上，还印有民国“成都市政府”的凭证章。作为颁证者的宋哲元将军，时任“第一集团军总司令”。1937年7月7日卢沟桥事变发生时，他是冀察政务委员会委员长、北平绥靖公署主任兼陆军第二十九军军长。由他率领的三十七师二一九团向日军奋起还击，由此掀开了全民族抗日的序幕。这是成都市档案馆迄今为止首次发现的、与卢沟桥之战有直接联系的中国军官档案，对研究抗日战争的历史具有重要参考价值，而对于王雪堂的家人来说，也是一份重要的家族档案。成都市档案馆在公布这份档案的同时特意委托新闻媒体寻找王雪堂的家人，其后人可凭有效证明和证件到馆内查阅、复印这些珍贵的档案。

经过调卷，3位老人如愿以偿地看到了这份记载父辈英勇抗战事迹的档案，当翻到贴有王雪堂照片的页码时，3人立即确认了他的身份，并用手一遍遍抚摸着王学堂的戎装照，激动的心情溢于言表。随后，工作人员将档案的复印件一式3份赠送到他们手中，3位老人由衷地表示感谢，同时也对成都市档案馆的查询服务工作给予了高度评价。

▲从2003年开始，达州市万源市庆源铁厂职工多次到北京、成都、达州等地上访，要求将万源市明达公司纳入庆源铁厂一并改制清算。由于访案历史久远，情况复杂，始终没有得到妥善处理，职工一直上访不断。2012年，万源市经信局再次接待该上访案件时，引起了局领导高度重视。经仔细了解事情的详细情况后，重新组建了万源庆源铁厂破产清算小组。通过查阅庆源铁厂和明达公司的会计凭证、会计账簿、会计报表等会计档案600余卷，理清了两个企业之间的往来账务情况，通过法律诉讼程序，经达州市中级人民法院终审判决，诉讼双方都愿息诉止讼，接受法院的公正判决。一件上访长达8年的信访存案终于画上了圆满的句号。

（四川省档案馆提供）

▲2012年9月10日，一名行色匆匆的老人来到云南省档案馆查阅利用大厅，老人姓杨，是昆明市波丝化妆品工业公司的职工，年满60岁，已到退休年龄。他1969年参加工作，1976年从十四冶三建司调入云南省水利局汽车队。由于当时处于特殊历史时期，单位档案管理不规范，因此到了退休之际，在其个人档案中找不到这一阶段的调令，无法计算连续工龄并办理社保。老人面色焦虑，忧心忡忡，工作人员热情接待了老人，在悉心帮助和指导下，经过耐心细致的查阅，终于在档案中找到了当年的调令，他老泪纵横，说道：“档案工作真的太重要了，省档案馆查到的这份调令帮我解决了一辈子的大问题，为我计算连续工龄办理社保退休提供了依据，否则的话，我的工龄将得不到连续计算，退休金将大打折扣，档案使我老有所养，老有所依，我衷心的感谢你们。”

▲2012年12月，云南省商业集团档案员陶先生一行2人来到省档案馆档案查阅利用大厅，他向工作人员讲述了查档的缘由和事情的来龙去脉。省商业集团前身是省商业厅，自2002年起对所属企业逐步开展退出国有的企业改制。改制经历数年，相关档案已于2011年按有关规定移交给了省档案馆。但改制后，企业职工不断到有关部门上访，认为改制过程中有人滥用职权导致国有资产严重流失，事态逐渐升级并扩大，矛盾不断激化，形成群体性事件。上级党委政府、纪检监察部门高度重视，要求省商业集团认真核实相关情况，尽快化解矛盾。由于改制文件较多，时间跨度较长，为缩短查档时间，省商业集团提出要求复制2002—2007年省商业物资公司、省机械供销公司、省百货公司、省五交化公司、省民贸公司、省糖烟酒蔬菜公司，省机床设备公司、省机械装备公司、省机械科技实业公司共计9家改制企业的财务报表、改制文件等相关档案资料。在了解了具体情况后，接待人员马上投入工作，认真查阅了相关的电子文件目录后，发现相关的档案资料已全部数字化，但涉及内容较多，特别是财务报表，每个公司的财务报表少则上百页，多的有上千页，短时间内复制极为困难。云南省档案馆在履行相关手续后，将有关档案资料以电子档案拷贝方式提供给省商业集团，商业集团依据企业改制时的真实记录，向上访群众说清了问题，得到了群众的认可，平息了上访事态。档案为化解社会矛盾、维护社会稳定发挥了一定的作用。

（云南省档案局利用服务处　张云辉 提供）

▲80岁高龄的老艺术家赵先生，1957年从上海戏剧学院毕业后分配到甘肃省歌剧院工作，1980年调任杭州话剧团团长，在甘肃工作生活了23年。

2012年，赵老先生准备将户口迁回上海，上海方面要求其必须出示当时到甘肃工作的原始依据。2012年9月21日，赵老先生专程从杭州来到省档案馆，希望得到帮助。甘肃省档案馆工作人员积极从各种线索和角度分析查找，找到了赵老先生当年高等学校毕业生统一分配工作报到证，以及甘肃省人事局开具的到甘肃省文化局工作的介绍信存根，为其顺利办理户口回上海原籍提供了依据。

▲2011年初，曾参加过1985—1987年对越自卫反击战的甘肃省灵台县老战士姚某（时为中国人民解放军云南前线35165部队班长）拄着拐棍到甘肃省档案馆查阅有关兰州军区和共青团甘肃省委举行的“双立功”活动中授予甘肃省新长征突击手的档案文件。甘肃省档案馆工作人员在查看了他的退伍证、残疾人证、老山作战证明书等一系列证件及了解了他目前所遇到的生活困境后，免费为他查阅、复印了相关的档案文件。2012年11月23日，姚某专门致电感谢甘肃省档案馆的工作人员。姚某说，他的个人生活待遇已得到当地政府的解决，每月工资已从400元增加到1600元。

（甘肃省档案馆提供）

▲2012年1—3月间，青海省海西州档案馆陆续接待了多名自称为1965年、1966年由州委党校短期培训的“少数民族积极分子培训班”学员，他们先后到州委组织部上访，要求落实有关政策并在生活上给予合理安置。为解决群众上访问题，州委组织部派人到档案馆查阅过档案。海西州档案馆工作人员热情接待了他们，并查阅了州委、州政府、州委组织部和州委党校等4个全宗120余卷档案。经查原始档案及州1委组织部调查，上访来信来访的州委党校“第二期速成班、少数民族青年积极分子干部培训班、青海民族学院社教班”学员申诉的问题，在1979年5月16日海西州革委会《关于原海西州委党校培训的少数民族积极分子学员要求分配工作的报告》、1980年6月5日，青海省政府《对原海西州委党校培训的少数民族积极分子学员要求分配工作，的批复》、1988年1月28日，海西州委组织部《关于州八届人大一次会议第123号代表议案的查处结果和处理意见》中，均已做出组织调查结论，为妥善解决了这部分上访人员的问题提供了政策依据。

▲刘先生与老伴何女士于1963年在青海省西宁市城东区东关大街办事处登记结婚。近年来，由于其子女相继移民海外，夫妇因为出国探亲需要办理有关出境手续。但在办理婚姻公证时遇到了困难。因结婚时间距今快50年了，结婚证书早已遗失，当他们去婚姻登记处重新办理结婚证时，却被告知结婚时间必须从现在登记之日算起，不能作为公证证据。出境申报材料有时限要求，眼看到期，刘先生他们非常着急，通过咨询，了解到档案馆可以查询婚姻档案，于是抱着试试看的心情来到西宁市城东区档案馆咨询。接待人员在询问有关情况后，在婚姻登记数据库中输入了刘先生夫妇的姓名，很快查找到了他们的结婚登记记录。夫妻俩感慨万千，拿着出具的证明，激动地说：“终于找到了，快50年了，不容易啊！你们帮了我们的大忙。”

（青海省档案馆提供）

▲国务院台湾事务办公室九洲文化传播中心《汪锋传》摄制组到宁夏回族自治区档案局馆查阅档案，寻找拍摄素材。摄制组的查档和拍摄工作受到自治区档案局馆领导的高度重视。局馆派专人负责接待摄制组人员查档。

20世纪50年代，汪锋同志曾受中央指派，多次深入民族地区开展调查研究，筹划宁夏回族自治区成立方案，为中央决策提供了重要依据。1958年4月，汪锋任宁夏回族自治区工作委员会第一书记，同年10月任宁夏回族启治区党委第一书记，1961年1月调离宁夏。根据这一线索，自治区档案馆保管利用部门从馆藏多个全宗中查找到涉及汪锋同志的文书档案88件，资料5件，照片13张。自治区档案局馆还以此为契机，建立了汪峰档案专题。

经筛选，摄制组对《中央关于祝贺宁夏回族自治区成立的通知》《注锋同志在自治区成立大会上的讲话稿》《刘格平、汪锋给中央统战部的报告》等多件珍贵的档案史料和历史照片原件进行了拍摄，并对自治区档案局馆保管利用工作给予肯定。

▲宁夏回族自治区人民政府办公厅下发了《关于省部级以上劳动模范先进工作翻全国“五一”劳动奖章获得者高定工资档次或薪级的通知》，文件规定，机关事业单位中被授予省部级以上劳动模范、先进工作者荣誉称号和全国“五一”劳动奖章获得者，可高定工资档次或薪级。

根据文件精神，自治区档案馆认真部署，充分发挥资源优势，提前将涉及到《通知》内容的档案进行整理归类，并制定了查阅方案，首先，对所有相关文件进行目录查阅；其次，扩大文件查找范围，对查不到文件的则查找当年报纸上刊登的通告，以及各类记载英模事迹的刊物。对2咖年之后受表彰的利用者，为了缩短查阅时间，提高利用效果，安排专人主动与现行文件查阅中心取得联系，并复制了现行文件目录，极大地方便利用者查阅。

截至文件规定的材料上报时间为止，档案馆共接待此类利用者40余人次，提供各类表彰决定复印件130余页，为查阅利用者提供了可靠的依据。

（宁夏回族自治区档案馆提供）

▲2012年3月，吐鲁番市鄯善县档案馆拥进十来个人，经过档案馆工作人员的详细询问，原来他们都是20世纪60年代在鄯善县建筑公司工作过的职工，因原单位早在七八十年代末已经倒闭，他们的个人档案也已丢失。但现在人事劳动局办理养老保险需要原单位工作过的证明材料。由于涉及的人数多，时间跨度大，给工作人员查阅带来困难，经过努力，终于在人事劳动局1961—1968年的精减职工花名册里找到了他们的名单，档案馆给他们出具了档案证明，为他们参加养老保险提供了原始依据，维护了他们的合法权益。

▲2011年1月18日，在红鑫酒店田某、徐某等七名犯罪嫌疑人持刀将一男子砍伤，致使该男子全身多处受伤，缝针100余针。七名犯罪嫌疑人全部在逃。为严厉打击刑事暴力犯罪，乌鲁木齐市天山区分局江警官和任警官通过多种渠道查找犯罪嫌疑人线索，最终在沙依巴克区法院档案室从2006年刑事案卷，查找到田某和徐某因故意伤害罪被沙区法院分别判处有期徒刑一年和两年的证据，并查找到两名犯罪嫌疑人的身份证明材料，为公安机关网上追逃犯罪嫌疑人提供了依据。

（新疆维吾尔自治区档案馆提供）

▲自2009年初至2012年以来，新疆生产建设兵团二师六十四团档案室为100余位企业离职人员查找档案2000余册，提供个人工资表、个人兑现台账、工资介绍信等证明资料达1100余张，保证他们顺利办理个人养老参保中断补费手续，依法享受养老待遇，手捧单据的他们高兴地说“真是万分地感谢团场，我们将青春献给可克达拉是值得的，我们要让我们的孩子也要记住可克达拉，记住兵团”。

原六十四团加工厂职工马某，1974年复员来团十三连工作。1984年脱离企业，外出打工，2009年因本人已年过60岁，回到团场劳资部门要求办理中断补费手续，享受养老金，但团劳资部门在职工档案库中找不到他的个人档案，他失望地离团继续出外打工。2010年4月他再次回团，希望能在团档案室查找齐有关本人职工身份的证明材料，团档案室先后五次接待了他，为其翻阅1975—1984年的200余册工资表、11本工资介绍信，7本调资审批表，4本个人兑现台账，他拿着39份证明材料终于办好了中断补费手续，于2012年7月领到了养老金。

▲现在吐鲁番市委工作的原六十四团十四连职工哈木拉提，2012年工作单位通知他从六十四团转出的职工档案中缺少参工时的调资表，他来到团档案室请求查找，由于他参工时正值团场企改，在翻阅的44册工资册和3本工资介绍信、2本学生分配花名册等档案资料中没有他的任何信息，他一筹莫展，团档案员想到了师档案局，于是带他到师档案局，通过查找1982年师劳动局学生分配批复，为他找到了他所需的证明资料，他高兴地说“真是多亏了有你们综合档案室，要不然我真不知该怎么办了。非常感谢。”

（新疆生产建设兵团档案局提供）

（六）机关档案工作

2012年全国机关档案工作发展综述

2012年，是我国发展进程中具有特殊重要意义的一年，也是档案工作取得重大成就的一年。一年来，在各级领导的高度重视和亲切关怀下，在广大档案工作者的共同努力下，全国各级机关以迎接十八大，服务十八大，贯彻十八大为契机，档案工作取得了新的进展。

一是机关档案工作为中心工作服务的能力继续提升。2012年，党的十八大胜利召开，在为党的十八大服务方面，中宣部充分利用档案为大会报告起草服务。中组部开辟查档绿色通道，提供24小时查档服务。中央办公厅档案图书资料室编辑有关档案汇编十余种，印送有关领导和十八大筹备机构，主动为大会各项工作提供服务，并起草了关于十八大文件材料移交工作的通知，确保十八大文件材料归档齐全，成为历届党代会文件材料归档最齐全、最及时的一次。围绕南海争端和钓鱼岛问题，国家海洋局充分利用档案资料为建立三沙市提供政策依据，同时，为我国向联合国秘书处提交的东海部分海域200公里以外大陆架外部界限划界提供了科学和法理依据，在维护国家主权和领土完整方面充分发挥了档案的重要作用。海南省三沙市委办公室（档案室）为做好三沙市筹备工作，主动提供各种资料7000余份，为三沙市建设发展给予了有力的支持。

二是机关档案工作规章制度建设不断完善。国家广电总局印发了《广电总局档案管理规定》和《关于进一步建立健全档案工作机构的通知》，对总局机关及直属单位在履行行政管理职能和开展各项业务活动中形成的各种门类、各种形式和各种载体档案的接收、管理、开发利用和移交等提出了明确具体的要求。同时，根据国家档案局《关于加强中央和国家机关所属机构档案工作的意见》，要求总局各直属单位进一步建立健全档案工作机构，配齐配强档案工作人员。最高人民法院、民政部、审计署分别联合国家档案局印发了《人民法院档案工作规定》《行政区域界线档案管理办法》《审计机关审计档案管理规定》等行业规章，不断规范本行业、本系统的档案管理工作。辽宁省印发了《关于全面做好辽河干流主行洪保障区收租地补偿档案管理工作的通知》，就收租地补偿档案管理工作提出了具体意见。

三是国家档案资源建设全面加强。中国作家协会、国家民委、国家文物局、中办法规局完成了本单位文件材料归档范围和文书档案保管期限表的制定工作。内设机构及职能调整的商务部、中央组织部、中央保密委国家保密局、国家外汇局、中直管理局重新修订了本单位的文件材料归档范围和文书档案保管期限表。按照国家档案局办公室关于检查中央和国家机关实施国家档案局令第8号情况的通知，对中央党校、中央党史研究室、国家税务总局、国务院法制办、国家海洋局、安监总局等单位进行检查，及时发现和纠正了文件材料收集立卷归档中存在的问题，提高各机关文件材料的归档质量，从源头确保机关归档文件材料的齐全和完整。河南省对83个省直单位和省管高校的文件材料归档工作进行了检查。辽宁省在广泛征求省直机关有关部门意见的基础上，制定了《辽宁省机关单位会议记录规定》，以省委办公厅、省政府办公厅名义印发全省执行，规范了全省各级机关单位的会议记录工作，确保会议记录形成的完整准确和及时归档。甘肃省各级档案部门指导11000多个单位整理各种文件材料29万卷又127万件，基本做到当年清，夯实了全省档案资源建设基础。

四是机关档案工作业务指导力度持续加大。福建省完成40余家省直单位档案整理质量检查、17个单位档案规范化管理评估工作，积极配合省交通运输厅、省水利厅等主管部门开展下属二级机构档案管理指导工作，提高档案管理规范化水平。内蒙古自治区两办印发了《内蒙古自治区机关档案工作测评办法》，该《办法》分为5大项12条及若干具体内容，从条件保障、基础业务建设、档案资源开发利用、信息化建设和对本系统及所属单位档案工作的管理等方面提出了具体的测评要求。河南省深入开展机关档案规范化管理活动，全年认证单位1097个，其中省特级33个、省一级267个、省二级451个、省三级346个，实现年度8%的认证目标。四川省完成了省委党校、省国资委、民盟四川省委等7家单位档案工作规范化管理省一级标准认定评审，完成了四川出入境商品检验检疫局、省交通厅运管局等6家单位档案工作规范化管理省一级标准复查。

甘肃省召开了全省档案工作规范化管理现场会，组织全省档案部门交流、学习、推广档案工作规范化管理的先进经验。通过业务指导及目标管理，机关档案工作整体水平得到进一步提高。

五是机关档案信息化建设步伐进一步加快。电子文件管理和电子档案移交与接收取得新的进展。中央和国家机关待进馆档案数字化工作稳步推进。地方如海南省气象局全面完成本级机关档案室1988—2010年所有文书档案和照片档案的数字化加工，并挂接琼兰档案管理系统；中国人民银行海口支行建立电子荣誉档案室和电子图像库，实现了不同门类档案的集约化管理；海南省人民法院完成诉讼档案数字化扫描加工试点工作，并将经验在全省法院系统内进行推广。

2012年民生档案工作综述

国家档案局从服务民生的角度出发，和相关部委积极开展合作，制定了一批与民生密切相关的规章制度或管理办法，以构建民生档案工作制度体系，为维护人民群众的合法权益提供有力的制度保障和政策依据。

与审计署合发《审计机关审计档案管理规定》；与民政部档案馆联合调研、起草《农村五保供养档案管理办法》；与工商总局联合调研、修订《企业登记档案管理办法》和《企业登记档案查询办法》；与食品药品监督局联合调研药品品种档案、医疗器械品种档案、保健食品品种档案等专业档案管理工作情况，分析研究各专业档案的形成规律、整理保管与提供利用等现状，为制定专业档案管理办法做准备；参加《城市社区档案管理办法》（征求意见稿）研讨会，为制定社区档案管理办法打好基础。参加国土资源部“深化联创齐争，服务找矿突破暨全国地质资料工作60周年座谈会”，和与会代表一起共同探讨进一步提高地质资料管理和服务水平。

社会保险业务档案涉及广大人民群众的切身利益，事关社会的和谐稳定，是各级政府履行公共服务和社会管理职能的重要依据。国家档案局与人力资源和社会保障部一起对全国20多家省级经办机构社保档案进行达标验收工作。通过验收，明确了工作职责，调动了工作积极性，带动了业务管理，提高了服务水平，探索了社会保险业务档案管理的有效途径。尚未通过达标验收的机构，也以此为契机，全面深入地审视了自身业务档案管理的现状以及发展方向，制定了具有实际可操作性的长远规划，推动了市、县基层社保业务档案管理向规范化转变。在各级社会保险经办机构和档案部门的共同努力下，认真贯彻落实《社会保险业务档案管理规定（试行）》，从本地实际出发，一步一个脚印，不断探索，创造性地开展工作，社会保险业务档案管理工作取得了长足进展。

（国家档案局档案馆（室）业务指导司）

总参谋部办公厅领导对保密档案局工作和建设作指示

2012年2月28日，保密档案局局长计英春向办公厅领导汇报了关于强化自身建设、改进总参机要文件保障、加强和改进全军档案工作业务指导以及当前正在进行的主要工作。汇报结束后，吉文明主任对保密档案局的工作给予充分肯定，指出构想和措施符合实际，抓住了要害，切实可行。邱京平副主任对抓好工作落实提出具体要求。2月29日，保密档案局召开全体干部会议，学习领会厅首长的指示精神，就抓好各项任务落实做出具体安排。

总参谋部办公厅保密档案局领导到济南、南京军区检查调研档案工作

2012年3月28—31日，保密档案局局长计英春带有关人员赴济南军区检查全军保密档案专业士兵职业技能鉴定现场会筹备情况，赴上海出席兰州军区档案干部培训班开班式，并抽查驻济、宁部分单位档案安全管理情况。在济南军区听取司办关于现场会筹备情况介绍，查看考评点、鉴定站、会场和食宿场地，并就有关问题与军区司办进行沟通并达成共识。在南京政治学院上海校区，计局长出席兰州军区档案干部培训班开班式并讲话，强调学院要充分发挥档案干部教育培训基地作用，在档案法规拟制、理论研究、人才培养等方面发挥智囊作用。兰州军区档案干部要自觉加强学习，提高能力素质，当好代表队，树好形象，充分展示档案队伍的风采和精神风貌，为其他班次做好榜样。为严格落实档案安全保管和“八防设施”齐全要求，抽查了武警山东省总队、山东省军区、海军指挥学院、南京军区空军、南京军区档案馆、南京陆军指挥学院6个单位的档案安全管理情况，并对发现的问题督促有关单位抓好落实。

总参谋部办公厅领导对西藏军区档案库建设情况作批示

2012年8月16日，吉文明主任在成都军区司令部给总参谋部办公厅《建议关注和支持西藏军区档案库建设》报告上批示："此件呈作战部白部长、军务部陈部长阅示。成都军区司令部专门就档案库建设问题上报告，我们应予以足够重视，尽最大努力帮助解决面临的实际困难。因该库为档案地图库，除建设条件外，还涉及编制问题。请计英春局长协调，邀作战部测绘局、军务部一并派人在合适时间去现场看一看，共同研究解决问题的具体措施办法。我们几个部门能办的尽力办、抓紧办，需向总参首长请示报告的事项写出专题报告。"8月29日—9月7日，保密档案局局长计英春带总部工作组，赴西藏军区档案地图库进行专题调研，并将调研报告上报办公厅领导。9月21日，吉主任在《赴成都军区调研西藏军区档案地图仓库建设情况报告》上批示："呈作战部白部长、军务部陈部长阅示。在成都、西藏调研的几位同志工作细致、扎实，调研报告情况清楚，建议务实可行，感谢二位部长的关心、支持，感谢马东坡、王付余两位同志的辛勤工作。解决好西藏军区档案地图仓库建设问题还有一个艰苦工作的过程，建议仍由保密档案局牵头协调，会同测绘导航局、一编局继续关注，适时提出建议，推动解决具体问题。"

（总参谋部办公厅保密档案局）

总参谋部办公厅保密档案局、解放军档案馆召开立档单位档案工作座谈会

为加强立档单位档案业务建设，进一步规范收集整理，推进移交接收，丰富解放军档案馆馆藏资源，2012年11月20日，总参谋部办公厅保密档案局、解放军档案馆召开了由军委办公厅、总参有关部局和直属院校、军事科学院、国防大学等29个向解放军档案馆移交档案的立档单位，60多名主管档案工作的领导和档案干部参加的立档单位档案工作座谈会。会前，总参谋部办公厅副主任宋新斌接见了与会代表并合影。保密档案局局长计英春肯定了各单位档案业务建设取得的成绩，对档案收集整理和移交接收工作任务作出部署，要求按照有关法规标准抓紧收集整理本单位形成的档案，2012年底前研究制定具体的档案交接措施，2013年底前完成符合进馆时限的档案移交任务。解放军档案馆馆长徐铭德表示，会认真按照上级指示、要求，切实抓好落实，充分做好与立档单位的沟通与协调，按时、保质保量的完成好各项任务。代表们观看了"解放军档案馆情况简介"专题片，参观了部分业务要素，20名立档单位的领导和业务骨干围绕档案收集整理与移交接收工作进行了交流发言，分析探讨了工作中遇到的新情况新问题，研究提出了对策建议。深刻分析了档案接收工作中存在的问题和不足，提出了共同做好档案工作的具体措施。与会代表一致认为，做好档案收集整理与移交接收工作是落实《中国人民解放军档案条例》、维护军队档案完整与安全的需要，是档案工作者神圣的职责，表示要认真贯彻落实这次座谈会议精神，与解放军档案馆密切配合，努力做到完整收集、规范整理，按时向解放军档案馆移交永久档案。

（解放军档案馆）

上海市社保、医保业务档案管理通过验收

2012年1月10—11日，上海市社会保险基金结算管理中心社保业务档案管理工作顺利通过全国社保业务档案管理达标验收组验收。验收组认为，上海市委、市政府高度重视社保业务档案工作，在人员、经费、场地设施等方面给予极大支持；市社保中心社保业务档案管理工作标准化、规范化、现代化程度高，建立了全市统一的业务档案数字化管理平台；将社保业务档案管理与业务工作有机结合，有力推进了社保业务经办水平的提高。

2012年1月11—12日，上海市医疗保险监督检查所医保监管业务档案管理工作顺利通过全国社保业务档案管理达标验收组的验收。验收组认为该单位医保监管业务档案管理工作在全国医保业务系统中起步早、起点高，档案工作制度健全，监管业务系统完善，在全国医保业务系统中树立了典范。

2012年11月29日，上海市人力资源和社会保障局、上海市档案局联合召开的上海市医保业务档案工作会议，人社部社保中心副主任徐延君在对全市18个医保中心率先全部通过达标验收、成为全国首个实现此项目标的省市给予充分肯定。徐延君指出，上海医保业务档案管理工作在全国具有典型示范作用，希望上海在档案专业化、标准化、精细化管理以及档案课题研究上进一步探索，作出表率。2012年3月起，市人社局、市档案局、市医保中心联合对本市区（县）医保中心开展医保业务档案管理达标验收。10月底，17个区（县）医保中心已全

部通过达标验收。

（叶伍）

上海市召开全市档案工作暨表彰先进会议

2012年3月9日，上海市委、市政府召开全市档案工作暨表彰先进会议，市委常委、副市长屠光绍主持会议并讲话，市委常委、市委秘书长丁薛祥，国家档案局副局长、中央档案馆副馆长杨继波出席会议并讲话。市档案局（馆）长朱纪华作题为《深化服务，稳中求进，进一步推进上海档案事业科学发展》的工作报告。市人力资源和社会保障局副局长、市公务员局局长应雪云出席会议并宣读表彰决定。屠光绍要求不断加强档案专业人才队伍建设，进一步激发全体档案干部的活力和动力，努力营造用心想事、潜心谋事、专心干事的良好氛围。丁薛祥要求全市档案工作者牢记“为党管档、为国守史”的神圣职责，大力加强档案文化建设，着力提升档案服务能力，努力为市第十次党代会的召开做好档案宣传和服务工作。杨继波希望上海市档案部门准确把握档案工作的时代定位，拓展档案服务领域，优化档案工作的外部环境，继续在全国发挥示范和引领作用。会议总结了2011年度全市档案工作，部署了2012年度全市档案工作任务，要求努力夯实档案管理的基础，继续探索档案资源开发利用举措，积极做好服务党的十八大和市第十次党代会的相关工作，推进档案馆际、馆室联动的档案公共服务，加大“就地查阅，跨馆出证”以及民生档案便民服务进社区工作力度，在新馆筹建、城市数字记忆、档案文化传播“三大工程”建设方面努力争取新突破，更好地发挥档案工作服务大局、服务民生、服务社会和各方的积极作用。各区县、市级机关、企事业单位的分管领导、档案部门负责人等600多人参加了会议。

（倪政华）

（七）经济科技档案工作

2012 年全国经济科技档案工作发展综述

一、企业档案工作

为进一步推动企业档案工作的发展，在向中央企业、各省档案局和国务院有关主管部门广泛征求意见的基础上，制定《企业文件材料归档范围和档案保管期限规定》，这是国家档案局行政规章中第一个按照国务院法制办的要求，进行了为时一个月网上公开征求意见的文件。

2012 年 12 月，国家档案局发布令第 10 号《企业文件材料归档范围和档案保管期限规定》，这是对各种所有制企业在经营管理活动中应归档的文件材料范围和划定档案保管期限所做的一次重要梳理。明确了企业文件材料归档范围的划分原则和档案保管期限采用标时制的原则，同时提出了企业文件材料归档范围和档案保管期限表的编制和审查要求。

《企业文件材料归档范围和档案保管期限规定》对各级档案行政管理机关的监督指导，以及强化企业的各类文件材料收集、建立健全档案工作，都是重要指南和依据，对提升企业档案管理水平、优化档案资源、促进企业自律具有重要推动作用。

《企业档案工作规范》实施评价方案制定工作取得重大进展。国家档案局 2009 年颁布了《企业档案工作规范》，为了衡量贯彻实施《规范》的情况和效果，监督和推动企业贯彻执行档案管理标准，进一步提升企业档案工作发展水平，制定了实施评价方案和评价细则。2012 年 7 月，国家档案局召开了企业档案工作业务专题座谈会，专门就《企业档案工作规范》评价事宜听取有关方面的意见，再一次对评价方案进行了系统的修改与完善，形成了征求意见稿。国家档案局办公室发出《关于征求〈企业档案工作规范〉实施评价工作方案（征求意见稿）意见的通知》。

为做好《会计档案管理办法》适应会计业务信息化发展的需要，财政部与国家档案局联合开展了会计档案电子化管理试点工作。在企业申请的基础上，选定中国电信集团公司广东省分公司和中国联合网络通信集团有限公司为首批会计档案电子化管理试点单位，批准其在试点期间尝试实行部分会计档案实行电子化保存。试点工作对《会计档案管理办法》的修订内容进行了有效的检验。

二、建设项目档案工作

西部地区及有对口支援任务的省市采取有效措施积极开展工作，贯彻 2011 年在乌鲁木齐召开的西部大开发建设项目档案工作推进会会议精神。国家档案局组织召开了西部建设项目档案工作宣贯会，对西部建设项目档案工作提出了五点要求：一要主动跟建设项目主管部门加强主动沟通，掌握建设项目的总体情况；二要尽早介入新开工的建设项目，督促其建立档案工作的机制，配齐档案人员；三要帮助档案人员建立有关的项目档案制度，提高基本技能；四要抓好档案验收；五要协调档案的归属和流向，科学地规划援建项目档案工作。

开展创建全国建设项目档案管理示范工程活动并通报首批名单。为进一步促进项目档案管理科学化、规范化，提升建设项目档案管理水平，为建设项目档案管理创优争先提供引领和示范，更好地宣传和推广建设项目档案管理先进经验，进一步推动建设项目档案管理争创一流，2012 年初国家档案局发出关于开展创建“全国建设项目档案管理示范工程”活动的通知。各省、自治区、直辖市档案局，中央和国家机关有关部委档案部门、有关中央企业档案部门高度重视，按照有关要求，积极组织开展“示范工程”的申报工作。由建设单位申请，经各省、自治区、直辖市档案局，中央和国家机关有关部委档案部门、有关中央企业档案部门严格审核和择优推荐，第一批共 91 个建设项目被确定为“全国建设项目档案管理示范工程”。2012 年 11 月，国家档案局发出《关于“全国建设项目档案管理示范工程（第一批）的通报》，对 91 个建设项目进行通报表彰。

为加强水利水电工程移民档案工作，规范移民档案管理，充分发挥移民档案的作用，国家档案局、水利部、国家能源局于 2012 年 4 月联合印发了《水利水电工程移民档案管理办法》（以下简称《办法》)。《办法》共 6 章 33 条，并有附件《水利水电工程移民档案归档范围与保管期限表》。《办法》明确了移民档案工作管理体制和各相关单位移民档案工作职责，强调了档案管理纳入合同管理，特别提出了声像材料收集要求；根据移民工作主要内容，提出了相应档案整理要求及移交时间、移交手续；明确了移民档案验收是移民安置验收的重要组成部分，移民档案验收不合格的，不得通过移民安置验收。《办法》的出台有利于移民档案的完整、准确、系统和安全，为国家、社会、项目法人、移民机构、移民保存一段历史，以及对规范移民档案管理，发挥移民档案作用具有重要意义。

继续深入推进国防科技工业固定资产投资项目档案工作。2012 年 3 月国家档案局、国防科工局在北京联合召开国防科技工业固定资产投资项目档案工作座谈会。会议通报了 2009 年以来国防科技工业固定资产投资项目档案工作情况，交流了各单位国防科技工业固定资产投资项目档案工作情况，研究部署了 2012 年国防科技工业固定资产投资项目档案工作任务，对今后工作提出了要求：一是提高认识，加强项目档案管理；二是加强领导，落实项目档案验收责任制；三是严格验收准则，严格专家管理；四是从严管理，做好档案的保密工作；五是优化档案队伍，加强制度建设，努力提高档案管理能力和为项目建设管理服务的水平。会议协商成立国防科技工业固定资产投资项目档案工作协作组，对加强协作组成员单位之间的工作交流与互动，推动项目档案工作发展，提高项目档案验收质量具有重要作用。

湖北、重庆积极推进《长江三峡工程库区移民档案进馆项目实施方案》的实施，做好三峡工程移民档案专项验收准备工作，确保三峡工程整体验收前移民档案专项验收和移交进馆工作顺利完成。国务院三峡办和国家档案局加强对三峡库区移民档案工作的检查与调研，要求各级档案部门和移民管理机构进一步增强移民档案工作的责任感和紧迫感。省级主管部门要进一步加强与各市县有关部门的协调，严格按照《实施方案》的要求做好移民档案移交进馆工作。各有关部门要管好、用好专项资金，充分发挥资金的使用效益，督促加快档案收集整理和数字化工作的进度，做好三峡移民档案数字化外包服务的保密工作，确保移民档案实体和信息安全，杜绝档案失、泄密事件的发生。按照国务院三峡办、国家档案局《关于进一步做好长江三峡工程建设移民档案工作的通知》要求，确保三峡移民档案工作任务圆满完成。

三、农业农村档案工作

全国社会主义新农村建设档案工作示范县创建活动继续推进。新农村建设档案工作示范县活动开展两年来，通过创建和验收，示范县活动全面推进，成效十分显著。通过社会主义新农村建设档案工作示范县创建活动，将档案工作纳入新农村建设的总体规划和专项计划，农业农村档案工作与新农村建设同步发展同步提高。县、乡、村三级档案工作的基础条件得到明显改善，涉农专业档案的资源建设得到整合，基层组织管档用档的意识得到明显加强，农村档案信息资源的利用和共享有了新的突破，这些成果又促进了各地新农村建设的整体水平的提升。截至 2012 年，全国 75 个县（市、区、旗）获得“全国社会主义新农村建设档案工作示范县”称号。

2012 年 12 月国家档案局、民政部、农业部在北京联合召开经验交流会。会议总结了示范县创建活动开展以来已经取得宝贵的经验。一是必须把档案工作纳入新农村建设整体规划和专项计划，并与新农村建设各项事业同步发展。二是必须由相关部门齐抓共管，才能使新农村档案资源体系建设得到全面加强。三是档案部门必须精心组织、深入指导，才能使农村基层档案意识普遍增强。国家档案局局长、全国社会主义新农村建设档案工作示范县活动领导小组组长杨冬权作了重要讲话。

2012 年 5 月水利部和国家档案局联合发出了《关于印发〈第一次全国水利普查档案验收办法〉的通知》。《第一次全国水利普查档案验收办法》的出台为第一次全国水利普查工作顺利开展，确保档案验收工作质量提供了指导和规范。

《办法》明确指出水利普查档案验收是指各级水利普查机构或国家水利行政主管部门依法组织的水利普查档案专项验收；档案验收是水利普查项目验收的前提条件。凡水利普查档案未通过验收的单位或项目，不得进行水利普查项目验收；本办法适用于对县级及县级以上水利普查机构的档案验收。《办法》强调，组织水利普查档案验收应按照“统一管理、分级实施、权责明确、程序规范”的原则进行。省级以下水利普查档案的验收由省级普查机构负责组织。省级与各流域机构水利普查档案的验收由国务院第一次水利普查领导小组办公室（简称“国普办”）负责组织。“国普办”的水利普查档案验收（包括流域机构以外的部属单位），由水利部和国家档案局负责组织。

（国家档案局经济科技档案业务指导司）

国家档案局就中国农业发展银行自行保管档案的问题进行批复

2012年5月25日，国家档案局对中国农业发展银行关于自行保管档案的请示做出批复。2012年，中国农业发展银行鉴于本行的垂直管理体制以及档案保管条件，向国家档案局上报关于要求自行保管全行档案，所辖各分支机构档案不再向地方各级档案馆移交的请示函。经研究，国家档案局向中国农业发展银行发出了“关于中国农业发展银行自行保管档案的批复”：一、档案业务指导关系和有关工作按《国家档案局关于中国农业发展银行全系统档案工作实行垂直管理问题的复函》执行。二、从2012年4月1日起，中国农业发展银行自行保管本行的档案，各分支机构的档案可不再向同级国家档案馆移交。过去已办理移交手续的档案，一般不再退回原单位，确因工作需要的可进行复制。中国农业发展银行档案的归属和流向问题，由国家档案局确定。

国家档案局开展创建全国建设项目档案管理示范工程活动

2006年国家档案局、国家发展和改革委员会联合印发《重大建设项目档案验收办法》以来，众多建设项目贯彻落实科学发展观，将“建精品工程、创一流档案”作为项目建设和项目档案管理追求的目标，实现了项目档案管理与项目建设的协调发展。为进一步促进项目档案管理科学化、规范化，提升建设项目档案管理水平，为建设项目档案管理创优争先提供引领和示范，更好地宣传和推广建设项目档案管理先进经验，进一步推动建设项目档案管理争创一流，2012年初国家档案局发出关于开展创建“全国建设项目档案管理示范工程”活动的通知。各省、自治区、直辖市档案局，中央和国家机关有关部委档案部门、有关中央企业档案部门高度重视，按照有关要求，积极组织开展“示范工程”的申报工作。由建设单位申请，经各省、自治区、直辖市档案局，中央和国家机关有关部委档案部门、有关中央企业档案部门严格审核和择优推荐，经国家档案局审定，第一批共91个建设项目被确定为“全国建设项目档案管理示范工程”。2012年11月，国家档案局发出《关于“全国建设项目档案管理示范工程”（第一批）的通报》，对91个建设项目进行通报表彰。

全国建设项目档案管理示范工程名单（第一批）

北京工业大学体育馆工程
北京市轨道交通路网管理服务中心一期工程
成府路（熏皮厂路至安立路）工程

（北京市档案局推荐）

天津市区至滨海新区快速轨道交通工程
锂离子动力电池建设工程
津塔

（天津市档案局推荐）

宣化热电厂“上大压小”热电联产新建工程
青岛至银川国道主干线河北省清河（冀鲁界）至石家庄段高速公路

（河北省档案局推荐）

山西柳林电厂二期扩建工程项目
大同煤矿集团塔山2×600MW坑口电站

（山西省档案局推荐）

内蒙古岱海发电有限责任公司一期工程
内蒙古蒙泰不连沟煤业有限责任公司不连沟矿井及选煤厂项目
内蒙古伊泰煤炭股份有限公司酸刺沟煤矿项目

（内蒙古自治区档案局推荐）

华能营口电厂二期工程
北票矿区采煤沉陷区综合治理工程

（辽宁省档案局推荐）

黑龙江省国境界河防护建设项目

（黑龙江省档案局推荐）

上海共和新路高架工程
上海崇明越江通道工程
中国2010年世博会主题馆项目

（上海市档案局推荐）

江苏宜兴抽水蓄能电站
南京地铁一号线一期工程
沪苏浙高速公路江苏段

（江苏省档案局推荐）

浙能乐清电厂二期工程
曹娥江大闸枢纽工程
杭州湾跨海大桥

（浙江省档案局推荐）

500千伏安庆（双岭）输变电工程
淮南矿业集团顾桥煤矿及选煤厂项目
淮北矿业集团青东煤矿

（安徽省档案局推荐）

福建龙岩500千伏卓然变电站
福建省龙岩至长汀（闽赣界）公路工程

（福建省档案局推荐）

500千伏石钟山（湖口）变电站工程

江西省赣抚大堤加固配套工程
新钢公司 3800mm 厚板轧机工程
（江西省档案局推荐）

泰安抽水蓄能电站工程
龙固矿井及选煤厂项目
中国石化齐鲁分公司资源优化技术改造工程
（山东省档案局推荐）

黄河小浪底水利枢纽配套工程一西霞院反调节水库项目
河南新郑煤电有限责任公司赵家寨煤矿
河南省信阳至南阳高速公路泌阳至南阳段工程
（河南省档案局推荐）

军山 500 千伏变电站工程
（湖北省档案局推荐）

湖南新邵筱溪水电站工程
GSM 移动通信网第十三期扩容工程项目
（湖南省档案局推荐）

广东坪石 B 电厂三期送出 500 千伏输变电工程
惠来电厂一期工程 1、2 号 2×600MW 机组
广东省西部沿海高速公路（珠海金鼎至新会古井段）支线月环至南屏段工程
（广东省档案局推荐）

中国铝业广西分公司氧化铝三期工程
（广西壮族自治区档案局推荐）

海南省宁远河大隆水利枢纽工程
中国石化海南炼化 800 万吨/年炼油项目
（海南省档案局推荐）

重庆市轨道交通二号线工程
国道主干线上海至成都公路重庆梁平至长寿段高速公路
（重庆市档案局推荐）

绵阳—广元 500 千伏输电线路新建工程
国道 318 线二郎山至康定公路改建工程
四川新光硅业科技有限责任公司 1000 吨/年多晶硅项目
（四川省档案局推荐）

索风营水电站
（贵州省档案局推荐）

大朝山水电站工程
昆明新机场建设项目（机场工程）
云南安楚高速公路
（云南省档案局推荐）

禹门口至阎良高速公路
柠条塔矿井建设项目
凉水井矿井及选煤厂项目
（陕西省档案局推荐）

甘肃电投张掖发电有限公司一期 2×300MW 机组工程
甘肃电投九甸峡水利枢纽
（甘肃省档案局推荐）

黄河水电公司 1250 吨/年多晶硅项目
（青海省档案局推荐）

银川东 750 千伏变电站一期工程
宁夏国华宁东煤矸石电厂新建工程
神华宁夏煤业集团有限责任公司清水营煤矿一期工程
（宁夏回族自治区档案局推荐）

750 千伏乌鲁木齐北一吐鲁番一哈密输变电工程
新疆乌鲁瓦提水利枢纽工程
（新疆维吾尔自治区档案局推荐）

长江口深水航道治理工程
苏通长江公路大桥
（交通运输部推荐）

尼尔基水利枢纽工程
（水利部推荐）

上海光源工程
（中国科学院推荐）

田湾核电站一期工程
（中国核工业集团公司推荐）

西气东输管道工程
（中国石油天然气集团公司推荐）

青岛大炼油工程
（中国石油化工集团公司推荐）

中国海洋石油总公司南海石化炼油项目
（中国海洋石油总公司推荐）

1000 千伏晋东南一南阳一荆门特高压交流试验示范工程
向家坝—上海±800 千伏特高压直流输电示范工程
（国家电网公司推荐）

云广±800 千伏特高压直流输电工程
（中国南方电网有限责任公司推荐）

华能玉环电厂 4×1000MW 机组建设工程
达拉特发电厂四期 2×600MW 机组建设工程
（中国华能集团公司推荐）

广东大唐潮州三百门电厂 3、4 号机组工程
龙滩水电工程
（中国大唐集团公司推荐）

华电国际邹县发电厂四期扩建工程
（中国华电集团公司推荐）

国电电力大连庄河电厂 2×600MW 机组新建工程

国电荥阳电厂一期 2×600MW 机组工程

（中国国电集团公司推荐）

上海漕泾电厂“上大压小”新建工程

芜湖电厂五期“上大压小”工程

（中国电力投资集团公司推荐）

神华浙江国华宁海电厂二期（2×1000MW）扩建工程

（神华集团有限责任公司推荐）

宝山钢铁股份有限公司扩建汽车板及硅钢生产线工程

（宝钢集团有限公司推荐）

中铝洛阳铜业有限公司高精度电子铜板带项目

（中国铝业公司推荐）

国家档案局对广东省、湖南省区域内建设项目档案工作进行巡回检查

为加强对建设项目档案工作的监督、指导，推动建设项目档案工作发展，2012 年国家档案局组织检查组对广东省、湖南省区域内不同行业、不同类型建设项目档案工作进行了检查。检查组由国家档案局、地方省级档案行政管理部门、相关的项目主管部门档案负责人组成。

检查组采取听汇报和现场检查两种形式。共听取了 9 个单位的档案工作汇报，其中广东省 5 个单位分别是广东省档案局、广东省交通厅、广东省水利厅、广东粤电集团有限公司、广东省机场管理（集团）公司工程建设指挥部；湖南省 4 个单位分别是湖南省档案局、湖南省电力公司、湖南省高速公路管理局、湖南湘投控股集团有限公司；现场检查了 12 个项目的档案工作，其中广东省 6 个项目分别是中船龙穴造船基地民船项目一期工程、广州国际医药港项目、广东天然气管网工程、清远抽水蓄能电站项目、连江西牛航运枢纽工程、乐昌峡水利枢纽工程；湖南省 6 个项目分别是中国移动通信集团湖南有限公司 GSM 移动通信网第十五期扩容工程、长沙轨道交通 2 号线工程、中联重科履带起重机生产基地建设项目、湖南大学“211”工程、湖南湘投金天新材料集团公司钛焊管项目、张家界荷花机场扩建工程。检查组按照档案专项验收的程序对每一个现场检查项目进行检查，并分别对两个省项目档案检查情况发出检查意见。

检查达到了预期的效果：

1. 对广东省、湖南省区域内建设项目档案工作开展情况有了一定了解。检查组认为广东省、湖南省档案局重视建设项目档案工作，广东省档案局与省发展改革委及时转发《重大建设项目档案验收办法》，并制定了实施办法；特别是在全国首创“广东省重大建设项目档案金册奖”，引导和促进项目档案工作创先争优，取得了良好的效果。湖南省档案局坚持开展建设项目档案登记工作，每年转发省重点建设项目名单，提出项目档案登记范围、时间及有关要求；与省政府法制办、省重点办联合对重点建设项目档案工作进行检查，与省国资委、省交通厅等主管部门开展建设项目档案知识竞赛。这一系列工作有力地促进了建设项目档案的完整、准确和规范化管理。

2. 巡回检查对建设项目档案工作起到了一定的推动作用。通过听汇报和现场检查形式，引导项目建设单位再一次梳理档案工作。特别是现场检查项目，检查组专家的质询和点评反馈了检查组的检查意见和建议，对项目档案工作具有一定的指导与借鉴作用。

3. 巡回检查为各级档案工作者搭建了相互学习、相互交流共同探讨问题，统一认识的平台。通过这一平台达到了一举多得提高工作效能的作用。来自不同地区、不同项目主管部门档案检查组的成员在短时间内对项目检查、点评、反馈，是对检查组成员档案业务技能的检验。这种检查、点评、反馈，对在建项目和面临验收项目是一次现场业务指导，更是对项目参建单位的领导和档案人员一次建设项目档案工作知识和观念的培训。

国防科技工业固定资产投资项目档案工作座谈会

2012 年 3 月 30 日，国家档案局、国防科工局在北京联合召开国防科技工业固定资产投资项目档案工作座谈会。国家档案局经济科技档案业务指导司、国防科工局发展计划司有关领导出席会议并讲话，教育部、中国科学院、中国工程物理研究院和有关中央企业档案部门负责人参加了会议。会议通报了 2009 年以来国防科技工业固定资产投资项目档案工作情况；交流了各单位国防科技工业固定资产投资项目档案工作情况；研究部署了 2012 年国防科技工业固定资产投资项目档案工作任务。会议协商成立国防科技工业固定资产投资项目档案工作协作组，会后印发了会议纪要和协作组章程。会议纪要主要内容有：

1. 国防科技工业固定资产投资项目档案工作仍然存在一些问题

一是一些项目档案管理未能与项目管理同步；

二是部分单位档案人员没有提前介入；三是部分项目管理人员和档案人员对项目档案审核把关不严；四是部分建设单位档案安全防护设施不完善。

2.2012年主要工作思路

一是继续推进和加强档案专项检查。将采用档案验收前抽查，档案验收中督查，档案验收后复查相结合的方式，以纳入年度验收计划的重点项目和总投资2亿元以上的项目为主，兼顾各行业；二是加强项目档案管理培训工作。

3.今后工作要求

一是提高认识，加强项目档案管理；二是加强领导，落实项目档案验收责任制；三是严格验收准则，严格专家管理；四是从严管理，做好档案的保密工作；五是优化档案队伍，加强制度建设，努力提高档案管理能力和为项目建设管理服务的水平。

国家档案局与国务院三峡办联合对湖北省三峡工程移民档案工作情况进行检查调研

为推进《长江三峡工程库区移民档案进馆项目实施方案》（以下简称《实施方案》）的实施，做好三峡工程移民档案专项验收准备工作，确保三峡工程整体验收前移民档案专项验收和移交进馆工作顺利完成，2012年7月16—20日，国家档案局和国务院三峡办组成联合检查组，对湖北省三峡工程移民档案工作进行了检查与调研。检查组听取了湖北省档案局、湖北省移民局关于三峡移民工程档案工作情况的汇报，实地检查了部分市、县（区）移民档案工作情况。检查结束后，国家档案局与国务院三峡办联合发出了《关于三峡工程移民档案工作检查情况的通报》（以下简称《通报》）。

《通报》指出，湖北省档案局、湖北省移民局高度重视三峡工程移民档案工作。在省档案局、移民局直接领导下，库区各级档案局、移民局加强指导，积极协调，跟踪督办，采取相应措施扎实开展档案进馆项目工作。移民分户档案数据补充工作正在抓紧进行，截至2012年6月底，秭归、夷陵、兴县和巴东4个移民主要县（区）的移民档案数字化工作，累计已完成199.16万页，录入移民档案条目46.74万条，占《实施方案》要求的70%；部分县（区）移民局项目档案已经移交给当地县（区）综合档案馆，各县（区）直属单位和国家垂直管理单位项目档案正在整理过程中，预计9、10月可以完成。

《通报》强调，现阶段湖北省三峡工程移民档案工作仍存在分户档案材料收集不齐全、项目档案移交进馆工作不规范、移民档案工作相对滞后等问题。

《通报》提出，湖北省各级档案部门和移民管理机构必须进一步增强移民档案工作的责任感和紧迫感。省级主管部门要进一步加强与各市县有关部门的协调，严格按照《实施方案》的要求做好移民档案移交进馆工作。全省各有关部门要克服困难，管好、用好专项资金，充分发挥资金的使用效益，督促加快档案收集整理和数字化工作的进度，严格按照国务院三峡办、国家档案局《关于进一步做好长江三峡工程建设移民档案工作的通知》的时间要求，确保湖北省三峡移民档案进馆任务圆满完成。

《通报》要求，湖北省各级档案部门要严格按照移民分户档案15项指标的要求，做好档案移交进馆工作。目前湖北省三峡移民档案数据指标采集中采用的“补、找、说、替、证”等方法，作为一种不得已的补救措施，不能作为根本方法，一定要严格按照《实施方案》的要求，切实把握好移民档案移交范围，确保移民档案的完整、准确和系统。

《通报》指出，湖北省要根据国家要求，突出强调三峡移民档案数字化外包服务的保密工作，从制度上、技术上严格管控，确保移民档案实体和信息安全，杜绝档案失、泄密事件的发生。

《通报》明确，湖北省档案局、移民局要加强对全省三峡移民档案进馆项目的督促和检查工作，对出现的问题要及时研究解决，对进度达不到要求的部门，要规定整改限期。国家档案局、国务院三峡办将适时组织验收前的专项检查，同时国家档案局还将结合库区实际，组织制定三峡库区移民档案专项验收大纲，为三峡工程移民档案专项验收做好准备。

一批重大建设项目和国家电子政务项目通过档案验收

2006年《重大建设项目档案验收办法》发布后，各级档案行政管理部门、中央主管部门（含中央企业）按照各自职责分工，认真组织项目档案验收工作，档案验收已成为项目竣工验收必备条件之一。

2012年国家档案局组织档案验收的项目有：中国大陆构造环境监测网络项目、贵州光照水电站项目、宁东—山东±660kV直流输电示范工程、国电新疆伊犁喀什河吉林台一级水电站、国电新疆开都河察汗乌苏水电站、大连石化分公司加工进口含硫原油技术改造及其系统配套项目、东汽汉旺基地灾后重建项目、江边水电站、积石峡水电站、岭澳核电站二期工程项目、金沙江向家坝水电站工程蓄水阶段、中船龙穴造船基地民船项目一期工程档案验收、新建京沪高速铁路建设项目。这些项目符合《重大建设项目档案验收办法》的验收要求，已通过档案专项验收。

国家档案局委托相关省市档案行政管理部门会同有关行业主管部门组织档案验收的项目有：寺河煤矿改扩建（二期）工程、独山子国家石油储备基地。这些项目档案已通过档案专项验收。验收工作结束后验收文件已报国家档案局备案。

同时，国家档案局指导并参加的国家电子政务项目中组部“全国农村党员干部现代远程教育项目”、中联部“政党外交信息化工程一期”、国家信访局“全国信访信息系统一期工程”、国家审计署“金审工程二期”、海关总署“金关工程”、国家发改委“宏观管理经济信息系统”和“自然资源和地理空间基础信息库项目”、人力资源和社会保障部“金保工程社会保险信息系统一期工程”、国家工商总局“企业信用监管系统”等 9 个项目通过档案验收。

国家重大建设项目竣工档案验收工作介绍

中国大陆构造环境监测网络项目

根据中国地震局《关于申请中国大陆构造环境监测网络项目档案验收的函》，国家档案局于 2012 年 1 月 15—16 日，组织档案验收组对中国大陆构造环境监测网络项目档案进行了验收。验收组听取了地壳运动监测工程研究中心关于项目建设和档案管理工作情况的汇报，北京赛迪信息工程监理有限公司对档案质量审核情况的汇报，查验了有关材料，抽查了项目档案，并针对有关问题进行了质询。

中国大陆构造环境监测网络，简称“陆态网络”，是国家批复建设的“十一五”国家重大科技基础设施建设项目之一。项目总投资 52417 万元，2007 年 10 月—2011 年 12 月实施建设，历时 4 年。陆态网络包括基准网，区域网，数据系统三大部分。由中国地震局、总参测绘导航局、中国科学院、国家测绘与地理信息局、中国气象局和教育部联合建设，项目法人单位是地壳运动监测工程研究中心，监理单位是北京赛迪信息工程监理有限公司。

地壳运动监测工程研究中心档案工作体制健全，制度完善。在项目开始就明确了统一领导、分工协作、集中管理的档案管理体制，建立了项目法人、共建单位和实施单位专兼职档案人员参与的档案管理网络，制定了《中国大陆构造环境监测网络项目档案管理细则》，《中国大陆构造环境监测网络电子文件归档要求》，并贯彻落实。明确了包括项目法人、共建单位、实施单位的档案工作职责和收集、移交工作内容，将档案工作纳入项目管理工作中，实施过程中有检查，各站点完成后由各共建单位汇总，最后集中移交档案托管单位。档案工作与项目建设进程基本一致。项目法人与参建单位签订合同时有专门条款明确档案责任，提出归档质量要求，明确了监理公司的审核责任。项目建设过程中组织共建单位进行了交叉检查，并将检查结论及时反馈，提出整改要求。组织了对基准网、区域网、数据系统档案分项验收。监理单位专门培训共建单位技术人员，掌握监理程序及要求，考核上岗，作为监理代表负责审核共建单位文件归档质量，召集所有文件形成单位开会，集中和交叉检查文件质量，确保了文件归档的真实、有效。截至 2012 年 1 月，该项目共有纸质档案 1183 卷。另有照片档案 341 册，光盘 458 张。

验收组认为中国大陆构造环境监测网络项目档案收集齐全，分类清晰，整理规范，该项目档案完整、准确、系统，符合规范要求，基本能够反映项目建设的实际，可以满足项目建设和运行管理的需求，符合国家重大建设项目档案管理的要求。验收组一致同意中国大陆构造环境监测网络项目档案通过验收。

东方汽轮机有限公司汉旺生产基地灾后异地重建项目

根据中国东方电气集团有限公司的申请，国家档案局于 2012 年 9 月 2—4 日组织有关专家组成验收组，对东方汽轮机有限公司汉旺生产基地灾后异地重建项目（简称“重建项目”）档案进行了验收。

验收组听取了东方汽轮机有限公司关于项目建设和档案工作情况的汇报、四川绵竹东方工程咨询设计有限公司关于项目监理档案和项目档案质量审核情况的汇报。验收组查看了项目现场，查验了有关佐证材料，抽查了项目档案，并针对有关问题进行了质询。

重建项目位于四川省德阳市经济技术开发区八角镇，项目实际占地面积 1739041.00 平方米（折合 2608.562 亩）。项目总投资 661100 万元。项目于 2008 年 8 月 1 日开工，2010 年 5 月竣工。

该项目建设单位为东方汽轮机有限公司，设计单位为中国联合工程公司，主要勘察单位为中机工程勘察设计研究院和德阳市勘察测绘设计院，主要监理单位为成都海诚建设监理有限公司、甘肃铁科建设工程咨询有限公司、四川精正建设管理咨询有限公司西北分公司等，主要施工单位为中建第八工程局有限公司、中冶实久建设有限公司、中铁二十三局集团有限公司、二十冶建设集团有限公司等。

该项目建设单位先后制订了《东汽汉旺基地灾后异地重建项目档案管理办法》《东汽汉旺基地灾后异地重建项目档案分类办法》《东汽汉旺基地灾后异地重建项目竣工图编制说明》等档案管理规章制度，明确了各参建单位的职责，为项目档案的规范化管理奠定了基础。项目档案工作由建设单位重建指挥部办公室统筹协调，档案部门负责业务指导，对参建单位专、兼职档案人员进行培训，相关职能部门配备兼职档案管理人员，设计、施工、监理等单位配备专人负责项目档案的收集、整理，形成了项目档案管理体系。建设单位外聘3名档案专家进行重建项目档案资料的审核，对存在问题发出书面整改通知清单，督促相关单位进行整改。通过项目合同结算和质量保证金等手段，控制参建单位文件材料的归档质量。采用档案信息管理系统，建立了项目文件级目录，基本保证信息安全，为档案便捷、安全利用打下了基础。竣工图编制基本符合规范要求。竣工图由施工单位编制，监理单位审核签署。竣工图图面整洁、字迹清晰，共形成竣工图274卷。建设单位建设了6848平方米的档案馆，实现了办公室、阅览室、档案库房三分开。档案库房设置了周界红外报警装置，管理设施基本满足档案保管需要。

该项目共形成纸质档案4002卷，照片档案103卷，光盘331张。

验收组认为：东方汽轮机有限公司汉旺生产基地灾后异地重建项目档案收集基本齐全、分类合理、组卷较为规范，竣工图编制基本符合要求。项目档案记录了项目建设过程，满足项目建设管理和生产运行的需要，达到国家重大建设项目档案验收要求。验收组同意东方汽轮机有限公司汉旺生产基地灾后异地重建项目档案通过验收。

验收组建议：进口设备的商检文件、部分声像档案、个别设备的随机文件应尽快向档案部门移交归档，采取有效措施，确保项目档案归档及时、齐全完整。进一步规范案卷整理。增加库房自动灭火系统，加强库房安全管理。

岭澳核电站二期工程项目

根据中国广东核电集团有限公司《关于申请岭澳核电站二期工程项目档案验收的请示》，国家档案局于2012年9月16—18日，组织验收组对岭澳核电站二期工程项目档案进行了验收。验收组听取了岭东核电有限公司、中广核工程有限公司有关工程建设、工程档案和工程监理情况汇报，察看了项目现场，查验了有关材料，抽查了部分档案，并针对有关问题进行了质询。

岭澳核电站二期工程，2005年9月获国家核准，2005年12月开工建设，工程采用CPR1000技术方案，建造2台108.7万千瓦压水堆核电机组，2010年9月第一台机组投入商业运行，2011年8月第二台机组投入商业运行，工程总投资268亿元。项目业主单位为岭东核电有限公司，中广核工程有限公司（以下简称“工程公司”）为总承包单位并承担监理职责，大亚湾核电运营管理有限责任公司（以下简称“运营公司”）为核电站运营单位并承担生产准备工作。

该项目建立了与工程管理体制相适应的档案管理体制，采用业主负责制下的项目总承包建设模式，业主以合同形式委托工程公司对工程建设各项工作负总责，由工程公司负责工程建设、调试和竣工移交等工作过程的文件收集、整理工作，并汇总各参建单位移交的档案，按程序向运营公司移交；委托运营公司负责接收、保管除合同档案以外的项目档案。制定了文件和档案管理制度（程序）。工程公司将档案管理纳入合同管理、工程进度计划管理、经济责任制考核、质保体系和相关部门岗位职责；建立了文档一体化管理体系，将档案管理要求延伸到文件管理阶段，覆盖到土建、安装、设备供应等参建单位；工程公司相关业务部门按职责范围对各参建单位提交的文档的完整、准确、有效性审核把关；质保部门将文档控制和记录管理纳入监督验证内容；文档部门对提交的文档质量审核把关。根据合同要求，竣工图由参建单位编制，工程公司相关单位行使监理职责，对竣工图质量审核把关。竣工图图面清晰、整洁，签章完整，变更修改到位。档案管理设施设备良好，实现了库房、办公、阅览三分开，保管条件符合档案安全保管和利用要求。档案信息化管理程度较高，该项目建立了工程文档信息管理系统，实行文档一体化管理，实现了业务系统文件在线归档、档案管理数字化和档案利用网络化，为项目建设和管理提供了有力支持。截至2012年8月，该项目以卷管理的档案有17087卷，其中基本建设类10410卷（含竣工图99657张）、设备仪器类729卷、电力生产类350卷、行政管理类31卷、经营管理类61卷、科技管理类9卷、合同管理类4487卷、财务会计类1010卷，以件管理的档案有180233件，另有光盘1252张，照片7308张，射线底片6125盒，岩芯187箱。

验收组认为，岭澳核电站二期工程项目档案收集比较齐全，整理规范，项目档案能够反映项目建设的实际情况，达到了《重大建设项目档案验收办法》的要求。验收组同意岭澳核电站二期工程项目档案通过验收，同时建议，进一步完善设备监造过程文件归档，提高档案整理规范化水平。

京沪高速铁路建设项目

根据铁道部办公厅《关于申请验收京沪高速铁路建设项目档案的函》，国家档案局于 2012 年 12 月 26—29 日，组织验收组对京沪高速铁路建设项目档案进行了验收。验收组听取了京沪高速铁路股份有限公司关于工程建设及档案工作情况汇报，甘肃铁一院工程监理有限责任公司关于工程监理档案和相关工程档案审核情况汇报，中铁十二局集团有限公司关于工程档案情况汇报，观看了项目建设专题片，查验了档案工作现场和有关材料，抽查了档案，针对有关问题进行了质询。

京沪高速铁路是我国《中长期铁路规划网》中“四纵四横”客运专线的南北向主骨架，2006 年 2 月批准立项，2008 年 4 月正式开工建设，2011 年 5 月通过初步验收，2011 年 6 月开通初期运营。正线全长 1318 公里，设计速度 350 公里/小时，初期运营速度 300 公里/小时。新建车站 24 座，其中北京南站单独立项，不列入本项目。京沪高速铁路批复清理概算 2166.51 亿元，南京枢纽大胜关长江大桥及南京南站相关工程单独立项，报批清理概算 248.72 亿元。

京沪高速铁路股份有限公司成立了以总经理为组长、分管领导为成员的档案工作领导小组，实现了档案的集中管理；制定了《京沪高速铁路股份有限公司竣工文件编制立卷归档管理办法》《京沪高速铁路建设用地竣工文件编制实施办法》等制度；公司以召开座谈会、工作交流会和动员会等形式，与参建方共同研究解决竣工文件编制工作中的问题；通过以点带面、样板引路方式，采用信用评价、档案专项检查等有效措施，推动文件归档工作；档案人员参与项目合同验收和静态验收工作；公司档案部门根据项目建设过程和所形成文件材料的内容和载体，对项目档案进行了分类，规定了组卷原则，分类清晰；针对项目建设实际情况，档案部门对各指挥部、代建单位移交的档案，进行了正式的交接，签字完备，移交清册齐全，并已完成向委托管理单位移交；根据铁路系统和其他相关要求，共编制了竣工图 3668 卷（120018 张），竣工图编制符合要求，基本能反映项目建设实际情况；公司现有档案库房 140 平方米，另租用库房 700 平方米，配备了相应的设施设备，能够保障档案实体安全；公司注重收集项目主要区域原貌、建设中重要活动、施工和监理主要过程相关照片、录像，整理较规范。

该项目提交验收的项目档案共 82869 卷，其中竣工文件 55719 卷，监理文件 20251 卷，项目管理文件 6899 卷（包括四个代建站 1336 卷）。另有文书档案 7078 件，合同档案 1027 件，照片档案 104 册（11118 张），光盘 204 盘。

验收组认为新建京沪高速铁路建设项目档案收集较齐全，案卷整理基本满足查找需要，该项目档案的完整、准确、系统情况能够反映项目建设的实际，可以满足项目生产运行管理的需要，符合国家重大建设项目档案管理的要求。验收组同意新建京沪高速铁路建设项目档案通过验收。

针对存在问题，验收组提出了以下建议并要求整改完毕后报国家档案局备案：1. 五个指挥部形成的管理性文件、征地拆迁文件尚未归档，建议加强后续文件收集归档工作；2. 有的竣工图没有标识变更依据，建议进一步补充完善；3. 建议进一步完善档案整编工作。

全国社会主义新农村建设档案工作示范县活动领导小组第二次会议

2012 年 6 月 7 日国家档案局、民政部、农业部在北京召开了全国社会主义新农村建设档案工作示范县（以下简称“示范县”）活动领导小组第二次会议。

示范县活动领导小组成员国家档案局副局长李和平、国家档案局经济科技档案业务指导司司长李晓明、民政部档案馆馆长闫志壮和农业部农村经济体制与经营管理司副司长贾广东参加了这次会议。示范县活动领导小组办公室成员及相关人员列席会议。

会议对 2011 年度全国示范县活动的开展和验收情况进行了总结，对 2012 年度各地申报的示范县创建资格进行了审核。会议研究了各地申请增加示范县名额的方案，通过了 2012 年度示范县活动的工作安排等。

会议认为，示范县活动开展一年多来，在全国统一组织、统一领导下，通过创建和验收，示范县活动整体全面推进。在示范县验收工作中，各验收组认真负责，程序规范。各地组织的预验收把关严格，测评准确，预验收形成的材料齐全完整，手续完备。各个验收组的反馈意见和问题点评客观务实，针对性强，对创建单位巩固提高起到了积极的促进作用。各地积极开展示范县创建活动，成效显著。在示范县活动中，各地党委和政府高度重视，为农业农村档案工作提供了物质和组织保障。档案部门走出机关，深入乡镇和村（社区）指导和培训，打牢了农村基层档案工作的基础。相关涉农部门积极配合，涉农档案得到了广泛收集和妥善管理。通过示范县活动，推动了农村档案信息资源的利用和共享。

会议通报了2011年度全国示范县活动的验收情况，对已通过验收的31家示范单位的创建工作给予了充分的肯定。

会议通报了2012年度各地申报示范县创建单位的情况，并对申报材料进行了认真审核，确定了本年度的39家创建单位。2012度示范县的正式验收工作，优先安排尚未验收的省（区、市）。

会议决定，根据各个省（区、市）的不同情况，对示范县的分配名额进行适当调整。河北、辽宁、山东、河南、广东、四川、重庆各增加2个名额；山西、内蒙古、黑龙江、江苏、浙江、安徽、福建、湖北、湖南、广西、云南、陕西各增加1个名额。

会议决定，为进一步推动示范县活动的深入开展，国家档案局、民政部、农业部将在年底前召开全国社会主义新农村建设档案工作示范县经验交流会，总结交流示范县创建活动的经验和做法，巩固两年来的工作成果，并对获得全国社会主义新农村建设档案工作示范县（市、区）的单位颁发证书和牌匾。

会议指出，开展示范县活动最明显的效果是各地党委、政府和各基层单位充分认识了农业农村档案工作的重要作用，并高度重视这项工作。通过示范县验收明显看到农业农村档案工作的环境、条件都得到了改善，工作水平得到了提高；各类涉农档案收集齐全、管理规范；农村档案信息资源共享，使农业农村档案的利用水平得到了极大提升；档案、民政、农业等部门密切合作，验收认真负责，程序规范，基本达到了开展示范县活动的目标和要求。下一步要继续推动这项工作深入展开，创新工作思路和方法，切实解决工作中的困难和问题，使示范县活动取得更大的成效。

7月4日国家档案局办公室、民政部办公厅、农业部办公厅联合印发了会议纪要。纪要公布了《社会主义新农村建设档案工作示范县（市、区）名单》（截至2012年5月31日）和《2012年度社会主义新农村建设档案工作示范县创建单位名单》。

2012年度一批社会主义新农村建设档案工作示范县通过验收

2010年国家档案局、民政部、农业部印发《社会主义新农村建设档案工作示范县实施办法》后，各地积极组织申报创建单位，通过省级预验收和国家正式验收，一批工作基础好档案业务规范的县（市、区）成为示范单位。

2012年度全国共有20个省（自治区、直辖市）的39个单位通过创建单位审核，进入创建示范县的名单。全国社会主义新农村建设档案工作示范县验收组通过听取汇报、查阅佐证材料、实地检查等方式，对示范县创建单位的整体工作进行检查，对照《社会主义新农村建设档案工作示范县验收标准》综合评议形成验收意见。通过一年来的工作，截止到2012年12月，全国社会主义新农村建设档案工作示范县验收组对山西省霍州市，内蒙古自治区赤峰市元宝山区、伊金霍洛旗，辽宁省建昌县，吉林省延吉市，黑龙江省宁安市、北安市，江苏省常州市武进区、扬州市邗江区，浙江省德清县、绍兴县、杭州市萧山区，安徽省和县、六安市裕安区、南陵县，福建省福清市，江西省新余市渝水区、南昌县，山东省章丘市、邹城市、胶州市、滕州市、诸城市，河南省新密市、新郑市、栾川县，湖北省十堰市茅箭区，湖南省石门县，广东省增城市、中山市，广西壮族自治区天等县、恭城瑶族自治县、武宣县，海南省琼海市，重庆市丰都县、璧山县，四川省双流县、资阳市雁江区、达县，贵州省贵阳市白云区、兴义市，云南省曲靖市麒麟区、玉溪市红塔区、安宁市、龙陵县，西藏自治区乃东县，陕西省镇坪县、商洛市商州区、旬邑县，甘肃省庆阳市西峰区，青海省大通回族土族自治县、西宁市城北区，宁夏回族自治区永宁县，新疆维吾尔自治区库车县、乌鲁木齐县、玛纳斯县的创建工作进行了验收。以上单位全部通过了正式验收，本年度共计有56个单位成为全国社会主义新农村建设档案工作示范县（市、区）。

继续推进农村土地承包经营权登记试点工作

2012年10月29日，全国农村土地承包经营权登记试点工作领导小组召开第三次会议，总结前期试点工作，研究审议稳步扩大登记试点工作方案和开展登记试点检查工作方案。国家档案局、农业部、中农办、国土资源部、财政部和国务院法制办等领导小组成员单位相关负责人参加了会议。

会议就继续推动农村土地承包经营权登记试点工作，进行联合调研、扩大试点的内容进行了充分讨论，对前期的工作进行了总结，对明年的工作进行了部署。国家档案局继续履行相关职能任务，对相关工作中形成的档案提出收集和整理要求，对已经形成的档案进行检查，保证此项工作的顺利开展。

农业部副部长陈晓华在会上作了讲话。他指出，在各成员单位共同努力下，土地承包经营权登记试点工作总体进展顺利；加强指导，严格规范，确保按时保质完成第一批试点任务；科学规划，及时部署，稳步扩大土地承包经营权登记试点范围；认真总结，深入研究，及时梳理解决登记工作有关政策性技术性问题；创新政策，健全制度，为全面开展土地承包经营权登记工作奠定坚实基础。他最后强调，要深入研究规范登记成果资料归档、土地承包管理档案清查等问题，确保档案查清查细，没有遗漏，并推动农村土地承包管理工作的信息化建设，强化土地承包经营权登记信息共享与社会服务。

调研《村级档案管理办法》修订《集体林权制度改革档案管理办法》

为了进一步加强农业农村档案工作，强化对村级档案的管理，国家档案局、民政部拟按照《中华人民共和国档案法》和《中华人民共和国村民委员会组织法》的有关规定和要求，制定《村级档案管理办法》(暂定名)。

2012年3月7日国家档案局经济科技档案业务指导司农业农村档案业务指导处和民政部档案馆业务指导室来到北京市怀柔区进行调研。调研组与怀柔区档案局的相关工作人员进行了座谈，在杨宋镇和怀北镇的综合档案室进行了参观学习。实地查看了两镇下属的4个行政村档案室，和村干部及村档案员进行了座谈，对社会主义新农村建设中形成的档案种类数量、收集整理等情况进行了深入了解。

调研组于4月25日和26日在山东省青岛市所属的胶州市再次进行了调研。此次调研组在胶北镇档案信息中心、洋河镇农业合作社、营海街道办事处及王家村等单位对乡镇和村级档案的收集、整理等环节进行了调研，此外还针对当地开展农村档案信息资源共享情况进行了重点调研。

继续推动《集体林权制度改革档案管理办法(征求意见稿)》的修改。

集体林权制度改革档案是集体林权制度改革的基础性工作。在集体林改中形成的各种权属、登记档案更是实现“山定权、树定根、人定心”的保证。

为了保证集体林权制度改革的顺利开展，国家档案局和国家林业局在2007年联合下发了《关于加强集体林权制度改革档案工作的意见》，2009年12月国家档案局联合国家林业局在成都召开了全国集体林权制度改革档案工作会议。会议之后，2010年4月共同起草了《集体林权制度改革档案管理办法(征求意见稿)》。

国家档案局和国家林业局将《集体林权制度改革档案管理办法（征求意见稿)》在档案和林业系统征求意见，并进行多次修改和完善。进入2012年后，根据全国林改的形势和工作进程，国家档案局经济科技档案业务指导司、政策法规研究司同国家林业局林业改革发展司、政策法规司再次进行了会商，继续对《集体林权制度改革档案管理办法（征求意见稿)》进行修改和补充完善。

中广核集团有限公司档案工作新发展

一、总体情况

中国广东核电集团有限公司（以下简称“中广核”）于1994年9月注册成立，注册资本102亿元人民币，是由国务院国有资产监督管理委员会监管、以核电为主的清洁能源企业。中国广东核电集团由核心企业——中广核和20多家主要成员公司组成。

中广核办公厅依托集团文档工作协作组，归口管理集团文档工作，并对集团公司本部和各二级成员企业档案工作进行监督与指导。截至2012年底，中广核共有档案管理机构23个，在职员工234名(73%以上具有本科及以上学历)，兼职档案管理员779名，馆藏档案263563卷，3536296件，全年利用档案26024人次、67120卷次，145441件次。

二、文档工作五年发展规划

为促进中广核文档工作更好地服务于集团发展战略需要，实现集团文档工作全面、协调、可持续发展，依据国家档案局、中央档案馆《关于印发〈全国档案事业发展“十二五”规划〉的通知》的精神和国务院国资委《关于印发〈中央企业档案工作评价办法〉的通知》的要求，结合集团面临的新形势和文档工作的实际情况，中广核办公厅牵头编制了《中广核集团文档工作五年发展规划（2011—2015年)》（以下简称“规划”)，于2012年8月30日正式印发。

该规划是中广核文档工作的第一份五年发展规划，包含愿景、指导思想、工作思路、目标、主要任务及年度安排重点工作、重要举措、关键管控指标等八个章节。

中广核事业的发展对集团文档工作提出了新的要求，标准规范不统一，管理水平参差不齐，文档信息资源共享和交换存在障碍等问题，影响了集团文档工作整体效能的发挥，需要进一步提升文档管理水平，以适应集团发展需要。为此，中广核认真学习贯彻国家相关法律法规要求，对集团文档工作现状进行全面调查，认真总结分析集团文档工作面临的突出问题，思考管理改进思路，将各项工作成果进行总结、归纳、提炼后形成了集团文档工作规划，明确了未来五年集团文档工作目标。规划的主要内容如下：

在中广核文档管理领域，通过开展制度规范建设、资源统筹、信息化建设、目标任务分解和考核反馈等工作，力争在五年内，建立一个体系，包括文档政策制度架构、管理规范和要求等；规范一套流程，包括文件的产生流程、归档流程和使用流程；推广一套系统，包括统一的文档管理系统、统一的OA系统、统一的知识平台；加强三项统筹管理，包括文档业务规划、文档工作预算和文档绩效考核；打造一支队伍，建设专业化、跨领域的文档人才梯队。通过对中广核集团文档工作的持续改进，建立完善的管理体系、统一的业务规范、统一的管理平台；形成完整的文档资源，建成集团文档信息共享中心；实现文档高效查询和利用，努力成为中央企业文档管理领域的标杆企业。

三、文件编码规则和格式管理规定

程序化管理是中广核文档管理工作的特色之一。各成员公司根据业务工作需要编制出版了大量的文档管理工作程序。由于集团各成员公司的文件分类体系、文件编码和文件格式各不相同，给各成员公司之间文件的有效交换、共享与利用，以及对文件的规范化、标准化管理带来诸多不便。

为建立有效的文件编码体系，保证集团文件编码的统一性和唯一性，便于文件的识别和控制，实现文件的标准化和规范化管理，中广核办公厅组织项目组对统一全集团文件编码和格式规范工作进行了研究，编制了集团常用文件类型的文件编码和格式规范，涉及管理程序、信函、报告、合同文本、会议纪要、公文等六种类型文件编码和模板。

在编制过程中，项目组始终遵循统筹规划、统一标准的原则，即文件编码由集团公司统筹规划与管理，编码制定必须有统一标准，文件编码应指代单一，不同文件应赋予不同代码，一个代码只表示一类文件；文件编码一经确定，一般不应随意改变；涵盖全面、普遍适用的原则，即文件编码适用于中广核集团各公司，涵盖在工程建设、生产运营、经营管理等各项职能活动中形成的文件；结构合理、特征清晰的原则，即各类文件按照固定的结构进行编码，通过文件的编码，能清楚反映文件的来源、类型及职能活动等信息；简明易记、便于利用的原则，即文件编码力求准确、简明、具备可扩展性，通过用年度、通信渠道代码、功能活动代码等特征加以固化，便于文件的管理及利用，保障了该程序在中广核集团后续的推广和实施工作。

2012年10月12日，《文件编码规则和格式管理规定》正式印发，并于2013年1月1日正式实施。

四、物联网技术在文档业务工作中的应用

工程公司设计院是中国首家集核电站核岛、常规岛、电站辅助设施及全厂总体设计为一体的核电、火电工程设计高新技术企业。2012年工程公司设计院为解决文件不断增长、不断更新带来的大量库房排架、倒架问题，基于物联网技术，在每份文件上植入RFID标签，用于存储文件的存放地点、档案号、编码、标题、编制部门等基础信息。使用者只要在文档管理系统中输入查询条件，点击具体的文件条目，系统就会显示文件的存储位置，按照系统显示的位置即可快速提取文件。此项技术的引入，实现了文件的精准控制，提升了文件查找工作效率，同时也减轻了排架、倒架等工作压力。2012年工程公司设计院已实现所有文件、档案从产生、分发到归档的全流程电子化，目前档案盒、档案架已采用二维码管理。

中国投资有限责任公司档案管理系统初步建成

中国投资有限责任公司档案管理系统于2012年12月初步完成部署。该系统实现了与公司OA系统的对接，通过对公司文档资源进行整合，统一管理和提供利用，实现了档案管理系统中各种电子信息资源共享，致力于发展成为公司最为全面、准确的信息资源库。

目前中投公司已经对库存非保密文件开展了数字化处理工作。目前共数字化文件17631份，共46万页，均已实现全文检索，电子化容量为51.8GB。档案数字化使档案信息与档案实体分离，更适合网络环境下档案的管理、共享和开发，既提高了信息的利用效率，也保护了实体资源，推动了公司档案信息化工作的不断发展。

档案管理系统采取与门户对接的单点登录方式，对档案利用情况进行有效的全程跟踪。同时，通过严格的授权管理，对各类用户的权限进行明确设定，对公司信息进行严格控制，实现有效内控。

中投公司作为长期财务投资者，投资档案是公司非常重要的资产。投资过程的复杂性和投资档案重要的凭证性对投资档案管理提出了更高的要求。该系统符合当前业务的需要，特别是结合业务流的整体性和数据流的一致性，前瞻性地提供未来业务接口，例如公司投资管理系统、财务系统、人力资源系统等，提供统一的集成框架。在严格管理授权的情况下，实现信息交换、数据共享，为中投公司提供全面的档案数据管理，为全公司的业务运转提供良好的支持。

（中国投资有限责任公司办公室 范玉珊）

上海市积极开展社会主义新农村建设档案工作

2012年2月28日，上海市档案局在金山区召开社会主义新农村建设档案工作示范村专题研讨会。会议听取了金山区档案局的经验介绍。浦东等9个涉农区县交流了工作情况并就具体做法开展研讨。会议要求各涉农区县借鉴金山区档案局的做法，做好总体规划，提高村级档案工作为民服务的水平。与会人员还参观了金山卫镇农建村档案室，并观摩了金山区集中式档案管理系统演示。

2012年7月3日，上海市档案局和上海市农委在金山区联合召开上海市社会主义新农村建设档案工作现场推进会。会议总结了近年来全市各区（县）农业农村档案工作的经验，部署本市新农村建设档案工作示范村创建活动，研究和探讨下一步全市新农村建设档案工作的发展思路。会议要求：不断提高认识，努力打造全国一流的新农村建设档案工作；积极创建示范，引领村级档案工作整体水平上新台阶；不断探索研究，进一步加强新农村建设档案工作；切实形成合力，为新农村建设档案工作营造良好氛围。

（宗禾 叶伍）

江苏省召开社会主义新农村建设档案工作经验交流会

2012年6月12—13日，江苏省档案局、民政厅、省农委在南通市通州区联合召开全省社会主义新农村建设档案工作经验交流会。省档案局局长谢波主持会议并讲话。民政厅党组副书记副厅长侯学元、省农委副主任祝保平、省档案局副局长项瑞荃出席会议并讲话。省档案局副巡视员欧阳旭明、通州区委区政府有关领导出席了会议。

谢波在讲话中充分肯定了全省社会主义新农村建设档案工作取得的成绩。他指出，档案工作是最具基础性、保障性的工作，是一项民需性、服务性的工作，是体现各项工作科学化、规范化的工作，是一项功在当代、利在千秋的工作。他强调，社会主义新农村建设档案工作十分重要，全省各级档案部门要和各级涉农部门密切配合、上下联动、攻坚克难、全面推进，真正把全省社会主义新农村建设档案工作提高到一个新的水平。

谢波向与会代表阐述了“十二五”期间全省档案工作“四个一”的工作设想：坚守“为党管档，为国守史”的责任；明确“全国领先，全面领先”的目标；实践“开明、开放、开发”的思路；打牢“模范部门，过硬队伍”的基础，使全省各级档案部门成为让各级党委政府放心，社会各界称心，局馆内部上下顺心的好机关。

侯学元在讲话中阐述了民政档案在社会主义新农村建设中的重要作用，就如何做好传统民政工作、重点民政工作和现代民政工作中的档案工作提出了要求。强调各级民政部门要增强做好社会主义新农村建设档案工作的责任意识，社会主义新农村建设到哪里，民政档案工作就要跟进服务到哪里。

祝保平要求全省各级农办、农委系统要充分认识社会主义新农村建设档案工作的重要意义，完善工作机制，要把档案工作与各项业务工作同部署、同检查，重视农业工作中重点领域的建档工作，在各地培育农业档案工作的典型，全力配合档案部门做好社会主义新农村建设档案工作。

项瑞荃在讲话中全面回顾了全省社会主义新农村建设档案工作情况，指出在各级党委和政府的关心支持下，省、市、县档案、农业、民政等部门扎实推进社会主义新农村建设档案工作，取得了良好的实效。对下一步的工作任务进行了部署：一是高度重视，着力推动档案工作与社会主义新农村建设同步发展；二是协调发展，逐步完善社会主义新农村建设档案工作的体系与机制；三是夯实基础，科学规范农村基层组织档案的收集与管理；四是开拓创新，不断提高社会主义新农村建设档案工作水平；五是培养人才，推进社会主义新农村建设档案工作的可持续发展。

与会人员参观考察了全国社会主义新农村建设档案工作示范区——通州区5个单位和镇、村的档案工作现场。通州区政府、南京市档案局等7个单位作了交流发言。各市民政局、农办、农委，各市、县（市、区）档案部门负责同志130余人参加了会议。

（江苏省档案局社会事业处）

江苏省召开全省开发区档案工作会议

2012年7月21日，江苏省档案局、商务厅在苏州联合召开全省开发区档案工作会议。省档案局长谢波主持会议并作重要讲话，商务厅党组书记马明龙作了重要讲话，省档案局副局长项瑞荃作了题为《做好开发区档案工作，服务开发区发展大局》的工作报告。省档案局副巡视员欧阳旭明，全省国家级、省级开发区有关负责同志和各市商务局、档案局分管领导共150余人出席了会议。会议代表参观了苏州工业园区档案馆，苏州工业园区管委会作了交流发言。

会议总结了近几年来全省开发区档案工作的基本情况，分析了全省开发区档案工作面临的形势和任务，明确提出了当前和今后一个时期全省开发区档案工作的重点与要求。会议指出，全省各地要准确把握开发区档案工作所处的历史方位和目标任务，以高度的使命感和责任感做好开发区档案工作，推动开发区档案工作在开放、开发大局中发挥更大的作用。

谢波在讲话中指出，改革开放以来，在省委、省政府的正确领导下，江苏开发区工作取得了令世人瞩目的辉煌成就，创造了多项全国第一。26家国家级、103家省级开发区主要经济指标占全省的份额或三分天下、或半壁江山、或四分而有其三，是我国名副其实的兴办最早、发展最快、规模最大、效益最好的省份。与此同时，全省开发区档案工作也呈现出新的发展态势，在宏观管理、法制政策环境、多元化的档案资源结构、信息化建设等方面取得了明显的成绩，档案工作的创新活力得到有效释放。特别令人振奋的是，一朵绚丽的兰台奇葩在苏州工业园区盛大绽放。园区档案馆不仅以其一流的硬件设施，更以其建设好、管理好、利用好、创新好的理念与实践，使我们看到了开发区和全省档案工作现代化的曙光。

马明龙在讲话中强调，在当前形势下积极推进开发区档案工作，既有其紧迫性，也具备了可操作性。江苏经济发展的一大特点是开发区经济比重大，通过开发区来实现产业集聚、实现城市建设和城市发展的转型升级。开发区管理也正向经济社会全方位管理转型，向公共领域延伸，档案工作既是基础，也是延续和传承历史的手段，要求我们加强管理，摆上工作日程。马明龙指出，苏州工业园区档案工作18年来与园区建设协调发展，为全省提供了示范，学习、借鉴园区经验既要看到现代化的设施环境，更要认识其本质内涵，深刻理解园区各项工作的发展理念。马明龙强调，要把档案工作放在更加重要的位置，并且作为一项内容纳入开发区的综合考核；开发区领导要加大支持，协调配合档案部门指导服务，结合自身特点创新档案工作体制机制；要切实加强开发区档案工作队伍建设，不断提升档案利用与服务水平。

（江苏省档案局业务指导处）

（八）档案专业教育工作

中央国家机关（企业）档案业务人员岗位培训班

加强新上岗、转岗档案业务人员培训工作，是档案教育部门的重要任务，也是档案事业发展的需要，国家档案局一直非常重视档案业务人员岗位培训，逐步规范培训内容，加强培训管理，提高培训质量，取得了显著成效。

2012 年 3—5 月，国家档案局政策法规研究司和档案干部教育中心共同举办了中央国家机关（企业）档案业务人员岗位培训班，来自中央国家机关和中央企业的 600 余名学员分批参加了培训学习。培训班充分结合学员工作需求安排课程，授课老师都是档案行业内的知名专家和人民大学档案学院的教授，他们专门针对培训班学员的具体情况，进行了认真的备课，从而使授课更有针对性，为保证参加培训学员在较短时间内取得很好的学习效果奠定了基础。

培训班管理严格，纪律严明；参训学员认真学习，所获颇丰，为今后做好档案工作打下了坚实基础。

（刘剑波）

第 4 期中央党校全国档案领导干部培训班

2012 年 5 月 7—18 日，来自全国各地档案部门的领导，在中央党校参加了国家档案局组织的全国档案领导干部培训班。国家档案局和中央党校对于这次培训班非常重视，中央党校副校长李书磊，国家档案局局长、中央档案馆馆长杨冬权，政策法规研究司司长郭嗣平参加了开班式；国家档案局副局长、中央档案馆副馆长段东升，政策法规研究司司长郭嗣平出席了结业式。

这次培训班是国家档案局在中央党校举办第 4 期全国档案领导干部培训班，得到了中央党校的大力支持和帮助，不仅精心设计，合理安排课程，选派优秀的教师和组织员，而且积极协调有关部门，克服了许多困难，为大家的学习、生活和出行提供了极好的条件和保障。

这次培训班取得了圆满成功，大家都有新的收获。正如同志们在讨论、发言中所表达的：通过在中央党校两周的学习，大家满载而归，不仅拓宽了视野，拓展了思维，增长了知识，而且增加了沟通，交流了经验，结下了友谊。同时，大家表示，决心以这次培训为新的起点，加强理论学习，增强理性思维，同时抓好业务知识的学习，提升做好本职工作的能力，不断推进档案事业的科学发展，以优异成绩迎接党的十八大的胜利召开。

（刘振华）

第 4 期中国浦东干部学院档案领导干部培训班

根据中央关于大规模培训干部的战略部署，按照新形势下档案事业发展需要，为进一步提高档案领导干部队伍素质，国家档案局委托中国浦东干部学院于 2012 年 9 月 5—25 日举办了第 4 期档案领导干部培训班。近百名来自各省、自治区、直辖市、各计划单列市、新疆生产建设兵团、副省级市和部分地级市、军队各大单位、有关中央和国家机关、中央企业档案部门的负责人参加了学习。

这次培训班以中国特色社会主义理论为指导，以忠诚教育、社会文化与经济发展、档案发展战略的新思维、领导力训练为内容，坚持理论联系实际的学风，重点就档案工作如何服务于社会主义文化大发展大繁荣、档案工作的理念创新和服务创新进行了学习和讨论。培训综合运用了多种教学方法，通过 8 个单元的专题讲座、2 个单元的案例教学、4 个单元的现场教学、3 个单元的学员论坛和小组讨论、3 个单元的行为训练、2 个单元的选修课程以及一系列的班级活动，学员们掌握了理论，开阔了视野，交流了工作，提高了素质，增进了友谊。

学员普遍反映：在紧张工作之余，能抽出三周时间静下心来到国家级的干部学院进行学习、交流、思考，非常必要，机会难得。国家档案局和中浦院能在资源有限的情况下，连续 4 年举办档案领导干部培训班，说明国家层面对档案干部教育工作的重视、对档案工作的重视，是提高全国档案干部素质、推进事业发展的重要举措。

经过各有关方面的共同努力，培训班获得圆满成功，达到了感受成果、树立理念、明确定位，开阔视野的教学目标。对做好今后的档案工作具有很强的理论指导意义，将成为档案事业继续前行的加油站和助推器，为促进全国档案事业的发展积蓄了力量、奠定了基础。

（刘剑波）

重庆市分管档案工作领导干部培训班

2012 年 8 月 3 日，重庆市分管档案工作领导干部培训班在北京圆满结束。这次培训，是国家档案局深入贯彻中央有关加大干部培训工作要求和西部大开发战略，推动中西部档案事业发展又一成功实践。在一周的时间里，来自重庆市有关单位的60余名分管档案领导干部，紧紧围绕“加强档案建设、服务西部大开发和重庆市经济社会发展”这个主题，进行了认真的学习、考察和研讨。

时间虽短，但同志们均感觉有所收获。学员们说：培训是一次十分难得的宝贵学习机会，是开阔视野、交流工作、增进友谊的好平台。这次培训内容丰富，方法灵活，形式多样，让大家受益匪浅。课程里既有领导和专家的精彩讲座，让大家领略了专家们渊博的学识，感受到档案工作的深邃与魅力；也有走进档案馆的实地学习交流，让大家看到了差距，汲取了先进的档案工作经验；还有集中讨论学习，让学员厘清了做好新时期档案工作的思路，找到了工作中存在的不足，明确了档案强国的目标。培训还是一场“及时雨”，让大家丰富了知识，开阔了视野，拓展了思路，更加认识到了档案工作的重要意义。档案能保存人类文化遗产、传承社会文明，像一座桥，连接着昨天、今天和明天；档案还能“察往知来，视兹故轶”，为各级党委政府科学决策提供依据，像一盏灯，用前人创造的智慧照亮来者的路。更加认识到了广大档案工作者的平凡与伟大。他们秉持对历史负责、对人民负责、对经济与社会发展负责的态度，淡泊名利，默默工作，用智慧和汗水保存历史血脉的奉献精神，值得弘扬和敬佩。

培训达到了“了解档案工作，强化档案意识，拓展档案工作思路，加强档案工作领导”的预期目的。学员们说：通过培训一是提高了抓好档案工作的自觉。领导抓、抓领导是做好档案工作的关键。作为一名分管领导，抓好档案工作是分内之职，领导干部必须高度重视、精心指导、真诚关心档案工作。要以更加饱满的热情，加强领导，强化管理，尽心尽职抓好档案工作，充分发挥各级各部门的作用，形成党委政府推动、档案部门主动、各部门联动、社会各界互动的大档案工作格局，切实抓好档案工作这项功在当代、利在千秋的重要事业。二是树立了做好档案工作的自信。抓基层、基层抓是做好档案工作的基础。当前，党和国家对档案工作越来越重视，档案工作推动经济社会发展的作用越来越明显，档案工作与公民个人的关系越来越紧密，可以说，档案工作迎来了发展的春天。学员们表示要抓住大好时机，把做好档案工作列入议事日程，加强培训教育，引导全体档案工作者特别是基层档案工作者树立信心，克服“弱势”思想，牢固树立“有为”才“有位”的意识，增强责任感，主动作为，主动融入，主动贴近，以优异的成绩提升地位，为档案强国做出应有的贡献。三是明确了推动档案工作要更加自强。抓重点、重点抓是做好档案工作的突破。针对当前档案工作的现状，今后要加大硬件建设力度，加大经费投入，努力改善档案保管条件；加快档案工作的立法进程，提高科学管理、依法管理的水平；加强对档案工作和相关法律法规的宣传，增强全民档案意识，扩大社会影响，进一步推动档案事业的健康发展。

（刘剑波）

中国档案高等教育发展论坛暨第21届档案学专业系主任联席会议

2012年10月19—20日，中国档案高等教育发展论坛暨第21届档案学专业系主任联席会议在北京举行，国家档案局政策法规研究司司长郭嗣平、中国人民大学常务副校长冯惠玲、北京市档案局党组书记陈乐人、北京市档案局局长吕和顺出席会议并讲话。来自全国32所高校档案学专业系主任、知名档案学者等60余人参加了会议。会议由中国人民大学信息资源管理学院承办。

会议的主题是“我国档案高等教育的继承与创新”。在大会主题演讲中，中国人民大学信息资源管理学院副院长张斌教授发表了题为《有中国特色、有国际影响力的档案学专业教学体系建设》的演讲，阐述了中国人民大学信息资源管理学院档案学专业教师团队根据社会对档案人才需求的变化和档案学专业的自身特点，确立应用导向型的人才培养模式、完善多学科综合的课程内容体系、推广实践实验式的专业教学方法、建立一带多合作的共同发展机制，逐步构建起有中国特色、有国际影响力的档案学专业教学体系的经验与体会。广西民族大学管理学院院长麻新纯教授以《以特色专业为平台，以精品课程为先导，推动档案教育的整体优化》为题，介绍了广西民族大学档案学专业特色化发展的道路与成绩。上海大学图书情报档案系主任金波教授发表了题为《档案学专业高等教育发展探索与实践》的演讲，介绍了上海大学档案学专业的创新之路。安徽大学管理学院教授李财富以《栉风沐雨，与时俱进——安徽大学档案学专业在改革中发展》为题，分享了安徽大学档案学专业改革的做法与经验。四川大学公共管理学院教授乔健发表了题为“四川大学档案教育的回顾与思考”的演讲，在回顾四川大学档案学专业发展历程的基础上，提出了自己对档案学专业发展过程中一些问题的思考。

在集体研讨中，全体与会专家围绕会议主题展开了热烈的讨论，大家分别对档案学专业发展的情况进行了深入研讨，总结取得的成绩，分析现存的挑战和困难，展望未来的发展与创新之路。会议回顾了新中国档案高等教育、中国人民大学信息资源管理学院档案学专业教育60年的发展历程，指出档案学者既要继承第一代档案学者的白手起家、从零做起的创业精神，又要与时俱进，不断推进学科的创新和发展；会议分析了档案学专业高等教育面临的挑战，提出了档案学专业高等教育的发展目标：满足社会需要并获得学生认同。

（教育处 中国人民大学档案学院）

《中国档案》宣传培训班

2012年8月2—3日，来自北京、河北、黑龙江、浙江、山东、湖北、河南、广东、四川、陕西、西藏、新疆等地的50多名档案工作者齐聚青海省西宁市，参加由中国档案杂志社与国家档案局档案干部教育中心联合举办的《中国档案》宣传培训班，学员主要为各地档案部门分管档案宣传工作的领导、《中国档案》杂志社通讯员以及各地区档案宣传骨干。

这是《中国档案》杂志社首次举办的培训班，本次培训班的目的：一是贯彻落实全国档案宣传工作会议，二是进一步提高档案部门宣传意识和宣传水平，三是加强杂志社与全国各地档案部门的联系，四是为各地学员提供一个相互学习和交流的平台。

青海省档案局副局长申发展出席开班式并介绍了青海省档案工作情况，《青海日报》高级编辑王湘江在讲课中就新闻敏感与新闻发现提出了独到的见解，国家档案局档案干部教育中心副主任方鸣以“档案宣传报道的原则与方法”为内容进行了授课，广东省档案局副局长张平安作了“档案工作发展新趋势”的讲课。

学员代表表示，现场聆听杂志宣传培训讲座得到不少启发，不仅对新闻宣传工作有了更为深刻的认识，而且在寻找档案新闻线索、撰写文章时将会更加有的放矢。有的代表还表示，专家演讲中的某句话、某段话对自身产生了很大的影响。本届培训班为未来如何有效凝聚宣传力量、发挥各地骨干作用有了进一步的认识。

（邓小军）

全军保密档案专业士兵职业技能鉴定现场会

2012年6月6—8日，总参谋部办公厅在济南组织召开全军保密档案专业士兵职业技能鉴定现场会。海军、济南军区在会上交流了试点经验，组织参观了济南军区档案馆，观摩了技能鉴定现场演示展示，组织了业务培训考核，全面部署了技能鉴定工作。吉文明主任、宋新斌副主任分别出席会议并讲话。吉文明指出，档案是历史的记忆、文化的载体和智慧的宝藏，要强化档案意识，注重在工作中积累保存档案资料；档案工作是军队建设事业的重要组成部分，档案工作领域现在存在的矛盾、困难和问题比其他领域一点都不少，要进一步加强工作筹划，下功夫推动解决这些矛盾、困难和问题；档案工作者重要而普通、平凡中有不平凡，需要不懈地奋斗努力、不断提高自身素质能力、扎实做好所从事的档案事业。宋新斌强调，要从战略和全局高度充分认识做好保密档案专业士兵职业技能鉴定工作的深远意义，要坚持国家标准、突出军队特色、把握行业特点、确保鉴用一致的工作原则和指导思想，加强组织领导、创新工作方法、确保各项工作有效落实。会议期间，还组织召开了档案领导干部座谈会，查找分析影响和制约档案事业建设发展的重难点问题，座谈研讨加强和改进工作指导，加快转变信息化条件下档案工作发展模式、提高管理质量的对策建议。各大单位和武警部队司令部办公室领导、保密档案处处长、档案馆馆长，军委办公厅保密局、解放军档案馆、南京政治学院上海校区、特种作战学院领导，总参系统各专业档案馆馆长，各大单位档案助理员、考评员、网络管理人员共106人参加会议。国家和军队职业技能鉴定工作主管部门领导到会指导。新华社、中央电视台、解放军报、中国档案报等媒体对会议情况作了报道。

根据这次会议的安排部署，总参谋部办公厅依托各大单位建立15个鉴定中心、14个鉴定站（考核点），健全组织管理体系。组织编写出版考核指南，编制考核题库，研发考务管理系统，构建鉴定标准和考务平台。严密组织实施，完成各单位1500名保密档案专业士兵的培训鉴定任务，通过率85%，取得明显成效。

（总参谋部办公厅保密档案局）

解放军档案馆举办党史军史知识讲座

解放军档案馆于2012年9月6日和10月13日两天，邀请军事科学院历史研究所陈伙成研究员和温瑞茂研究员，分别为全馆官兵讲授《土地革命战争概况》和《人民解放军夺取战略决战的胜利》的专题讲座。讲座采取史实剖析、图例解说相结合的方法，系统介绍了土地革命战争史和解放战争时期的基本概况。讲座内容精练、史料翔实、讲授生动，使全馆官兵受到了深刻的革命传统和理想信念教育。下一步，解放军档案馆将继续把党史军史教育作为思想政治教育的重要内容，邀请有关专家作抗日战争、解放战争等专题讲座，使全馆官兵在党史军史学习中进一步坚定听党话、跟党走的决心信念，立足本职岗位争创优异成绩。

解放军档案馆圆满完成保密档案专业士兵职业技能鉴定考核任务

按照全军保密档案专业士兵职业技能鉴定的统一部署和安排，解放军档案馆设立了保密档案专业士兵职业技能鉴定站设在，负责承担总参、总政、军事科学院、国防大学和军委办公厅等单位的初、中、高级技能鉴定任务。2012 年 10 月 11— 18 日，解放军档案馆分两批组织对 108 名保密档案专业的士兵进行了理论和实际技能操作的考核，合格率为 90%左右。考核前，解放军档案馆鉴定站以“全军一流的设施、一流的标准、一流的服务”为目标，对考生的训、考、吃、住、行等进行了周密细致的准备，邀请 9 名全军档案行业的专家教授进行辅导讲课，购置了一大批微机、扫描仪、打印机和服务器交换机等，搭建鉴定考核网络平台，添置了近百套床具、被褥以及餐饮设施，有力保障了鉴定工作的顺利实施。通过培训考核，既让组织者熟悉了程序、趟出了路子、锻炼了队伍，又促进了档案训练工作的科学化、规范化，对提高军队档案事业整体建设水平起到了积极推动作用。办公厅副主任宋新斌、保密档案局局长计英春到考核现场检查指导，对解放军档案馆鉴定站的工作给予了充分肯定。

（解放军档案馆）

江苏省举办全省民营企业档案工作高端培训班

2012 年 6—7 月，为持续引导、扶持和推动全省民营企业的建档工作，根据全省民营企业档案工作会议的部署和省档案局、中小企业局、工商联《关于全面开展民营企业档案工作的意见》精神，省档案局、中小企业局、工商联分别在盐城、宿迁等地联合举办了全省民营企业档案工作高端培训班。

开展民营企业档案知识技能高端培训，引导、扶持、鼓励民营企业建立健全档案工作，是省档案局、中小企业局、工商联落实科学发展观、服务民生的重要举措，对民营企业“练内功、强素质”、提升管理水平、维护企业和职工合法利益、规避市场风险、提高经济效益、促进企业发展具有十分重要的作用和特别的意义。及时高效地开展民营企业档案工作高端培训活动也是广大民营企业自身发展的迫切需要。

由省三部门联合组织的全省民营企业档案业务技能高端培训，共培训盐城、宿迁等地年销售额亿元以上规模民营企业档案工作分管领导和档案管理人员近 500 人次。截至目前，全省上规模民营企业档案工作分管领导和档案管理人员都已受过培训，为全省民营企业从档案工作中受益增效奠定了人力资源基础。培训工作达到了预期目标，受到有关部门和领导的充分肯定和高度评价，被誉为服务民营企业的亮点工作和创新之举。民营企业档案培训工作更是受到广大民营企业的热烈欢迎，许多民营企业人员抽出时间参加，认为培训针对性强、专业性高。目前正值民营企业发展的关键时刻，开展这样的培训无疑是必要的、及时的，从档案信息这个重要的基础性工作抓起，有力地提升了企业的基础管理水平，为企业增强创新、创优、创业能力，应对全球金融危机、平稳健康发展奠定了坚实基础。民营企业档案业务技能高端培训也受到各地政府和媒体的高度重视，一些地方电视台等媒体派出专门记者采访报道宣传，认为此举是政府部门转变职能、服务民生的重要举措，值得发扬光大。民营企业档案业务技能高端培训活动提高了地方和民营企业对档案工作的重视程度。开展培训的地区，民营企业的档案意识普遍增强，开始逐步建立健全档案工作，培训起到了重要的引导作用。

（江苏省档案局社会事业处）

（九）档案科技工作

2012 年档案科技工作基本情况介绍

2012 年，档案科技工作以迎接党的十八大和推动社会主义文化强国建设为契机，扎实推进各项工作，取得了一定成绩。完成了科技立项工作，2011 年底组织召开了部分省市档案科技处长参加的科技项目立项指南研讨会，在此基础上确定了 2012 年度国家档案局科技项目立项指南的内容，经馆局领导批准，于 2012 年 1 月向各省市印发了《关于组织申报 2012 年度国家档案局科技项目的通知》，收到了 26 个省、自治区、直辖市档案局和 2 个计划单列市档案局的 160 个申报项目。4 月 10—12 日召开立项评议会议，评出 74 个项目列入了 2012 年度项目计划。5 月底，正式印发了《2012 年度国家档案局科技项目计划》。

完成了优秀科技成果奖项目评审工作。5 月 17 日印发了《关于推荐 2012 年度国家档案局优秀科技成果奖励项目的通知》，共收到各地推荐项目 60 项。7 月 22—24 日，在甘肃兰州组织召开了 2012 年度优秀科技成果奖评审会议，经评审委员会投票表决，有《蚕丝网及丝网加固保护技术设备研制》等 36 个项目被评为 2012 年度国家档案局优秀科技成果奖，其中一等奖 2 项；二等奖 14 项；三等奖 20 项。分别于 4 月 10 日和 12 月 13 日组织召开了由部分省市参加的档案馆安全风险评估指标研讨会，对档案馆安全风险的一、二级指标进行了研究讨论，并初步确定了具体指标。11 月 14—15 日召开了 2012 年度全国档案科技管理暨科技成果推广会议。届时，对全国档案科技管理人员进行了培训。完成了部分省市档案科技项目的结题工作。

（纪秀英）

2012 年度国家档案局科技项目立项评议工作

2012 年是“十二五”第二年。档案科技工作的整体思路是按照“十二五”期间全国档案事业总体要求，以科学发展观为指导，以建设“三个体系”为中心，紧紧围绕对我国档案事业发展具有长远影响的重大问题开展科研工作。为贯彻这一工作思路，编制好 2012 年的立项指南，2011 年底技术部组织部分省市档案科技处长召开了 2012 年度档案科技立项选题指南研讨会，讨论确立了 2012 年度档案科技立项选题指南，内容涵盖影响全国档案事业宏观发展的档案安全保障、现代档案馆建设和档案信息化建设三大核心主题。

1 月 19 日国家档案局办公室印发了《关于组织申报 2012 年度国家档案局科技项目的通知》，要求各单位按照《立项指南》认真组织申报，申报时应紧扣《立项指南》规定的研究范围和方向进行选题，也可自行拟定题目，所立科技项目仍以无资助形式进行组织，引导各地档案部门和相关力量参与相应课题的研究。

截至 3 月 9 日共收到来自全国 26 个省、自治区、直辖市和计划单列市的 160 个科技项目申请，无论是申报单位还是申报项目都比 2011 年有明显增加。经馆局领导批准成立了由 17 位委员组成的 2012 年度国家档案局科技项目评议委员会。立项评议会议于 4 月 10—12 日在云南芒市召开，会议由国家档案局技术部主任、评议委员会副主任委员付华主持，国家档案局副局长、评议委员会主任委员李和平出席会议并讲话，讲话中重点强调了国家档案局促进中西部地区档案科技工作发展的指导思想，将进一步加大对西部的扶持力度。并指出 2012 年的科技项目立项评议工作要努力确保高质量、高水平完成科技项目的筛选工作，要充分体现和发挥档案科技工作的引领作用，使所立项项目具有前瞻性、创新性、实用性和可行性，要以科学发展观为指导，带动全国档案科技工作共同发展。要求各位评委对申报项目要进行认真研究、准确把握和正确评估。

评议会上，评委对 160 个申报项目进行了认真审查，逐项阐述是否给予立项的理由。经过严格评议和认真讨论，会议建议将 74 个项目列入 2012 年度国家档案局科技项目计划。

2012年6月1日，国家档案局中央档案馆下达《2012年度国家档案局科技项目计划》，这些科技项目是：

1. 国家档案局档案科学技术研究所承担的“北川重度受损档案抢救”

2. 国家档案局档案科学技术研究所承担的“智能低温冷冻库在档案杀虫灭菌中的应用”

3. 江西农业大学档案馆、江西省档案馆承担的“江西馆藏档案有害生物类群及防控技术研究”

4. 山东省档案馆承担的“无水可逆档案托裱技术研究”

5. 上海市档案局承担的“档案安全封装技术及其组织策略研究”

6. 重庆市档案局承担的“纸质档案封存技术及材料的比较研究”

7. 山东省档案馆承担的“档案数字化、缩微一体机研制”

8. 海南省档案馆承担的“特殊气候条件下档案馆库房实体建设的探索与实践”

9. 上海音像资料馆承担的“音像档案保护与抢救的技术规范研究”

10. 云南省档案局（馆）承担的“离线档案脱机载体应用规则研究”

11. 江苏省档案馆承担的“档案馆馆藏科学管理规程的研究与应用”

12. 天津市档案局承担的“信息立法趋势与档案法律、法规和政策的配套建设研究”

13. 北京市档案局、北京联合大学承担的“国家综合档案馆建设方案研究”

14. 辽宁省档案局、辽宁大学历史学院承担的“档案馆传播档案文化与谋划档案文化发展战略研究”

15. 黑龙江大学信息管理学院承担的“我国档案文化体系建设与可持续发展模式研究”

16. 青海省档案局承担的“档案文化在社会主义文化大发展大繁荣中发挥作用的途径研究”

17. 河南省档案局承担的“档案文化建设在文化强省战略中的地位与作用研究”

18. 吉林省档案局承担的“档案文化产品整合开发模式研究”

19. 湖北省随县档案局承担的“炎黄文化档案资源整合与开发利用研究”

20. 广西壮族自治区档案馆承担的“构建政府信息公开联动服务体系的思考——基于政府信息公开实践研究”

21. 云南省档案局（馆）、昆明新机场建设指挥部承担的“工程文件现场控制与档案同步管理研究——昆明新机场建设项目文控档案管理的理论与实践”

22. 天津市档案局承担的“档案馆参与非物质文化遗产保护定位与方式研究”

23. 浙江省档案局、浙江省海盐县档案局承担的“基于县域的档案信息资源共享工程推进机制研究”

24. 重庆钢铁（集团）有限责任公司档案处承担的“工业遗产资源的档案化管理路径探索”

25. 北京市燃气集团有限责任公司承担的“大型国有控股企业归档管理工作的对策与研究”

26. 开滦（集团）有限责任公司承担的“实现企业文档一体化的理论与实践”

27. 山西省档案局承担的“风电建设项目档案管理的实践与研究”

28. 山东省东营市档案局承担的“纸质档案数字化过程中的安全控制研究”

29. 国家档案局技术部、山东省档案局承担的“档案数字化外包加工中安全管理问题分析及解决方案研究”

30. 湘潭大学承担的“档案信息安全风险测评研究”

31. 浙江省档案局、浙江省经济信息中心、浙江省发展信息安全测评技术有限公司承担的“基于国家信息安全等级保护制度的档案信息系统安全保障体系研究”

32. 湖南省档案局承担的“基于内网的档案信息安全保障系统研究”

33. 新疆维吾尔自治区档案局承担的“新疆档案信息网络体系建设规范研究”

34. 中国人民大学信息资源管理学院承担的“网络环境下文件与档案分类的理论基础和方法模型研究”

35. 江苏省档案局承担的“以数字档案馆（室）为中心的可信电子档案体系建设研究”

36. 湖北省咸宁市档案局、湖北科技学院承担的“基于OAIS模型的电子文件安全体系研究”

37. 国家档案局档案科学技术研究所承担的“基于云存储的电子文件安全保障体系研究”

38. 福建省档案局承担的“重大工程建设项目电子文件管理标准体系建设的研究”

39. 江苏省太仓市档案局承担的“实体档案馆与数字档案馆安全立体防范一体化研究”

40. 湖北省档案局、武汉第二船舶设计研究所承担的“档案信息系统与业务系统集成整合理论和应用技术研究”

41. 福建省档案局承担的“各级国家综合档案馆电子文件与电子档案管理系统在档案信息利用过程中安全保护功能需求与实现方式的研究”

42. 重庆邮电大学承担的“数字档案法律效力探索研究——重庆邮电大学档案管理软件与电子证据保全认证中心对接的实践与研究”

43. 山东省档案馆承担的“政务电子文件凭证作用支撑技术研究”

44. 解放军南京政治学院上海分院承担的“基于数模转换的归档电子文件真实性保障研究”

45. 天津市档案局承担的“数字档案馆构建与评价体系研究”

46. 山东省青岛市档案馆承担的“数字档案馆数据质量控制方法研究”

47. 广东省佛山市档案局、珠海泰坦软件系统有限公司承担的“市（地）县级数字档案馆建设策略及评价”

48. 江苏省苏州市档案局承担的“苏州数字档案馆、室集群体系构建及区域化管理模式研究”

49. 上海市档案局承担的“基于云计算模式的区域数字档案馆群建设策略研究”

50. 重庆市档案局、重庆西信天元数据资讯有限公司承担的“基于云计算的数字档案馆研究”

51. 云南省档案局（馆）承担的“数字档案馆多平台档案数据同步管理研究”

52. 国家档案局档案科学技术研究所承担的“基于云计算的国家公共档案信息资源共享服务平台研究及实践”

53. 浙江省档案局、浙江省湖州市档案局、浙江省德清县档案局承担的“基于登记备份制度的档案数据安全监管平台的研究”

54. 四川大学档案馆、校史办公室承担的“基于信息组织技术的档案资源开发实证研究”

55. 上海市闵行区档案局承担的“档案社会化服务中云平台应用的研究与建设”

56. 广西壮族自治区档案局（馆）承担的“基于云计算的档案信息资源共享服务模式研究”

57. 湖北省档案局、武汉大学承担的“面向公众需求的数字档案资源建设与服务研究”

58. 山东省潍坊市档案局承担的“电子文档云管理平台建设研究”

59. 中国移动通信集团贵州有限公司、贵州省档案局承担的“基于贵州移动云平台的数字档案管理应用研究与实践”

60. 中国移动通信集团广东有限公司承担的“基于公有云的新型档案信息化服务应用研究”

61. 郑州航空工业管理学院承担的“数字档案资源云存储策略研究”

62. 山东省青岛市档案馆承担的“海量数字档案安全存储监控平台研究”

63. 山东省档案馆承担的“专用安全 USB 接口移动存储系统研究”

64. 北京黔龙泰达科技有限公司、福建省档案局承担的“用 ZCC 零损耗高压缩技术解决海量数字档案信息存储问题的研究”

65. 浙江省丽水市档案局承担的“RFID 技术应用于档案实体管理的可靠性研究”

66. 湖北省档案局、上海书亚计算机科技有限公司承担的“电子标签内嵌数字水印技术在档案管理中的应用研究”

67. 湖北省武汉市测绘研究院、湖北省武汉市档案局承担的“涉密测绘地理信息电子档案防扩散方法研究”

68. 国家档案局档案科学技术研究所承担的“无线射频技术在档案高密度智能化储存管理中的应用”

69. 珠海泰坦软件系统有限公司、广东省珠海市档案局承担的“基于非易失性加密存储器和嵌入式 EOS 环境的电子文件非线性安全交换系统”

70. 国家档案局档案科学技术研究所、中国华能集团公司承担的“中央企业重要档案异质异地备份研究”

71. 解放军南京政治学院上海分院承担的“电子文件中心建设中的电子文件备份问题研究”

72. 国家档案局档案科学技术研究所承担的“三维技术环境中电子文件归档管理研究”

73. 湖南省档案局承担的“手机控制密集架系统”

74. 贵州省档案局、贵州京安丹灵科技有限责任公司承担的“档案物联智能管理系统”

（纪秀英）

2012 年度国家档案局优秀科技成果奖励评审工作

2012 年 5 月 17 日，国家档案局办公室下发了《关于推荐 2012 年度国家档案局优秀科技成果奖励项目的通知》，各地根据通知要求，积极组织本地区优秀科技成果的申报和推荐工作。截至 2012 年 6 月 30 日，共收到各单位推荐的科技成果 60 项，其中省、自治区、直辖市和计划单列市档案局、馆推荐 42 项，占推荐总数的 70%。推荐最多的有江苏 7 项、辽宁 5 项、上海 5 项、河南 4 项、国家档案局直属事业单位 4 项。

按照《国家档案局优秀科技成果奖励办法》中获奖范围的规定和推荐项目的具体情况，60 项推荐成果分为 4 个类别，其中软科学 10 项，现代化技术 41 项，保护技术 7 项，科技著作 2 项。60 项成果经形式审查，有 14 个项目不合格，占推荐项目总数的 23%。

经国家档案局领导批准，2012 年度国家档案局优秀科技成果奖励评审委员由 17 位专家组成。李和平副局长任主任委员，技术部主任付华任副主任委员，委员有（以姓氏笔画为序）：丁志隆、马淑桂、王良城、方昀、吕和顺、朱纪华、许桂清、杨来青、吴绪成、张新、张蕊兰、涂勤华、谢波、韩李敏、黄丽华。

2012 年 7 月 22—24 日，国家档案局优秀科技成果奖励评议会在甘肃兰州召开，会议由副主任委员付华主持，主任委员李和平在评审会上作了重要讲话，她强调三点：一是贯彻全国档案科技创新会议精神。要按照胡锦涛总书记的讲话精神，坚持“自主创新、重点跨越、支撑发展、引领未来”的指导方针，对申报的档案科技成果进行认真评审，把创新性强、科技含量高，对档案管理和利用促进明显，对档案事业发展具有指导和引领作用的优秀档案科技成果评选出来；二是要准确把握评审标准，要按照《奖励办法》的规定，对申报项目的创新性、先进性、重要性以及实用性进行认真的评估。要继续坚持国家档案局提出的档案科技工作支持中西部地区政策，在档案科技成果水平大体相同的情况下，可以向中西部地区倾斜；三是要在评审中严格遵守评审纪律，一定要站在促进全国档案事业发展的高度，严格按照国家档案局的有关评审标准，对申报的各项成果进行客观公正的评价，坚决杜绝请托现象，任何评委都不能游说，为本地区、本单位争取奖项。

2012 年的评审会议依然采取主审员制，即主审员首先对所评项目的特点、是否评奖、评奖等级及其理由等情况逐一进行介绍和说明，然后全体评委对相关成果集中进行评议，最后进行无记名投票。

在评审过程中，评委们按照公平、公正、公开的原则，对于一些项目，尤其是对拟评高等级奖励的项目进行了激烈争论。最后，由 15 位评委对拟获奖项目进行无记名投票。按照《奖励办法》的规定，获得特等奖和一等奖的项目得票不得少于评委总数的 2/3，即 15 票中的 10 票；获得二等奖和三等奖的项目不得少于评委总数的半数，即 15 票中的 8 票。经投票表决，有 36 项成果为 2012 年度国家档案局优秀科技成果拟授奖项目。

为鼓励在推动档案科学技术发展中作出重要贡献的集体和个人，促进档案管理现代化水平的提高，根据《国家档案局优秀科技成果奖励办法》的规定，经 2012 年度国家档案局优秀科技成果奖励评审委员会的严格评审和国家档案局批准，36 项拟授奖成果在《中国档案报》《中国档案》杂志及国家档案局网站上公布，一个月争议期结束后，没有异议。2012 年 11 月 11 日，国家档案局下发《关于 2012 年度国家档案局优秀科技成果奖励的通知》。

（纪秀英）

2012 年度国家档案局优秀科技成果奖获奖成果介绍

特等奖空缺

一等奖 2 项

蚕丝网及丝网加固保护技术设备研制

完成单位：江苏省档案馆、江苏省数字档案中心、江苏立鼎数码科技有限公司、南京激扬信息技术有限责任公司

主要完成人：谢波、张姬雯、齐丽华、陈立新、刘镕畅、唐宁生、耿如堂、邱义波、姚军

该课题研制的纸张蚕丝网加固机、加固纸张用蚕丝网编织机 2009 年获得国家实用新型专利，其机械化生产和加固设备生产国内首创。丝网加固档案、古籍、报纸牢固度、耐折度、抗张强度上取得突破性成果，成功地延缓纸张老化和寿命的衰减，为古旧纸质档案、书刊报纸、文献的修复提供了一种更合适、安全、有效的方法。此项技术首次采用符合国家环保标准的弱碱性水融性黏合剂，提高了被保护纸张的可逆性恢复度和加固后的牢固度。此项成果的推广应用大大降低了生产成本和档案修复加固人员的劳动强度，推动丝网加固技术真正完全走向应用，为促进丝网加固在各级档案、图书、文物保护部门抢救多规格、多幅面双面档案、图书与文物的广泛应用提供了技术保障。

档案与电子文件登记备份研究

完成单位：浙江省档案局

主要完成人：鞠建林、丁越飞、梁绍红、王原、赵真、陈慧瑛、翁梅、林伟宏、金昊旻

该课题以国家档案局的“三个体系”、“三大战略”为指导，创造性地提出并实施登记备份制度，

旨在通过制度实施，建立有效的档案与电子文件安全监管和证据保全机制，构建适应新形势要求的档案安全保障体系和档案信息资源体系。课题成果“电子文件登记备份制度”被国家档案局评为“全国档案管理创新最佳案例”。2011年全省95%以上市县区建立登记备份中心。2011年浙江省政府直属44个单位全部开展了登记备份工作，85%的市县完成了政府直属单位的登记备份工作，对社保、卫生、教育、建设等344个重点涉民单位开展了登记备份。

二等奖 14 项

基于电子政务内网的档案管理系统关键技术研发与应用

完成单位：广东省委办公厅、中山大学

主要完成人：陈永生、黄卓、黄汉标、陈玮颢、邹伟平、冯晓辉、王海清

该课题是中山大学与中共广东省委办公厅共同承担的，是理论联系实际，政、校、企合作攻关的智慧结晶。该课题是适应形势发展、具有政治高度及全面推动工作的关键举措。该成果设计制作了一套结构良好、扩展性强的元数据管理和应用方案，开发了档案管理系统。科技查新显示：“在国内外公开发表的中外文文献中，未见与该项目研究内容及技术特点相同的报道。”该成果的信息内容、系统架构、技术方案、应用情况均属于保密范围。该成果自2009年12月以来，成功应用于广东省内多家单位。

档案数字化成果质检体系及系统研究

完成单位：浙江省档案局、北京汉龙思琪数码科技有限公司

主要完成人：韩李敏、王山水、王原、盛春梅、林伟宏、毕向阳、郑建伟

该课题从数据内容、载体介质、软件环境等方面提出一整套档案数字化成果的质量检验指标体系与框架，既能满足档案数字化加工单位自身以在线方式对所加工数据进行质量检查，又能满足作为接收单位的档案馆（室）以离线方式对所接收数据的质量检验。浙江省档案馆对近年来该馆加工的馆藏档案数字化进行检测，共检测条目113万条，画幅1023万幅，初检合格率在90%以上，有效保证了入馆数据的质量。

大型集团化企业集中管控模式下的档案管理系统的探索与研究

完成单位：中国石油化工集团公司办公厅

主要完成人：李新建、杨国庆、齐学忠、杨振刚、夏献民、郭润华、刘虹

该课题依托于中国石化的实际业务现状、信息化建设情况与档案管理的现有模式，分析有关档案信息化管理的相关成果、法规、标准及参考资料，充分对比国内外档案管理系统的模式与方案。在对相关现状和信息进行认真细致研究的基础上，创造性地以技术手段实现了集团公司档案管理的集中管控分级管理的模式，使得各分子公司在标准统一、制度统一的前提下，可以按照自身的不同各业务特色进行个性化定制，同时满足不同子公司在统一平台下档案资源的共享和利用。

档案安全保障体系中数字档案信息异质备份策略与技术应用研究

完成单位：国家档案局档案科学技术研究所

主要完成人：马淑桂、李玉民、曹燕、郝晨辉、徐亮、程春雨、黄静涛

该课题跟踪国际相关领域研究进展，结合我国数字档案信息管理工作现状，开展数字档案信息异质备份策略及实施方案研究。该课题从理论和实践的角度提出了当前开展数字档案信息异质备份工作的最佳策略和实施方案。项目研究成果可直接用于指导我国档案部门的数字档案信息异质备份工作，为数字档案信息的长期安全保存和有效利用提供切实可行的操作方案。项目研究成果的广泛应用将进一步推进新技术、新设备、新方法在档案管理工作中的应用，进而促进档案安全保障能力的快速提升。

档案异地安全备份系统的研制

完成单位：天津市档案局、北京八九数码科技有限公司

主要完成人：方昀、岳茂勇、安珊、仇伟海、钟晓霞、王丽春、李德昆

该课题有机结合了当前最新的计算机软件和硬件技术，突破了传统备份系统的界限，采用3.5寸SATA磁盘作为存储介质，内置管理系统并可脱离计算机独立使用；还采用RAID技术避免了硬盘损毁带来数据丢失的风险；采用软件技术对档案数据加密存储，避免了非法得到数据导致泄密的可能；系统采用硬件解密的技术方案，杜绝了黑客暴力破解数据的途径；系统采用AV、VGA等输出方式，颠覆了档案电子数据必须有计算机支撑的固有档案利用模式；采用MD5技术，为每一份电子档案文件建立了独一无二的“数字指纹”，确保档案有任何变化均能发现，同时为以后建立数字签名建立了应用

基础。

数字档案信息安全管理策略研究

完成单位：中国移动通信集团湖北有限公司、湖北省档案局

主要完成人：方树垠、吴绪成、沈鹏飞、万书军、张睿、丁洪、胡汉芳

该课题采取理论研究与实践紧密结合的方式，以理论研究成果促进本单位实践工作开展为手法，系统地构建了数字档案信息安全管理策略。组织机构方面，湖北移动建立了数字档案信息安全的常规性组织专门机构和非常规性机构，是保障数字档案安全的基本保障；制度建设方面，从档案工作一般制度、数字档案安全管理专门制度两个层面进行了建设，形成了一岗双责、二重领导、"三化"理念、"四全"模式、"五纳入"机制的"一二三四五"制度体系；技术层面，通过开发的OA、AMS系统的有效对接，形成了从OA到AMS的"4W"、4A技术平台，为数字档案安全管理提供了技术保障。

电子档案异质异地备份管理模式研究

完成单位：辽宁省档案局（馆）

主要完成人：许桂清、丁元、赵荔、赵健、杨守忠、汤润琳、王涛

该课题采用理论研究、文献综述、实证研究相结合的方法，对备份全过程中的备份介质选择、备份流程、工作规范、备份介质检测、状态预警、迁移策略等都进行了深入的研究，制定出了一套切实可行的管理模式。同时根据制定的管理模式自主研发了电子档案异质异地备份存储管理系统软件，增强了电子档案异质异地备份存储的安全性、科学性、可操作性和准确性。

上海合作组织成员国联合反恐军事演习档案资料数据库研究与实践

完成单位：解放军某部档案馆

主要完成人：王晖、张战争、冯军、陈永杰、刘海、赵磊、李翔

该成果的信息内容、系统架构、技术方案、应用情况均属于保密范围。

建设工程项目数字档案管理功能需求与实现方式研究

完成单位：武汉中央商务区投资控股集团有限公司、湖北省武汉市档案局

主要完成人：孟炜、高妍、盛银芳、吴亮兆、李双泉、刘望云、刘芳

该课题以CBD建设项目档案管理工作实践为基础，系统地研究了CBD项目数字档案管理功能需求、功能框架体系构成、功能作用以及各项功能实现的方式方法等内容。首次提出了基于功能需求设计与实现方式方法相集成的CBD数字档案信息管理模式、基于数据管理与服务导向的CBD数字档案信息"项目级—案卷级—文件级"三维元数据模型，编制了CBD项目数字档案信息分类表和编码表；开发的CBD项目数字档案信息管理系统，首次将数据编码与电子标签技术引入建设项目档案管理中；编写出版的《区域性建设档案管理工作实务》，属国内首部区域性建设档案工作著作，具有科学管理企业和建设项目档案的指导功能。

集成式机关数字档案室建设的策略研究

完成单位：上海市档案局、上海市金山区档案局、上海中信信息发展股份有限公司

主要完成人：朱纪华、徐建昌、孙兆伟、杨安荣、金波、张志强、金慧奕

该课题以"集成式"为突破口和着力点，揭示了集成式数字档案室的概念，归纳出资源集成、技术集成、服务集成和保障集成的内涵，构建了集成式数字档案室的架构模型；提出并描述了规划、资源、管理和技术这四方面策略，对集成式数字档案室建设提供了可操作的对策措施。项目成果为"集成式机关数字档案室管理系统"，实现了金山区各立档单位传统档案和电子文件的收集、整理、进馆和共享利用等全过程管理。该系统已经推广应用至金山区的机关、街镇等89家区级单位和124个村级档案室，并在全区83个居委会推广使用。

数字化档案馆建设及面临的主要问题——以甘肃移动为例

完成单位：中国移动通信集团甘肃有限公司、甘肃省档案局科教处

主要完成人：李鹏程、陈肃、郝瑛、路林学、高玉娟、张振红、赵燕

该课题力图建设省移动通信公司集中管理，省、市、县三级应用的管理模式，利用统一信息平台现有软硬件，建立省公司集中服务器、省公司集中的存储备份、省公司集中的系统软件（WEB服务、数据库、文件服务器），省公司集中的业务管理模式，同时在应用上支撑省、市和县的三级应用，使元数据标准、业务流程、管理制度、业务指导、协助查询、基本年报、数据备份等工作的规范化，最终实

现档案管理传输网络化、管理自动化、信息利用在线化，为企业生产以及管理、决策提供优质的服务；在公司内实现档案的及时归档、省公司对市公司实时监控管理；系统能对档案数据进行科学分类并整理形成有序的信息，有效提高档案工作编研能力。

北川地震受损档案抢救关键技术研究

完成单位：四川省档案局、四川省档案局科学技术研究所

主要完成人：胡金玉、张新、尹勇、林红、袁可、冯宁

该课题遵循档案工作的基本规律，研究抢救工作关键技术，并应用于档案工作中，力求达到抢救与保护相结合、质量与效率相结合，立足当前与兼顾长远相结合，最低干预与高效节能相结合的目标，最大限度保护档案原貌，保护羌族文化，延续羌族文明。项目坚持研究与实践相结合的原则，将研究成果直接运用于抢救工作、指导抢救实践。通过科学试验和技术创新，攻克了规模化真空干燥、消毒灭菌、重度受损档案的抢救修复等技术难题，填补了大规模应急处置严重霉变、亏损档案的技术空白，促进了抢救工作有力有序地开展。

档案级光盘选用与存储规范研究

完成单位：辽宁省档案局（馆）

主要完成人：许桂清、张跃山、邢宝石、陈洪亮、赵运龙、贺明明、周阳

该课题从光盘存储存在的问题入手，以光盘存贮实践出发，项目从光盘备份介质的选择标准、光盘存储内容、光盘介质检测、光盘保护环境、数据迁移等方面做了研究。分析了目前档案级光盘选用与存储管理现状、发展前景，建立一整套完整、合理、规范的建议和有效措施，在实践上以辽宁省电子档案备份中心工作为契机，在实际工作中总结经验，同时借鉴国内外相关工作经验和规范化措施，形成了具有本省特色的光盘选用与存储规范

档案馆安全风险评估办法的研究与应用

完成单位：山东省青岛市档案局

主要完成人：杨来青、刘旭刚、秦清波、孙志敏

该课题形成了档案馆安全风险评估表和档案馆安全风险评估办法两个成果。其中风险评估表将档案风险分为自然灾害风险、馆库事故风险、档案管理风险三个大类，21 种风险隐患，60 多个风险因子，基本涵盖了档案馆的各类风险点，形成了比较全面的风险评估表。档案馆安全风险评估办法为档案行政部门开展评估工作提供了较详细的工作流程。本课题成果提出档案馆安全风险评估办法在全国尚属首次，必将为我国档案馆安全风险评估工作起到重要的参考作用，为国家档案局提供决策依据。

三等奖 20 项

流失海外重要档案文献的追索研究

完成单位：上海大学图书情报档案系

主要完成人：潘玉民、曹航、李秋丽、周婷、于冲

该课题采用文献研究、案例分析、实际调查与理论研究相结合、课题组研究与专家咨询相结合、课题研究与人才培养相结合等科学方法，对我国流失海外重要档案文献的追索问题做了较为全面、系统的研究。该成果对追索流失海外档案文献的理论依据、基本途径和方法等进行了深入研究，丰富了流失海外档案文献追索问题的理论研究，对推进我国追索流失海外档案文献具有重要的依据和参考价值。同时，该成果还深刻论证了追索流失海外档案文献的国际法依据，指出了相关国际法存在的缺陷，并提出了相应的解决方案。

军队档案人员职业资格制度研究

完成单位：解放军南京政治学院上海分院

主要完成人：杨安莲、张健、张玉宪、韩爱信、薛匡勇

该成果的信息内容、系统架构、技术方案、应用情况均属于保密范围。

档案服务民生联动机制建设研究

完成单位：上海市杨浦区档案局

主要完成人：印汉成、潘建铭、赵国强、孟莉、张荣斌

该课题以民生需求为导向，以丰富民生档案资源为手段，围绕非结构化档案信息和异构数据库管理技术问题开展研究，建设面向民生的多元化档案资源体系和档案服务体系，逐步实现民生档案信息资源的全面整合与共享，为更好地改善民生问题，构建和谐社会提供优质、高效的信息服务。项目成果采用数字档案信息资源整合技术，研究异构分布式档案数据库管理系统解决方案以及相关标准，研究和探索非结构化档案信息管理最佳模式，研制异构数据库和非结构化档案信息计算机管理系统，实现异构分布式数据库的访问、查询和共享。

集约型数字档案信息管理研究

完成单位：贵州电网公司

主要完成人：邵大学、万丽娟、罗兰、王筑、曹军

该课题研究内容涵盖了电子文件管理涉及的大部分研究领域，包括基础设施、管理体系、业务模型、信息服务与网络应用，包括档案管理系统、电子文件管理、文档一体化管理、系统智能化与拓展能力、信息系统集成、面向服务、系统适应性研究等管理与技术问题。该项目的研究成果ID-AIS系统采用先进合理的技术架构，统一规范的档案管理体系，可扩展的档案业务模式，界面友好、操作简便、功能全面，是一个基于集约型企业管理模式、集中应用、分级管理、面向服务、利于扩展的系统，实现了档案信息资源的安全保管、有效共享和合理利用。

基于无线射频的档案实时安全管理体系适用性研究

完成单位：江苏省太仓市档案局

主要完成人：王永林、顾建新、朱丹、张海华、廖丽娜

该课题将RFID技术和与之相关的计算机技术、射频识别技术、网络技术和楼宇自动化技术相结合，促使档案安全管理技术和方法的彻底变革，并且通过实现档案实时全程监控跟踪、档案出入库管理、档案自动盘库、可追溯出入库管理增强档案的安全性。该项目既是对各种档案管理新技术综合应用的实践，又是对各类新技术有效结合应用的一次探索。课题采用多种关键技术，包括第二代超高频射频识别技术，基于LLRP（低级阅读器协议）标准的中间件开发模式，最先进的图像生成技术等，以构建最直观有效的安全保障系统。

电子文件异质异地备份策略研究

完成单位：湖北省武汉市城市建设档案馆、武汉大学信息管理学院

主要完成人：沈东辉、易志刚、陈智敏、张卫星、李英

该课题提出了“区域性档案容灾中心＋省级档案容灾中心”的多级档案容灾中心的建设和管理模式，探索适合于中国国情又确实能够达到容灾目的的有效解决方案与管理模式。多级容灾中心的建设模式，可在较少投入的情况下，使数字档案（电子文件）的安全得到保障。同时，项目成果应用于武汉市城建档案容灾体系建设，既是对该课题研究成果的检验也是我国档案容灾走出的第一步。武汉—长春远程档案容灾体系的建立是国内档案部门首次实现的真正意义上的远程异地容灾，是档案容灾的具体应用与实践。

智能化档案馆信息安全保障策略与应用研究

完成单位：苏州工业园区档案管理中心

主要完成人：吕洁、张萍、金波、曹吉超、张照余

该课题提出了跨平台、跨系统电子档案利用安全的要求，为加强档案信息的安全防护提供了新方法、新思路、新手段；同时开发了“数字档案馆信息平台”，采用了AIP、通用格式转换技术以及配套的智能化监控系统、智能库房系统、智能小车、二代身份证识别仪、指纹识别仪等，有效解决了数字档案馆信息安全防护问题，提高了档案馆的智能化管理水平。项目成果创造性地设计了数字档案馆档案信息安全保障模型，分别针对应用层、系统层、网络层、物理层、管理层安全提出了有效的整体解决方案，并成功应用于实践，具有创新性和实用性，为其他地方数字档案馆建设提供了可资借鉴的经验。

档案馆数字档案信息安全管理策略研究

完成单位：浙江省档案局、杭州市档案局、舟山市档案局

主要完成人：韩李敏、宋华、占晖、陈莉莉、朱红英

该课题收集梳理了相关法规、标准与规范，在全省信息安全情况调查基础上，针对性地从信息系统安全、信息开发利用安全、数据备份安全、数字档案接收及长期保存安全等方面进行重点研究分析，并通过试点探索实践，总结出海量数字档案与电子文件安全管理实施方案、区域数字档案中心安全管理技术解决方案，制订出台了档案馆关于中心机房建设基本要求、网络软硬件系统建设基本要求、信息化系统安全管理办法等技术规范性文件，研究构建了档案馆数字档案安全管理机制与策略，指导与规范全省档案馆数字档案信息安全管理工作。

电子档案信息安全管理策略研究

完成单位：辽宁省档案局（馆）

主要完成人：许桂清、丁元、陈洪亮、赵健、王英丹

该课题从管理、法律、标准、认识、技术、资金投入等方面充分分析了目前电子档案信息安全管理面临的问题和挑战，并进一步挖掘了问题的原因，建设性地提出了有针对性、可操作性强的解决措施

及建议，提出要重视标准制定、促进法律完备、完善制度章程、严格风险管理、强化责任意识、加强人才建设、完善技术保障、实施风险管理、重视灾难备份在实践上以辽宁省档案信息化建设为实例，介绍了辽宁省电子档案信息安全现状，以及辽宁省档案馆电子文件中心建设和辽宁省电子档案备份中心建设实践。该课题采用文献综述法、内容分析法、历史分析法、统计对比法、案例分析法、经验总结法，对电子档案信息安全管理现状、相关理论、存在的问题、应对策略及具体案例进行了研究。实现了管理理念、管理模式、实践利用的创新，为开展数字档案馆的科学管理提供了指导。

军队电子文件信息安全管理研究

完成单位：解放军南京政治学院上海分院

主要完成人：张健、马涛、杨安莲、卫奕、崔屏

该成果的信息内容、系统架构、技术方案、应用情况均属于保密范围。

国土资源与规划数字档案信息安全管理策略研究

完成单位：湖北省武汉市国土资源和规划信息中心、湖北省武汉市国土资源和规划局、湖北省武汉市档案局

主要完成人：马文涵、李宗华、刘芳、黄新、张萍

该课题从国土资源与规划数字档案管理的现状及实际需要出发，对数据库备份策略、备份内容、备份时间、备份方式、备份介质、备份管理等方面进行了具体的设计与论证。成果中的数字档案管理网络系统的安全模型与安全技术、数字档案的安全保障机制、数字档案的安全存储与备份、数字档案信息恢复与应急预案、数字档案信息安全标准等都已经在国土资源与规划数字档案的安全管理中得到应用，国土资源与规划数字档案的利用等级设置标准与方法也即将全面实施与应用。

档案信息资源安全备份策略研究

完成单位：上海市浦东新区档案局

主要完成人：沈建军、费美荣、张向东、赵鸿刚、张莉

该课题将信息备份技术和档案业务紧密结合，分析了档案信息资源安全备份需求，构建了理论架构体系和三维策略模型；提出了按档案数据等级选择备份策略的理念、数据等级划分建议和实施方法；研究安全备份的实现技术、备份载体、转移方式、云计算等应用策略，形成安全备份的策略体系。同时，研究数据备份中心建设、安全备份管理体系建设和上海浦东新区档案馆档案容灾备份实例，形成档案信息资源安全备份的实用方案。

专业档案全程管理与服务共享平台的研究

完成单位：国家档案局档案科学技术研究所、华东师范大学档案学理论与实践研究中心、上海升加企业管理咨询有限公司

主要完成人：马淑桂、钱娟、朱小怡、郝晨辉、王永毅

该课题创建了具有很强的通用性和安全性等特点的专业档案全程管理与服务共享平台，可以对专业档案进行前端控制，实现全业务流程的跟踪指导管理，从档案资源的采集、归档、编目、管理到利用的全过程管理服务，使之程序化、标准化、规范化。该成果规范了专业档案的管理工作流程，建立了各类专业档案的管理结构模型，搭建了通用的专业档案资源收集、归档、管理平台架构，可以支持不同门类的专业档案资源的有效管理和控制，提供跨平台的资源管理与共享服务，确保专业档案收集的完整性、准确性，管理的科学性和利用服务的便捷、广适性。

电子文件接收和电子文件中心建设需求研究

完成单位：天津市档案局、上海中信信息发展股份有限公司

主要完成人：方昀、杨安荣、林学奇、冯英、仇伟海

该课题依据OAIS参考模型的概念，从电子文件管理的流程入手，设计完整的电子文件收集归档、接收、存储、利用的数据流模型，实现数字档案信息的完整保存。项目成果实现了数字信息从一种媒体或格式到另一媒体或格式的移植、信息表示的数据模型、信息保存中软件的作用、档案系统之间数字信息的交换等。同时，确立各个档案功能内部和外部的接口，以及一系列在这些接口之上的高层服务。确定围绕OAIS进行档案存储（生产者）、管理（管理者）和利用（消费者）各个角色的具体分工，理顺电子文件管理各个环节具体功能和应负的责任。

基于知识管理的数字档案馆建设研究

完成单位：天津工业大学

主要完成人：韩海涛、陈静、刘东、刘玉兰、冯继成

该课题应用知识管理的理论，结合数字档案馆建设的实践，概述了数字档案馆知识管理的定义与

特征，论述了数字档案馆知识管理的主要内容，设计了基于知识管理的数字档案馆的构建原则、基本架构、系统的组成、系统的功能，并从硬件建设和软件建设两个方面来研究基于知识管理的数字档案馆的实现机制。成果提出了目前基于知识管理的数字档案馆的三种服务模式：用户自助服务模式（用户—→档案馆）、个性化服务模式（档案馆—→用户）和专业化服务模式（用户←→档案馆）。

基于ECM模型的企业数字档案馆建设研究

完成单位：上海市电力公司

主要完成人：潘博、廖怀庆、林东明、陈雪萍、赵蓓芳

该课题深入研究上海市电力公司信息化现状，通过四个维度的对标分析，提出了现代企业数字档案馆的实施方案，设计了企业数字档案馆的管理模式、技术架构和流程体系，在企业内部利用档案融合各业务系统信息，形成全景化的档案展示形式，为企业档案的生命力提升提供了有益借鉴，并通过知识管理，为企业领导决策和管理提供更有价值的信息。

自动识别与信息采集技术在数字档案馆中的应用研究

完成单位：河南省郑州市档案局

主要完成人：石华、郝伟斌、关京红、李云豪、李永强

该课题系统研究了二维条码技术、磁卡识别技术、生物识别技术、光学字符识别技术（OCR）、射频技术（RFID）等自动识别与信息采集技术在数字档案馆中应用的可行性及其具体实施方案，因时制宜，综合应用，具有一定的技术前瞻性。相关成果在郑州市数字档案馆项目建设中得到了应用，提升了档案管理现代化水平，取得较好的经济和社会效益，也为其他地市档案信息化建设尤其是数字档案馆建设提供了重要参考。

黑板粉笔字迹档案保护研究

完成单位：陕西省档案保护科学研究所、国家档案局档案科学技术研究所

主要完成人：李玉虎、单晓娟、陶琴、王建库、陈菲

该课题利用高分子材料与无机纳米材料混合，高分子材料能使粉笔字迹渗透结膜，无机纳米材料能提高涂膜的稳定性与附着力，两者形成的加固剂在黑板粉笔字迹上渗透结膜加固，使耐久性差的黏附型粉笔字迹变成耐久字迹，无机纳米材料产生漫发射作用能消除高分子材料产生的光泽，使加固后的黑板保持原貌。该项目成果为乙基纤维素正丁醇溶液和纳米二氧化硅乙醇溶液的混合液作为粉笔字迹档案的加固保护剂，不仅能保持粉笔字迹档案的原貌，显著提高其附着力，而且黑板粉笔字迹耐候性、耐水性、耐污染性等均显著提高。

军队档案保护的规范体系建设研究

完成单位：解放军南京政治学院上海分院

主要完成人：彭远明、盛立德、范敏、童效平、于成志

该成果的信息内容、系统架构、技术方案、应用情况均属于保密范围。

档案科研工作概论

完成单位：河南省档案局

主要完成人：方婷、李宝玲、张予宏、王建祥、张晓培

该书作者立足河南省档案科研工作实际，在深入调查研究的基础上，深入阐述了档案科研工作的基本理论、档案科研选题、档案科研文献的检索与利用、常用档案科研方法、档案科研应用文的撰写和档案科研管理的任务与内容等。本书是集理论、方法、程序、操作于一体的指南性手册，指导档案专业及图书、情报科研工作的一本工具书，也是大中专院校、档案专业学生学习研究的参考资料。

（景振华　纪秀英）

2012年度全国档案科技管理暨科技成果推广会议

为总结“十一五”以来档案科技工作取得的成绩和经验，进一步促进档案科技工作的开展，提高档案科技成果应用水平，2012年11月14—15日，在广西柳州召开了2012年度全国档案科技管理暨科技成果推广会议，参加会议的有各省、自治区、直辖市档案局科技管理或科技成果推广部门负责人，还有各计划单列市、副省级市档案局，新疆生产建设兵团档案局，总参办公厅保密档案局科技管理部门或科技成果推广部门负责人。

2012年度全国档案科技管理暨科技成果推广会得到国家档案局领导和当地政府、档案部门的关注和支持。广西壮族自治区党委副书记秘书长林怀勇到会并致辞，广西壮族自治区柳州市领导、柳州市档案局局长到会并讲话，国家档案局副局长李和平

对“十一五”以来档案科技工作取得的成绩和经验进行了总结，就进一步促进档案科技工作的开展，提高档案科技成果应用水平，提出了要求。

会上有8名代表分别作了“档案馆安全风险评估办法的研究与应用”、“档案数字化成果质检体系暨系统研究”、“网络信息资源归档与利用平台建设研究”、“数字档案信息异质备份策略与技术应用研究”、“档案缩微扫描一体机应用研究”、“档案馆智能馆库系统研究”、“数码照片档案管理模式研究”、“集成式数字档案室建设策略研究”的典型发言。

国家档案局技术部副主任黄丽华，就如何做好档案科技管理工作进行了业务培训。

（纪秀英）

数字档案馆评估指标体系表制订工作

2010年国家档案局印发的《数字档案馆建设指南》明确了数字档案馆建设工作的原则、内容、技术要求、安全保障等核心内容，在该文件指导下，全国数字档案馆建设工作正有序推进。但实际建设工作中仍存在建设规划不长远、系统功能需求不明确、技术选择不到位、系统建设定位偏差大等问题，为进一步规范全国省、市、县数字档案馆建设工作，全面检查数字档案馆建设规划和《数字档案馆建设指南》执行情况，客观评价各地数字档案馆发展状况，加强数字档案馆宏观管理，全面提升数字档案馆建设水平，引导数字档案馆建设向更高、更好的方向发展。经过调研及准备工作，国家档案局技术部决定开展“数字档案馆评估指标体系表”的制订工作。

2012年初，国家档案局技术部在北京召开了数字档案馆评估指标体系制定工作组会议。会上说明了“数字档案馆评估指标体系及评分细则（草案）”的工作思路、各项内容设置的原因，并对下一步工作分工提出了要求，具体工作由信息化推进处负责。

数字档案馆评估拟分6个方面：第一部分，硬件、平台与基础软件配备。第二部分，管理系统功能实现。第三部分，数字档案资源建设。第四部分，保障机制建立。第五部分，安全体系建立。第六部分，数字档案馆服务绩效。会议制订了工作时间表：2012年初至7月，信息化推进处通过传真、电子邮件、网络、电话等方式同北京、天津、吉林、辽宁、上海、浙江、江西、核电集团、航空工业等档案专家沟通联系，收集、整理、汇总数字档案馆评估指标体系相关材料。8月召开专家会，讨论形成《数字档案馆评估指标体系表（初稿）》，共5个部分，分设一级指标、二级指标，指标要求、评分细则、评估方式等内容。10月，信息化推进处组织有关专家到青岛等数字档案馆工作比较成熟的地区进行调研和工作座谈，重点针对基础设施、系统功能、资源建设、安全保障、绩效等内容进行进一步梳理、细化。12月面向全国副省级以上档案局馆广泛征求意见，将根据部分反馈意见对《数字档案馆评估指标体系表》进行修改。

（冯剑波）

档案信息系统安全等级保护工作

公安部2010年、2011年先后两次对国家档案局中央档案馆和档案行业计算机信息系统安全等级保护工作（以下简称“等保工作”）进行检查，并提出了建议。2月14日，国家档案局副局长李和平召集技术部、档案馆（室）业务指导司和信息中心的有关同志召开协调会议。会议决定，由技术部承担全国档案行业信息系统安全等级保护工作，信息化推进处负责具体工作。

按照工作部署，2012年9月在江苏组织召开全国档案信息系统安全等级保护工作大会，副省级以上档案部门信息安全等级保护分管领导和联络员共计70余人参加。会议邀请公安部专家对安全等级保护国家政策、法规、标准、经费等档案部门关注的问题进行了详细解读。

国家档案局局长杨冬权出席了全国档案信息系统安全等级保护工作大会并作重要讲话，他在讲话中对档案部门重视和开展等保工作提出了明确要求。

一是提高认识，加强对档案信息系统安全等级保护工作的领导。对信息系统实行安全等级保护是我国加强信息安全保障的一个重要制度。党中央、国务院非常重视这项工作。公安部把档案行业列为全国开展信息系统安全等级保护的54个重点行业之一，并在最近的三年里，先后3次对国家档案局中央档案馆和档案行业的等级保护工作进行检查，并提出建议。档案部门一定要高度重视档案信息系统安全等级保护工作，提高开展档案信息系统安全等级保护工作重要性的认识。要做到不安全，宁不建；凡已建，必安全。

二是贯彻国家政策和标准，认真开展档案信息系统安全等级保护工作。公安部会同有关部门制定了信息安全等级保护的管理办法、基本要求、定级指南等30多项有关规定、办法与标准。各级档案部门要认真学习国家有关政策、规定和标准，积极开展档案信息系统安全等级保护工作。一要认真调查，摸清家底。二要区别对待，准确定级。三要按照国家标准，完善整改措施。

三是建立长效机制，提高档案信息系统安全保障能力。档案部门必须把确保档案信息系统安全当作一项长期而艰巨的重要责任，建立长效机制，确保档案信息系统管理“四到位”。一要加强领导，责任到位。二要加强教育，宣传到位。三要提高技术，防范到位。四要建章立制，执行到位。要始终牢记“为党管档、为国守史”的神圣职责，通过档案信息系统安全等级保护工作的开展，把全国档案信息系统的安全防护能力提高到一个新的层次。

会议还对《档案信息系统安全等级保护定级工作指南》进行了讨论，征求了意见。

（冯剑波）

电子档案接收和长期保存系统建设试点工作

根据《国家电子文件管理工作规划（2011—2015年）》和《关于开展电子文件管理试点工作的通知》文件精神及要求，国家电子文件管理部际联席会议办公室启动了国家电子文件管理试点工作。国家档案局牵头承担了“国家电子档案接收和长期保存系统建设试点工作”，负责电子档案接收和长期保存系统建设、规章标准制定、系统试点部署实施，并以项目形式向国家发展与改革委员会申请资金。技术部信息化推进处完成了方案撰写，按照项目工作要求进行评审、申报。

7月，在福建召开电子档案接收和长期系统建设试点工程启动会，参与电子档案接收和长期保存试点工作的上海等6省市档案局馆及参与电子文件全程管理试点工作的天津等5省市档案局馆共50余名代表参加会议。会议的主要任务是，启动“国家电子档案接收和长期保存系统建设试点工程”工作，明确试点分工及要求，部署试点工作任务；对《电子档案接收范围、数据构成要求》《电子档案移交接收和长期保存工作流程》《电子档案接收和长期保存系统功能需求》等文件，进行研究和讨论。国家档案局副局长李和平出席会议并讲话。她在讲话中指出，本次试点工作在全国具有重要的示范作用，是首次从国家层面安排重大项目来提升电子文件、电子档案的管理水平，对于在实践中探索电子文件、电子档案管理的规律，形成更加科学、全面的认知和管理方法，推动国家电子文件、电子档案管理水平提升，具有重要意义。她要求，试点项目一是在国电联办、国家发改委等部门的统一领导和协调下，按照电子文件管理试点工作的总体要求，开展工作。二是在试点单位部署、组织开发的电子档案接收和长期保存系统，进行试点应用工作。各试点单位在思想上高度重视，积极工作，把它做深、做细。一要加强组织协调。二要争取多方支持。三要发挥专家作用。四要借鉴外部力量。

试点项目经发改委、财政部批复后，完成了项目公开招标工作，同中标单位及项目监理单位签订业务合同，并陆续完成系统需求方案、规章标准制订需求、技术规范制订需求、辅助工具软件开发需求等前期工作。

（冯剑波）

2012年中央档案馆库房温湿度调控工作

中央档案馆一二号楼档案库房空调系统改造及控制平台升级项目是中央档案馆2011年重点工程，在2011年工作的基础上，调控处2012年继续做好扫尾工作，从9月份开始准备验收材料，于10月17日在西山召开由设计、施工、监理、馆局有关部门负责人、空调与档案保护方面的专家参加的验收会，经过详细的情况介绍、现场察看、档案检查等步骤，项目通过了验收。验收会结束后，技术部将有关情况向馆局领导进行了汇报，按照领导指示，技术部又敦促施工单位对系统进行进一步调试，对温湿度巡检系统和电动阀门等设备进行完善，并升级了电锅炉的控制系统，提高了系统的运行可靠性和控制精度。

在冬夏季设备运行前的过渡季节，调控处组织对一二号楼的空调机组进行全面细致的检修，更换老化零部件，检查并排除安全隐患，每天都注意收听天气预报，结合检测数据随时开启新风机组，提高库房内的空气质量。设备运行过程中，每天至少巡视机房一次，发现问题及时处理。在北配电站改造过程中电缆接线错误，导致三台风冷热泵机组均发生损坏后，21台压缩机仅有8台能正常运转的情况下，每天值班的两名同志加强巡视和维护工作，确保设备安全，保证档案的安全保管环境。认真组织运行值班工作，保证两人随时在岗并认真巡视，发现问题及时处理，全年加班值班400余人次。每周不少于两次进入库房监测温湿度情况，与温湿度巡检系统进行对照，分析数据，总结经验，确保调控效果的同时尽量做到节能运行。调控处还对以往的温湿度记录进行整理，装订成册供查阅和分析使用。

按照应急预案的要求对一些突发事件进行有效科学的处置。

7月21日北京突发暴雨灾害，调控处的同志在巡视中发现二号楼东侧机房发生了雨水倒灌影响设备安全的险情，由于采取措施及时，险情很快得到控制。12月31日因天气寒冷，导致中央档案馆锅炉房和空调机房均发生了管道冻裂的情况，发现情况后调控处马上进行断电处理，防止意外再次发生。

（徐小舟）

2012年中央档案馆保护技术工作

2012年，国家档案局中央档案馆技术部保护技术处积极响应馆局“管理提升年”的号召，努力提升保护技术工作管理水平，组织起草了《保护技术处职责（2012）》《关于在档案数字化工作中加强档案保护若干事项的报告》《纸质档案修复一般流程》《消毒器基本操作流程》《档案巡检基本流程》《档案目录装订工作流程细则》等规章制度。围绕馆藏档案保护、馆藏档案数字化工程、中共中央文件选集编辑工程、中央国家部委档案接收、档案宣传展览等工作，优质高效地开展各项业务工作，完成消毒任务21批次，库房巡检13次，修复任务2046件，任务装订907册，保障了馆局重点工作的顺利完成。另外，还对31所洞库库房各种载体保存情况进行了检查，对其中1200卷胶片进行了倒片工作，对醋酸胶片库1947盒胶卷更换了除酸纸，并通过对胶卷盒内部气体pH值抽查测试，确认了在胶片盒内放置除酸纸对于防治“醋酸综合症”具有明显的效果。保护技术处党支部组织开展了参观“中国非物质文化遗产保护成果展览”、参观中国第一历史档案馆和故宫修复工作、参观“贯彻落实科学发展观大型图片展”等一系列活动，通过开阔视野、增进交流，增强了职业荣誉感和职业自信心，坚定了做好档案保护工作的信念。

（赵鹏）

2012年中央档案馆缩微复制工作

2012年，国家档案局中央档案馆技术部缩微复制处根据中央办公厅领导和馆局领导关于加强档案异质备份工作，保证档案安全的多次指示要求，正式启动中央档案馆藏数字档案信息转存缩微胶片（简称“数转胶”）工作。

认真做好数转胶的实验工作。在实验准备阶段，缩微复制处工作人员认真向技术专家学习设备操作方法，尽快熟悉数转胶工作的工作流程，并在工作中注意各种细节。在调查研究阶段，注意针对数转胶工作可能存在的各种问题，搞好调查研究。例如，关于数转胶工作的人员配置、工作进度等问题，缩微复制处于4月赴南京军区档案馆、中国第二历史档案馆、江苏省档案馆、上海浦东档案馆等单位进行专题考察调研，不仅了解了许多关于数转胶工作的先进经验和重点难点问题，也进一步加深了做好数转胶工作的认识。在充分调查研究的基础上，认真完成了考察调研报告，不仅反映了考察的重点问题，也结合中央档案馆数转胶工作进行了思考，提出了一些可行的合理化建议，为中央档案馆数转胶工作下一步正式开展打下了良好的基础。随后，缩微复制处按照国家档案局制定的有关数转胶工作标准，结合中央档案馆实际，专门制定了数转胶工作相关的各种管理办法，包括《数模整合系统工作流程》《数字存档机设备操作流程》《数转胶工作保密规定》等。

在充分做好数转胶实验工作和各种前期准备工作的基础上，在馆局领导和技术部领导的指挥下，缩微复制处于8月17日正式启动了数字档案转缩微胶片工作，当日国家档案局局长杨冬权和国家档案局副局长李明华亲临数转胶现场指导工作，对如何开展好数字档案转缩微胶片工作作了重要的指示，杨冬权还亲笔签字，授权缩微复制处正式开展第一批（国家人口计生委）数字档案转缩微胶片工作。到2012年底，已完成第一批（国家人口计生委）和第二批（国务院特区办公室）数字档案转缩微胶片工作，正进行第三批数字档案转缩微胶片工作，在此过程中共进行数据打包3348件，数据校对77500余页，打印输出75000个画幅，冲洗62盘胶卷。

8月，技术部还在吉林省长春市召开数字档案转缩微胶片工作操作规程座谈会，全国档案系统共30多位相关方面专家参加了会议。召开此次座谈会的目的是为了学习、交流和总结全国档案系统在开展数字档案转缩微胶片工作中所取得的各项经验，推动全国数字档案转缩微胶片工作不断深入发展。国家档案局副局长李和平对开展数字档案转缩微胶片工作十分关心，专门指示要把这个会开好。座谈会上，有7位代表就数字档案转缩微胶片工作的操作规程、前处理工作、质量控制、安全保护、应用前景等问题作了发言，其他与会代表在会议召开过程中也积极参与讨论发言，大家认为此次座谈会召开很及时、很必要。最后，中央档案馆技术部主任付华作了总结发言，他认为此次座谈会收获很丰厚，不仅对数字档案和胶片档案的特点作了分析比较，也对数字档案转缩微胶片工作中一些问题作了分析讨论，这些对于推动全国数字档案转缩微胶片工作有积极作用，对于加强全国档案安全体系建设也具有重要意义。

认真做好仿真复制工作。2012年，缩微复制处承办的各项仿真复制工作仍然十分艰巨，很多批件都是馆局领导直接指挥，要求又好又快的完成。例如，5月，上级领导要求做好毛主席馆藏书画的有关扫描工作，杨冬权、李和平、杨继波还亲临现场一线进行视察指导，对做好该项扫描工作提出了许多重要指示。最终完成扫描画面120幅，并刻录数据光盘7张。在认真完成内部批件的同时，也认真完成各项外部批件。例如，8月，国务院办公厅为举办展览给中央档案馆的急件中，要求在限定时间内快速完成所提档案的仿真复制工作。这个批件中，既有中央档案馆的档案，也有国务院办公厅自己的档案，而且档案的数量还非常多，缩微复制处与国务院办公厅档案处以及保管部、利用部等部门共同努力，协调一致，在限定的时间内保质保量地完成了仿真任务。2012年，共完成仿真复制件1700余页(张)，刻录数据光盘37张。其中重庆璧山档案馆294页、浦东干部教育展150页、全国政协27页、工商时报16页、安徽省档案馆68页、上海虹口档案馆41页、西藏自治区档案馆51页、四川双流档案馆13页、北京市昌平区档案馆18页、船舶重工集团档案馆14页、福建省档案局27页、黑龙江省档案局53页、国务院秘书局280页、广东省档案局171页、纪念中国共产党成立90周年档案资料展览162页、北京卫视3页、保管部12页等。此外，还制作《毛主席小学作文》仿真件共1600余张。

（蔡学美）

总参谋部办公厅保密档案局机要收发室信息化改造

为贯彻落实总参首长关于“要在及时快捷、安全保密的前提下，尽职尽责地为军委、总参首长和机关做好文件收发、传递保障工作”指示精神，确保党中央、中央军委政令军令畅通，2012年5月28日，保密档案局在前期到军地有关单位进行调研基础上，提出了加强机要收发室信息化建设改造方案，采取为每辆机要通信车安装保密柜、车载电话、配备警棍等器械装备措施，加强对核心秘密载体管控和机要通信保密安全，并将《方案》上报办公厅。2012年6月1日，宋新斌副主任在《关于收发室改造工程付款事》上批示：“呈吉主任审示。建议由管理处协助审核，列专项经费开支。”2012年6月4日，吉文明主任在保密档案局呈报的《关于收发室改造工程付款事》上批示：“抓紧建设，保证质量。”经过5个多月施工，于11月底全部竣工，建成智能化机要文件收发管理技术平台，分阅处理文件资料1.5万件近50万份，做到了及时准确、安全保密。

（总参谋部办公厅保密档案局）

总参谋部办公厅保密档案局组织开展军队科研与标准化工作

2012年度组织全军13个大单位的档案部门对《军旅营三级指挥体制下档案管理工作研究》等18个新上项目和《军队电子文件保存问题研究》等12个续研项目进行研究，实施了《中国领海维权档案信息整合研究及实践第一期：南海》等3项档案信息专题数据库建设，并有针对性地开展了《军队档案信息系统设计要求》等2项国家军用标准的制定。

（总参谋部办公厅保密档案局）

上海市档案局多项课题通过评审

2012年1月6日，上海市档案局组织专家对上海理工大学和上海中信信息发展股份有限公司联合承担的《上海理工大学档案信息综合管理系统》课题进行鉴定。鉴定会由课题鉴定委员会主任委员朱小怡（华东师范大学档案馆馆长）主持，上海交通大学信息安全工程学院高级工程师刘冬生、上海大学档案事业发展研究中心教授张大伟、同济大学教授吴永明、上海大学图书情报档案系教授金波等4名委员听取了课题组所作的工作报告、研究报告、技术报告和用户使用报告，审阅了研制文档，经过质询、讨论，认为该系统功能齐全，基本涵盖档案实体和信息管理的全过程，实用性强，满足了用户的需求，并具有很强的扩展性，将学校业务系统和办公自动化系统数据整合到档案系统中，方便了系统用户的管理，有利于各种数据的归档，方便了档案的利用和档案信息的共享。

2012年2月28日，“同济大学馆藏档案数字化加工一期项目”通过国家档案局、教育部及市档案局专家的验收。在实地察看、观看演示、质量抽查等环节后，专家们一致认为，项目建设质量达标，数据挂接准确，同意通过验收，并建议该校将成果尽快投入使用，早日建成数字档案馆。

2012年3月12日，市档案局和金山区档案局承担的《集成式机关数字档案室建设的策略研究》、上海大学图书情报档案系承担的《流失海外重要档案文献追索研究》等两项国家档案局立项的科研项目通过国家档案局组织的评审。专家经过评审认为这两项课题分别对规范机关数字档案室建设以及追索流失海外档案文献具有较强的理论和应用价值，一致同意通过评审。

2012年12月6—7日，在国家行政学院召开的“2012（第七届）中国电子政务论坛”上，浦东新区档案局申报的“上海市浦东新区档案局档案异地服务解决方案——浦东新区档案区域协同分级管理系统”案例获得2012年中国电子政务最佳实践技术应用类提名奖。“系统”是在档案管理信息化的基础上，构建新区统一的档案资源管理体系和分层服务体系，建立新型的基于政务外网的档案区域协同、分级管理和信息共享的机制。旨在逐步实现档案基本公共服务均等化，进一步提高新区档案管理、服务和利用水平。

（上海市档案局）

湖南湘潭市档案局成立档案数据中心

2012年6月20日，湘潭市档案数据中心正式挂牌成立，国家档案局副局长李明华，省档案局局长黄美春，湘潭市委常委、市委秘书长谈文胜，湘潭大学党委书记肖国安为数据中心揭牌。

湘潭市档案数据中心是湖南省第一家档案数据中心，是档案工作顺应经济社会发展和满足人民群众需求的创新举措。其主要职责是负责编制档案数据收集范围和内容；负责开展档案数据的接收审核、传输、处理等工作；负责指导各有关单位（组织和个人）建设档案数据中心，开展档案数据采集、收集和移交等工作；负责接收档案数据的安全工作；负责档案数据的发布和查阅利用；负责建设、开发、应用、推广、维护档案数据存储空间、利用交换平台和服务平台。中心将通过对档案资源标准化、数字化、信息化、网络化处理，有效解决档案信息“孤岛”问题，真正实现信息共享共用，为区域内各单位、企业和广大市民提供方便、快捷、高效的档案资讯网络服务。

（左晶）

2012年度获地方各级科委、档案行政管理部门科技成果奖介绍

北京胡同档案史料挖掘整理与开发利用研究

北京市档案科技优秀成果一等奖

完成单位：北京市档案局（馆）

主要完成人：刘苏、王兰顺、冯其利、于晨、方立霏

该课题选用独特的切入点，突破传统的档案工作为历史学、民俗学等相关学科提供原始资料的工作模式，利用档案馆的丰富档案资料，将胡同档案史料与社区文化建设相结合，直接参与举办三个街区的历史文化展，编印一部胡同档案参考工具书，印制展览图集，协助拍摄电视专题片《老胡同的述说》等。回顾胡同展的来历、效果，总结胡同展的模式、作用、特点和意义，提出举办胡同展的方法和原则等。

家庭档案为民生建设服务的研究

北京市档案科技优秀成果二等奖

完成单位：北京市海淀区档案局

主要完成人：王京彦、莫红涛、沈轩、张海英、傅小葳、马守正

该课题在问卷调研和实地调研的基础上，经过梳理和归纳，进一步揭示家庭档案的内涵，较系统地阐述家庭档案的主要特点以及建立家庭档案的意义。通过家庭档案的个案分析，指出了目前开展家庭档案管理工作中存在的问题，提出了档案行政管理部门对家庭档案工作的服务思路。构建了家庭档案理论体系，明确家庭档案工作原则，提出服务家庭档案建设的设想。课题成果之一的“家庭档案内容分类表”具有可操作性。

新形势下村级档案管理联动工作机制研究

北京市档案科技优秀成果三等奖

完成单位：北京市怀柔区档案局

主要完成人：李德才、张林东、于海青、常瑛、温玉顺

该课题通过对建立区县村级档案管理“联动机制”的必要性进行系统的论证，系统阐述“联动机制”主要特征和运行要素。课题提出村级档案管理工作“联动机制”的理念，提出新时期加强村级档案管理工作的思路，对进一步推动北京市村级档案管理工作，具有一定的理论和实践指导作用。

北京市房屋登记档案规范管理及体系建设研究

北京市档案科技优秀成果三等奖

完成单位：北京市房屋权属登记事务中心

主要完成人：王荣武、田卫华、赖俊峰、赵丽萍、滑丽

该课题的研究成果进一步明确房屋登记档案的概念内涵，系统说明北京市房屋登记档案的主要特

点和管理的现状，揭示房屋登记档案管理中存在的问题，有针对性的提出北京市加强房屋登记档案规范管理所应采取的对策。课题针对房屋登记档案的难点问题进行了研究，建立房屋登记档案鉴定机制，明确房屋登记档案保管期限，提出北京市房屋登记档案规范化管理的发展思路。

（北京市档案局史志办）

数码照片档案知识管理模式的研究与实践

辽宁省档案局优秀科技成果奖特等奖

完成单位：大连市档案局

主要完成人：孔祥维、霍云福、郭艳卿、付海燕、周刚、王静洁、赵丽清、王欣宇、韩长虹、王波、杨秀丽、何川、牟桂云、蒋耀辉、石险峰、赵京京、邹学波、丛晶、王飞、郭磊、王越

该项目是在现有的照片档案管理方式、管理手段都已落后于技术发展，照片管理成为档案行业的薄弱环节的形式下，介绍研制开发的集数码照片文件底层信息嵌入技术、人脸识别技术和场景识别技术于一身的照片档案管理系统的研究内容和核心技术方法。实现了知识化管理，使整个系统具有极强的先进性。同时开发的应用软件实现了照片档案收集整理方便、著录方法灵活、管理手段实用、利用渠道多样的突破。该应用软件于第十届软交会上正式推出，得到参会者与众多媒体高度关注，为照片档案管理带来革命性的变化。

城建电子档案管理模式研究与实践

辽宁省档案局优秀科技成果奖一等奖

完成单位：沈阳市城市建设档案馆

主要完成人：赵晖、王玉芝、汪茜、郭丽英、侯旭、金璐、李阳阳、杨贞、何彩云、刘宗昊、李宁、于倩、纪平、李科、王嘉、侯雁斌、唐春雪、王美、安妮

该课题在研究国内外建设电子文件、电子档案管理的成果基础上，系统地阐述了城建电子档案接收与管理的基础理论、基本原则及主要问题，结合沈阳市城建电子档案归档管理的实践，介绍了相关标准体系和技术规范建设的情况，总结了可操作性的实际工作流程，并将研究内容拓展到应用技术领域，通过对电子签名、加密算法、存储、备份、信息安全各项技术方案的比较分析，鲜明地提出现阶段适合大中型城市城建档案管理的整体方案。

档案专用调卷车的研制

辽宁省档案局优秀科技成果奖一等奖

完成单位：沈阳市档案馆

主要完成人：荆绍福、许光明、徐卫红、王庆伟、赵晖

该项目研制的“档案专用调卷车”是，根据档案工作的实际需求设计制作的专用档案运输设备，主要用于档案的接收、利用、数字化、抢救等工作环节。通过论述档案专用调卷车的研制意义，主要结构和制作工艺，全方位展现出设计者的思想理念。该项目将成果应用于实践，迅速在沈阳市档案馆和沈阳市基层档案管理部门推广，经过实际应用，使用部门对专用调卷车的产品性能和产品质量给予充分肯定。

名人档案在地域文化建设中作用模式研究

辽宁省档案局优秀科技成果奖一等奖

完成单位：营口市档案局

主要完成人：张冰、夏志坤、葛伟、杨爱晶、刘翔、郭颖、孟林、樊华荣、王纪元、刘晓燕、龚思凝

该项目以更好地发挥名人档案作用为地域文化建设服务为目标，以营口文化名人馆创办经历为模式，阐述名人档案与地域文化的关系，名人档案建立与管理现状，并以营口市档案馆建立文化名人馆的有效尝试进行实例说明，对档案馆建立名人馆的可行性和必要性进行总结分析尸数据明晰，论述详实。

城市建设类电子文件归档平台的建立与研究

辽宁省档案局优秀科技成果奖一等奖

完成单位：辽阳市城市建设档案馆唐山永进科技有限公司

主要完成人：赵毅、张明伟、薛辉、李红一、廖英华、邹清杰、张扬、窦文岐、宋洪冰、王健、徐娜、杨树立

该项目以加快馆藏档案的数字化进程为基础，以电子文件的归档和管理为重点，从影响建设电子文件归档的因素分析与对策等多方面着手，研究建设电子文件编制指导、接审核、移交管理、开发利用、技术维护等多环节：努力构建信息化服务平台，并取得突破性成果。通过平台搭建，开创了辽阳城建档案工作新局面。

基于SWOT分析法的朝阳地区综合档案馆发展研究

辽宁省档案局优秀科技成果奖一等奖

完成单位：朝阳县住房和城乡规划建设局

主要完成人：杨杰、郝艳华、东晓华、任兵、王丹、赵浩然、卢治史群、房磊、张颖

档案馆的发展对于档案事业的进步有着直接的影响，研究档案馆的发展趋势可以从实体角度作以具体分析。该项目试图运用SWOT分析法，对朝阳地区八个综合档案馆展开研究，重新探讨朝阳地区综合档案馆的发展模式，分析与探索档案馆所面临的机遇与挑战，制定出适用于朝阳地区的可行性发展策略。

医疗档案与健康档案信息共享研究

辽宁省档案局优秀科技成果奖一等奖

完成单位：中国医科大学附属盛京医院

主要完成人：赵丽清、郭启勇、王大南、焦健、高兴、王彬、全宇、任丽静、马宏

该课题将我国医疗信息化系统应用与国外发达国家相比较，阐述了医疗档案与健康档案信息资源共享是社会发展的必然。提出当前医疗档案与健康档案信息共享建设现状及存在问题，从用户角度和需求角度对医疗档案与健康档案信息共享进行分析，研究制定了医疗档案与健康档案信息共享系统架构。研制的系统已在二级甲等以下医院实际应用，解决了医院条件差、边远地区群众无法享受高水平、高技术医疗专家诊治的问题。

流失海外的珍贵历史档案的调查、追索与整理研究

辽宁省档案局优秀科技成果奖一等奖

完成单位：辽宁大学历史学院、沈阳市档案局

主要完成人：赵彦昌、徐丽萍、邵明霞、陈婧曙、陈聪、李晓光、李兆龙、耿硕

该项目对流失海外的甲骨档案、简帛文书、敦煌文献、吐鲁番文书、黑水城文献、明清档案、民国档案等进行系统研究，对流失的原因、经过、具体分布以及编纂整理情况尽可能详细阐述，并在此基础上总结我国各级档案馆在追索流失海外近代档案方面的实践，以期促进我国境外档案征集工作的深入开展。

基于防洪安全电子档案管理的综合分析决策体系的研究

辽宁省档案局优秀科技成果奖一等奖

完成单位：柴河水库管理局

主要完成人：白凌、李丽华、刘宁、陈桂贤、姜延延、翟素静、王兆平、李霞、扬淑霞、陈斌、马秀明

该项目针对防洪安全电子文件没能及时归档的现状开展研究，剖析了防洪安全电子文件信息管理中存在问题，以现有防洪电子文件管理规模为基础，运用系统原理，经过多次科学论证，重点研究和解决了柴河流域防洪安全电子文件归档管理与防洪信息的实时监控管理、防洪调度、兴利调度等问题，建立防洪指挥部领导下的防洪档案文件专题类别，使其符合了防洪工作自身向科学化管理发展的客观要求。

辽宁省高校档案工作考核评估之实践研究

辽宁省档案局优秀科技成果奖二等奖

完成单位：辽宁省教育厅、大连大学，大连理工大学、大连海事大学、大连理工大学

主要完成人：顾成昕、于洪江、尉洪光、朱正健、林桓、宋平、柳英娜、戴红、张敬

该项目从辽宁省教育厅对全省高校档案工作实行分行业管理的实践入手，探索出高校系统档案管理的主要思路和操作程序。出台了《辽宁省高校档案工作考核评估办法》等，建立了辽宁省高校行业内档案工作考核评估体系，创新了高等学校基层档案工作持续发展的激励机制，填补了我国高等学校档案工作考核评估体系建设的空白。

新形势下档案行政处罚裁量基准研究

辽宁省档案局优秀科技成果奖二等奖

完成单位：大连市档案局

主要完成人：王云杰、赵明英、宋敬月、许正、杨秀丽、王戴红、顾成昕、刘放鸣、张兴星、宋欣玉

该项目通过仔细研究国家相关档案法律法规、借鉴其他部门的经验，从档案的价值、数量、危害程度以及当事人有无主管过错等多方面，细化了档案行政处罚的裁量阶次，不同的违法行为处以不同额度的罚款，对促进档案行政管理部门公平公正执法、维护行政管理相对人的利益具有重要意义。

高校档案编研发展策略的研究

辽宁省档案局优秀科技成果奖二等奖

完成单位：大连市档案局

主要完成人：刘放鸣、宋世叶、许正、邵毅豪、张正军、王云杰、宋敬月、白晓红、杨晨岑

该课题针对高校档案编研的现状，在积极响应中共中央关于深化文化体制改革推动社会主义文化大发展大繁荣的大背景下，结合新一代数字技术和信息服务发展的实际，提出了新一代高校档案编研的功能定位、编研中应把握的两个基本问题和具体

发展策略。详细阐述了实现新一代高校档案编研发展策略的具体建议，揭示了档案编研成果的应用前景和发展方向，目的是为高校档案编研下一步发展提供决策参考，为高校档案事业的快速发展提供支撑。

新形势下企业档案工作发展对策研究

辽宁省档案局优秀科技成果奖二等奖

完成单位：大连市档案局

主要完成人：韩亚滨、姜丽清、肖丹、张丽丽、王丽、高日芬、柳彩霞、顾成昕、吕翠娥、杨秀丽、牟桂云、刘放鸣、庚泽巍、邓连

该项目深入分析了当前企业发展内外部环境变化给企业档案工作带来的挑战，紧密结合大连市的企业档案工作实际，针对当前大连市企业存在的各类档案工作发展不平衡等现象，在档案学最新理论和企业知识管理等最新理论的指导下，借鉴国内外企业档案工作实践中已取得的先进经验，提出了建立健全企业档案工作制度体系、完善企业档案工作管理机制和选择适合企业档案工作管理模式的具体方案。对加强新形势下企业档案工作“三大体系”提出了具体对策，对积极推进企业档案信息化建设提出具体要求，为提高大连市企业档案工作整体水平提供借鉴。

城市记忆与档案资源建设关系研究

辽宁省档案局优秀科技成果奖二等奖

完成单位：大连市档案局

主要完成人：孔晶、严朝虹、冯静、吕翠娥、王云杰、张正军、赵明英、宋敬月、蒋耀辉、王学毅

该项目通过广泛调查研究，深入阐释了城市记忆与档案资源建设的关系，总结了档案资源建设存在的问题，详细介绍了城市记忆的由来、发展特点及研究现状，对城市记忆与档案资源建设关系进行透彻分析。并就如何以城市记忆为载体，长久推进档案资源建设作前瞻性论述。通过“大连城市记忆工程”尤其是境外征集工作，论述推动档案资源建设具体的方式方法。

农村档案信息资源共享常态化管理模式研究

辽宁省档案局优秀科技成果奖二等奖

完成单位：鞍山市档案局

主要完成人：朱雪音、王一鸣、滕玲、张文彦、白久红、吕文杰、刘蔓、李姝、单丽静、李丹、朱蕾、李晓冬、王晓晨

该项目实现农村档案信息资源共享常态化管理的基本架构，建立农村档案信息资源共享管理系统。探讨摸索出一条既具有鞍山特色，又适合档案部门发展推广的农村档案信息资源共享常态化管理模式之路。系统部署在各县（市）、区档案局（馆），并由各县（市）、区档案局（馆）负责系统的日常管理和维护，而镇（乡）、村有关部门和人员可根据相应的授权进行访问，并将本镇（乡）、村档案数据录入或上传到系统进行集中统一管理。

档案在文明城市创建中文化传承与传播作用的研究

辽宁省档案局优秀科技成果奖二等奖

完成单位：抚顺市档案局

主要完成人：于清永、苏小丽、吴艳、宁英伟、陈莹、刘晓菲、孙绪奇、杜海文、迟国权、刘杰、高国华

该课题提出档案助推文明城市创建的研究目标，旨在通过调查研究档案在文明城市创建过程中的重要作用，掌握档案事业在整个社会发展中的基本情况，了解目前档案事业在文明城市创建过程中或在文明城市创建完成后存在的问题，结合档案在地区发展中的现状等有关要求和抚顺创建文明城市的要求，提出档案在文明城市创建过程中的手段和措施，为政府部门的决策服务，为地区档案事业建设发展与创新服务，为档案事业未来发展探索新出路。

馆藏档案资源体系整合模式的研究

辽宁省档案局优秀科技成果奖二等奖

完成单位：抚顺市档案局

主要完成人：于清水、刘宝山、罗敏、史莉、王媛、黄慧颖、徐红、刘华

近年，资源共享、资源整合已成为社会热门话题，档案史料的开发利用成为档案部门创新服务的重点项目。该课题针对抚顺市馆藏民生档案工作管理情况，以及民生档案资源整合的实际情况，对馆藏民生档案资源整合的方式与方法进行明晰，对馆藏民生档案资源整合情况进行分析和研究，发现存在的问题，总结有益的做法。最后阐述民生档案资源整合工作下一步的发展方向，充分发挥档案工作在服务民生、改善民生、构建和谐抚顺过程中所起的作用。

社会主义新农村建设档案工作研究与实践

辽宁省档案局优秀科技成果奖二等奖

完成单位：东港市档案局、丹东市档案学会

主要完成人：隋续业、幺冬梅、于鲲、单雪娟、秦迎春、毛丽莉、齐立强、于静、曲明明

该项目对新农村建设档案工作意义、实践及档案工作服务社会主义新农村建设开展研究，是对新农村建设档案工作实践经验的总结和理论探索，对指导全省乃至全国的农业农村档案工作具有重要意义。

经济体制转型期人事档案管理改革研究

辽宁省档案局优秀科技成果奖二等奖

完成单位：辽宁石油化工大学

主要完成人：白丽、张敏、刘薇薇、张广柱、李影、王颖、张恕一、唐莹

该项目在对我国人事档案工作的发展脉络进行梳理的基础上，分析了当前我国人事档案工作存在的问题，并对其产生的深层次原因进行了分析。对新时期我国人事档案管理的功能进行了重新定位，提出了当前我国人事档案管理改革的新方案，包括：构建适应市场经济要求的管理体制、管理制度和管理模式。为当前人事档案管理改革提供思路，为日后人事档案相关工作提供了可借鉴的分析模式。

高校档案管理社会化服务及质量监控体系研究

辽宁省档案局优秀科技成果奖二等奖

完成单位：渤海大学

主要完成人：刘丽佳、朱静、张新航、王爽

该课题是以高校档案管理社会化服务及质量监控体系研究为主题，分析高校档案社会化服务工作现状，并通过对目前高校档案社会化服务存在问题进行梳理，提出了改善高校档案社会化服务的具体措施。进一步完善高校档案管理社会化服务，促进高校档案工作的全面发展。

“非物质文化遗产”声像档案管理的研究与实践

辽宁省档案局优秀科技成果奖二等奖

完成单位：辽宁科技学院

主要完成人：李焕军、孙勇前、高明达、张立、张立红、杨昳、孙炽昕

该项目梳理了非物质文化遗产的概念、特点、性质、作用、意义及必要性，分析了我国非物质文化遗产面临的严峻形势及保护的紧迫性，并对保护非物质文化遗产多种途径进行综述，指明了建立非物质文化遗产声像档案的技术条件与实现方法等，最后对非物质文化遗产声像档案的利用进行全面总结。

企业电子文件归档平台建设的研究与实践

辽宁省档案局优秀科技成果奖二等奖

完成单位：鞍山钢铁集团公司办公室档案处

主要完成人：孙坚毅、刘贺、高志新、任远、张润红、张黎、赵秀丽、唐丽凤、杨艳娜

该项目以鞍钢档案工作的实践为对象，针对档案管理系统与OA系统一体化链接工作中的瓶颈问题进行梳理和研究，探索出突破和解决问题的办法，真正实现f] 档利用的电子管理，闯出一条企业档案现代化管理新路；特别是引进二维条码管理档案，携带文件制发信息和归档信息，在档案利用中，能快速准确生成档案利用、返还登记表单。在清点库存档案时，用二维条码结合钢通卡，可实现档案利用和返还全过程无手工操作。

辽宁省档案职业教育培训工作的现状及对策研究

辽宁省档案局优秀科技成果奖二等奖

完成单位：辽宁省档案局

主要完成人：沈耀东、孙建冰、马宏、梁丽英、于鲲、王俊红、魏明、顾宇、王颖、孟晓辉

该课题研究遵循“以人为本”原则，以辽宁省档案职业教育培训工作实践为研究对象，从教育学与档案管理学的角度出发，剖析了职业教育理论在档案人才培养工作中的重要性，结合我省“十一五”期间档案教育培训工作基本经验及未来发展趋势，从档案职业教育培训组织体系、档案教育培训规范化、师资队伍建设、档案培训教材、教育培训质量、教育培训信息化等方面深入分析了我省档案教育培训工作发展现状及存在问题，进一步为探索信息化背景下新的档案教育培训管理模式提出切实可行的对策，在不断创新档案职业教育管理模式的同时形成新的档案教育管理体系，努力提升档案工作在辽宁老工业基地振兴工作中的参与度和贡献力。

公共图书馆人事档案管理系统建设与应用

辽宁省档案局优秀科技成果奖二等奖

完成单位：辽宁省图书馆

主要完成人：王筱雯、柏柠、王丹、姜欣、王昊

该项目是辽宁省图书馆档案室以实地调研、问卷调查与专业咨询为前期基础，结合多年来图书馆人事档案管理的实践经验，自主研发出符合公共图书馆需要的人事档案管理系统，详细介绍了该系统的功能设计及应用情况。全面实现人事档案的数字化管理，为图书馆人力资源管理提供了更加准确、详实的信息资料，提高了公共图书馆人事档案的管理水平。

行政权力运行档案价值及其实现途径研究

辽宁省档案局优秀科技成果奖二等奖

完成单位：辽宁省档案局

主要完成人：赵焕林、赵景祥、杨智慧、徐新、孙秀芹、姜义、刘薇薇

该项目从加强各机关行政权力运行过程中形成文件材料的归档工作入手，阐述了行政权力运行档案对保证权力在阳光下运行、促进党风廉政建设、丰富国家档案资源等方面的重要价值，围绕开展此项工作的实际做法进行科学研究，总结了调查研究、摸清情况、发现问题、抓住机遇、出台措施、落实意见、具体实施、设立试点、逐步推广与全面推进等一系列实现行政权力运行档案价值的有效途径，提出了行政权力运行档案持续健康发展的思路。

航空企业数字档案馆研究与建设

辽宁省档案局优秀科技成果奖三等奖

完成单位：沈阳飞机工业（集团）有限公司

主要完成人：韩春霞、丁国勇、付建辉、郎斌、赵微、赵颖、吴玉林、李侠、白云

该项目结合航空企业对数字档案馆建设的实际需求，阐述了建设数字档案馆对航空企业的重要意义，研究了国内外相关成果，论述了数字档案馆的概念、特点、功能、组成要素及建设内容。阐述了航空企业数字档案馆建设目标、建设原则及建设基本思路，并从硬件、系统平台、数字资源库、标准规范、运行机制、安全保密等方面入手，详细论述了航空企业数字档案馆建设工作的具体内容。将研究成果应用于实际，指导沈飞公司开展数字档案馆建设实践，创新档案工作模式，推动档案管理工作方法升级，打造了档案资源网络利用平台，实现了档案管理信息化和服务利用网络化。

电子档案自动分析统计与利用的研究

辽宁省档案局优秀科技成果奖三等奖

完成单位：中国石油工程建设公司大连设计分公司

主要完成人：闵丽华、王静洁、金晓莉、赵明英、李娥、范清太

该项目摆脱了以往CAD制图中对材料表的手工绘制与人工汇总，通过该研究可完成在CAD制图中材料表的快速生成和生成后的材料表的自动汇总功能。通过建立后台数据库档案管理系统，建立标准件数据库、组合件数据库、常用技术要求明细等数据库，在绘图中可快速准确地查询到材料的各种参数，避免了繁琐的查询、计算，生成的材料表可自动地汇总、排序、分页打印。

档案资源整合一体化建设模式的研究

辽宁省档案局优秀科技成果奖三等奖

完成单位：金州新区档案局

主要完成人：张永详、周刚、张颖、冯双平、白国胜、常雅兰、徐忠实、杨吉东、王叶春、徐忠达

该项目基于大连开发区数字档案馆二期建设项目，研究机关数字档案室建设模式。从档案业务管理和系统管理两个层面，介绍了大连开发区数字档案馆二期工程的系统需求和主要功能，研究电子文件在线归档，电子档案在线移交、物理移交，实现各立档单位的电子档案通过网络实时归档至档案馆。通过进一步加强档案管理前端控制，开发了大连开发区档案馆与区内各立档单位的办公自动化系统；档案室管理系统的文档一体化管理的全新模式，提高了档案管理的时效性、准确性。

档案网络化信息管理系统的开发

辽宁省档案局优秀科技成果奖三等奖

完成单位：大连船舶重工集团有限公司

主要完成人：徐立瑶、宁杰、李静、付露霞、张敏、郭秀丽、侯立玉、于荣、张新盛、栾亚妮、张雁

该项目在基于大连船舶重工集团有限公司档案的三级管理体系下，通过现代化信息技术手段，研制了档案信息网络化收集与利用的新模式。实现了归档单位和二级档案室在线：J王档移交和数据资源共享管理，实现基于内部网络环境下的档案信息查询和利用，实现档案信息的科学、规范、高效的存储与管理。该项研究极大地提高了档案管理工作效率，减少档案信息的重复采集。

信息公开视角下的档案开放与鉴定研究

辽宁省档案局优秀科技成果奖三等奖

完成单位：本溪市档案局

主要完成人：赵喜红、刘晓杰、赵为、王昕、李英俏、周辉

该项目从整个社会信息环境的宏观角度出发，阐述了档案开放与鉴定目前存在的问题，面临的挑战，以及21世纪信息公开视角下档案开放策略的重新设计与完善。课题研究体现出主权在民、民生为本的思想导向，抓住了档案学理论研究的热点和难点，具有前瞻性和方向性。

电子文件归档管理的设计与实施

辽宁省档案局优秀科技成果奖三等奖

完成单位：本溪市档案局

主要完成人：孙诚、蒋锴军、冷静、刘凤华、隋续业、于翠华、张建华、王昕

该项目对电子文件中心的定位、电子文件中心系统的设计和组织实施等方面进行了探索和研究。认为电子文件中心必须集成于电子政务系统和办公自动化系统之中，使之成为电子政务系统的后台数据中心，对电子政务系统中形成的电子文件及元数据信息进行即时接收、归档，直接转化为电子档案，为数字档案馆提供信息来源，成为政务信息公开的窗口。

信息时代档案人员业务素质培养的途径和方法研究

辽宁省档案局优秀科技成果奖三等奖

完成单位：本溪市档案局

主要完成人：蒋锴军、刘凤华、冷静、张建华、李焕军

该项目从档案人员业务素质的研究背景和研究意义入手，论述了档案人员．业务素质的地位与作用、档案人员业务素质的构成，提出了培养档案人员业务素质的途径和方法。

档案数字化流程和质量控制体系的研究与实现

辽宁省档案局优秀科技成果奖三等奖

完成单位：本溪市档案局

主要完成人：孙诚、蒋锴军、史勇、隋续业、刘彩虹、高俊龙、于翠华、王昕

该项目研究了档案数字化的指导思想，从合理性、可操作性及运行的有效性三方面介绍了档案数字化设计流程，分析了档案数字化的不同类型，指出在档案数字化流程和质量控制体系中应把握处理好的关系，并详细介绍了档案数据库的设计与架构。

对阜新地区岩石　矿份　化石标本采集与建档的研究

辽宁省档案局优秀科技成果奖三等奖

完成单位：阜新市国土资源局

主要完成人：杨桂杰、张文馨、张妍、刘澍、郭靖华、王淑芬、陈小洪、张锐、高东辉、王宗林、刘铁军、王军、冯波

该项目是以阜新地区地质矿藏勘查工作成果为研究对象，重点论述了工作历经的三阶段，即标本采集阶段，专家鉴定阶段，数据库建设阶段。该成果为研究阜新地区地质矿产提供第一手详实资料。

客户档案在电信服务管理体系中的应用与研究

辽宁省档案局优秀科技成果奖三等奖

完成单位：铁岭联通分公司

主要完成人：李君、翟素静、刘宁、陈桂贤、杨淑霞、幺冬梅、白晓红、张艳华、杜健、刘倩、张敏、王洪庆、宁文丽

该项目通过利用客户档案信息，借鉴国内外先进经验，从实际出发，以利用档案为驱动，科学地建立了一套服务管理体系，探索出一条适合企业快速、稳步发展的可行之路。充分证明了档案在各领域、各行业都具有不可替代的现实意义和深远的历史意义。

归档电子文件的保护对策研究

辽宁省档案局优秀科技成果奖三等奖

完成单位：辽宁科技学院

主要完成人：冷静、李焕军、蒋锴军、于胜连、张立红、刘凤华、吴凤寿、张立

该项目从归档电子文件制成材料的耐久性影响因素、归档电子文件的老化、实施归档电子文件库房的保护和修复措施，提出加强归档电子文件的保护措施。对长久保存电子文件，使电子文件满足社会长远利用、有效地实现电子文件的信息价值，具有积极地借鉴作用。

高校中小型数字档案馆建设的研究与实践

辽宁省档案局优秀科技成果奖三等奖

完成单位：辽宁科技学院

主要完成人：张建华、吴国玺、李焕军、李黔、刘理、马萍、吴放、任宏

该课题是以辽宁科技学院为试点进行的研究和实践，从更好地服务本校现阶段的中心工作（评建工作）和提高目前本校馆藏利用率较高的档案信息服务水平入手，通过改变传统的档案管理模式，合理布局高校档案信息资源，构建特色档案信息数据库；运用现代化的技术手段科学整合学校全部档案信息资源；研发档案信息服务辅助系统，充分验证了高校中小型数字档案馆建设应采取先重点、后一般，边建设、边服务、力求打造特色的建设模式的科学性和可行性，为同类院校档案部门进行数字档案馆建设提供参考与借鉴。

建立妇女健康状况档案的研究与实践

辽宁省档案局优秀科技成果奖三等奖

完成单位：营口市妇幼保健院

主要完成人：高桂霞、夏志坤、梁敏、付立光、罗微、郑丹、杨蕾

该项目是以建立营口地区妊娠期女性碘营养状况调查档案为对象，研究了建立妊娠期女性碘营养状况调查档案的重要作用和现实意义，分析研究进一步积累具有营口地域特色的碘营养状况调查档案的办法措施。

档案资源开发利用体系建设的研究与实践

辽宁省档案局优秀科技成果奖三等奖

完成单位：铁岭市城建档案馆、铁岭市环卫处

主要完成人：杨淑霞、郑伟、韩婧

该项目提出档案信息资源开发与利用，能够为各种机构的运行和发展提供决策支持，创造出更高的价值。重点探讨了档案鉴定与档案数字化范围等相关问题，对数字化档案的法律效应、档案鉴定与开放档案筛选进行实践研究。

（吴　薇）

集成式机关数字档案室建设的策略研究

上海市档案科技研究成果奖一等奖

完成单位：上海市档案局、上海市金山区档案局、上海中信信息发展股份有限公司

主要完成人：朱纪华、徐建昌、孙兆伟、杨安荣、金波、金慧奕、沈希忠、张志强、陆伟民、姚华、宋春雷、叶丹锋、曹航、杨智勇

该项目内容详见 2012 年度国家档案局优秀科技成果奖获奖成果介绍。

档案信息资源安全备份策略研究

上海市档案科技研究成果奖一等奖

完成单位：上海市浦东新区档案局

主要完成人：沈建军、费美荣、张向东、赵鸿刚、张莉、杨艳、陈镭、卢晓玲、费庆波

该项目内容详见 2012 年度国家档案局优秀科技成果奖获奖成果介绍。

流失海外重要档案文献的追索研究

上海市档案科技研究成果奖二等奖

完成单位：上海大学图书情报档案系

主要完成人：潘玉民、曹航、李秋丽、周婷、于冲、王艳

该项目内容详见 2012 年度国家档案局优秀科技成果奖获奖成果介绍。

有效实现区域民生档案联动服务

上海市档案科技研究成果奖二等奖

完成单位：上海市杨浦区档案局

主要完成人：印汉成、潘建铭、赵国强、孟莉、张荣斌、牛濂、孙良、顾盈盈

该项目内容详见 2012 年度国家档案局优秀科技成果奖获奖成果介绍。

基于 ECM 模型的企业数字档案馆建设研究

上海市档案科技研究成果奖二等奖

完成单位：上海市电力公司

主要完成人：潘博、廖怀庆、林东明、陈雪萍、赵蓓芳、张立军、周晓

该项目内容详见 2012 年度国家档案局优秀科技成果奖获奖成果介绍。

东盛集团超市型文档管理系统

山东省档案局优秀科技成果奖二等奖

完成单位：胜利油田东胜集团股份有限公司

主要完成人：张艳、段立拴、胡荣刚、张燕、刘贤刚、刘茂诚、孟宪波、陈东、郭雷

该系统是基于公司局域网，利用现代化信息技术手段，实现集团档案室、各业务处室、各分公司档案相关人员的综合业务管理系统。系统以集团档案室为中心，统一档案业务标准，采用集中式和分布式相结合的管理模式，实现馆室一体化。提高业务指导水平，通过内容管理，发布档案标准规范、利用成果、系统操作手册、视频教程，进行在线学习。方便业务处室档案借阅，利用条码技术，实现超市型档案借阅管理。电子档案数据集中安全存储，实现电子文件和电子档案集中数据存储中心。

基于 XML 的非结构化档案信息管理模型研究

山东省档案局优秀科技成果奖二等奖

完成单位：山东警察学院

主要完成人：刘冬梅、邱林、刘杰、郝磊、王琦、宫占华、王永红、黎毅

该课题对基于 XML 的非结构化档案信息管理系统进行了较为深入地研究，设计并实现了一个基于 XML 的非结构化档案信息管理系统。该非结构化档案信息管理系统能够很好地对结构化数据源的数据和半结构化的 Web 页面生成器进行提取和包装。在包装器系统的设计上，该课题借鉴已有的非结构化档案信息管理系统的研究成果，提出了生成器对非结构化数据源进行结构化的设计思想，并按照功能将系统划分为四大模块：数据源结构化模块、生成

器、查询翻译器和结果模式转化模块。该课题实现了一个基于 XML 的包生成器装器系统。最后通过实验对系统的核心模块进行了分析，找出了影像系统运行生成器效率的主要因素——XML 片断的结点总数和结果记录集的行数，进而对系统总生成器体性能做出了评价，该课题设计和实现的基于 XML 的非结构化档案信息管理系统具有较好的可用性生成器和较高的运行效率。

三维仿真档案馆数字管理系统

山东省档案局优秀科技成果奖二等奖

完成单位：烟台开发区档案局（馆）、烟台东森软件科技有限公司

主要完成人：王德健、王继刚、韩正黎、辛文功、王琦、臧文杰、于涛

该系统以"收、管、用"为建设核心，总体设计思路是以保持档案的历史面貌为原则，以"高仿真"为手段。最大限度地贴近实际工作，实现易学易懂易用的效果。系统在逻辑上分为"数据采集"、"业务管理"、"档案利用"、"系统管理"和"数字化管理"，贯穿信息的采集、存储、管理、保存、利用的全过程。改变了传统软件的显示和著录方式，真实的条目多窗口操作界面，更加贴近文档工作实际。符合电子档案与纸制档案一一对应的存储方式，电子档案就是真实纸制档案的显示。存储位置一目了然，获取档案快捷高效。符合档案保持历史本来面貌的行业规则。

济南市民生档案信息共享系统研究

山东省档案局优秀科技成果奖三等奖

完成单位：济南市档案局

主要完成人：赵启民、裴良、周庆臣、夏青梅、温娟莉、张坤、季翔

为应对档案部门服务民生的总需求，济南市档案局会同所属县（市）区档案局实施了该研究项目。项目采用 ES－OAI3.0 飞扬数字档案馆系统，以市及县（市）区数字档案馆为依托，以建立全市民生档案数据中心管理平台为重点，以海量数据库为支撑，基于智能检索和宽带高速网络技术，在全市区域中，统一管理模式，统一软件开发，实现档案信息资源共享，形成区域性的民生档案信息资源体系，实现全市区范围内民生档案信息资源共享和民生档案管理现代化。

民生档案信息服务平台

山东省档案局优秀科技成果奖三等奖

完成单位：泰安市档案局

主要完成人：宗成泰、曹伟星、赵力燕、申伟华、侯卫国

为了全面整体地解决全市民生档案信息数据共享，最大限度地整合泰安市数字档案信息资源，根据泰安市实际情况，以民生需求为导向，以丰富民生档案资源为手段，围绕非结构化档案信息和异构数据库管理技术问题开展研究，建设面向民生的多元化档案资源体系和档案服务体系，逐步实现民生档案信息资源的全面整合与共享，为泰安市更好地改善民生问题，构建和谐社会提供优质、高效的信息服务。民生档案信息服务平台项目采用数字档案信息资源整合技术，研究异构分布式档案数据库管理系统解决方案以及相关标准，研究和探索非结构化档案信息管理最佳模式，研制异构数据库和非结构化档案信息计算机管理系统，实现异构分布式数据库的访问、查询和共享。

房产档案数字化管理

山东省档案局优秀科技成果奖三等奖

完成单位：莒县房地产管理局、莒县档案局

主要完成人：任恒运、张传友、李永金、李美丽、赵文伟、周京坤、张玉娜

按照住建部房地产档案登记簿的方式存放、关联，每套具有独立使用价值的房屋用唯一房屋编号串联本房屋的每次登记，而且各次又登记相对独立，物理档案单独成卷流水编号存放，使得房产档案存放简洁条理并大大节省存放空间。以这种存放为目的，以房产档案管理和利用为主线，充分发挥利用电子信息现代化手段，实现房产档案的三维虚拟库存，纸质房产信息、纸质扫描房产信息、房产档案项目电子化三位一体，充分利用房产档案三位一体，达到房产档案的电子化查阅、电子到纸质的转换快速便捷，学习利用国外分级查档法，实现各类人员对房产档案的不同信息分类查询，莒县房产档案管理信息系统完善，功能强大。

水库档案数字化管理技术研究与应用

山东省档案局优秀科技成果奖三等奖

完成单位：莒县档案馆

主要完成人：李文静、罗东义、于月文、王立浩、刘方美、尹秀丽、马德宁

目前，国家高度重视水利工程基建工作，大量的工程资料整理入档是工程管理人员面临的一项艰巨的任务。大部分大中型水库除险加固以后办公自动化要求越来越高，实现网上档案查询、检索、数

据共享势在必行，原始的手工查询远远不能满足工作需要，所以该项技术研究是以清风岭水库管理处档案管理为例，根据国家有关档案法规、政策，研究开发的数字化档案管理系统。该课题对各门类档案的归档、借阅、查询等进行了数字化管理研究与应用，高效开发利用档案资源，提高了水库工程档案管理水平和效率，具有较高的应用价值。基于J2EE平台，开发了标准化、可扩展的数据集中式数字化档案管理系统，为档案管理提供一站式、无缝集成的个性化服务，具有较强的创新性和广阔的推广应用前景。

（储牧原）

档案安全保障体系建设情况调查研究

河南省档案局优秀科技成果奖一等奖

完成单位：河南省档案局

主要完成人：方婷、李宝玲、吴雁平、刘东斌、王建祥、管先海、李兴利、刘子芳、孙冉

该项目对档案安全保障体系建设的相关概念、研究对象、研究现状、主要内容、范围进行梳理，在对河南省档案安全保障体系建设现状进行调查研究基础上，制定出档案安全保障体系建设测评指标体系，提出河南省档案安全保障体系建设思考和建议。项目把理论研究与实践研究相结合，理论研究部分在档案安全保障体系建设的概念及内容研究的基础上，对档案安全风险因素及其成因和档案安全保障评估内容和指标体系进行了研究。实践层面上，对档案安全保障体系建设情况进行了调查研究，对档案安全保障评估指标体系进行调研与论证，确定不同层次、不同条件的档案馆进行试点。形成了《河南省各级档案馆档案安全评估办法》和《河南省各级档案馆档案安全评估标准》。

二维条码技术在数字档案馆中的应用研究

河南省档案局优秀科技成果奖一等奖

完成单位：郑州市档案局

主要完成人：李永强、郝伟斌、石华、李云豪、王晓玲、王原、卢云峰

自动识别技术是将信息数据自动识读、自动输入计算机的重要方法，包括二维条码、磁卡识别、光学字符识别、射频、生物识别等技术。通过二维条码技术，可以快速、准确地进行数据自动采集与输入，解决数据录入速度慢、误码率高的问题。二维条码除识别简单快速外，还可存储元数据与电子文件原文，与纸质档案结合将电子档案、元数据、纸质档案封装在一起，保证纸质档案与电子档案的联系，实现二者有效利用、长期保存。该项目系统研究了以二维条码技术为代表的自动识别与信息采集技术在数字档案馆中应用的可行性及其具体实施方案，具有一定的技术前瞻性，并在郑州市数字档案馆项目中得到了实际应用，对其他单位数字档案馆项目的建设具有借鉴意义。

安阳市数字化档案馆管理平台

河南省档案局优秀科技成果奖一等奖

完成单位：安阳市档案局

主要完成人：史景山、翟云远、关京红、朱亚玲、郝悟昌、谢萍、魏胜国、李慧、王冬云

该项目研究成果以安阳市档案局（馆）档案管理业务为中心，完成了数字加工、档案录入、数据检索、报表打印、档案统计和系统设置等功能设计，基本满足了当前数字化档案管理的功能需求。项目成果针对安阳市档案局（馆）的数字档案管理的特点，采用Web与C/S相结合的开发模式，以及MD5加密技术的安全模式，增强了管理系统的先进性、易用性、实用性、专业性、扩展性、安全性和用户界面的友好性。项目研究成果在报表打印、档案统计、服务利用的功能设计上全面具体，具有独到之处，在实际应用中产生了良好的效果。项目研究针对性强，采用技术平台先进，应用效果明显，在自主研发方面具有开拓性。

档案执法理论与实践研究课题

河南省档案局优秀科技成果奖一等奖

完成单位：濮阳市档案局、开封市档案局

主要完成人：刘东斌、赵杰、程永平、秦利、张帆、李红霞、王卫红、梁惠卿

该项目着重对下面四个方面的问题进行了研究：一是档案执法理论研究。先对档案执法理论研究文献从学科类别、基金资助、研究层次等七个方面进行定量分析，后又对档案法规体系建设、完善档案法规体系建设、档案依法行政等方面展开研究。二是档案执法实践研究。对档案执法实践的历史演进、执法的范围、执法的内容、执法的方法、执法机构的建立与执法队伍的建设、执法实践存在的问题展开探讨。三是档案执法的若干理论问题研究。四是依法行政下的档案行政执法研究。

中原油田保管期满会计档案鉴定销毁工作的实践与创新研究

河南省档案局优秀科技成果奖一等奖

完成单位：中国石化集团中原油田分公司档案

管理处

主要完成人：邵志山、王新霞、龚丽瑛、刘俊玲、乔丽芳、周敏、范海瑛、盖建华、刘梅英

该项目通过对中国石化系统12家企业会计档案鉴定销毁现状的现场调研，对中原油田档案管理处库藏保管期满会计档案的内容及鉴定销毁工作滞后的原因和带来的不良后果的调查分析，研究制订了中原油田会计档案鉴定销毁工作及会计档案数字化工作的标准、流程、组织实施形式；撰写了相关业务论文、调研分析报告；形成一套科学、实用、便于操作的会计档案鉴定销毁制度。在上述制度的指导下，组织实施了中原油田保管期满会计档案集中鉴定销毁工作，建立了中原油田会计档案目录及全文数据库。对于石油化工系统保管期满档案的鉴定与销毁具有一定的先导与借鉴意义。

电子政务下档案集成网站的建设管理研究

河南省档案局优秀科技成果奖一等奖

完成单位：开封市灵通信息技术研究所

主要完成人：梁惠卿、孙胜利、张帆、陈宏霞、智红华、董延延、张蕊、刘艳、魏魁

在政府电子政务发展的新阶段，紧密围绕各自结构进行战略性调整，实现集成网站的信息数据资料的共通共享、分类存储和统一快速的查询提取。是档案信息化建设的共识。该项目以河南档案信息集成网站为具体研究对象，在河南档案信息集成网站建设与管理实践中，运用信息科学的有关理论，对集成化档案网站管理在电子政务下的现状、现象进行分析、研究，找出其存在问题，分析、研究其产生的原因，提出解决的有关方法和对策，并在河南档案信息集成网站建设与管理的具体工作实践中加以应用，建立了行之有效的理论观点和工作方法，取得了良好的成效。该项目成果对于促进档案信息化建设完善和档案利用宣传工作产生了积极的影响。

登封“天地之中”历史建筑群申报世界文化遗产档案工作探究

河南省档案局优秀科技成果奖二等奖

完成单位：郑州市档案局

主要完成人：徐宏杰、李淑兰、贾欣营、余晓蕾、廖洁、郑明伟、孙超峰

嵩山历史建筑群（含太室阙和中岳庙、少室阙、启母阙、嵩岳寺塔、少林寺建筑群、嵩阳书院、会善寺、观星台）汇集于登封太室山、少室山周边40平方公里范围内，历经东汉、唐、五代、宋、金、元、明、清、民国，至今近2000年，以“天地之中”为基本理念，突出反映了中国历代礼制、宗教、科技和教育等建筑类型及其重要组成部分的初创制度和开制典范，充分体现出人类杰出创造力，是中国历史上保存种类最多、修建时间跨度最长、历史文化内涵最丰富的建筑群。该项目在对登封“天地之中”历史建筑群申遗工作档案的概念及组成进行界定的基础上，提出了申遗档案的归档范围、整理方法以及编研工作特色。为专题档案的管理提供了可供借鉴的范例。

加强代建制条件下国家综合档案馆项目建设管理的研究

河南省档案局优秀科技成果奖二等奖

完成单位：郑州市档案局

主要完成人：徐宏杰、李永强、李云豪、王原、周根堂、石华、卢云峰

该项目在对我国代建制产生的背景、代建制的定义和资金管理特点、代建制条件下的建设项目管理结构、代建制管理模式分析的基础上，介绍了郑州市代建制项目总体质量、效果。并列举郑州市档案新馆工程项目从最初的可研报告、立项一直到投入使用的过程和基本情况。总结了郑州市档案局在代建制条件下档案馆建设项目中采取的科学做法和取得的经验。为河南省档案局和各市、县正在筹建和新建的档案馆项目建设提供了有益的借鉴和参考。

洛阳市集体林权制度改革档案管理研究

河南省档案局优秀科技成果奖二等奖

完成单位：洛阳市档案局、洛阳市林业局

主要完成人：范雨龙、姚孝宗、朱亚玲、崔建卫、陈艺娟

该项目从洛阳市集体林权制度改革的实践出发，进行如下研究。一是研究洛阳市集体林权制度改革档案室建设的标准，包括林改库房的建筑面积指标、所需的设备设施指标、管理人员指标等。二是研究集体林权制度改革档案管理的方法，包括收集范围、林改操作规程与林权改革文件材料归档的衔接等。三是研究林权改革档案归档后对林户进行林地流转的意义和在林地流转过程中的利用方式。在此基础上制定出洛阳市集体林权制度改革档案管理的标准。同时在对林改档案的分类、入卷、编序、归档、管理和制度建设的指导过程中，总结出好的做法，好的典型并总结推广，为推进全市集体林权制度改革的深入发展与配套工程开展起到了积极的推动作用。

市级机关档案安全保障体系测评内容与方法研究

河南省档案局优秀科技成果奖二等奖

完成单位：平顶山市档案局

主要完成人：周万庭、吴晶、吴彦丽、吕鸿宾、崔贺言、李琨琨、李熙利

该项目以机关档案安全体系评测内容与方法为研究对象，对档案安全理论体系进行概括和阐述，提出机关档案安全体系评测内容与方法，共三部分。一是对档案安全的概念、构成要素及其特性进行简单的阐述，论述了机关档案安全体系、市级机关档案管理的范畴及工作特点、影响因素、基本现状等基本理论。二是研究了机关档案安全保障体系评测的内容。主要包括档案工作的组织保障与制度建设、档案安全资金及人力资源建设、档案实体的安全管理、档案库房及设备的安全管理、档案信息的安全管理等内容。三是论述市级机关档案安全保障体系的评测方法，就是否具备科学合理的档案安全保障体系指标，是否具备科学合理的档案安全应急保障体系提出了相应的观点。

鹤壁城市地下管网信息档案资源整合动态化管理研究

河南省档案局优秀科技成果奖二等奖

完成单位：鹤壁市档案局、鹤壁市城建档案馆

主要完成人：郝子奇、高建民、于桂馥、巩淑芳、韩义、池波、朱晓辉

该项目通过对国内外地下管网档案管理的现状和发展趋势研究，结合鹤壁市地下管网的现状，根据鹤壁市淇滨新区管线普查的实际情况，参照现有的国家标准和行业标准，对鹤壁市管线数据库分类与编码进行研究，制定鹤壁市地下管线信息系统的数据库分类编码原则与方法。对地下管网档案数据库的建设进行了分析研究，为实现地下管线的科学管理提供基础信息。项目对GIS地理信息系统进行分析研究，将GIS地理信息系统运用到地下管网档案管理中，从而整合鹤壁城市地下管网信息档案资源，实现动态化管理。项目研究参考国外成功的经验，提出符合我国国情的地下管线档案动态管理模式，对目前城市地下管网档案管理具有一定的借鉴意义。

河南省国家综合档案馆安全保障体系调查研究

河南省档案局优秀科技成果奖二等奖

完成单位：新乡市档案局、鹤壁职业技术学院、新乡学院

主要完成人：贾兆全、巩淑芳、杨新开、王莉华、曾飞舟、原琳、表静

该项目在对河南省行政区域内1个省级档案馆、13个省辖市档案馆和15个县级档案馆安全现状调查的基础上，进一步查找了档案馆安全保障体系方面存在的问题，并分析了问题形成的原因。结合现阶段省内外国家综合档案馆安全保障体系的发展规律，借鉴已有档案安全保障体系构建模式的研究成果，提出河南省国家综合档案馆安全保障体系构建目标、原则、内容、任务。项目研究内容具体，方案完整，标准统一，切实推动了新乡市档案馆安全工作的全面开展，具有较高的推广应用价值。

数字档案馆建设现状与发展趋势及对策研究

河南省档案局优秀科技成果奖二等奖

完成单位：荥阳市档案局

主要完成人：张春岭、周大申、张莹、卫强、张俊锋

该项目在对数字档案馆的含义、功能、建设内容、发展趋势的基础上。对荥阳、中牟、新郑、新密、金水、二七等县市区的数字档案建设现状进行全面调查、对比分析，认真查找当前数字档案馆建设工作中存在的问题和不足，结合相关理论和研究成果，针对对县级数字档案馆的具体情况，提出了县级数字档案馆建设应该遵循的原则，下一步升级改造和优化配置工作中应该采取的建议和举措。并依据这些研究成果，对荥阳市数字档案馆进行了完善和改进，收到了较好的效果。

对冯友兰先生档案的二次征集及初步研究

河南省档案局优秀科技成果奖二等奖

完成单位：唐河县档案局

主要完成人：殷晓荣、李新、绳红、裴俊杰、王玉芬、孙丽、孙伟东

该项目在概述冯友兰先生的生平事迹的基础上，介绍了冯友兰先生档案资料管理征集工作的现状，指出将冯友兰先生档案资料收集齐全、整理保管、编研利用的重要意义和历史价值。项目研究对冯友兰先生档案的界定、征集的内容、范围、方法与步骤进行了深入的探讨。并自觉把相关理论成果运用到对冯友兰先生档案的二次征集工作中，加快了征集工作步伐。同时项目还对冯友兰先生档案资料的开发利用进行初步的尝试与研究。使这些档案的社会价值和历史价值得到全面提升，充分发挥其社会影响力，为丰富优化馆藏，保护和抢救文化遗产作出了努力。也为名人档案的征集与管理工作提供了可以借鉴的范例。

平煤集团档案自主创新管理体系的构建与实施

河南省档案局优秀科技成果奖二等奖

完成单位：中国平煤神马集团

主要完成人：万淑、赵冬梅、郑凤琴、张亭、刘丽平、薛峰、常慧子

该项目研究以档案自主创新管理体系为对象，主要目的一是不断丰富工作载体，增强趣味性，营造各级人员自觉关心支持档案工作氛围；二是促进集团各级档案人员加强业务学习与研究，促进各级领导经常关心支持档案工作；三是加强对档案自主管理创新工作研究交流，确保全集团档案工作的健康、持续、快速发展。主要内容是以档案工作“三集中，三纳入、四参加、四同步”为重点，在综合考虑标准化、信息化及业务拓展等措施的基础上，充分发挥企业自身OPM精细管理优势，积极引入PDCA循环和现代过程管理理念，广泛采取得力措施，突出重点，典型引路，点面结合，以点带面，构建、实施、完善覆盖全集团的档案自主创新体系。

档案文件管理中心功能模式研究

河南省档案局优秀科技成果奖二等奖

完成单位：郑州大学信息管理系

主要完成人：陈洁、陈忠海、金凡、刘珂、娄晶晶、刘娜

该项目结合我国文件（档案）管理中心的实际情况，介绍美国文件管理中心的现状，以文件中心的功能模式为切入点，对中美文件（档案）管理中心的建立背景、选址、性质、类型、职能以及文件中心的发展特点展开研究。主要研究四个方面的内容。一是对国内学者关于文件中心理论和实践研究的现状进行调查分析，并对研究成果进行总结和评论；二是对中美文件中心进行比较研究；三是对中美商业性文件中心进行深入的对比分析研究；四是对中国具有代表性珠海市文件管理中心、深圳市文档服务中心、北京市西城区机关档案管理中心、永靖县文件中心进行调研，了解了我国现行文件机构存在的状况，并积极探索适应我国国情的现行文件中心发展的新模式。

河南非物质文化遗产档案管理研究

河南省档案局优秀科技成果奖二等奖

完成单位：郑州大学图书馆

主要完成人：席会芬、崔波、符艳红、张研、张玉枝、张萍

该项目从档案管理学的角度，重点研究了河南非物质文化遗产档案的管理及保护对策。项目首先针对我国非物质文化遗产保护的现状，探讨了非物质文化遗产档案的概念、特征与价值，并对非物质文化遗产档案管理、开发与利用过程中的一系列问题从理论与实践上进行分析，为各级各类档案管理部门提供真实可靠的理论依据和实践经验。然后以河南非物质文化遗产档案管理为例进行了重点研究，分析了建立河南非物质文化遗产档案库的必要性和可行性，从宏观到微观进行深入分析，提出了非物质文化遗产档案管理的策略和措施，为河南省非物质文化遗产的保护和研究提供了有益的参考，对全国的非物质文化遗产保护研究也起到了积极的借鉴作用。

河南省档案网站资源整合研究

河南省档案局优秀科技成果奖二等奖

完成单位：郑州大学信息管理系

主要完成人：金凡、陈忠海、刘宇、王元峰、杨继枝、唐祖军、陈洁

该项目通过对国内档案网站资源整合的理论和实践研究现状的调查分析，对全省档案网站资源建设现状及整合情况进行调查研究，对郑州市、安阳市及全省部分高校档案网站、企业档案网站等网站资源整合进行梳理和总结，对河南省档案信息网网站在全省丰富、整合、优化档案网站资源的探索与实践进行分析，理清和总结了以下概念和问题：一是档案网站资源整合的概念与内涵；二是档案网站资源整合的原则；三是档案网站资源整合的重点；四是档案网站资源整合的模式；五是档案网站资源整合的主要方法。项目研究坚持理论与实践相统一，从理论和实践层面对档案网站资源整合理的相关问题进行了深入的探讨，取得了较好效果。

高校档案信息资源开发利用服务模式创新研究

河南省档案局优秀科技成果奖二等奖

完成单位：郑州大学

主要完成人：刘敏华、王的、张晓培、王燕、富红、吴建新、张予宏

该项目通过对高校档案服务模式的分析和研究，充分论证了高校档案信息服务模式创新的方法与措施。通过对信息技术服务模式创新研究，寻求信息技术环境下高校档案信息教育文化等功能的开发利用；通过调查、分析国内档案网站特色化建设存在的问题，提出了可行性建议；项目从数字档案信息服务的角度，分析了数字档案馆建设、计算机信息服务的基本模式和网络环境下高校档案信息开放存取问题，提出了信息技术环境与校园网络的有效对

接，以达到高校馆藏档案信息资源扩大化、公开化和快捷化服务的目标。项目以理论指导实践、科学研究带动业务工作为主导思想，把服务模式创新与政策环境、技术环境紧密结合，走出了一条高校档案信息开发利用服务的新路子。

档案立法技术研究

河南省档案局优秀科技成果奖二等奖

完成单位：开封大学、开封市档案局、濮阳市档案局

主要完成人：徐莹、吴雁平、刘娟、张毅、董延延、智红华、薄春兰

该项目从档案立法技术与方法入手，在理解立法技术与立法方法概念的基础上，研究了以下内容：立法技术的概念、性质、特征、地位、作用等；立法技术学说、思想研究；立法技术制度研究、立法技术法规研究；立法技术的纵横比较研究；立法技术案例研究；地方立法技术研究；部门立法技术研究；国际法立法技术研究；立法的一般原则；立法概念与立法术语及立法文件与文本；法规的内部结构，法律的规范，法律条文等；法规的外部结构；立法模式：法规文本模式，总则模式，法律制裁模式，附则模式，配套性法规模式；立法瑕疵、漏洞及其补救；立法技术评价等；法典编纂；立法规划；立法预测；其他专门立法技术问题。

非物质文化遗产研究基地对“遗产名录体系”的档案建设研究

河南省档案局优秀科技成果奖二等奖

完成单位：周口师范学院、周口市档案局

主要完成人：任动、宋红、王丹、李岩、杨红岩

档案建设，在非物质文化遗产保护、研究、弘扬的过程中，居于十分重要的地位，加强高校非物质文化遗产教育，具有极其重要的意义。该项目从非物质文化研究基地建设着眼，指出非物质文化遗产是文化遗产的重要组成部分，地方高校将非物质文化遗产纳入课程体系，积极从事区域内国家级和省、市、县级非物质文化遗产的档案建设，构建完备系统的“遗产名录体系”档案的必要性。项目采用田野作业调查法、文献检索法、归纳演绎法等研究方法，以周口师范学院为例，介绍了地方高校积极从事区域内国家级和省、市、县级非物质文化遗产的档案建设，构建完备系统的“遗产名录体系”档案，为教学和科研工作做好充分准备的具体做法。

城建档案综合管理系统及数字化研究

河南省档案局优秀科技成果奖二等奖

完成单位：郑州市城市建设档案馆

主要完成人：耿玲玲、屈红军、刘永、刘璐璐、乔卫东、曾予新、王辉

该项目结合郑州市城建档案馆的实际情况，从城建档案数据库模型、空间数据管理、属性数据管理、业务流程管理等几个方面研究了一套城建档案管理的业务逻辑模型，设计和开发了城建档案管理系统。系统基于B/S结构，利用WEBGIS的相关技术对城建档案中的空间信息以及档案数据进行管理，并结合利用工作流技术对城建档案馆的业务流程进行规范化管理。建立了一个通用的、可扩展的城建档案数据模型，可以满足空间及非空间数据的管理需要，对档案资料的著录、管理、利用提供了良好的数据基础及技术支持。在对城市档案建设管理工作深入调研的基础上，对系统的总体架构、各个子模块的架构和设计模式做了详细的设计，做出了较为可靠的设计决策。

档案馆信息化水平的评价体系构建与测评软件开发

河南省档案局优秀科技成果奖二等奖

完成单位：河南科技大学

主要完成人：刘先红、赵黎霞、郭献强、郭海佳、赵苑苑

该项目研究的主要内容有：一是档案馆信息化的概念，档案馆信息化就是应用信息技术，使档案馆自动化水平不断提高，逐步使其服务内容、服务方式和服务手段向适应信息社会的现代化档案馆的转型。并在此基础上，从4个方面分析了档案馆信息化的内涵。二是档案馆信息化水平评价指标体系的构建。提出档案馆信息化水平评价指标设计应遵循的5个原则，及构建档案馆信息化水平评价的指标体系。三是档案馆信息化水平评价指标的计算方法。四是开发了档案馆信息化水平测评软件。软件采用Access 2003建立数据库，用于保存评价指标和相应的数据；采用Visual Studio 2008制作界面，在界面中可以对指标和权重进行动态的调整；评价的结果以表格的方式显示，便于比较和分析。

面向用户的档案网站信息资源组织与整合研究

河南省档案局优秀科技成果奖二等奖

完成单位：郑州航空工业管理学院信息科学学院

主要完成人：祝洁、郝伟斌、王辉、朱兰兰、高大伟、王会粉

该项目对中外档案网站信息资源组织与服务现状进行比较，从信息服务对象、内容、方式、技术和服务规范五大方面进行，得出中外的异同和差距，对存在差距的原因进行分析。通过比较研究，得出结论并结合档案网站实例提出优化网站资源与服务的对策。主要内容有三：一是对国内外档案网站内容组织与整合现状进行调研。二是开展面向用户的档案网站内容组织与整合方案研究。明确档案网站的用户类型，运用个性化信息的识别与匹配技术，结合调查问卷等形式明确不同类型用户特定的信息需求，依据用户的信息需求来组织与整合各种档案资源与服务。三是以档案网站为基础，开展面向用户的档案信息资源组织与整合实现方案的实证研究。

基于内容管理技术的档案网站信息资源整合研究

河南省档案局优秀科技成果奖二等奖

完成单位：郑州市科技工业学校

主要完成人：张庆伟、岳修志、谭志斌、姚显霞、高瑞敏

该项目首先对档案资源整合概念、特点、目的以及方法和途径进行了阐释。然后指出：基于内容管理技术的档案网站信息资源整合建设将会对用户突破时间和地域限制、利用档案提供极大的方便，更有益于档案服务机制的创新。一是有效解决档案网站信息资源的分散性与用户对档案信息需要的系统性之间的矛盾。二是有利于满足用户多元化的需求。三是增强档案网站与档案用户的贴近性，提高检索效率。档案网站信息资源的分散性以及检索的专业性，给用户利用档案带来一定的难度。档案网站信息资源整合后，能提供统一的档案信息整体或检索平台，大大简化用户检索资源的过程，降低用户检索档案信息的难度，真正体现“以人为本”的服务宗旨。

各种载体档案转化为数字档案操作技术及规程研究

河南省档案局优秀科技成果奖二等奖

完成单位：黄河档案馆

主要完成人：易成伟、寿永光、王全兰、黄鹏、邢琳、陈南、朱晓光

该项目研究内容是：随着信息技术的不断发展，对档案管理现代化提出了更加迫切的要求，数字档案系统正是基于这一目的建设的。这就要求把多年来的多种载体的档案信息转化为数字档案，这是一项庞大而复杂的工作，需要有详细、具体的操作规程进行指导，该课题以黄河档案馆为基础，组织调研，结合黄委委属的各个省局、市局、县局的实际情况，整体评价，综合考虑各种载体档案数字化的转化方法，总结出一套切实可行的整体方案，并研制出切实可行的操作技术及规程来指导转化，然后在黄河系统乃至更大的范围推广应用。

档案数字化外包业务多维度全流程安全管理体系研究

河南省档案局优秀科技成果奖三等奖

完成单位：郑州市档案局

主要完成人：李永强、李云豪、石华、王原、卢云峰

该项目研究的核心是档案行政管理部门如何对档案数字化行业中涉及的档案信息安全进行整体的全面的监控。该项目成果首次从档案的业务本身出发，通过相关人员、生命周期、软硬件环境三个维度分析风险，并结合安全最佳标准、保密技术和业界相关标准的安全模型，形成一套行之有效的方法论，帮助准备进行档案数字化外包的档案部门定位安全建设的现状、了解安全建设的需求、组织未来安全建设的规划和实施，并将档案数字化公司和从业人员及其日常管理纳入档案行政管理部门的全程监控之下，从理论研究到技术防护，覆盖数字化过程中所面临的所有泄密隐患，形成一套完整系统有效的监控体系，以促进档案数字化外包行业的健康发展，确保国家秘密安全。

河南省各级综合档案馆防治灾害应对策略研究

河南省档案局优秀科技成果奖三等奖

完成单位：郑州市档案局

主要完成人：张克琳、陈志亚、王富彩、陈小红、徐栋

该项目研究首先将档案灾害分为自然灾害和人为灾害。自然灾害主要有地震、飓风、旋风、旱灾等。人为灾害则有跑水、起火（包括蓄意纵火）、爆炸、冲击等、恐怖活动、战争、武装冲突等。然后在分析各种自然灾害对档案保管造成的影响的基础上将灾害对档案造成的后果归纳为水淹、烧毁两种。同时就如何最大限度地抢救灾害损毁的档案提出了具体的措施，并着重介绍了抢救水淹档案的两种方法，即冷冻（吹风冷冻和常规冷冻）和风干以及具体的操作步骤和注意事项。最后提出了综合档案馆防治自然灾害的策略。

卧龙区非物质文化遗产“大调曲”档案资源建设研究

河南省档案局优秀科技成果奖三等奖

完成单位：南阳市卧龙区档案局（馆）

主要完成人：张玉萍、郝建炎、张志成、杨豫、甘泉

该项目研究的主要成果如下：一是对卧龙区非物质文化遗产“大调曲”档案的现有情况进行调查，弄清非物质文化遗产“大调曲”档案的具体内容、种类及数量。二是根据现有非物质遗产档案的现状，研究制定出非物质文化遗产档案的收集范围、整理方法及相应工作的操作流程。保证了现存档案的齐全完整。三是加强非物质文化遗产“大调曲”档案资源整合。协同区文化部门，对现有珍贵“大调曲”曲目进行抢救挖掘、录制，建立数据库，实现科学化管理。四是不断深化改革，创新服务机制，从方便相关人员利用的角度制定了非物质文化遗产利用规定。

农村社会养老保险档案研究

河南省档案局优秀科技成果奖三等奖

完成单位：社旗县档案局、社旗县农保中心

主要完成人：李贵和、党庆茂、王谦、吕如香、杨松坡

该项目立足社旗县是一个农业大县，作为首批新农保试点县，参保人数多，相关专业文字材料、电子文档、图表、声像档案多的现实，进行了如下工作：一是建立县、乡（镇）、行政村三级档案整理归档制度。依照相关规定将参保对象划分为 6 种类型，分类造册，编制目录，整理归档，统一存放在县农保中心。二是依照“记录一生、跟踪一生、服务一生”的原则，建立电子档案，对保障对象的变动情况，跟踪服务，让农民明明白白地参与到新农保工作中，充分发挥农保档案的作用和价值，保护参保农民合法利益。三是建立特殊农民农保档案，服务特殊人群。对农村重度残疾人、烈士遗属等困难群体进行单独建档，保护弱势群体的合法利益。

运用 HSE 管理体系加强档案安全管理研究

河南省档案局优秀科技成果奖三等奖

完成单位：中原油田档案管理处

主要完成人：程皓、聂彩霞、邢冬梅、杨汝韫、刘玉燕

该项目研究以《档案管理处 HSE 管理体系》为指导原则，以相关档案管理规范为依据，加强档案安全规范性管理。该项目主要控制点为运用 HSE 管理体系加强档案安全管理，旨在为中原油田档案管理工作建立、实施与保持 HSE 管理体系，以确保档案管理全过程得到有效控制；向社会相关方展示中原油田档案管理处将遵守适用的安全、环境和健康法律法规及其他要求，通过各方审核和评审不断持续改进，通过对重要环境因素和重大危险源进行有效控制，消除或降低对有害环境影响和职业健康安全风险，最大限度地做到零事故、零伤害、零污染，以达到不断提高档案管理处 HSE 管理水平和绩效的目的。

油区地下管网档案的归集管理研究

河南省档案局优秀科技成果奖三等奖

完成单位：中原油田档案管理处

主要完成人：石立铭、刘晓燕、崔爱民、李贵平、范朝霞

该项目根据中原油田地下管网管理的实际情况，对油区地下管网档案管理的现状与发展进行了综合分析与调查研究。总结出对目前的地下管网进行科学管理，对企业的生产、建设、改造的重要作用及产生的巨大经济效益。主要研究内容：一是对油区地下管网档案形成特点、油区地下管网档案管理现状进行调研分析；二是对油区地下管网档案管理存在的问题进行深入剖析，并提出整改建议与措施；三是对油区地下管网档案的归集管理与利用进行实地研究，边研究、边实践、边应用，效果明显。

电子文件异质备份策略研究

河南省档案局优秀科技成果奖三等奖

完成单位：中原油田档案管理处

主要完成人：段毅华、苏芳、崔世刚、崔爱民、王雨点

该项目从电子文件管理现状，电子文件异质备份需求，电子文件异质备份介质的选择，电子文件异质备份的方法，电子文件异质备份的技术、策略等方面出发，对中原油田档案电子文件的管理、利用进行了全面的调查分析，并结合各单位的需求，制定了需要异质备份的电子文件的范围，依据电子文件的重要性和利用率对异质备份的电子文件进行级别划分。项目结合国内外最先进的异质档案备份方面的研究，借鉴各大型综合档案馆在异质备份方面的经验，提出了具体的档案异质备份介质的选择方法、异质备份技术的实施方法、异质备份策略实施方案等相关方法。对中原油田的档案信息化工作起到了一定的推动作用，也为相关单位提供了研究依据。

高校文化建设背景下档案信息资源开发研究

河南省档案局优秀科技成果奖三等奖

完成单位：郑州牧业工程高等专科学校

主要完成人：张卫华、陈国勇、李雅洁、陈刚、张芳

该项目研究采取文献分析、实证调查、对比分析相结合的方法，紧紧围绕“积极开发档案信息资源，主动服务高校文化建设”这一主旨，在对已有研究基础进行分析、归纳的前提下，明确高校文化建设与高校档案信息资源开发的基本概念，并分析档案信息资源开发在高校文化建设中的独特作用。通过对实证调查研究过程的分析，描述了高校文化建设背景下档案信息资源开发的现状和特征。结合调查研究所得，运用文献分析、对比分析的办法，揭示出高校文化建设背景下档案信息资源开发存在的突出问题，进而分析问题的成因和提出了解决问题的建议对策。该项目研究成果为高校文化建设和高校档案工作提供了借鉴，也为教育行政主管部门和档案行政主管部门提供了参考。

档案工作法制建设问题研究

河南省档案局优秀科技成果奖三等奖

完成单位：河南大学

主要完成人：伊秀芬、张丽华、张蕊、王卫红、张晓燕

该项目从理论与实践两个层面对档案工作法制建设文献研究情况全貌进行定量与内容分析，通过对中国知网中国学术期刊网络出版总库、中国博士学位论文全文数据库、中国优秀硕士学位论文全文数据库、中国重要会议论文全文数据库、中国重要报纸全文数据库、中国年鉴网络出版总库相关文献进行数据统计与分析，以文献研究方法为主，对档案工作法制建设理论与实践研究的现状、历史沿革、存在的问题及其原因、改进与完善等进行系统研究，并初步提出了解决问题的对策与建议，具有一定的理论意义和较高的实用价值。

高校重点项目建设档案管理的研究

河南省档案局优秀科技成果奖三等奖

完成单位：郑州铁路职业技术学院

主要完成人：张忠良、徐宏平、刘富星、刘敏华、赵长华

该项目从郑州铁路职业技术学院新校区重点项目建设档案管理入手，针对目前高校重点项目建设档案管理现状，就如何做好高校重点项目建设档案管理工作，提出了高校重点项目建设档案管理的理念，并就做好高校新校区重点项目建设档案归档管理应把握环节作了分析，清晰地勾画出高校重点项目建设档案管理的模式。并结合实际制定了《郑州铁路职业技术学院新校区指挥部分管档案工作领导职责》《郑州铁路职业技术学院新校区指挥部兼职档案员职责》《郑州铁路职业技术学院新校区指挥部文件档案、技术资料管理制度》，将研究成果运用到实际工作中去。项目研究成果将为高校重点项目建设档案管理起到积极的引导作用，对兄弟院校也有一定的参考借鉴意义。

小浪底水利枢纽工程重点项目建设档案管理研究

河南省档案局优秀科技成果奖三等奖

完成单位：水利部小浪底水利枢纽建设管理局档案室

主要完成人：王和平、李根成、张新民、崔绿香、周欣

该项目针对小浪底水利枢纽工程建设规模宏大，地质条件复杂，水沙条件特殊，运用要求严格，以及小浪底工程建设部分资金利用世界银行贷款，通过国际招标参加小浪底工程建设的承包商和供货商有来自意大利、德国、法国、美国、加拿大等51个国家和地区的700多名外籍人员。也形成了小浪底工程档案管理复杂的环境和背景。小浪底建管局坚持合同管理在工程建设中的核心地位，强化合同管理，完善合同管理体系，有效地控制了工程投资，最大程度地维护了国家利益。总结小浪底水利枢纽工程建设经验，研究小浪底水利枢纽工程档案管理特点与难点、采取的有效措施，对促进工程档案管理，推动重点项目建设档案工作发展具有十分重要的意义和作用。

各级国家档案馆重要档案异地备份策略研究

河南省档案局优秀科技成果奖三等奖

完成单位：郑州大学图书馆、郑州大学档案馆

主要完成人：白广思、刘敏华、富红、李甦、王的

该项目首先对国家档案馆重要档案异地备份研究意义及现状进行了分析，然后对档案灾害情况及备份原则进行了研究，详细研究了档案异地备份策略，包括：档案数字化建设、档案数字化的原则、档案缩微异质备份、档案异地备份研究、案例研究、建立区域异地档案备份中心、档案馆之间互为异地备份、远程数据复制；最后给出了档案异地备份中存在问题。课题研究选定郑州大学档案馆和郑州市档案馆作为互相备份馆研究对象，将研究成果运用到档案工作实践。

电子文件异质备份策略研究

河南省档案局优秀科技成果奖三等奖

完成单位：郑州大学、平顶山财经学校、新乡医学院

主要完成人：马志杰、杨鲁捷、王桂玲、石朝军、郭兆红

该项目围绕电子文件异质备份的现状与必要性、机遇与挑战、意义与作用、目的与主要任务、基本原则与方法等基础问题展开了理论研究。这些是进行电子文件异质备份工作的重要环节。在此基础上，从宏观到微观，在管理层面、论证层面、规划层面、实施层面、评估层面、法律制度层面、技术层面、人才层面、经济层面、安全层面等提出相关的可行策略和措施。其中，论证、规划、实施、评估是主线，管理、法律制度、技术、人才、经济、安全是保障，贯穿电子文件异质备份的全过程。项目研究具有一定的先进性，对当前的电子文件异质备份工作具有一定的参考价值。

高校数字档案馆建设与发展研究

河南省档案局优秀科技成果奖三等奖

完成单位：华北水利水电学院档案馆

主要完成人：董延延、曹玉兰、李红霞、鄢雪丽、赵黎霞

该项目研究将数字档案馆建设分为三个方面的基础工作，两个阶段的发展工作。三个方面的基础工作是数字档案馆建设横向发展的体现，一是数据库建设；二是电子文件归档与电子文件进馆同步；三是网站建设、档案数字化加工与利用同步。在发展阶段，先建立目录数据库，实现目录检索数字化，后建立全文数据库，实现全文信息检索的数字化。在服务范围中，首先在学校局域网实现远程检索，后在互联网上实现远程检索。在数字档案馆的建设中要坚持统筹规划，分步实施，统一标准，以达到资源共享。为保障数字档案馆建设顺利进行要做到依法治档和开拓创新相统一、学校发展和社会发展相统一、数字化建设和传统纸质建设相统一、馆藏建设和人才培养相统一。

云南省公路建设项目竣（交）工信息数据库研究及应用

云南省档案优秀科技成果奖一等奖

完成单位：云南省交通运输厅工程质量监督局、云南省交通运输厅、云南省公路学会、昆明安泰得软件股份有限公司

主要完成人：李俊锋、杨亚新、段成刚、普文云、肖俊杰、黄颖麟、杨珠、耿龙兴、张自震、陈绍林

该项目已建立项目竣工档案信息资源数据库，完成信息数据库及管理平台安装部署，研究成果已在近30个公路工程项目中实施，在全省二级公路建设项目中推广使用，实现约1.7万多个案卷的数字化，建立了项目竣工档案信息资源数据库。项目通过采集、整理、数字化加工公路建设项目的竣工文件档案，建立工程（项目）、案卷、文件著录建立竣工文件档案检索体系，依托云南省交通运输厅电子政务网管中心、云南省电子政务交通专网和Internet公众网络，提供用户进行竣工档案的数字化管理、检索、查询利用等功能。该项目的研究成果可广泛应用到全省公路建设项目中，补充完善全省竣工档案信息资源数据库，为其他竣工项目档案信息资源库建设提供指导。

云南电网集中式档案管理系统

云南省档案优秀科技成果奖一等奖

完成单位：云南电网集中式档案管理系统

主要完成人：杨剑峰、段勇、贺祥飞、周琼凤、邱超英、刘路、吴冬梅、张羿、王明

该系统改变传统档案管理模式，实现利用档案建档立卷的智能化管理。建成覆盖省、地、县三级的云南电网公司集中式档案管理系统，实现各级档案资料分类、档案信息收集、立卷、整编、检索利用、借阅管理、单位内移交、跨单位移交等工作；数字化、网络化、信息化构建了丰富的数字档案资源库，其信息形式除文字外，还包括语音、视频、图形、'图像，能满足公司各单位对各类信息的需求；提高档案的快速检索以及电子档案网上借阅利用水平，实现全系统档案资源共享。该研究成果为全省各类部门档案信息化建设提供参考，提高了省档案信息化水平，促进了全省档案信息化发展。

地质资料数据库及管理服务信息系统

云南省档案优秀科技成果奖二等奖

完成单位：云南省国土资源厅、北京超维创想信息技术有限公司

主要完成人：钟薇、刘旭辉、陈小红、廉永海、杨雪梅

该系统包括汇交管理、资料管理、接待管理、借阅办理、借阅服务、资料输出、系统管理等子系统。是针对电子档案从汇交管理到对外借阅全部流程信息化管理的解决方案，通过加强电子文件汇交工作，推进全省地质资料信息化；建立地质资料目

录数据库，实现网上查询服务；开展馆藏地质资料专项清理，加快相关数据库的建设；充分利用馆藏资料，开展全省矿产资源储量空间数据库建设，为矿政管理工作提供服务。该项目的研究成果有力地提升了地质档案馆的管理水平，对全省其他专业档案数字化工作有参考和借鉴意义。

昆明市加快数字档案馆建设对策研究

云南省档案优秀科技成果奖二等奖

完成单位：昆明市档案局

主要完成人：李蔚、田道华、刘毅秋、赵军、王波、吴秀梅、杨时兰、唐华

昆明市数字档案馆建设的步伐在全省可起到引导作用，研究通过对比传统档案馆和数字化档案馆的区别，并在全市档案信息化发展状况、国内外先进经验、特点的基础上，客观分析昆明市数字档案馆建设中存在的主要问题，提出了“十二五”期间昆明市数字档案馆建设的总体目标、主要任务、项目实施和保障措施，符合昆明市数字档案馆建设的客观需求，具有针对性和现实指导作用，有利于档案信息资源的整合利用，具有较强的社会效益和经济效益。对其他州市数字档案馆建设具有参考价值。

高等学校档案信息资源整合及专题数据库建设研究——以昆明理工大学档案专题数据库应用为例

云南省档案优秀科技成果奖二等奖

完成单位：昆明理工大学档案馆

主要完成人：刘永祥、张仲华、周荣、牛江、苏琴

根据昆明理工大学档案工作实际情况，以昆明理工大学档案馆馆藏目录数据库中不同全宗、不同类别、不同校区的档案信息资源为主要来源，经过数据分析、集成整合、整理筛选和二次信息开发，将职称评定、干部任免、研究生论文、照片档案等信息交换到专题档案数据库中，弥补了通用档案管理系统的不足，满足了利用需求，优化了利用模式，实现了信息资源的共享。该项目研究在高等学校中率先实现并运用于实际档案工作管理中，推动高校档案数字化进程。

云南省牛栏江——滇池补水工程竣工档案分类及档号编制办法

云南省档案优秀科技成果奖二等奖

完成单位：云南省牛栏江——滇池补水工程建设指挥部

主要完成人：刘加喜、赵新宇、李伯根、耿鸿江、蔡云华、戴艳芳、穆思洁、杨茜

在我国水利工程档案分类标准尚未确立的情况下，该项目研究科学制定了实体档案资料分类体系。该分类办法以专业、结构及技术文件材料内容为分类依据，以项目划分作为同类技术文件排序、编制、立卷的基础，充分体现水利工程及技术档案的行业特点，其严整性、专业性及动态可扩充性均能满足工程建成后档案信息利用的需要，为水利工程档案管理软件开发、实现与工程建设同步形成工程电子档案，全面记录建设过程、准确反映建设成果奠定了良好基础。目前，该方案全面应用于牛栏江一滇池补水工程建设期各参建单位工程文件材料的形成、编制、整理工作中，对实际工作有一定指导作用。为全省工程档案分类指导起到示范作用。

档案文化产品开发实例——《云南白药大事记》编纂

云南省档案优秀科技成果奖三等奖

完成单位：云南白药集团股份有限公司

主要完成人：王明辉、黄凤平、戚太云、张文芝、赵逸虹、赵文敏、蒋一虹

《云南白药大事记》是云南白药集团与云南省档案局共同完成，专门成立编辑委员会，充分开发利用现藏资源，创新服务理念，开拓服务领域，大胆尝试开发档案文化产品，来满足企业内部和社会大众日益增长的档案文化产品需求。完整展现云南白药130年发展史。该书印刷精美，图文并茂，有大量档案一手资料，是优秀的档案文化产品。

铂族摇篮——昆明贵金属研究所辑粹

云南省档案优秀科技成果奖三等奖

完成单位：昆明贵金属研究所

主要完成人：石美琼、陈家林、邱红莲、周怡静、赖元明、潘勇、余先莉、首宇萍、杨炬

昆明贵金属研究所针对科研院所的科研项目及科技成果的管理工作，构建了一套针对科研成果档案收集、整理、归纳、保管以及开发利用的档案动态管理方法，全程跟踪管理各级各类项目。《铂族摇篮》正是应用档案动态管理方法创造的成果之一，全面展示了昆明贵金属研究所70年来的成就。该书图文并茂，有大量档案一手资料，是基于档案动态管理方法创造的成果。

云南财经大学60年志

云南省档案优秀科技成果奖三等奖

完成单位：云南财经大学档案馆

主要完成人：王元亮、袁洪、王志梅、杨红仙、陆心愿、符世鸿

该书是云南财经大学 60 年来的第一本校志。忠实地记录了云南财经大学 60 年来在教学、科研、对外交流等方面的发展历程。其中收录的材料、史料等第一手材料都出自档案内容。档案广泛的收集，规范的整理归档，有效的利用，《云南财经大学 60 年志》集中体现了财大的档案文化。

编研史料《大理市白族本主图文集》

云南省档案优秀科技成果奖三等奖

完成单位：大理市档案局

主要完成人：王永珠、潘燕、邱群友

该书是云南省少数民族文化方面的具体体现，以向世人展示白族本主和本主庙的"真实面貌"为切入点，拍摄大理乃至整个滇西片区的乡村巷陌本主照片 500 余张，并配以简洁生动的文字说明。

清代昆明土地和房屋交易制度研究——解读昆明市档案馆清代地契档案

云南省档案优秀科技成果奖三等奖

完成单位：昆明市档案局

主要完成人：李蔚、俞菊美

该书分析清代房地产契证的结构、特点以及契约的内容，揭示出民间土地、房屋买卖、拥有房产与丧失房产所必须履行的手续和清代官府在这些交易中发挥着怎样的作用，对研究清代房屋地产交易制度、传统的人情、道德、习俗变迁等具有很高的学术价值。

临沧市档案志

云南省档案优秀科技成果奖三等奖

完成单位：临沧市档案局

主要完成人：段飞虎、孔雪鸿、李天华、杨炜、樊文娟、杨章、赵琼、张杓、王红斌

该书是临沧市档案局利用自身资源，从档案角度出发，大量利用档案的一手材料，反映 2007 年前临沧市档案事业的发展历程。

归档知识与操作培训教材

云南省档案优秀科技成果奖三等奖

完成单位：云南财经大学档案馆

主要完成人：王元亮、陆心愿、王志梅、杨红仙

该书以大学档案管理为出发点，开发的多媒体教程、教材适合对全专职兼职档案人员进行培训，提高大学档案馆档案人员管理水平。

（云南省档案局电子档案管理处　颜野）

（十）档案宣传工作

中国档案珍品展在福建省开展

2012年12月11日，由国家档案局、中央档案馆举办，福建省档案局、档案馆承办的“中国档案珍品展”在福建省档案馆正式开展。国家档案局副局长、中央档案馆副馆长李明华和福建省政协副主席李祖可参加开幕式并致词。

李明华对福建省档案工作取得的显著成绩给予高度评价。他说，近年来，福建档案部门坚持以科学发展观为指导，始终牢记档案工作“为党管档、为国守史”的神圣使命，围绕中心、服务大局，开拓创新、扎实工作，在实施“以人为本”、“服务先行”、“安全第一”三大战略，建设“三个体系”方面付出了艰辛努力，为福建经济建设和社会发展作出了贡献，为档案事业的发展积累了经验。

此次档案珍品展的开幕式与福建省档案馆新馆开馆仪式同时举行，展览汇集了全国20多个档案馆的“镇馆之宝”，上起唐代、下至民国时期，时间跨度达1200多年，是我国历史文化宝库中不可多得的瑰宝。通过举办这次展览，将会使广大群众走近档案、了解档案，感知中华民族悠久的历史和璀璨的文明，进一步认识档案所承载的历史文化价值，使更多珍贵的历史档案得到全社会的重视和保护。

中央媒体以及档案媒体积极报道宣传档案工作

2012年国家档案局充分利用媒体，加大档案工做的宣传力度。在召开的全国档案馆局长会议和档案工作会议中，邀请了《人民日报》、新华社、《光明日报》《经济日报》及《中国档案报》《中国档案》杂志社多家媒体积极报道宣传，通过报纸、杂志向全社会宣传档案工作取得的成绩和将要面临的任务。其中新华社发表题为《国家档案局：将尽量为档案利用者提供免费服务》《中西部地区县级档案建设扎实推进 开工率近9成》《我国县、乡、村三级档案工作基础条件明显改善》《杨冬权：2020年我国档案资源体系将实现“全覆盖”》《〈档案天天看——毛泽东档案系列〉网络视频明年推出》等多篇文章，从不同方面对档案工作进行宣传报道。

确定全国“档案馆日”

国家档案局中央档案馆办公室对北京市、上海市、天津市、广东省、青岛市等十多个省市档案部门开展的“档案馆日”宣传活动进行调研，对各地举办“档案馆日”活动的主题和时间以及活动的主要形式进行了详细了解。根据调研情况并参照《关于节日、纪念日、活动日设立程序的通知》第三条内容“我国加入的国际公约、国际组织规定的特定世界活动日，我国未提保留意见的，在我国自行实施”，建议全国“档案馆日”活动时间定在6月9日“国际档案日”这一天，称“国际档案日”宣传活动。活动主题定为“档案，我们共同的记忆”。这个主题可以历年不变，每年可由国家档案局根据当年的工作和宣传重点，确定一个副标题，组织全国统一主题的“国际档案日”宣传活动；也可以在统一的主题“档案，我们共同的记忆”下，让各地根据当地政府工作重点或档案工作的重点，确定各地的副标题，在统一的时间举办丰富多彩的全国性“国际档案日”宣传活动。

网络专题视频《档案天天看——毛泽东档案系列》

为纪念毛泽东诞辰120周年，中央档案馆国家档案局报请中央办公厅批准，选取中央档案馆保存的毛泽东手稿档案，包括毛泽东不同时期亲笔起草、修改、书写、批注的文件、电报、书信、诗词、论著、题词等，精心制作了365集网络专题视频《档案天天看——毛泽东档案系列》。透过这些珍贵的档案资料，能让广大公众从不同角度了解毛泽东领导中国革命的伟大实践和丰功伟绩，学习他的科学战略思想和理论成果，领略他非凡的领袖风采和艺术才华。该网络专题视频将于2013年元月1日—12月31日每天1集在国家档案局网站公布。人民网中国共产党新闻网、中国网也将在相关栏目同时上传发布。

制订《档案系统突发事件新闻发布应急预案》

为建立档案系统突发事件新闻发布快速反应机制，及时、准确、主动地做好新闻宣传，适时监测社会舆情，正确把握舆论导向，最大程度地避免、减少或消除因突发事件造成的负面影响，依据《中华人民共和国档案法》《中华人民共和国突发事件应对法》等相关法律法规，结合档案系统新闻宣传工作实际，制订了《档案系统突发事件新闻发布应急预案》。

《档案系统突发事件新闻发布应急预案》适用于档案系统在处置和应对因重大自然灾害、事故灾难、社会公共安全等自然和人为因素引发的档案损毁、丢失、泄密等突发事件的新闻发布工作。该预案从总则、组织体系、工作程序、保障机制、附则五个部分对档案系统突发事件新闻发布应当遵循的工作原则做了明确规定，对档案系统突发事件发生时同时启动新闻发布工作的组织体系、工作程序、保障机制等均做了详细说明，对档案系统突发事件的应急新闻发布工作具有指导作用。

（国家档案局办公室）

中国档案报社举办“中国档案工作者誓词”颁奖仪式

2012年2月15日，由国家档案局主办，中国档案报社承办，上海中信信息发展股份有限公司协办的“中信信息杯”“中国档案工作者誓词”征集评选活动在北京举行颁奖仪式。国家档案局局长、中央档案馆馆长杨冬权，国家档案局副局长、中央档案馆副馆长段东升、李明华、李和平、杨继波，上海中信信息发展股份有限公司总裁张曙华，为金奖获得者黄越，优秀奖获得者马秋影、姚广颁发获奖证书、奖杯和奖金。

杨冬权在颁奖仪式上表示，“中国档案工作者誓词”征集评选活动是继“中国档案行业徽标”、“中国档案工作者之歌”评选活动之后，成功举办的又一次全国性档案文化活动。誓词评选的过程，是一个反映档案人心声、凝聚档案人智慧、激励档案人成长的过程。杨冬权希望各级档案部门要积极开展“中国档案工作者誓词”的宣传和普及工作，通过各种富有成效的宣传形式，让广大档案工作者铭记于心。

此次誓词征集评选活动于2010年8月正式启动，经历征集、初评、征求意见和终评，共收到406件作品参评，活动特邀著名词作家阎肃等作为评委进行严格把关和层层筛选，最终从入围的32件作品中评选出金奖1名，优秀奖2名。

颁奖仪式上，金奖获得者黄越代表其他获奖者对活动举办单位表示衷心感谢。他表示今后要更加关注和支持档案工作，身体力行，为档案事业的发展作出自己的贡献，祝愿祖国的档案事业欣欣向荣，更加辉煌。

最后，全体起立，在杨冬权的领誓下，出席颁奖仪式的300多位代表共同朗诵“中国档案工作者誓词”，神圣庄严、铿锵有力的宣誓声回荡在整个会场，将颁奖仪式推向高潮，共同见证了这一光荣时刻。

中国档案工作者誓词是：

忠诚档案事业，热爱档案工作，严守档案法规，加强档案管理，精通档案业务，维护档案安全。为充分发挥档案工作记载历史、传承文明、服务未来的作用而不懈努力；为国家的繁荣昌盛贡献全部力量。

《中国档案报》英文版发行

为配合第十七届国际档案大会的召开，向世界宣传中国的档案工作以及悠久的历史和灿烂的文化，经国家档案局批准，中国档案报社编辑出版《中国档案报》英文版和中文版两种专刊，进一步加强国外同行对我国档案工作的了解，扩大中国档案文化在国际的影响，为实施文化走出去战略、提高国家文化软实力服务。

本期《中国档案报》英文版对开24版，彩色印刷。英文版一版头条发表了国家档案局局长、中央档案馆馆长、中国档案代表团团长杨冬权的文章《你好！第17届国际档案大会 你好！全世界档案工作者》，向世界介绍了中国悠久的档案工作历史，发达的档案工作网络、档案资源体系和档案利用体系，以及中国与国际档案界的广泛联系和合作。英文版围绕第十七届国际档案大会的主题“新环境、新变化”，全面展示了我国档案事业取得的成就，从档案这一视角折射出改革开放以来我国政治经济文化社会各个领域的健康发展。报纸摘宣《中国档案报》今年来刊登的要闻，围绕档案工作服务党和国家工作大局，在全面推进档案事业“三个体系”建设方面、在贯彻落实档案事业发展“十二五”规划方面取得的新成就，重点介绍了国家档案局档案工作规章，中国档案行业徽标、中国档案工作者之歌、中国档案工作者誓词等反映中国档案工作者精神风貌的内容，通过世博档案报道了档案人眼中的世博，中外档案工作交流，以及中国各地档案部门的镇馆之宝、特藏档案和历史文化遗产等内容。英文版设立专版，分别以整版篇幅报道北京、天津、辽宁、上海、江苏、山东、四川、西藏、甘肃、厦门、青岛、哈尔滨、广州等省、自治区、直辖市和部分城市的档案事业的发展成就。

《中国档案报》英文版作为进入第十七届国际档案大会的唯一档案专业英文报纸，作为中国档案代表团唯一指定的专刊赠阅给出席第十七届国际档案大会的各国代表，受到了与会各国代表的好评。

“数字时代档案信息化工作征文评选”活动圆满结束

2012年9月，由中国档案报社与北京量子伟业时代信息技术有限公司共同举办的“量子伟业杯·数字时代档案信息化工作征文”活动圆满结束。举办此次征文活动，旨在将各级档案部门在“十二五”开局之年具体实施的现代化、信息化工作思路、办法，以及取得档案信息化的成绩、经验撰写成章，供全国广大档案工作者学习和借鉴。征文活动从2011年8月启动以来，广大档案工作者对参加征文活动十分踊跃。报纸开辟专栏，在10个月的时间里共刊登论文近百篇，中国档案资讯网上同步刊登。经征文活动组委会和专家共同组成的征文评选委员会经过初评和终评，最终从来自全国各级档案局馆、机关企事业单位、部队、医院和大专院校等近100篇入围征文作品中，评选出了一等奖1篇、二等奖2篇、三等奖3篇、优秀奖10篇，共计16篇。获奖作品如下：

一等奖（1篇）：

《在档案信息化的理想和现实间前行》作者：杨来青、徐明君

二等奖（2篇）：

1.《民营企业档案管理的信息化建设之路——立白集团全力建设有立白特色的档案管理信息化服务平台》作者：何珊丽

2.《从令人担忧的现象中认识数字档案的元数据》作者：屠跃明

三等奖（3篇）：

1.《档案专题数据库建设亟待引入质量控制理论》作者：孙瑾

2.《没有标准化就没有信息化》作者：张正强

3.《档案数字化要区分轻重缓急》作者：张淑霞

优秀奖（10篇）：

1.《搭建档案信息化新航道》作者：田蔚、何应时

2.《从国外的成熟经验中寻求数字信息资源建设的发展道路》作者：黄燕芳

3.《档案管理数字化推动电子政务大发展》作者：王辅伦

4.《大力发展可视化技术 加快推动档案信息化》作者：黄松祥

5.《档案信息化把上海的“根”留住》作者：顾栋华、张大伟

6.《从“有”到“优”——建立我国数字档案馆“可信任”认证标准探索》作者：程妍妍

7.《“智慧城市”中的档案信息资源建设》作者：周珺

8.《充分引入“物联网”技术 构建档案安全体系》作者：黄河

9.《电子档案术语标准化势在必行》作者：冯文杰

10.《数字档案信息扩展查询功能需求分析及实现方式》作者：钟威、何拥军

全国档案新闻暨档案文化宣传创新工作会议

2012年9月3日，由中国档案报社主办的全国档案新闻暨档案文化宣传创新工作会议在福建省福州市召开。国家档案局副局长、中央档案馆副馆长段东升出席会议并讲话，福建省档案局馆长丁志隆致欢迎辞，中国档案报社主持工作的副总编辑王国武作工作报告，副总编辑刘安主持会议。会议表彰了2011—2012年度的28家中国档案报社优秀记者站、66家发行先进单位、24名优秀记者站站长、32名优秀特约记者、19名优秀特邀撰稿人和4名优秀特邀撰稿组织者；会上授予邹伟农“《中国档案报》特约记者终身荣誉奖”。来自全国各省、自治区、直辖市和计划单列市、副省级市档案部门主管档案新闻宣传的领导同志，中国档案报社各地记者站站长、特约记者等100多人参加了会议。

段东升在讲话中充分肯定了中国档案报社近两年来取得的显著成绩和作出的贡献，高度评价中国档案报社发挥了国家档案局的喉舌作用和档案行业核心媒体的作用。对于当前档案宣传工作，段东升强调，一要深入学习领会并认真贯彻落实4个方面的精神，即认真贯彻落实党的十七届六中全会精神和胡锦涛在省部级主要领导干部专题研讨班开班式上的讲话精神，为社会主义文化大发展大繁荣服好务；认真贯彻落实中央领导同志视察报社时的重要讲话精神，立足档案，面向社会，进一步做好改版工作；认真贯彻落实全国档案宣传工作会议精神，明确报纸定位和宣传报道的主要任务；认真贯彻落实中宣部、新闻出版总署等5个部门联合下发的《关于在新闻战线广泛深入开展“走基层、转作风、改文风”活动的意见》，使“走转改”活动常态化，及时反映广大基层档案工作者的精神风貌和心声。二要加强版面策划，提高报纸质量。要围绕党的十八大、围绕“切实增强档案服务能力，更好地发挥

存史资政作用”、围绕建设“档案强国”战略目标的实施来策划。三要加强组织领导，提高队伍素质。要加强对档案宣传工作的组织领导，建立与现代报业机制相适应的采编队伍，特别要加快对年轻人的培养，增强发展后劲。

王国武在报告中回顾和总结了中国档案报社两年来的工作，对今后两年报社的宣传工作提出8项内容：一是要深入宣传各地档案部门贯彻落实“十八大”精神的实际举措；二是加大档案新闻宣传的社会拓展；三是立足档案，面向社会，深入挖掘馆藏资源，最大限度地发挥档案文化的功能；四是继续坚持开展“走转改”活动；五是加强中国档案资讯网建设；六是继续广泛加强合作；七是加强通联特约记者和特邀撰稿人队伍建设；八是加强摄影研究会组织建设工作。

会议以“档案与文化建设”为题，专门就历史档案文化宣传召开了档案文化宣传创新专题研讨会，6位优秀特邀撰稿人从不同角度与大家交流了如何挖掘馆藏，讲述档案背后的故事，让档案揭开神秘的面纱，走近百姓、服务社会。

（中国档案报社）

第24次全国档案期刊研讨会

2012年5月14—18日，由《中国档案》杂志社与《北京档案》杂志社共同举办的第24次全国档案期刊研讨会在北京召开。此次会议主题是“档案期刊在弘扬档案文化方面的地位和作用”。来自国家档案局、中国档案学会和全国各省市自治区档案局馆，以及中国人民大学等主办主管的30余家档案期刊的50余名代表参加了会议。会议由《中国档案》杂志社主编赵秀贞主持，北京市档案局（馆）党组书记陈乐人发表致辞。国家档案局副局长、中央档案馆副馆长杨继波莅临会议并讲话。杨继波充分肯定了全国档案期刊在繁荣学术研究、促进档案事业发展中的积极作用，同时希望大家要以本次会议为契机，立足档案，发挥优势，面向大众，服务社会。要突出档案期刊的档案特色，树立精品意识，紧扣时代主题，让档案文化产品更加丰富多彩，在唱响时代主旋律方面发挥积极作用。部分期刊代表在会上进行了交流发言。

（刘守华）

《中国档案》开辟“海外觅珍”、“国际快讯”栏目

为配合2012年全国境外档案征集工作座谈会的召开，《中国档案》杂志在该年1—6期开辟了“海外觅珍”栏目，介绍了天津市档案馆、青岛档案馆、大连市档案馆、中国第二历史档案馆、长春市档案馆和上海市档案馆赴境外征集档案的经验与成果。5月9日，全国境外档案征集工作座谈会在威海召开，杂志社派记者作了详细报道。

从2012年第1期起，《中国档案》杂志开辟了“国际快讯”栏目。该栏目的创办，旨在集中、快速、定期地向国内档案界传递最新的国际档案讯息，扩大档案工作者的视野，丰富杂志的内容。该栏目由杂志社与中国人民大学信息资源管理学院相关专家团队合办，引进外脑，开门办刊。

（王天泉）

《中国档案》开展禁毒宣传

2012年5月，国家禁毒委员会办公室、新闻出版总署等18部门联合印发了《关于深化全民禁毒宣传教育工作的指导意见》，并决定2012年6月1—30日开展“全民禁毒宣传月”活动，按照《意见》要求和活动部署，《中国档案》杂志深入开展禁毒宣传。在《中国档案》2012年第7、8期重要位置刊发了《虎门销烟的几个细节》《新中国成立初期的禁毒运动》两篇文章，依托珍贵档案，对我国历史上的禁毒工作进行介绍。此外，杂志还在2012年第7期和第8期专门安排版面刊登了“全民参与 禁毒防艾”和“远离毒品 珍爱生命”两则公益广告。

（李云波）

第三届全国省会城市和计划单列市档案宣传工作会议

2012年7月2日，由中国档案杂志社主办的第三届全国省会城市和计划单列市档案宣传工作会议在哈尔滨召开。国家档案局副局长、中央档案馆副馆长杨继波出席会议并讲话，黑龙江省档案局局长张金峰致辞，中国档案杂志社总编赵秀贞作工作报告，中国档案杂志社副总编邓小军主持会议。来自全国各地的档案界代表80余人参加了会议。此次会议全面贯彻落实全国档案宣传工作会议精神，总结和交流工作经验，研究部署今后的档案宣传工作，推动档案事业为党和国家大局服务。

杨继波结合《中国档案》杂志，就全国档案宣传工作讲了几点意见：一、充分认识《中国档案》杂志在全国档案宣传工作中所处的重要地位。二、充分认识《中国档案》杂志在全国档案宣传工作中

发挥的重要作用。“在宣传党和国家档案工作方针政策、指导全国档案业务工作方面，杂志起到了重要的‘喉舌’作用；在收集档案界最新信息、反映档案界最新动态方面，起到了重要的‘耳目’作用；在传播档案专业知识、培养档案专业人才队伍方面，起到了重要的‘基地’作用；在向全社会宣传档案工作、反映新中国档案事业发展历程方面，起到了重要的‘名片’作用。”三、切实抓好《中国档案》杂志的编辑和出版工作，促进档案宣传工作的全面繁荣。四、切实抓好《中国档案》杂志的通联和征订工作，促进档案宣传工作的全面活跃。

赵秀贞在会上作了题为《迎接挑战 开拓进取》的工作报告。报告总结了近两年来《中国档案》杂志紧跟城市档案工作的步伐、努力捕捉城市档案工作的发展与变化，提出了今后一段时期《中国档案》杂志城市档案工作的报道继续加强对城市档案管理与服务创新的宣传，对其中的一些典型要深入地进行挖掘；关注和研究城市文化建设，多方面、多层次地探讨城市文化建设的宗旨、方向及途径，加强舆论引导，为城市档案部门的领导和决策者提供思想支撑和精神动力等等。

武汉、南宁、福州、西安、南京、深圳六个城市的代表在会上介绍了各自开展档案宣传工作的经验、做法和体会，会议隆重表彰了档案宣传工作先进单位和个人，深圳市档案局等4个单位荣获“全国省会城市和计划单列市档案宣传工作先进单位”，青岛市档案局等6个单位荣获“全国省会城市和计划单列市档案宣传工作优秀单位”，黄俊琳等10人被评为“优秀工作站站长”。

（邓小军）

2012第四届（广州）档案信息化建设高端论坛

2012年9月6日，由《中国档案》杂志社主办、北京量子伟业时代信息技术有限公司承办的2012第四届（广州）档案信息化建设高端论坛在广州亚洲国际大酒店隆重召开。国家档案局副局长、中央档案馆副馆长杨继波出席论坛并讲话。

此次论坛以“创智慧档案·建档案强国”及“云计算时代的档案信息化建设”为主题，聚焦新型IT技术，展示档案信息化优秀成果，旨在提高各级档案部门对档案信息化的掌控和应用能力。国家档案局经济科技档案业务指导司副司长王岚作了题为《从简牍到云端——信息时代档案管理的挑战、机遇和启示》的主题演讲。量子伟业副总裁陈玉朕演讲的《智慧的档案——保存和发掘人类记忆》为现场嘉宾介绍了全新的档案管理方式。广东省档案局（馆）技术处处长陈竞亚解析新保密法，中山大学资讯管理学院教授、博士生导师陈永生分享了电子文件管理理论与管理策略，广州中船龙穴造船有限公司信息中心主任邱穗及广州立白企业集团有限公司总裁助理陈涛分别阐述其企业的档案信息化发展之路。

来自广东省直机关、广州市直机关以及中国移动、南方航空、招商局、华润集团、南方电网、广发银行、保利集团、大亚湾核电站、粤能集团、中海油、广汽集团、中粮集团、海南航空、美的集团、珠海投资等企业集团的档案工作者400余人出席了论坛。

（邓小军）

解放军档案馆举行档案工作者宣誓仪式

2012年2月20日，为响应国家档案局关于积极宣传普及“中国档案工作者誓词”的号召，解放军档案馆全体干部在刘义权同志塑像前举行档案工作者宣誓仪式。干部代表向刘义权同志塑像敬献花篮，全体干部向刘义权同志塑像三鞠躬，并在解放军档案馆馆领导带领下庄严宣誓：“忠诚档案事业，热爱档案工作，严守档案法规，加强档案管理，精通档案业务，维护档案安全……”通过宣誓仪式，弘扬先进军事仪式文化，让官兵在神圣庄严的气氛中接受教育、升华情感、振奋精神。解放军档案馆馆领导指出，作为英模刘义权同志所在单位，解放军档案馆应当带头宣传和践行“誓词”，要求全馆档案工作者将“誓词”铭记于心，转化为前行的动力，履职尽责，奋发进取，争先创优，努力推动馆工作建设再上新台阶、实现新发展。

招商局档案馆开设企业历史移动课堂

为了深入推广招商局企业文化，2012年招商局档案馆突破传统宣传模式，开设“百年招商局”移动课堂，派档案人员深入一线基层单位，宣讲招商局140多年的历史。

近年来，招商局档案馆在企业文化推广和企业形象宣传方面发挥了重要作用。其馆内常设的反映招商局140多年历史的展览《1872到今天》，全年免费对外开放，年平均接待参观8000人次，受到了社会各界普遍好评，先后被授予“深圳市红色旅游景区”、“深圳市中共党史教育基地”、“广东省中共党史教育基地”、“爱国主义教育基地”等称号，极大地提升了企业的影响力和知名度。

招商局集团旗下企业数量多，地域分布广，很多一线员工不方便实地参观招商局历史陈列展，他们热切期待有机会感受招商局的企业文化。针对这种情况，招商局档案馆决定走出去讲历史，通过分析多年来观众的参观需求，开设了“百年招商局”移动课堂，到一线单位去宣传企业历史文化。

这种主动推送的服务，受到了基层单位的热烈欢迎，各单位纷纷联系预约。移动课堂，使招商局的企业文化走得更深更远，分布在全国各地的一线基层员工通过移动课堂，全面深入地了解了招商局，真切地感受了招商局的文化和发展使命，大大增强了员工对企业的归属感和认同感，从而凝聚力量，再创佳绩。

（招商局档案馆）

国际档案日·第六届上海市档案馆日暨“城市新印象·档案见证”宣传月活动

2012年5月9日，国际档案日·第六届上海市档案馆日暨“城市新印象·档案见证”宣传月活动在市档案馆启动。时任市委常委、市委秘书长丁薛祥出席活动启动仪式。由上海市档案局（馆）、上海市委党史研究室和东方网主办的“科学发展在上海（2007—2012）”图片展开幕并向社会免费开放；由市委党史研究室、市档案局（馆）主编，中央文献出版社出版的《科学发展在上海（2007—2012）》图册首发。为了扩大档案馆日活动的影响，市档案局（馆）积极联合29家区（县）档案馆及高校、部门档案馆，创新性地将档案馆日活动时间延长为一个月，在市档案馆主会场和各分会场举办了丰富多彩的档案主题活动，引起社会的广泛关注。

6月9日，浦东新区档案馆向社会开放调整后的“浦东记忆展”，与新区电视台等媒体合作，制作电视专题片、推出档案工作专刊，并出版《浦东开发的先驱——上海浦东塘工善后局研究（1906—1927）》。5月16日，徐汇区档案馆联合上海师范大学档案馆共同举办城市新印象·档案见证——家庭档案现场展示会和“如何制作家庭档案”展览。6月8日，长宁区档案馆举办民生档案便民查询服务启动仪式，向社会开放第六批档案、开展民生档案现场咨询服务。5月18日，普陀区档案馆举办“转型发展中的普陀”主题图片资料展，开展民生档案现场咨询活动，并向民众发放《馆藏民生档案介绍》《馆藏特色档案介绍》等宣传册。6月9日，闸北区档案馆向社会开放第十六届至第十八届上海国际茶文化旅游节组委会和2007年上海世界特殊奥林匹克运动会闸北执行委员会形成的362卷（件）档案。虹口区档案馆首发《蓝天飞翔文集》，向社会开放第十六批档案共1072卷（件），并配合区委宣传部积极筹备虹口区“城市新印象”展览展示活动。6月8日，杨浦区档案馆与区委宣传部联合举办“档案见证上海新印象·杨浦新掠影展览”，并会同区公安局、区法院、区房管局等部门，开展户籍档案、劳动保障档案等12类档案的现场咨询活动。6月6日，黄浦区档案馆举办“黄浦新印象·档案见证”主题活动，并向社会开放档案2010卷（件）。6月8日，静安区档案馆举办以南京西路建路150周年为主题的“南京西路新发展”图片展。6月9日，闵行区档案馆会同区房管局、区民政局等部门，举办民生档案利用现场咨询服务，并举办档案法律法规知识竞答活动。6月7日，宝山区档案馆举办“民生档案查询服务进社区”活动启动仪式，及民生档案远程利用服务专题培训。嘉定区档案馆在迎园中学举办“铭记历史·珍爱和平——抗日战争中的嘉定”图片展，与嘉定电台“民生热线频道”合作，制作民生档案服务专题节目，并向社会开放第九批档案。金山区档案馆举办“解放思想·聚焦发展——2012年形势任务教育”巡展，向社会开放第十批档案。5月22日，松江区档案馆举办“松江新印象·档案见证（2007—2012）图片展”，并举行档案文件资料、政府公开信息查阅服务中心启用仪式，邀请两位市民代表为查阅服务中心揭牌。6月8日，青浦区档案馆举办档案展览和档案现场咨询活动，现场发放档案宣传资料450份。5月18日，奉贤区档案馆举办“贤城新印象——科学发展·辉煌成就”展和档案宣传咨询活动；在曙光中学举行“奉贤区创先争优活动成果展”活动展板进学校活动。5月9日，崇明县档案局与县语言文字工作委员会办公室联合举行“崇明方言保护与传承研讨会”；5月24日，崇明县档案馆举办“档案见证——崇明档案事业的昨天、今天、明天”为主题的展览。

5月21日，上海音像资料馆举办纪念《在延安文艺座谈会上的讲话》发表70周年延安抗战时期珍贵历史影像发布会，发布了一批拍摄于抗战时期延安的珍贵影像素材。6月8日，市文化艺术档案馆与宝山国际民间艺术博览馆共同举办“记忆中的灯影——传统皮影戏艺术展”，展出市文化艺术档案馆馆藏的200多件明末、清初以来的皮影人物、头饰、道具和布景。5月23日，上海交通大学档案馆举行“档案服务现场咨询”宣传活动，为400多名师生提供档案咨询服务，并听取师生对校档案工作的意见与建议。6月7日，同济大学档案馆举办“同济大学第二届档案日”校园宣传咨询活动，向师生发放档案刊物《同济兰台》；6月8日，举办“档案馆开放日”活动；6月11日，举办纪念《档案法》颁布25周年暨同济大学档案馆成立25周年座谈会，并举办《纪念同济大学档案馆成立二十五周年图片展》。5月28日，东华大学档案馆开展校史知识竞赛，同时，自5月9日起，校史馆全面开放一个月。上海体育学院档案馆联合校宣传部开展以“面向图片、面向历史”为主题的图说历史系列活动，在校报上刊登校史专题内容。6月5日，上海海洋大学举办百年回眸忆“三史”宣讲活动启动仪式，宣讲校传统学科、专业与课程发展历程，传承校园文化。

（邹伟农　宗禾）

上海市档案局(馆)与东方网签订战略合作协议

2012年6月20日，上海市档案局（馆）与上海东方网股份有限公司签订战略合作协议。市档案局（馆）和东方网将以此次签约合作为契机，发挥各自优势和特点，共同推进上海档案工作的新闻宣传，共同利用资源进行重大活动合作，共同搭建档案工作与网民互动的平台，打造网络品牌栏目，更好地服务上海经济社会发展。战略合作协议签署后，作为双方的第一个合作项目，市档案局（馆）积极与东方网旗下的《城市导报》合作，推出城市记忆之红色之旅专刊，迎接党的十八大胜利召开，自7月30日起至10月底，每周一登载一版“红色记忆”专栏文章和档案图片等，有效扩大了档案工作影响。

（邹伟农）

上海市档案馆专家做客东方网谈“红星照耀中国档案展”

2012年10月18日，上海市档案馆利用服务部主任石磊、接收征集部主任郑泽青应邀走进东方网嘉宾聊天室，与网民交流“红星照耀中国——外国记者眼中的中国共产党人档案展”的创意策划、展品征集及有关珍贵档案照片背后的故事，并回答了网民的提问，与网民一起感受那段波澜壮阔的激情年代，有效扩大了档案工作的影响。

（邹伟农）

江苏省档案局联合《扬子晚报》推出“档案穿越”历史文化专版

江苏省档案局秉持文化创新理念，整合全省资源，联合全国影响力最大的《扬子晚报》，推出“档案穿越”大型历史文化专版，用新闻讲述档案，以大众传播形式，艺术地演绎历史与现实的穿越。

“档案穿越”自2012年3月31日正式面世，社会反响大、行业效果好、领导评价高。

国家档案局局长杨冬权高度评价：“档案穿越”，创意新，内容好，在档案宣传通俗化、大众化、平民化方面起到了示范作用。

“档案穿越”开篇报道南京馆藏200万张“民国身份证”户籍卡，触发了巨大的社会“寻根热”。仅当天就有200多位市民前往寻根问祖，扬子晚报一周接待海内外咨询电话400多个。像这样影响力震撼的内容还很多。“毛泽东两次回信并接济无锡一位8个孩子单身妈妈”的故事；“600勇士诈降上演了‘心脏绝杀’”，让读者像看电影大片一般直呼痛快；首次公布“1945年南京大屠杀敌罪调查记录下侵华日军罪行295882种”，用铁证般的数据，正言历史不容篡改。

“档案穿越”的宣传效果，创造出新的历史文化样式和传媒价值，满足了大众的期待。

《江苏外宣动态》介绍了“档案穿越”服务江苏文化建设的成功做法。人民网、新华网、凤凰网等上千家境内外媒体跟踪报道或转载，推动了档案与党史、文化、公安等部门的合作；南京、徐州、扬州等地都市报相继推出档案专栏，掀起全省历史文化宣传声势。

（江苏省档案局　葛霞）

《安徽》——首部3D档案教育纪实片

《安徽》是国内第一部3D档案教育纪实片。它将安徽放在世界文明和中国历史进程大视野之中，突出反映了中国共产党人在中华民族重大历史时期拯救民族、复兴中华的艰难探索和丰功伟绩。新民主主义革命时期的陈独秀、王稼祥、李克农、洪学智、皮定均、王步文；社会主义改造和建设时期的治理淮河、毛泽东视察安徽；改革开放时期的小岗村大包干、邓小平视察黄山……一个个光辉名字、一段段光荣史实，铸造成安徽之光、民族之光，让观众切身感受到在探寻民族复兴的历史进程中，只有中国共产党才能挽救和振兴中国，才能带领中华民族走向强盛、走向复兴，实现中华民族伟大复兴之梦。影片采用先进的立体电影技术，产生强烈的视听震撼效果；利用原始档案资料，突出史实教育的真实性和感染力，为广大党员干部提供了精神享受和思想激励，使观众在愉悦中走进档案，感受历史，接受教育，产生共鸣，效果十分明显。

安徽档案展示馆向社会开放

2012 年 4 月，安徽省档案馆牵头，联合各市县区档案馆，精选全省档案精品，精心打造了安徽省档案展示馆，正式向社会免费开放。展示馆面积约 500 平方米，配备 2 名专职讲解员和 6 名兼职讲解员。展示馆设有序厅、明及明代以前档案展厅、清代档案展厅、民国档案展厅、建国后档案展厅等 5 个展厅。展示馆综合声、光、电、多媒体等现代科技手段，采用档案原件、仿真件、实物陈列、雕塑、标本、声像多媒体等多种展示形式，集中展示了全省各级档案馆保存的 200 余件档案精品，生动形象地向公众展现安徽各个历史时期重要的事件人物。观众在这里可以亲眼目睹到皇帝圣旨、唐代李白草书、元代赵孟頫画、明代朱熹画像、清代股票、民国鸡毛信等珍贵档案。毛泽东、王稼祥的亲笔信、20 世纪 20 年代莫斯科铸造的马克思银像、王步文烈士遗物、地下党员名册、秘密会议记录，向人们展现了中国共产党人的风采；毛泽东任命曾希圣为安徽省政府主席通知书、省人民政府委员会第一次全体委员会议签到簿、冒着风险包产到户小岗村 18 户村民代表的群雕，述说着安徽新中国成立后曲折的发展进程。馆内还设有 3D 影院，省档案局精心研究和拍摄制作了国内首部 3D 档案纪实片《安徽》。

3D 专题片《安徽》，不仅浓缩安徽历史精华，而且具有视觉震撼，使观众在愉悦中走进档案，感受安徽历史，为我们了解安徽历史、走向未来，架起了一座时空桥梁。开馆以来，先后接待了国家档案局、省委、省人大、省政府和省政协的领导，省直有关部门和各市县领导、省直机关干部、全省档案系统工作人员以及兄弟省市的档案界同行、在合肥的大中专院校和中小学师生、驻地武警和公安干警等数千人次参观，在社会上引起了强烈反响，取得了良好的社会效益。

（唐大卫）

广东省召开档案宣传工作会议

2012 年 4 月 25 日，广东省档案宣传工作会议在珠海市档案馆召开。此次会议的主要内容是认真贯彻党的十七大、十七届六中全会、省委十届十一次全会和全国档案宣传工作会议精神，总结 2005 年以来全省档案宣传工作，部署今后一段时期全省档案宣传工作的主要任务。广东省档案局副局长、广东省档案馆副馆长孟凡华主持会议并做工作报告，广东省档案局局长、广东省档案馆馆长徐大章出席会议并讲话。珠海市副市长龙广艳在会上代表市政府发表了热情洋溢的致辞。全省各地级以上市、顺德区档案局（馆）的负责人和分管宣传工作的部门负责人及信息员等 50 多人参加了会议。

会上，孟凡华作了题为《围绕中心，面向大众，全面加强档案宣传工作》的报告。报告指出自 2005 年以来，全省各级档案部门做好档案宣传工作的意识不断加强，档案宣传工作服务中心工作、重大活动和公众的能力不断增强，助推档案事业发展的水平不断提高，开展档案宣传的方式不断创新，在做好做活档案宣传工作方面取得了良好成绩，受到了国家档案局的肯定。报告对今后一段时期全省档案宣传工作的主要任务做了部署：要全面贯彻党的十七届六中全会和即将召开的十八大精神，以邓小平理论和“三个代表”重要思想为指导，深入贯彻落实科学发展观，围绕大局，服务中心，面向公众，立足档案工作实际，发掘档案文化资源，融入主流宣传阵营，为颂扬主旋律，推进社会主义核心价值体系建设，配合档案事业发展三个体系建设和三大战略实施，做好做强档案宣传工作。一是要从档案事业发展的战略高度，进一步重视和加强档案宣传工作；二是要以开展“档案大宣传”的思路统领档案宣传工作，开展内容丰富的档案宣传工作，更好地服务宣传工作大局和档案事业发展；三是要充分发挥业内各宣传阵地作用，加强服务能力建设；四是要继续加强与大众传媒和其他部门的合作与联动，构筑多样化、立体化的宣传平台。

徐大章对如何做好档案宣传工作提出了五点要求：一是要有公众至上的意识。档案宣传工作不能为宣传而宣传，要明确宣传工作的对象，摸清公众的兴趣点和需求点，有的放矢，根据不同受众以及党委政府不同时期的中心任务来开展工作。二是要提高对馆藏资源的熟悉度。各级档案馆有着丰富的馆藏资源优势，只有对馆藏资源熟悉了解，才能够将这个优势开发出来，才能在有宣传点的时候把握住时机，达到宣传的实效。三是宣传形式要多样化。要通过多样化的宣传形式使档案信息鲜活起来，包装成公众喜闻乐见的档案文化产品，一方面是编研材料（图书、画册）要想方设法公开出版，另一方面要举办展览、讲座、公众开放日、制作影视作品、文艺作品、动漫作品、网站和教育基地建设等多种宣传形式并举，并持之以恒地进行，并把这些宣传活动引入学校、社区、农村。四是要合作共赢。要加强馆际之间合作，加强与档案部门之外的机关团体的合作，借船出海、借鸡生蛋，优势互补；还要加大与媒体的合作力度，借助媒体强大的传播手段来扩大档案宣传工作的效果。五是要生财有道。要争取将档案宣传经费列入当地政府预算；重大活动要与党委政府的中心工作挂钩，争取支持；要利用好档案资源，吸引媒体、出版部门主动出资；要利用档案馆的场地优势；要善于经营，促使资金来源多样化；要应邀而作，由邀请方主动出资。

广州、珠海、江门、湛江市档案局（馆）的代表在会上作了交流发言，介绍了他们在做好做活档案宣传工作上的创新经验做法。会后，与会代表还参观了珠海市档案馆。

（广东省档案局（馆） 何欢）

2012年度各省、自治区、直辖市档案机构举办的专题展览

北京市

▲5月20日—6月19日，由北京市档案局（馆）与北京市教委合作举办的“故事爷爷孙敬修”展览在市少年宫推出。展览分为“孩子们心中的故事爷爷”、“故事爷爷的人生道路”、“愿做红烛照人寰”和录音录像四个部分，共展出180余件展品，其中包括为配合此次展览对10位孙敬修生前的亲属、同事、好友进行采访的录像片。市档案局（馆）局（馆）长吕和顺，市教委委员郑登文，团中央少年部、全国妇联儿童工作部、中国青少年宫协会、市政府教育督导室、共青团北京市委员会、市少年宫等单位相关方面领导出席展览开幕式，开幕式由市档案局（馆）副局（馆）长罗运鹤副局（馆）长主持。孙敬修家属和生前友好及市少年宫朗诵组同学等约500人参加了开幕式。展览期间，共有5100余人参观了展览。同期，该展览还在北京档案信息网和市少年宫网站上展出。

▲6月12日，北京市档案馆与首都博物馆共同推出“北京的胡同四合院”展览，观众达55万人次。展览中展出132组件文物、500余件档案、100余张图片，展示出北京胡同四合院的历史风貌。同步推出10场主题讲座；推出10集专题片《老胡同的尘封档案》在北京电视台集中播出；在北京档案信息网开通“北京的胡同四合院”网上展览，使网民通过网络更好地了解展览内容及展览的动态。

▲7月26日，北京市档案馆在馆内推出“青少年与奥运”展览。国家档案局、团市委中少部、市教委基础教育一处、市中小学生社会大课堂管理办公室等单位领导出席展览开幕式。市档案局（馆）党组书记陈乐人致开幕词。展览分为“我参与、我奉献、我快乐”，“更快、更高、更强”，“微笑服务、感受奥运”三个部分。展品选自市档案馆馆藏的第29届奥运会档案资料。截至年底，展览共接待参观者2900余人次。

▲2012年9月3日，北京市档案局（馆）联合市委党史研究室、市委党校，在市委党校举办了北京地区党的建设和发展历程的“党旗飘扬——党史档案进党校”展览。展览分上下两篇共8个单元，展出104张照片和34件实物档案，全面介绍了从1920年建立共产党小组到2012年十一届党代会的90余年间，北京地区党组织的发展历程。其中，部分档案展品为首次公开展出，包括1949年市委办公室（代号：光山部）联系工作的信函、2011年市委书记刘淇同志题写的“北京精神”等档案资料。

（北京市档案局史志办）

天津市

▲为集中展现全市九次党代会以来天津市档案局馆在档案事业各项建设中取得的优异成绩，迎接全市第十次党代会的胜利召开，2012年5月11日，市档案局馆在局馆爱国主义教育基地举办“全市第九次党代会以来工作成果展”。

此次展览共设置展牌86块，实物100余件。展牌由局馆17个职能部门分别设计制作，形式各具特色，内容全面丰富，以大量的图片和文字集中反映了全市九次党代会以来的市档案局馆的各项工作成果。每块展牌上都记录着各部门的工作亮点，一项项在全国、全市名列前茅的优异成绩，一个个在档案管理、服务上的新突破，都让前来参观的局馆干部职工感到无比自豪，令人激动，催人奋进。

▲为总结市级机关创先争优活动的经验做法，充分反映市级机关基层党支部“五个好”建设成果，喜迎党的十八大胜利召开，由市级机关工委、市档案局联合举办的“天津市市级机关创先争优活动成果展”在市档案馆展出。

该展览分为“深入基层指导工作”、“抓大事聚力量上水平”、“抓基层打基础强根基”、“讲党性重品行

做表率”、“解难题惠民生促和谐”五个专题，通过150余幅珍贵照片、50余件实物和60分钟视频影像，集中反映了市级机关78个直属党组织、3100多个党支部、4.3万名党员干部在创先争优活动中的风采。

（天津市档案局）

山 西 省

▲2012年3月2日，中共山西省直属机关工委发出通知，要求省直机关单位的党员干部到省档案馆参观“光辉的历程——山西省档案馆馆藏革命历史档案珍品展”，通过参观学习，启迪党员思想，净化党员心灵，思想道德得到升华。

此次参观活动，是由中共山西省直属机关工委与山西省档案局（馆）为了配合中共山西省委关于在全省各级党组织中开展保持党的纯洁性学习教育活动而联合举办。此次展览主要展出的是山西省档案馆馆藏革命历史珍品档案，记录了在中国共产党领导下的晋察冀、晋绥、晋冀鲁豫三大敌后抗日根据地创立、巩固、发展，夺取解放战争胜利的历史过程，反映了中国共产党在领导中国民族、民主革命和世界反法西斯战争中卓越的历史功勋和三大根据地政治、军事、经济、文化、教育等实践活动，记录了山西人民为抗日战争的胜利和解放全中国所作出的巨大贡献和牺牲。展览历时一个半月，7000余名党员干部参观了展览。

▲9月5日是《中华人民共和国档案法》颁布25周年纪念日。为进一步宣传《档案法》，提高全社会的档案意识和档案法制意识，促进档案事业率先转型跨越发展，太原市档案局组织10个县（市、区）及40余个市直机关、企事业单位举办了档案法专题展览，开展了档案法规宣传活动。

太原市各县（市、区）及市直各机关、企事业单位制作了40多块彩色展板，以图文并茂的形式进行了档案法规、档案馆（室）藏内容、档案业务建设和档案服务社会知识等内容的宣传，极大地提高了全社会公民的档案意识和档案法制意识，据不完全统计，有千余人次驻足咨询、了解档案知识和观看档案宣传版面。档案专业人员组成了专门的档案法律知识和档案业务知识咨询组，回答群众在档案查询与利用中迫切需求，耐心向群众解答档案利用中的基本知识。同时将《档案法》及《民生档案查阅须知》印在宣传单上，以宣传单的方式向过路群众发放，受到了群众极大地欢迎，共发放宣传资料3000余张。通过专题展览和宣传活动，全面展示了太原市档案部门取得的成绩和档案服务经济社会的价值，增强了社会公众对档案的认识。

▲6月8日，长治市档案局与市委宣传部、市文化局和市群众艺术馆在潞州剧院联合举办了长治市“非物质文化遗产生产性保护成果展”。此次展览围绕“活态传承、重在落实”这个主题，组织各县市区开展一系列非物质文化遗产保护、宣传和展示活动，旨在推进全市非物质文化遗产的保护和传承。

此次展演活动包括各县市区体现本地传统文化精髓的各项国家、省级、市级“非遗”项目，以国家级、省级非物质文化遗产项目代表人现场活态演示为主，以生动翔实的版面文化、图片和实物载体展示为辅，全面展示了长治市近年来非物质文化遗产普查和保护成果，让广大市民群众领略了上党传统文化的独特魅力。

▲12月28日，阳泉市郊区档案馆新馆开馆当日，“美丽郊区——馆藏档案精品展”在阳泉市郊区档案馆新馆一楼展厅开展。展览主要展现阳泉市郊区近年来的新景观、新发展和新成绩，展示阳泉郊区在建设社会主义新农村过程中焕发出的崭新精神风貌。共展出书法作品30幅、画作20幅、摄影作品22幅，剪纸、珐琅瓷器、观赏石等16件作品。展品题材多样，技艺娴熟，风格各异，大多为郊区档案馆之珍藏品。其中，书画精品包括阳泉市书法大家郑恩田、王雨来、庞宏亮、郗满祥及著名画家张四春、赵华双、尚小红、王致玉等名人作品。这些作品是为郊区档案局（馆）乔迁新址专门创作，是不可多得的精品力作。

▲12月，“盂县2012年度重点建设项目档案展览”在阳泉市盂县档案馆展出。展览精选了2012年度盂县十大重点建设项目档案图片50余张，配以文字说明，精心制作12块展板，全面展示盂县经济、文化、社会等方面的发展成果。展出期间，共有1000余人参观了展览，获得了广泛社会好评，扩大了档案工作的社会影响力。

展览展出2012年度盂县重点建设项目主要包括民生改善、生态环境建设、城乡基础建设等方面的内容。这些重点工程和重点项目的建设，不仅与民生息息相关，更体现了生态效益、经济效益和社会效益的有机结合，为盂县转型跨越发展起到重要的支撑作用。其中石店煤业华北奕丰生态园是“黑色”转“绿色”、“地下”转“地上”的转型发展项目；藏山北路改扩建工程是优化县城路网，改善居民出行的民生工程；鑫磊集团低碳循环经济产业园是以煤炭、电力、电石、聚氯乙烯、生态水泥等为产业链的循环经济产业园。同时，环城绿化“2236”工程、龙华口水电站大坝主体建设工程、阳泉北站站前广场建设工程、农村街巷硬化、村村通广播电视、新建人民医院门诊住院大楼都是惠及民生的大工程。此次展览不仅促进了人民群众对盂县经济社会发展全面深入的了解，更加展现了档案的社会价值和独特魅力。

▲为纪念中国共产党成立91周年，迎接党的十八大召开，2012年10—12月，吕梁市档案局（馆）与市委组织部、党史研究室联合举办了“喜迎十八大中共吕梁重大事件、重要历史人物图片展”。通过大量真实、完整图片的展示，再现吕梁党史的光辉历程；由于吕梁建区较晚，有很多反映吕梁党史的声像档案资料分别在各县市档案馆、党史研究室珍藏，为保证展览的顺利进行，下发《关于吕梁市“喜迎十八大中共吕梁重大事件、重要历史人物图片展”征集党史图片的通知》，广泛收集图片资料，充实展览内容。通过此次收集，弥补了档案馆这方面馆藏档案、资料不足的问题。此次展览共分为三个主题板块：烽火印记、艰难探索、光辉历程。展览以吕梁党的发展历史为脉络，以重要人物、重大事件、重点工程为切入点，通过历史的瞬间定格，展现吕梁党史发展的光辉历程。使基地成为干部群众了解历史、培养爱国情感和民族精神的重要阵地及青少年学习历史、了解革命传统的重要课堂。

▲9月5日孝义市档案局在府前广场举行孝义市撤县设市20周年成就档案图片展。分别以八个主题展出：历史瞬间、领导关怀、农业农村、新型产业、卫生教育、蓬勃文化、城市建设、民生幸福。

内蒙古自治区

▲为纪念《档案法》颁布25周年暨《内蒙古自治区档案条例》修订5周年，进一步增强社会档案意识和档案法制观念，2012年9月1日，内蒙古自治区档案局馆与呼和浩特市、呼和浩特市新城区、回民区、玉泉区、赛罕区档案局馆及城建、艺术、产权产籍档案馆共9个部门，联合在呼和浩特市新华广场举行专题图片展。展览以“依法管理档案事业 服务经济社会发展”为主题，反映档案法制建设、档案珍品、服务创新、家庭建档、文化艺术、城市建设、房屋产权等内容。

（李晓梅）

黑龙江省

▲档案是历史的记忆，档案是重要的历史文化遗产。为了发挥档案的作用，让社会了解档案馆，让档案走进社会，2012年6月，黑龙江省档案局（馆）举办了“黑龙江历史记忆——从古代文明到当代发展历史档案图片展”。展览通过挖掘馆藏档案文化价值，以图片的形式展现了黑龙江历史发展进程，展示了黑龙江厚重的历史文化积淀。

展览共分为“黑水文明”、“边关春秋”、“苍茫黑土”、“民国印记”等九个部分，共计672幅图片，展览内容丰富，具有极大的观赏价值。展览翔实展现了黑龙江有历史记载以来政治、经济、文化和社会生活的方方面面，再现了清代黑龙江人民戍卫疆土、抵抗外辱的不屈历史和从革命运动兴起到取得抗日战争、解放战争伟大胜利的苦难历程，讴歌了新中国成立初期开垦北大荒，开发大庆油田的创业精神，同时展示了改革开放以来黑龙江省经济社会发展所取得的辉煌成绩。

开展以来，受到社会各界广泛的赞誉，累计接待参观人数达近万人次，档案教化育人、传承文明的独特作用得到彰显，取得了良好的社会效益。

（王丹菊）

上海市

▲在纪念中德建交40周年暨法兰克福市“中国周”活动期间，由上海市人民政府对外友好协会、上海市档案馆、德国法兰克福市政府、法兰克福市立图书馆、法兰克福市政府外事办公室联合举办的“上海的德国记忆——庆祝中德建交40周年”档案图片展于2012年5月21日在德国法兰克福市立图书馆开幕。中国驻法兰克福总领事温振顺、法兰克福市副市长克里斯蒂安塞次凡德出席开幕式并致辞，上海市对外友好协会秘书长遇建浩等80多位中外来宾参加开幕式。

作为纪念中德建交40周年暨法兰克福市“中国周”活动组成部分的“上海的德国记忆”档案图片展，由上海市档案馆策划制作。以100多幅珍贵档案图片，分“上海概览”、“历史印痕”、“今日风采”、“世博印象”四大部分，生动形象地展现了各个历史时期德国人在上海工作、生活留下的难忘足迹，以及中德人民友好交往的深情厚谊。展览揭示了德国侨民在上海人口数量统计最早可以追溯到1865年，当时在上海2297位外国人中德国人有175人。1936年前后，在上海的德国人增加到2000人左右。1972年中德两国建交后，为德国人在上海工作、生活搭建了更广阔的平台。目前，在上海常住的德国人近1万。随着中德两国之间更多商贸合作、文化交流、民间交往，以及中国2010年上海世博会的成功举办，上海与德国的关系更加密切。德国作为重要的参展国，其国家馆和城市案例馆由于独特的外形设计、各种高科技展示和观众互动项目，在上海世博会184天展期中给来自世界各地的参观者留下了深刻而美好的印象，因而德国国家馆被评为A类展馆主题演绎奖金奖。

参加开幕式的来宾们饶有兴致地参观了展览，纷纷表示展览给他们留下了深刻记忆，是纪念中德建交40周年很有意义的一项活动。

（邹伟农）

▲5月9日，在国际档案日·第六届上海市档案馆日暨“城市新印象·档案见证”宣传月活动启动仪式上，由市档案局馆、市委党史研究室和东方网主办的“科学发展在上海（2007—2012）”图片展开幕并向社会免费开放。这次展览从编入《科学发展在上海（2007—2012）》图册的500多张照片中精选了200余幅珍贵照片，并配以20余件文献、实物，分为“转型发展”、“完善法治”、“繁荣文化”、“改善民生”、“加强党建和反腐倡廉”及“举办一届成功、精彩、难忘的上海世博会”六大部分，生动再现了上海在近五年来践行科学发展观、加快推进“四个率先”、加快建设“四个中心”和社会主义现代化国际大都市的珍贵记忆和丰硕成果，吸引许多市民前来参观。

（邹伟农）

▲6月9日，市档案馆举办档案开放新闻发布会暨《档案里的金融春秋》新书首发式，市档案馆向社会开放第24批档案17592卷，并举办了部分开放档案陈列，市政协副主席吴幼英出席，市档案局馆长朱纪华、学林出版社社长曹维劲分别致词。这批开放档案涉及20世纪30至80年代的大新公司、大隆机器厂等知名企业和市人事局、市教育局等机关以及市总工会、团市委等社会团体单位，引起了社会各界的关注。

（宗禾）

▲9月5日，在上海纪念《档案法》颁布25周年系列活动中，上海市档案馆举办“依法治档，开拓创新，推进上海档案事业科学发展”图文展示内容面向社会公众开放，向社会各界展示上海档案法制建设成果。

▲9月26日，时任中共中央政治局委员、上海市委书记俞正声，市委副书记、市长韩正，市人大常委会主任刘云耕，市政协主席冯国勤，市委副书记殷一璀等到上海市档案馆，观看了“使命·责任·追求——迎接党的十八大系列展”。国家档案局副局长、中央档案馆副馆长李明华为俞正声等上海市领导重点解读了中央档案馆提供的50多件档案珍品中鲜为人知的故事。系列展包括由中央档案馆、市档案局（馆）主办的“红星照耀中国——外国记者眼中的中国共产党人档案展”和由市级机关工作党委主办的“践行理想宗旨——上海市市级机关基层党组织创先争优活动成果展”。

“红星照耀中国——外国记者眼中的中国共产党人档案展”以美国记者埃德加·斯诺名著《红星照耀中国》一书为题，通过展示珍藏了近80年100多件（册）档案文献、200多幅珍贵图片、3部影像资料，以“探寻红色中国”、“镜头里的中国革命”两大部分，向公众揭秘了斯诺、海伦·斯诺、史沫特莱、福尔曼、贝尔登、爱泼斯坦、博斯哈德、希伯、斯特朗、斯坦因、贝特兰、卡尔曼、卡尔逊等13位外国记者采访和记录20世纪三四十年代中国共产党人团结人民群众和一切爱国力量、抗击日本帝国主义侵略、推翻国民党反动统治的新闻史料，其中大多为首次公开披露和展出。“践行理想宗旨——上海市市级机关基层党组织创先争优活动成果展”集中展示了上海市市级机关基层党组织和广大党员创先争优活动的生动实践和丰硕成果。

（邹伟农）

▲11月17日，“不息的变动——上海美专建校100周年纪念展”在中华艺术宫开幕。此次展览是由上海市委宣传部、上海市档案局、上海市文广局主办，刘海粟美术馆、市档案馆、南京艺术学院承办的，共分“美专的肖像”、“媒介中的美专”、“美专与新艺术”三个专题，展出了100余件文献实物、影像资料等档案及200余件美术作品。同时，市档案馆还出版《上海美专档案史料研究》三卷，并于11月16日举办纪念上海美专100周年学术讨论会，邀请美国、新加坡及国内的著名专家学者，回顾上海美专的发展历程。

（卞岩）

▲12月6日，上海市档案馆内洋溢着海派服饰文化的浓浓氛围，由上海市档案局馆与市旅游局联合主办的2012上海冬季旅游消费信息发布会暨“霓裳羽衣·经典上海”旗袍文化体验之旅推广活动启动仪式在这里举行，同时展出“霓裳羽衣·经典上海——近代上海服饰文化”档案展。

此次展览精选上海市档案馆藏中100多幅服饰老照片、月份牌以及服装设计稿，图文并茂地展示了近代上海服饰的发展变迁，生动形象地再现了上海服饰的流行经典，配以海派历史人文与精湛工艺艺术巧妙结合的旗袍、盘扣等服饰珍品的陈列，以及在石库门内镶嵌着多媒体视频的背景墙和喇叭花型老式留声机的烘托下，上海艺术研究所专家娓娓道来旗袍文化的发展与传承，海上雅乐乐团沁人心肺的丝竹重奏表演，让现场观众体验到一种美的享受，更让他们通过解读服饰文化了解城市发展脉络，感受海派文化深厚底蕴，企盼美好生活愿景。

（邹伟农）

安徽省

▲2012 年 10 月，由合肥市委办公厅、合肥市政府办公厅、合肥市重点工程建设管理局、合肥市档案局主办，合肥市建设信息中心协办的“科学发展新跨越 高架建设铸辉煌——合肥高架：大湖名城彩虹飞扬”大型图片展在合肥市政务中心阳光大厅开展。安徽省委常委、合肥市委书记吴存荣率合肥市委、市人大、市政府和市政协主要领导、分管领导等共同参观展览。

此次展览采用 31 块大型展板，分 10 个部分配以百余幅真实而又唯美的照片、简约而又生动的文字，图文并茂地记录和展示了近年来合肥市建设 9 座高架取得的辉煌成就。丰富翔实的内容，新旧对比的图片，时尚唯美的形式，产生了巨大的视觉冲击，让参观者仿佛亲身经历了九座高架那不平凡的建设历程，引起了强烈的共鸣。同时推出了网上展览。

▲李克农将军是从芜湖成长起来的杰出人物，英贤虽逝，精神不朽，他留下的宝贵精神财富，是后人取之不尽、用之不竭的源泉和动力，激励和鞭策后人像他那样永远忠诚于党和人民的伟大事业。为纪念李克农将军逝世 50 周年，芜湖市档案局会同市委党史研究室举办了“李克农将军生平事迹展”。该展览收集珍贵照片 400 余幅和相关资料，内容包括“少年壮志”、“深入虎穴”、“朝鲜谈判”等 16 部分，共 40 个版面。在展出的一个月内，市直机关干部、企事业单位干部职工和中小学生络绎不绝。大家纷纷表示，通过观看展览，接受了生动的爱国主义教育，应向奋斗在我党隐蔽战线的无名英雄们学习，为建设创新、优美、和谐、幸福的新芜湖而努力奋斗。

▲“千年宁国”档案展示馆位于宁国市档案馆新馆四、五层，共分“千秋雄风”、“江南古邑”、“岁月留证”、“山水之都”、“人文荟萃”、“三津潮涌”、“再展宏图”、“我心飞扬”八个展厅，共 1000 余平方米，于 10 月 22 日正式开馆。该展示馆通过档案原件、复制件展示、场景再现、图文展板、浮雕模型、多媒体影像、声光电技术等传统与现代相结合的展示手段，系统全面地展示了宁国的历史文化、人文地理、风土人情、经济发展等成就，成为宁国市传承历史文明、弘扬时代精神、宣传先进文化的又一重要载体和主阵地。

▲绩溪县是国家历史文化名城，名人辈出。县档案馆充分挖掘馆藏档案资源，加大档案资料征集力度，于 8 月建成了“文化名城 大美绩溪”档案陈列馆。该馆共分文化名城、邑小士多、应运腾飞、未来宏图、领导关怀和多媒体播放六大部分，整个展览依据绩溪悠久的历史文化为脉络，以灿如繁星的绩溪名人为重点，以今日绩溪跨越发展取得的建设成就为铺垫，通过独具匠心的空间布局、色彩构造、场景设置、多媒体播放以及大量图片、实物的展出，给市民呈现出了一幅历史文化名城绩溪的千年历史画卷。

（汪海峰）

福建省

▲2012 年 10 月 27 日，由福建省档案馆和福建师范大学闽台区域研究中心主办的“钓鱼岛：历史与主权”展览在福建省档案馆隆重开幕。省人大常委会副主任李红、省档案局局长丁志隆、省方志委主任罗健、福建师范大学副校长汪文顶以及省文史研究馆馆长卢美松出席开幕式。省档案局馆全体干部，福建师范大学师生以及社会各界人士近 300 人参加了开幕式。

展览分为钓鱼岛是中国的固有领土、日本窃取钓鱼岛、美日对钓鱼岛私相授受、钓鱼岛上空的阴霾、神圣领土不容侵犯等 5 个部分，展出 140 多幅珍贵的有关钓鱼岛的中外地图资料及图片，包括最早关于钓鱼岛记载的史籍——藏于英国牛津大学鲍德林图书馆（Bodleian Library）的明代万历年间（1573—1620）《顺风相送》抄本的复制件、仅收藏于美国国会图书馆的明代册封琉球正使郭汝霖的《重编使琉球录》的复制件等资料图片，雄辩地证明了中国对钓鱼岛拥有无可争辩的主权的历史事实和法理依据。

▲12 月 11 日，福建省档案馆新馆开馆之际，由福建省档案局馆与国家档案局、中央档案馆联合在省档案馆新馆举办“中国档案珍品展”。展览分唐宋档案、元代档案、明代档案、清代档案、民国档案 5 个部分，展出 171 件档案（国家档案局提供 124 件，福建省档案馆提供 47 件）。这些珍品选自全国 20 多个档案馆，上起唐代、下至民国时期，时间跨度达 1200 多年，其中绝大部分被收录于《中国档案文献遗产名录》，是我国历史文化宝库中不可多得的

瑰宝。

它们或记载着一个重大历史事件，或印证了一段重要史实真相，或讲述了一件鲜为人知的秘闻轶事，从不同侧面反映出了中华民族丰富灿烂的历史。展览展期 2 个月，免费对外开放，让广大群众走近档案、了解档案，感知中华民族浩瀚的历史文化，进一步认识档案所承载的历史文化价值，了解档案和档案工作，使更多珍贵的历史档案得到全社会的重视和保护。

▲12 月 11 日，福建省档案馆新馆开馆之际，举办“潮涌海西——福建现代化历史进程展”主题展览，并在新馆二楼固定展厅展出。展览以 170 年来福建现代化历程为视角和主线，共分千年局变、艰难启动，蹒跚前行、多方探索，全面迈进、走向辉煌三大部分，分期展示晚清、民国以及新中国时期全省经济、政治、文化和社会发展的基本面貌，重点体现新中国成立以来福建人民在中国共产党领导下探索社会主义建设道路，实行改革开放和推进社会主义现代化所取得的辉煌成就。主题展展厅面积 1360 平方米，除展出 900 多份图片和档案实物外，还运用了模型、视频、球幕投影、多点触屏等形式，生动再现近代以来福建所走过的现代化历程。

▲为做好中国侨批档案申报 2013 年《世界记忆名录》项目活动，进一步提升社会各界对侨批档案的认知与了解，2012 年 12 月 11 日，由福建省档案馆主办的“百年跨国两地书——福建侨批档案展”在福建省档案馆开展。此次展览分为：侨批产生、侨批运营、侨批价值、珍贵记忆四个部分，全面系统地反映了广大侨胞漂洋过海、异国打拼时情系故里的思乡之情和家国情怀。通过一份份档案和实物，真实地再现广大侨胞通过“水客递送”、“批局经营”、“银行经营”等侨批经营传递方式，源源不断地将辛勤劳作所得的批款寄回家乡，或用于顾家赡养、或用于慈善公益、或用于投资兴业、或用于共纾国难。此次展出的 240 张（组）图片及侨批档案，是从全省有目可查的 3 万余件侨批档案中遴选出来的精品，全面反映了福建侨批业兴起、发展、繁荣、衰微和消失的过程。

“侨批档案”2010 年 3 月成功入选第三批《中国档案文献遗产名录》，2012 年 5 月列入联合国教科文组织亚太区《世界记忆名录》。

▲12 月 11 日，福建省档案馆新馆开馆之际，举办“流年似水——外国摄影家眼中的闽江与福州”专题展。此次展出近百幅由西德尼·戴维·甘博、汤姆·希拉以及岛崎役治等美日摄影家所拍摄的老照片，大多都是第一次在福建与观众见面，照片全部出自原始底片或原版照片，采用欧洲博物馆收藏级标准制作。

1842 年，随着《南京条约》的签订，福州成为被迫开放的“五口通商”口岸之一，外国使节、传教士、商人、旅行者纷至沓来。他们带来了刚刚发明不久的摄影技术，把闽江和福州作为其观察、记录中国的重要窗口。在这里，他们怀着强烈的好奇心，以独特的视角，用镜头记录下闽江和福州的风光地理、人文风俗和社会百态，为我们留下了难得一见的珍贵影像。

作为一种视觉文本，照片对历史的记录和描述的真实性与生动性是其他任何记录手段所无法比拟的。愿这些长期飘零海外，如今回到场景原地的珍贵照片，能带你穿越历史，从不同的侧面了解清末至民国时期闽江与福州的山水风貌、社会百态，同时感受到早期的摄影技术水平与摄影家的艺术风格。

江 西 省

▲为热烈庆祝江西省档案馆建馆 50 周年，2012 年 10 月 29 日，江西省档案局（馆）举办的“江西省档案馆建馆 50 周年图片展”在红谷滩新馆隆重开展。

此次展览分为“殷切关怀”、“机构沿革”、“基础设施”、“馆藏资源”、“档案信息化”、“公共服务”、“干部队伍”、“馆藏珍品”八个部分，共展出照片 201 张，珍贵档案 62 件，图表 15 张。展览全面、真实地展示了半个世纪以来江西省档案馆机构从无到有，面积从小到大，资源从少到多，管理从手工到现代、利用从封闭到开放、功能从单一到“五位一体”的发展历程，热情讴歌了 50 年来省档案馆在省委、省政府的正确领导下所取得的巨大成就，生动体现了档案工作者励精图治、开拓进取的精神风貌。

江西省政府副省长朱虹莅临省档案馆参观了该展览，并对省档案馆 50 年来的发展变化表示了赞许，对档案工作所取得的巨大成绩给予了充分肯定。展览吸引了省编办、省社科院、省直机关档案协作组、南昌大学等面关、事业单位及广大市民近千人前来参观。

山 东 省

▲2012 年 4 月，山东省档案局和山东老年书画研究会共同举办“省会领导成员书画展”，庆祝五一国际劳动节暨毛泽东《在延安文艺座谈会上的讲话》发表 70 周年，迎接党的十八大召开。

▲8月，山东省档案局与山东省省委老干部局联合举办“全省老干部喜迎十八大书画摄影展暨山东省纪念干部离退休制度30周年回顾展”。中组部老干部局巡视员、副局长王维平，山东省委组织部常务副部长于刚，副部长、老干部局局长厉彦林，山东省档案馆（局）馆长唐传喜出席了展览的开幕式。8月28日，山东省委常委、组织部长高晓兵陪同原山东省委书记赵志浩、原山东省委副书记马仲才、原山东省委常委、宣传部长朱正昌等部分省委老干部，到山东省档案馆参观了两个展览。展览共展出书画作品150件，摄影作品220件，图片400张，文件150多份，实物100多件。本次展览共展出20天。

▲11月，山东省档案局与山东省关心下一代工作委员会和山东老年书画研究会共同举办“山东省关爱青少年成长书画展暨《山东省关爱青少年成长书画集》首发式”。

▲12月，为贯彻落实党的十八大提出的“提高国家文化软实力，发挥文化引领风尚，推动社会主义文化大发展大繁荣”的指示精神，山东省档案馆举办了“齐鲁兰台文化展”。此次展览集合了全省各级档案馆档案文化建设精华，选取了大量档案文化产品实物及图片。整个展览从档案文化服务、档案文化精品、依法治档、档案文化建设、档案科技支撑、档案人才队伍建设等诸方面多角度、全方位展示了山东全省档案事业科学发展的文化自觉和文化自信。展览展品内容丰富，形式多样，以图片为主，文字、图表、实物展示为辅，配以电子互动设备等多媒体科技手段，丰富了展览形式，充实了展览内涵，收到了较好效果。

（山东省档案局开发利用处）

湖　北　省

▲为隆重纪念中国共产主义青年团成立90周年，湖北省档案局（馆）与共青团湖北省委于2012年4月26日—5月11日联合举力了“高举团旗跟党走——湖北省纪念中国共产主义青年团成立90周年图片展”。该展览共展出图片600余张。展览重温青年运动的激情岁月，展示共青团紧跟党走的光辉历程和优良传统，引导和激励当代湖北青年继承光荣传统，坚定理想信念，始终沿着中国特色社会主义道路奋勇前进。展览历时半个月，共接待社会各界参观者3520人次。此次展览是对全省广大青少年进行党史、团情教育，弘扬“共产党好、社会主义好、改革开放好、伟大祖国好”时代主旋律的生动教材。省委副书记张昌尔，省委常委、宣传部长尹汉宁，省政协常务副主席李佑才等省领导出席开幕式、参观展览。

▲为了隆重纪念伟大的共产主义战士雷锋，大力弘扬雷锋精神，湖北省档案局（馆）与雷锋专题收藏家黄德宝先生于5月25日—6月30日联合举办了“永远的雷锋——纪念雷锋逝世50周年专题收藏展”。此展览的展品是从黄德宝先生收藏的两万余件雷锋专题藏品中精心挑选出来的，共展出2000件。展览全面翔实地再现雷锋平凡而伟大的一生，生动具体地展示全国学雷锋活动的历史画卷，揭示雷锋精神的深刻内涵、时代价值和永恒魅力，从而推动学雷锋活动的常态化，加强社会主义核心价值体系建设，弘扬了社会文明新风。档案部门与雷锋专题收藏界发挥各自优势，联合举办以雷锋为主要内容的展览这在全国省级档案馆中尚属首次，展览方式的创新，产生了强烈社会影响，展览受到了社会各界好评。展览历时一个月，共接待社会各界参观者1686人次。

▲为了反映武汉城市的悠久历史，真实记录武汉城市建设的伟大成就，展现武汉市民的现代生活，湖北省档案局（馆）于8月22日—9月21日举办了“靓丽江城　魅力武汉”——湖北省档案局（馆）武汉城市照片档案成果展。该展览共展出图片240幅。湖北省档案局（馆）第一次全面展示该局（馆）拍摄的有关武汉城市照片档案的成果，该展览引起了广大武汉市民的浓厚兴趣，吸引社会观众前往观看，共接待参观者1067人次。展览激发了广大市民热爱武汉、建设武汉的热情和信心，增强了广大干部群众为把武汉建设成宜居城市、文明城市、人民生活富裕安康的现代化城市而奋斗的决心！

▲为了深入推进全省档案系统“喜迎十八大　争创新业绩”主题实践活动的开展，加强档案系统精神文明建设，丰富档案工作者精神文化生活，湖北省档案局（馆）于10月17—30日举办了“喜迎十八大　争创新业绩——全省档案系统书画摄影展”。共接待参观者500人次。此次书画摄影比赛活动共收到参赛作品780幅，展出作品400件。作品紧扣“喜迎十八大　争创新业绩”主题，内容丰富多样，形式生动活泼，寓意深刻，意境高远。作品描绘了祖国山河的绚丽多姿，讴歌了党的丰功伟绩，赞美了人民生活的富裕安康，展示了全省广大档案工作者的精神风采。省委常委、省纪委书记侯长安、省政协常务副主席李佑才等领导参观了展览，各市、州、县档案局有关领导及100多名省档案系统书协会员出席了开幕式并参观了展览。

▲由中共湖北省委和湖北省人民政府主办、中

共湖北省委宣传部和湖北省档案局承办，中共湖北省委政策研究室等8家单位协办的“激情跨越·璀璨荆楚——湖北经济社会发展成就展”10月16—11月15日在湖北省美术馆展出。展览共展出图片1000余幅，系统展示了五年来湖北省经济社会发展的辉煌成就，热情讴歌了湖北人民科学发展、跨越式发展的精神风貌，真实记录了荆楚大地日新月异发展变化的光辉历程，激情描绘了“五个湖北”建设的美好前景。展览历时一个月，共接待各机关事业单位、大型国企和社会团体及社会各界10万人次，观众留言一万余条。

▲“跨越——庆祝中国共产党十八大胜利召开鹰台书画院作品展”由鹰台书画院、湖北省档案局于11月4—15日联合举办。此次书画展共收入省直机关60多名热心于书画艺术的公务员精心创作的130幅作品。此次展览共接待参观者976人次。举办这次书画展，旨在全面展示省直机关干部的艺术风采，传承弘扬古老而精深的书画艺术，引导一种精神追求和审美取向，从而推动书画精神走进社会生活，服务人民群众。省人大副主任刘友凡、原政协副主席杨斌庆、省政府副秘书长江作苏、省档案局局长熊承家、省书法家协会副主席金伯兴、省书法家协会副秘书长葛昌永等参加了展览开幕式并参观了展览。

▲“东湖墨韵——湖北省直青年书家十人展”由省书法家协会省直分会、湖北省档案局（馆）、武汉知青岁月人文景区于12月16—25日举办。此次展览共展示了省直系统青年书家王敏、田洪宜等10人的书法作品106件。这些作品充分体现了作者的书法创作水平和深厚的文化底蕴，展示了省直青年书家的整体实力和艺术风采。此次展览接待社会观众635人次。

广 东 省

▲为喜迎党的十八大胜利召开，广东省档案局（馆）联合21地级以上市档案局（馆）筹划并举办了“南粤丰碑——中共广东党组织档案史料展”，这是广东省档案局（馆）首次贯彻“举全省各级档案馆之力办展”之精神而举办的一场主题展览，在筹划、编写及制作过程就展览主题、结构、选材方面曾邀请相关专家、学者进行了论证。该展览全景展现了广东党组织成立至今91年光辉历程，尤其是广东党组织在各个历史时期作出的重大决策、创新举措及主要成就，汇集了全省各级档案馆相关主题的档案及图片共600件，其中仿真件43件。

展览受到广大党员干部和社会公众的欢迎。此次展览还作为省档案局（馆）与广州市天河区共驻共建基层党员学习中共党史、学习十八大精神的宣贯阵地，共同向广大基层党员群众宣讲党史，学习、宣传十八大精神。该展览还在东莞市档案局（馆）展出。

（赵修磊）

▲2012年11月2日，由广东省档案馆主办的“友邦·友好·友谊——馆藏省政府公务礼品展”在省档案馆开幕，这是新中国成立以来广东省第一次对公众展出省政府公务交往受赠礼品。展览通过来自各国、各地区的丰富展品，展示了广东对外交流交往的绚烂历程。展览开幕当天，吸引了中国新闻社、广东电视台、《南方都市报》、广州电视台、香港《大公报》等10多家境内外媒体和社会各界的参观者近200人。

展览按空间顺序依次展示了馆藏亚洲、欧洲、非洲、美洲和大洋洲的167件（组）公务礼品。画作“绚烂的友谊之花”为法国驻广州总领事馆总领事章泰年赠广东省人民政府，这幅画由三位艺术家陈本（中国籍）、李放（法国籍）、帕斯卡（法国籍）共同创作。画面以两国国旗的颜色为主色调，通过绘画手法抹去分界线，并在画面上浮现广州市花——木棉，以彰显中法友谊在广州开花结果。

展览还展示了孙中山先生为“中国革命空军之父”杨仙逸题写的“志在冲天”书法匾牌。这是由美国夏威夷火奴鲁鲁市前参议员、杨仙逸外孙杜利威赠送的。

广东省档案馆举办此次展览，目的是加深社会大众对广东当代对外交往历程和世界各国文化的认识，增强对公务礼品这种独特档案载体的保护意识，并让更多的观众走近档案、了解档案，使宝贵的档案资源更好地服务社会、营造和谐，为全省加快转型升级、建设幸福广东发挥更大的作用！

（冀思宇）

▲为搭建我省国际交流合作新平台，大力推进转型升级，助力开拓新兴市场和发展中国家市场，省政府决定于11月26—30日举办“首届广东国际交流合作周”活动，举办“广东国际交流合作图片展”是系列活动之一，该展览由省档案馆和省外办联合主办。

11月27日，展览在东方宾馆正式开展，受到各国嘉宾的好评。为筹备该展，省档案馆有关人员先后前往省外经贸厅、省体育局等单位收集了反映我省自新中国成立以来重大外事活动照片2000多张，最后精选出200张制作展出。合作周系列活动结束后，展览转至省档案馆北大厅继续展出。

（黄宇耀）

四 川 省

▲四川省档案馆举办的爱国主义教育展览包括：序厅、“百年四川”展、“四川名人”展、“四川馆藏档案精品”展及放映厅，展览面积近1000平方米。共展出图片570张，档案资料315件（含实物），其中档案复制件51件、仿真复制件34件，并充分运用了场景再现、触摸屏、电子签名、电子翻书等多媒体技术。

“百年四川”展：通过馆藏珍贵档案反映1910—2010年一百年间，四川人民反抗侵略、英勇斗争的历史，展示四川人民革命斗争取得的伟大胜利和社会主义建设所取得的巨大成就，特别是汶川特大地震后，四川人民表现出来的伟大抗震救灾精神，以及书写的从悲壮走向豪迈的壮丽篇章。

“四川名人”展：以全省、全国各地所存有关四川历史名人的档案、资料、图片为素材，生动、直观展现各个历史时期，各个领域具有全省乃至全国影响，或有重大贡献、重大影响和显著成就的四川籍（包括现重庆市）杰出人物的光辉业绩，共计展出名人142位。展览展示了创造川蜀悠久文明史的四川人民的聪明才智。

“四川馆藏档案精品”展：通过丰富的四川各级档案馆馆藏档案精品让观众直观地认知档案，消除对档案的陌生感，勾起观众对陌生的档案的浓厚兴趣。宣传四川省丰富的档案资源，加深对四川悠久的历史文化的认知。

通过展览，真实记录了百年四川的风云变幻，充分阐释了四川在革命、建设和改革开放以来取得的伟大成就，生动再现了巴蜀儿女的巨大贡献和精神风采，集中展示了四川独具特色的档案文化，为深入开展党情、国情、省情教育提供了良好条件和精神食粮。2012年省档案馆3项展览共接待参观50多批次，社会各方面参观者达1500余人。

云 南 省

▲“红土高原的记忆——档案中的云南历史”大型档案综合展2012年在云南省档案馆展出。以云南历史为主线，设置了文明之光、流风余韵、百年风云、彩云南现、民族之花5个单元，以精选的600余份档案，300余幅图片，近60分钟的声像视频资料为载体，辅以弧形银幕、视频点播、幻影成像、电子翻书、缩微场景等多种展示手段，再现了云南自元谋人开始至公元2012年的重要历史片段。首次公布展示了纳西族东巴经，傣族贝叶经，干崖、盏达土司官印，1905年昆明开埠章程，昆明市最早的市徽、市旗，1915年梁启超拟写的《护国讨袁檄文》，东陆大学第一张招生布告，南侨机工名册，1949年卢汉起义的通电，《云南省第一个五年计划纲要》等珍贵档案。展览将作为云南省档案馆基本陈列展，长期展出。（云南省档案局利用服务处　梁屹峰）

陕 西 省

▲陕西省档案馆馆藏珍品档案陈列展，于2012年9月26日陕西省档案馆新馆开馆之际对外正式展出。

此次举办的馆藏珍品档案陈列展，展室面积350平方米。展览以展墙、展柜展示为主，辅以声、光、电及多媒体等多种表现形式。按照历史时期分为明清、民国、革命历史、建国后四个部分。展品包括档案、资料、照片、实物，并配有详细的文字说明。展出展品共300余件（幅），集中反映了明清以来陕西境内发生的重大历史事件，经济文化成就和社会变迁。

展览自举办以来，受到社会各界的普遍欢迎，成为大中院校学生接受革命传统教育和爱国主义教育的重要场所，成为省档案馆对外交流、宣传档案工作的一个窗口和平台。

青 海 省

▲在《中华人民共和国档案法》颁布25周年之际，青海省西宁市档案局馆举办了《中华人民共和国档案法》《中华人民共和国档案法实施办法》《青海省实施〈中华人民共和国档案法〉办法》《西宁市档案管理办法》等档案法律、法规、标准展览。展览围绕档案工作服务民生、经济建设、社会发展情况，反映西宁历史变迁、改革开放的伟大成果和今后西宁发展蓝图。2012年9月4—14日在西宁市委大院及沿街展出。展览共制作板报63块，对于提高人民群众的档案意识起到很好的宣传作用。

（十一）档案编研工作

《中共中央文件选集(1949.10—1966.5)》审稿工作座谈会会议纪要

为了加快《中共中央文件选集（1949.10—1966.5)》（以下简称《选集》）编审出版工作的进度，中央档案馆于2012年3月28—29日在北京召开《中共中央文件选集（1949.10—1966.5)》审稿工作座谈会。参加会议的有中央档案馆副馆长、国家档案局副局长段东升、中央文献研究室第二编研部主任边彦军、中央党史研究室第二研究部主任张化、中办法规局备案处处长刘伟以及参加审稿工作的相关部委负责同志。会议就审稿工作中遇到的问题进行了沟通、讨论并初步达成一致。

段东升首先向大家介绍了《选集》工作的有关情况。他说，早在1995年，时任中央办公厅副主任、中央档案馆馆长国家档案局局长的王刚就提出要继续编《中共中央文献选集》建国后部分，并正式给中央办公厅写了报告，得到了温家宝、胡锦涛的批示同意。

2011年，中央档案馆领导组织编审专家成立了《选集》编审领导小组、编辑工作委员会，并与中央文献研究室的相关领导一起亲自参与到选稿、审稿、统稿等多个环节，深入到整个工作流程中，及时解决编审工作中出现的问题，为整个工作提供了强有力的支持。

段东升还介绍了目前整个编辑工作的进度。他说，中央档案馆已完成了全部文件的初选、初编、初审工作，可将全部文件送各部委审读。

与会人员就选稿原则、审稿范围、审稿时间等问题进行了热烈的讨论。大家认为《选集》工作具有极高的政治意义与学术价值，通过对这段历史进行全面、真实的梳理，能够反映党时刻以人民利益为出发点，有利于社会各界全面了解我党，树立党的形象。

大家在会议讨论中对以下问题基本达成一致。

1. 建议本书选稿尺度适当放宽，必要时可进行节录。

2. 已由权威部门公布的中共中央文件（如《建国以来重要文献选编》）应收入《选集》，不必再送相关部委审读。

3. 审读单位遇到需要转送其他单位审读的文件，可联系中央档案馆工作人员直接处理，以缩短文件流转时间。

4. 中央文献研究室、国家保密局可按年度反馈审读意见。

5. 与会各单位建议在《选集》工作结束后，继续编辑制作馆藏本。

最后，段东升作总结发言，他对大家的辛苦工作表示感谢，并指出通过这次会议，大家统一了思想、明确了要求、沟通了情况、交流了经验、增强了紧迫感、增进了友谊。他再次强调，接下来的工作中，时间紧迫，任务艰巨，希望大家能够大力支持与配合，确保这项工作保质保量按时完成，为党的十八大献礼。

（贾坤）

2012年中央档案馆编研工作综述

2012年，在中央档案馆国家档案局领导的直接领导与大力支持下，在相关单位和部门的全力配合下，编研部门紧紧围绕编辑出版《中共中央文件选集（1949.10—1966.5)》这一重点工作，共同努力，团结进取，各项工作进展顺利。

一、突出重点工作。继续进行《中共中央文件选集（1949.10—1966.5)》（以下简称《选集》）编辑、审稿工作。定期召开编审会议，解决工作中发现的问题，在吸收各方意见的基础上，编委会对《编辑细则》进行了4次补充修订，使之更加科学，更加客观，更加规范。

这项工作得到了相关部门的大力配合，从档案查找、提供利用到装订成册，中央档案馆各个部门都本着急事急办的原则给予了大力支持。各家审读单位也对稿件进行了认真审读并提出了宝贵意见。2012年4月初召开了有中办法规局、中央文献研究室、中央党史研究室、国家保密局等相关单位审稿人员参加的《选集》审稿工作座谈会，就审读事宜进行了进一步沟通，使大家在审读工作中统一了思想，加快了速度。审读单位也本着高度认真负责的态度，对书稿从选稿、编辑到出版的各个环节提出了许多有益建议。同时，编研部门也与人民出版社保持密切联系，就书稿各个环节中出现的问题进行及时沟通，保证了书稿校排工作的顺利进行。12月底，已完成对人民出版社二次修改稿的审读工作。

二、日常工作不松懈。完成了《中共中央文件选集（1921.7—1949.9)》（共18册）文件整理工作，对其中不清楚的文件进行重新复印，书稿已交人民出版社进行再版的后期制作。参与审读中央党史研究室编《中国共产党第六次全国代表大会档案文献选编》《中国共产党编年史》书稿，针对史实、引文等内容进行了认真核对，纠正了其中错误，并就选材等问题提出了审读意见。与中央党史研究室商谈关于合作编辑出版《中国共产党编年史》的相关事宜。与北京出版集团公司商谈关于出版《毛泽东手迹选》的相关事宜。此外，还继续与中央文献研究室合作编辑出版《党的文献》。

（李丽娜）

《西柏坡档案》编辑出版

2012年3月16日，为深入挖掘西柏坡历史，弘扬以“两个务必”为核心的西柏坡精神。中央档案馆和西柏坡纪念馆组织20多位专家集体攻关，历时两年共同编辑《西柏坡档案》，作为向党的十八大献礼工程隆重推出。该书以研究原始文献为基点，收录了从1947年党中央撤离延安，到1949年离开西柏坡赴京两年时间内，中共中央和中央各部委的重要电报、书信以及中央领导人的讲话等历史文献资料865篇，160余万字，分三卷本。全面系统地反映了毛泽东等老一辈革命家在西柏坡的革命实践活动，它是第一部集中公布西柏坡重要文献的力作。该书资料大部分来源于中央档案馆，其中约有110篇为首次发表。这些珍贵档案的解密，将使后人更加详细、准确了解西柏坡时期中共中央为建立新中国所作出的卓越贡献。同时将大大推动西柏坡研究的深度和广度，为研究西柏坡精神，弘扬西柏坡精神提供了翔实的依据，是西柏坡研究不可多得的工具书。

（中央档案馆档案资料保管部）

《光辉的历程——中央档案馆馆藏档案资料选编》编辑出版

为迎接党的十八大胜利召开，中央档案馆国家档案局与北京市西城区区委联合编辑出版了《光辉的历程——中央档案馆馆藏档案资料选编》，该书以图文并茂的形式生动再现了中国共产党的奋斗历程，时间跨度超过90年，里面收录了《青年杂志》创刊号，用铅笔写就的《中国共产党宣言》、红四方面军长征使用的地图、百团大战的行动命令、毛泽东亲笔填写的八大代表登记表、党旗设计图案、神舟六号载人航天飞船的新闻图片等。充分展现了中国共产党的光辉历程和伟大业绩，反映了中国人民在中国共产党领导下艰苦奋斗、锐意进取、勇往直前的精神风貌。该书利用中央档案馆馆藏的270多件档案和相关文献资料编纂而成，其中，相当一部分档案是首次公开，具有较高的史料和研究价值。此书被新闻出版总署确定为“新闻出版总署迎接党的十八大主题重点出版物”，并于2012年10月12日举行了首发式，同时在现场选用书中60余件档案仿真件布置了一个小型展览，引起社会热烈反响。中央档案馆、国家档案局领导、西城区区委书记、宣传部长和中央党史研究室、中央文献研究室等领导都参加了图书首发式，并参观了展览。

（中央档案馆档案资料保管部）

《中国国民党历次全国代表大会暨中央全会文献汇编》项目结项

《中国国民党历次全国代表大会暨中央全会文献汇编》系“十二五”国家重点出版规划项目、中央对台宣传重点项目《馆藏国民党档案汇编》之子项目。由中国第二历史档案馆与中共中央国务院台湾事务办公室海峡两岸文化交流中心共同编辑、九州出版社出版。该汇编2011年启动，2012年6月完成档案资料编辑任务，共40册，2012年12月出版。

该汇编根据中国第二历史档案馆相关馆藏，主要辑录了1924年1月—1947年9月期间，中国国民党六次全国代表大会、一次临时全国代表大会与三十九次中央执行委员会全体会议（含临时会议）相关文献资料。

（中国第二历史档案馆）

《百年巨轮　档案护航》汇集出版

为了进一步提升档案意识，以全新的视角认识新时期档案工作的价值，招商局集团将近年来典型的档案利用事例进行汇集选编，形成《百年巨轮 档案护航》一书，全面诠释了档案对于招商局这一百年企业的意义所在。

该书以维护企业权益、服务生产经营、展现历史文化三个主题，收入了近年来招商局集团及重点下属企业档案利用事例34篇，涵盖了产权归属、海域所属权划分、法律诉讼、资质申报、工程建设、员工权益、企业文化、品牌宣传等多个方面，全面体现了新时期档案及档案工作为企业创造的不可估量的社会效益和经济效益，是全面认识、理解和重视档案的有力工具，充分地证明了档案是重要的企业资产和信息资源，档案凝聚着企业的核心竞争力，是企业珍贵的历史文化遗产。

（招商局档案馆）

中国第一、第二历史档案馆编辑出版图书简目

清代新疆满文档案汇编

编著者：中国第一历史档案馆、中国边疆史地研究中心

广西师范大学出版社　　**字　数**：1.4亿

该书是一部大型有关清代新疆事宜满文档案汇编。从中国第一历史档案馆所藏军机处满文录副奏折中，挑选有关奏折等公文72812件，按编年体编辑成283册，2012年8月由广西师范大学出版社出版。本书收录的档案，起自雍正八年（1730）十二月，止于宣统三年（1911）五月，时间跨度长达181年。主要反映职官、军务、民政、司法、财政、农业、牧业、矿产、贸易、货币、文教、卫生、宗教、地理、交通、工程、外交等方面。这些档案是第一手原始史料，绝大部分属首次公布，不仅对清代新疆地方史研究，而且对清代吏治、民族、驻防、屯田、牧厂、货币、贸易，以及与中亚地区国家和部落的交往关系等专门史研究，都具有重要的利用价值。

（吴元丰）

《中琉历史关系档案》嘉庆朝(三)、(四)、(五)

编著者：中国第一历史档案馆

人民出版社　　**字　数**：100.2万

该书是中国第一历史档案馆与日本冲绳县教育委员会合作，编纂出版有关清政府与琉球王国友好往来的历史档案汇编图书。

嘉庆朝（三）、（四）、（五）三册，共收录清宫档案206件，时间自嘉庆五年（1800）九月初三至嘉庆十三年（1808）九月二十五。档案记载了琉球贡使来华进贡，清政府礼仪接待、赏赐物品、难船抚恤，以及册封琉球国王等内容翔实的史实，为研究中琉历史关系提供了珍贵的史料依据。

（张小锐）

中国第二历史档案馆所存西藏和藏事档案汇编

编著者：中国第二历史档案馆、中国藏学研究中心

中国藏学出版社　　**字　数**：20册

《中国第二历史档案馆所存西藏和藏事档案汇编》系由中国第二历史档案馆与中国藏学研究中心合作编辑而成的大型档案影印丛书，该书除收录馆藏清末档案史料一册、民国北京政府时期档案史料四册外，其余均为南京国民政府时期中央政府与西藏地方政府、达赖喇嘛、班禅额尔德尼以及西康、青海、甘肃、云南等藏区地方政府往来的内容丰富的档案史料。该书通过翔实的档案资料，不仅系统地反映了西藏及藏区的历史发展、文化传统、经济贸易和社会宗教概况，而且更重要的是证明了西藏作为中国的一个行政区域，始终处于中央政府的管辖之下，尽管民国时期战乱频发，中央政权更迭，政局多变，帝国主义列强插手挑拨西藏地方政府与中央政府关系，但民国中央政府对西藏的主权管辖从未改变，始终坚持国家的统一和领土主权的完整。该书的出版为研究西藏及藏区政治、经济、文化、教育和社会发展历史提供了第一手系统的可信的档案史料，弥足珍贵。

地方档案部门编辑出版图书简目

档案中的北京文化(《北京档案史料》2012年第2辑)

编著者：北京市档案馆

新华出版社　　**字　数**：49.3万

该书反映新中国成立以来北京的文化艺术工作状况和取得的成就，共收录史料19组，内容包括新中国成立初期对文化馆站的整顿、改造连环画工作，20世纪50年代的戏曲改革、改造民间职业剧团、公共文化设施状况、群众文化工作状况、艺术教育与艺术院校情况，20世纪60年代琉璃厂文化街的调整恢复、话剧工作、农村文化工作，20世纪七八十年代文化艺术事业发展规划、郊区农村文化建设情况、琉璃厂文化街的改建与管理等。其中50年代中期北京天桥剧场扩建、1961—1962年首都话剧工作座谈

会，以及60年代初期北京琉璃厂文化街调整恢复和80年代琉璃厂文化街改建与管理史料等6组史料为首次公布。

北京文化叙事(《北京档案史料》2012年第3辑)

编著者：北京市档案馆

新华出版社 **字　数：**31.3万

该书主要收录有关北京文化叙事的研究、资料性文章24篇，分别论及：清代北京竹枝词、清代北京城市商业、北京鼓楼商业街区的京味商文化、北京景泰蓝史略、明清以来北京“娘娘”信仰、妙峰山庙会的百年流变；道光朝京师学人与朝鲜燕行使的学术交往、庚子年之后北京的多重文化图景、北方左翼文化运动、范源濂与北洋政府时期的教育界、1928—1937年北平地区民众学校研究、民国时期北平小学训育、教会学校学生校园生活、冯玉祥与崇文门教堂；新中国成立后首都京剧工作、历史长河中的毛泽东和故宫、周恩来与老舍的友谊、人民币总体设计者周令钊、北京人艺的往事等。

北京档案史料(2012年第1辑、第4辑)

编著者：北京市档案馆

新华出版社 **字　数：**23.7万、22.5万

《北京档案史料》2012第1辑和第4辑，公布了有关20世纪50年代商业整顿、物资交流会、文化工作会议、工矿企业职工教育状况的史料；北平解放初期华南圭关于旧城改造的提案及《北平旧城市下水道计划书》、20世纪五六十年代北京市下水道、河道规划；20世纪七八十年代庆祝“五一”国际劳动节活动、文化艺术事业发展规划、环境保护规划的史料；刊登了15篇学术论文和资料性文章，内容涉及民国时期北京的手工业、儿童教育、城市发展，新中国成立初期北京中小学教育体制等，以及重要历史人物，如安格联、日医小营勇、利玛窦、末代顺天府丞裴维侒、九世班禅等的有关研究。

（北京市档案局史志办）

中国金融档案·大陆银行卷

编著者：天津市档案馆

天津古籍出版社 **字　数：**32卷

该书选取馆藏天津海关全宗档案近3万页，分为机构、制度、通告、业务、报告、税收、外事、军事、教育、邮政、租界、调查、海河工程局等部分，以影印件的形式记录了天津海关的建立、发展与主要业务，从一个侧面反映了近代中国政治、军事、经济、外交等方面的概貌，对天津及周边的政治局势变化、财经状况、工农业生产、港口航道建设、铁路交通、学校教育乃至气象灾害等自然现象都有详细记载，对于正确认识和深入研究旧中国海关历史、天津自开埠以来的对外贸易发展史、社会经济状况演变都提供了重要的历史依据，是研究中国近现代社会发展的重要史料。

旧天津日租界

编著者：天津市档案馆、天津市和平区政协、天津市和平区档案馆

天津人民出版社 **字　数：**32万

该书收录文章80篇，以近代天津日租界的发展变化为背景，邀请相关专家学者，以日租界概况、溥仪在天津、日租界相关名人、日租界大案、日租界的新闻出版、赌博与娱乐业、公共设施等为专题，生动、翔实地描述了日租界从1898年设立至1945年抗战胜利后被收回期间，发生在其中的人物活动和日本侵略者以天津为基地对华北地区的殖民统治的过程。许多文章的资料来源都是来自于具体档案。真实性极强，并专门对以往研究成果中的谬误之处作出了考证，是研究近代天津租界的重要参考，也是大众了解日租界历史的渠道。

天津英租界工部局史料选编

编著者：天津市档案馆

天津人民出版社 **字　数：**163万

该书所编盐业银行史料均选材于天津市档案馆馆藏金融档案。收录了盐业银行创办初期原始资料，各项章程规则制度、组织机构情况，各期营业报告；该行投资纽约证券市场、上海证券市场股票情况；该行与财政部、铁道部、交通部、长芦盐运使署等政府部门有关承销公债、抵押借款等业务往来文书。这些金融史料真实地反映了民国时期到解放初期盐业银行的创立发展过程。

天津档案与历史（第三辑）

编著者：天津市档案馆

天津人民出版社 **字　数：**19万

该系列丛书是展示档案工作者研究天津历史的各项成果的一个平台，包含文章62篇，从“建党伟业”、“辛亥风云”、“经济纵横”、“乱世佳人”、“多元文化”等五个专题，分别对天津地下党工作、辛亥革命时期天津活动、民国时期天津经济发展状况、民国时期天津妇女生活场景、天津的文化发展进行了研究解析，其中有很多文章为亲历者口述或对亲历者的采访，从不同侧面反映了近代天津在军政、

经济、文化、民俗等方面的情况，可称为极真实的研究史料。

1952—1968 河北省省会变迁始末

编著者： 河北省档案局（馆）

河北人民出版社　　**字　数：** 22.1 万

该书作为第一部研究新中国成立后河北省省会变迁史的书稿，依据翔实的档案资料，辅以部分时间亲历者的珍贵回忆，全面披露了 1952 年至 1968 年河北省省会在保定、天津、石家庄 3 个城市之间数度变迁的始末，真实、深刻地反映了 1952 年至 1968 年间有关河北省省会变迁的全貌。其中既有关于省会选择的曲折而艰难的决策过程，也有省会数度迁徙带来的政治、经济、文化、社会生活各方面难以磨灭的影响。内容丰富，文笔生动，引人入胜。对于研究新中国成立以来一省省会的选择，提高领导科学决策水平，建设现代化大都市，推进一省经济社会持续协调发展，极具借鉴意义和参考价值。该书史料性强，史料价值较高，兼具可读性。

1928—1949 河北大事记

编著者： 河北省档案馆

河北人民出版社　　**字　数：** 45.9 万

河北前称直隶，1928 年国民政府为什么将直隶改称河北，在 1928 至 1949 年这 21 年间河北发生了哪些惊天动地的影响全国乃至世界的大事。为续好河北"家谱"，填补这一重大历史空白，河北省档案局以馆藏档案为凭，并大量查阅利用保存在台湾"国史馆"的档案，历经 6 年，终将此"大事记"付梓面世。该书史料翔实，脉络清晰，集史志、"家谱"于一身，资教化、励志于全章，是一部难得的爱国主义教材。

1949—1966 历史的名词

编著者： 河北省档案馆

河北人民出版社　　**字　数：** 19.8 万

《历史的名词》是一次新的探索和尝试。由一个特殊背景下的时代用语，去解读词语背后的历史和社会征象，打破了以往历史研究的门框子。解放、入城、三座大山、翻身、粮票、记工分……一个个深具时代特征的历史用语，串联起的是一段段令人难忘的历史记忆，一幅幅活生生的社会百态画卷，凸显出"一滴水见太阳"的历史真谛。

太原老字号

编著者： 太原市档案局（馆）

山西出版传媒集团、山西人民出版社

字　数： 36 万

该书是一部展现近代太原商业文化发展历程、反映太原商业发展轨迹的著作。该书以商务部公布的太原市"中华老字号"为核心，结合在太原老百姓心目中耳熟能详的老店铺，选择了 66 家在太原工商业发展史上占有独特地位的名商号，作了重点全景式描述。同时对太原 1084 家老字号从商铺经理姓名、老字号开张日期、商铺地址、经营种类等方面予以记载。全书系统地对太原历史、晋商文化和商会发展等进行综述，对陈醋、面食、点心、药铺、卷烟等老字号分门别类介绍，并以七律诗词格式，将每章节和每小节标题加以高度凝练。

该书图文并茂，包括图片 900 余张、图表 116 幅、烟片 52 幅、烟标 46 幅、商标广告 189 幅。编者既尊重历史事实，维护历史原貌，也结合了民间对老字号的口述资料，增强了该书的文化味和可读性。全书彩色印刷，资料翔实，内容丰富，语言优美，编排合理，形成了较为全面的太原老字号资料体系。国家文物鉴定委员、山西省收藏协会会长刘建民和山西大学晋商研究所所长、博士生导师刘建生为本书作序。

《十年回望》画册（阳泉档案事业新世纪十年发展历程）

编著者： 曹慧明、王宇翔、张瑞萍、田建国

阳泉市档案局（馆）

《十年回望》画册（阳泉档案事业新世纪十年发展历程）787 厘米×1092 厘米，12 开，116 页。采撷了 2002—2011 年新世纪十年阳泉市档案局领导班子团结带领全局同志奋力拼搏、开拓创新，创建"全国档案系统先进集体"、"山西省一级档案馆"工作中的精彩画面，以图文并茂的形式，从领导关怀、基础建设、信息化建设、档案管理、档案开发利用、档案法制建设、档案队伍建设和县区档案事业发展等不同侧面，全方位多角度真实记录了进入新世纪以来，阳泉档案事业蓬勃健康发展的一个个精彩瞬间，全面展示了阳泉档案工作者坚守平凡、创造非凡的人格魅力。该画册由阳泉市政府秘书长董贵堂作序并担任顾问，原市长助理马玉隆为画册题写了书名。

档案见证河曲民歌·二人台

编著者： 山西省河曲县档案馆

字　数： 600 余张照片

该画册共分源远流长、艺苑奇葩、低谷余音、

西口放歌、问鼎非遗五部分，分别展示了河曲民歌二人台从明末清初发展到今天100多年的历史。

吕梁市离石区法人档案

编著者：吕梁市离石区档案局

离石区档案局 **字 数**：28万

该书记录全区82个机关、企事业单位和12个乡镇（街道办）的法人资料，以2009、2010年为切入点，全面反映新中国成立后，特别是改革开放以来经过几代人不断努力，离石经济、政治、文化、社会所发生的巨大变化，取得的发展成果。同时宣传贯彻档案法律、法规，增强依法治档意识，加强了档案法制宣传教育工作。法人档案的编辑出版是区档案局开展档案研究工作的初步探索，为进一步开展编研档案史料及开发档案信息资源工作做了很好的尝试。

呼和浩特市档案馆馆藏1944—1949年归绥市工商业同业公会档案简况

编著者：呼和浩特市档案馆

内蒙古大学出版社 **字 数**：32万

该书分1944—1949年归绥市工商业同业公会简介、馆藏1944—1949年归绥市工商业同业公会档案综述、馆藏1944—1949年归绥市工商业同业公会档案分述、馆藏1944—1949年归绥市工商业同业公会档案简目4部分，并附有档案影印图片242张。记录了民国最后5年呼和浩特（时称“归绥”）的工商业及其经营者的情况。全书共分二十大类，即粮食业、糖粉肉类加工业、卷烟酿造业、酒饭茶点业、牲畜皮毛业、山货席铁业、木器麻绳业、铜铁铸冶业、土石制造业、漂染油漆裱画业、书籍南纸印刷业、百货业、服装业、钟表眼镜照相首饰业、澡堂理发业、银钱业、运输业、客货客店业、医药业和报业、梨园业。其内容包括工商业各业公会之间及其与行政主管部门在政务管理、生产销售、行业纠纷和其他方面的往来文件等，对了解解放前呼和浩特工商各业的组织发展状况有重要的史料价值。

（李晓梅）

满洲实录

编著者：辽宁省档案馆

辽宁教育出版社 **字 数**：30万

该书为馆藏满、汉两体文《满洲实录》影印本，描述了女真人（满族的前身）的圣地长白山，从仙女吞果而孕的故事开始，以爱新觉罗家族的历史为主线，对满族历史加以记述。书中叙述了孟特穆、福满、觉昌安、塔克世、努尔哈齐等人的传奇故事，详细介绍了女真诸部世系及各部之间的纷争，特别是对努尔哈齐以祖父的十三副遗甲起兵，对女真各部进行兼并，与蒙古各部的征战、遣使交往与和亲，建立后金汗国，以“七大恨”为由向明宣战，先后攻克辽东诸城，建都辽阳，迁都沈阳，奠定基业等有较为全面的记载。《满洲实录》记载的史实至后金天命十一年（1926）清太祖努尔哈齐崩逝止，是研究满族崛起及清朝开国历史十分珍贵的史料。

风物辽宁

编著者：辽宁省档案局（馆）

辽宁人民出版社 **字 数**：64万

该书辑录了辽宁省档案馆工作人员利用馆藏档案撰写的100篇文章，以史料钩沉辽宁地方历史，上至旧石器时代，下迄当今，主要以清代、民国时期为主，内容涵盖政治、经济、军事、文化各个方面。这些文章大多曾发表在《辽宁日报》“风物辽宁”栏目，结集出版后，按历史进程，分为前清往事、民国风云、辽海新生、岁月识趣、史海钩沉五个专题。前清往事主要集中于陪都盛京以及晚清时期东北开埠遭受侵略的历史。民国风云记述张氏父子主政东北时期的建设。辽海新生以中共满洲省委成立为起点，集中在新中国成立后工业、农业各方面成就。岁月识趣、史海钩沉仍以时间有序，主要书写大历史中的小事件，以老建筑、老地名、老物件为主。

冯庸和冯庸大学

编著者：赵焕林、于在海、蔡冰、曲野

辽宁民族出版社 **字 数**：43万

该书记述了冯庸为实现教育救国理想，不异变卖家产，创办冯庸大学，最终散尽家财的一生。全书以五个章节描述了冯庸和父亲冯德麟，与张学良父子两代人的交情，并记述了冯庸在父亲故去后，创办冯庸大学的历程，包括筹备资产、建筑校舍、聘用教授、建立管理制度等，并重点叙述了冯庸教育主义的理念及在办学工程中的实践，描述了学生校园生活、军事训练和学校体育运动的盛况。详细记述了冯庸大学学生组建“冯庸大学歼俄义勇军”、抗日义勇军抵御外侮的经过，并介绍了冯庸晚年生活及恢复冯庸大学的努力，以及冯庸后人向日本追偿的情况。

（何荣伟）

黑龙江档案春秋

编著者：黑龙江省档案局、黑龙江省档案馆

黑龙江人民出版社　　**字　数**：60 万

按照省委“打造龙江特色文化精品”的要求，黑龙江省档案局馆在《黑龙江历史记忆》基础之上编写了《黑龙江档案春秋》图集。图集内容丰富，涵盖了黑龙江纵横近 300 年的历史时空，展示了不同的历史时期政治、经济、文化及社会生活的方方面面。书中收录的巡边路线图、卡伦分布图等，是清代黑龙江戍卫疆土的真实记录；升科地执照、招民代垦印契等，是黑龙江土地不断开发的原始证据；设立黑龙江行省、东省特别区成立等，折射出黑龙江近代社会的深刻变革；绥化府课卷、哈尔滨工业大学的创办等，反映了黑龙江文化教育事业的发展；江桥抗战和东北抗日联军有关图片，展现了黑龙江抗日斗争的历程；解放战争时期根据地的建设以及新中国成立初期黑龙江经济建设的图片，记载了黑龙江人民为支援解放战争和进行社会主义建设作出的重大贡献。《黑龙江档案春秋》对于人们从中追溯历史，启迪心智，增加知识，开拓眼界，镜鉴未来，无疑有着重要历史文化价值。

（管东成）

《科学发展在上海（2007－2012）》画册

编著者：中共上海市委党史研究室、上海市档案局（馆）

中央文献出版社　**字　数**：照片近 500 幅

在上海市第十次党代会召开前夕，中共上海市委党史研究室、上海市档案局（馆）联合编纂了《科学发展在上海（2007－2012）》画册。全书从“经济建设”、“政治建设”、“文化建设”、“社会建设”、“党的建设”以及“世博会”六个部分展示了 2007—2012 年上海在中央和上海市委领导下取得的重要成就。

泰戈尔与上海

编著者：上海市档案馆、印度驻上海总领事馆

中西书局　　**字　数**：8 万、图片 100 余幅

印度著名诗人泰戈尔曾于 1924 年 4—5 月、1929 年 3 月和 6 月三次访问中国期间，三次到访上海，在中国迅速掀起了一股“泰戈尔”热，并与中国文化名人结下了深厚的情谊。2012 年，是中印文化交流年，恰逢泰戈尔诞辰 150 周年，上海市档案馆在中印两国成功举办“泰戈尔的中国之旅”图片展的基础上，与印度驻上海总领事馆再次合作推出此书，再现了泰戈尔在华特别是在上海的行程；重温了在新文化运动的背景下，泰戈尔访华所引起的反响和争议；回顾了泰戈尔与中国文化名人的友谊，对于研究和了解泰戈尔，有着重要的借鉴意义。

（胡明浩）

档案里的金融春秋

编著者：朱纪华

学林出版社　　**字　数**：28 万

该书内容选自 2005—2011 年出版的各期《档案春秋》杂志，以及从 1985 年创办至今的《上海档案》杂志。书中各篇目涉及近现代史上的重要事件和重要人物，如《1941 年上海银行大血战内幕》《孤岛时期的交易所黑幕》《生死之搏——70 年前的证券大战》《“金子大王”王伯元》《顾准，大上海 1949 年的经济符号》等，深度挖掘、集中揭秘历史事件中鲜为人知的细节，以档案说话，还历史事件和历史人物本来面貌，把读者带入中国金融业的历史现场。

（周晓瑛）

上海近代广告业档案史料

编著者：上海市档案馆

上海辞书出版社　　**字　数**：36.6 万

该书内容全部选自上海市档案馆馆藏，其中部分来源于上海公共租界工部局的英文档案。时间跨度约 50 年，分为租界广告管理、华界广告管理、上海市广告商业同业公会广告管理、广告业研究文稿等四部分。该书所收录的档案史料侧重于对广告业的管理，大致分两方面：一是官方对广告业的管理，出发点主要是从保证市政建设规范有序、按规定缴捐纳税、尽量避免给市民造成不便、不影响公共安全、不与社会公德背道而驰等方面考虑。二是广告业自发成立的行业组织，即广告商业同业公会的自我规范约束，调解内部争议，减少同行业之间的恶性竞争，并以遵守主管机关各项规定为前提。

（彭晓亮、董婷婷）

《上海档案史料研究》丛刊第十二辑

编著者：上海市档案馆

上海三联书店　　**字　数**：35 万

该书为上海市档案馆编《上海档案史料研究》丛刊第十二辑，设以下五个专题栏目：“专题研究”，包括《早期美国基督教在华传教业的滥觞》《老上海外滩建设的由来和发展》《广智书局及其刊行的梁启超译史传》等 7 篇学术论文；“读档随笔”，包括《白银风潮与傅筱庵的命运》《被管制的开麦拉——上海公共租界工部局电影档案一瞥》；“档案指南”，

包括《一本颇具特色的方形周刊——兼谈〈海风〉人物》《电影记录近代上海历史——1927 年〈上海纪事〉评析》等 4 种；“档案架”，包括《上海四明公所早期来往文函选编》《汉行信稿——叶景葵致项兰生信札十六通》《上海租界广告管理档案史料选辑》等 6 篇；“学术动态”，《“新文化史与上海研究”国际学术研讨会简报》等 3 篇。

（彭晓亮、董婷婷）

上海档案史料研究》丛刊第十三辑

编著者：上海市档案馆

上海三联书店　**字　数：**34 万

该书系上海市档案馆编《上海档案史料研究》丛刊第十三辑，设以下八个栏目：“刊载特稿”，包括《上海城市记忆与文化传承》；“专题研究”，包括《近代上海营造业群体研究》《近代上海城市消费市场的基本样态及特点》《近代中国女生官费留美之始》等 8 篇学术论文；“访谈录”为《上海美专拾忆》；“读档随笔”有《书香银行家叶景葵》《不息的变动——上海美专四十年简述》；“档案指南”为《国内外所藏中国近代海关档案资料概况》《上海市档案馆开放第二十四批档案》；“档案架”包括《丁福保〈辛丑日记〉释注（上）》《吴鼎昌、钱新之往来函电选辑（1927—1933 年）》等 5 篇；“报刊资料”刊登《〈申报〉中的信义银行资料选辑》；“学术动态”，刊载《“中华书局与中国近现代文化”国际学术研讨会综述》《“上海：海与城的交融”国际学术研讨会综述》等 4 篇。

（彭晓亮、董婷婷）

韩国钧朋僚函札史料选编

编著者：江苏省档案局

江苏人民出版社　**字　数：**82 万

江苏省档案馆馆藏《韩国钧朋僚函札》2003 年列入《中国档案文献遗产名录》。

韩国钧（1857—1942），字紫石，江苏泰县海安镇（今海安县）人。辛亥革命后，历任江苏省民政长、安徽省民政长、安徽巡按使。抗日战争爆发后，接受中国共产党团结抗日的主张，两次在家乡主持召开苏北停止内战、一致抗日的协商会议。1942 年 1 月去世，被新四军代军长陈毅誉为“民族抗战之楷模”。韩国钧在履官、乡居期间与当时的名流贤达、同僚友好过从甚密，多有信函往来，并收集整理成“朋僚函札”，现留存 57 册，由江苏省档案馆收藏。“函札”收有自 1913 年 8 月—1937 年 8 月间康有为、梁启超、冯国璋、熊希龄、张謇、黄炎培、史量才、陶行知、吕凤子等 700 余人的 3500 余件信函，从不同侧面，不同程度地记录和反映了当时政治、军事、经济、实业、财政、税赋、教育、水利、艺文、宗教等内容，对研究民国社会状况、中国近现代史有着重要的参考价值。

该书共收录《韩国钧朋僚函札》中 303 位通讯者（作者）的信函 1611 件（通），经辨识、点校，所选信函按通讯者分类，主要依姓氏笔画排列，书后附有书信通讯者生平简介。

（江办档案局 方毓宁）

南京工业遗产

编著者：南京市档案局

南京出版社　**字　数：**28 万、图片近 300 张

该书以图文并茂的形式记录了南京地方工业遗产，从军工机械、造船、煤炭采掘、电力、建材、化学、纺织、电子仪表、交通运输、车辆制造、食品、医药、其他工业等 13 个类别进行阐述，收纳的很多图片都为首次对外公布。除个别如云锦、造船、桂花板鸭的制作是历史手工业外，绝大部分为南京近代、现代、当代工业的遗存。

（南京市档案局）

《辛亥革命与南京临时政府》画册

编著者：南京市档案馆

九州出版社　**字　数：**470 多张图片

该《画册》分晚清社会、革命先声、光复南京、开创纪元、民国政权、共和硕果和留守政府七个专题，收入了 470 多张极具史料价值的历史图片，形象生动地展示了辛亥风云和南京临时政府的功绩，让百年之前南京旧影在人们面前变得鲜活、生动起来。几可触摸，似可踏入。

（南京市档案局）

百年芳华——锡绣溢彩

编著者：汤可可、盛晓奇

凤凰出版社　**字　数：**14.3 万、照片近 200 张

该书对列入国家级非物质文化遗产名录的锡绣艺术进行了系统的梳理，分析其兴衰起伏的内在原因，展示锡绣作品所包含的艺术特色和文化品位。该书不仅关注刺绣的工艺技巧，详尽介绍其纹样、针法、用色，而且还着眼于锡绣作品所包含的文化意蕴，剖析社会变迁中积淀下来且凝结到绣品题材中的文化因素。该书图文并茂，配发了精美的锡绣作品照片，其中许多作品图版系首次公开发表，展示了锡绣的优雅韵味和独特魅力，透出浓郁的江南

民俗风格，让读者从缤纷、灵动的绣品中感受锡绣大师的智慧和灵巧，通过一件件争奇斗艳的冠冕、戏衣、神幡、绣像以及实用物件上不同时代社会文化所投射的光影，揭示出薄如蝉翼的绣件中蕴涵的厚重文化。

宜兴民国往事

主　编：宗伟方

古吴轩出版社　　**字　数：**24.5万

该书以时间为经，以重点人物和重要事件为纬，采用编年体、大事记的形式，整理了宜兴在民国38年间的风云变幻，为今后的发展提供借鉴。

紫砂原创作品赏析

编著者：宜兴市档案局

上海人民美术出版社　**字　数：**31万

该书汇集了基本功扎实，创新意识强的201位工艺师（其中包含很多的中国工艺美术大师等紫砂界精英）的作品，并附欣赏解析小文，以达到相互学习借鉴、实现紫砂艺术的有效创新之目的。

民国江阴县商会档案选编（一九四五——九四九）

编著者：江阴市档案局（馆）

文汇出版社　　**字　数：**160万

商会的产生和发展，同近代中国的政治、经济、思想、文化教育等方面发展息息相关，因而，商会是中国近代史的重要研究课题。

该书从江阴商会抗战胜利后恢复始至江阴解放后终，分为县商会和各同业公会的筹备成立及章程，对地方经济的管理，会员名册、报表、会议记录，物价管理，商家的管理等十个部分，一定程度上描绘了江阴那不寻常五年的工商业发展轨迹，展现了不同阶层工商业者、不同规模工商企业在江阴迎来新生政权过程中生存状态，尤其是他们身处内战所承受的阵痛，从中也可窥见战乱下的市民在江阴的生存和发展足迹，为江阴地方史研究提供了新的素材和视角，为社会公众了解认识江阴现代史提供了新的读本。

（无锡市档案局）

苏南常州行政区（1949—1952）

编著者：常州市党史工委、常州市档案局（馆）

南京大学出版社　　**字　数：**24.5万

该书由综述、大事记、文献资料、组织机构、领导人选介绍、回忆文章等构成，反映1949年4月—1952年12月中共常州地委、常州行政专员公署带领常州行政区人民医治战争创伤，建立人民政权，恢复国民经济，实行各项社会改革和开展其他事业建设的概貌，为人们客观了解常州行政区历史提供资料。

瞬间永恒——1949—2012年党和国家领导人与常州档案史料

编著者：常州市档案局（馆）、常州日报社

常州市档案局（馆）　　**字　数：**20万

该书是一部记录和反映新中国成立以来党和国家领导人亲切接见常州市各界代表、亲临常州视察或亲笔为常州题词的档案史料汇编。在常州发展的各个时期，党的几代领导集体或是亲切接见常州各条战线的先进代表，给予革命鼓励；或是亲临常州视察指导，给予重要指示；或是亲笔题词，勉励常州人民，给了常州巨大的关怀、鼓舞和支持，为常州在各个时期的社会发展、经济腾飞注入了强大的动力。

恽南田书画研究

编著者：常州市武进区档案局、常州市武进区文广新局

中国文联出版社　　**字　数：**17万

该书选编恽南田花卉诗70首，绘画图版113幅（其中花鸟画88幅），画跋368则，尺牍82通和一批书法、石刻图照，并汇集当代各家近期研究新成果及相关史料，为人们了解恽南田生平及其思想提供了丰富信息。该书系为纪念恽南田诞辰380周年、恽南田纪念馆开馆30周年而精心编印。

恽南田（1633—1690），武进人，明末清初著名书画家，开创了没骨花卉画的独特画风，是“常州画派”创始人，一生在文化艺术领域里孜孜以求，艰辛创作，流传于世的诗书画遗产丰厚，是武进区重要的历史文化档案资源。

（常州市档案局）

西方人眼中的民国南通

编著者：南通市档案局（馆）

山东画报出版社　　**字　数：**10万

该书由模范城市、东瀛目光、战时枢纽、麦氏文献共四个部分组成。该书在南通市档案馆馆藏的基础上，收集整理散存各处的西方人关于民国南通的文献，有美国传教士为进驻南通传教而进行的调查；有路经南通的旅行者和记者的观察和评论；有日本人撰写的南通调研报告；有在南通沦陷时期，奋力救助大量南通受害民众的美国护士麦文果的书

信和文章等。无不视角独特，观点新鲜，笔触细腻，并充分展现出中西文化在这里的碰撞和交汇。

大生集团档案资料选编——盐垦编（Ⅲ）

编著者：南通市档案馆、张謇研究中心

方志出版社　　**字　数**：38.8万

该书是《大生集团档案资料选编·盐垦编》的第三册，主要收录了掘港大豫盐垦公司自1916年创办至30年代被通泰银团接管这段历史时期所形成的重要档案资料，分为重要文书、章程制度、会议记录、历届账略、函件号讯五个部分。该书为社会各界研究近代苏北沿海开发和中国盐垦史提供了重要的参考资料。

如日东升——如东荣誉档案撷英

编著者：如东县档案馆

方志出版社　　**字　数**：62.7万

该书共分五个部分：特别报道、领导题词、群星荟萃、文章选粹、荣誉集锦。见证了新中国成立以来如东人民在党和政府的领导下，建设中国特色社会主义事业中取得的宏伟业绩，展示了全县各项事业所取得的辉煌成就。这对于大力弘扬先进单位、模范人物的敬业、奉献精神，充分发挥他们的榜样、示范作用，进一步促进社会主义核心价值体系建设有着重要的意义。

（南通市档案局）

丹阳家谱提要

编著者：吉育斌、丹阳市档案局

四川师范大学电子出版社　　**字　数**：30万

该书是对丹阳家谱资源进行全面普查和整理的产物。该书所收入的127个姓氏400套现存家谱都是经过战乱“文革”之后保存至今的已知家谱。分别就谱籍、书名、卷数、纂修者、修撰年代、谱籍堂名、姓氏来源、名人、郡望等对各家谱做了详细的说明。通过编撰这部专著，使这些一直深藏民间、秘不示人、“沉睡”多年的家谱步入公众的视野，走向自由阅读，为寻根问祖的人们、为社会公众和众多学科的学术研究者提供了一个检索丹阳家谱资源的信息平台。为各个家族及有关部门有计划续修、整理、保护、研究、开发和利用这笔珍贵文化遗产提供有价值的家谱文献信息资源，为社会发展与进步服务。

（镇江市档案局）

记忆浙江·2012

编著者：浙江省档案局

红旗出版社　　**字　数**：12万

2012年，浙江开启新思路，踏上新征程。方向凝聚力量。这一年中，海洋经济发展示范区、义乌国际贸易综合改革、舟山群岛新区建设、温州金改等四大国家战略举措全面起航，丽水农村金融改革成为全国试点，核心价值观落地生根，省第十三次党代会大笔描绘未来五年浙江经济社会发展的新蓝图：全省人民物质富裕、精神富有……

2012年，浙江以“稳中求进”为工作总基调，按照“调结构、抓转型，重投入、兴实体，强改革、优环境，惠民生、促和谐”的发展思路，紧扣时代脉搏，立足区域特色与区位优势，因地制宜在经济、政治、文化、社会建设以及生态文明建设各领域迈开大步，努力在新起点上实现新跨越，奋力开创浙江科学发展新局面。东南形胜，焕发新风采。

以图文解读精神，择2012之浙江记忆，永远定格于时光隧道。

中国档案精粹·浙江卷

编著者：浙江省档案馆

零至壹出版社　　**字　数**：35万

浙江，地处中国东南沿海，长江三角洲南翼，素有“鱼米之乡”、“丝茶之府”、“文化之邦”、“旅游之地”的美誉。千百年来，浙江人民在与自然的搏击中，在社会的变革中，创造了一个个令人震撼的奇迹，迸发出令人惊叹的智慧和力量。这些，在档案里有着忠实而又翔实的记载。浙江省各级国家综合档案馆保存了1200多万卷档案，包括明清档案、民国档案、革命历史档案、中华人民共和国成立后档案，其中省档案馆馆藏达80多万卷。《中国档案精粹·浙江卷》从全省档案馆藏中选录了近300卷档案，多为首次公布，是研究浙江历史的珍贵史料。

潮涌海西——福建现代化历史进程

编著者：福建省档案馆

海峡出版发行集团　　**字　数**：1万、图片1000幅

该画册以170年来福建现代化历程为视角和主线，共分为“千年局变、艰难启动”、“蹒跚前行、多方探索”、“全面迈进、走向辉煌”三大部分。画册全面展现了晚清、民国以及新中国时期福建全省政治、经济、文化和社会发展的基本面貌，重点体现新中国成立以来福建人民在中国共产党领导下探索社会主义建设道路，实行改革开放和推进社会主义现代化所取得的辉煌成就。画册通过一件件珍贵的档案文件和纪实图片，生动再现了一百多年来福

建现代化所走过的艰难历程和取得的辉煌成就。

台湾义勇队档案画册

编著者：福建省档案馆

海峡出版发行集团、鹭江出版社

字　数：14万、图片240幅

该书充分借鉴了国内外专家学者研究台湾义勇队的成果，广泛征集图片档案，以图片和档案史料相结合的方式进行编纂，将抗战时期台湾同胞参加祖国抗战的英勇业绩进行一个较全面的展示，全面直观地展现了台湾义勇队在抗战期间转战浙闽等东南沿海地区的抗战历史。该书分为一、闽台五缘，同仇敌忾；二、七七事变，全民抗战；三、义勇劲旅，赤心报国；四、不朽功绩，永载史册四个部分，全书共收录了历史照片、档案、图片240多幅，文字14万字。有力地宣传了“台湾义勇队”英勇的抗战功绩，也让世人得知了“祖国的抗日战争，台湾同胞没有缺席”历史。

《流年似水——外国摄影家眼中的闽江与福州》图册

编著者：福建省档案馆

福建省档案馆　　**字　数：**图片96幅

该书收录近百幅由西德尼·戴维·甘博、汤姆·希拉以及岛崎役治等美日摄影家所拍摄的闽江和福州老照片。1842年，随着《南京条约》的签订，福州成为被迫开放的“五口通商”口岸之一，外国使节、传教士、商人、旅行者纷至沓来。他们带来了刚刚发明不久的摄影技术，把闽江和福州作为其观察、记录中国的重要窗口。以独特的视角，用镜头记录下闽江和福州的风光地理、人文风俗和社会百态，为我们留下了难得一见的珍贵影像。

江西风景独好旅游文化丛书·红色摇篮卷

编著者：朱虹、涂勤华、史火金、邓东燕、曾勤生、唐俊琼、余靖昆

二十一世纪出版社　　**字　数：**15万

该书由江西省政府统一部署、江西省档案局馆具体承担编纂。《红色摇篮》卷分中国革命的摇篮井冈山、人民军队的摇篮南昌、人民共和国的摇篮瑞金、中国工人运动的摇篮安源、血染的丰碑赣东北、中央革命根据地的奠基石东固和江西省主要红色旅游景区、景点名单七个部分，图文并茂地再现了红色故土上井冈山红旗漫卷、八一起义枪声响，风起云涌、可歌可泣的激情岁月。

共和国永远铭记：南下干部历史贡献理论研讨会论文集

主　编：唐传喜

泰山出版社　　**字　数：**26万

该书是山东省档案局召开南下干部历史贡献理论研讨会的重要理论成果，是山东档案部门2012年重大专题编研项目成果之一。该书所收录的25篇文章从不同角度回顾了南下干部接收、管理、建设解放新区的历史，总结了南下干部在解放新区建立、巩固政权，稳定社会，发展经济、文化等方面作出的不朽历史功勋，探讨了南下取得的历史经验对今天建设中国特色社会主义的借鉴意义。

中共济南市委重要政务活动辑录

济南市人民政府重要政务活动辑录

编著者：济南市档案馆

济南市档案局（馆）　　**字　数：**各10万

《中共济南市委重要政务活动辑录》和《济南市人民政府重要政务活动辑录》以济南市重要政务活动为主线，以档案文件与新闻报道为基本素材，分“重要会议讲话”、“新闻宣传报道”和“大事记”三部分，共收录照片32张、重要讲话11篇、新闻报道400余条，大事记800余条。全书真实记录了近几年特别是2012年以来，市委、市政府各项重大决策的研究、制定过程和重大活动的发生、发展情况，直观反映了济南市在社会经济、保障改善民生、城市建设等方面取得的瞩目成就，有助于科学总结济南市近年来取得的成绩和经验，分析面临的形势和任务，对“加快科学发展，建设美丽泉城”具有重要参考价值。

中国收回青岛档案史料汇编（上、中、下）

编著者：青岛市档案馆

青岛出版社　　**字　数：**114万

1922年，中国政府收回青岛。这是中国近代史的重大事件之一，具有丰富的历史内涵和深远的历史意义。全面系统地收集、整理青岛回归这一历史事件的档案史料，是研究、宣传中国近现代史及青岛历史的基础性工作。在青岛回归90周年之际，青岛市档案馆在有关方面的鼎力帮助下，广泛收集相关档案史料，并汇集成册，为各界开展历史研究提供方便，以促进青岛历史研究与宣传工作的深入开展。

该书共分三册。第一册收录与巴黎和会相关的青岛回归档案史料。所选档案史料主要来源于台湾“中央研究院近代史研究所”编《中日关系史料》，

中国社会科学院近代史所、中国第二历史档案馆所藏档案史料及王芸生编著《六十年来中国与日本》等著作；第二册收录与华盛顿会议相关的青岛回归档案史料。所选档案史料主要来源于台湾“中央研究院近代史研究所”所藏档案史料；第三册由青岛市档案馆和青岛市政协文史委共同编辑，主要收录与鲁案善后谈判、中国收回青岛及有关遗留问题的档案史料和新闻资料，所选档案史料主要来源于青岛市档案馆馆藏档案资料。

该套丛书的出版为研究中国近现代史及青岛历史提供了基础史料，丰富了青岛城市文化的内涵。

青岛回归话沧桑

编著者：青岛市档案馆

青岛出版社　**字　数**：25 万

1922 年，中国政府收回青岛。围绕青岛回归这一历史事件，发生了胶州湾事件、日德青岛之战、“二十一条”及中日民四条约、巴黎和会中国外交失败、“五四”反帝爱国运动、华盛顿会议山东问题“边缘性谈判”等一系列重要历史事件，对中国政局乃至世界格局产生了重要影响，青岛由此成为国人瞩目、世人关注的焦点城市，青岛回归也成为中国人民抗争帝国主义侵略、收回被外敌霸占租借地的第一个历史性成果。

为了更好地回眸这段历史，深入探寻青岛回归的历史轨迹，把握城市历史的发展规律，传承独特的城市历史文化遗产，使之在未来城市发展中发挥应有的作用。青岛市档案馆充分发挥档案编研优势，组织人员围绕中国收回青岛专题进行精心选题，深入研究，撰写论文 11 篇，并结集成册，出版《青岛回归话沧桑》论文集，共 18 万余字。这些论文立足原始史料，视野开阔，史观新颖，基本涵盖青岛回归的全过程和重大历史事件及意义，涉及日占青岛政治、军事、经济、社会、巴黎和会、五四运动、华盛顿会议、接收青岛、胶济铁路问题、遗留悬案等专题，是截至目前对青岛回归历史最为系统的一次学术梳理。

市北年鉴（2011）

编著者：青岛市市北区档案馆

黄河出版社　**字　数**：45 万

该书分设特载、区情综述、大事记、政治政务、经济、城区规划建设与管理、社会各项事业、街道概况、附录等 9 个栏目，以记录 2009—2010 年市北区自然、政治、经济、文化、社会等方面的发展情况为主，同时对各方面的历史情况作了适当的下延。

记忆中的市北

编著者：青岛市市北区档案馆

中国文联出版社　**字　数**：32 万

该书是一本回忆城市发展的档案书，包括德日之战等历史灾难和遗迹，市北街巷里院的传奇，名校与名企的回忆，名人、民俗与文化的记录，以及特色新市北的发展成果等。

四方年鉴

编著者：青岛市四方区档案局

山东省地图出版社　**字　数**：36 万

该书分设特载、区情综述、大事记、政治政务、经济、城区规划建设与管理、社会各项事业、街道概况、附录等 9 个栏目，以记录 2009—2010 年四方区自然、政治、经济、文化、社会等方面的发展情况为主，同时对各方面的历史情况作了适当的下延。

崂山年鉴（2012）

编著者：青岛市崂山区档案局

崂山区档案局、崂山区史志办公室

字　数：40 万

该书设综合文字、随文照片、宣传彩页三大部分。下设特载、区情综述、2011 年大事记、政治·政务、经济、城区规划建设与管理、社会生活与各项事业、街道概况、附录等 9 个类目。

方志文化系列丛书·沧桑纪事

编著者：青岛市崂山区档案局

崂山区档案局、崂山区史志办公室

字　数：33 万

《崂山方志文化系列丛书》是本着挖掘崂山文化内涵、传承崂山文化精髓、发扬崂山文化精神的原则编撰的一套文化系列丛书，真实再现了崂山各个历史时期经济、社会、文化、自然等方面的情况。《沧桑纪事》收录文章 51 篇。

方志文化系列丛书·文化经纬

编著者：青岛市崂山区档案局

崂山区档案局、崂山区史志办公室

字　数：30 万

《崂山方志文化系列丛书》是本着挖掘崂山文化内涵、传承崂山文化精髓、发扬崂山文化精神的原则编撰的一套文化系列丛书，真实再现了崂山各个历史时期经济、社会、文化、自然等方面的情况。《文化经纬》收录文章 77 篇。

城阳之光——非物质文化遗产专辑

编著者：青岛市城阳区档案局、青岛市城阳区史志办公室

黄河出版社　**字　数：**20.7万、图片100余幅

近年来，城阳区档案局优化整合最新地情资料成果，编纂《城阳之光》系列专辑。该书对城阳区人民政府2008年1月公布首批区级非物质文化遗产名录，至2011年11月公布的4期区级以上非物质文化遗产进行全面记录，共计39项。其中1项为已申请为省级非遗保护项目，6项已申请为市级非遗保护项目。专辑从历史渊源、传承和现代影响三方面予以记述。专辑图文并茂，可读性强，对于全社会对优秀民族文化和技艺的传承和保护起到推进作用，提高了民众对传统文化的归属感和认可度；同时也成为彰显城阳地域特色和历史底蕴的地方名片。

胶州年鉴（2012）

主　编：李兆进

济南志鉴图文设计制作有限公司　**字　数：**50万

《胶州年鉴》是胶州市人民政府主办，胶州市档案局、胶州市史志编纂委员会办公室承编的大型综合性资料书。《胶州年鉴》（2012）是该书的第九卷，全书意在全面反映2011年全市政治、经济和社会发展的基本情况和重大事项，重点突出经济建设，并突现胶州的区位优势和特色，特别是改革开放和现代化建设的新举措、新成就，为全市各级党政机关、企事业单位和社会各界查询资料信息，为国内外广大读者全面、系统、翔实地了解胶州市的情况提供服务。同时，也为续修地方史志储备资料。

全书共分14个栏目：特载；大事记；市情综述；政治；经济；城乡建设；交通·邮电；金融；教育；文化；社会生活与各项事业；市级领导简历·劳模·专业人才名录；镇·街道办事处概况；附录。

莱西年鉴（2012）

编著者：李冰、宋武、张太安等

天马出版有限公司　**字　数：**38万

《莱西年鉴》是莱西市人民政府主办、莱西市史志办公室承编、莱西市档案馆协编的系统反映莱西市情况的大型综合性年刊。旨在逐年记述、系统反映上一年度全市的基本情况，为各级领导了解市情、实施科学决策及为社会各界了解、研究、认识莱西提供市情资料，为向海内外推介莱西提供资料性宣传品。同时，为编史修志积累资料。

该书综合文字、宣传彩页两大部分。共设特载、大事记、市情综述、政治、政法、工业、农业、国内贸易、对外贸易·经济合作、经济事务管理、城建·环保、交通·邮政·信息、财税·金融、科技·文化、教育·体育、卫生、社会生活、旅游、镇·街道、附录等20个类目。主要记载2011年莱西政治、经济、文化和各项社会事业等方面的发展情况。

枣庄建市50周年暨城市转型辉煌成就巡礼

编著者：枣庄市档案局

枣庄日报社平面设计中心

该画册分建市50周年庆祝活动和城市转型辉煌成就展两大部分，以一幅幅生动、形象的图片，展示了50年来各行各业干部群众干事创业，锐意进取的时代风采。通过此画册，希望全市干部群众，更加深刻地认识枣庄建市50年来取得的伟大成就，更加坚定地按照科学发展观的要求，继续实施城市转型战略，纵深推进“三大战役”，努力建设富庶、宜居、文化、活力、安康的“幸福枣庄”。

滕州市档案馆指南

编著者：谢观玉、牛广林

中央文献出版社　**字　数：**11.4万

该书分四个部分：第一部分档案馆概况；第二部分馆藏档案介绍；第三部分馆藏资料介绍；第四部分附录。馆藏档案介绍是《指南》的重点。在介绍方法上采用按系统分全宗和类别综合介绍两种形式。各全宗主要介绍了全宗名称、全宗号、全宗内档案数量、起止日期，立档单位的简要历史演变、职能、任务、隶属关系，检索工具的编制，全宗档案内容简介等。同时对近期馆内新增加的全宗进行分类编排、编写。对临时机构、撤销机关、破产企业全宗分别进行了介绍。对新时期档案馆信息化建设、档案科研和教育等基本情况也分别进行了阐述。

滕州市档案志

编著者：牛广林

中国文史出版社　**字　数：**18.6万

该书上溯明清，下至当今，采用述、记、志、传、表、录等多种体裁，记述了枣庄市档案机构演变、人员更替、档案事业发展、档案工作概况及其经验教训等历史事实，内容丰厚，体例精当，观点鲜明，材料翔实。融多领域档案工作为一体，可谓是全面了解全市档案工作的一部工具书、资料书，对各级文秘档案人员及社会公民利用档案皆有裨益，是档案工作者的得力助手。她作为地方历史文化的

重要载体，见证了滕州千年沧桑，记录了滕州档案工作的历史变迁，全面展示了滕州档案事业发展历程，对于彰显和传承档案文化、做大做强文化旅游产业、发展壮大县域经济，必将发挥不可替代的重要作用。

辉煌五十年　魅力新枣庄（画册）

编著者：钟家勇、李政

中国摄影出版社

该画册通过城区变迁、市政建设、公用事业、园林绿化、人居建设、古今建筑、运河古城、风景名胜、建设风采和城市展望等十篇内容，突出了亮点风貌图片，又选编了历史画面和老照片，全方位、多角度展示每个版面主题的巨大变迁。着重运用新旧对比的手法集中展现了枣庄市自1961年建市以来城市建设的辉煌成就，突出呈现近年来的新变化、新面貌、新成就，画册的出版填补了枣庄市没有城市建设专题大型画册的空白，为宣传枣庄、推介枣庄提供了第一手资料工具书。

烟台城市名片

编著者：烟台市档案（馆）局

烟台市档案（馆）局　**字　数：**14万

该书在近年档案城市名片基础上，对全市取得的国家级以上荣誉进行系统梳理汇编而成。全书以类设篇，分为烟台城市名片和县市区名片两大部分，上限始于1987年，下限止于2010年。全书以丰富的档案资料、大量的图片，详尽地叙述了全市取得的120个国家级荣誉，全方位、立体化、多角度地展示烟台的城市形象和魅力。

该书为人们提供了一个充分了解烟台的新平台，对外集中宣传展示了烟台的城市形象，较好地发挥了档案工作“存史、资政、育人”的社会功能。

潍坊古今建筑艺术

编著者：山东新兴建筑规划设计研究院、潍坊市奎文区档案局等

中国城市出版社　**字　数：**照片800余幅

为使后人全面、系统、深入了解潍坊古今建筑发展的风貌，奎文区档案局同山东新兴建筑规划设计研究院等单位联合编纂出版了《潍坊古今建筑艺术》一书。

该书分为五编，第一编市区古建名胜遗韵，第二编市区现代经典建筑，第三、第四编其他各县（市）古今著名建筑，第五编著名企业介绍。选取和收录了潍坊上自东汉，历晋、北魏、东魏、北齐、宋、元、明、清部分建筑遗存及近代以来部分建筑的照片。该书再现宋代的塔、元朝的寺庙、明朝的城墙、晚清的园林的风采，置身于小桥流水、青砖黛瓦、祖屋老宅、名树古木和独具特色的商铺作坊的建筑中，徜徉于新容与旧制，古朴简约与绚烂壮丽，精致典雅与雄浑壮阔的反差中，以唤起对古建筑的记忆，承载对未来发展的期愿。该书是潍坊这座城市的缩影，是一份珍贵的历史文化遗产。

民国《潍县志》全卷

编著者：潍城区档案局

潍城区档案局　**字　数：**100万、图片200多幅

为抢救馆藏档案资源，保护珍贵历史资料，潍城区档案局于2012年7月为孤本民国版《潍县志》“党治”卷与《潍县志稿》一同整理编印，组成了5函、26册。

墨舞龙飞——临朐老龙湾百家题百龙

编著者：临朐县档案局（馆）

中国戏剧出版社　**字　数：**2万

临朐老龙湾被誉为“天下七十二名泉”之一，是山东著名风景名胜区，以龙得名，又以龙传名。20世纪80年代末，有识之士倡议向国内外名人、名家征集题写“龙”字，建设“百龙石刻园”，到21世纪初共征集国内外名人、名家所题“龙”字130幅，并将部分“龙”字刻石立于湾畔，为景区增添了一道亮丽的风景线。为保管好这些“龙”字原作，临朐县委安排县档案馆予以收藏。为更好地开发馆藏资源，临朐县档案局（馆）编辑出版了该书（以“龙”字作者姓名笔画为序，展现了每位名家的“龙”字书法风采并配以作者简介），以传承、弘扬老龙湾“龙”文化，宣传老龙湾风景区，服务于临朐经济社会事业发展。

威海剪纸艺术

编著者：林琳、王言昌

新世界出版社　**字　数：**10万

该书是一部威海剪纸艺术的资料书，收录了全市有影响力的26位剪纸艺术家的剪纸作品，把他们的创作过程和艺术风格用图文的形式表现出来，让读者全面了解他们的从艺历程和艺术水平，使此书既有欣赏学习价值又有收藏传承功能。

威海经济技术开发区志

编著者：威海经济技术开发区编纂委员会

方志出版社　**字　数：**92.9万

该书全面记录了经济技术开发区自 1992 年成立至 2010 年发展历程，全面反映了经济技术开发区经济社会的全貌。

聊城之最

编著者：刘文英、王海宁

新世界出版社　**字　数：**75 万

该书记载了聊城境内上下 5000 多年各个朝代、各个时期劳动人民所创造的国内、省内、境内若干“之最”，包括最大、最早、最多、最好、第一、首创、唯一等著名人物、重大事件、主要成就等。

（山东省档案局编辑研究处）

湖北抗战图史

主　编：石　山

湖北人民出版社　**字　数：**12 万、照片 344 幅

该书是一部系统、全面反映湖北抗战历史的图山，收录湖北省档案馆馆藏照片，并附以文字说明。所选照片经过精心筛选，认真考证，大部分为首次公开发表。全书分为“山河破碎 荆楚蒙难”、“砥柱中流 奋勇抗战”、“铁证如山 历史审判”三编，并附有湖北抗战大事记。此书旨在既为专家、学者研究抗日战争提供珍贵的史料，同时为进行爱国主义教育提供生动的教材。

红军与湖北

编著者：湖北省档案馆、王平执笔

湖北人民出版社　**字　数：**23 万

该书是湖北省档案馆利用馆藏档案资料，编写的一本系统研究湖北与红军创建、壮大和斗争的历史专著，图文并茂，既具可读性又有重要的史料价值。该书分为红军摇篮、红色根据地、根据地的反“围剿”斗争、长征的出发地和经过地之一、长征途中的湖北将星、血染的风采六章。该书旨在传扬红军革命传统和伟大的长征精神。

靓丽江城　魅力武汉

主　编：熊承家

湖北人民出版社　**字　数：**8.9 万、照片 240 幅

该书是一部反映武汉近代城市建筑史迹、当代城市建设成就和展现武汉市民现代生活的画册，收录照片，并附文字说明。此书旨在激发广大人民热爱武汉、建设文明和谐武汉的激情和信心。

激情跨情·璀璨荆楚——湖北省经济社会发展成就纪实（2007—2012）

主　编：熊承家

湖北人民出版社　**字　数：**28 万、照片 1000 幅

该书是一部大型画册，分为构建支点、走向富强、改革创新、依法治省、文明建设、改善民生、领航核心七个部分。系统展示了 2007—2012 年五年来，在中共湖北省委、湖北省人民政府的正确领导下，湖北经济社会发展取得的辉煌成就，热情讴歌了湖北人民科学发展、跨越式发展的精神风貌，忠实记录了荆楚大地日新月异发展变化的光辉历程，激情描绘了“五个湖北”建设的美好前景。

（宋刚、汪建先）

水城广州美

编著者：广州市国家档案馆

广州出版社　**字　数：**10.9 万

该书以 2011 年广州治水成果为起点，记叙了历史上广州水环境的变迁，水文化的形成和演变，及现在的水文化遗产。该书反映出广州这座曾经闻名于世的水美之城，在广州人民的努力下，正在逐步恢复昔日的风采。

（广州市档案局（馆））

我们铭记——深圳第 26 届世界大学生夏季运动会纪事（2004—2011）

编著者：深圳市档案局（馆）

深圳报业集团出版社　**字　数：**23 万

该书是《我们大运会》丛书之一，利用深圳市档案馆馆藏大运会档案，按照大事记体裁，用编年体的方式，依时间顺序纵向记录了 2004—2011 年，深圳大运会从申办、筹办到举办的全部历程，内容丰富翔实，语言简明朴实。

清朝档案解密（上、下）

编著者：中国档案报社、深圳市档案局（馆）

中国出版集团现代出版社　**字　数：**50 万

该书由中国档案报社和深圳市档案局合作编辑，收编了《中国档案报》（包括《档案大观》）创刊至今刊登过的有关清朝方面的文章。书中展示着清朝片断，探究着清朝真相，讲述着清朝发生的那些真实故事。

（深圳市档案局（馆））

佛山历史人物论丛

编著者：佛山市档案局（馆）、佛山市地方志办公室

广东人民出版社　**字　数：**21 万

立足于佛山，着眼于本地历史人物对地域文化乃至中国文化所作出的贡献，选取佛山历史上各个方面的代表性人物，通过介绍生平事迹，对其进行综述性评价。

（佛山市档案局（馆））

翰墨留韵——中山市档案馆馆藏书画选集

编著者：中山市档案局（馆）

广东人民出版社　**字　数：**2万

该书分为“中山书画家作品”、“非中山籍名家书画作品”、“领导手迹”三部分，作品内容丰富，诗书画皆有涉猎，既有方人定、黄苗子、方成、李延声、黄衍增等众多中山籍书画家展现的艺术风采和成就，亦有刘海粟、关山月、黎雄才、廖冰兄、林语堂、周作人等国内文化艺术大家以及邓小平、宋庆龄、江泽民等党和国家领导人留下的墨宝手迹。该书画选集的编辑出版，是市档案馆发挥档案公共服务功能，践行全民修身，助力文化强市建设的一大举措。

（中山市档案局（馆））

抗战时期国民政府在渝纪实

主　编：唐润明、高阳

重庆出版社　**字　数：**57万

该书主要收录了抗战胜利后国民党党政军各中央机关，应重庆市政府之请，自撰的其抗战时期迁渝（或在重庆成立）、在重庆工作及其还都南京的史实，全面反映了抗战时期国民党党政军各中央机关如国民党中央党部秘书处、国民党中央调查统计局、国民党中央抚恤委员会、国民党中央文化运动委员会、国民党中央农工运动委员会、国民党中央党史史料编纂委员会、国民政府军事委员会、国民政府内政部、国民政府经济部资源委员会、国立中央图书馆、国民政府交通部、国民政府地政署、国民政府水利委员会、国民政府立法院、国民政府考试院、国民政府监察院、国民政府中央研究院等的活动与工作概况，翔实、准确地记载了这些中央机构迁移重庆、在渝工作及其还都南京的史实，也对其内设机构及其工作情形有所介绍，是研究抗战时期国民政府迁移重庆及其在重庆工作的重要史料。被重庆市重大历史题材项目审读领导小组的专家们誉为“用历史文献汇编方式记录国民政府在渝的历史，具有十分重要的价值。”

抗战时期大后方经济开发文献资料选编

主　编：唐润明、胡懿

重庆出版社　**字　数：**74万

该书从数千万字的档案资料中精选了抗战时期有关专家学者、政府官员关于大后方经济开发理论与实践结果的文章90余篇，不仅全面介绍了抗战时期大后方经济开发从西北到西南、再由西南到西北的历史经过，还可从这些历史文献中，清晰地看到时人有关开发大后方经济的理论，如重视交通的开发与建设，重视人特别是人才和人力在开发中的地位与作用；注意开发（新的）与保护（旧的）的结合，注意首次开发与后续开发的结合；强调大后方的开发虽以经济为主，但又不能只开发经济，而应是多角度、全方位、深层次的综合开发，强调“科学”和“技术”的地位与作用等等。所有这些，对我们今天的经济建设与开发，都有着重大的借鉴与启迪作用。因此，重庆市重大历史题材项目审读领导小组的专家们对该书的评价是：“对于我们今天了解抗战大后方的经济开发情况有裨益作用，具有重要的史料价值。”

重庆大轰炸档案文献·财产损失（文教卫生部分）

主　编：唐润明、罗永华

重庆出版社　**字　数：**47万

该书以重庆市档案馆馆藏档案为主，主要反映了抗战时期日机轰炸重庆给重庆文化教育及卫生事业造成的破坏与损失，其中既有系统的损失统计数字，又有轰炸的个别案例，还能从中看到战时中国文化教育的发展及中国人民不畏强敌、不惧轰炸、坚持抗战的重要史实。本书翔实、系统、全面地反映了抗战时期日本帝国主义野蛮摧残中国文化教育事业的罪行，从另一个角度证明了日本帝国主义对重庆的轰炸是“无区别轰炸”。书中的绝大部分档案，均为第一次公布，对揭露日本帝国主义的侵略罪行、促进重庆大轰炸研究的深入，都有极其重要的积极意义。

辛亥贵州记忆——档案文献辑录（上、下）

编著者：贵州省档案馆、贵州省政协文史与学习委员会

贵州人民出版社　**字　数：**50万、图片47幅

该书从社会背景、革命过程、亲历者回忆、辛亥人物、辛亥余声五个部分，再现了贵州辛亥革命的历史。全书辑录珍贵档案文献、资料主要来源于贵州省档案馆馆藏，其中有部分档案史料是首次公布，另有一部分资料从已公开出版的文史资料中辑录。该书的出版，对研究贵州辛亥革命历史、开展

爱国爱乡教育有一定的参考价值。

该书由贵州省政协副主席陈海峰担任名誉主任，贵州省档案局（贵州省地方志编纂委员会办公室、贵州省档案馆）局长（主任、馆长）王传福、贵州省政协文史与学习委员会主任姚钟伍担任编委会主任，主编罗征文。

昆明解放

编著者：云南省档案馆

中国档案出版社　　**字　数：**85.5 万、照片 100 余幅

“十一五”国家重点图书出版规划项目，全国档案编研出版重点项目《城市解放系列丛书》之一。编撰工作于2009年启动，为纪念建国60周年而编辑出版。云南省档案馆从馆藏民国档案、革命历史档案和共和国档案中精选 700 余份档案文献，以历史发展的时间为脉络，通过档案史料真实再现云南和平解放及新老政权交替的这段历史，共中绝大部分档案史料及图片系首次向社会公布。共有“滇桂黔边纵队活动情况”“卢汉通电起义”“昆明保卫战”“军事接管”“新政权建设”5 个篇章。国家档案局局长杨冬权在为该丛书所作的序中评价说“材料翔实，信息量大，不仅适用于研究中国现代史的学者，而且适合变通读者阅读，是一部具有思想性、史料性、可读性的精品读物”。

（云南省档案局利用服务处 和丽琨）

陕西档案精粹

编著者：陕西省档案局（馆）

陕西出版集团三秦出版社　　**字　数：**35 万、图片 560 余幅

该书收录了从陕西省市县三级国家综合档案馆中甄选的 230 余件珍品档案。全书时间上起明清下至 1960 年，分为明清档案、民国档案、革命历史档案、社会主义过渡和全面建设时期档案四部分，用图文并茂的形式，真实展现档案原貌，从档案角度记录陕西的政治、经济、军事、科技、教育、民俗风情以及在各个时期有重大影响的人物和事件，传承陕西的历史档案文化。

（陕西省档案局社会教育编研处）

不能忘却的记忆——档案中的故事（续）

编著者：新疆维吾尔自治区档案局（馆）、新疆维吾尔自治区精神文明建设指导委员会办公室

新疆人民出版社　　**字　数：**20 万

该书继续沿用了“用档案讲故事”的形式，书中讲述的 57 个“档案中的故事”既有反映历史上新疆各族人民共同抵御外侮，开发建设新疆的内容，也有反映近现代特别是近年来各族人民在共同建设新疆的历程中凝成的血浓于水的深厚感情。这些故事的内容是激发各族干部群众的斗志，增强携手共建美好家园、努力实现新疆跨越式发展和长治久安的信心和决心的生动教材，对于开展爱国主义、民族团结等教育将起到积极作用。

（新疆维吾尔自治区档案局）

（十二）档案外事工作

2012 年国家档案局外事工作综述

2012 年是国家档案局外事工作再次取得重要进展的一年。国家档案局服务国家外交大局，进一步扩大国际交流与合作。2012 年的外事工作主要归纳为以下几个方面。

一、积极参与相关国际组织的活动，利用多边交流机制努力提升我国档案界的国际影响力

第十七届国际档案大会于 2012 年 8 月，在澳大利亚布里斯班召开。国家档案局局长杨冬权、国家档案局副局长段东升分别率国家档案局代表团和中国档案学会代表团参加。大会主题为：“新环境·新变化”。国家档案局档案干部教育中心副主任方鸣在会上作了题为《新形势下档案工作者的特性和能力再造》的报告，国家档案局技术部主任付华作了《档案：社会信任的加强剂》的海报演讲。会后，段东升应邀参加在澳大利亚国家档案馆召开的国家档案馆馆长论坛。外事办公室副主任杜梅参加了第十七届国际档案大会学术委员会报告评审工作。

主题为“档案管理——国际档案理事会标准”的国际档案理事会东亚地区分会 2012 年年度研讨会于 7 月在蒙古召开，国家档案局副局长杨继波率团参加。7 月 17 日，国际档案理事会东亚地区分会召开了第 23 届执行局会议。杨继波、杜梅分别作为东亚地区分会副主席杨冬权的代表和中国乙类会员（中国档案学会）的代表出席了会议。执行局同意接纳山东省档案局为丙类会员。国际档案理事会东亚地区分会 2012 年年度研讨会于 7 月 18 日开幕。档案馆（室）业务指导司机关处副处长丁德胜代表中国作了题为《永远不变的档案工作基石：鉴定与著录》的国家报告。

杜梅于 3 月赴法国参加了国际档案理事会出版物评估工作会议并于 10 月提交了国际档案大会及年会会议报告出版工作调研报告。此外，杜梅于 4 月赴瑞士参加了国际档案理事会项目管理委员会（2010—2012）工作会议；国家档案局经济科技档案业务指导司副司长王岚于 4 月赴丹麦参加了国际档案理事会企业与劳工档案处行政会议和年度研讨会。

二、世界记忆项目工作成绩斐然

应联合国教科文组织助理总干事的邀请，国家档案局副局长李明华作为联合国教科文组织“世界记忆”亚太地区委员会副主席、“世界记忆”中国国家委员会主席和作为世界记忆项目亚太地区名录分委员会委员的王红敏于 5 月 7 日赴波兰参加了世界记忆项目专家会。随后，李明华率团赴泰国参加世界记忆项目亚太地区委员会第 12 次执行局会议暨第 5 次全体大会，王红敏参加了世界记忆项目亚太地区名录分委员会会议。我国申报的“侨批档案”和“元代西藏地区官方档案”双双入选世界记忆亚太地区名录。中国第一历史档案馆胡忠良在“传统资料的保管”主题研讨会上作了题为《中国第一历史档案馆与其档案收集》的报告。

在世界记忆项目成立 20 周年之际，联合国教科文组织于 2012 年 9 月在加拿大温哥华与不列颠哥伦比亚大学共同举办了“数字时代的世界记忆：数字化与保护”大会。杨继波率团参加了会议。

三、双边交流合作再次取得重要进展

12 月，杨冬权、杜梅随刘延东国务委员赴俄罗斯参加中俄人文合作委员会第十三次会议。

李明华率团于 7 月赴俄罗斯参加中俄档案合作工作小组第九次会议。中俄双方讨论了工作小组第八次会议纪要的执行情况，以及工作小组 2011—2015 年工作大纲实施情况，商定于 2013 年 7 月在大连市举办工作小组第十次会议。中俄双方举办了主题为“21 世纪的档案馆：新技术和传统”青年档案工作者国际研讨会。

3 月，接待印度尼西亚共和国国家档案馆代表团来华访问。其间，杨冬权与印度尼西亚共和国国家档案馆馆长 M. 阿斯钦在两国首脑的见证下，在人民大会堂签署了《中华人民共和国国家档案局和印度尼西亚共和国国家档案馆档案合作谅解备忘录》。

应印度尼西亚国家档案馆邀请，杨冬权率中国档案代表团于 5 月 20—25 日访问了印度尼西亚，与印度尼西亚国家档案馆签署《中华人民共和国国家档案局与印度尼西亚共和国国家档案馆 2012—2015 年档案合作执行计划》。11 月，接待印度尼西亚国家档案馆 3 人代表团来华进行纸质档案修复培训。

7 月 16 日，杨冬权与巴基斯坦驻华大使马苏德·汗在北京签署了《中国国家档案局与巴基斯坦国家档案馆2012—2014年合作协议》。

应国家档案局邀请，由土耳其国家档案总局局长率领的代表团于2012年11月来华访问。其间杨冬权与土耳其国家档案总局局长乌葛·尤耐尔在北京签署了《中华人民共和国政府与土耳其共和国政府档案领域合作议定书》。

四、进一步加强对国外先进经验的学习

派团于2012年10月21日—11月15日在美国进行的中青年档案业务人员档案专业培训。培训团先后在安阿伯、华盛顿、纽约三地的专业档案机构进行专题培训和业务访问。培训达到了加强交流，了解美国现代档案管理理念和方法，掌握最新专业动态的目的。

3月20日杨冬权会见俄罗斯叶利钦总统图书馆代表团一行。11月5日，杨继波会见新西兰国家图书馆代表团一行。

派遣中国第二历史档案馆代表团赴新加坡孙中山南洋纪念馆参加第24次孙中山宋庆龄纪念地联席会议。

（刘双成）

签署《中华人民共和国国家档案局和印度尼西亚共和国国家档案馆档案合作谅解备忘录》

2012年3月，印度尼西亚共和国国家档案馆馆长M. 阿斯钦随印度尼西亚总统代表团来华进行国事访问。3月23日，在中国和印度尼西亚两国首脑的见证下，中国国家档案局局长杨冬权与印度尼西亚国家档案馆馆长M. 阿斯钦在人民大会堂签署了《中华人民共和国国家档案局和印度尼西亚共和国国家档案馆档案合作谅解备忘录》。

《备忘录》本着促进双方在档案管理和保护方面的友好合作和专业交流的目的，规定了双方合作的范围（包括举办展览、出版图书、组织专业培训、交换史料和派遣代表团互访等）和执行方式。

应中国国家档案局邀请同期来访的印度尼西亚国家档案馆代表团还参观了中国第一历史档案馆和北京市档案馆。

（李文栋）

联合国教科文组织世界记忆项目专家会

应联合国教科文组织助理总干事的邀请，国家档案局副局长李明华和国家档案局外事办公室王红敏参加了2012年5月在波兰华沙举行的世界记忆项目专家会。

此次会议是由教科文组织信息社会处发起，由波兰文化部和波兰国家档案馆承办的。

世界记忆项目国际咨询委员会委员和来自36个国家的共51名代表出席了会议。会议的主要目的是探讨将世界记忆项目提升为与联合国教科文组织其他遗产项目相同的公约级地位的可行性，以及由此可能带来的利与弊。会议期望的结果是产生一份决议，以便提交联合国教科文组织的第191次执行局会议讨论。

专家会议介绍了世界记忆项目的作用、组织结构和工作重点，教科文其他遗产项目的运作情况以及之间的相互关联，听取了世界记忆项目未来地位工作组的情况汇报，交流了各自国家在利用世界记忆项目保护文献遗产方面的经验，并探讨了信息技术给世界记忆项目带来的挑战、后果和应对之道。

（王红敏）

世界记忆项目亚太地区委员会第12次执行局会议暨第5次全体大会

2012年5月12—17日，国家档案局副局长李明华率团赴泰国曼谷参加了世界记忆项目亚太地区委员会第12次执行局会议暨第5次全体大会。

一、世界记忆项目亚太地区委员会第12次执行局会议和名录分委员会会议

执行局会议在5月13日召开，会议共讨论了22项议题，主要确认第11次执行局会议纪要，总结上次执行局会议以来工作情况，审议即将召开的第5次全体大会会议安排，逐项讨论全体大会的议题并就议题事先达成执行局内部意见。

同时，名录分委员会会议也在5月13日召开，包括国家档案局外事办公室王红敏在内的4名名录分委员会委员参加了会议。会议主要就此次全体大会上即将表决的5个世界记忆项目亚太名录候选项目沟通意见。这5个项目包括：澳大利亚和巴布亚新几内亚联合提名的“FE威廉姆斯档案”、越南提名的“永严寺佛经木刻”和《华阎古都诗集》，还有我国提名的“侨批档案”和“元代西藏地区官方档案”。

二、世界记忆项目亚太地区委员会第5次全体大会

5月14日、16日，世界记忆项目亚太地区委员会第5次全体大会召开，来自13个国家的60多位代表参加了此次会议。会议包括22项议程，主要内容如下：

1. 审议并通过2010年世界记忆项目亚太地区委员会第4次全体大会会议纪要，委员会主席瑞、秘书长海伦和亲善大使儒加亚分别就第4次全体大会以来的工作进行总结报告，世界记忆项目各国委员会或联合国教科文组织各国委员会报告本国的世界记忆项目开展情况。

2. 特别顾问朱福强介绍《记忆》画册的出版进程。《记忆》画册是世界记忆项目亚太地区名录入选项目的汇编，目前，其资料收集与编辑工作已基本完成，预计将在2012年底之前由香港商务印书馆出版。国家档案局将为此书的出版提供部分资金支持。

3. 世界记忆项目亚太地区名录候选项目展示。此次会上将要表决的5个提名项目各有不超过10分钟的展示时间，其后回答参会人员的提问。我国的“侨批档案”和“元代西藏地区官方档案”两个项目在会上进行了展示。

4. 介绍世界记忆项目国际活动概况，包括2011国际咨询委员会会议、2011国际大会、世界记忆项目二十周年活动、“数字时代的世界记忆项目”国际大会、世界记忆项目《伴侣》和世界记忆项目研究。

5. 介绍在华沙召开的世界记忆项目专家会情况及相关问题。李明华和王红敏参加了华沙专家会，会上主要讨论了世界记忆项目的法律地位，即世界记忆项目公约问题。在华沙专家会上，专家的意见并不统一，但亚太地区委员会已就此事达成一致意见，支持世界记忆项目争取公约地位。

6. 介绍世界记忆项目亚太项目概况，包括世界记忆项目徽标的使用、网站的设计、针对年轻人建立的社交网站页面、预算情况、副主席的职责、经济合作组织区域问题、曼谷办公室的变化、世界记忆项目二十周年活动等内容。

7. 讨论了对世界记忆项目国家委员会的协助，包括国家报告与相互联络、沟通交流与业务简报、能力建设、地区性项目和国家委员会的运行规则等。

8. 名录分委员会介绍对亚太名录候选项目的评议情况和推荐意见，并现场投票决定项目可否入选。最终，此次会议提名的5个项目，有4个通过评议，越南提名的《华阎古都诗集》未通过评议。中国广东省档案馆和福建省档案馆共同提名的“侨批档案”全票通过，入选世界记忆亚太地区名录；西藏自治区档案馆的“元代西藏地区官方档案”以7票赞成2票弃权入选世界记忆亚太地区名录。

三、“传统资料的保管”主题研讨会

“传统资料的保管”主题研讨会在5月15日召开，会上，来自柬埔寨、中国、韩国、印度、泰国和越南的6位专家在会上作了报告。中国第一历史档案馆胡忠良作了题为《中国第一历史档案馆与其档案收集》的报告。

（张轶哲）

签署《中华人民共和国国家档案局与印度尼西亚共和国国家档案馆2012－2015年档案合作执行计划》

2012年5月20—25日，以国家档案局局长杨冬权为团长的中国档案代表团赴印度尼西亚，签署了《中华人民共和国国家档案局与印度尼西亚共和国国家档案馆2012－2015年档案合作执行计划》。中国驻印度尼西亚共和国大使馆公使衔参赞刘全、印度尼西亚机构改革部副部长Eko Prasojo见证了签署过程，印尼机构改革部部长秘书Tasdik Kinanto等100多名嘉宾出席了签字仪式。印尼安塔拉通讯社、印尼罗盘报、印尼共和国广播电台等11家媒体对签字仪式进行了报道。

在印度尼西亚访问期间，代表团还出席了印度尼西亚“档案日”的庆祝活动、参观了印度尼西亚国家档案馆、亚非会议档案图片展等，并与阿斯钦等举行了工作会谈。

（李文栋）

中俄档案合作工作小组第九次会议及“21世纪的档案馆：新技术与传统”青年档案工作者国际研讨会

2012年7月17日，在中俄人文合作委员会框架内，中俄档案合作工作小组第九次会议在俄罗斯叶卡杰琳堡市召开。双方讨论了工作小组2011年4月20日第八次会议纪要的执行情况，以及工作小组2011—2015年工作大纲的实施情况。7月18日双方共同举办了“21世纪的档案馆：新技术与传统”青年档案工作者国际研讨会。

双方签署了中俄档案合作工作小组第九次会议纪要，商定于2013年7月在中国大连市举办工作小组第十次会议、主题为“中国与俄罗斯档案馆的电子文件”圆桌会议和“大连城市历史展”。

（刘双成）

国际档案理事会东亚地区分会第23届执行局会议暨2012年年度研讨会

应国际档案理事会东亚地区分会和蒙古国家档案总局的邀请，国家档案局副局长杨继波率团于2012年7月赴蒙古共和国乌兰巴托市参加国际档案理事会东亚地区分会2012年年度研讨会。研讨会主题为“档案管理——国际档案理事会标准”。来自日本、韩国、蒙古、中国大陆、中国香港、中国澳门等国家和地区的80余名代表出席了研讨会。

7月17日，国际档案理事会东亚地区分会首先召开了第23届执行局会议。国家档案局副局长杨继波、国家档案局外事办公室副主任杜梅分别作为东亚地区分会副主席国家档案局局长杨冬权的代表和中国档案学会的代表出席了会议。执行局听取了秘书长、司库等的工作报告，讨论了网站维护、接收B类会员进入执行局等问题。会上，中国山东省档案局被接纳为国际档案理事会东亚地区分会C类会员。

7月18日，国际档案理事会东亚地区分会2012年年度研讨会开幕。研讨会特邀国际档案理事会档案标准制定、档案鉴定和档案著录方面的两位专家彼得·霍斯曼和汉斯·瓦维克为报告人。三篇主旨报告分别为：《国际档案理事会标准和指南》《著录标准》和《作出选择》。彼得·霍斯曼先生还特别向参会者介绍了国际档案理事会前沿项目之一、著录标准的应用——“AtoM”软件的研发目的及其应用。通过报告、提问和讨论等环节，与会者进一步了解了国际档案理事会颁布的不同档案管理标准，以及“AtoM”软件的特点及其适用范围，引发了对档案工作者的最基本职责等问题的思考。

研讨会上，日本、韩国、蒙古、中国等国家和地区的代表分别作了国家（地区）报告，介绍了本国（地区）在档案著录、鉴定以及档案法规和档案馆库建设等方面的新进展。国家档案局的报告题目为《永远不变的档案工作基石：鉴定与著录》。

会后，蒙古国家档案总局邀请各位代表参观了其正在建设中的国家中央档案馆新馆。

根据国际档案理事会东亚地区分会工作计划，2013年的东亚地区分会全体大会将在中国四川召开。

（李文栋）

第17届国际档案大会

2012年8月19—25日，以国家档案局局长杨冬权为团长的中国档案代表团赴澳大利亚出席了第17届国际档案大会。来自全球95个国家的近千名档案工作者出席了此次大会。

会议围绕着“新环境·新变化”这个主题，从档案与信任、档案与可持续性、档案与认同三个方面对档案工作不断变化的“环境”，如档案信息化、档案安全管理、档案利用、档案管理的基本理论等问题进行了研讨。

大会采取了全体会议、平行会议、讲习班、海报展示、展览等多种形式。来自西班牙、英国、美国及澳大利亚等国家的12位主报告人分别围绕“第三方数字化：变化时期的有益尝试”、“社交媒体与档案”、“数字档案的数字保存”、“机密与公开——维基解密世界中的档案”、“真理、司法与救济”和“信息利用和隐私保护的公共权利”等主题发表了演讲。与此同时，大会组委会通过征文的方式向全球档案工作者征集、选择了200余位报告人，分别在50余个会场上进行报告或演讲。中国国家档案局档案干部教育中心副主任方鸣于8月21日在大会上作了题为《新形势下的档案工作者的特性和能力再造》的报告 。

除此之外，会议还安排了13个海报演讲 、21场有关灾备计划制订、档案鉴定、档案整理与著录、档案数字化、纸质档案保护、档案管理标准等主题的培训和现代档案设备、用品和服务展示会。国家档案局技术部付华作了《档案：社会信任的加强剂》海报演讲。

除出席大会外，杨冬权还于8月20日下午参加了国际档案理事会东亚地区分会执行局会议，讨论了东亚地区分会网站运转、ICA项目经费申请、2013年东亚地区分会会址等问题。

此外，杨冬权还利用会议间隙期间会见了美国密歇根大学本特利历史图书（档案）馆馆长布劳恩，商讨了2012年中国中青年档案干部培训计划等问题；会见印尼国家档案馆代表团负责人，商讨执行《中华人民共和国国家档案局和印度尼西亚共和国国家档案馆档案合作谅解备忘录》有关事项；会见越南国家文书与档案局局长武氏明香，商讨出版“《胡志明与中国》档案展览”档案图片资料集和中越档案交流有关事宜等。

8月25日，召开了国际档案理事会（以下简称ICA）全体代表大会，参加者为国际档案理事会A

类和B类会员代表，国际档案理事会官员等。杨冬权局长等出席了会议。会议代表听取了2011－2012年ICA财政报告、审计报告、2013年财政预算报告、ICA主席等官员的年度报告，讨论了国际档案理事会2013年、2014年全体大会会址的选择等相关问题，通过了ICA会章修改内容、档案利用原则，并投票选举了4名ICA荣誉会员。会议决定，下一届国际档案大会于2016年在韩国首都首尔召开。

（李文栋）

“数字时代的世界记忆：数字化与保护”大会

在世界记忆项目成立20周年之际，联合国教科文组织于2012年9月26—28日在加拿大温哥华与不列颠哥伦比亚大学共同举办了“数字时代的世界记忆：数字化与保护”大会。参加会议的代表共计500多名，分别来自110个国家，有决策制定者、档案馆、图书馆和博物馆专业人员、IT技术人员和来自信息技术产业界的人员。国家档案局副局长杨继波率领中国档案代表团参加了会议。

会议的目的是探讨影响数字文献遗产保护的主要问题，以便寻找并制定有利于数字遗产长期保护的战略。在3天的会议中，代表们围绕数字化和数字保护的技术、法律、文化等议题展开了深入的讨论，最后形成了关于数字遗产保护的《温哥华宣言》。

（王红敏）

国家档案局与美国密歇根大学本特利历史图书馆共同举办中青年档案工作者业务培训班

根据中国国家档案局外事办公室与美国密歇根大学本特利历史图书馆签署的双边合作协定，国家档案局派遣25名中青年档案工作者于2012年10月21日—11月15日赴美国进行了为期26天的档案专业培训和交流。

培训团先后在安阿伯、华盛顿、纽约三地的密歇根大学本特利历史图书馆、福特总统图书馆、密歇根大学特藏室、密歇根大学克拉门特图书馆、美国国家档案馆一馆、美国国家档案馆二馆、史密森学会赛克勒·弗利尔美术馆档案馆、纽约皇后区大学图书馆等专业档案机构进行专题培训和业务访问。

代表团系统了解了美国档案工作体系、大学档案馆、国家综合档案馆、企业档案馆、私人档案馆等不同类型档案馆的业务开展情况，重点学习了电子文件、电子档案管理、档案建设数字化、网站归档、档案网络利用、档案保护和修复等前沿内容，并和美国同行就电子文件收集、电子档案长期保存等热点问题进行了广泛深入的交流。

培训达到了加强交流，了解美国现代档案管理理念和方法，掌握最新专业动态的目的。

（刘双成）

美国国防部军事档案代表团访问解放军档案馆

根据中美两军领导人达成的进一步深化军事档案合作的共识，2012年5月16—17日，美国国防部档案代表团一行6人来解放军档案馆访问。这是双方就军事档案合作进行的第8次正式交流，也是解放军档案馆第5次接待美军事档案代表团来访，对于两军增进互信、促进交流具有重要意义。双方在坦诚友好的气氛中举行了会谈，徐铭德馆长介绍了四年来的合作情况，通报了有关工作成果。美方代表团对解放军档案馆的务实合作表示感谢。双方续签了《中国人民解放军档案馆与美国国防部战俘与失踪人员办公室就查找美军失踪人员下落事开展军事档案合作安排备忘录》。访问中，美代表团聆听了刘义权致力于中美军事档案合作的感人事迹，举行了向刘义权塑像献花仪式，参观了部分档案工作要素，进行了档案业务交流。

美海外战争退役军人协会代表团访问解放军档案馆

根据总参外事办公室的安排，2012年5月29日，由会长约翰·汉密尔顿先生为团长的美海外战争退役军人协会代表团来解放军档案馆访问，观看了《解放军档案馆简介》电视片（对外版），聆听了刘义权致力于中美军事档案合作的感人事迹，参观了档案利用服务中心、仿真复制中心和加工整理中心等业务要素。馆领导介绍了中美军事档案合作情况，双方就查找美军战争失踪人员下落线索问题进行了交流会谈。美代表团对解放军档案馆在中美军事档案合作中所做出的努力表示感谢和敬佩，希望这项工作能够长期、稳定地开展下去，并表示回国后，将通过书面文章和网站等形式向其协会会员宣传解放军档案馆在查找美军战争失踪人员下落线索工作中表现出的务实友好态度和付出的巨大努力。

（解放军档案馆）

多国派代表团访问上海市档案馆

2012年2月17日，韩国国史编纂委员会委员长李泰镇一行3人访问上海市档案馆，上海市档案局（馆）副局（馆）长朱金铃会见了李泰镇一行，向客人介绍了市档案馆的基本情况，并就双方合作等问题进行了深入交谈。

5月31日，由华东师范大学、美国哈佛大学和加州大学伯克利分校三所学校历史系部分教师和研究生组成的研修班一行20余人，访问了上海市档案馆。上海市档案局（馆）副局（馆）长朱金铃会见了研修班师生，市档案馆有关部门负责同志向来访师生介绍了市档案馆档案开放、利用、编研等工作情况，并相互进行了交流。研修班成员还参观了上海市档案馆。

7月18日，新加坡国家图书馆管理局总裁梁宝珠一行3人访问上海市档案馆，上海市档案局（馆）长朱纪华会见了来宾，介绍了市档案局（馆）近况，并就加强合作进行了交谈。7月20日，上海市档案局（馆）副局（馆）长朱金铃会见加拿大多伦多大学图书馆国际与社区发展委员会主席梁恒达，感谢加方对市档案局（馆）代表团访问该馆时给予的热情接待，并就今后加强图书档案人员互访、开展专业培训等进行了初步商谈。

2012年8月21日，新加坡圣智亚洲私人有限公司中国区总经理马清扬访问上海市档案馆，上海市档案局（馆）副局（馆）长朱金铃会见了马清扬一行，并介绍了市档案局（馆）的基本情况，还就数字档案资源的开发、利用等问题与对方进行了交流。

（班公史、卞岩）

上海市档案局（馆）组团参加第17届国际档案大会

2012年8月20—24日，第17届国际档案大会在澳大利亚布里斯班召开，这次大会的主题是“新环境·新变化”。来自全球95个国家的1500余名代表参加大会，并围绕档案工作面临的机遇与挑战、档案与可持续发展、档案与信任等议题，展开了深入探讨。上海市档案局（馆）长朱纪华率上海档案工作代表团出席本次大会，并同与会代表进行了广泛接触交流，一些访问过上海市档案馆的外国代表，对上海档案工作的发展表示由衷祝贺，并表达了再访的意愿。此次大会上，上海市档案馆的会员地位由丙类会员提升为乙类会员，是国内唯一的乙类会员。

（卞岩）

上海市档案代表团赴印度、新加坡洽谈档案文化交流事宜

2012年9月20—29日，应中国驻印度加尔各答总领事邀请，上海市档案代表团一行6人赴印度、新加坡商谈档案文化交流事宜。在印度期间，代表团就“泰戈尔与中国展厅”设计等事宜与有关方面进行洽谈，赴泰戈尔国际大学收集泰戈尔与中国有关资料，并应邀参加了中国驻加尔各答领事馆举行的国庆63周年招待会，向印度内政秘书班纳吉赠送了上海市档案局（馆）编辑出版的《泰戈尔与上海》一书。代表团在新加坡期间考察了新加坡国家档案馆、国家图书馆，并探讨了双方合作意向。

（鲍胡）

电子文件管理标准国际研讨会

2012年3月29日，由国家档案局主办、广东省档案局（馆）协办的电子文件管理标准国际研讨会在广东省档案局（馆）召开。会议邀请了澳大利亚、荷兰、新西兰、南非、肯尼亚、新加坡等国的国际知名电子文件管理专家与国内同行一同研讨。

此次研讨会是为进一步研究电子文件管理标准，探讨国际前沿最新成果，交流电子文件管理标准制定与实施经验而召开的。研讨会围绕国内外电子文件管理标准制定与实施现状，从理论与实践两个层面交流了电子文件管理标准制定与实施的经验，探讨了电子文件管理过程中遇到的难点和重点问题。国家档案局副局长杨继波、巡视员王良城以及经济科技档案业务指导司、档案馆（室）业务指导司、技术部、档案科学技术研究所的有关专家出席了会议，各省及部分市档案局（馆）代表共50多人参加会议。广东参会的代表有省档案局（馆）、广州市档案局（馆）、深圳市档案局（馆）、佛山市档案局（馆）的相关人员。

杨继波在研讨会上作了讲话。他指出，电子文件管理是一项长期而艰巨的任务，需要各方积极参与合作，更要学习和借鉴国际档案同行在电子文件管理标准制定和实施方面好的经验和做法。实践证明电子文件的管理很大程度上依赖于标准的支撑与保障，只有构建一个科学、完善的电子文件管理标准体系，才能提高电子文件管理的专业化、规范化、标准化程度，确保电子文件真实、完整、有效。希

望大家在研讨会上充分交流和分享彼此的经验，共同促进电子档案管理标准的制定和实施。

广东省档案局局长、广东省档案馆馆长徐大章在开幕式上致辞，他介绍了广东省电子文件管理的情况。目前广东省80%的省直单位已开展电子文件归档工作，已归档电子文件达千万件。省委办公厅研发了电子文档管理系统，被国家档案局授予“全国机关档案规范化管理与电子文件归档查询系统建设示范单位”。全省21个地级以上市档案馆中有14个已开展电子文件接收工作，累计已接收电子文件126.5万份。广州、珠海、佛山、东莞、中山、韶关等综合档案馆已启动或建成电子文件中心或电子档案馆，为各机关、团体的电子文件集中保管和归档提供了技术平台。他还表示，研讨会是一次难得的学习机会，广东省档案局将认真学习和吸收大家的好经验好做法，推动全省档案信息化工作再上新台阶。

会前14位中外专家还对电子文件管理标准问题进行了广泛而深入的讨论。

（广东省档案局（馆）何欢）

“侨批档案”成功入选《世界记忆亚太地区名录》

2012年5月16日，在泰国曼谷召开的联合国教科文组织世界记忆亚太地区委员会第12次执行局会议暨第5次全体大会上，中国广东、福建两省联合申报的“侨批档案”经过专家投票推荐，成功入选世界记忆亚太地区名录。这是继2010年2月入选《中国档案文献遗产名录》后，“侨批档案”申遗工作取得的又一重大进展。“侨批档案”也成为广东首个世界记忆亚太地区名录项目。闻讯后，常务副省长肖志恒、副省长许瑞生、省政府副秘书长杨绍森等领导纷纷表示祝贺。

此次大会共审议了5个提名项目，其中2项来自中国，分别为“侨批档案”（申报者：中国广东省档案局和福建省档案局）和“元代西藏档案”（申报者：中国西藏自治区档案局），二者均顺利入选《世界记忆亚太地区名录》。至此，中国列入该名录的项目增至5项，其他3项分别为《本草纲目》《黄帝内经》和天主教澳门教区档案文献（16世纪至19世纪）。

侨批是华侨华人通过民间渠道及后来的金融邮政机构寄给家乡眷属的书信和汇款的合称，又称“银信”。它属于民间文献，常以家庭为单位连续书写，内容除了家庭事务外，还广泛涉及到侨居国和迁出地的经济、政治、文化、交通、社会生活乃至军事和国际关系等领域，记载翔实，信息丰富，可与官方典籍文献互为印证，补其不足。侨批不仅真实记录了19世纪中期以来中国国际移民向亚洲、美洲、大洋洲等地区的迁移历程，还记录了外来文化在中国华南乡村的碰撞与融合，同时也反映了侨居国的历史文化变迁。因此，它以其独有的原始性、民间性、完整性和不可再生性特点，在近代国际移民文献中具有突出的世界意义和遗产价值，是研究近代华侨史、家族史、经济史、社会史、文化史、金融史、邮政史、海外交通史、国际关系史以及侨居国历史文化的最原始而珍贵的档案文献。

侨批主要来自东南亚地区和北美洲的美国、加拿大，少量来自澳大利亚、古巴、墨西哥等国，基本与华侨华人在世界各国的分布一致。目前，中国广东、福建保存的侨批档案及相关文献有16万件之多，集中分布在广东的潮汕侨乡、五邑侨乡、梅州侨乡和福建的厦门、泉州、福州等侨乡。其中，广东侨批数量最大，现存约有15万件，福建侨批约有1.1万件。这些侨批产生于19世纪中期以后，直至1979年侨批业务归口中国银行统一管理，前后历时近150年。

省委、省政府高度重视“侨批档案”申遗工作，省长朱小丹、常务副省长肖志恒、副省长雷于蓝、许瑞生都先后作过重要批示或指示。2011年11月，省政府还专门成立了“侨批档案”申报世界记忆名录项目领导小组，安排了专项资金，积极开展“侨批档案”申报世界记忆名录工作。全省档案部门为申报工作做了大量卓有成效的工作，广东省档案局在联合申报中发挥了主导作用，汕头、江门、梅州市档案局以及五邑大学、潮汕历史文化研究中心等承担了大量的申报准备工作。

（广东省档案局（馆） 钱淑仪）

（十三）中国档案学会

2012年中国档案学会工作综述

2012年中国档案学会遵循提高学会凝聚力、扩大学会影响力、增强学会发展活力的思路，以举办好2012年全国档案工作者年会为中心，对全年工作进行了精心的组织，合理的安排，圆满完成了全年的工作任务。

一、贯彻民主办会原则，在常务理事会的领导下推动中国档案学会各项工作的开展

中国档案学会充分发挥理事会和常务理事会的领导作用，中国档案学会的重要工作都经过了常务理事会的研究决定，其中的一些紧急事务工作由中国档案学会秘书长征求了理事长办公会议人员的意见。

一是召开分支机构负责人会议。2012年2月，中国档案学会在北京召开分支机构负责人会议，在对《中国档案学会分支机构管理办法》进行讨论的同时，对2012年全国档案工作者年会的相关事宜进行了讨论，确定了各委员会全年工作要点以及年度学术报告的主题和基本思想。

二是召开2012年度全国档案学会秘书长会议。4月16日，中国档案学会在武汉召开了全国档案学会秘书长会议。总结2011年中国档案学会的工作，通报2012年中国档案学会的工作，讨论2012年全国档案工作者年会的相关事宜。邀请中央党校社科部教授向春玲作了《社会组织发展与改革问题》的报告，对中国社会转型推动社会组织的发展、社会组织发展状况与存在的问题、社会组织发展与改革的思路与对策进行了分析。

三是接受民政部对中国档案学会的评估。经过了两个多月的准备，2011年12月7日中国档案学会接受了民政部组织的专家评估。2012年5月，民政部公布了评估结果，中国档案学会获得了AAA等级。

四是召开中国档案学会通讯会议。依据《中国档案学会章程》第四章第十四条的规定，采用投票选举形式，增补朱纪华等7位同志为中国档案学会第七届理事会理事。

五是召开两次常务理事会议，增补朱纪华等4位同志为常务理事。

2012年，中国档案学会新发展个人会员20人，团体会员13个，个人会员总数达7880人，团体会员总数达135个。

二、关注档案学术前沿，召开系列档案学术研讨会议

学术活动是中国档案学会各项活动的主体。2012年，中国档案学会组织开展了大量的学术活动。如：成功举办2012年全国档案工作者年会，并围绕档案事业发展的重大问题起草研究报告，举行以“档案与文化建设”为主题的论文征集活动。举办了“云档案服务高峰论坛”、“中国·浦江档案文化节”。组团赴台湾参加了2012年海峡两岸档案暨缩微学术交流会等。全年组织开展的学术研讨和交流会共有18个，参加学术交流活动2316人，提交论文2183篇，出版论文集3本。

三、加强中国档案学会办事机构建设，增强自身发展活力

一是完成了6期《档案学研究》的编辑出版工作。前两年中国档案学会对《档案学研究》进行改版，获得了读者尤其是高校读者的好评。2012年，中国档案学会继续按照2011年的编辑思路，执行由《档案学研究》编辑指导委员会进行指导、《档案学研究》编审委员会进行具体编辑工作的机制，并且正式启用“《档案学研究》在线编辑系统”，杂志编辑工作中从稿件接收到稿件审阅，再到稿件加工，全部在网络上进行。

二是保证了中国档案学术网的正常运转。为了保证网络的安全，中国档案学会克服困难，培训了自己的网管人员。网络信息的上传目前已经可以由中国档案学会自己的员工完成，从源头上最大限度地保证了网络信息的安全。

三是完成了定点企业的年检。2010—2012年中国档案学会档案设备用品与服务定点企业资格届满。5月，中国档案学会发出文件，接受企业的定点申请。至6月中旬，共有90余家企业申请成为中国档案学会的各类定点企业。中国档案学会组建专家考察组对这些企业进行考察，最后经专家评选，确定了25个企业为“档案密集存储设备类”定点生产企业，8个企业为“计算机档案管理软件类”定点生产企业，3个企业为“档案包装材料与产品类”定点生产企业，10个企业为“档案保护设备与产品类”定点生产企业。

四、指导各专业委员会开展档案学术研究与交流活动

2012年，中国档案学会各专业委员会围绕2012年全国档案工作者年会的召开，进行了一系列的学术准备。在起草研究报告、评选年会征文的同时，也召开了一系列的工作会议和学术研讨会议。

5月9日影像技术委员会召开“档案信息安全的保障——数模整合影像技术应用研讨会。3月16日影像技术委员会和档案科研所共同组织召开“让时间为你作证——可信时间戳在档案部门的应用”研讨会。8月12—15日，影像技术委员会在太原召开以“发挥文献影像技术优势促进社会主义文化繁荣发展”为主题的年会。

5月19—21日档案自动化管理技术委员会在湖南常德召开以“档案信息化的前沿理念、技术与标准探索”为主题的学术年会。

5月28—30日档案文献编纂委员会在贵阳举行工作会议，对2011年档案文献编纂委员会的工作进行了总结，对2012年的工作进行了规划，并对2012年全国档案工作者年会期间档案文献编纂委员会的工作进行了研究。

8月6日档案学基础理论学术委员会在湖南湘潭召开了学术年会，以“信息时代的档案学术研究”为主题，展开学术研讨。

9月14—16日企业档案学术委员会和国家档案局经济科技档案业务指导司在南京市联合主办的主题为“企业档案工作与企业文化建设”的学术年会。

9月18—21日档案整理鉴定技术委员会在上海以“档案开放中的信息管控”为主题召开会议，围绕档案征集的真伪鉴定、价值鉴定、保管期限鉴定、数字化前整理鉴定、政府信息公开与档案开放鉴定等议题，进行了深入探讨。

9月26日档案保护技术委员会与陕西省档案局举办“档案文献保护论坛”。

11月26日档案保护技术委员会在合肥围绕档案保护的新技术、新方法、新观点召开学术年会。

（付华）

全国档案学会秘书长会议

2012年4月16日，中国档案学会在武汉召开全国档案学会秘书长会议，全国各省、自治区、直辖市和计划单列市、副省级市档案学会秘书长及分管档案学会的领导80余人参加会议。会议以“增强档案学会影响力”为主题，听取了中央党校教授向春玲的《关于社会组织发展与改革问题研究》的报告，总结了2011年中国档案学会的工作，通报了2012年中国档案学会的工作。

湖北省委副秘书长朱忠华出席会议并讲话。他在讲话中向与会代表介绍了湖北省经济社会和档案事业发展的情况。

国家档案局副局长、中国档案学会理事长李和平向会议发来贺信。她在贺信中说：档案学会工作是我国档案工作的重要组成部分，学会工作者是负有特殊使命的档案工作者。这次会议使全国各地档案部门分管学会工作的领导、各地档案学会秘书长、中国档案学会各分会和各专业委员会的负责同志聚集一堂，交流档案学会工作经验，研究档案学会发展与改革问题，必将对提高档案学会的凝聚力，扩大档案学会的影响力，增强档案学会的发展活力和社会服务能力起到积极的推动作用。她希望，参加会议的代表大家开动脑筋，畅所欲言，出主意，想办法，为做好2012年中国档案学会的工作，尤其是召开好2012年全国档案工作者年会献计献策。希望各级档案部门一如既往地重视档案学会的工作，加强对档案学会的领导、管理和支持，切实把档案学会的工作作为档案事业发展的重要组成部分。

中国档案学会副理事长兼秘书长付华向与会代表报告了中国档案学会2011年工作情况，通报了2012年中国档案学会的主要工作安排，重点向大家介绍了《会员之友》的编辑设想和2012年全国档案工作者年会的有关安排。付华在通报2012年中国档案学会的工作时强调了2012年中国档案学会工作的总体思路是：在国家档案局中央档案馆和中国科协的领导下，按照全国档案工作的总体要求，紧紧围绕档案工作大局，加强组织建设，创新工作思路，做好档案学术研究、学术交流和社会服务活动，不断增强档案学会的凝聚力、影响力和发展活力。组织科研课题的申报与调查研究，加强学术平台建设，不断提高中国档案学会的发展活力。

会议对于《会员之友》编辑工作和2012年全国档案工作者年会的筹备工作进行了讨论。

会议邀请中央党校社科部教授向春玲就中国社

会转型推动社会组织的发展、社会组织发展状况与存在的问题、社会组织发展与改革的思路与对策，作了报告。

中国档案学会副理事长陈乐人、邹爱莲参加并主持了会议。

（付华）

档案云服务高峰论坛

2012年5月8日，中国档案学会在北京航空航天大学举办了档案云服务高峰论坛会议。国家档案局副局长、中央档案馆副馆长、中国档案学会理事长李和平，北京市档案局党组书记、北京市档案学会理事长陈乐人出席会议并发表重要讲话。中国工程院院士、OA大会副主席周立伟教授出席了论坛。北京航空航天大学副校长魏志敏致欢迎辞。国家档案局技术部主任、中国档案学会副理事长兼秘书长付华、北京市档案局副局长马素萍分别主持了此次论坛。在京各中央机关及北京的各机关、企事业单位的办公室负责人、档案部门负责人、档案工作业务骨干，各级档案局（馆）领导、信息技术部门负责人、档案科教工作者、档案软件用户等400多人参加论坛。

最近几年，"云计算"对档案界影响较大。一些地方和行业的档案部门与有关企业配合，在档案信息化中开始使用云计算技术，利用云计算技术对档案进行管理和利用，取得了一定的成果。中国档案学会与北京市档案学会、美络科技（飞狐灵通）公司、曙光信息产业股份有限公司等单位合作，选择"云计算"这个火热的主题，共同举办档案云服务高峰论坛。是希望通过搭建档案部门与档案科研、产业、教育、媒体之间沟通的桥梁，促进现代档案理念与IT新技术的融合，探讨云计算技术应用于档案管理与利用的前景。此次论坛主要内容是宣传与研讨档案云服务理念，展示云计算技术在数字档案馆云平台及档案智能移动终端、档案中心、电子政务查询中心、档案安全中心、智能三维档案库房建设等方面的应用，探讨先进、实用的IT新技术在档案管理与服务中的应用前景。

会议期间，国家信息中心专家委员会主任宁家骏、国家档案局巡视员王良城分别以《抓住机遇，推进云服务，促进资源优化配置和电子政务建设转型升级》和《档案服务能力的新探索——中国档案云的构建与应用》为题作了主题报告。国家档案局技术部副主任蔡学美、国家档案局经济科技档案业务指导司副司长王岚、北京美络克思科技有限公司董事长、总经理黄春鹏、解放军总装备部装备论证中心研究员彭甫阳等9位专家、学者就《档案云技术应用与档案信息化建设》《档案管理与业务流程协同的必然之路——企业档案管理云计算应用探讨》、《云技术及应用分析》等作专题报告。

大会还设立了档案云计算信息技术展示体验区，会议代表与软件研发、设计技术专家之间针对档案云技术的探索、研究、应用、建设、推进以及档案新技术的教育等问题进行深入探讨和交流。

（霍力华）

2012年海峡两岸档案暨缩微学术交流会

2012年5月9—18日，中国档案学会组成以理事长李和平为团长，四川省档案局局长胡金玉为副团长的18人代表团，赴台北参加2012年海峡两岸档案暨缩微学术交流会。

2012年海峡两岸档案暨缩微学术交流会于5月10日在台北第一大饭店举行。台湾中华档案暨资讯微缩管理学会副理事长宋惠云、台湾"行政院研究发展考核委员会"副主任委员黄敏龚、中华档案暨资讯微缩管理学会名誉理事长曹尔忠、"国史馆"台湾文献馆副馆长刘泽民、中国档案学会理事长李和平、中国文献影像技术协会理事长魏大威出席开幕式并致词，对此次学术交流会的顺利召开表示热烈祝贺。李和平在讲话中强调，两岸档案工作者要总结过去20年两岸档案学术的成功经验，进一步加强两岸档案工作者之间的友谊，提升档案学术交流的质量。两岸档案学会要做出更多的努力，作出更加精细的安排，研究更多的业务工作，继往开来，把海峡两岸档案缩微学术交流推向更加美好的未来。海峡两岸档案、缩微及文献影像界的专家、学者120多人参加了会议。

此次学术交流会以"档案文献的数字化与应用"为主题，在这一主题下，会议围绕"档案文献数字化的安全保障"、"数字档案文献的应用"、"档案文献数字化标准"、"数字时代缩微技术的生命力"等议题进行研讨。

研讨会按专题分6场进行，每场设主持人、发言人和评论人，共有18位专家学者在大会上发表了自己的论文（其中大陆代表12位，台湾代表6位），6位评论人对18篇论文进行了精彩的点评。研讨会采取作者、点评人与现场互动问答相结合的形式针对各项议题进行深入探讨。

为参加此次学术交流，中国档案学会代表团共组织撰写了15篇论文，并编印论文集。

会议期间中国档案学会与中华档案暨资讯微缩管理学会还互相交换了档案出版物。在台期间代表团还参观考察了台湾近史所档案馆、历史文物陈列馆、台湾艺术大学图书馆及文物维护研究中心、台湾博物馆、台北故宫博物院、逢甲大学等单位，并通过座谈等形式与台湾同行就大家共同关心的议题进行了深入交流。

此次交流活动安排科学合理，成果显著。既全面展示了大陆文献档案管理理论与实践的丰硕成果、发展现状，又深入了解了台湾档案界对缩微技术、信息化技术、档案保护技术等的应用情况和取得的经验。中国档案学会此次组团赴台参加学术交流，给连续开展了20多年的“海峡两岸档案暨缩微学术交流”活动又增添了新的色彩。

（霍力华）

2012年全国档案工作者年会

2012年10月30日—11月1日，中国档案学会在成都召开2012年全国档案工作者年会。国家档案局局长、中央档案馆馆长杨冬权，四川省常委、副省长钟勉，国家档案局副局长、中央档案馆副馆长、中国档案学会理事长李和平，四川省政府副秘书长赵学谦等出席大会开幕式。大会开幕式由李和平主持。

钟勉在讲话中对大会的召开表示热烈的祝贺，对来自全国各地的与会代表表示热烈的欢迎。杨冬权在致辞中把两年一次的全国档案工作者年会称作为中国百万档案工作者的盛大节日，是我国档案界规模最大、规格最高的学术大会，是全国档案学术研究成果的充分展示。他希望全国档案工作者年会能够成为中国乃至国际档案界的一个品牌盛会，能够吸引更多的国内外同行热情参与，取得更加丰硕的成果。

从2012年年初开始，中国档案学会开始筹备此次年会，并向全国档案工作者征集年会论文。截至8月30日，共征集论文2300余篇。经专家评选，327篇被评为优秀论文，1800余篇被评为入选论文。

大会开始之前，中国档案学会出版了《档案与文化建设——2012年全档案工作者年会论文选集》《档案与文化建设——2012年全档案工作者年会研究报告》。

大会对北京、天津、山西、内蒙古、辽宁、上海、江苏、河南、湖北、广东、广西、四川、贵州、云南、宁夏、新疆、武汉、航天、航空、军队档案学会等20个年会优秀组织单位进行了表彰。

在此次年会上，杨冬权以《谈档案与文化建设》为题，南京师范大学文学院教授、中央电视台《百家讲坛》主讲人郦波以《孔子的文献整理与教育改革》为题，北京社会科学院研究员、中央电视台《百家讲坛》主讲人阎崇年以《档案资料与历史研究》为题，海军信息化专家委员会主任、著名军事专家尹卓少将以《美国战略重点东移与南海问题》为题，中国人民大学常务副校长冯惠玲教授以《社交媒体与档案社会化》为题，国家档案局正局级巡视员王良城以《档案服务能力提升的新探索》为题进行演讲。他们的演讲内容深刻、视角新颖、语言幽默，受到了与会代表的热烈欢迎。

大会期间，举办了全国档案信息化建设论坛。与会代表在7个分会场上围绕档案工作的热点问题进行了研讨。

（付华）

中国·浦江档案文化节

2012年12月5—12日中国档案学会、浙江省档案学会、浦江县人民政府在浙江省蒲江县举办“中国·浦江档案文化节”。文化节期间，举办档案与文化建设座谈会、《浦江宗谱文献集成》出版发行新闻发布会、“历史记忆”藏品展示暨爱国主义教育基地授牌仪式、《浦江方言内涵探究》出版座谈会、浦江“兰台杯”中小学师生档案作文大赛颁奖、书画作品展销会、“档案浦江”系列报道刊播仪式、兰台玉石一条街等活动。

在“档案与文化建设座谈会”中，中国档案学会常务理事、河南省档案局局长王国振以《适应文化建设需要 促进档案事业发展》为题，中国档案学会常务理事、甘肃省档案局局长张蕊兰以《认真贯彻党的十八大精神 扎实推进档案与文化建设》为题，中国档案学会理事、浙江省档案局副局长韩李敏以《以战略高度大力推进档案文化建设》为题，山东省档案局局长唐传喜以《档案部门以及档案工作者的文化自我、自我文化与档案文化服务》为题就档案与文化建设的关系及相关问题进行了研讨。

由中国档案学会、浙江省档案学会、浦江县人民政府主办和浦江县档案局承办的“中国·浦江档案文化节”，是一个以档案文化建设为主题，进一步彰显特色性、突出文化性、注重市场性、体现创新性的档案文化展示活动。档案文化节将为建设地方特色文化、丰富群众精神文化生活发挥重要作用。中国档案学会在浦江举办以“档案与文化建设”为主题的研讨会，对浙江省、浦江县也提供了难得的学习机会。对浙江省、浦江县的档案工作起到了积极的推动作用。

“浦江档案文化节”既是一次档案专业活动，更是一场内容丰富、内涵深远的大型群众性活动。在展示当地文化特色上下足了功夫。这种精心打造地域文化品牌的努力和尝试，有深度和广度、有活力和激情，更有时代感和创新性。

（霍力华）

军队档案部门组团参加全国档案工作者年会

2012 年 10 月 30 日—11 月 1 日，由各大单位优秀论文作者代表等组成的 25 人军队档案代表团，参加了由国家档案局主办、中国档案学会承办的 2012 年全国档案工作者年会，国家档案局局长杨冬权、中国人民大学副校长冯惠玲、历史学家阎崇年、郦波等进行大会演讲，各省市自治区档案局长馆长、学会秘书长，中央国家机关和军队档案部门领导、论文作者 1200 人参加。保密档案局局长计英春当选为中国档案学会理事会常务理事，总参军训部档案馆馆长李梦军、成都军区档案馆馆长张新建增补为理事。根据《中国档案学会关于 2012 年档案工作者年会征文的通知》精神，组织全军各大单位撰写论文 118 篇，录用 101 篇，录用率占 86%，是历年投稿录用最多的一次。其中：79 篇评为入选论文，22 篇评为优秀论文，军队代表团荣获优秀组织奖。

（总参谋部办公厅保密档案局）

上海市档案学会第七次会员代表大会

2012 年 12 月 19 日，上海市档案学会第七次会员代表大会在上海市档案馆召开。大会审议通过了《上海市档案学会第六届理事会工作报告》和修改后的《上海市档案学会章程》，选举产生了市档案学会第七届理事会。会议要求深入研究档案学会的性质、特点和学会工作的定位，积极探索建立适应档案工作机制、符合档案学术团体发展规律的组织体制、运行机制和活动方式，努力把档案学会建设成一个学习型、开放型、服务型的学术团体。

（雪慧）

（十四）档案统计资料

2012 年度各省、自治区、直辖市档案事业机构情况表

（单位：个）

省别	各级档案行政管理部门	各级各类档案馆	档案室（处、科）
北京市	17	18	2741
天津市	17	36	1463
河北省	128	228	5785
山西省	132	137	3031
内蒙古自治区	114	136	5695
辽宁省	115	152	6177
吉林省	71	89	2016
黑龙江省	130	158	972
上海市	18	37	679
江苏省	115	172	2985
浙江省	100	114	4462
安徽省	124	151	8214
福建省	95	113	188
江西省	113	141	2961
山东省	160	217	4185
河南省	177	194	3343
湖北省	116	166	9888
湖南省	139	178	110
广东省	144	209	722
海南省	23	35	995
广西壮族自治区	126	158	5736
重庆市	40	62	2163
四川省	203	239	5113
贵州省	97	104	4212
云南省	147	160	364
西藏自治区	25	86	1016
陕西省	119	141	277
甘肃省	101	118	3535
青海省	55	62	661
宁夏回族自治区	26	29	104
新疆维吾尔自治区	109	119	6748
* 合计 *	3096	3959	96541

2012年度各省、自治区、直辖市各级档案行政管理部门人员情况表

（单位：人）

省别	总计	现有全部专职人员情况																				
		其中：女性	年龄			文化程度									档案专业程度							
			50岁以上	35—49岁	34岁以下	博士研究生	硕士研究生	研究生班研究生	双学士	大学本科	大专	中专	高中	初中及以下	博士研究生	硕士研究生	研究生班研究生	大学本科	大专	中专	职业高中	在职培训教育
北京市	385	193	99	192	94	3	33	16	4	280	37	3	4	5	2	10	1	40	8	3	0	260
天津市	401	214	98	177	126	2	25	26	4	290	45	5	3	1	0	5	34	81	13	4	3	161
河北省	1373	760	345	803	225	1	16	24	75	624	469	102	57	5	0	2	0	59	96	1	1	273
山西省	1432	935	357	826	349	1	17	6	2	612	626	77	77	14	0	0	0	35	143	47	6	372
内蒙古自治区	1248	713	366	671	211	0	16	16	6	631	496	47	35	1	0	0	0	42	68	0	18	428
辽宁省	1243	717	317	619	307	1	41	60	5	802	289	16	23	6	0	24	10	156	40	15	2	390
吉林省	648	307	182	357	109	2	13	24	2	377	199	17	12	2	0	0	0	15	31	2	2	332
黑龙江省	1184	705	286	680	218	0	21	10	11	744	348	32	16	2	0	1	0	78	59	3	3	276
上海市	314	145	107	152	55	0	25	14	0	207	57	7	4	0	0	0	1	23	9	10	0	62
江苏省	1164	485	297	656	211	0	33	78	4	714	259	40	29	7	0	1	38	94	58	21	1	451
浙江省	1278	566	321	695	262	0	38	38	3	881	263	24	24	7	1	6	3	75	49	25	1	629
安徽省	872	307	261	475	136	0	11	23	2	488	294	36	16	2	0	1	0	58	66	12	1	362
福建省	747	367	185	408	154	0	5	8	7	398	243	45	37	4	0	2	1	35	84	1	0	422
江西省	874	413	218	504	152	0	11	16	1	353	412	40	33	8	0	1	0	31	54	7	0	363
山东省	1249	516	279	730	240	2	43	35	1	925	185	17	34	7	1	5	1	384	46	1	2	406

续表

省别	总计	现有全部专职人员情况																				
		其中：女性	年龄			文化程度									档案专业程度							
			50岁以上	35—49岁	34岁以下	博士研究生	硕士研究生	研究生班研究生	双学士	大学本科	大专	中专	高中	初中及以下	博士研究生	硕士研究生	研究生班研究生	大学本科	大专	中专	职业高中	在职培训教育
河南省	2277	1266	515	1246	516	0	31	22	15	1064	897	135	110	3	0	4	1	126	94	8	18	760
湖北省	1247	549	377	703	167	0	22	32	1	551	545	39	51	6	0	1	1	75	111	32	3	425
湖南省	1412	680	339	839	234	0	18	29	3	648	569	69	74	2	0	2	3	56	103	2	1	301
广东省	1159	499	290	663	206	6	36	51	3	513	445	53	50	2	1	10	1	43	28	4	1	634
海南省	148	54	51	75	22	0	2	3	0	71	60	2	10	0	0	1	0	1	10	0	0	53
广西壮族自治区	766	344	187	499	80	0	4	21	6	375	396	37	24	3	0	1	1	52	43	1	7	445
重庆市	536	205	136	325	75	0	6	13	0	323	175	8	10	1	0	0	0	14	17	27	5	233
四川省	1657	761	345	1081	231	0	10	50	8	818	637	74	48	12	0	0	0	36	66	99	3	712
贵州省	1140	521	315	669	156	0	4	18	0	479	522	69	38	10	0	0	0	26	43	7	0	350
云南省	1429	730	304	911	214	0	3	21	5	754	508	74	42	22	0	0	1	109	70	0	2	577
西藏自治区	181	103	33	90	58	1	13	0	1	69	58	18	10	11	0	0	0	7	23	7	0	28
陕西省	1524	838	338	890	296	1	16	27	3	615	653	125	75	9	0	0	0	43	42	26	2	286
甘肃省	902	476	169	539	194	0	7	18	0	378	397	57	37	8	0	0	0	15	36	12	0	147
青海省	241	140	62	145	34	0	1	1	0	98	112	22	5	2	0	0	2	8	14	0	0	79
宁夏回族自治区	281	142	69	184	28	0	0	7	0	146	115	12	1	0	0	0	1	6	26	5	0	71
新疆维吾尔自治区	851	559	143	538	170	1	2	14	0	414	372	34	14	0	0	0	0	13	48	3	0	347
* 合计 *	30163	15210	7291	17342	5530	21	523	721	172	15642	10583	1336	1003	162	5	77	100	1836	1598	385	82	10635

2012年度各省、自治区、直辖市各级国家综合档案馆人员情况表

（单位：人）

省别	总计	女性	年龄			文化程度									档案专业程度								档案干部专业技术职务				
			50岁以上	35—49岁	34岁以下	博士研究生	硕士研究生	研究生班研究生	双学士	大学本科	大专	中专	高中	初中及以下	博士研究生	硕士研究生	研究生班研究生	大学本科	大专	中专	职业高中	在职培训教育	研究馆员	副研究馆员	馆员	助理馆员	管理员
北京市	426	238	75	243	108	2	29	20	1	312	54	4	4	0	0	6	1	44	14	0	1	259	3	22	147	85	20
天津市	77	53	11	43	23	1	6	22	0	43	4	1	0	0	0	0	16	10	0	0	0	17	4	14	16	3	0
河北省	1340	809	272	813	255	0	10	15	9	565	532	117	85	7	0	1	2	63	84	7	3	299	8	51	160	145	41
山西省	498	334	74	282	142	0	0	0	0	187	247	30	33	1	0	0	0	17	54	5	3	73	1	16	128	97	21
内蒙古自治区	894	591	212	541	141	0	10	8	2	392	424	36	21	1	0	0	0	42	57	2	0	309	7	35	156	138	72
辽宁省	669	422	102	393	174	0	13	28	14	455	128	14	16	1	0	1	10	123	9	3	0	182	5	27	77	24	17
吉林省	727	407	170	436	121	0	9	17	0	422	236	25	16	2	0	0	0	19	43	4	0	236	16	79	191	106	25
黑龙江省	771	483	206	439	126	0	12	4	2	473	246	19	13	2	0	2	0	86	57	4	7	189	8	81	177	59	22
上海市	336	183	47	175	114	2	39	1	1	205	85	2	1	0	1	0	0	26	12	0	2	76	6	28	103	70	22
江苏省	773	442	178	449	146	1	32	32	1	481	192	13	19	2	0	4	0	68	67	2	1	313	4	52	159	119	11
浙江省	234	116	36	116	82	0	6	6	2	154	54	7	5	0	0	1	0	3	13	0	1	120	1	9	58	20	10
安徽省	507	222	125	285	97	0	8	12	1	263	192	24	7	0	0	0	0	31	44	3	0	241	0	8	84	73	21
福建省	389	190	54	209	126	2	8	8	4	218	109	22	17	1	0	3	0	27	39	0	0	207	2	5	54	75	10
江西省	536	251	131	306	99	0	5	5	5	178	301	20	21	1	0	0	0	12	30	1	0	177	0	9	34	28	2
山东省	1317	661	252	744	321	0	24	11	13	960	251	21	32	5	0	2	2	392	72	3	4	337	12	198	292	229	28
河南省	1278	876	181	747	350	0	9	6	2	532	581	82	65	1	0	1	0	52	76	3	0	397	2	25	292	237	77
湖北省	513	267	114	319	80	0	8	11	3	215	235	18	20	3	0	3	0	47	60	9	1	106	4	19	120	40	16
湖南省	822	458	147	459	216	0	22	10	2	349	363	28	47	1	0	6	0	42	42	0	0	213	1	24	83	94	38
广东省	672	338	139	372	161	1	38	13	1	314	246	27	29	3	0	10	2	21	9	1	0	369	1	12	45	125	11
海南省	78	40	21	46	11	0	0	0	0	31	30	6	9	2	0	0	0	2	4	0	0	30	0	1	13	23	3
广西壮族自治区	464	254	124	286	54	0	1	9	0	157	245	26	24	2	0	1	1	20	45	0	3	244	0	6	60	76	27
重庆市	83	44	19	39	25	0	1	2	2	47	28	1	0	2	0	0	0	3	1	0	0	44	0	2	15	6	9
四川省	763	434	125	518	120	1	6	1	1	301	355	42	47	9	0	1	0	34	43	26	3	277	1	2	42	30	4
贵州省	493	262	107	286	100	0	0	7	1	203	233	34	9	6	0	0	0	12	23	2	4	221	0	5	38	63	8
云南省	332	213	53	221	58	0	2	1	0	159	137	20	8	5	0	1	0	31	14	0	0	165	1	28	115	63	15
西藏自治区	127	105	4	54	69	0	0	0	0	62	42	15	4	4	0	0	0	19	12	4	0	38	0	0	0	2	22
陕西省	1145	659	231	651	263	1	16	13	0	461	506	92	49	7	0	0	0	35	35	9	18	247	1	5	69	113	12
甘肃省	678	440	70	407	201	0	3	3	0	254	333	43	36	6	0	0	0	5	20	7	0	126	2	11	59	89	12
青海省	202	149	39	129	34	0	0	2	1	83	82	20	13	1	0	0	2	6	18	0	2	72	0	8	78	41	6
宁夏回族自治区	10	8	3	7	0	0	0	1	0	1	7	1	0	0	0	0	0	0	2	0	0	0	1	2	2	1	0
新疆维吾尔自治区	371	281	56	245	70	0	3	5	2	205	141	10	5	0	0	0	0	8	21	0	0	180	0	7	27	22	1
* 合计 *	17525	10230	3378	10260	3887	11	320	273	70	8682	6619	820	655	75	1	43	36	1300	1020	95	53	5764	91	791	2894	2296	583

2012 年度各省、自治区、直辖市各级国家综合档案馆馆藏档案情况表

省别	案卷	以件为保管单位档案	录音磁带录像磁带影片档案	照片档案	底图	实物档案	缩微胶片		
							平片	开窗卡	卷片
	卷	件	盘	张	张	件	张	张	万幅
北京市	5004791	482538	41737	480156	40211	45234	231	0	3397
天津市	4403055	1005722	8138	344914	2487	31419	0	0	615
河北省	13020764	11212584	27553	653040	44851	35543	117	0	2
山西省	6392143	1121250	12668	328009	11672	13393	4084	4638	62
内蒙古自治区	8674865	2609919	18931	354669	60435	10578	2078	3315	709
辽宁省	9793844	4922991	23752	646212	75512	15937	2	10	126
吉林省	9783867	3793071	14205	257488	10768	9866	40884	423	473
黑龙江省	6806207	4750083	14730	382060	9289	2412	154	5322	1724
上海市	9078400	1434000	22074	687552	52275	34711	76967	228212	2646
江苏省	16029575	6232118	81210	1270893	28643	41998	41518	0	885
浙江省	12339909	6027650	27413	1536309	62014	42987	6314	500	909
安徽省	12541226	3911434	10059	223466	15005	16862	4	0	264
福建省	6389173	1626054	11240	276505	26870	8756	10584	0	996
江西省	5470219	4782227	6986	169317	15779	13968	1086	0	193
山东省	10384387	3835833	43808	1991829	94261	43145	2312753	4460	2483

续表

省别	案卷	以件为保管单位档案	录音磁带 录像磁带 影片档案	照片档案	底图	实物档案	缩微胶片		
							平片	开窗卡	卷片
	卷	件	盘	张	张	件	张	张	万幅
河南省	11522288	4999601	45023	891251	101492	64651	0	0	0
湖北省	10556818	2660597	35256	574047	42265	85307	42	43	355
湖南省	16030017	8418491	138058	536914	21245	48850	3524	10	141
广东省	13444769	6483452	40923	2716436	70984	92014	3746	572	658
海南省	454369	820704	706	50259	964	4107	30	0	0
广西壮族自治区	4252008	10275467	13343	270832	5384	24863	27143	0	356
重庆市	6525229	5449628	9190	154703	189	3064	0	0	113
四川省	16646625	15047136	20089	616651	34575	25904	629415	0	736
贵州省	5485852	4637445	6776	255274	33691	35615	4644	0	366
云南省	8045008	8935825	17461	733579	35322	40289	306	0	1042
西藏自治区	3635777	1958267	2502	266384	6426	2882	8	0	0
陕西省	6833237	3192231	11712	265008	11991	15416	0	0	1008
甘肃省	4979030	1373591	13175	339149	12203	13172	144	0	250
青海省	1818619	2729363	4665	161471	34035	13119	15699	0	302
宁夏回族自治区	1114768	1057828	3639	150227	4722	5674	0	0	290
新疆维吾尔自治区	4237066	1812974	7205	454356	380610	15854	3500	0	0
* 合计 *	251693905	137600074	734227	18038960	1346170	857590	3184977	247505	21101

2012年度各省、自治区、直辖市各级国家综合档案馆收集档案情况表

省别	接收档案					征集档案					接受寄存档案
	案卷	以件为保管单位档案	录音磁带 录像磁带 影片档案	照片档案	底图	案卷	以件为保管单位档案	录音磁带 录像磁带 影片档案	照片档案	底图	
	卷	件	盘	张	张	卷	件	盘	张	张	件
北京市	200807	102511	426	10373	0	146	1322	21	6124	0	0
天津市	118626	197392	427	5300	0	233	1475	17	4224	0	867
河北省	274429	1043579	138	72389	3895	5935	21557	1207	1737	0	10945
山西省	287832	315838	667	25869	461	3900	2452	57	3005	0	4
内蒙古自治区	329011	429002	313	21945	4200	642	1115	48	2716	0	0
辽宁省	385118	1338837	697	20052	0	8402	3208	256	10736	37	18780
吉林省	205084	440427	29	5324	158	5007	4310	116	5665	0	3322
黑龙江省	535121	445959	948	9299	0	5726	20220	1217	825	0	23501
上海市	323268	329821	266	178105	0	191	7474	104	10781	0	226254
江苏省	1110028	1417594	3469	178812	0	21921	14453	1672	104560	2	11721
浙江省	338119	1907228	2624	43972	882	12453	2672	56	29156	0	27550
安徽省	1085554	847142	326	20425	368	32078	10535	446	3777	106	64642
福建省	286432	284387	414	17985	0	2197	546	53	13568	14000	6081
江西省	227210	549077	285	7332	6	2829	874	8	558	0	3689
山东省	212773	499587	2685	51824	0	1445	16319	96	202464	0	1729437

续表

省别	接收档案					征集档案					接受寄存档案
	案卷	以件为保管单位档案	录音磁带录像磁带影片档案	照片档案	底图	案卷	以件为保管单位档案	录音磁带录像磁带影片档案	照片档案	底图	
	卷	件	盘	张	张	卷	件	盘	张	张	件
河南省	772440	989049	1544	83511	718	2214	966	610	8061	359	2373
湖北省	606022	404606	722	15881	6	8222	39246	38	3412	38	118879
湖南省	731480	365518	1810	20087	5	10940	6583	121	8812	1	25375
广东省	696430	928304	6152	184976	526	1058	7705	25	14606	677	22470
海南省	11266	93558	21	2248	16	508	173	41	906	0	10
广西壮族自治区	134144	1623340	271	16921	0	167	9560	38	1353	0	10
重庆市	209981	1143817	84	2825	96	35302	2506	47	1259	0	18688
四川省	611989	2186044	651	61198	245	5229	4759	27	6675	0	525600
贵州省	301020	1148652	944	19418	0	3646	7685	15	1259	0	308827
云南省	163169	1014661	225	33096	5817	614	8254	228	1234	0	2417
西藏自治区	8810	127638	51	2759	87	86	2646	5	386	242	2201
陕西省	141030	536419	879	18459	40	19624	11823	32	11218	8	12406
甘肃省	158595	280659	1734	20551	307	3265	5382	51	2093	0	3431
青海省	53550	148018	64	3237	0	132	226	34	2107	0	1
宁夏回族自治区	40909	134702	12	6375	0	1	3	0	2409	0	2800
新疆维吾尔自治区	325740	425855	728	31749	629	303	3397	60	24080	33	52411
* 合计 *	10885978	21699221	29606	1192297	18462	194416	219446	6746	489766	15503	3224692

2012 年度各省、自治区、直辖市各级国家综合档案馆开放档案和利用档案、资料情况表

省别	开放档案情况		开放档案目录		利用档案		政府信息公开查阅场所	爱国主义教育基地	举办展览		利用资料		利用现行文件	
	案卷	以件为保管单位	案卷宗级	文件级										
	卷	件	万条	万条	人次	卷件次	个	个	个	参观人次	人次	册次	人次	件次
北京市	884060	15900	87	200	116023	168650	17	17	74	831294	629	5844	743	1679
天津市	1019539	11183	89770	376717	49103	165087	19	16	36	20124	7499	16525	8372	11839
河北省	3107926	1399786	2271694	2058247	296241	1446399	480	111	576	54509	20310	41700	20607	37833
山西省	2539851	333542	417739	899016	124622	352784	103	65	29	18582	13335	24972	5690	10652
内蒙古自治区	1666040	591134	59947	57054	57548	324932	68	49	113	91603	4955	9580	3925	5401
辽宁省	2453980	517752	13609	119341	189609	536493	105	49	153	113141	6241	20554	8547	13078
吉林省	1735489	935197	161453	283118	64554	159926	33	27	23	11852	3989	7512	2107	9007
黑龙江省	2213997	808740	483574	193986	157753	312463	119	63	6033	40745	5704	8834	7412	14479
上海市	1250979	646	126	409	194508	715388	18	20	37	315950	5925	25123	1767	2900
江苏省	2361382	246108	185	1464	420233	854229	108	109	224	263047	9983	28168	5924	16096
浙江省	2161685	318451	398529	1432826	488067	1243706	98	62	134	219702	22218	70747	25641	42334
安徽省	2338533	694600	41509	223957	204424	481626	75	76	67	129882	8439	17586	3879	8640
福建省	1413876	46798	325467	908734	122916	307836	90	38	59	121571	2610	8733	3190	2178
江西省	1550528	319737	93768	88859	152355	417618	90	53	69	39114	9376	15539	8067	15785
山东省	1987498	247363	98473	193944	144237	577504	383	107	161	170671	17831	28620	11226	20230

续表

省别	开放档案情况 案卷	开放档案情况 以件为保管单位	开放档案目录 案卷宗级	开放档案目录 文件级	利用档案		政府信息公开查阅场所	爱国主义教育基地	举办展览		利用资料		利用现行文件	
	卷	件	万条	万条	人次	卷件次	个	个	个	参观人次	人次	册次	人次	件次
河南省	2708330	574263	1652	6177	246365	569743	2355	119	2801	384423	26081	46250	18265	27725
湖北省	2645520	358452	6482	667	193189	685534	2460	183	551	369325	11441	20518	12780	20758
湖南省	5950102	639700	1686509	4454742	286808	835617	171	9201	135	105145	28306	66399	16010	28418
广东省	860850	162450	160	8574	193502	462322	136	111	189	284899	11537	23821	856423	856603
海南省	138549	108029	47	77	24821	59673	19	10	7	3222	3181	3131	1089	2477
广西壮族自治区	791714	1582045	54709	652	104758	265431	185	95	92	35934	3786	6528	12835	19027
重庆市	2188635	1271757	1846502	2296	226295	547488	31	1593	35	52190	7201	12507	5556	17542
四川省	5571116	1086676	482	710	391174	1072811	145	161	213	268506	8973	21435	9089	18434
贵州省	1950194	393120	152711	732	125786	289880	62	49	68	36986	5551	12230	5225	7708
云南省	1386046	433519	77628	569505	174293	695403	97	65	47	49262	5450	8232	3979	7790
西藏自治区	38945	153512	0	52	4431	18934	40	5	3	376	222	347	60	120
陕西省	1859009	320750	187215	215782	209674	572839	88	123	611	150055	6116	15923	4784	7339
甘肃省	1205305	469713	232	311	81365	418519	67	42	118	209920	11900	25035	4852	9614
青海省	305611	368780	1079	31	16818	80448	33	33	252	35418	5458	5214	3696	1523
宁夏回族自治区	214522	221050	67859	514752	28908	115561	380	7	10	1760	695	1227	2315	6547
新疆维吾尔自治区	576611	66456	177152	638773	47914	251049	89	53	129	130832	2543	8315	1028	57061
* 合计 *	57077422	14682899	8716349	13251705	5138294	15005893	8164	12712	13049	4560040	277485	607149	1075083	1300817

2012年度各省、自治区、直辖市各级国家综合档案馆抢救国家重点档案情况表

省别	应抢救档案总数		已抢救档案数量			
					本年度抢救档案数量	
	卷	件	卷	件	卷	件
北京市	1212709	1206	1013782	939	11901	618
天津市	866024	195953	155519	193610	18835	39
河北省	452038	235649	206055	45011	4587	8688
山西省	71266	81954	44854	62538	7029	36699
内蒙古自治区	497802	63838	175202	6861	13685	1134
辽宁省	1212473	146837	498783	52599	27623	616
吉林省	1153053	395291	249143	108077	42301	17235
黑龙江省	548492	420317	218096	197568	63759	38000
上海市	1618950	62007	1205583	62007	169332	10668
江苏省	828908	87002	662649	29162	15503	619
浙江省	593115	306331	258657	239501	26765	1242
安徽省	879655	131291	154682	66965	20302	6380
福建省	681141	525846	364470	336932	25430	9084
江西省	344809	81385	161080	61699	21021	4474
山东省	870297	384723	333376	235920	17403	201883
河南省	452427	187084	215174	63885	30805	1763
湖北省	963149	121710	520207	58996	33655	4206
湖南省	1043593	393009	377876	25829	36849	6988
广东省	355530	522389	231434	452754	74996	28971
海南省	38850	91037	20434	18089	2715	4997
广西壮族自治区	302978	680563	121184	279291	16042	114734
重庆市	892004	18515	443580	18515	58812	0
四川省	1969941	9329	1257322	5716	122310	1
贵州省	677178	627569	282169	240701	35600	15852
云南省	1143799	585891	245413	118882	22121	16569
西藏自治区	3352888	30	577895	0	76435	0
陕西省	375154	321940	234495	81836	29952	32003
甘肃省	313062	711	182476	2	15798	0
青海省	125850	943084	44404	408089	6374	14039
宁夏回族自治区	26450	21645	11939	14115	2316	1003
新疆维吾尔自治区	527498	626561	237962	166837	39740	16105
* 合计 *	24391083	8270697	10705895	3652926	1089996	594610

2012年度各省、自治区、直辖市各级国家综合档案馆馆库面积及馆内设备情况表

省别	馆库面积					馆内设备											
	档案馆总建筑面积	档案馆库房建筑面积	后库建筑面积	档案技术用房建筑面积	对外服务用房建筑面积	缩微设备					电子计算机		复印机	空调机		去湿机	消毒设备
						缩微摄影机	冲洗机	拷贝机	阅读器	阅读复印机	服务器	微机		集中式	分散式		
	平方米	平方米	平方米	平方米	平方米	台	台	台	台	台	个	台	台	台	台	台	台
北京市	88217	28660	0	6391	6017	9	2	5	7	1	71	1171	44	110	498	73	40
天津市	86189	31463	5796	8852	3463	8	1	2	6	2	78	683	32	72	284	78	72
河北省	242555	106464	8268	24367	9710	75	28219	584	8650	19	528	2012	209	99	25754	166	43
山西省	94963	45761	1451	5911	7393	8	3	3	7	7	60	6952	159	53	195	122	76
内蒙古自治区	146218	54601	6205	7153	3552	7	2	9	11	5	80	1174	146	19	43	23	27
辽宁省	251657	97137	9290	22211	12497	18	4	5	27	11	107	1730	147	49	385	328	84
吉林省	120245	40209	2980	6600	3934	6	1	3	4	4	63	996	105	33	106	154	56
黑龙江省	129772	61398	1621	8158	6744	7	0	0	0	5	76	1017	139	13	23	24634	61
上海市	131779	55277	1326	18151	15269	6	4	2	19	12	221	1887	73	68	140	288	43
江苏省	532830	195364	0	25458	22014	8	2	4	15	3	269	3038	192	62	640	612	116
浙江省	376654	123808	928	30856	34803	11	4	2	20	4	463	2496	177	163	603	389	123
安徽省	219577	120616	4662	13254	11033	8	1	2	1	2	105	1145	171	167	608	507	1102
福建省	192603	82375	3401	8976	16119	2	2	3	4	2	97	1431	150	74	847	382	100
江西省	157634	76443	5253	8372	8713	6	2	3	5	1	85	1153	146	208	561	251	137
山东省	363252	129955	3828	23648	15640	21	6	5	19	10	243	2829	211	102	496	664	423

续表

省别	馆库面积					馆内设备											
	档案馆总建筑面积	档案馆库房建筑面积	后库建筑面积	档案技术用房建筑面积	对外服务用房建筑面积	缩微设备					电子计算机		复印机	空调机		去湿机	消毒设备
						缩微摄影机	冲洗机	拷贝机	阅读器	阅读复印机	服务器	微机		集中式	分散式		
	平方米	平方米	平方米	平方米	平方米	台	台	台	台	台	个	台	台	台	台	台	台
河南省	324815	159632	2858	16456	9632	18	0	8	4	9	90	1229	218	160	599	390	185
湖北省	184483	79521	3294	20547	9597	2	1	3	1	3	95	1131	140	58	583	361	104
湖南省	242560	124137	0	22397	17275	20	1	1	3	13	120	1299	162	215	652	651	118
广东省	386321	161202	7602	38453	39630	30	3	7	17	7	264	2566	282	257	1526	965	202
海南省	30352	12569	40	2171	2605	0	0	0	0	0	6	250	39	6	191	65	42
广西壮族自治区	110766	56807	25258	2874	3398	12	1	2	5	3	63	1243	166	101	682	414	6763
重庆市	103716	55104	4750	14018	6725	3	1	1	3	2	77	790	87	79	484	327	33
四川省	457060	225187	3269	47825	38696	15	3	3	5	5	120	2682	286	65	1276	1060	297
贵州省	124421	61794	1082	3512	2565	10	1	4	3	1	38	1266	168	31	169	384	83
云南省	512120	245693	7216	7047	16952	7	1	0	4	3	148	1961	181	45	106	261	73
西藏自治区	44983	22276	1261	1793	701	5	1	2	3	3	13	317	44	4	19	4	1
陕西省	156975	69140	4155	9805	6139	7	0	1	2	2	77	1308	159	42027	171	159	18
甘肃省	117484	65117	4734	8470	3660	6	2	1	4	4	75	1158	114	8	17	21	14
青海省	53740	20684	0	3512	3476	4	2	2	2	2	17	378	73	0	10	21	17
宁夏回族自治区	36794	10673	160	3570	1551	7	2	2	3	1	31	349	37	4	21	13	21
新疆维吾尔自治区	117509	46849	226	8760	7349	5	0	0	0	3	76	1252	146	7	111	18	26
* 合计 *	6138241	2665914	120914	429566	346850	351	28272	669	8854	149	3856	48893	4403	44359	37800	33785	10500

2012年度各省各级档案行政管理部门和国家综合档案馆事业费、国家综合档案馆基建情况表

省别	档案事业费	本年度在建项目			本年度竣工项目		
		新建	改扩建	建筑面积	新建	改扩建	竣工面积
	万元	个	个	平方米	个	个	平方米
北京市	6528.57	0	0	0	0	1	60
天津市	3216.25	0	0	0	0	0	0
河北省	4156.50	19	2	115506	5	0	14614
山西省	2765.20	19	0	82796	3	0	16996
内蒙古自治区	2606.54	13	0	47027	6	0	27219
辽宁省	4087.60	12	1	153349	5	0	15618
吉林省	27672.42	3	0	10577	1	0	4000
黑龙江省	19051.01	8	0	19720	7	1	19688
上海市	10134.81	2	0	23347	1	0	4530
江苏省	9802.15	11	1	199772	7	4	65844
浙江省	21376.26	8	1	122360	2	1	19198
安徽省	4441.42	17	0	109681	6	1	39385
福建省	2601.51	19	3	257578	1	1	4696
江西省	1945.44	15	0	69598	5	0	27882
山东省	4015.93	10	0	99866	2	0	23355

续表

省别	档案事业费	本年度在建项目			本年度竣工项目		
		新建	改扩建	建筑面积	新建	改扩建	竣工面积
	万元	个	个	平方米	个	个	平方米
河南省	1263271.39	13	3	56235	3	0	12787
湖北省	5711.00	19	0	85404	6	1	33952
湖南省	6794.82	24	1	226049	9	1	64322
广东省	18297.28	15	0	302577	4	2	55124
海南省	1306.60	7	2	39508	0	1	529
广西壮族自治区	3278.68	18	1	97067	4	0	16334
重庆市	7416.92	5	0	1390114	3	0	19860
四川省	8927.35	34	0	242057	11	1	46181
贵州省	2567.97	22	1	97255	2	1	6083
云南省	7827.39	34	0	174030	8	0	28055
西藏自治区	321.70	11	0	21428	8	0	12732
陕西省	3954.33	17	0	83203	0	0	0
甘肃省	1059.77	13	3	41745	3	2	10003
青海省	715.26	5	0	12584	5	1	8036
宁夏回族自治区	702.65	4	0	8200	0	0	0
新疆维吾尔自治区	2717.05	19	0	56994	4	0	10663
* 合计 *	1459271.77	416	19	4245627	121	19	607743

2012年度各省、自治区、直辖市直属机关档案工作基本情况表

省别	档案机构	现有全部专职人员		兼职人员	本年经费投入	室存全部档案					本年接收档案		室存资料	利用档案		陈列室	档案室库房建筑面积
			女性			案卷	以件为保管单位档案	录音磁带录像磁带影片档案	照片档案	底图	案卷	以件为保管单位					
	个	人	人	人	万元	卷	件	盘	张	张	卷	件	册	人次	卷件次	个	平方米
北京市	1404	1719	1341	14597	6003	42695360	8402673	111058	1242779	38817	2743589	1094002	355298	782879	1512006	448	103452
天津市	1045	916	730	3245	57123	6883886	7411511	26044	403007	118675	463354	613416	263133	241781	549438	364	48690
河北省	5390	5515	3909	7689	1032517	10671163	13685519	88965	717316	216739	542128	1556212	1791346	372482	837880	1105	138517
山西省	2779	2120	1508	2639	7968	4603716	2313948	28556	221813	274152	237378	276173	231177	148513	312918	1499	56922
内蒙古自治区	5436	3805	2861	5931	1991	9019409	14790302	88786	712794	152277	591176	1118784	864705	277175	639747	687	137179
辽宁省	5009	2727	2061	5722	18008	22983844	19932432	136632	1660718	213666	969370	1821452	1124200	521105	1143892	18493	220852
吉林省	1930	1151	794	1483	335339	3248882	2697714	7808	120007	75953	168342	232435	114739	90305	179115	113	31142
黑龙江省	850	1120	738	752	697067	5966798	4549431	13464	270221	120591	628514	387939	426538	466893	651450	80	59821
上海市	73	124	81	338	20598	3536542	2155932	27253	173626	3328	83562	629952	198293	17077	96546	598	13084
江苏省	2382	1967	1492	7683	8539	31051640	18018108	106841	1010954	87824	2107104	1813113	539862	501793	1151576	635	151084
浙江省	3981	3326	2491	7857	303833	43203339	29664794	133659	1714486	477476	2946139	2896200	1570660	1274084	2476075	13167	217575
安徽省	7811	3892	2568	11211	26318	24525566	21289129	139483	1092871	346928	1664521	2585123	1431322	559797	1133329	2104	261793
福建省	76	90	74	394	80189	614879	1441609	9666	96494	17221	19859	153876	45409	17544	49286	641	8319
江西省	2751	1212	701	4375	27715	9233261	17927054	48377	405578	36167	312736	583722	714277	246618	406371	305	97821
山东省	3602	3980	2686	7271	559094	14162790	17392792	137516	1363019	297738	975762	1461108	2089525	588172	1340180	2027	164411
河南省	2864	3030	2302	3089	1108436	9423518	8796303	58151	671206	178625	462830	664732	890728	370231	695097	694	130904
湖北省	8667	7176	5251	15506	12644	26019610	35422514	153839	2680779	464631	1505041	4077325	2359453	913062	2453090	152681	344562
湖南省	35	38	34	61	274	285450	665802	8358	36497	1616	13850	65412	24795	11745	59181	7	3891
广东省	530	741	562	2232	159465	10224488	8228455	49027	492656	629092	824157	906666	286778	336947	518213	86	71730
海南省	769	449	278	770	1799	2877026	3664646	5268	99413	11980	621289	510971	48707	184041	268510	97	27863
广西壮族自治区	5279	1443	1019	6369	6106	9394148	23253778	60025	625287	99942	562115	1995195	772952	310473	658346	620	127307
重庆市	1774	1106	703	2364	271958	12558758	21130845	36377	401167	40703	1131326	1405036	2171420	597283	980657	594	89409
四川省	4763	1975	1390	6934	8199	15038471	32441435	64371	968904	146342	785979	2648024	1032843	519782	1767681	901	188129
贵州省	3938	1274	776	4517	3282	4769468	14960000	32177	570189	182459	469508	1434334	1240818	220688	410184	603	74431
云南省	108	143	115	1609	222	698529	1708756	5228	128601	143295	29617	147999	104380	17703	74954	10	8973
西藏自治区	1003	253	194	975	22172	172872	2902284	2701	40447	10967	5621	340445	120788	13010	31203	151	17516
陕西省	180	261	179	393	326	1921171	2192213	8330	149204	251551	48729	219631	363033	31796	172970	25	12281
甘肃省	3327	1701	1131	2765	94666	5594151	8544118	28656	551675	379351	178888	615444	464182	231222	457221	349	64173
青海省	534	261	225	478	110074	1834891	2304898	13909	226943	123910	34942	208133	117109	59221	487975	94	14085
宁夏回族自治区	25	22	20	16	58771	37091	666473	891	11734	356	1235	29234	5801	2289	4163	4	1100
新疆维吾尔自治区	5696	3369	2821	8725	261694	13512041	12054480	47807	868197	164743	791036	1337957	1221523	252229	731358	260	133267
* 合计 *	84011	56906	41035	137990	5302389	346762758		1679223	19728582	5307115	21919697	33830045	22985794	10177940	22250612	199442	3020284

2012 年度省以上国家综合档案馆馆藏档案情况表

馆别	案卷	以件为保管单位档案	录音磁带录像磁带影片档案	照片档案	底图	实物档案	缩微胶片 平片	缩微胶片 开窗卡	缩微胶片 卷片
	卷	件	盘	张	张	件	张	张	万幅
中央档案馆	1322182	278132	16433	161231	5475	5000	101202	0	664
中国第一历史档案馆	0	10000002	0	0	0	0	8200	0	1565
中国第二历史档案馆	2250000	0	0	0	0	0	0	0	1145
北京市档案馆	2250610	0	33167	157500	12733	24500	231	0	3347
天津市档案馆	1499853	117778	4871	72523	813	0	0	0	613
河北省档案馆	848014	203704	289	18160	0	0	0	0	0
山西省档案馆	334716	0	44	450	0	0	270	0	0
内蒙古自治区档案馆	501658	14612	6351	5816	43	0	2050	0	677
辽宁省档案馆	1359584	67202	425	36063	0	67	0	0	0
吉林省档案馆	1118018	0	2095	49435	2592	0	36942	0	473
黑龙江省档案馆	558604	2826	287	46000	0	0	0	0	0
上海市档案馆	3126929	328465	12890	161699	0	14450	0	0	2193
江苏省档案馆	643647	212496	45646	85399	0	1688	38771	0	796
浙江省档案馆	518706	186592	8920	507041	0	36	5597	500	755
安徽省档案馆	359139	113430	887	29110	0	5927	0	0	264
福建省档案馆	486798	122206	1327	38071	0	410	10584	0	993
江西省档案馆	371147	61138	102	12635	353	336	1086	0	192
山东省档案馆	791207	26190	2018	47692	0	0	296	3850	675
河南省档案馆	401790	197815	478	39548	0	0	0	0	0
湖北省档案馆	597487	67181	2356	15308	28572	3168	42	43	345
湖南省档案馆	498917	54825	641	19006	0	2054	0	0	141
广东省档案馆	1153520	150928	7743	1089046	444	3870	815	340	1
海南省档案馆	95593	13141	414	16108	0	2735	0	0	0
广西壮族自治区档案馆	581304	117357	3954	25360	0	0	0	0	356
重庆市档案馆	862589	62293	1054	32882	0	365	0	0	113
四川省档案馆	1315515	50984	2499	2620	0	499	0	0	729
贵州省档案馆	434252	116974	81	10624	0	697	4644	0	257
云南省档案馆	720585	237121	1636	40156	0	6284	300	0	850
西藏自治区档案馆	3161119	17390	1351	143174	0	294	0	0	0
陕西省档案馆	538708	68037	0	0	0	0	0	0	0
甘肃省档案馆	312066	29040	4801	30570	504	0	0	0	250
青海省档案馆	221328	8068	883	43869	0	0	15605	0	156
宁夏回族自治区档案馆	117443	11119	1251	9748	0	0	0	0	289
新疆维吾尔自治区档案馆	455351	5217	347	53162	350606	0	3500	0	0
* 合计 *	29808379	12942263	165241	3000006	402135	72380	230135	4733	17839

2012 年度省以上国家综合档案馆收集档案情况表

馆别	接收档案					征集档案					接受寄存档案
	案卷	以件为保管单位档案	录音磁带录像磁带影片档案	照片档案	底图	案卷	以件为保管单位档案	录音磁带录像磁带影片档案	照片档案	底图	
	卷	件	盘	张	张	卷	件	盘	张	张	件
中央档案馆	27603	10794	75	0	0	0	0	0	0	0	0
中国第一历史档案馆	0	0	0	0	0	0	0	0	0	0	0
中国第二历史档案馆	0	0	0	0	0	0	0	0	0	0	0
北京市档案馆	100128	0	424	1130	0	0	0	0	0	0	0
天津市档案馆	54501	0	0	0	0	0	980	1	0	0	0
河北省档案馆	8	2218	0	0	0	0	12328	0	0	0	0
山西省档案馆	16522	0	0	0	0	0	0	0	0	0	0
内蒙古自治区档案馆	10603	2550	0	0	0	0	0	0	0	0	0
辽宁省档案馆	211	0	0	0	0	4412	0	0	0	0	0
吉林省档案馆	62632	0	0	150	0	0	0	0	0	0	0
黑龙江省档案馆	1129	0	27	628	0	0	0	0	0	0	0
上海市档案馆	30693	20015	105	16758	0	0	6314	10	6643	0	0
江苏省档案馆	403	12977	0	385	0	0	0	0	0	0	0
浙江省档案馆	2806	39682	0	2000	0	0	0	0	0	0	0
安徽省档案馆	9521	5010	0	8271	0	0	174	0	487	0	0
福建省档案馆	2254	676	0	8963	0	0	0	24	0	0	0
江西省档案馆	19622	0	0	0	0	0	575	0	0	0	0
山东省档案馆	43111	16684	12	1206	0	0	95	0	0	0	0
河南省档案馆	17077	35127	1	1057	0	0	0	0	0	0	0
湖北省档案馆	14299	12662	0	0	0	0	1941	29	329	0	0
湖南省档案馆	10427	5056	0	0	0	6	0	0	0	0	0
广东省档案馆	5279	2433	0	45358	0	0	0	0	0	0	0
海南省档案馆	1571	6299	0	0	0	0	0	0	0	0	0
广西壮族自治区档案馆	15370	51270	0	3215	0	0	0	0	0	0	0
重庆市档案馆	13241	5308	11	1418	0	34777	2467	27	957	0	6475
四川省档案馆	7627	12178	0	0	0	0	0	0	0	0	0
贵州省档案馆	3991	11675	23	350	0	76	5	1	9	0	0
云南省档案馆	1675	47230	10	2409	0	0	1417	176	720	0	0
西藏自治区档案馆	1124	111	0	0	0	0	0	0	0	0	0
陕西省档案馆	4044	8607	0	0	0	0	0	0	0	0	0
甘肃省档案馆	1873	7891	652	0	0	0	3258	45	13	0	0
青海省档案馆	426	0	22	0	0	0	6	0	0	0	0
宁夏回族自治区档案馆	7012	0	0	240	0	0	3	0	0	0	0
新疆维吾尔自治区档案馆	12519	4093	0	0	0	0	246	2	91	0	0
* 合计 *	499302	320546	1362	93538	0	39271	29809	315	9249	0	6475

2012年度省以上国家综合档案馆开放档案和利用档案、资料情况表

馆别	开放档案情况		开放档案目录		利用档案		政府信息公开查阅场所	爱国主义教育基地	举办展览		利用资料		利用现行文件	
	案卷	以件为保管单位档案	案卷级	文件级										
	卷	件			人次	卷件次	个	个	个	参观人次	人次	册次	人次	件次
中央档案馆	0	0	0	0	3634	18273	1	0	2	1500	130	84	863	1663
中国第一历史档案馆	0	8780369	0	199	2761	4589	0	0	1	1500	0	0	0	0
中国第二历史档案馆	1800000	0	5	0	1898	5774	0	0	0	0	0	0	0	0
北京市档案馆	636314	0	62	109	6098	28507	1	1	4	68700	119	461	189	585
天津市档案馆	794991	0	80	118	11000	11410	1	1	2	8000	18	213	973	589
河北省档案馆	812239	166532	812239	166532	2774	10002	1	0	0	0	0	0	26	126
山西省档案馆	125800	0	13	131	964	4397	1	1	3	8000	193	1014	10	20
内蒙古自治区档案馆	224354	0	21	52	409	2442	1	1	2	1363	85	212	52	105
辽宁省档案馆	983998	0	105	0	1827	2802	1	0	0	0	0	0	772	801
吉林省档案馆	29057	0	29057	0	2590	2626	1	2	1	325	952	402	176	5317
黑龙江省档案馆	242038	0	238804	0	1006	2795	1	1	1	3000	216	594	338	1571
上海市档案馆	848931	0	85	313	12112	426475	1	1	9	103362	1200	3484	646	1727
江苏省档案馆	307617	21620	31	0	2263	22150	1	1	2	2500	87	945	7	21
浙江省档案馆	174980	61272	18	49	3448	37632	1	1	1	400	921	15835	400	2180
安徽省档案馆	0	0	0	0	1500	65825	1	0	1	16000	0	0	0	0
福建省档案馆	0	3759	23	69	1194	11006	1	1	5	12000	202	2531	235	84
江西省档案馆	184195	0	18	191	2133	18895	1	1	3	1655	411	1060	24	28
山东省档案馆	535290	0	27	267	1358	5980	1	1	14	13000	23	67	178	437
河南省档案馆	164719	0	16	0	2439	3946	1	1	3	1500	81	71	4	4
湖北省档案馆	336220	14160	34	18	2193	9585	1	1	7	120000	253	898	158	1222
湖南省档案馆	800	0	0	2	2369	6217	1	1	5	4214	49	631	115	74
广东省档案馆	83148	0	8	72	6192	41524	1	1	5	9310	1603	5026	124	224
海南省档案馆	55697	1000	2	24	2652	7480	1	1	1	800	380	960	160	300
广西壮族自治区档案馆	114434	0	11	38	1893	4816	1	1	1	0	103	187	213	328
重庆市档案馆	605107	0	17	481	4673	17805	1	0	3	13000	321	872	3	26
四川省档案馆	715353	0	71	0	2125	20888	1	1	3	1400	582	690	10	10
贵州省档案馆	335315	0	15	0	1125	3898	1	1	1	5300	104	335	4	0
云南省档案馆	290342	0	13	0	2578	11694	1	1	4	2303	25	116	63	310
西藏自治区档案馆	0	0	0	0	226	1226	0	0	0	0	0	0	0	0
陕西省档案馆	0	0	0	0	580	5025	1	0	1	0	236	769	67	123
甘肃省档案馆	257095	440	25	27	1180	3998	1	1	0	0	2810	4920	50	180
青海省档案馆	76195	0	8	0	1350	11732	1	1	4	5016	380	564	38	280
宁夏回族自治区档案馆	26028	424	24352	10375	458	1605	2	0	0	0	156	351	311	2641
新疆维吾尔自治区档案馆	159031	0	175200	638600	9800	9800	1	0	0	0	85	325	234	55324
* 合计 *	10919288	9049576	1280360	817667	100802	842819	32	24	89	404148	11725	43617	6443	76300

2012年度省以上国家综合档案馆抢救国家重点档案情况表

馆别	应抢救档案总数		已抢救档案数量			
					本年度抢救档案数量	
	卷	件	卷	件	卷	件
中央档案馆	0	0	0	0	0	0
中国第一历史档案馆	0	10000000	0	0	0	0
中国第二历史档案馆	0	0	0	0	0	0
北京市档案馆	1194031	0	1002455	0	11097	0
天津市档案馆	830000	0	141186	0	18041	0
河北省档案馆	236604	0	149654	0	600	0
山西省档案馆	0	0	0	0	0	0
内蒙古自治区档案馆	124563	0	47652	0	4278	0
辽宁省档案馆	531430	0	327616	0	19980	0
吉林省档案馆	508951	0	26728	0	13664	0
黑龙江省档案馆	275269	0	105411	0	42435	0
上海市档案馆	1484789	61985	1083299	61985	158210	10668
江苏省档案馆	183199	0	159906	0	0	0
浙江省档案馆	127543	210355	13847	207061	1038	0
安徽省档案馆	717613	0	80793	0	14686	0
福建省档案馆	179140	0	92402	0	67	0
江西省档案馆	137692	0	53151	0	6500	0
山东省档案馆	380002	227160	80100	207830	0	200000
河南省档案馆	52063	0	34006	0	2930	0
湖北省档案馆	250000	0	144182	0	11052	0
湖南省档案馆	124786	87528	7363	0	0	0
广东省档案馆	35786	481765	25156	414706	671	25827
海南省档案馆	12400	0	7490	0	200	0
广西壮族自治区档案馆	68624	0	35110	0	4873	0
重庆市档案馆	468790	0	300764	0	41162	0
四川省档案馆	567285	477	255000	0	32098	0
贵州省档案馆	134187	0	48307	0	7128	0
云南省档案馆	606453	80441	99706	0	11098	0
西藏自治区档案馆	3076079	30	466801	0	26110	0
陕西省档案馆	205655	0	139370	0	17578	0
甘肃省档案馆	88485	0	78000	0	2825	0
青海省档案馆	0	0	0	0	0	0
宁夏回族自治区档案馆	0	0	0	0	0	0
新疆维吾尔自治区档案馆	111045	0	31737	0	22452	0
* 合计 *	12712464	11149741	5037192	891582	470773	236495

2012年度省以上国家综合档案馆馆库面积及馆内设备情况表

馆别	档案馆总建筑面积	档案馆库房建筑面积	后库建筑南积	档案技术用房建筑面积	档案对外服务用房建筑面积	缩微设备：缩微摄影机	缩微设备：冲洗机	缩微设备：拷贝机	缩微设备：阅读器	缩微设备：阅读复印机	电子计算机：服务器	电子计算机：微机	复印机	空调机：集中式	空调机：分散式	去湿机	清毒设备
	平方米	平方米	平方米	平方米	平方米	台	台	台	台	台	个	台	台	台	台	台	台
中央档案馆	59330	23431	3848	3413	2075	4	2	3	15	0	35	666	44	2	0	0	0
中国第一历史档案馆	19000	5000	0	769	0	13	2	4	14	1	25	485	0	0	0	0	0
中国第二历史档案馆	31002	12402	0	2869	0	8	2	2	3	0	13	357	17	3	173	11	2
北京市档案馆	20300	9000	0	3500	1200	9	2	5	7	1	23	532	6	43	270	0	4
天津市档案馆	24570	10550	5774	3000	800	8	1	2	6	0	33	328	0	45	54	0	0
河北省档案馆	17695	4606	6347	211	300	8	1	3	5	0	8	237	5	0	389	19	3
山西省档案馆	0	0	0	0	0	5	2	1	4	3	0	4	2	0	1	0	0
内蒙古自治区档案馆	20852	3110	0	200	260	5	1	1	7	2	4	236	13	0	0	0	0
辽宁省档案馆	18882	3920	4300	2204	1010	10	2	3	14	1	13	214	7	1	76	3	3
吉林省档案馆	18721	3680	0	0	0	1	1	1	2	0	9	169	4	14	29	26	1
黑龙江省档案馆	19000	7000	0	1000	0	0	0	0	0	0	4	207	0	0	0	0	0
上海市档案馆	43015	19991	1124	5817	11939	0	1	0	4	2	77	716	19	15	2	108	7
江苏省档案馆	15181	6900	0	600	390	6	1	1	9	1	10	473	2	1	0	22	2
浙江省档案馆	9228	4700	0	0	0	4	2	1	9	1	25	130	2	1	0	0	0
安徽省档案馆	8640	4525	0	0	0	3	1	2	1	1	0	0	0	0	0	0	0
福建省档案馆	41476	13907	0	3204	12636	0	0	2	1	0	9	150	4	1	0	21	3
江西省档案馆	18026	12000	0	961	2500	4	2	2	5	0	18	144	4	1	8	9	7
山东省档案馆	49230	9187	0	3508	0	1	1	0	1	0	13	292	5	1	0	1	39
河南省档案馆	13822	7000	0	400	0	0	0	0	3	0	6	33	1	0	10	1	2
湖北省档案馆	18130	7770	0	730	850	0	1	1	1	0	14	163	8	0	112	10	4
湖南省档案馆	17290	13100	0	3300	1342	0	1	0	0	0	3	87	2	6	9	19	1
广东省档案馆	39000	19238	0	3600	5930	3	1	1	3	1	16	333	6	1	0	8	3
海南省档案馆	6200	2100	0	200	300	0	0	0	0	0	1	20	3	1	0	6	2
广西壮族自治区档案馆	11500	6890	0	350	150	3	1	1	5	1	15	233	4	16	93	42	2
重庆市档案馆	13499	7200	0	878	200	2	1	1	2	1	10	125	3	0	91	36	3
四川省档案馆	16900	8220	0	800	1500	3	1	2	2	2	5	185	0	1	0	19	0
贵州省档案馆	12248	6368	0	185	0	2	1	1	2	0	6	135	7	0	0	3	1
云南省档案馆	23000	20000	3000	0	0	0	1	0	2	0	29	328	3	1	13	27	2
西藏自治区档案馆	16364	12640	0	575	0	5	1	2	3	3	2	123	3	0	0	0	0
陕西省档案馆	22452	6000	2280	3000	500	0	0	0	2	0	0	170	6	2	0	0	1
甘肃省档案馆	14367	5054	3781	1123	0	4	1	1	4	2	8	127	4	0	1	0	0
青海省档案馆	5696	1995	0	549	1500	3	1	1	2	0	10	54	3	0	10	10	0
宁夏回族自治区档案馆	0	0	0	0	0	5	2	2	3	1	16	90	5	0	0	0	0
新疆维吾尔自治区档案馆	8418	7218	0	1200	474	0	0	0	0	0	7	154	0	0	0	0	0
* 合计 *	673034	284702	30454	48146	45856	119	37	46	141	24	467	7700	192	156	1341	401	92

2012 年度各省、自治区、直辖市档案专业教育基本情况表

省别	学校		毕业生数						教师人数		在职培训教育							
											面授培训						网上培训	
	高等学校	中等学校	博士研究生	硕士研究生	双学位	大学本科	大专	中专	高等学校	中等学校	岗位培训		继续教育		专题培训		岗位培训	继续教育
	个	个	人	人	人	人	人	人	人	人	期	人	期	人	期	人	人次	人次
北京市	1	0	0	0	0	78	0	0	12	0	22	2261	40	1425	143	6196	1889	3564
天津市	0	0	0	0	0	0	0	0	0	0	14	1354	6	336	181	3147	0	0
河北省	0	0	0	0	0	0	0	0	0	0	10	906	3	5	28	1412	44	44
山西省	0	0	0	0	0	0	0	0	0	0	8	461	5	281	7	190	0	0
内蒙古自治区	0	0	0	0	0	0	0	0	0	0	13	1007	5	624	11	1842	0	0
辽宁省	3	0	0	48	0	134	0	0	31	0	15	1559	9	1538	4	595	0	115
吉林省	0	0	0	0	0	0	0	0	0	0	6	748	5	552	1	89	0	0
黑龙江省	0	0	0	0	0	0	0	0	0	0	2	552	0	0	12	440	0	500
上海市	3	1	0	31	0	55	0	91	28	9	23	1845	20	3950	14	1162	16	16
江苏省	3	0	0	12	0	136	0	0	19	0	15	1878	18	2613	54	5190	0	0
浙江省	0	0	0	0	0	0	0	0	0	0	19	2012	18	2235	34	3515	209	0
安徽省	1	0	0	18	0	51	0	0	13	0	9	1100	21	1363	15	1066	0	0
福建省	1	0	0	6	0	46	0	0	7	0	25	3528	5	452	2	201	0	82
江西省	0	0	0	5	0	50	0	0	9	0	6	119	2	176	16	1325	0	0
山东省	1	0	0	18	0	22	0	0	8	0	28	2796	1	127	10	432	1	0
河南省	2	0	0	6	0	130	0	0	21	0	13	1090	4	360	12	764	72	0
湖北省	2	1	4	13	0	81	0	120	28	20	46	4086	10	279	15	1258	2	2
湖南省	1	0	0	9	0	26	0	0	16	0	12	1526	2	516	12	284	0	0
广东省	1	0	0	7	0	53	0	0	8	0	177	17699	10	1625	168	13812	796	0
海南省	0	0	0	0	0	0	0	0	0	0	10	660	0	0	4	648	0	0
广西壮族自治区	1	0	0	11	0	43	0	0	11	0	14	1000	13	1001	9	712	0	13
重庆市	0	0	0	0	0	0	0	0	0	0	10	923	7	28	25	1639	0	4
四川省	1	1	4	8	0	52	0	165	10	6	50	3332	24	1032	62	4754	0	0
贵州省	1	0	0	0	0	0	0	0	0	0	8	677	0	0	7	183	0	0
云南省	0	0	0	0	0	0	0	0	0	0	14	2365	5	442	13	978	0	0
西藏自治区	0	0	0	0	0	0	0	0	0	0	0	0	0	0	0	0	0	0
陕西省	0	0	0	0	0	0	0	0	0	0	12	695	1	119	14	364	15	14
甘肃省	0	1	0	0	0	0	0	0	0	9	4	319	3	83	3	403	0	0
青海省	0	0	0	0	0	0	0	0	0	0	0	0	2	500	13	4703	800	0
宁夏回族自治区	0	0	0	0	0	0	0	0	0	0	0	0	0	540	2	300	0	0
新疆维吾尔自治区	2	0	0	0	0	0	0	0	11	0	24	1825	5	487	25	1449	0	0
* 合计 *	24	4	8	192	0	957	0	376	232	44	609	58323	244	22689	916	59053	3844	4354

附　录

2012 年中央档案馆国家档案局大事记

1 月 13 日　档案行业标准评审委员会会议在北京召开，段东升出席。

1 月 19 日　国家档案局新版政府网站正式上线运行。

2 月 15 日　由国家档案局主办、中国档案报社承办的“中国档案工作者誓词”征集评选活动在北京举行颁奖仪式，杨冬权、段东升、李明华、李和平、杨继波出席。

2 月 15—16 日　全国档案工作暨表彰先进会议在北京人民大会堂召开，杨冬权主持，人力资源和社会保障部副部长杨士秋宣读表彰名单，段东升、李明华、李和平、杨继波出席。

2 月 20 日　李和平出席天津市档案工作暨表彰先进会议。

2 月 22 日　杨继波出席湖南省档案工作暨表彰先进会议。

2 月 23 日　李明华出席甘肃省档案工作暨表彰先进会议。

2 月 29 日　杨继波出席山东省档案工作暨表彰先进会议。

3 月 2 日　段东升出席河南省档案工作暨表彰先进会议。

3 月 6 日　杨冬权在北京会见联合国教科文组织驻华代表处官员安卓先生。

李明华出席宁夏回族自治区档案工作暨表彰先进会议。

3 月 9 日　杨继波出席上海市档案工作暨表彰先进会议。

3 月 13 日　杨冬权到航天科工集团公司调研档案工作。

3 月 19—22 日　李和平出席广东省增城市社会主义新农村建设档案工作示范县验收会，并率队对广东省建设项目档案工作进行巡回检查。

3 月 20 日　杨冬权在北京会见俄罗斯叶利钦总统图书馆代表团一行。

3 月 21 日　杨继波在北京会见印度尼西亚国家档案馆代表团。

3 月 22 日　杨冬权在北京会见印度尼西亚国家档案馆馆长 M. 阿斯钦。

3 月 23 日　杨冬权与印度尼西亚国家档案馆馆长 M. 阿斯钦在人民大会堂签署《中华人民共和国国家档案局和印度尼西亚共和国国家档案馆档案合作谅解备忘录》。

3 月 24—30 日　国家档案局档案干部教育中心在福建厦门举办档案文化建设与信息资源开发研讨班，李明华出席。

3 月 26 日　李和平出席四川省档案工作暨表彰先进会议。

3 月 26—31 日　国家档案局与贵州省政府合作协议签订仪式在贵阳举行，杨冬权出席并调研贵州省档案工作。

3 月 26—28 日　李和平出席四川省双流县社会主义新农村建设档案工作示范县验收会。

3 月 27 日　李明华出席福建省档案工作会议。

3 月 28—29 日　《中共中央文件选集(1949.10—1966.5)》审稿工作座谈会在北京召开，相关部委参加座谈会，段东升出席。

3 月 29 日　电子文件管理标准国际研讨会在广州召开，杨继波出席。

3 月 30 日　国家档案局、国防科工局在北京联合召开国防科技工业固定资产投资项目档案工作座谈会。

4 月 10—12 日　国家档案局 2012 年度科技立项评议会议在云南芒市召开，李和平出席。

4 月 15—16 日　李和平出席内蒙古自治区档案工作会议。

4 月 16 日　李明华出席广电总局档案工作会议。

全国档案学会秘书长会议在武汉召开。

4 月 17 日　全国档案与电子文件登记备份工作经验交流会在浙江召开，杨冬权出席。

4 月 17—20 日　杨继波出席海南省琼海市社会主义新农村建设档案工作示范县验收会。

4 月 20 日　杨冬权出席北京市档案工作会议。

4 月 23 日　国家档案局、水利部、国家能源局联合印发《水利水电工程移民档案管理办法》。

4 月 23—25 日　机关档案信息化业务研讨会在

云南昆明召开，李明华出席。

5月3—4日 全国2013年国家重点档案抢救和保护补助费专家评审会在天津召开，段东升、李明华出席。

5月7—17日 李明华率中国档案代表团赴波兰出席联合国教科文组织世界记忆项目专家会议，赴泰国出席世界记忆项目亚太地区委员会第12次执行局会议暨第5次全体大会。

5月7—18日 全国档案干部领导培训班在中央党校举办，杨冬权出席开班式，段东升出席结业典礼。

5月8日 档案云服务高峰论坛在北京举办，李和平出席。

5月8—10日 全国境外档案征集工作座谈会在山东威海召开，杨继波出席。

5月9—18日 2012年海峡两岸档案暨缩微学术交流会在台湾举办，李和平率团出席。

5月15日 第24次全国档案期刊研讨会在北京召开，杨继波出席。

5月18—19日 杨继波出席山东省社会主义新农村建设档案工作示范县创建活动推进会。

5月20—25日 杨冬权率中国档案代表团赴印度尼西亚，签署《中华人民共和国国家档案局与印度尼西亚共和国国家档案馆2012—2015年档案合作执行计划》。

5月21—23日 李和平率队对湖南省建设项目档案工作进行巡回检查。

5月21—23日 段东升出席青海省中高层档案人才深圳研修班开班式。

5月24日 水利部、国家档案局联合印发《第一次全国水利普查档案验收办法》。

5月28—30日 段东升赴安徽检查档案工作并对和县社会主义新农村档案工作示范县创建工作进行验收。

5月30日 中央档案馆档案价值评定委员会在北京成立，杨冬权、李明华、杨继波出席委员会第一次会议。

李和平出席档案保护技术实用手册编委会会议。

6月7日 李和平出席国家公共档案信息资源云服务平台建设专家评审会。

国家档案局、民政部、农业部在北京召开全国社会主义新农村建设档案工作示范县活动领导小组第二次会议，李和平出席。

6月11—14日 国家电子档案接收和长期保存系统建设试点工程启动工作会议在福建召开，李和平出席。

6月15日 段东升出席档案督查员工作会议。

6月19日 中美民国时期文献保护工作研讨会在北京召开，杨冬权出席。

7月2日 第三届全国省会城市和计划单列市档案宣传工作会议在黑龙江哈尔滨召开，杨继波出席。

7月4日 档案多媒体教材审查会在广东广州举办，段东升出席。

7月10—13日 李明华对吉林省延吉市社会主义新农村档案工作示范县创建工作进行验收。

7月16日 《中国国家档案局与巴基斯坦国家档案馆2012—2014年合作协议》签署仪式在北京举行，杨冬权出席。

7月17日 中俄档案合作工作小组第九次会议在俄罗斯叶卡杰琳堡市召开，李明华率团出席，并与俄方共同举办"21世纪的档案馆：新技术与传统"青年档案工作者国际研讨会。

7月17—18日 杨继波率团赴蒙古共和国出席国际档案理事会东亚地区分会第23届执行局会议以及2012年年度研讨会。

7月22—24日 国家档案局优秀科技成果奖励评议会在甘肃兰州召开，李和平出席。

7月24日 杨继波在北京参加中国—乌兹别克斯坦人文合作分委会第一次会议。

7月30日 中央办公厅常务副主任栗战书与国家档案局中央档案馆领导班子座谈，杨冬权、段东升、李明华、李和平、杨继波出席。

7月30日—8月3日 重庆市分管档案工作领导培训班在北京举办，杨冬权出席开班式。

7月31日—8月1日 中央办公厅常务副主任栗战书走访慰问国家档案局中央档案馆干部职工，杨冬权、段东升、李明华、李和平、杨继波陪同。

8月4—8日 杨冬权到山西太原出席2012年华北地区档案工作协作会，并调研山西省档案工作。

8月11—15日 杨冬权出席纸质档案缩微数字一体工作站研发项目鉴定会并调研湖南省档案工作。

8月19—25日 第十七届国际档案大会在澳大利亚召开，杨冬权、段东升率中国档案代表团出席。

8月25—28日 国际档案馆局长会议在澳大利亚堪培拉召开，段东升率中国档案代表团出席。

8月28—29日 李明华赴安徽对安徽省县级档案馆建设和重点档案抢救工作进行督查。

8月29日 国家档案局印发《电子档案移交与接收办法》。

8月31日 李和平出席《档案保护技术手册》专家审稿会。

9月2—3日 段东升赴福建出席由中国档案报

社举办的全国档案新闻及档案文化宣传创新工作会议。

9月4—8日 杨继波出席在广东召开的《中国档案》杂志社主办的2012第四届（广州）档案信息化建设高端论坛。

9月5—25日 全国档案干部培训班在中国浦东干部学院举办，杨冬权出席开班式、段东升出席结业式。

9月5日 杨冬权出席上海市纪念《中华人民共和国档案法》颁布25周年辩论赛决赛，出席由上海市委宣传部主办的《红色起点——中国共产党早期稀见文献》出版座谈会。

9月6日 2012第四届（广州）档案信息化建设高端论坛在广州召开，杨继波出席。

9月11日 中西部地区县级综合档案馆建设汇报会在四川成都召开，李明华出席。

9月20日 全国民生档案工作经验交流会在天津召开，杨冬权、李明华出席。

9月24—26日 全国档案信息系统安全等级保护工作大会在江苏淮安召开，杨冬权出席。

9月25日 中央档案馆与上海市档案馆在上海联合举办"红星照耀中国——外国记者眼中的中国共产党人"档案展览，段东升出席开幕式。

9月26—28日 杨继波率团赴加拿大参加联合国教科文组织举办的"数字时代的世界记忆：数字化与保护"大会。

9月26日 中共中央政治局委员、上海市委书记俞正声观看"红星照耀中国——外国记者眼中的中国共产党人"档案展览，李明华陪同。

9月27日 国家档案局办公室和教育部办公厅联合印发《全国中小学档案教育社会实践基地建设管理暂行办法》。

10月12日 杨冬权、杨继波出席《光辉的历程——中央档案馆馆藏档案资料选编》首发式。

10月12—16日 全国档案工作标准化技术委员会第二十次年会在宁夏银川召开，段东升出席。

10月19—20日 全国数字档案馆评估和电子文件管理技术研究专家会议在山东青岛召开，李和平出席。

10月19日 国家档案局发出表彰全国档案法制知识有奖竞赛组织工作成绩突出单位的决定，授予33家单位"全国档案法制普及宣传奖"。

10月19—20日 中国档案高等教育发展论坛暨第21届档案学专业系主任联席会议在北京举行。

10月21日—11月15日 国家档案局与美国密歇根大学本特利历史图书馆在美国共同举办中青年档案工作者业务培训班，25名中青年档案工作者参加培训。

10月23日 杨冬权、段东升、李明华、李和平、杨继波出席全国档案法制知识有奖竞赛活动抽奖仪式。

10月30日—11月1日 全国档案工作者年会在四川成都召开，杨冬权、李和平出席。

10月29日 第十届中国·琉球历史关系研讨会在北京召开，杨继波出席。

11月4—9日 李明华率专家组赴浙江、山东对德清县、平湖市、文登市、东营市东营区档案馆进行国家一级馆测评。

11月5日 杨冬权会见印度尼西亚国家档案馆纸质档案修复代表团。

杨继波会见新西兰内政部信息和知识服务司副司长苏·鲍威尔一行。

国家档案局发出通报，表彰91个建设项目被确定为"全国建设项目档案管理示范工程"。

11月14—15日 2012年度全国档案科技管理暨科技成果推广会议在广西柳州召开。

11月15日 国家档案局发布《特殊和超大尺寸纸质档案数字图像输出到缩微胶片上的技术规范》《全宗卷规范》《全宗指南编制规范》等3项档案行业标准。

11月21日 杨冬权、杨继波会见土耳其档案代表团，杨冬权与土耳其国家档案总局局长乌葛·尤耐尔签署《中华人民共和国政府与土耳其共和国政府档案领域合作议定书》。

11月27—28日 杨继波出席湖北省档案馆工作会议。

11月29日 中央档案馆与中国井冈山干部学院在北京签署战略合作协议，杨冬权、李明华出席。

12月4日 段东升在北京顺义参观知青档案专题展览。

12月4—7日 杨冬权陪同国务委员刘延东赴俄罗斯参加中俄人文合作委员会第十三次会议。

12月6—7日 李和平出席海南省电子文件试点单位座谈会。

12月11日 由国家档案局中央档案馆举办，福建省档案局馆承办的《中国档案珍品展》在福建省档案馆开展，李明华出席开幕式。

12月12日 国家电子文件支撑平台系统建设项目评审会在北京召开，李和平出席。

12月17日 国家档案局发布第10号令《企业文件材料归档范围和档案保管期限规定》。

12月18日 李明华与国家文物局商谈有关全国

移动文物普查事宜。

12月24日 李明华出席北京市石景山区档案馆国家一级档案馆授牌仪式。

中国档案学会常务理事会在北京召开，李和平出席。

12月25日 杨冬权、段东升、李明华、李和平、杨继波出席档案系列高级职称评委会。

12月25—26日 全国档案局馆长会议在北京召开，杨冬权、段东升、李明华、李和平、杨继波出席。

12月26日 国家档案局、民政部、农业部在北京联合召开全国社会主义新农村建设档案工作示范县经验交流会，民政部副部长窦玉沛，农业部国家首席兽医师（官）于康震，杨冬权、段东升、李明华、李和平、杨继波出席。

12月28日 李明华出席山东省档案工作会议。

12月27—28日 李和平出席河北省档案馆建设工作会议。

12月29日 李和平出席京沪高铁项目档案工作验收。

（张向军）